A FOME

MARTÍN CAPARRÓS

A FOME

Tradução
LUÍS CARLOS CABRAL

1ª edição

Rio de Janeiro | 2016

Copyright © Martín Caparrós, 2014

Publicado originalmente na Argentina em 2014.
Publicado no Brasil mediante acordo com Casanovas & Lynch Agencia Literaria S.L.

Título original: *El Hambre*

Foto de capa © Martín Caparrós

Textura do fundo da capa © ZINGAYA TEXTURING/Shutterstock.com

Texto revisado segundo o novo
Acordo Ortográfico da Língua Portuguesa

2016
Impresso no Brasil
Printed in Brazil

CIP-BRASIL. CATALOGAÇÃO NA PUBLICAÇÃO
SINDICATO NACIONAL DOS EDITORES DE LIVROS, RJ

Caparrós, Martín, 1957-

C238f   A fome / Martín Caparrós; tradução de Luís Carlos Cabral. – 1ª ed. – Rio de Janeiro: Bertrand Brasil, 2016.
714 p. ; 23 cm.

Tradução de: El hambre
ISBN 978-85-286-2070-2

1. Sociologia. I. Cabral, Luís Carlos. II. Título.

CDD: 305
CDU: 316.7

16-33153

Todos os direitos reservados pela:
EDITORA BERTRAND BRASIL LTDA.
Rua Argentina, 171 — 2o andar — São Cristóvão
20921-380 — Rio de Janeiro — RJ
Tel.: (0xx21) 2585-2000 — Fax: (0xx21) 2585-2084

Não é permitida a reprodução total ou parcial desta obra, por quaisquer meios, sem a prévia autorização por escrito da Editora.

Atendimento e venda direta ao leitor: mdireto@record.com.br ou (0xx21) 2585-2002

Sumário

O PRINCÍPIO...   9

NÍGER
ESTRUTURAS DA FOME   15

DA FOME, 1
A ORIGEM DAS ESPÉCIES...   87

ÍNDIA
A TRADIÇÃO   111
   Calcutá   113
   Biraul   137
   Chandigarh   181
   Vrindavan   189
   Délhi   196
   Mumbai   212

DA FOME, 2
A MÃO DO HOMEM   235

BANGLADESH
SEUS USOS   259

DA FOME, 3
OUTRA VEZ SOPA — 307

ESTADOS UNIDOS
O CAPITAL — 317

DA FOME, 4
A DESIGUALDADE — 405

ARGENTINA
O LIXO — 421

DA FOME, 5
A CARIDADE BEM-ENTENDIDA — 497

SUDÃO DO SUL
O ÚLTIMO PAÍS — 529

DA FOME, 6
UMA METÁFORA — 585

MADAGASCAR
AS NOVAS COLÔNIAS — 597

POR FIM — 678

SEM FIM — 707

Agradecimentos — 709

Para ler ainda mais — 711

Tente de novo. Falhe de novo. Falhe melhor.

SAMUEL BECKETT, *Worstward Ho*

O PRINCÍPIO

1

Eram três mulheres — avó, mãe e tia. Eu estava há tempos observando-as. Movimentavam-se ao redor do catre do hospital. Juntaram, lentamente, dois pratos de plástico, três colheres, uma panelinha suja e um balde verde, e os entregaram para a avó. E ainda estava observando quando a mãe e a tia colocaram uma manta, duas ou três camisetinhas e seus trapos em uma trouxa que amarraram para que a tia a colocasse na cabeça. Mas fiquei arrasado quando vi a tia se inclinar sobre o catre, levantar o menininho, sustentá-lo no ar, olhá-lo com uma expressão estranha, como se estivesse surpresa, incrédula, e apoiá-lo nas costas da mãe como se apoiam as crianças na África nas costas das suas — com as pernas e os braços abertos, o peito do menino apoiado nas costas da mãe, o rosto virado para um lado — e então sua mãe o amarrou com um pano, como as criancinhas da África são amarradas nos corpos de suas mães. O menininho ficou ali, em seu lugar, pronto para ir para casa; como sempre, morto.

Não fazia mais calor do que de costume.

Acho que este livro começou aqui, em uma aldeia muito próxima daqui, no fundo do Níger, há alguns anos, eu sentado com Aisha em um tapete de vime diante da porta de sua choça, suor do meio-dia, terra seca, sombra de uma árvore rala, gritos de crianças em debandada, e ela me falava sobre a bola de farinha de milho que comia todos os dias de sua vida e eu lhe perguntei se de fato comia essa bola de milho todos os dias de sua vida e tivemos um choque cultural:

— Bem, todos os dias que posso.

Disse isso e abaixou os olhos com vergonha e eu me senti como se fosse um capacho, e continuamos conversando sobre seus alimentos e a falta deles, e eu, apatetado, encarei pela primeira vez a forma mais extrema da fome e, depois de algumas horas de surpresas, lhe perguntei — pela primeira vez — a pergunta que depois repetiria tanto: se pudesse pedir o que quisesse, qualquer coisa, a um mago que fosse capaz de atendê-la, o que lhe pediria. Aisha demorou um tempo, como quem estivesse diante de uma coisa impensada. Aisha tinha 30 ou 35 anos, nariz de rapaz, olhos de tristeza, um pano lilás cobrindo todo o resto:

— O que eu quero é uma vaca que me dê muito leite; então, se vender um pouco do leite, poderei comprar as coisas para fazer sonhos e vendê-los no mercado, e com isso me ajeitaria mais ou menos.

— Mas o que estou lhe dizendo é que o mago poderia lhe dar qualquer coisa, o que você lhe pedisse.

— De verdade qualquer coisa?

— Sim, o que lhe pedisse.

— Duas vacas? — disse, sussurrando, e me explicou: — Com duas, sim, nunca mais teria fome.

Era tão pouco, pensei primeiro.

E era tanto.

2

Conhecemos a fome, estamos habituados à fome: sentimos fome duas, três vezes por dia. Não há nada mais frequente, mais constante, mais presente em nossas vidas do que a fome — e, ao mesmo tempo, para a maioria de nós, nada mais distante do que a fome verdadeira.

Conhecemos a fome, estamos habituados à fome: sentimos fome duas, três vezes por dia. Mas entre essa fome repetida, cotidiana, repetida e cotidianamente saciada que experimentamos, e a fome desesperadora daqueles que não podem mitigá-la, há um mundo. A fome tem sido, desde sempre, a razão de mudanças sociais, progressos técnicos, revoluções, contrarrevoluções. Nada teve mais influência na história da humanidade. Nenhuma doença, nenhuma guerra matou mais gente. No entanto, nenhuma praga é tão letal e, ao mesmo tempo, tão evitável como a fome.

Eu não sabia.

A fome é, em minhas imagens mais antigas, um menino com a barriga inchada e as pernas magrinhas em um lugar desconhecido que então se chamava Biafra; foi no final dos anos 1960 que ouvi pela primeira vez a versão mais brutal da palavra fome: *hambruna*.* Biafra foi um país efêmero: declarou sua independência da Nigéria no dia em que eu completei 10 anos. Três anos depois, já havia desaparecido. Naquela guerra, um milhão de pessoas morreram de fome. A fome, nas telas das televisões em branco e preto, eram crianças, moscas zumbindo ao seu redor, ríctus de agonia.

Nas décadas seguintes, a imagem se tornaria mais ou menos habitual para mim: repetida, insistente, persistente. Por isso sempre imaginei que começaria este livro com o relato cru, descarnado, tremendo, de uma *hambruna*. Chegaria acompanhando uma equipe de emergência em um lugar sinistro,

---

* Não há uma palavra em português para *hambruna*, que significa fome generalizada, escassez absoluta de alimentos em uma determinada região. Diante disso, o tradutor optou por usar *hambruna* ou *hambrunas*, sempre em itálico. (*N. T.*)

provavelmente africano, onde milhares de pessoas estariam morrendo de fome. Contaria tudo com detalhes brutais e então, depois de exibir o pior dos horrores, diria que não é preciso se enganar — ou se deixar enganar—: que situações desse tipo são a ponta da ponta do iceberg e que a realidade real é muito diferente.

Tinha tudo perfeitamente pensado, planejado, mas, durante os anos em que trabalhei neste livro, não aconteceram *hambrunas* descontroladas — apenas as habituais: a escassez terminal no Sahel, os refugiados somalis ou sudaneses, as inundações em Bengala. O que, por um lado, é uma grande notícia. Mas, por outro, bem menos importante, é um problema: essas hecatombes eram as únicas oportunidades que a fome tinha de se apresentar — imagens na tela do lar — aos que não sofrem com ela. A fome como catástrofe pontual e desapiedada só aparece por ocasião de uma guerra ou de um desastre natural. O que resta, entretanto, é aquilo tão mais difícil de mostrar: milhões e milhões de pessoas que não comem o que deveriam — e sofrem por isso e morrem aos poucos por isso. O iceberg — é o que este livro tenta contar e pensar.

Embora não diga nada que já não saibamos. Todos sabemos que há fome no mundo. Todos sabemos que há 800, 900 milhões de pessoas — os cálculos vacilam — que passam fome a cada dia. Todos lemos ou ouvimos essas estimativas — e não sabemos ou não queremos fazer nada com elas. Se em algum momento serviu, se diria que agora o testemunho — o relato mais cru — não serve mais.

O que resta então? O silêncio?

Aisha me disse que, se tivesse duas vacas, sua vida seria muito diferente. Se é que preciso explicar — não sei se tenho de explicar —: nada me impressionou mais do que entender que a pobreza mais cruel, a mais extrema, é a que rouba também a possibilidade de pensar diferente. A que deixa você sem horizontes, nem ao menos desejos: condenado ao mesmo inevitável.

Digo, quero dizer, mas não sei como dizer: você, amável leitor, tão bem--intencionado, um pouco desmemoriado, imagina o que é não saber se vai conseguir comer amanhã? E mais: imagina como é uma vida feita de dias e mais dias sem saber se vai conseguir comer amanhã? Uma vida que consiste, sobretudo, dessa incerteza, da angústia dessa incerteza e do esforço de imaginar como aliviá-la, de não poder pensar em quase mais nada porque qualquer pensamento se tinge dessa falta? Uma vida tão restrita, tão curtinha, às vezes tão dolorosa, tão sacrificada?

Tantas maneiras do silêncio.

Este livro tem muitos problemas. Como contar como vive o outro, o mais distante? É bem provável que você, leitor, leitora, conheça alguém que morreu de câncer, que sofreu um ataque violento, que perdeu um amor, um trabalho, o orgulho; é bem improvável que conheça alguém que viva com fome, que viva a ameaça de morrer de fome. Tantos milhões de pessoas que são a coisa mais distante: o que não sabemos — nem queremos — imaginar.

Como relatar tanta miséria sem cair na pieguice, no uso lacrimoso da dor alheia? Antes disso até: por que relatar tanta miséria? Com muita frequência, narrar a miséria é uma forma de usá-la. A desgraça alheia interessa a muitos desgraçados que querem se convencer de que não estão tão mal ou querem, simplesmente, sentir essa cócega nos polegares. A desgraça alheia — a miséria — serve para vender, para esconder, para embaralhar os dados; para supor, por exemplo, que o destino individual é um problema individual.

E, sobretudo: como lutar contra a degradação das palavras? As palavras "milhões-de-pessoas-passam-fome" deveriam significar alguma coisa, causar alguma coisa, provocar certas reações. Mas, em geral, as palavras não fazem mais essas coisas. Talvez algo acontecesse se pudéssemos devolver sentido às palavras.

Este livro é um fracasso. Para começar, porque qualquer livro o é. Mas, sobretudo, porque uma exploração do maior fracasso do gênero humano só poderia fracassar. E para isso, é claro, contribuíram minhas impossibilidades, minhas dúvidas, minha incapacidade. E, mesmo assim, é um fracasso que não me envergonha: deveria ter conhecido mais histórias, pensado em mais questões, entendido mais algumas coisas. Mas às vezes fracassar vale a pena.

E fracassar de novo, e fracassar melhor.

"A destruição, a cada ano, de dezenas de milhões de homens, de mulheres e de crianças pela fome é o escândalo do nosso século. De cinco em cinco segundos, uma criança de menos de 10 anos morre de fome em um planeta que, no entanto, é repleto de riqueza. Em seu estado atual, de fato, a agricultura mundial poderia alimentar sem problemas 12 bilhões de seres humanos, quase duas vezes a população atual. Por isso não se trata de uma fatalidade. Uma criança que morre de fome é uma criança assassinada", escreve Jean Ziegler, ex-relator especial das Nações Unidas para o Direito à Alimentação, em *Destruição em massa:— geopolítica da fome.*

Milhares e milhares de fracassos. Todos os dias morrem, no mundo — neste mundo —, 25 mil pessoas por motivos relacionados à fome. "Se você se der ao trabalho de ler este livro, se você se entusiasmar e lê-lo em — digamos — oito horas, nesse lapso terão morrido de fome cerca de 8 mil pessoas: 8 mil são muitas pessoas. Se você não se der a esse trabalho, essas pessoas também terão morrido, mas você terá a sorte de não ficar sabendo. Ou talvez, provavelmente, prefira não ler este livro. Talvez eu fizesse a mesma coisa. Em geral, é melhor não saber quem são, nem como nem por quê.

(Mas se você leu este pequeno parágrafo em meio minuto saiba que nesse tempo só morreram de fome cerca de oito ou dez pessoas no mundo — e respire aliviado)."

E se por acaso, então, resolver não lê-lo, talvez a pergunta continue dando voltas em sua cabeça. Entre tantas perguntas que me faço, que este livro se faz, há uma que se sobressai, que ressoa, que me angustia sem cessar:

Como, porcaria, conseguimos viver sabendo que essas coisas acontecem?

NÍGER

ESTRUTURAS DA FOME

1

Havia conversado com ela um pouco antes: cinco, seis horas antes, quando seu bebê estava vivo, adormecido, choroso, embora adormecido:

— Um médico me disse que tenho de ter paciência, que pode ser que se cure.

Disse isso e hesitei antes de lhe fazer a pergunta evidente. Em geral, não há por que fazer essas perguntas.

— E pode ser que não?

— Não sei, não sei o que pode ser.

Kadi tem uns 20 anos — "não sei, uns 20", disse — e Seydou era seu único filho. Kadi, me disse, havia se casado tarde, por volta dos 16.

— Por que tarde?

— Bem, tarde. As outras meninas da aldeia se casam aos 12, aos 10, aos 13.

Kadi me disse isso e que a casaram com um vizinho que não tinha quase nada, porque parecia que ninguém mais queria se casar com ela.

— Não sei por quê. Como sou magrinha, talvez achassem que não era boa para ter filhos.

E que Yussuf, seu marido, é um bom sujeito, mas que é muito difícil conseguir comida porque não têm terra, então ele tem de trabalhar no que pode e que também lhes custou que ela ficasse grávida, mas, por fim, ficou, e não sabe como ficamos felizes, me disse, e o medo, porque como iriam fazer para criá-lo, mas, se todos criam, eles também poderiam e a alegria também de que fosse homem, e o chamaram de Seydou e cresceu bem, me disse Kadi: que quando era pequenininho cresceu muito bem, estavam todos felizes.

17

— Mas depois, há alguns dias, teve essa diarreia, não sabe que terrível diarreia, não parava, não conseguia parar. Então eu o levei para que o visse o *marabu*.*

O Níger é — como qualquer país — o resultado de uma soma de azares. Os azares africanos são mais recentes, mais visíveis: o erro de um cartógrafo, o encontro de um chanceler francês com um inglês em, digamos, Versalhes, em 1887, para repartir tal região, a ambição ou a apatia de um explorador com problemas de próstata. Mas também foi um azar que o tonto do Napoleão III quisesse tomar dinheiro da Baviera e a obrigasse a se unir à Prússia e formar a Alemanha ou que os governantes de Buenos Aires fossem tão ineptos que não conseguiram manter a Banda Oriental dentro de seu território — e por aí vai. Governar é aproveitar a ignorância comum para explorar ao máximo a sua própria.

De qualquer forma: um azar sem sorte. Por esse azar, o Níger agora é feito de três quartos de terra estéril e subsolo quase improfícuo. A alguns quilômetros ao sul há muito petróleo, mas isso já é a Nigéria — e por isso os habitantes deste lado não têm nenhum direito de aproveitá-lo e passam fome. Costuma haver algo cruel nesses azares que chamamos de países e que — nos dizem — são aquilo que é o mais nosso, que deveríamos amar com nossas almas, cuidar com nossas vidas.

O Níger é, talvez, o país mais representativo do Sahel, e o Sahel é uma franja de mais de 5 mil quilômetros de comprimento — e uns mil de largura — que atravessa a África do Atlântico ao Mar Vermelho, logo abaixo do Saara. De fato, Sahel significa margem — do Saara. É uma região árida, semidesértica, plana, onde prosperaram alguns dos reinos mais poderosos da África: o Império Mandingo — ou Império de Mali —, por exemplo, no século XIV, quando os senhores de Tombuctu construíram uma das maiores cidades de seu tempo trocando o sal que chegava do deserto do norte por escravos que vinham das selvas do sul. Agora também cobre parte do Senegal, da Mauritânia, da Argélia, de Burkina Faso, do Mali, do Chade, do Sudão, da Etiópia, da Somália e da Eritreia. São mais de 5 milhões de quilômetros quadrados, 5 milhões de pessoas, gado magro, plantações sofridas, pouca indústria, pouca infraestrutura; cada vez mais minérios exploráveis.

---

* Religioso muçulmano, de vida ascética e contemplativa. (*N. T.*)

O Sahel é, também, a região que deu outro sentido à palavra emergência — que costumava ser usada para eventos extraordinários, inesperados. E no Sahel, a cada mês de junho, milhares de pessoas entram em estado de emergência: ficam sem comida, a *hambruna* espreita.

E um ano depois volta a acontecer a mesma coisa.
E um ano depois, e outra vez um ano depois — mas cada vez é diferente.

O Sahel é, entre outras coisas, vítima de um lugar-comum: o que afirma que seus habitantes não comem porque não há maneira de comer, o que supõe que ali a fome é um problema estrutural, irreversível, quase ontológico. Que passam fome porque não há forma de não passar, pobres almas de deus.

No Sahel, a fome está sempre presente, mas fica brutal quando começa o período que os franceses chamam de *soudure*, os ingleses de *hunger gap* e nós, os hispânicos, de nada; afinal, para quê? São aqueles meses em que os grãos da colheita anterior já acabaram e os da próxima lutam para brotar do chão. Então o governo pede ou não pede ajuda, as agências internacionais alertam sobre o perigo e mobilizam ou não mobilizam seus recursos, e esses milhões comem ou não comem, e aqui, no hospital distrital de Madaua, a 500 quilômetros de Niamei, a organização não governamental Médicos Sem Fronteiras monta um barracão novo a cada dois ou três dias porque não param de chegar mais e mais crianças desnutridas. Em seu centro de tratamento de desnutridos — CRENI ou Centre de réhabilitation et d'éducation nutritionnelle intensive —, previsto para receber umas cem crianças, já há mais de trezentas, e a torrente não para. Nada estranho: mais ou menos a mesma coisa acontece todos os anos. No ano passado, de cerca de 90 mil crianças menores de 5 anos que vivem no distrito de Madaua, 21 mil foram atendidas por desnutrição nesse centro e em seus satélites: quase um quarto das crianças da região.

Daqui, faz pouco, saiu caminhando Kadi, a mãe com seu bebê nas costas.

Aqui, na última semana, 59 crianças morreram de fome e de doenças provocadas por ela.

Então, quando adoeceu, o *marabu* lhe deu unguentos para que esfregassem suas costas, me disse Kadi, e folhas para que preparassem infusões. O *marabu* não é apenas o sábio muçulmano de cada aldeia; também é, frequentemente, o curandeiro — que agora os politicamente corretos chamam de médico tradicional: um personagem decisivo. Kadi fez o que ele a mandara fazer: mas a diarreia não parava. Uma vizinha lhe falou do hospital e perguntou por que não o levava até lá. Kadi veio há mais de seis dias — disse: mais de seis dias —, e foram atendidos, ela e seu bebê, mas o que não consegue entender é por que lhe disseram que ele havia adoecido porque não comera o suficiente.

— Eu sempre lhe dei comida, lhe dei o peito, depois comecei a lhe dar sua comida. Sempre lhe demos sua comida. Às vezes, meu marido e eu não comíamos, comíamos bem pouquinho, mas sempre lhe demos sua comida: nunca ficava chorando, sempre tinha sua comida — me disse Kadi, receosa, dolorida.

— Meu filho come. Se adoeceu, deve ter sido por outra coisa. Talvez algum mago, uma bruxa. Talvez tenha engolido muita poeira outro dia, quando passou um rebanho enorme pela aldeia. Ou pela inveja de Amina, que perdeu um filho nascido na mesma época. Eu não sei o que é, mas por comida não pode ser, ele come.

— E o que lhe dão de comer?

— Como assim o quê? A *woura* — respondeu, com muita naturalidade.

Eu não lhe disse que a *woura*, essa espécie de bola de polenta sólida de farinha de milho e água que os camponeses do Níger comem quase todos os dias de sua vida, não é suficiente para alimentar uma criança de um ano e meio, que lhe falta quase tudo daquilo que uma criança precisa. Kadi estava incomodada, ressentida:

— Aqui me dizem que está assim porque eu não lhe dei sua comida. Percebe-se que aqui não entendem nada. Quando ouço isso, sinto medo, fico com vontade de ir embora — me disse Kadi. E foi embora, horas depois, com seu bebê morto nas costas.

Para dizer mais ou menos com clareza: comer a bola de milho todos os dias é viver a pão e água.

Passar fome.

Fome é uma palavra estranha. Foi dita tantas vezes, de tantas maneiras diferentes; significa tantas coisas distintas. Conhecemos a fome e não temos a menor ideia do que é a fome. Dizemos fome e ouvimos dizer fome tantas vezes que a palavra ficou gasta, virou clichê.

Fome é uma palavra estranha. Do *famen* latino, os italianos fizeram *fame*; os portugueses, fome; os franceses, *faim*; os castelhanos, *hambre*, com esse *br* que também se misturou em *hombre* (homem), em *hembra* (fêmea), em *nombre* (nome) — palavras muito pesadas. Talvez não haja palavra mais carregada do que fome e, no entanto, é fácil se livrar de sua carga.

Fome é uma palavra deplorável. Poetas de quarta, políticos de oitava e todo tipo de idiotas a usaram tanto e com tanta displicência que deveria ser proibida. Em vez de ser proibida, foi neutralizada. "A fome no mundo" — como quando dizem "e o que querem, acabar com a fome no mundo?" — é uma frase feita, um lugar-comum, uma expressão quase sarcástica usada para sintetizar o risível de certas intenções. O problema desses conceitos velhos e gastos, limados pelo uso fácil, é que de repente, um dia, alguma coisa leva você a voltar a achar que são novos, e aí explodem.

Fome, em castelhano, é um substantivo feminino que significa — segundo esses que dizem o que as palavras significam — três coisas: "Vontade e necessidade de comer; escassez de alimentos básicos, que provoca carestia e miséria generalizada; apetite ou desejo ardente por algo". Um estado físico individual, uma realidade compartilhada por muitos, uma sensação íntima: é difícil pensar em três sentidos mais diferentes.

Fome, logicamente, significa muito mais do que isso. Mas técnicos e burocratas pertinentes costumam evitar a palavra fome. É provável que a considerem excessivamente brutal, excessivamente rústica, excessivamente gráfica, explícita. Ou — suponhamos, amáveis — que não a achem suficientemente exata. Os termos técnicos costumam ter certa vantagem: não têm efeitos emocionais. Há palavras que sim; há muitas que não. Eles — e os organismos para os quais trabalham — costumam preferir as que não. Então falam de subalimentação, de desnutrição, de má nutrição, de insegurança alimentar — e os termos acabam se confundindo e confundindo quem os lê.

Eu quero definir, antes de mais nada, o que digo quando digo fome. Ou, pelo menos, o que tento dizer.

Comemos sol.
Sol, alguns
mais do que outros.

Comer é se insolar. Comer — ingerir alimentos — é se alimentar de energia solar. Fótons diversamente carregados caem, incessantemente, na superfície do planeta: através desse processo surpreendente que chamamos de fotossíntese, as plantas os recebem e os transformam em matéria digerível.

Dez por cento da superfície terrestre, da superfície deste mundo, uns 15 milhões de quilômetros quadrados, um quarto de hectare para cada ser humano, se dedicam a isto: a criar plantas que produzem a clorofila, que sabe transformar a energia eletromagnética do sol em energia química, que produz as reações que transformam o dióxido de carbono da atmosfera e a água das plantas em oxigênio que respiramos e em hidratos de carbono que comemos. Tudo o que comemos, em última instância, direta ou indiretamente — através da carne dos animais que as comem —, são essas fibras vegetais carregadas pelo sol.

Essa energia é o que precisamos para recuperar e reconstituir nossas próprias forças. Essa energia entra no corpo sob diversas formas: gorduras, proteínas, carboidratos — líquidos e sólidos. Para que saibamos quanta energia cada corpo consegue obter, existe uma medida: a caloria.

A física diz, define, que caloria é a quantidade de energia necessária para aumentar em 1 grau centígrado a temperatura de um grama de água. Para poder funcionar, o corpo precisa de grandes quantidades de energia: por isso são usadas, para medir seu consumo, unidades de mil calorias — as quilocalorias. As necessidades calóricas de cada pessoa variam de acordo com sua idade e situação. Mas, grosso modo, calcula-se que um bebê de menos de 1 ano precisa ingerir cerca de setecentas quilocalorias por dia, mil até os 2 anos, 1,6 mil até os 5. E um adulto precisa de 2 a 2,7 mil, de acordo com sua compleição, o clima onde vive, o trabalho que faz. A Organização Mundial da Saúde considera que um adulto que não ingere um mínimo de 2,2 mil quilocalorias por dia não consegue repor seu consumo de energia: não consegue se alimentar. É uma média — uma convenção —, mas serve para entender o quadro geral.

Um adulto que não consegue ingerir 2,2 mil calorias de alimentos por dia passa fome. Uma criança que não consegue ingerir cerca de setecentas ou mil, conforme sua idade, passa fome.

A fome é um processo, uma luta do corpo
contra o corpo.

Quando uma pessoa não consegue ingerir 2,2 mil calorias por dia, passa fome: mesmo que coma. Um corpo faminto é um corpo que está comendo a si mesmo — e já não encontra muito mais.

Quando um corpo come menos do que precisa, começa a comer suas reservas de açúcar; depois, as de gordura. Cada vez se movimenta menos: fica letárgico. Perde peso e perde defesas: seu sistema imunológico se debilita, por momentos. É atacado por vírus que provocam diarreias que o vão esvaziando. Parasitas que o corpo não sabe mais rejeitar instalam-se em sua boca, causam imensas dores; infecções bronquiais dificultam a respiração e doem muito. Por fim, começa a perder sua pouca massa muscular: não consegue mais ficar de pé e depois perde a capacidade de se movimentar; dói. Se acocora, fica enrugado: sua pele enfraquece, fica quebradiça; dói. Chora devagar; quieto, espera acabar.

Pouca gente — muita gente — morre diretamente de fome; muitíssima morre de doenças ou infecções que são mortais porque seus corpos debilitados pela falta de alimentação não conseguem combatê-las; de doenças ou infecções que uma pessoa alimentada normalmente nem sequer perceberia.

Pouca gente — muita gente — morre diretamente de fome. Metade das crianças que morrem antes dos 5 anos de idade em um país como o Níger morre por causas relacionadas à fome.

A palavra que ninguém quer usar.

Ou, talvez, usá-la como quem recitasse uma cantilena, pronunciasse palavras esdrúxulas, qualquer coisa.

Ontem, hoje de manhã, o filhinho de Kadi.

2

São mortes que não aparecem nos jornais. Não poderiam: os jornais entrariam em colapso. Nos jornais aparece o inabitual, o extraordinário.

— Não, eu não fui à escola. Como era pequena e não tinha pai...

Quando era pequena, Aï costumava se perguntar para que serviam os pais: como era ter um, como eram as vidas das crianças que tinham pai. Aï não via muita diferença: ela e seus primos viviam todos juntos no pátio da casa dos avós e os outros tinham pai, e ela, que não tinha, vivia como eles. Depois, muito depois, lhe contaram que seu pai havia morrido quando ela nascera, dois ou três dias depois, e que se tivesse tido um pai talvez tivesse ido à escola. Então pensou que não ter pai era uma vantagem.

— Eu não queria ir à escola — disse, e que, de qualquer maneira, suas primas, que tinham pai, também não iam. Mas talvez, pensa agora, se tivesse tido pai, não a teriam casado quando era tão pequena. Ou talvez sim.

Quando lhe disseram que ia se casar, Aï era uma menina que fugia para brincar com as amigas: nas noites de lua cheia se juntava com as outras meninas da aldeia para cantar e dançar canções antigas, ao ritmo de algum tambor, batendo palmas; nos outros dias, modelavam bonequinhas e panelas e pratos e vacas e camelos e casas com argila e brincavam de casinha, de mamãe: começavam a ser o que seriam. No resto do tempo, brincavam de mamãe sem jogos nem brinquedos: limpavam, buscavam água, cuidavam de seus irmãos, cozinhavam.

— Como imaginava que sua vida seria quando crescesse?

— Nada, não imaginava nada. Que queria me casar. A única coisa que imaginava era me casar, que outra coisa vai fazer uma menina? Mas não tão depressa...

Quando completou 10 anos, sua família a casou com um primo-irmão; seu tio pagou os 50 mil francos — 100 dólares — do dote, mais 100 mil francos pelo vestido e o enxoval e todos juntos organizaram a festa. Ela gostou de tudo, mas, quando chegou o momento de ir para a casa de seu primo-marido, Aï estava morrendo de medo.

— Ele era um homem, uma pessoa adulta.

O Níger é um dos países com mais casamentos infantis do mundo: embora seja ilegal, uma de cada duas meninas já está casada antes de completar 15 anos. O casamento de uma filha é, entre outras coisas, uma fonte de receita para a família: quanto maior a necessidade — quanto maior a fome —, maior a tentação de casar a menina para receber o dote e comer por mais alguns dias e se livrar de uma boca.

— Eu olhava para ele e sentia um medo espantoso. E ele mais que me olhava.

Aï tentou fugir muitas vezes. A princípio, voltava para a casa de sua mãe e de sua avó, mas logo a devolviam e, cada vez que isso acontecia, seu tio e sogro e seu marido e primo batiam nela para que aprendesse. Aï começou a fugir para o campo, para algum lugar afastado; mas sempre a encontravam. Na última vez, seu tio e sogro lhe disse, bem tranquilo, que, se voltasse a fugir, ele mesmo cortaria seu pescoço, e Aï acreditou. Às vezes, quando seu tio estava dormindo, Aï passava o dedo pelo fio de seu facão de cabo de madeira; dois anos depois, teve a primeira filha. Depois vieram três varões.

— Ainda vive com seu marido?

— Sim, vivo com ele, claro.

— E se dão bem?

— Não há problema — diz, para encerrar o assunto.

Aï diz que deve ter 25 anos, mas parece ter menos; tem um lenço azul e verde com bolinhas brancas enrolado na cabeça, olhos grandes, lábios grossos, uma cicatriz tribal em forma de flor na face esquerda, argolas nas orelhas e no nariz, um colar de contas coloridas: seu rosto é uma construção complicada, cheia de nuances.

— Ele é muito trabalhador, trabalha muito. E mudou, agora não me bate.

Sua vida, no entanto, é sempre igual. Toda manhã, Aï acorda por volta das seis, se lava, reza e começa a moer o milho para fazer a bola. Para descascar e desfazer o grão com o pilão de madeira, precisa de uma hora e meia, duas horas, batendo; depois vai buscar água no poço, a uns 300 metros de sua casa: um balde de dez litros na cabeça — torcendo para que seja suficiente, para que não tenha de voltar. Ultimamente, no entanto, sua filha vem ajudando.

— Ela não vai à escola?

— Não, não temos como. E isso porque ela, sim, tem pai — diz, e não tenho certeza de que não está sendo irônica.

O fogo é outro problema: ela e algum dos meninos têm de ir catar galhos para ferver a água na qual amassará a farinha de milho com um pouquinho de leite, se houver, para fazer a bola. Por volta das onze horas, quando o calor já se tornou insuportável, Aï leva a mistura, com um pote de água, ao campo onde Mahmouda, seu marido, trabalha. Têm três pedacinhos de terra, de menos de um quarto de hectare cada um, e Mahmouda trabalha sozinho porque o mais velho dos meninos ainda não completou 7 anos. No entanto, desta vez, diz Aï, os dois meninos mais velhos foram ajudá-lo a semear. Mas apenas semear, diz.

— Ainda não servem para fazer mais nada, pobrezinhos.

Quase metade das crianças nigerinas que ainda não atingiram 5 anos cresceu menos do que deveria por falta de alimentação. Se superarem a infância, vão ter mais doenças, menos possibilidades de trabalhar e de desfrutar a vida e, em síntese, uma vida mais curta e mais pobre porque não foram bem-alimentadas em seus primeiros anos de existência. É simples assim.

A casa de Aï é um quadrilátero de terra de 15 metros de largura cercado por uma parede de adobe de menos de 2 metros de altura, enrugada, irregular. Dentro desse recinto, dois cubículos de 3 por 3 metros são os quartos; uma construção circular — adobe com uma cúpula pontiaguda feita de palha — é o celeiro. Mas a vida transcorre ao ar livre, em um pátio um pouco sujo onde uma cabra amamenta seu cabrito, onde a filha de Aï mói o grão em um almofariz da sua altura, onde os filhos de Aï correm e correm, onde ela e eu conversamos sentados no chão, ela em seu tapetinho de vime.

Debulhar a espiga, limpar o grão e esmagá-lo no almofariz são trabalhos que nós, habitantes dos países ricos — e os habitantes ricos de outros países —, não fazemos mais: compramos feitos.

Estamos em Kumassa, uma das muitas aldeias ao redor de Madaua. A aldeia são vinte ou trinta casas como esta; suas ruas, os vazios entre elas. Há uma dessas aldeias a cada 2, 3 quilômetros, no meio das terras que seus habitantes cultivam; depois, a cada 10 ou 20 quilômetros, um povoado maior, com um centro administrativo e um mercado. É a estrutura clássica, o tecido do mundo agrário, quando o único meio de transporte eram os pés.

Quando vejo povoados como este, tenho dificuldade de imaginar o que poderia ter sido diferente há mil anos: "Suas ruas são os espaços que restam entre as casas onde esvoaçam crianças, cabras, galinhas só osso e pena; um menino passa rodando um pneu velho, outros dois esgrimam com pedaços de pau, vários correm sem sentido aparente. Alguém, em algum momento, vai decifrar o sentido da direção das corridas dos meninos de uma aldeia qualquer de um país qualquer e vai entender o mundo. Entretanto, continuamos ignorando; a mesquita no meio do povoado é um espaço de três por três com uma pequena torre pintada de verde ou de azul há muito tempo. Mulheres moem o grão em seus almofarizes de madeira, outras passam com crianças amarradas nas costas; uma menina de 12 anos carrega seu filho nas costas. Outras se juntam ao redor do poço com uma imensidão de latas coloridas e lavam e conversam ou pegam água e vão embora e os homens se sentam para conversar ao lado da estrada, em um tronco — gasto, polido pelo roçar de suas nádegas e as nádegas de seus ancestrais, por séculos de nádegas —, e ao lado há uma espécie de lojinha, outra choça de adobe, mas com três paredes em vez de quatro, onde um sujeito vende ovos, chá, umas latas ou galões usados, cigarros. Um homem jovem passa em uma carroça com lenha puxada por um burro, com uma mulher em cima da lenha, o homem em cima do burro e a carroça, ela sim, tem rodas de borracha; um pastor de etnia fula, com um chapéu de palha redondo, pontiagudo, e um bastão muito longo, chega trazendo suas cabras e umas vacas magérrimas com chifres longos e fininhos; uma picape avança lentamente com quinze ou vinte pessoas amontoadas na parte traseira, as pernas do lado de fora, os corpos espremidos, algumas sentadas em tábuas que sobressaem para receber mais corpos."

Quando Mahmouda acaba de comer, no campo, à sombra de uma árvore, Aï volta para casa, limpa, arruma, se ocupa das crianças. Se tudo estiver bem, por volta das duas da tarde poderá dormir um pouco — somente um pouco, pois o calor não lhe permitirá mais do que isso. À noite, cozinhará a pasta de milho — uma espécie de polenta — que, nos dias bons, é misturada com um molho de cebola refogada, talvez tomate, e talvez umas folhinhas de quiabo ou de baobá.

— Então nos sentamos para comer, antes que o sol desça, aqui no pátio. A mim não importa, mas meu marido diz que não gosta de comer quando tudo está escuro, que gosta de olhar. Mas em muitos dias deste ano não tivemos nada para fazer a comida da noite.

Foi, diz Aï, porque Mahmouda quis melhorar sua situação: então vendeu uma parte do milho que havia colhido em outubro para poder plantar cebola em dezembro, e o adubo e as sementes que teve de comprar estavam caros, mas depois a colheita foi bem, tiveram ilusões.

— Mas quando fomos vender as cebolas nos pagaram muito pouco. Disseram que havia muito, que quem iria comprá-las, que vendêssemos por aquele preço ou as comêssemos e, no final, não nos restou quase nada. E depois, quando tivemos de comprar o milho para comer, os preços estavam cada vez mais altos.

— E então?

— E então ficamos com uma dívida.

— Uma dívida?

— Meu marido havia pedido um empréstimo a um amigo.

Foram 50 mil francos e, como não ganharam nem a metade, Aï não sabe como vão fazer para pagar a dívida.

— Como vão fazer?

— Não sei. Esperamos que no ano que vem a colheita seja melhor.

Aï está preocupada. Diz que o amigo de seu marido é uma boa pessoa, mas que se não conseguirem pagar vai ficar com sua terra ou pelo menos com parte dela. E que aí sim nunca mais terão comida suficiente.

— Mas o pior é que este ano meu marido não pôde plantar. Quando chegou a estação, já havíamos comido todo o grão, não tínhamos para as sementes. Nem para comer tínhamos. Por isso agora está trabalhando na terra de um rico para que nos dê alguma coisa para comer, não pôde plantar em nossa terrinha.

— E então o que vão comer no ano que vem?

— Ah, para isso falta muito.

Em 2012, as Organizações Não Governamentais e agências que trabalham no Níger atenderam umas 400 mil crianças — mas supõem que mais de 1 milhão teriam precisado de seus serviços. Tampouco têm certeza disso, no entanto: essas instituições e ONGs atuam em parte do território. Quanto ao resto, ninguém sabe muito bem: não há uma rede eficaz de saúde, nem dados, e há uma quantidade — que quantidade? — de crianças nascidas sem registro que quando morrem são enterradas e é como se nunca tivessem existido.

Seu filho mais novo, Ismail, tem um ano e dois meses e ficou quinze dias internado em um hospital: chegou com menos de quatro quilos, desnutrição severa. Está melhor, mas Aï tem medo de que volte a acontecer.

— Agora tenho de ir todas as semanas controlá-lo e buscar minha bolsinha de alimentos. Eu faço isso, mas não poderei fazê-lo para sempre. Não quero ir sempre buscar a bolsinha de alimentos. Se o menino tem de comer, quero que coma bem em casa.

Ismail usa um gorrinho de lã azul e branco, porque não faz mais de 35 graus, e chupa um pacote de suplemento alimentar como se estivesse gostando.

— Por que há gente que tem e gente que não tem?

— Bem, alguns podem ser ajudados por seus pais e outros não.

— Não, estou dizendo o seguinte: existe gente muito rica, que tem casas, carros, e outras pessoas que não têm nada. Por que é assim?

— Não sei.

Aï ri, incomodada: olha para Béa, minha intérprete, lhe pedindo ajuda. Béa não diz nada.

— Não sei, como vou saber? — diz Aï; depois repensa: — Aqui na aldeia, a diferença são as terras; aqueles que têm terras maiores podem fazer tudo o que quiserem — completa, e me lembro de outra nigerina que, há alguns anos, em uma aldeia como esta, me explicou a diferença básica entre um rico e um pobre.

— É fácil: os pobres trabalham com suas mãos, e os ricos trabalham com seu dinheiro — me disse.

— Como trabalham com seu dinheiro?

— Sim, em vez de trabalharem com suas mãos pagam a outros para que façam seu trabalho, cultivem seus campos.

Naquela vez, eu havia ido para escrever uma matéria sobre os bancos de cereais que proliferavam na região. Parecia uma grande ideia: uma ONG incentivava as mulheres do povoado — de centenas de povoados — a se organizarem e construírem um celeiro; depois, lhes dava várias toneladas de milho para formar o capital inicial do banco. Sua função consistia em emprestar milho a suas sócias durante a *soudure* — e ajudá-las a sobreviver. As sócias deveriam devolver o empréstimo em sementes, com um juro pequeno, quando seus maridos fizessem a colheita.

A iniciativa tinha duas vantagens evidentes. A mais óbvia: ajudava milhares de famílias a sobreviver na época mais difícil. A menos evidente: dava às mulheres um poder que nunca haviam tido em suas comunidades. Mas Aï me diz agora que na sua aldeia e em outras aldeias os bancos tiveram problemas porque muitas mulheres não devolviam os empréstimos — não queriam, não podiam pagar os empréstimos — e foram ficando sem capital em grãos. Então a maioria parou de emprestar e começou a vender; mesmo assim, eram úteis: mantinham o preço 30% ou 40% abaixo do mercado, obrigando os comerciantes a não aumentar os deles. Mas, me dizem, também isso se arruinou em muitos casos: os comerciantes, através de testas de ferro locais e pequenos subornos, compravam o estoque de grãos para revendê-lo quando lhes conviesse e, de passagem, controlar os preços do mercado.

A crise econômica dos países doadores contribuiu para o descalabro: de repente, houve muito menos reposição de grãos quando um banco ficava sem eles: acabaram-se os resgates. Por isso, muitos tiveram de fechar. O de sua aldeia, me diz Aï, fechara há alguns meses. O grupo de mulheres de sua aldeia continua se reunindo, mas agora, sem o banco, os homens não lhes dão atenção.

— Você tem medo de não ter comida suficiente ou não pensa nisso?

— Sim, claro que penso. Nas noites em que não posso dar nada aos meus filhos penso muito.

— E o que pensa?

— Não sei, nada. Penso.

Aï pensa, pensa muito. Aï nunca teve comida suficiente, nunca foi a uma cidade, nunca teve luz elétrica nem água corrente nem um fogão a gás nem uma latrina, nunca pariu em um hospital, nunca viu um programa de televisão, nunca vestiu calças, nunca teve um relógio, nunca se deitou numa cama, nunca leu um livro, nunca leu um jornal, nunca pagou uma conta, nunca bebeu uma Coca-Cola, nunca comeu uma pizza, nunca escolheu um futuro, nunca pensou que sua vida poderia ser diferente do que é.

Nunca pensou que talvez pudesse viver sem se perguntar se vai comer amanhã.

3

Um dos primeiros truques do manual é falar — caso não haja mais remédio — de uma fome impessoal, quase abstrata, um sujeito em si mesmo: a fome. Lutar contra a fome. Reduzir a fome. O flagelo da fome.

Mas a fome não existe fora das pessoas que a sofrem. A questão não é a fome; são essas pessoas.

Talvez se uma pessoa — se uma única pessoa, com nome, rosto, história — morresse de fome, fosse um escândalo. Apareceria em todos os jornais, nos noticiários da televisão, nas redes sociais. O mundo falaria dela, ficaria chocado com sincera tristeza. Governantes diriam que é intolerável, uma coisa que não pode se repetir de maneira alguma, prometeriam medidas urgentes, categóricas. O papa iria ao seu balcão e faria o sinal da cruz. Seria um raio em uma tarde de verão — não na tormenta habitual.

Os termos técnicos evitam a emoção. Suponhamos que fazem isso por consciência profissional, para definir com mais precisão seus objetos de estudo. Ou que os usam para ser politicamente corretos, para evitar a ofensa de chamar um cachorro de cachorro. Suponhamos que o fazem por impulso, querendo fazer melhor seu trabalho; de qualquer forma, o resultado é que os problemas de milhares de milhões se transformam em um texto que só é entendido por uns poucos, enquanto a maioria fica sem saber qual é a questão. Em síntese: o *burocratês* funciona como uma barreira contra a generalização do conhecimento — a forma mais fecunda do conhecimento.

De qualquer forma, em geral, os grandes burocratas preferem não dizer — não escrever — a palavra fome. Para não pronunciá-la, preferem não falar de má nutrição, desnutrição, essas coisas, e, para fingir que estão falando quando preferiram se calar, quando estão calados, inventaram o modismo "insegurança alimentar" — ou, em inglês, *food insecurity*.

Na realidade, o que inventaram foi o conceito contrário: "segurança alimentar". A Cúpula Mundial sobre a Alimentação, promovida, em 1996, em Roma, pela Organização das Nações Unidas para a Alimentação e a Agricultura — FAO, sim, FAO —, definiu que "a segurança alimentar existe quando todas as pessoas têm, a qualquer momento, acesso físico, social e econômico a alimentos suficientes, inofensivos e nutritivos que satisfaçam suas necessidades energéticas diárias e preferências alimentares para levar uma vida ativa e saudável".

É outro desses prodígios do idioma *burocratês*: um conceito que só importa pelo que nega. Nenhuma pessoa que tenha regularmente esse acesso pensa em sua segurança alimentar; só o fazem, quando podem, os que a têm. Daí que a ideia operacional não é "segurança alimentar", mas seu oposto. Insegurança alimentar é um dos eufemismos mais tristes de uma época de eufemismos tristes.

(Foi uma boa tentativa. Em um mundo em que a segurança é um valor supremo, um valor que serve para justificar tanta injustiça, um valor cuja invocação corta qualquer debate, dizer que a alimentação é uma forma de segurança é um esforço elogiável.

Supõe-se que todos estamos ameaçados pela insegurança — alguns pela alimentar, pobrezinhos. A segurança é o direito humano — o discurso hegemônico — desses anos. Se em 1948 — e sobretudo nos anos 70 e 80 do século passado — cabia dizer que a comida era um direito humano, nesses dias é preciso dizer que é uma condição da segurança.

Depois será necessário falar de um mundo que trocou os direitos humanos pela segurança: bem usado, aplicado na dose conveniente, o terrorismo dos maus serviu para isso e muito mais.)

Em seus manuais, o grau mais agudo da "insegurança alimentar" é a "má nutrição conjuntural aguda" — que podemos chamar, para nos entender, de *hambruna*. A *hambruna* é isso em que pensamos quando — em algum momento — pensamos na fome. Pensamos porque aparece nos jornais ou na televisão quando alguma coisa acontece — ou melhor, dias depois—: quando um terremoto, uma inundação, uma seca, uma praga de gafanhotos, uma batalha irrompem e deixam milhões de pessoas sem comer — porque os alimentos desaparecem ou porque a população foge ou porque a cadeia de abastecimento é interrompida.

São situações durante as quais não se pode plantar ou colher, os caminhos ficam intransitáveis ou ocupados, o Estado não funciona. Os famintos viram refugiados, clientes, mendigos do assistencialismo mundial. Protegem-se em acampamentos ou nos arredores dos centros de distribuição de alimentos e esperam que lhes deem algo. Não têm recursos próprios, não têm a menor autonomia: dependem do que os outros fizerem. Se esses outros deixassem de lhes dar, morreriam em poucos dias. Às vezes acontece.

A cada ano, de várias formas, as *hambrunas* afetam cerca de 50 milhões de pessoas. Parece muito, é muito; mas não é nada se comparado com os que sofrem de "má nutrição estrutural".

"Má nutrição estrutural" é um conceito frio, tão de época, para descrever uma situação que não impressiona. Não é o drama, a catástrofe, a irrupção espetacular do desastre, mas a normalidade insidiosa de vidas nas quais não comer o necessário é o mais habitual.

Na sociedade do espetáculo, a má nutrição não tem como entrar em cena. Só os números. Mas os números não têm o *sex appeal* de uma fotografia de uma criança raquítica.

A *hambruna* é mais fácil de justificar: a fúria da natureza, a crueldade de um tirano, os desastres de uma guerra. Entretanto, a má nutrição é pura burocracia, banalidade do mal. E atinge a imensa maioria.

A "má nutrição estrutural" é crônica, se prolonga no tempo. Não é um acontecimento; é a normalidade de muitos. Não é vista, mas está sempre ali, passa de mães para filhos, se mantém ao longo de décadas nos países mais pobres. De uma maneira ou de outra, afeta cerca de 2 bilhões de pessoas — quase um terço dos homens e mulheres do planeta.

Estes, digamos, 2 bilhões de pessoas sofrem daquilo que o *burocratês* chama de *insegurança alimentar* em sentido estrito: às vezes comem o suficiente, mas nunca têm certeza de que vão conseguir comer — e às vezes não conseguem. São muitos, são variáveis; por definição, para eles, comer ou não comer é um vaivém: basta que haja uma mudança ínfima em suas condições de vida, a perda de um trabalho, um conflito, uma eventualidade climática, para que uma pessoa — ou milhões de pessoas — fique sem saber se vai conseguir se alimentar no dia seguinte.

Esses, digamos, 2 bilhões de mulheres e homens estão malnutridos. Os mais pobres, em geral, não comem a quantidade suficiente de alimentos ricos em nutrientes — carne, ovos, peixe, leite, legumes, frutas e vegetais — e sofrem as consequências. Os técnicos chamam de *má nutrição* em sentido estrito a falta de certos nutrientes decisivos para um crescimento completo. A falta de nutrientes minerais e vitamínicos faz com que o corpo, embora receba calorias suficientes, não se desenvolva como deveria; então surge isso que Jean Ziegler chamou de "fome invisível".

Um de seus efeitos mais comuns é a anemia, provocada pela falta de ferro: metade das pessoas que não consomem ferro suficiente sofre de anemia. São, dizem, cerca de 1,8 bilhão de pessoas que a sofrem de maneiras diversas. As parturientes, sobretudo: uma de cada cinco mortes de parturientes se deve à anemia.

Mas também há a questão da falta de vitamina A: há cálculos que dizem que meio milhão de crianças ficam cegas a cada ano no mundo devido a essa carência, que faz com que muitas sejam presa fácil da malária ou da rubéola e que causa, em última instância, a morte de mais de 600 mil menores de 5 anos a cada ano.

A ausência de iodo no organismo de suas mães faz com que a cada ano 20 milhões de crianças pobres nasçam com cérebros que não puderam se desenvolver como deveriam: seus coeficientes de inteligência caem rapidamente.

A falta de zinco produz deficiências motoras e predisposição às infeções: as diarreias, tão mortíferas, são muito mais violentas nos corpos sem zinco. A Organização Mundial da Saúde culpa essa carência pela morte de 800 mil crianças a cada ano.

E assim continuamente.

E chegamos, finalmente, ao núcleo duro da má nutrição, aos mais condenados desta terra. Quando também faltam as proteínas e calorias necessárias para reproduzir a energia que é consumida, a má nutrição se transforma em desnutrição.

A fome em todo seu esplendor: os 800, 900 milhões da frase de sempre.

Mas também entre eles há categorias, diferenças: a fome afeta especialmente os menores. Um de cada cinco famintos é uma criança com menos de 5 anos. Não é só o fato de as crianças não serem as únicas privilegiadas: é que são as que mais perdem. Há uma grande diferença entre a fome de uma criança e a fome de um adulto: um adulto desnutrido pode se recuperar sem grandes consequências — desde que, é claro, consiga se alimentar adequadamente. —Já uma criança com menos de 5 anos que não come o suficiente terá perdido a oportunidade de formar os neurônios necessários e nunca será o que poderia ter sido.

A fome dos menores costuma ser um efeito da fome de suas mães. As mulheres, a metade da população mundial, representam 60% dos famintos. Há muitas culturas onde a pouca comida é repartida de tal forma que os homens recebem mais do que as mulheres: fome de gênero. A cada dia, trezentas mulheres morrem de parto por causa da anemia. E mil parturientes morrem todos os dias por outras deficiências nutricionais.

Por isso, todos os anos nascem 20 milhões de crianças que não se formaram plenamente e começam sua vida com um peso menor do que deviam ter e viverão assim, porque os corpos mal-alimentados de suas mães não produzem o leite necessário. É o mais vicioso dos círculos: mães mal-alimentadas criando filhos subdesenvolvidos. Por seu nascimento, por seus primeiros meses, muitas dessas crianças jamais crescerão como deveriam. Seus cérebros não acabarão de se desenvolver, seus corpos serão débeis, presas fáceis de qualquer doença. A fome dos primeiros mil dias de vida não acaba nunca.

Ou acaba, brutalmente, antes do tempo. Todos os anos, mais de 3 milhões de crianças morrem por causa da fome e de doenças — tosse, diarreias, rubéolas, malárias — decorrentes, que seriam apenas anedotas na vida de uma criança bem-nutrida.

Três milhões de crianças são mais de 8 mil crianças mortas por dia, mais de trezentas por hora, mais de cinco em um único minuto.

4

Madaua são cinco ruas de terra que inundam sempre que chove, com seus cabritos, seus meninos, a agitação ingênua do mercado de uma aldeia. Madaua era, até há pouco, tediosa de tão calma. Agora, no entanto, nós, os branquinhos, não podemos sair sozinhos. A guerra do Mali chegou aqui e dizem que a aldeia está cheia de jihadistas oriundos do norte da Nigéria, não se sabe ao certo; mas se sabe que nos últimos meses houve atentados, sequestros, vários combates. O surpreendente é que não houvesse antes. Mas não: aqui a pobreza era perfeitamente resignada.

— E se um dia viesse um mago e lhe dissesse que poderia lhe pedir qualquer coisa que quisesse o que você pediria?

— Eu não acredito em magos, senhor. Eu só acredito em Deus, no único Deus, e Maomé é seu profeta.

O hospital de Madaua é formado por várias salas de alvenaria pintadas de azul, de ocre, de verde, em um terreno grande e plano na saída da aldeia; ao redor, há tendas para atender mais pacientes porque tudo está repleto de pacientes. Na entrada do hospital de Madaua, ameaças de uma tempestade de areia, gritos de pássaros revoando no baobá, Mariama, sentada sob uma árvore, espera que alguma coisa aconteça. Ou, melhor dizendo, que alguma coisa acabe de acontecer: seu neto Abdelaziz morreu há uma hora e ela não sabe como contar a seus pais. O pai, seu filho, veio ontem com ela e o menino e os deixou ali. Tinha de voltar à aldeia para poder ir, depois de amanhã, ao mercado e vender sua única cabra e voltar na sexta-feira com algum dinheiro para comer enquanto o menino continuasse no hospital. O menino estava bem magrinho, comia muito pouco, havia tido febre ao longo de duas semanas. A mãe ficou na aldeia: teria preferido vir, mas tem outros filhos dos quais precisava cuidar. Agora Mariama não tem mais nada a fazer, não tem dinheiro para comer, não tem como avisar que o menino morreu, e o corpinho espera em uma caminha, coberto com um pano amarelo, que alguém faça alguma coisa.

— Deus me mandou este destino, então certamente o mereço. Para que haja gente feliz, alguns de nós temos de ser infelizes. Assim é a vida, sabe.

Eles sabem. O Níger gasta anualmente 5 dólares por habitante em saúde. Os Estados Unidos, por exemplo, gastam 8,6 mil; a França, 4,95 mil; a Argentina, 890; a Colômbia, 432. Em 2009, havia em todo o Níger 538 médicos, um para 28 mil habitantes — a média de um país médio, como o Equador, as Filipinas ou a África do Sul, é de um médico para mil pessoas. Li os números em uma publicação oficial do governo, que diz que, em 2010, um ano depois, só restavam 349, ou seja, um médico para 43 mil pessoas. A migração daqueles que sabem ou podem e querem fugir da miséria e das doenças produz doenças, mais miséria. Os países ricos — que usam barreiras, muros, lanchas, metralhadoras para deter os migrantes em estado de desespero — levam embora com prazer os poucos profissionais que conseguem se formar nestes desertos.

O hospital de Madaua também precisa de mais médicos: atualmente são oito — um privilégio financiado pelos Médicos Sem Fronteiras —, que se revezam em quatro turnos e cuidam de quatrocentas crianças. Dois médicos por turno, quatrocentas crianças.

Abdelaziz dormia com Mariama, sua avó. Gostava de brincar com as outras crianças, diz ela, mas sempre se cansava depressa. E comia pouco; mesmo quando havia comida, não comia o bastante. Era o segundo filho de sua filha; o primeiro morreu com poucos dias: havia nascido muito magrinho. Foi um ano difícil, não haviam tido muito o que comer e parece que ele sentiu, diz Mariama. Depois nasceu Abdelaziz, há cerca de quatro anos, e então, há dois, uma menina e agora, há uns dois meses, outra menina, que parece doente.

— Por isso minha filha ficou em casa para cuidar dela.

Mariama, por sua vez, teve onze filhos, diz, e agora conta-os nos dedos, repete nomes, faz caretas:

— Agora me restam quatro, dois homens e duas mulheres.

Os outros, três mulheres e quatro homens, morreram na infância: três quando tinham entre um ano e meio e dois, depois de parar de mamar; outro, um pouco mais velho, por causa de uma epidemia de rubéola. Mas houve uma, diz, que morreu grande, já casada.

— Foi muito triste, mas foi a vontade de Deus, o que podemos fazer... — diz, e ri de desespero.

Sou tomado de assalto, de repente, por uma ideia incômoda: aqui, cada adulto — cada um destes homens e mulheres que esperam que seus filhos se curem da fome, cada um dos que caminham pela rua de terra que circunda o hospital, cada um dos vendedores de cartões para telefones celulares, cada uma das vendedoras de sonhos, cada enfermeiro, cada doente — é um sobrevivente, uma pessoa que vive precariamente. Uma espécie de azar afortunado, o acaso de que uma criança viva para crescer e tornar-se adulta. O que, de alguma maneira, elimina qualquer ideia de direito adquirido: a ideia de que os adultos, aqui, são mortos foragidos, devedores, caloteiros, invasores de suas próprias vidas.

E por isso, nós, os branquinhos, queremos acreditar às vezes que para eles nada disso é muito grave: bem, estão habituados, as mortes não lhes doem como doem para a gente. Deve ser uma forma de se aliviar, de suavizar as culpas. Naquela manhã, observando a procissão silenciosa, digna, de mãe e tia e avó com o bebê recém-falecido, caí pela enésima vez nessa armadilha. E no truque de pensar que há um padrão cultural — que também deve ter existido na Europa há um ou dois séculos — pelo qual um casal sabe que para assegurar uma quantidade suficiente de filhos deve produzir alguns a mais, prever suas mortes — e que as pessoas aceitam isso com certa naturalidade.

E agora, conversando com Mariama, ficava dando voltas e não sabia como lhe perguntar. Finalmente, encontrei uma forma que me pareceu tolerável:

— Quando começou a ter filhos, já sabia que alguns iam morrer, já esperava por isso?

— Não, eu não achava isso — disse, e me olhou de uma maneira estranha, com desconfiança. — Você não deve ter filhos para que morram. Isso seria insultar Deus.

No Níger, cada mulher tem, em média, sete filhos — a maior taxa de fertilidade do mundo—; no Níger, uma em cada sete crianças morre antes de completar 7 anos. Se a estatística fosse uma ciência exata, seria possível afirmar que cada mulher nigerina teria de sofrer a perda de um filho. Não é assim: nas cidades morrem um pouco menos; nestas aldeias, mais.

Uma em cada sete crianças morre antes de completar 5 anos; nos países ricos, morre uma em cada 150.

Hussena diz que acha que deveria parar de ter filhos.

— Já tive muitos. E cada vez é mais difícil. Com a idade...

Hussena está no hospital de Madaua porque suas gêmeas adoeceram: ardiam de febre, vomitavam, nem sequer choravam. O *marabu* lhes deu umas ervas, mas não funcionaram. Quando chegaram ao hospital, respiravam com dificuldade e estavam bem magrinhas. Uma das gêmeas morreu ontem de manhã. Agora Hussena reza para que a outra sobreviva. Hussena está com a gêmea — sua única gêmea — no colo. A menina não chora; pisca, aperta os lábios, ameaça gestos que não chega a fazer. Os bebês desnutridos têm rosto de velhinho triste: como se a morte quisesse assentar seus direitos impondo-lhes as marcas de um tempo que não foi.

Tristeza, abulia, a resignação em todo o corpo.

As gêmeas Hassana e Hussina nasceram há dez meses; eram a décima segunda e a décima terceira. Hussena tem por volta de 45 anos e diz que nunca imaginou que sua vida seria assim.

— Quando era menina, brincava com bonecas de barro e lhes dava de comer, sempre lhes dava de comer. Eu acreditava que ia viver assim, em boas condições, mas o que aconteceu foi isso e agora tenho de aceitar.

— Quais seriam as boas condições?

— Ter comida, algumas roupas, um pouco de dinheiro para as despesas.

— E por que foi assim?

— Não sei. Meu marido trabalha e trabalha, mas nunca chegamos a isso...

— Por quê?

— Não sei. Me pergunto muitas vezes, mas nunca sei.

Falam da seca. Quando falam da fome no Níger, no Sahel em geral, sempre falam da seca. É verdade, o clima influi: a seca do ano passado, por exemplo, a famosa mudança climática, essas coisas.

Por milênios, desde que começaram a cultivar alimentos, os homens sempre dependeram do clima, temeram o clima. Para acreditarem que poderiam controlá-lo — ou, pelo menos, atenuar seus efeitos —, inventaram deuses, lhes entregaram bens, vidas e destinos. Há pouco mais de um século, aprenderam a prever o tempo: às vezes, até com certa precisão. Mas continuaram a acontecer fenômenos que escapavam dos prognósticos: furacões, secas, geadas e outros caprichos repentinos da natureza cujas causas continuávamos sem entender.

Em tempos de Ciência, era difícil inventar outros deuses; por isso, recorremos à Razão: a ideia da mudança climática permite supor que todas essas perturbações — o aumento da temperatura, a queda da temperatura, a redução da calota polar ártica, o crescimento da calota polar ártica, os calorões, os terríveis frios, os tornados, ciclones, maremotos — têm uma causa comum que conhecemos. E ainda por cima que a causa somos nós, pobres deuses.

A ideia da mudança climática trouxe um princípio de ordem que nunca houve: agora sabemos — achamos que sabemos — a que se devem, por que acontecem essas coisas das quais nunca sabemos a razão. Todos os gregos sabiam que era Zeus quem lançava raios; agora todos sabem que é a mudança climática. Talvez até seja verdade. De qualquer maneira, é um alívio, sem sombra de dúvida.

A civilização são as tentativas que o homem faz para depender menos do clima — construir um teto para não se molhar, inventar um aparelho de ar-condicionado para não torrar, um sistema de irrigação para não ficar sem colheita. Há, logicamente, patamares. Nos Estados Unidos, a seca deste ano vai impedir que muitos fazendeiros troquem o trator ou o carro ou que paguem a universidade de seus filhos — e, mesmo assim, vão continuar recebendo subsídios — e, graças a essa seca, argentinos ricos vão ficar mais ricos. A seca do ano passado na região de Madaua acabou de matar de fome Seydou, Abdelaziz, Hassana, muitos outros. Mas o que mata não é o clima: é a falta de recursos, de restos para suportar suas variações — nada mais constante.

— E de quem é a culpa?

    — De meu marido e minha. Nós teríamos de conseguir comida.

    — Por quê? Há alguma coisa que deveriam ter feito e não fizeram?

— Bem, se pudéssemos vender alguma coisa, teríamos mais dinheiro.

— E por que não fazem isso?

— Por que não temos dinheiro sequer para começar.

— Por quê?

Hussena me olha em silêncio, com tanta pena que me cala.

Costuma-se acreditar que na África há muitas enfermidades letais dando voltas. A realidade é que aqui há tantas doenças como em qualquer outro lugar, só que as enfermidades que em outros lugares não são letais aqui são mortais. Um norte-americano que é contagiado pela aids sabe que terá de passar a vida tomando retrovirais e sofrerá as consequências de uma longa doença crônica; um africano que é contagiado pela aids sabe que o mais provável é que não consiga comprar os remédios e que morra em poucos anos. A malária mata 1 milhão de africanos por ano; para matar, precisa atacar um corpo mal-alimentado e que, além disso, não tenha possibilidades de ser tratado. Há alguns anos, eu tive malária: fiquei dois dias em um hospital e esqueci o assunto. A mesma coisa acontece com o tifo, a diarreia, a tuberculose e muitos outros males.

O perigo das doenças sempre foi, em alguma medida, uma questão de classe. Sempre foi, mas nunca tanto como agora: com o desenvolvimento da medicina e da indústria farmacêutica, ter ou não ter dinheiro é a melhor informação para saber se a pessoa vai ou não vai se curar.

Hussena também tinha uma irmã gêmea; aos 6, 7 anos, começaram a frequentar o madraçal, a escola corânica onde o *marabu* lhes ensinava a recitar de memória os sutras do Corão. Quando o *marabu* disse que as gêmeas eram inteligentes, aprendiam bem, seu pai resolveu mandar uma delas à escola pública e lhe pediu que a escolhesse. O *marabu* disse que não podia; que ele o fizesse. O pai também não conseguiu escolher e, com muito esforço, mandou as duas. Hussena concluiu o primário; quando quis continuar, seu pai lhe disse que não podia mais.

— Disse-me que não podia e me pediu desculpas. Foi a única vez em que o vi fazer uma coisa dessas. Estava triste.

Hussena se casou grande, aos 17 anos, com um rapaz que conhecera no casamento de uma prima: ele passou a tarde olhando-a e, finalmente, se aproximou e disse que queria se casar com ela. Ela lhe disse que conversasse com seu pai; ele conversou. Hussena diz que é melhor se casar assim, por escolha e não tão pequena, que ela sabe. E que está feliz por ter se casado com esse homem, apesar de tudo.

Hussena já pariu treze vezes. Seus três primeiros filhos, todos homens, não tiveram problemas; os cinco que vieram depois morreram. Nasceram muito fracos, muito pequenos; não aguentaram viver. Quando morreu o terceiro, as anciãs da aldeia lhe disseram que era por causa dos partos seguidos, porque ficava grávida dois ou três meses depois do parto e parava de amamentar e o bebê tinha de comer outra coisa e adoecia e morria, e porque, além disso, com tantos partos, Hussena estava tão débil e tão fraca que cada bebê nascia muito pequeno, muito frágil. Hussena entendia, mas continuava engravidando.

— Em que você pensava quando seus bebês morriam, um atrás do outro?

— Não sei, me perguntei por que deus não queria que meus filhos vivessem, comecei a tentar não engravidar. Fui ver o *marabu*: me deu um *grigri* para que não engravidasse.

Um *grigri* é uma corda que alguém amarra, geralmente na cintura, com um pedacinho de pele de animal ou um pedaço de pedra ou de argila, um amuleto para curar uma doença ou afastar outros males.

— E isso a impediu de engravidar?

— Sim, impediu.

— Por quê?

— É assim. É nossa tradição — diz, e ri.

De vez em quando, Hussena me dedica um sorriso doce, leve, com essa compaixão com que se olha para aqueles que não conseguem entender coisas fáceis.

Nos doze anos seguintes, Hussena teve mais seis filhos, que viveram. Até ontem, quando morreu a sexta, a gêmea.

— Esse parto foi muito difícil — diz, e lhe pergunto se são mais fáceis agora ou no começo.

— Não, antes era mais fácil, eu tinha mais força. Com a idade, tudo fica mais difícil... Agora, quando estou grávida, todo o trabalho me custa muito mais — diz, e também que os partos anteriores haviam sido tranquilos, em sua casa, mas que quando engravidou das gêmeas, há dois anos, tinha muito pouca comida e estava muito fraca e que quando começou o trabalho de parto desfaleceu e a trouxeram ao hospital de Madaua desmaiada em uma motocicleta e que, então, isso aconteceu, diz, e me exibe uma grande queimadura na panturrilha.

— Me feri no cano de escapamento. Isso acontece porque ando nessas coisas.

Os médicos lhe disseram que o problema é que havia comido muito pouco — não lhe disseram pouco, diz; lhe disseram muito pouco — e que por isso as gêmeas nasceram tão débeis e que tinha de alimentá-las bem. Ela dizia, sim, claro, sim, claro; no dia em que estava indo embora, se animou a lhes perguntar como iria poder alimentá-las bem e lhe disseram que tinha de amamentá-las, mas que para isso tinha de comer bem, para que seu leite saísse forte e fosse muito.

— Imagine — me diz, diz imagine. Que imagine sua angústia, suas dúvidas: que ela comia menos para que seus meninos não ficassem sem comer, mas que agora lhe diziam que, se ela comesse menos, as gêmeas adoeceriam e que então comeria. — Se não como, meu leite não serve. Mas, se como, meus filhos não comem. Então, se como para ter leite bom, estou salvando os menores e abandonando os outros. E para quê? Para que quando os pequenos forem maiores aconteça a mesma coisa com eles?

— O que você fez?

— Não sei, não sabia o que fazer, às vezes comia, às vezes não. Para que serviu... — diz, e olha para o chão. Em seus braços, Hussina chora bem baixinho.

— Às vezes, odeio ter filhos — diz, e eu hesito em lhe perguntar mais; tenho pudor, vergonha. Mas ela quer me contar: — Odeio porque tenho medo de que eles me odeiem por fazê-los viver vidas assim.

Aqui, em um descampado como este, nasceu o homem. É fácil, aqui, refletir sobre as vantagens de se afastar do lugar de origem: emigrar, mudar, voar. É fácil; dizem que nasceu aqui e dizem — dizem agora — que o homem nasceu da seca: que há vários milhões de anos — a cifra é discutida e revisada, nada é mais variável do que o passado —, uns macaquinhos que viviam nas árvores tiveram de descer dos galhos porque a seca os privava de seus alimentos habituais. Tiveram de se erguer sobre suas duas pernas, caminhar, correr, tentar a vida em uma planície meio seca. Aqueles que souberam fazê-lo melhor foram sobrevivendo; depois de milhares de anos, sua habilidade de se manterem erguidos lhes permitiu carregar um cérebro mais pesado e, com o tempo, até usá-lo. Daí aqueles machados de pedra, 6 milhões de deuses, o bife à milanesa com purê, estes bichinhos que chamamos de letras. Viemos daquela seca; nesta, nada diz aonde vamos.

— Você é religiosa?

— Bem, sou muçulmana.

— E por que Deus fez um mundo onde há tantas pessoas que não têm comida suficiente?

— Eu não sei, não tenho como saber. Mas, cada vez que não tenho, peço a Deus que me dê mais comida.

— E Deus não a ouve?

— Sim, ele ouve, e às vezes me dá, mas às vezes não me dá.

— Deus não poderia ter criado simplesmente um mundo onde todos tivessem comida sem tantos problemas?

— Deus o criou assim: com uns que são ricos e outros que são pobres, e os pobres têm de rezar para ter alguma coisa para comer.

— Ou seja: se não houvesse tantos pobres, haveria menos gente rezando para Deus...

— Não sei, eu não consigo entender essas coisas.

— Talvez Deus tenha criado os pobres para que haja gente que precise mais dele.

— Talvez — diz, e ri. — Acho que nunca havia pensado nisso, mas acho a ideia interessante. Meu erro é insistir.

— Não é egoísta de sua parte?

— Deus não é egoísta. Às vezes, quando Lhe peço, me dá. E, quando não me dá, tenho certeza de que Ele sabe por quê — diz, entrincheirada de novo em suas certezas.

As famílias de camponeses nigerinos funcionam, com muita exatidão, como unidades de produção de vida: o marido vai ao campo, cultiva laboriosamente seu pedaço de terra, provê o grão; a mulher procria, não vai ao campo, cuida da casa e dos filhos, prepara a comida; às vezes, consegue se ocupar de uns metros de terra meio arenosa onde cultiva plantas comestíveis, como o quiabo, para fazer molho. Há, às vezes, atividades complementares: o homem pode lavrar um campo alheio quando o próprio não consegue suprir suas necessidades, ou, inclusive, emigrar por um tempo limitado; a mulher pode tentar alguma espécie de *petit commerce* que, se conseguir o capital inicial, certamente consistirá em amassar, fritar e vender sonhos.

A família deve produzir filhos suficientes para garantir a continuidade: as filhas mulheres são entregues a outras famílias em troca do pagamento de um dinheiro — o dote — e se afastam; os filhos homens garantem a sobrevivência de seus pais quando eles não conseguem mais trabalhar. Por sua vez, a mãe transformada em avó cuida das crianças e da casa, e o pai, transformado em ancião, mantém um suposto saber que lhe dá um poder simbólico que o mantém vivo.

É outra dessas opções econômicas difíceis: em um país onde a taxa de mortalidade infantil é uma das três maiores do mundo, se uma família não tiver muitos filhos, correrá o risco de não haver homens suficientes para trabalhar quando o pai não conseguir mais. Mas, se os tiver, talvez sobrevivam mais do que os que pode alimentar. É um equilíbrio complicado: não ter tantos filhos por não poder mantê-los durante a infância ou tê-los o suficiente para que possam mantê-lo em sua velhice.

No mundo rico, onde se supõe que as estruturas do Estado e de outros fundos cuidarão de nossa decadência, ter filhos se transformou em uma busca de realização pessoal e afetiva, em uma forma de continuidade simbólica; no mundo pobre esta é, também, ainda, a primeira estratégia de sobrevivência.

Tudo isso, naturalmente, é um esquema, mas um esquema que se verifica em quase todas as famílias, tão distantes da complicação e confusão das funções das famílias ocidentais contemporâneas.

Diante dessas inovações, repletas de funções tão recentes que nem sequer têm nome — como se chama a relação do filho de um cônjuge com o filho de outro? Como se chama a relação desse cônjuge com os filhos dos filhos de seu cônjuge? Como a de cada um dos integrantes de um casal homossexual em relação a seus filhos? —, as estruturas dessas famílias parecem simples e imutáveis.

A tentação: pensar que é lógico que sejam assim, ancoradas como estão em uma sociedade que continua lidando com formas de produção, ritmos, problemas tão semelhantes aos que viveram seus tataravós.

A vida agrária, tão ligada ao que não muda jamais.

O primeiro objetivo de qualquer homem, de qualquer grupo de homens, é comer. Há 10 mil anos, todos trabalham para poder se alimentar. As sociedades foram se especializando. Agora, nas mais ricas, apenas 2 ou 3% da população trabalha na terra para produzir comida. Em muitos países da África, os camponeses ainda representam de dois terços a três quartos da população. A proporção de agricultores é uma medida cruel da riqueza — do "desenvolvimento" — de uma sociedade.

Oito em cada dez nigerinos vivem no campo, do campo. Acho difícil imaginar, a essa altura, uma sociedade tão fortemente baseada na agricultura de subsistência. Não uma sociedade onde certas pessoas que possuem terras e máquinas produzem grandes quantidades de plantas para vender a outras pessoas; uma sociedade na qual pessoas que não possuem quase nada produzem plantas para ver até quando poderão se alimentar delas.

— Se um dia aparecesse um mago e lhe dissesse que poderia lhe pedir qualquer coisa que quisesse, o que pediria?

— Comida. Comida para todos os dias. É isso que eu lhe pediria.

Hussena está com um pano preto amarrado na cabeça, uma argola dourada na orelha direita, o olhar atento e inteligente, as cicatrizes paralelas de sua tribo nas faces, um colar de sementes no pescoço, o corpo magro e consumido, as mãos ásperas e um calo proeminente, quase branco, na base dos dedos polegares, onde a mão segura o pilão do almofariz: são quarenta anos de almofariz, todos os dias, duas horas por dia. Trinta mil horas socando com a base do pilão os grãos de milho, desfazendo-os, transformando-os no único alimento viável.

— E quando você era menina havia mais ou menos comida do que agora?

Minha pergunta tentava ser genérica, se as coisas estão melhores ou piores do que antes, mas sua resposta não:

— Não, havia mais, havia mais porque não tínhamos tantos filhos. Tínhamos, mas morriam. Agora, com todos os filhos que temos, há muito menos.

Imaginamos a agricultura como uma atividade antiga. Nos países mais ricos da Europa, a agricultura é artesanato, um anacronismo que o Estado se empenha em manter e subsidiar para não perder suas tradições: uma cultura. Nos países mais ou menos ricos do Novo Mundo cerealista — Canadá, Austrália, Ucrânia, Rússia, Brasil, Argentina — é negócio de uns poucos. Nos Estados Unidos, onde os lobbies agrários têm certo poder, seu setor representa apenas 4% do PIB.

Em geral, pouco antes de pensar, a agricultura nos parece uma coisa levemente desprezível, o setor mais antiquado, menos dinâmico e contemporâneo do trabalho humano. Esquecemos um detalhe: ainda não descobrimos outras formas de produzir alimentos — de transformar a energia solar em combustível para animais.

Décadas de esforços em laboratórios sofisticados, milhares de ideias e de patentes, grandes quantidades de colorantes, saborizantes, aromatizantes, edulcorantes e tantos outros *antes* não alteraram o fato de que continuamos comendo frutos da terra ou do que outros animais fazem com esses frutos da terra.

E a agricultura ainda consiste de cinco processos básicos: selecionar plantas utilizáveis, administrar a água, renovar e enriquecer os solos, proteger as plantações das pestes e usar a força de trabalho para colher. E tampouco as plantas são tantas. Existem umas 250 mil espécies vegetais, das quais umas 50 mil são comestíveis e comemos cerca de 250: cereais, raízes, tubérculos, frutas, verduras, ervas, nozes, especiarias.

Em nossos dias (e em média, porque as proporções mudam muito conforme os lugares), carnes e leites (de animais alimentados graças aos cultivos) fornecem um quarto das proteínas que consumimos, e os peixes mais 5%. O restante são os vegetais, produto direto da agricultura. Noventa por cento de nossas calorias vêm de quinze espécies vegetais; dois terços são produzidos por três plantas: o arroz, o milho, o trigo.

O negócio da comida — agricultura, manufatura alimentícia — representa apenas 6% da economia mundial: uma ninharia, dez vezes menos do que o setor de serviços. O curioso é que essa ninharia define todo o resto; sem a ninharia, nada mais existiria. E 43% da população economicamente ativa do mundo — cerca de 1,4 bilhão de pessoas — é de agricultores. Demografia, peso econômico e necessidade real estão extremamente distantes.

A agricultura — a agricultura dos países pobres, picareta e pá — é uma atividade muito física, na qual os homens podem ter vantagem: as mulheres se esforçam, contribuem, mas é evidente que são os homens que devem alimentar a família, e isso produz uma ideia de vida. A submissão feminina tinha sua contrapartida muito precisa: em troca — a dialética do senhor e do escravo —, o homem lhe dava de comer. Nas sociedades opulentas, romper com essa ideia pode ser mais simples, mais factível; em mundos como este, se complica. Mas aqui tampouco deve ser fácil ser homem: ter de prover e não poder, falhar constantemente.

Salou, o marido de Hussena, não está entre os mais pobres: tem dois campinhos, de meio hectare cada, onde cultiva milho. Cada um lhe dá, quando a seca não é extrema, quando o gafanhoto não o destrói, uns sessenta farnéis de milho. Nos anos melhores, um farnel pode conter quinze quilos de grão; no entanto, nos piores, só um ou dois.

— Pode variar tanto?

— Sim, você nunca sabe. Nunca sabe.

Hussena e eu começamos a fazer contas. Em um ano muito bom, cada campinho pode lhes dar uns 900 quilos de milho; 1.800 no total. Uma família grande como a dela precisa de pelo menos duas *tias* — cada *tia* equivale a 2,5 quilos — de milho por dia: 5 quilos diários de grão não descascado. Cinco vezes 365 são 1.825; nem sequer em um ano excepcional produzem o suficiente para que comam todos os dias. E isso sem contar todas as outras despesas: sal, açúcar, chá, algum tomate, roupas, sapatos, transporte, querosene para a lamparina, ferramentas, remédios.

— Meu trabalho é fazer com que o milho dure. Meu marido planta o milho, cuida dele, colhe, entrega-o para mim. Então eu tenho de cuidá-lo. Às vezes, brigamos. Ele me pede que lhe dê mais comida. Mas nunca bate em mim. Quase nunca. Eu lhe digo: você quer continuar comendo quando tiver de sair para plantar? Então agora temos de comer um pouco menos, para que dure até lá. E finalmente ele entende. Mas é claro que também tenho medo de me equivocar. Tenho medo de calcular mal e que o milho não dure o que tem de durar, que acabe antes: já aconteceu algumas vezes.

— E aconteceu alguma vez de se equivocar ao revés, que tenha sobrado?

Hussena ri e me olha com um misto de estranheza e compaixão.

Em qualquer ano que não seja perfeito, a comida acaba em seis ou sete meses. Para não falar de anos como o último, quando não foi possível colocar em muitos farnéis nem mesmo 1 quilo de grão. Então, para completar, muitos tentam plantar cebola em dezembro — mas nem sempre conseguem, porque precisam de dinheiro para as sementes, para o adubo e, sobretudo, porque nem sempre há água suficiente. No resto do tempo, Salou procura fazer bicos — que às vezes aparecem e às vezes não.

— Então às vezes comemos e às vezes não. Às vezes, um vizinho me dá a casca do milho e eu faço com ela um caldo para meus filhos. Às vezes, comemos folhas de algumas árvores. Às vezes, não consigo nem isso... — diz Hussena, e volta a rir da minha surpresa. Este senhor, deve pensar, não entende nada da vida.

— E alguma vez comem outra coisa que não seja milho?

— Às vezes, no sábado, que é o dia do mercado, podemos comprar, sim, alguma coisa.

— Que coisa?

— Batatas, mandioca...

— E o que você mais gosta de comer?

— Eu prefiro arroz, mas quase nunca posso comprá-lo. Quando há no mercado, uma *tia* custa 1.500. Por sua vez, o milho custa 800 francos. É uma barbaridade.

Oitocentos francos por uma *tia*, mais de 300 por quilo. Há alguns meses, na época da colheita, o quilo de milho era vendido a 70 francos. É quando os comerciantes se aproveitam: compram dos camponeses endividados, guardam, esperam. Especulam. Depois, ano sim, ano não, a fome chega.

— Mas este ano comi carne de vaca.

Diz que houve um casamento de um parente rico e que comeu um pedacinho de carne: que era de vaca, diz, carne de vaca.

Em meu rascunho, o capítulo sobre o Níger sempre foi intitulado de "a fome estrutural": a fome que responde a condições profundas, quase uma ontologia. Um país onde a fome seria, de alguma maneira, produto de uma

49

fatalidade geográfica, climática: um espaço árido com uma produção tão limitada que não é suficiente para alimentar seus habitantes. É, em geral, a imagem que se oferece do Sahel em geral, do Níger em particular, e eu demorei a perceber que estava me rendendo a certa ideologia. Não existe tal coisa, a fome estrutural, inevitável. Sempre há causas, razões, decisões.

Quando dizem estrutural, estão dizendo fatal, inalterável.
Mais armadilhas do *burocratês*.

— E, quando você passa bem, fica feliz?
    — Quando tenho o que comer e dar de comer aos meus filhos, fico feliz. Esses são os melhores momentos.

(PALAVRAS DA TRIBO)

Como?

Mas tudo depende do ponto de vista. Orson Welles é o Terceiro Homem, um traficante de antibióticos adulterados em Viena no pós-guerra, vendedor de remédios que matam porque não curam, e Joseph Cotten, seu velho amigo, lhe reprova o tráfico. Estão no ponto mais alto da grande roda-gigante do parque Prater; Welles lhe responde que não seja melodramático.

— Olhe para baixo. Diga-me: de verdade, teria pena se um desses pontinhos parasse de se mexer?

Parece excesso de cinismo — que sempre parece excesso. O excesso está, sobretudo, em que, enquanto o diz, os olha lá, ao longe: são pontinhos. Para evitar o cinismo, não olhamos.

Como, caralho?

não, eu não digo esses filhos da puta não se importam nem por um caralho. Às vezes, tenho vontade de matá-los, penso como, merda, fazem para viver assim e de verdade não os entendo. Como podem ser tão insensíveis a ponto de ficar olhando para a fotografia de um menino magrinho, com olhos arregalados e uma carinha de tristeza e sem se importar? Não, todos esses filhos da puta deveriam ser presos e todos pelo fato de serem filhos da puta. Eu não poderia fazer isso, cagar assim pra tudo, não, eu dou, na nossa empresa temos uma política: a cada fim de exercício entregamos uma quantia, nem sempre a mesma, conforme tudo andou, a algumas fundações com as quais colaboramos há tempos, porque, de verdade, não é possível ser tão idiota e saber que acontecem coisas como estas e não fazer nada, não? Sobretudo se você teve sorte, foi afortunado e passa bem, tem algum dinheiro, uma família. Por isso é necessário contribuir, todos temos de contribuir, cada um na medida de suas possibilidades, para saber que pelo menos não

Como, caralho, conseguimos?

Perguntar-se onde vou comer esta noite. Perguntar-se o que vou comer esta noite. Perguntar-se com quem vou comer esta noite. Fazer a si mesmo as perguntas de sempre, as mais habituais.

Perguntar-se se vou comer esta noite.

Como, caralho, conseguimos viver?

— Não, mas de verdade: com todos os desastres que temos aqui em volta você vai foder crianças africanas? Não será que é porque não quer se ocupar do que há ao seu redor? Não está fugindo?

Como, caralho, conseguimos viver sabendo?

Não dizem: a fome é uma exibição do fato de que não nos importa que existam outros que vivem muito mal. Não dizem: do fato de que não nos importa que existam outros.

Não os julgo: enuncio. Talvez seja bom que não nos importe. Talvez seja uma besteira perder tempo ou se achar Deus e pensar nos outros. É necessário avaliar a possibilidade: discutir seus prós e contras.

Como, caralho, conseguimos viver sabendo que acontecem?

posso lhe garantir que às vezes tenho vontade de sair com uma bazuca e matar todos eles. Todos eles, está entendendo? Que não reste nenhum vivo: fico transtornado ao ver esses sujeitos que enchem os bolsos com o suor dos outros, com o sofrimento dos outros, irmão... Esses sujeitos que esfomeiam milhões de pessoas, ali parados fazendo-se de espertos em cima de uma montanha de cadáveres... Eu lhe juro que mataria todos, se isso servisse para alguma coisa. Mas o que você ganha com isso? Falando sério: o que pode fazer? De verdade, o que você pode fazer para que mude este sistema de merda? Se eles têm todo o poder, todas as maçanetas, não há maneira de tirá-los de seus bunkers e de seus bancos e de seus aviões e de seus

Como, caralho, conseguimos viver sabendo que acontecem essas coisas?

5

Primeiro foi a caça, o tráfico de escravos: a partir do século XV, certos árabes e certos europeus acabaram com boa parte da população da África: metade, segundo alguns historiadores. Depois, a invasão europeia do final do século XIX liquidou o que restava das economias africanas. Suas indústrias destruídas, seu comércio arruinado, suas terras ocupadas, seus cultivos alimentícios substituídos por produtos de que as metrópoles precisavam.

Quando veio a independência, os europeus levaram tudo o que puderam. Na maioria dos países, a situação era difícil: infraestruturas pobres, poucos técnicos, falta de capital acumulado para investir em tudo isso — e, logicamente, conflitos sociais e políticos. Mas tudo piorou a partir dos anos 1980, quanto começou a se impor o Consenso de Washington, e o Banco Mundial e o Fundo Monetário Internacional "convenceram" — à força de ameaças sobre suas dívidas externas — a maioria dos governos africanos a reduzir a ingerência de seus Estados em diversos setores. Um deles foi a agricultura, que ainda era a atividade principal de boa parte do continente — e alimentava a grande maioria de seus habitantes.

"O mercado se encarregará de melhorar suas condições", rezavam os mandamentos do Banco Mundial e do FMI. Enquanto isso, o Estado deveria parar de subsidiar os camponeses e de lhes garantir que comprariam uma parte mínima de seus produtos e de regular seus preços — sob o pretexto de integrá-los a um "sistema global de livre comércio".

Em muitos países, os governantes aceitaram essa política sem maiores resistências: os camponeses não tinham a força necessária para influenciar nas decisões. E, de qualquer maneira, a agricultura era uma atividade arcaica que não valia a pena fomentar: era, diziam os experts ocidentais, a causa da pobreza de tantos africanos.

Mais tarde, o próprio Banco Mundial diria que os subsídios à agricultura servem quatro vezes mais do que qualquer outro para reduzir a fome. Mas, entre 1980 e 2010, a proporção da ajuda internacional à África destinada à agricultura caiu de 17% para 3%. Enquanto isso, os Estados Unidos e a Europa subsidiavam seus fazendeiros com cerca de 300 bilhões de dólares anuais.

O Fundo também pressionou para que fossem abandonadas as plantações familiares de produtos de consumo local e para que essas terras se dedicassem a produzir para o mercado global — café, chá, algodão, soja, amendoim. Com as divisas que recebiam por essas exportações, os países poderiam pagar suas dívidas externas — os juros de suas dívidas externas. E ficavam cativos dos mercados internacionais — administrados pelos países e empresas mais potentes.

Naquela época, em muitos países, a abertura dos mercados fez com que alimentos importados, mais baratos, subvencionados por seus governos de origem, substituíssem os locais. Foi uma das grandes violências do mercado mundial: sem ter onde colocar seus produtos, milhões de camponeses dos países mais pobres perderam até a camisa que nunca tiveram. E seus países abandonaram qualquer esperança de produzir sua própria comida e, com ela, a de não depender dos preços, caprichos e imposições do "mercado".

Os alimentos importados também aprofundam as diferenças regionais: a maioria é destinada às grandes cidades, majoritariamente costeiras, onde se concentra a riqueza nacional. Dos cinquenta países mais pobres do mundo, 46 importam — dos países mais ricos — mais comida do que exportam. Durante mais de um século, a África foi exportadora líquida de alimentos; a partir de 1990, passou a importar mais do que exportar.

Nesses dias, o secretário de Agricultura de Ronald Reagan, John Block, havia dito que "a ideia de que os países em vias de desenvolvimento deveriam alimentar a si mesmos é um anacronismo de uma era passada. Devem, sim, garantir sua segurança alimentar confiando nos produtos estadunidenses, que podem ser obtidos, na maioria dos casos, a um custo menor".

Estava claro: os Estados Unidos e a Europa cultivavam melhor e mais barato e por isso os africanos — e outros pobres — deviam deixar de fazê-lo e começar a trabalhar para pagar com sua renda os alimentos importados; embora não estivesse claro em que trabalhariam. Em alguns casos foram instaladas fábricas rudimentares ou maquiadas que usavam essa mão de obra barata; na maioria, não havia nada. Assim, os arredores das grandes cidades foram se enchendo de desocupados — e os campos, de camponeses que não tinham terras ou meios para cultivá-las.

Dois em cada três africanos ainda são camponeses. Aqueles que ainda vivem em uma economia de subsistência comem o que cultivam — que nunca é suficiente, porque suas terras, suas ferramentas e seus insumos produzem pouco — e, por isso, tampouco lhes restam recursos excedentes que possam investir para aperfeiçoar suas capacidades agrárias.

Em 1970, calculava-se que havia uns 90 milhões de desnutridos em toda a África. Em 2010, mais de 400 milhões.

— Não pode, não vai poder.

Hoje, no hospital, entre dezenas de mães, há um pai, um homem — ele chora. É um senhor de cinquenta e tantos anos — em um país onde a esperança de vida anda pelos cinquenta. Já perdeu filhos, vários filhos, e agora Ashiru, o penúltimo, está internado por desnutrição. Ashiru tem 3 anos: seus três irmãos mais velhos morreram mais ou menos com sua idade.

O pai chora. Se chama Iusuf e tenta, tenaz, manter a dignidade. Não se curva para chorar, não esconde o rosto nas mãos, não esfrega os olhos com os dedos; chora de cabeça erguida, as lágrimas escorrendo pelas faces rachadas. Iusuf me diz que sua primeira mulher não engravidava; a segunda, sim, engravida, mas faz filhos que não duram. Ou talvez seja ele. Não diz, mas suspeito que pensa isso — e não me animo a lhe perguntar.

— Eu achava que ia mandá-lo à escola para que estudasse, conseguisse um bom trabalho, realizasse meu sonho. Eu não posso ser nada, mas ele talvez possa.

A camisa branca de Iusuf está manchada pelos dias em que está aqui, os pés, rachados pelos anos; as lágrimas continuam caindo, lentas, silenciosas.

— Não pode, não vai poder.

Iusuf chora por seu filho, mas também chora por ele; o que eu vou fazer, pergunta, o que eu vou fazer quando estiver velho, o que eu vou fazer tão sozinho?

O futuro — em geral, uma ameaça.

As sacolinhas pretas que voam sobre o campo. As sacolinhas de plástico preto que voam sobre o campo. As sacolinhas de supermercado de plástico preto que flutuam por todos os lugares do Níger, foragidas da modernidade; resíduos da modernidade, de uma modernidade que só chega aqui transformada em resíduo.

O futuro, em geral.

O Níger tem 1 milhão de quilômetros quadrados, mas apenas 40 mil são cultiváveis. Em todo o resto, vivem pastores nômades, que cuidam de cerca de 20 milhões de cabeças de gado: cabras, ovelhas, burros, camelos, zebus. O preço dos remédios para esses animais — antiparasitas, vacinas, vitaminas — se multiplicou desde que o Fundo Monetário Internacional obrigou o governo a fechar o Escritório Nacional de Veterinária, liberando o mercado para as multinacionais. Desde então, cada vez mais pastores perderam seus rebanhos e tiveram de fugir para os subúrbios de Niamei — ou das capitais circundantes: Abidjã, Cotonu. Foi também o FMI que obrigou o governo nigerino a fechar seus depósitos de grãos — cerca de 40 mil toneladas de cereais, sobretudo milho —, que serviam para intervir quando as secas, tão frequentes, a praga de gafanhotos ou a *soudure* levavam a fome aos povoados. O Fundo considerou que essas intervenções distorciam o mercado; o governo, sufocado pela dívida externa, teve de aceitar.

O Níger é o segundo maior produtor mundial de urânio: suas reservas, no meio do deserto, são enormes — e o urânio é um dos minerais mais cobiçados do mundo. Mas o país não ganha muito com isso; uma empresa estatal francesa, a Areva, teve desde sempre o monopólio de sua exploração, e os royalties que pagava ao Estado nigerino eram ínfimos. Até que, em 2007, apareceram novas jazidas em Azelik, e o presidente Mamadou Tandja resolveu abrir o leque: uma empresa mista sino-nigerina se encarregaria de explorá-las. A Areva protestou, inutilmente. Dois anos depois, apareceu outra jazida em Imourarene. A França queria esse urânio. É o país mais "nuclearizado" do mundo: três quartos de sua energia elétrica provêm de centrais nucleares alimentadas por esse mineral, que o país não produz; quase a metade vem do Níger.

Em fevereiro de 2010, o presidente Tandja começou a negociar com os chineses para explorar a nova jazida. Poucos dias depois, o general Salou Djibo encabeçou um golpe de estado e o derrubou do governo. Ao assumir, o general rompeu as negociações com a China e reafirmou a "gratidão e a lealdade" de seu país à França e à Areva. No ano seguinte, Mahamadou Issoufou, um engenheiro de minas que trabalhava para a Areva, foi eleito presidente.

No começo deste século, o Banco Mundial preparou um plano para levar adiante um sistema de irrigação que permitiria explorar mais de 400 mil hectares. A superfície cultivada seria multiplicada por dez, todos os habitantes do país teriam alimentação garantida. No entanto, o segundo produtor mundial de urânio não tinha um centavo para tocar as obras.

No Império Romano, 1 hectare produzia 300 quilos de cereais, e um camponês conseguia cultivar, em média, 3 hectares: cada camponês produzia quase 1 tonelada de grãos.

Na Idade Média, na Europa, 1 hectare produzia 600 quilos de cereal, e cada camponês conseguia cultivar, em média, 4 hectares: produzia 2,5 toneladas de grão.

Na Inglaterra, no século XVIII, cada hectare produzia 1 tonelada de grão, e cada camponês conseguia cultivar, em média, 5 hectares: produzia 5 toneladas.

Nos Estados Unidos, em meados do século XX, 1 hectare produzia 2 toneladas de grão, e cada camponês conseguia cultivar, em média, umas 25: produzia 50 toneladas.

Nos Estados Unidos, no início do século XXI, 1 hectare enriquecido e irrigado produz 10 toneladas de grãos, e cada camponês consegue cultivar, em média, umas 200: produz 2 mil toneladas.

No Sahel, no início do século XXI, 1 hectare produz cerca de 700 quilos de grãos, e cada camponês cultiva, em média, 1 hectare: produz 700 quilos. Um pouco menos do que um camponês do Império Romano de 2 mil anos atrás; 2 mil vezes menos do que um fazendeiro norte-americano atual.

Em poucos terrenos a desigualdade é tão visível, tão grosseira, como na agricultura — a indústria básica de nossa alimentação.

São terras secas: 4% da superfície cultivável da África necessitam de algum tipo de irrigação — em comparação com *quase todas* as terras europeias e norte-americanas e *metade* das asiáticas. No norte do Brasil, a Organização Meteorológica Mundial comparou a produtividade de 2 hectares contíguos plantados com feijões, um irrigado e o outro não irrigado: o que dependia da água da chuva produziu 50 quilos, e o outro, o irrigado, 1.500. Apenas trinta vezes mais.

São terras despossuídas: em todo o mundo, há 30 milhões de tratores, mas os 700 milhões de camponeses africanos dispõem de menos de 100 mil — e de 250 mil animais de tração para tarefas agrárias. A imensa maioria trabalha, porém, sem outros instrumentos além das próprias mãos, pernas e uma enxada. Os experts dizem que, quando a força de tração é duplicada, se duplica a quantidade de terra que se pode cultivar.

Desses 700 milhões de camponeses, 500 milhões não têm acesso a sementes selecionadas nem a adubos minerais. E a grande maioria não pode vender o que colhe fora de suas regiões: não há caminhos nem caminhões suficientes. Por isso, quando têm sorte e lhes sobra algum grão, acaba apodrecendo em silos mal-acondicionados. Segundo a FAO, 25% das colheitas do mundo são destruídas por roedores ou o armazenamento irregular: a maioria, logicamente, nesses países, onde os celeiros são pobres ou nem sequer existem.

— Eu fico indignado quando dizem que o Sahel não consegue se alimentar. Claro que consegue; só são necessárias políticas e políticos que deem prioridade à alimentação. Os grandes doadores internacionais falam muito de corrupção, e têm razão. Mas a culpa também é deles. Se eu lhe dou 10 francos para que você compre uma lapiseira e depois nunca consigo que me mostre a lapiseira, não vou continuar lhe dando todos os anos os mesmos 10 francos para que você compre a mesma lapiseira. Eles fazem isso: dão e dão e dão, sabendo que seu dinheiro vai parar nos piores bolsos, porque lhes convêm para manter suas políticas e seus negócios na região.

Em seu escritório de Niamei, o diretor de uma ONG que me pede que não revele seu nome me diz:

— É uma relação de benefício mútuo. Não apenas econômico: não é só que lhes convenha que haja um governo corrupto que vai ceder facilmente quando uma empresa norte-americana ou europeia vier procurar algum negócio; também é uma coisa mais estrutural. Serve-lhes manter os governos locais dependentes de sua ajuda "humanitária". E com os governos acontece a mesma coisa: lhes convêm manter suas populações dependentes dessa ajuda — e, ao mesmo tempo, distraídas. É difícil que pessoas que vivam ameaçadas pela fome possam ficar olhando detalhadamente o que fazem seus governantes. Quanto mais difícil é a situação de uma população, menos ela pode olhar. E, ao mesmo tempo, essas pessoas se habituam a viver com a mão estendida; em vez de pensar como vão produzir sua comida, ficam esperando que algum funcionário público ou algum branco a traga. Não digo que seja sempre assim, mas...

Uma enfermeira do hospital de Madaua me fala de uma mãe — uma entre muitas, diz — que está há meses mantendo seu filho um pouco abaixo do peso mínimo para que continuem dando suplementos alimentares para ele e um pouco de comida — uma sacola de milho, alguns litros de óleo — para ela e o resto de sua família. No dia seguinte, me mostra a mulher.

— Disseram-me que seu filho não se cura, que está sempre abaixo do peso.

— Sim, não se cura, o pobrezinho.

— E não será por que não come toda a comida?

— Não, eu lhe dou tudo, doutor, tudo. Acho que é alguma feitiçaria. Deve ser uma feitiçaria, doutor.

Há, também, mulheres que averiguam onde e quando as diferentes ONGs distribuem suplementos alimentares e caminham horas para ir recebê-los. Algumas até precisam deles para seus filhos; outras, para vendê-los e comprar alguma coisa para comer. Um sachê do suplemento Plumpy'Nut está custando 150 francos — um quarto de dólar — no mercado de Madaua.

A fome no Níger — e quando digo Níger poderia mencionar muitos outros países africanos, asiáticos, americanos — não é "estrutural"; e talvez o seja porque ninguém construiu as estruturas que impediriam que houvesse fome. Aqui — sem ir mais longe — a terra não é boa, mas com adubos, herbicidas, tratores e irrigação tudo seria diferente.

A fome no Níger é — como em tantos outros países — uma consequência da pilhagem: se, durante os cem anos que antecederam a independência, tivesse sido acumulado um pouco do que foi produzido; se, depois, um pouco do urânio da Areva tivesse sido usado para acionar uma agricultura produtiva, haveria alguns tratores, alguma irrigação, algumas estradas, talvez até uma pequena indústria. Formas de melhorar — levemente — as vidas: de comer mais amiúde.

Em seu livro *Enough: Why the World's Poorest Starve In an Age of Plenty,* o jornalista norte-americano Roger Thurow — ex-*The Wall Street Journal* — narra o drama incrível de um grande êxito. Em 2002, a Etiópia estava havia vários anos obtendo colheitas cada vez maiores: a melhoria das sementes, o surgimento de algum adubo e algum trator e uma irrigação mínima eram os responsáveis por isso. Naquele ano, a Etiópia havia se transformado no segundo produtor de grãos do continente, atrás da África do Sul. Só que ninguém havia pensando no que fazer com tantos grãos. As quantidades eram superiores à demanda local; as estradas que levavam aos portos estavam destruídas ou interrompidas pela guerra da Eritreia; ninguém — nem o governo nem a iniciativa privada — tinha dinheiro para comprar e armazenar os grãos; não havia sequer celeiros para guardá-los; em certas regiões do país, milhões de pessoas passavam fome, mas as estradas que levavam a elas estavam intransitáveis e só chegavam os aviões do auxílio internacional, a maioria norte-americanos, que traziam alimentos norte-americanos, como mandam as leis norte-americanas. O país estava cheio de grãos que ninguém podia consumir e os norte-americanos chegavam com seu próprio cereal: toneladas e toneladas de cereais comprados a preços altíssimos de produtores estadunidenses.

Em certas regiões, os grãos sobravam; os mercados locais foram inundados por trigo barato e, em poucos dias, o preço de 100 quilos baixou de 10 para 2 dólares. A maioria dos fazendeiros perdeu tanto que no ano seguinte não teve dinheiro para comprar sementes, adubo ou — os privilegiados — combustíveis para suas bombas-d'água; boa parte de suas terras ficou inativa. A colheita de 2003 foi uma das mais baixas das últimas décadas e a fome se espalhou por todo o país. "Eu sei que quando baixo o tamanho de meus cultivos estou contribuindo para a escassez de alimentos", disse a Thurow um produtor chamado Bulula Tule, que havia passado de 1.000 hectares a 200. "É terrível, mas pelo menos não estou perdendo dinheiro."

Momo, diretor da Médicos Sem Fronteiras no Níger, tem anos de experiência na região: nasceu e cresceu em Mali, se formou em várias organizações, é expert em Sahel. Momo fala com tranquilidade, mas com firmeza, convicto:

— É verdade que existem elementos mais ou menos naturais e demográficos que complicam a vida. Sempre há a ameaça das pragas, dos grilos, dos pardais, que podem chegar numa noite, numa manhã bem cedo, quando o campo já está no ponto, e levar tudo. E existem questões que têm a ver com as últimas décadas da história. Uma parte dos nômades que percorria a região com seus rebanhos se assentou e aumentou a pressão demográfica. E, ao se assentar, reduziu o espaço de outros nômades, que se assentaram e assim por diante. Como há menos gado, há menos adubo, e os adubos químicos que os substituem são muito caros e então se produz menos. O solo foi degradado, as chuvas se tornaram mais raras, a população cresceu. E com isso as terras que conseguiam dar de comer não conseguem mais...

Nos últimos vinte anos, a produção agrícola nigerina cresceu 2% ao ano; a população, mais de 3,5%. A quantidade de gente aumenta muito mais depressa do que a quantidade de grãos. Como há mais gente, as terras se dividem cada vez mais.

Antes o sistema funcionava porque os camponeses incorporavam novas terras, um pouco mais afastadas das aldeias, um pouco mais secas, um pouco menos férteis. Mas isso não é mais possível: tudo está ocupado. Isso os impede, além do mais, de deixar que suas terras, muito exigidas, reponsem. Então cada pedaço de terra produz menos e por isso cada pedaço de terra pode descansar menos e então cada uma produz menos e assim por diante. Até que o nível de produção decresce tanto que o camponês não consegue mais viver de seu trabalho. Durante séculos, a terra só podia ser vendida a familiares ou, no pior dos casos, a vizinhos da aldeia. Há quarenta anos, esse mecanismo de regulação foi quebrado e a terra chegou ao famoso mercado: os ricos das cidades — comerciantes, funcionários públicos — a foram açambarcando. E muitos camponeses se deram conta de que possuíam um bem que não produzia o suficiente mas tinha valor. Desesperados, se sentiram tentados pela possibilidade de vender: primeiro um hectare, depois outro, depois o último. E ficar sem nada e ter de viver como pária, com algum parente ou, por fim, emigrar para uma favela de Niamei ou Abidjã.

Sim, diz Momo, é assim. Mas isso vem acontecendo há quarenta anos. Já poderiam ter sido encontradas soluções.

Hussena e Salou têm filhos adultos, de mais de 25 anos, que continuam vivendo com eles. Casar é caro e ainda não conseguiram o dinheiro para o dote, a festa, os presentes. Hussena diz que está pensando em conversar com um parente e lhe pedir um empréstimo para casar o mais velho, que está cada vez mais impaciente; se este ano a colheita não for péssima, diz Hussena, vão tentar.

Caso contrário, diz Hussena, seu filho irá embora e não voltará mais.

— Para onde irá?

— Ele diz que quer ir para Niamei, mas não sabe como ir, nem tem ninguém...

— Você conhece Niamei?

— Não, não conheço ninguém lá. Onde ele iria ficar?

— O que imagina?

— Não sei, imagino que Niamey é um lugar muito grande.

— Onde as pessoas vivem melhor ou pior?

— Não sei, lá é muito diferente. Então vivem muito melhor. Têm eletricidade, têm água, têm mais comida. Na cidade sempre há comida, vivem muito melhor. Na cidade, todos vivem melhor — diz, falando de uma cidade apinhada de choças, lixo, mendigos, aleijados, marginais.

— E não gostaria de viver lá?

— Eu iria, mas para ir viver em Niamei é preciso ter alguma coisa — diz Hussena, e me explica, com paciência: imaginemos que ela, seu marido e seus filhos — ou até sem os filhos que, a princípio, poderia deixar na aldeia — fossem tentar a vida em Niamei. Precisariam ter algum dinheiro para pagar o transporte e depois, quando chegassem, ter alguma coisa para comer nos primeiros dias até que conseguissem trabalho, se conseguissem trabalho, e, de qualquer forma, onde poderiam dormir? Já lhe contaram que naquela cidade as pessoas não podem dormir em qualquer lugar. E que eles não têm esse dinheiro, diz, e por isso não podem: que ir tentar a vida na cidade é para os que têm alguma coisa. Por isso, diz, acha que seu filho deveria ficar com eles. E, além disso, diz, bem devagar, como se não fosse dizê-lo, há outra coisa:

— Há outra coisa. Os filhos que partem se esquecem dos pais.

6

Ontem choveu e hoje os campos estão cheios de homens e mulheres com as enxadas que usam para abrir a terra e plantar suas sementes. A terra resiste, embora esteja menos úmida. Teria gostado de vê-los ontem, quando começou a chover.

— Não sabe como ficamos alegres quando as primeiras gotas caíram e vimos que eram boas — me diz Ahmad, com um sorriso triunfante. — Parecia que nunca ia chegar. Todo ano parece que não vai chegar nunca e acaba chegando, mas depois, no ano seguinte, parece que não vai chegar nunca.

— E sempre chega?

— Não, às vezes não chega.

Ou, para dizer de outra maneira: a extrema fragilidade de tudo. Uma chuva que cai ou não cai, uma nuvem de gafanhotos, um comerciante que monopoliza e aumenta os preços representam a diferença entre a vida e a morte de dezenas, de milhares de pessoas. A riqueza é ter opções, um certo respaldo: não viver sempre à beira do desastre. Movimentar-se em um terreno amplo, onde há até um lugar para cair, onde até mesmo caído você está em algum lugar; a miséria é viver em um fio: qualquer queda é despencar.

Estava há dias sem ver ninguém com um relógio no pulso. Ahmad tem um enorme, digital, quadrado, pesado, metálico, estridente, no braço direito. Olha para ele de quando em quando de viés, como se quisesse ter certeza de que continua ali, de que eu estou vendo que olha para ele, que lhe pertence: que é um homem com relógio. Que a hora — não o tempo, mas essa maneira de medi-lo em horas — importe é uma mudança forte de uma cultura: camponeses que medem há séculos seus tempos sem relógios de repente têm de encarar novas situações — onde a hora é um dado. E gosta, é claro, de mostrá-lo, de se gabar.

Ahmad tem 28 anos e completou o primário: lê, escreve, faz contas. Também tem uma mulher, três filhos, um pai, uma mãe, três irmãos, quatro irmãs, uma multidão de sobrinhos; juntos, têm três terrenos de 1 hectare, dois de 1,5 hectare e um de 2 hectares: quatro homens, oito hectares, coisa que o faz mais rico do que quase todos seus vizinhos.

— Mas ninguém me dá nada de presente. Em quebro as costas.

Ahmad trabalha com seu pai e dois de seus irmãos. É um processo longo: em abril, antes de plantar, queimam o campo para remover as ervas daninhas e preparar a terra, já muito gasta por anos e anos de exigências. Depois vem o mais trabalhoso: abrir os sulcos com longos pedaços de pau com uma pequena lâmina na ponta que são o instrumento de lavoura mais difundido por aqui: pedaços de pau, um homem abrindo a crosta da terra. Em maio, antes que chova, jogam as sementes: é o que se chama plantar em seco. Então não adubam porque não sabem se vai chover ou não, se as plantas vão se fixar ou não, e não podem desperdiçar adubo em esperanças. Duas ou três semanas depois, se tiver chovido, começam a surgir os brotos; é o momento de arrancar as ervas daninhas com os pedaços de pau ou com a enxada e adubar. O adubo está muito caro: costumava ser esterco de gado, mas já não restam tantas vacas porque há cada vez menos terra desocupada para que pastem os transumantes. Por isso, agora têm de comprá-lo: têm de distribuí-lo com muito cuidado. E um mês depois voltam para arrancar outras ervas daninhas e colocar mais adubo, se tiver sobrado, e esperar um mês e meio ou dois e rezar para que chova quando tem de chover e que não cheguem os pardais ou os grilos para devorar tudo. Então, por fim, colher, ir armando os farnéis. E assim em cada campinho, com suas distâncias, suas lutas, suas cabras que algum pastor leva para pastar, seus calores terríveis, suas secas. São muitas horas a cada dia, 8, 10 horas sob os raios do sol com uma única pausa ao meio-dia, para rezar e comer a bola que a mulher lhes leva.

— É muito cansativo?

— É.

— Mas deixa muito tempo para pensar.

— Sim, muito. Você pode pensar em tudo muitas vezes.

— Em que você pensa?

— O que mais penso, o que penso o tempo inteiro, é quando vou acabar, quando tempo me falta. E muitas vezes penso que algum dia terei de conseguir dinheiro para comprar um arado e uma junta de vacas ou um camelo, para que puxem o arado. Então meu trabalho vai ser muito mais fácil...

Uma roda de arado feita pelo ferreiro da aldeia pode custar cerca de 35 mil francos, quase 70 dólares; não é muito sólida, diz Ahmad, mas, se cuidar dela, pode durar, embora na verdade, diz, quase sempre quebram. E que se quiser uma boa pode lhe custar 60, 80 mil francos e duas vacas para puxar o arado; de qualquer maneira, não custam menos de 150 mil. Talvez com 200 a 250 mil poderia tê-lo, diz: 400, 500 dólares.

— É uma quantia — diz, e suspira.

A pequena agricultura cumpre o velho preceito de ser hereditária: é muito difícil, a menos que vá muito mal, que o filho de um agricultor abandone a terra paterna; ele a retoma, segue uma vida semelhante à de seu pai, recupera, conserva.

É um destino, penso: é um destino.

E entendo, de repente, que destino é uma ideia de outros tempos, uma noção agropecuária.

Ahmad diz que, quando está muito farto de trabalhar com seu pedaço de pau no campo, às vezes se entretém calculando como poderá fazer para comprar o famoso arado, imaginando futuros: com o arado, poderia produzir um pouco mais e trabalhar mais depressa e, no tempo ocioso, se oferecer para plantar em outros campos ou arranjar outro campinho — porque faria tudo mais depressa e melhor — e diz que é isso que lhe dá força para suas expedições ou, como dizem aqui, seus êxodos: a cada ano, uma ou duas vezes, Ahmad passa alguns meses na Nigéria a fim de trazer dinheiro para sua família. A Nigéria fica muito perto, a menos de 20 quilômetros, e as fronteiras são permeáveis: dizem que os grupos sahelianos do Al-Qaeda as usam bastante.

O Níger passou muitos anos fora das lutas regionais; agora não mais. Agora, o famoso terrorismo o colocou no mapa militar do mundo. Em fevereiro de 2013, soube-se que os Estados Unidos haviam instalado, nas proximidades de Niamei, uma base para operar drones, a arma que está mudando decisivamente a forma de guerrear, que marca diferenças militares imensas entre ricos e pobres — porque os pobres lutam com seus corpos e os ricos com máquinas manipuladas de longe.

Então um porta-voz dos Estados Unidos disse que não podia dizer quantos drones Predator havia, que seu uso era temporário, que os queriam para controlar os fundamentalistas islâmicos do Mali e que, "por ora, são para vigilância". Mas a ação norte-americana comprometeu o Níger nessa guerra e deixou seu governo em uma posição incômoda. "Nós damos boas-vindas aos drones", disse naquele momento o presidente Mahamadou. "Precisamos prever os movimentos dos guerrilheiros no Saara e no Sahel, mas nossos países são como um cego conduzindo outro cego. Temos que confiar em países como a França e os Estados Unidos. Precisamos de cooperação para manter nossa segurança."

Não apenas para isso: 40% do orçamento estatal do Níger vêm de ajudas e cooperações do Primeiro Mundo — e isso, como tudo, tem um preço.

Na chegada da época da colheita do milho ou do arroz na Nigéria, Ahmad e outros rapazes da aldeia cruzam a fronteira. Aqui é mantido, como em muitos outros países pobres, o velho mecanismo pelo qual os homens partem, se movimentam, viajam, enquanto as mulheres ficam atadas à terra. Ou fazem, na realidade, uma única grande viagem: quando se casam e deixam seu lar para viver na aldeia de seu marido. E depois, se não houver catástrofes, mais nada.

No Níger, a diária de um camponês é de 2 mil francos — 4 dólares. Na Nigéria, pode chegar a 4.500. Com uma parte do que ganha, Ahmad compra, em Kano, meias ou lanternas de um atacadista chinês e tenta vendê-las nas aldeias. E a cada dez ou quinze dias manda um pouco de dinheiro à sua mulher para que sua família coma: às vezes por um conhecido que está voltando, às vezes pelo banco — que fica com mais de 10%.

— Se não amasse minha terra, trabalharia o tempo todo na Nigéria. Mas não posso, não quero abandoná-la; é a terra do meu pai, do meu avô...

Não quer e não lhe permitem: no ano passado, o dono de um campo nigeriano lhe ofereceu um emprego permanente. E não era para suar com a enxada na mão: deveria cuidar da contabilidade. Ahmad estava entusiasmado, mas, logicamente, a primeira coisa que fez foi pedir permissão a seu pai, que lhe contou a história de um tio que, anos antes, fora trabalhar na Nigéria e nunca mais voltara, nunca mais enviara nada — e lhe disse que não queria que ele também desaparecesse de suas vidas.

As remessas dos migrantes são uma forma selvagem de redistribuição da riqueza, misturada com uma exploração um pouco mais selvagem: os pobres fazem nos países mais ricos os trabalhos que os locais não querem fazer e, em troca, enviam dinheiro a seus países. Calcula-se que, em 2013, muitos dos 200 milhões de migrantes enviaram 400 bilhões de dólares a seus países de origem. Um de cada trinta homens nigerinos trabalha na Nigéria, em Gana, Benin ou na Costa do Marfim; enviam para casa cerca de 100 milhões de dólares por ano. Muitos ficam; muitos vão e voltam.

Essa é, também, uma forma pobre da globalização: a implosão da Líbia, por exemplo, depois da queda de Khadafi, não apenas espalhou jihadistas por toda a região, como também impediu que um quarto de milhão de nigerinos que haviam ido trabalhar lá continuasse enviando dinheiro aos seus lares. Mais miséria, com causas bem remotas.

Ahmad não se resigna: diz que vai seguir em frente. Que sabe que com esforço, com muitos sacrifícios, vai seguir em frente. E que não tem medo dos esforços e dos sacrifícios. Tem, sim, os dentes desalinhados, os olhos inchados, uma barba de dias, uma camisa branca e amarela com grandes flores hippies murchas pelo uso e uma calça bastante esburacada — e o relógio.

Ahmad vai levando. Mas, embora cultivem todas as suas terras, e às vezes, em dezembro, lhe agreguem uma colheita de cebolas e o quiabo plantado pelas mulheres e os trabalhos na Nigéria, nem sempre é suficiente.

— Agora quase sempre comemos. Mas nem sempre. As crianças comem sempre. Quase sempre.

Ossama, seu filho caçula, acaba de sair do hospital de Madaua, onde ficou internado por desnutrição aguda. Ahmad diz que acha que não, que não deve ter sido por isso, que algum médico deve ter se enganado, que lhe dão seus pedaços de bola todos os dias, o que estão pensando? Quando chegou, Ossama, de quase 2 anos, pesava 7 quilos.

— É que aqui tudo depende de muitas coisas. Às vezes, acho que não posso pensar em tantas coisas. Que se a chuva, as sementes, o adubo, a

Nigéria, meus irmãos, que se isto, que se aquilo... Um homem não pode pensar em tantas coisas.

— Qual é seu prato favorito, o que mais gosta de comer?

— A bola de milho.

— Sim? É melhor do que frango?

— Frango? Não posso comer frango nunca. Para que quero gostar dele?

É, digamos, primavera. Os velhos troncos renascem com folhas, os arbustos verdejam, o milho aparece nos campos; eu nunca havia estado no Níger na estação das chuvas, e a paisagem totalmente seca se suaviza, se torna mais vivível. Mas é, também, a *soudure*: é cruel que, enquanto a natureza viva sua módica abundância, os homens sofram a escassez mais extrema.

Passa um amigo de Ahmad, ficam conversando. Disseram-lhe que nas aldeias do outro lado de Madaua o milho está crescendo bem, que já está alto e forte, que tudo está muito verde, diz o amigo, balançando a cabeça. Eu acabei de passar por essas aldeias: terras recém-plantadas, poucos brotos; eu lhe digo isso.

— Não senhor, deve estar equivocado. Nós sabemos que lá sim vão ter uma boa colheita.

Não se pode discutir com quem sabe. E sim pensar, talvez, na necessidade do mito: um pouco mais além, sempre mais longe, há alguma coisa (melhor), algo que você mereceria, mas não tem. Disso é feita, entre outras coisas, a modernidade; disso, também, são feitas as religiões. Disso, também, a história.

Quando quer se dar um prazer — quando pode se dar um prazer —, Ahmad passa um dia ou dois na casa de uns parentes em Madaua e descansa e vê televisão.

— Leio as notícias, o futebol. Sou torcedor do Real Madrid. Você o conhece? Real Madrid.

Repete, devagar, como se quisesse me explicar. E que algum dia vai ser independente, ter sua própria terra, ter sua televisão, ter seus dois bois para arar o campo. E que há pouco quase conseguiu — os bois, diz, quase conseguiu — porque havia trabalhado muito e vendido muitas lanternas na Nigéria e tinha um pouco de dinheiro e podia pensar em comprá-los, mas que ficou tentado.

69

— Como ficou tentado? — lhe pergunto para entrar no jogo, e ele sorri com os dentes confusos e mantém o mistério.

— Me tentei. Você sabe o que fiz?

Eu me pergunto quando terá começado a circular essa ideia tão contemporânea de que é necessário "fazer algo" com sua vida: que é necessário lhe "dar um sentido", usá-la para alguma coisa. Algo diferente de comer, trabalhar, procriar, acreditar, esquecer, morrer. Durante milênios, muitos poucos pensaram nisso: para uma maioria espantosa, viver era mais do que suficiente. Mas agora se supõe que não basta: que é necessário fazer algo mais.

Parece uma ideia urbana. Meu preconceito: que para um camponês enganchado em sua terra é mais fácil imaginar uma continuidade, mais difícil imaginar mudanças radicais. Ou mais difícil desejá-las, porque sempre houve guerras, migrações, cataclismos: a mudança, a ameaça.

— Você não sabe. Claro que não sabe — diz Ahmad, e mantém o silêncio misterioso ainda por um momento. Depois diz, como quem joga uma bomba: casou-se.

— Casei-me. Já tenho minha segunda esposa.

Ahmad está muito orgulhoso, muito inflado: o sorriso escapa pelas comissuras de seus lábios. Conta que se casou, há sete meses, com uma prima irmã, de 17 anos, e que o casamento foi belíssimo, a festa com cordeiro e cantos e danças, e que agora tem de trabalhar muito mais porque não é tão fácil manter duas mulheres, mas que vai conseguir, que ele consegue.

— Por que você se casou de novo?

— Porque estava com vontade.

— Você não gostava mais da sua mulher? — pergunto. Ele ri e resolve me explicar: seu grupo de amigos é formado por nove rapazes que fazem tudo juntos, que se conhecem desde sempre, as brincadeiras, a escola, os trabalhos, que muitos vão juntos tentar a vida na Nigéria, que são amigos de verdade. E que seis dos nove já tinham uma segunda mulher e que ele não queria ficar para trás.

— Faziam piadas, riam de mim, me olhavam como se fossem melhores.

Seria mais fácil — mais simples — poder escrever que Ahmad não consegue comprar seu arado tão desejado porque a situação socioeconômica e as desigualdades globais e a extrema injustiça... — e é verdade, mas também é verdade que teve uma oportunidade e preferiu não aproveitá-la. Ou, na realidade, preferiu aproveitá-la de outra maneira.

— Como passamos bem no casamento! Quase dois dias de festa, vieram todos, os parentes, os amigos.

Gastou quase 200 mil francos com o dote e os presentes: o dinheiro que tinha para comprar o arado.

— Mas agora as duas se dão bem, não há problema. E meus amigos sabem que têm de me levar a sério.

— E não é muito trabalho, duas esposas?

Ahmad me olha com um sorriso: disse-lhe de novo o que estava esperando, dei-lhe espaço para sua exibição.

— Enquanto Deus me der saúde, não vai haver nenhum problema — diz, e olha para o relógio: tem de ir, está ocupado.

7

Naquela vez, mais uma vez, a colheita se complicara. Em 2004, a seca e uma praga de gafanhotos haviam reduzido a produção de milho, mas o que finalmente fez com que milhares e milhares de nigerinos não tivessem o que comer foi o aumento de cem por cento dos preços. A cotação internacional havia subido por efeito da especulação na Bolsa de Chicago — e muitos grãos foram para a Nigéria, onde a demanda crescia sem parar. Mas os preços internos aumentaram, sobretudo, por causa de manobras de vinte ou trinta grandes comerciantes que controlavam o negócio no Níger. Eram os que haviam se aproveitado do afastamento do Estado para manipular o mercado: aumentaram o preço do milho, guardaram toneladas para quando subissem mais, subiram mais. Não tinham motivos para se preocupar com o bem-estar geral: o que lhes importava, com toda a lógica de sua lógica, era ganhar mais e mais dinheiro.

No final de 2004, mais e mais gente ficou sem comida e dinheiro para comprá-la. Vacas e cabras morriam aos milhares: para muitos nigerinos, a morte de seus animais representa o início do desastre final. Mas o presidente Mamadou Tandja estava em campanha para se reeleger, coisa que conseguiu no final do ano: a crise se aproximava, mas seu governo teve o cuidado de mascará-la para não perder votos. Pelo mesmo motivo, a má nutrição e a mortalidade infantil não eram temas centrais da agenda política nacional. O Departamento de Nutrição do Ministério da Saúde do país estava acéfalo havia mais de um ano.

"A etiqueta *hambruna* não é neutra. A maneira de se interpretar uma crise determina como se agirá diante dela. Se uma situação é ou não caracterizada como *hambruna* define quanto dinheiro será gasto, onde e como será usado, e quem deve administrar os fundos e as operações", escreve Benedetta Rossi em *La paradoja de la ayuda crônica.*

O governo de Tandja resolveu se fazer de bobo para que não o considerassem tolo ou inútil. Por isso, negou as evidências; por isso, não pediu a ajuda de que necessitava. É um clássico, que se manifesta de quando em quando. Por exemplo: em 1984 e 1985, morreram, na Etiópia, 500 mil pessoas.

Assim como as *hambrunas* vividas pela Coreia do Norte deveriam servir de exemplo de como age um Estado ditatorial quando a única coisa que lhe importa é se manter no poder, as privações nigerinas de 2005 deveriam servir para ilustrar sobre como age o mercado quando opera com inteira liberdade.

O Níger tinha então cerca de 14 milhões de habitantes; quase 3 milhões eram crianças com menos de 5 anos. Todo ano, 200 mil crianças morriam e metade dessas mortes estava relacionada à desnutrição. Mas, em 2005, as crianças com menos de 5 anos morriam em uma proporção maior: cinco de cada 10 mil a cada dia.

A organização Médicos Sem Fronteiras estava no país quase por acaso. Havia chegado três anos antes para fazer uma campanha de vacinação contra a rubéola no distrito de Maradi, um dos mais férteis e produtivos do Níger, e descobrira que a quantidade de crianças desnutridas ultrapassava qualquer cálculo prévio. Então resolveu tentar intervir.

— Não fizemos nenhuma análise: estávamos trabalhando na região e vimos que havia muitas crianças desnutridas. Era uma doença à qual ninguém dava importância. Só lhe davam importância quando havia uma catástrofe climática ou bélica; caso contrário, não.

A situação só piorava. Em abril de 2005, já se sabia que 20% das crianças com menos de 5 anos de Maradi sofriam de desnutrição severa aguda. (Sabe-se pouco da fome dos adultos em geral: como não morrem disso depressa — demoram alguns anos, vão se deteriorando e morrem de outras coisas —, não são estudados nem tratados. Mas nesse ano outro organismo calculou que as mães dessas crianças tinham uma proporção de desnutrição muito parecida.)

E, no entanto, o governo continuava se recusando a intervir, a pressionar os atacadistas de grãos, a pedir ajuda.

Em *Building the case for emergency*, Xavier Crombé, um expert francês da Médicos Sem Fronteiras, explicou que a primeira coisa que tiveram de fazer para defender uma intervenção eficaz naquela *hambruna* foi "considerar a má nutrição um objeto prioritário de preocupação": transformá-la em tema central. E narrou os passos que deram para fazê-lo: levantar dados, cruzá-los, entendê-los, difundi-los, propor soluções viáveis. Uma coisa parecida acontece no mundo: há questões que são consideradas prioritárias e outras que não. Construir a preocupação é apenas um primeiro passo, mas um passo fundamental: "dar existência social à doença", dizem os envolvidos nessa ação. Transformá-la em uma situação de emergência iniludível.

Demoraram, mas conseguiram. Já era agosto e as crianças morriam aos milhares quando o presidente Tandja se resignou a pedir ajuda — e a distribuir o pouco milho armazenado. Estava começando a dança dos doadores: preciso de tanto; bem, lhe dou a metade; não, por favor, a situação está muito difícil, mas já estamos no meio do ano, todo o orçamento já está comprometido, não está vendo que minhas crianças estão morrendo; não, mas, se lhe der mais, os corruptos vão tomar tudo; você não pode me negar esse dinheiro agora; deviam ter pensado nisso antes; bem, o que querem em troca; já vamos lhe encaminhar um projeto; sim, como quiser, mas depressa.

É pura dádiva: como quem se senta à porta de uma igreja e roga que se apiedem dele. Não há direitos.

Há beneficência — daqueles que levam os bens do mendigo. Urânio, uma suposição. E uma situação que nunca deixa de recordar a suas vítimas quem é que detém o poder. Um governo africano pede "ao mundo" que o socorra em uma emergência. Então "o mundo" aciona seus mecanismos, que implicam discussões, empurrões, regateios; e, por fim, "o mundo" acaba enviando comida e remédios e talvez algumas clínicas: o mundo vai "salvar vidas" — que, se supõe, o próprio país não pode salvar. Mas deve, claro, agradecer ao bom patrãozinho que aceitou salvá-lo — depois de ter levado tudo o que lhe interessava.

Em 2005, apenas a Médicos Sem Fronteiras tratou, no distrito de Maradi, mais de 60 mil desnutridos agudos. Mas, certamente, não lembraríamos disso se não fosse porque aquela foi a primeira intervenção massiva levada a cabo com um produto e um método que mudariam, dali em diante, a luta contra a fome infantil.

Os problemas com o vocabulário continuam. Alguns falam de má nutrição; outros, de desnutrição; mas todos estão mais ou menos de acordo que existe uma coisa que chamam de Desnutrição — ou Má Nutrição — Aguda. A desnutrição aguda é o que acontece com uma pessoa que não come o suficiente: o resultado físico da fome.

Dizíamos: um corpo que come a si mesmo.

Um corpo que se consome; por isso a doença mais visível dos desnutridos se chama extenuação. Quanto mais avançado estiver esse processo, quanto mais massa uma pessoa tiver perdido, menor será sua chance de sobreviver. O corpo enfraquece, a absorção intestinal é reduzida. Nesse momento crítico da enfermidade — enfermidade? —, costuma aparecer o *kwashiorkor*, caracterizado por edemas nas pernas, braços, rosto, e pelo marasmo nutricional, que produz uma emaciação — um emagrecimento — muito brutal.

A maioria das pessoas tratadas por desnutrição aguda são crianças com menos de 5 anos, crianças que estão no período mais crítico, mais brutal. Quando a desnutrição ainda não chegou ao marasmo, ou ao *kwashiorkor*, é reconhecida por outros sintomas. O mais clássico é a diminuição do índice do peso em relação à estatura: compara-se o peso da criança com o de uma média de crianças bem-alimentadas da mesma estatura.

Mas o método mais usado ultimamente, porque é fácil e exato, é a medição da circunferência braçal ou MUAC (Middle-Upper Arm Circumference): se o perímetro do braço de uma criança medir menos de 125 milímetros, considera-se que a criança está com desnutrição aguda moderada; se medir menos de 115, a desnutrição é severa.

Durante décadas, o tratamento das crianças com desnutrição aguda severa — aquelas que estavam, literalmente, morrendo de fome — consistiu em interná-las e tentar alimentá-las pela boca ou pelas veias. Era uma solução dispendiosa — em recursos, em infraestrutura, em pessoal —, mas bastante eficiente. Conforme os casos e os lugares, a mortalidade infantil era de algo entre um terço e a metade. Há menos de 25 anos, cientistas tentaram rever o processo. Por fim, entenderam que o tipo de alimentação que lhes davam não apenas não as curava, mas, às vezes, ao exigir de seus corpos debilitados, as matava.

Em 1986, um estudante francês de 22 anos estava concluindo sua formação em engenharia com um trabalho sobre a "viabilidade de um biscoito que funcionasse como suplemento nutricional para populações de países pobres". Michel Lescanne era filho de um industrial leiteiro da Normandia e se convenceu de que tinha uma missão. Começou a trabalhar na empresa familiar, onde ajudou a criar uns tabletes proteicos chamados de Novofood, que foram usados em situações de emergência na África.

Lescanne fundou sua própria empresa, a Nutriset, que deveria "se dedicar à pesquisa sobre nutrição humanitária, desenvolvendo soluções inovadoras". Em 1993, começou a produzir industrialmente leite em pó energizado, o F-100, planejado especificamente para alimentar crianças famintas, que oferecia 100 calorias por 100 centilitros. O leite foi usado em muitas emergências humanitárias, mas tinha vários problemas.

Para começar, era preciso internar as crianças, que seguiam uma dieta muito estrita de F-100 a cada 4 horas, em doses que dependiam de seu estado. O leite deteriorava depressa e por isso era necessário prepará-lo até oito vezes por dia. As crianças eram vitimadas por doenças hospitalares, infecções, pelos dejetos de centenas de mães acampadas no meio de bebês com diarreia. Os hospitais não davam conta de manter internadas durante três ou quatro semanas todas as crianças famintas, e as mães não podiam passar um mês afastadas de suas casas, de seus outros filhos, de seu marido, de seu trabalho. Por isso, muitas aguentavam alguns dias e partiam quando seus filhos pareciam melhorar. Algumas até levavam algumas doses de F-100, que, preparado com água turva, sob o calor africano, os fazia adoecer ainda mais. Muitas crianças voltavam em poucos dias piores do que antes — ou morriam em suas casas.

Em 1994, Michel Lescanne propôs a André Briend, médico nutricionista do Instituto de Pesquisas para o Desenvolvimento, de Paris, que trabalhassem juntos para desenvolver um produto melhor. Durante dois anos, fizeram experiências com todo tipo de matérias, mas nenhuma era suficientemente durável, tinha bom sabor e era facilmente manipulada. Até que, diz a lenda, certa manhã, durante seu desjejum, Briend ficou extasiado com um pote de Nutella. A lenda não diz que tenha gritado eureca!, mas sim que daí veio a ideia de produzir uma pasta — de amendoim — que, enriquecida com leite, açúcar, gorduras, vitaminas e minerais, não precisasse de nenhum agregado, pudesse ser ingerida sem mais preparações, tivesse bom gosto, suportasse grandes calores e durasse dois anos em seu sachê de alumínio. Batizaram-na de Plumpy'Nut — "noz gorducha" — e mudaram a forma de tratar a má nutrição infantil.

Steve Collins, nutricionista irlandês, experimentou-a pela primeira vez no Malawi e na Etiópia, em 2002 e 2003. Mas a campanha da Médicos Sem Fronteiras no Níger, em 2005, foi a grande plataforma de lançamento do Plumpy'Nut — o mais conhecido dos alimentos nutritivos terapêuticos e prontos para usar (Ready-to-Use Therapeutic Food ou RUTF, na sigla em inglês).

A princípio, a equipe da MSF teve dúvidas. Alguns médicos se sentiam muito desconfortáveis. O novo protocolo indicava que deveriam internar as crianças por alguns dias e, quando recuperassem alguma energia, mandá-las para casa com suas doses de Plumpy. Mas incomodava-os liberar um paciente em tal estado e diziam estar oferecendo um tratamento bastante incompleto.

Os resultados, no entanto — devemos reconhecer —, eram extraordinários: não apenas conseguiram tratar uma quantidade muito maior de desnutridos, como foi possível recuperar nove de cada dez. Dizem que, até então, nunca haviam sido tratadas tantas pessoas em tão pouco tempo com tal nível de recuperação.

E passaram a poder tratar pessoas que antes não conseguiam atender — as que sofriam de desnutrição aguda moderada. Não eram internadas; os hospitais não davam conta e, de qualquer maneira, sua situação não requeria uma atenção médica permanente. Mas, como sua quantidade é muito maior do que a dos severamente desnutridos, são o grupo no qual mais crianças morrem.

A campanha da MSF daquele ano foi o começo de um princípio que agora se aplica em milhares de centros: o tratamento ambulatorial de crianças vítimas da má nutrição aguda moderada utilizando o famoso Plumpy.

Dois anos depois, em 2007, a Organização Mundial da Saúde, a Unicef e o Programa Alimentar Mundial o definiram, em uma declaração conjunta, como a melhor opção para o tratamento da desnutrição infantil.

O êxito sempre tem consequências inesperadas. Os especialistas da MSF, imbuídos de seu papel de pesquisadores de novos métodos, começaram a achar que não era o suficiente ministrar o Plumpy'Nut aos desnutridos agudos — severos ou moderados. —Diante de uma população geral sempre à beira da desnutrição, procurá-los e oferecer-lhes um suplemento alimentar poderia evitar que seu estado se agravasse e, então, não apenas salvariam muitas vidas, mas, além disso, economizariam muito dinheiro em médicos, infraestrutura hospitalar, internações — dinheiro que poderia ser usado para a distribuição de mais suplementos.

—Fornecer a todos é, de alguma maneira, mais barato do que escolher a quem fornecer: os gastos com pessoal diminuem bastante, porque não é preciso levar adiante escolhas complicadas. E porque muito menos crianças chegam aos hospitais com complicações mais difíceis e caras de se tratar. Então as taxas de mortalidade decrescem muitíssimo porque foram atendidas antes de seus organismos ficarem gravemente comprometidos.

Stéphane Doyon, médico da MSF e especialista reconhecido na questão, me diria muito depois o seguinte: quem corre mais perigo são as crianças recém-desmamadas, que deixam de receber os nutrientes de que necessitam para se desenvolver e, em troca, são alimentadas com água e farinha. Segundo ele, é necessário lhes dar, sobretudo, proteínas animais, frutas e verduras — enfim, aquilo que não recebem.

A Médicos Sem Fronteiras entrou em contato com Lescanne e lhe pediu que projetasse um Plumpy específico para esse uso: em 2007, o Plumpy'Doz, um suplemento mais diluído, que vem em embalagens semanais e é tomado três vezes por dia, estava pronto para começar a ser testado. Isso foi feito em várias aldeias da região de Maradi; ao cabo de alguns meses, viram que aqueles que não o haviam tomado adoeceram — e morreram — duas vezes mais que os outros.

— Ademais, isso nos permite aperfeiçoar outros aspectos da atenção médica voltada para as crianças. Por exemplo: não é fácil que uma mãe caminhe 10 quilômetros com seu bebê para vaciná-lo, mas, quando tem de buscar seu suplemento alimentar, ela vai, sim; e uma vez no local acha ótimo que o vacinem. Ou qualquer outra ação preventiva — diria Doyon.

Os suplementos alimentares preparados não representavam apenas um avanço importante na luta contra a desnutrição: também estavam se transformando em um negócio gigantesco.

C. K. Prahalad, economista norte-americano nascido na Índia, cunhou, no final dos anos 1990, um conceito que funcionaria: que as grandes empresas deveriam se ocupar de uma imensa massa de consumidores que ninguém atende. Chamou-os de "a base da pirâmide" (the Bottom of the Pyramid ou BoP, na sigla em inglês): os 4 bilhões de pessoas que vivem com menos de 2,50 dólares por dia.

Prahalad, que havia estudado em Harvard e lecionava em Michigan, insistiu em que se ocupar deles poderia ser um ótimo negócio; que as empresas, governos e organismos internacionais deviam parar de vê-los como vítimas e considerá-los consumidores exigentes — e que isso lhes daria lucros imensos.

É o que fazem muitas multinacionais, desde a Ericsson ou a Sony, que projetam celulares com comandos projetados para africanos analfabetos, até a Unilever, que vende na Índia um xampu que lava melhor com água fria — para aqueles que não têm acesso à água quente.

A indústria dos suplementos alimentares poderia entrar nessa categoria — embora, a princípio, a maioria dos compradores não seria seus consumidores, mas os governos e as organizações que os assistem. Porém, eles poderiam pressioná-los e obrigá-los a comprar e a distribuir esses produtos.

Em 2012, a Nutriset fabricou perto de 15 mil toneladas de Plumpy'Nut, dez vezes mais do que dez anos antes. A família Lescanne, dona da empresa, obteve mais lucros milionários e declara reinvestir a maior parte em pesquisa e desenvolvimento. Em 2008, diante das críticas a esses lucros e ao zelo com que retinha a patente de suas invenções, a Nutriset começou a disponibilizar um sistema de franquia; o produtor local — desde que fosse de um país pobre — poderia usar a marca, o know-how e o suporte técnico e, em troca, se comprometia a comprar as máquinas, as embalagens e certos componentes — minerais, vitaminas — da companhia central. Assim, se instalaram pequenas fábricas de Plumpy em uma dúzia de países africanos. No entanto, a equação não funciona perfeitamente: aqui, na Société de Transformation Alimentaire do Níger, sem ir mais longe, produzem a pasta com amendoins locais, mas com azeite de dendê da Malásia, açúcar argentino, cacau da Costa do Marfim importado da Europa e, por uma questão de escala, a pasta local acaba custando mais caro do que a francesa. De qualquer forma, o tratamento continua caro: seis meses de suplemento Plumpy'Doz custam cerca de 50 dólares por criança, em um país onde todos os que poderiam precisar dele vivem com menos de 1 dólar por dia.

Envergonhado, meio que escondido, experimentei-o em uma tarde no hospital de Madaua: o Plumpy é pastoso, untuoso, bem digerível, tem um leve gosto de pé de moleque; e é bastante salgado para ser considerado doce.

Abdoul, uma criança de 2 anos, rosto largo, corpinho bem magro, correu para me pedir o Plumpy. Claro que lhe dei, e não parava de rir enquanto passava a pasta no rosto, se lambia.

Há quem diga que o Plumpy é um produto típico da era do sucedâneo: doçura sem açúcar, café sem cafeína, manteiga sem colesterol, bicicletas sem deslocamento, cigarros sem tabaco, sexo sem contato, alimentação sem comida: uma maneira de simular que essas crianças, que não comem, comem, que esses milhões de paupérrimos vão continuar vivendo.

O êxito suscitou debates. Manifestaram-se, sobretudo, aqueles que questionam a ideia de intervir, usando um remédio paliativo, em uma situação estrutural, "uma resposta médica a um problema social": os famosos curativos para resolver uma hemorragia femoral.

A Médicos Sem Fronteiras diz que sabe disso, mas que também sabe que sua tarefa — sua chance — não é reduzir a má nutrição, mas evitar ao máximo as mortes que advêm dela: e que é duro, mas é o que pode fazer. Exercer a medicina, aceitar essa fronteira.

As crianças — e seus pais — continuam sem ter alimentos. A fome continua, mas mata menos.

Steve Collins, o pioneiro, também se preocupa. "Não gostaria de ver uma nova ordem mundial na qual os pobres dependessem de um suplemento alimentar enviado pela Europa ou pelos Estados Unidos."

O Plumpy é, no fim das contas, apenas um remédio paliativo para uma doença que não teria razão de existir: a mais evitável, a mais curável de todas as enfermidades conhecidas.

A fome mata anualmente — diariamente — mais do que a aids, a tuberculose e a malária juntas, e não existe. A fome não participa do mistério, das sombras insondáveis, da ingovernabilidade da doença: da impotência diante do incompreensível. A fome é muito compreensível, embora não exista: é uma invenção do homem, uma invenção nossa.

E poderia ser tão fácil, nosso passado inverossímil.

8

Foi então que adoeci: passei uma semana mergulhado em sombras. Com uma cama, com eletricidade, com água corrente, com privada, com ventilador, com mosquiteiro, com remédios, com um médico andaluz, com alguma confiança nos remédios e na ciência, esses dias de vômitos e diarreia e febre e pesadelos foram cruéis. Tento — e não consigo — imaginar como serão quando sofridos por qualquer um desses senhores e senhoras e meninas e meninos em uma aldeia daqui, sem cama nem eletricidade nem água corrente nem latrina nem ventilador nem mosquiteiro nem remédios nem médico e, sobretudo, sem a menor certeza: aqui, muitas vezes, as pessoas morrem disso.

Sei que eu não — suponho que não —, mas, de qualquer forma, não melhoro. Há dias minha vida é ficar deitado, dolorido como se tivessem me moído a pauladas, e só me levantar para expulsar tudo. Expulso, expulso, bebo golinhos de água e tenho pesadelos: percorro uma cidade excessivamente simétrica que nunca acaba, expulso: suo, cago, vomito. Suo mais, me contorço no colchão molhado — e tenho muita fome. Tenho fome, essa exigência na boca do estômago, essa persistência insistente de um vazio que, de tanto insistir, vira dor. Estou há seis dias sem comer porque estou nauseabundo e cago e vomito tudo o que como: meu corpo não retém nada. Lá fora acontecem coisas que eu ignoro cada vez mais. Imagino sem cessar, libidinoso, a possibilidade de tomar um bom gole de água gelada: um gole interminável de água gelada — mas não posso, porque também a expulso. E continuo imaginando — por fim tenho um desejo. E tenho fome: o livro se vinga, vira carne — e penso, confuso, que quero entender, registrar o que acontece comigo, mas não consigo. Meu corpo se transformou em inimigo: sou refém do meu corpo.

(A sensação de que estou perdendo alguma coisa, de que deveria poder registrar melhor o que sinto, que isso me ajudaria a entender a situação da fome, me ajudaria a contá-la. A sensação de que não posso. A doença: a sensação de que estou me perdendo. Alguma coisa.)

As sociedades avançadas substituíram a aventura do corpo social pela do próprio corpo. Agora, para os homens e mulheres dos países prósperos, o limite, o inexplorado, não é mais a *terra incógnita* a descobrir ou os amanhãs venturosos a construir, mas o corpo: o corpo — o próprio — é esse desconhecido que, em seus mistérios, pode nos dar ou nos tirar tudo. Suas ameaças são as doenças, os limites do corpo. Hoje, minha fome é a fome que cabe a um ocidental abastado: não é que a sociedade me impeça de obter comida, é que meu corpo me impede de usufruí-la.

De vez em quando, penso na ironia; de vez em quando, de novo, que deveria me concentrar para tentar registrar o que está acontecendo comigo: como vive meu corpo faminto. A fome é, mais do que nada, uma extrema consciência do corpo, neblina da mente. Não entendo muito: estou fraco, incapaz de pensar em nada, letárgico, aborrecido, dolorido. Sinto cada pequeno movimento, cada ameaça do meu estômago, dos meus intestinos, vários zumbidos na cabeça, gritinhos abestalhados do corpo. Tenho momentos de raiva, de irritação; tenho outros de desespero. Tenho outros em que tudo cada vez me importa menos.

— Já perdi mais de 6 quilos — digo a uma enfermeira.

— Sua mulher vai chorar — me diz, como quem diz que está chovendo.

Aqui, agora, não chove. Aqui, tudo está parado e, ao mesmo tempo, me escapa. É o ramadã: durante um mês lunar, todos os habitantes de Madaua — todos os muçulmanos que querem ser dignos desse nome — não podem comer nem beber nem fumar nem beijar nem fazer nada que lhes dê prazer desde que o sol aparece até que se ponha. Doze horas por dia sem comer, dias de 40 graus à sombra sem uma gota d'água. Não conheço manifestação mais brutal do poder de um chefe, de um deus, de um ditador: veja como o levo a fazer o mais extremo, o menos natural. Olhe como o obrigo: acredite, me obedeça, submeta-se à minha lei mais caprichosa.

A expressão da submissão a esse poder: veja como lhe obedeço, pelo senhor posso controlar até meus impulsos mais primários, passar fome sem necessidade. Mas também, como qualquer relação de poder, é um negócio: jejuar é entregar a Deus algo precioso — renunciar ao que você quisesse — para conseguir dele alguma coisa em troca. Paga-se com prazer ou satisfação — entregando-os, privando-se deles — algo que nos importa muito: o bem-estar de um parente, o êxito de uma colheita ou de uma guerra, a garantia de que vamos comer, a salvação de uma alma que presumimos.

Deus se diverte com os seus — e com os alheios. Continuo doente e acompanho, enfermo, alienado, os ruídos das festas de cada noite que entram pela janela. Ao hospital, entretanto, chegam todos os dias sessenta ou setenta crianças com malária, anemia gravíssima, convulsões, pneumonia, diarreias poderosas, todas consequências da fome. Pascual, o médico andaluz, me diz que esta semana morreram outra vez cinquenta e tantas, e que se sente destroçado.

Em outra tarde, Manuela, uma enfermeira madrilena, me diz que o hospital está lotado, que não podem cuidar de todo mundo e que têm de escolher: que é monstruoso, mas que, frequentemente, são obrigados a escolher, que há crianças que têm poucas chances e que então é necessário se concentrar nas que têm mais, mais chances.

— Para suportar isso, você tem de pensar naquelas que se salvam. Se ficar pensando o tempo todo nas que morrem, não conseguirá continuar. Mas, se não pensar nelas, também seria um estranho, uma máquina. Muitas vezes, ao chegar em casa, tudo desaba em sua cabeça e aí sim você se dá conta de como foi terrível. Aqui não há tempo nem espaço para isso, você vive como se o que está vivendo fosse normal. E depois de um dia chega em casa...

Começo a melhorar, volto à rua. Tenho — sem perceber — a estranha sensação de que aprendi coisas que deveria saber, ter sabido. A sensação de que apalpei a miséria verdadeira. Não a miséria daqueles que vivem à margem dos ricos; a dos que vivem onde não há nada, que estão há séculos comendo — quando podem — essa bola de milho, que rezam a seu Deus toda noite para poder comer amanhã — inshallah — essa bola de milho.

Uma luta incessante pelo que é mais imediato, pelo básico: se pudesse ter tudo o que quisesse, eu lhe perguntei, e me respondeu duas vacas. Essa miséria que também consiste em não acreditar nem ter aprendido nem suspeitar que existem outras vidas e que as outras vidas não são sempre só dos outros. Não é apenas um recorte das fronteiras materiais: também das mentais, a redução do campo do imaginável.

E, então, o sentido mais estrito da palavra sobrevivência: milhares e milhares de pessoas que se levantam todos os dias para ver se conseguem alguma coisa para comer. O sentido mais breve da palavra sobrevivência: não é fácil, com essa ideia do mundo, nessas condições, pensar em nada a longo prazo — um mês, três meses, um ano e meio, um século. O futuro é um luxo de quem se alimenta.

Da fome, 1

A origem das espécies

1

Diógenes de Sinope, o cínico filósofo, estava se masturbando uma noite no meio da ágora de Atenas e alguém o recriminou.

— Ah, está achando ruim? E o que acharia se fosse possível saciar a fome esfregando a pança com a mão? — respondeu, para que pudessem entendê-lo.

Não é possível; encontrar uma forma de saciar a fome foi motivo de muitas guerras, de muitas mudanças: uma das poucas razões da história.

Nunca conseguiremos saber como começamos, mas há hipóteses. Faustino Cordón, em seu livro *Cocinar hizo al hombre*, supõe que não soubemos fazer o que outros faziam: que quando nossos ancestrais eram aqueles macacos que andavam pelas árvores procurando brotos, folhas e algum inseto perdido, houve alguns que aprenderam a se pendurar mais e melhor nos galhos. Esses originaram os grandes símios: animais que foram desenvolvendo braços e torsos poderosos para viajar de galho em galho, que se apoderaram do território cobiçado e expulsaram os outros — nossos ancestrais, incapazes, impotentes, tiveram que descer daquelas árvores e tentar viver no chão.

Com aquela derrota, se diz, começou o homem.

Há quem diga que agora — superpopulação, mudança de clima, esgotamento dos solos e da água — virá a "guerra pelos alimentos". A guerra pelos alimentos existe desde sempre, e sempre continua. Só que há, entre batalhas, momentos de calma relativa em que os vencedores são tão vencedores que não precisam lutar para continuar desfrutando o triunfo.

Os hominídeos, já no chão, tiveram de fazer da necessidade virtude: aprenderam a caminhar melhor, desenvolveram patas mais potentes e afinaram os braços e as mãos de que já não precisavam para se pendurar: puderam usá-los para manejar as ferramentas primitivas, uma pedra, um osso, um pau. Essa oração — esse processo — duraria milhões de anos. E produziria alguns efeitos decisivos: a postura ereta, consequência do novo hábitat, que lhes permitia transportar ferramentas que não tinham que atirar, como antes, para trepar nas árvores; e um maior grau de espírito comunitário porque, assustados com o novo hábitat, aqueles macacos precisavam se cuidar e apoiar uns aos outros. De onde, também, uma evolução progressiva de suas formas de comunicação: as primeiras tentativas de uma linguagem.

Com esses utensílios, que superariam a evidente incapacidade do corpo humano para tantas coisas — não somos especialmente fortes, não saltamos nem corremos como outros, não temos uma visão excelente nem olfato nem audição, não temos garras nem dentes poderosos —, aqueles ancestrais começaram a variar sua alimentação: com certos paus podiam matar certos animais; com outros paus, cavar para procurar raízes e tubérculos; com pedras, quebrar os ossos que encontravam para arrancar a medula; seus corpos foram se habituando a outros alimentos — que, por sua vez, os foram transformando.

Uma horda: animais pulando e grunhido ao redor de outro menor ou mais fraco ou quase morto, disputando-o, destroçando-o e comendo seus pedaços: as primeiras imagens da fome.

A sociabilidade aumentou quando ocorreu àqueles caçadores desajeitados fazer a mesma coisa que agora é feita por qualquer corretor da bolsa de valores: diversificar os riscos. Os meio-macacos não tinham ações variadas a comprar, mas podiam se aliar a outros meio-homens, seus primos ou vizinhos, e repartir todos os dias o que conseguiam. Então, quando um não obtinha o suficiente, comia do mesmo jeito, porque outros haviam conseguido. Devido a esse medo de ficar sem comer, iam armando sociedades; os vínculos foram se estreitando. E o princípio da reciprocidade, uma forma de igualdade: eu lhe dou, lhe dou, mas espero que você me dê alguma coisa mais ou menos parecida. Confiando e desconfiando.

A fome era sua condição. Três ou 4 milhões de anos atrás, aqueles hominídeos viviam pulando pela mata, sofriam privações e perigos, passavam o tempo procurando comida. E comiam, sobretudo, vegetais diversos e carnes de animais mortos: eram, antes de tudo, carniceiros. Mas as proteínas e gorduras animais que consumiam mais e mais aumentaram, aos poucos, o tamanho de suas cabeças e cérebros, e esses cérebros mais desenvolvidos lhes permitiram conseguir comida melhor que aumentou sua capacidade cerebral e assim por diante. A proporção entre corpo e cérebro que os demais animais costumavam ter se descontrolou nos hominídeos, e aqueles corpos precisaram cada vez de mais alimentos para seus cérebros desmedidos.

Mas o corpo humano é um arcaísmo: é formado para tempos e vidas muito diferentes. Podia ou não haver alimentos: as folhas ou os animais que deviam alimentar nossos ancestrais eram difíceis de obter, fortuitos; às vezes havia, às vezes não.

A fisiologia dos nossos corpos se organizou naquela época. Por isso armou um sistema em que a saciedade dura muito pouco, em que certos hormônios requerem alimentos sem cessar: essa ansiedade permanente, essa intenção permanente de comer era a forma de prevenir os momentos em que os alimentos não apareciam. É o que costumamos chamar de fome: o conjunto de sinais físicos que demandam alimentos.

(Embora, para tolerar jejuns forçados, também organizou um sistema de reservas: nós, os homens, podemos conservar energia em forma de gorduras.)

E então, menos de 1 milhão de anos atrás, vá saber como — as hipóteses são abundantes —, aqueles animais descobriram o poder do fogo.

(Muitos milênios depois, quando os animais começaram a se achar espertos, celebrariam essa descoberta como o princípio de si mesmos. O fogo — de acordo com seus mitos, o mito de Prometeu — os havia tornado homens, os havia separado das bestas.)

É provável que os primeiros usos do fogo não tenham sido culinários: que os meio-macacos o usaram para se proteger do frio e de outros animais. E que foi a casualidade que lhes ensinou que alguns alimentos ficavam melhores quando caíam na fogueira. E que, ao cozinhar, estabeleceram uma diferença fundamental: se transformaram nos primeiros animais que não comiam o que conseguiam, mas algo que transformavam para melhorá-lo. Que introduziram a cultura — uma das primeiras formas da cultura — da relação das carnes de um bicho com seus estômagos: e cozinhar nos fez homens.

Aqueles machos e fêmeas aprenderam a caçar e a cozinhar juntos, a ter mais tempo para pensar em coisas que fossem além de caçar e comer, a ajudar uns aos outros, a cuidar por muito tempo de seus filhos — que, cabeçudos como eram, deviam nascer bem prematuros para poder passar pela pélvis de suas mães —, a desenvolver essas linguagens que acabaram transformando-os em homens e mulheres.

A fome, para alguns deles, começou a ser uma coisa que nem sempre acontecia.

Pensar nesses tempos pode ser vertiginoso: dar-se ao trabalho de imaginar essas vidas de senhoras e senhores seminus, vagando por bosques e planícies atrás de uns bocados, pulando, saltando, sem ter a menor ideia de passado ou de futuro é recordar, por contraste, tudo o que inventamos.

Cozinhar, entre outras coisas, ampliou consideravelmente os limites do comestível: uma grande quantidade de plantas e animais que os homens não conseguiam digerir crus se tornaram comestíveis uma vez cozidos. Nossos ancestrais, então, se tornaram realmente onívoros.

Foi um processo de milhares de anos. A descoberta de novos alimentos foi um trabalho de apropriação do mundo: quando mais o como, mais o torno meu — e então, assim, mais eu como. Começamos a nos transformar nesta máquina de comer que agora somos. Comemos animais, vegetais, minerais: raízes, cascas, talos, folhas, frutos, flores, grãos, fungos, algas, moluscos, peixes, aves, embriões de aves, répteis, insetos e, de nossos congêneres mamíferos, a carne, o sangue, o couro, a medula e até essas secreções glandulares que chamamos de leite ou queijo — e grandes quantidades de pedra moída que chamamos de sal.

Essa capacidade — essa habilidade de combater a fome — é uma das principais razões para que, em 100 mil anos, os seres humanos tenham passado de uma centena de milhares para ser, por ora, 7 bilhões: uma explosão que é a melhor prova de que a espécie — como espécie — funcionou.

Não há nada mais trapaceiro do que ser — do que se pensar como — espécie.

Esse aumento populacional foi um processo longo, sinuoso. Supomos que aumentaram as temperaturas, mudaram os ecossistemas, os animais escassearam e aqueles caçadores se tornaram mais coletores. Os caçadores-coletores tinham sistemas estritos de controle da natalidade — que incluíam, logicamente, o infanticídio — para manter o delicado equilíbrio entre pessoas e comida. Ainda se discute se, de alguma maneira, perderam o controle e por isso se viram forçados a pensar em novas maneiras de se alimentar ou se essas novas maneiras lhes permitiram abandonar aquele controle: outro caso dos ovos e das galinhas.

De qualquer forma, a explosão se tornou brutal quando surgiu a agricultura. Foi um dos grandes momentos — e um dos grandes mistérios — da história do homem, embora alguns historiadores digam que foi, sobretudo, um dos grandes momentos da história da mulher. Há 10 ou 12 mil anos, distintas pessoas em distintos lugares — Oriente Médio, América Central, China, Nova Guiné, África tropical — descobriram, mais ou menos simultaneamente, como fazer para que as plantas que costumavam procurar em suas andanças crescessem onde eles decidissem: poderiam retirar seus grãos, enterrá-los, esperar — e inventar deuses para lhes pedir que chovesse. E o presente dos deuses, logicamente, não veio sozinho: apareceram senhores que diziam que sabiam falar com eles e que podiam explicar seus balbucios e suas contradições. Os sacerdotes e as religiões foram, de alguma maneira, um parasita daqueles grãos primitivos.

Ao mesmo tempo, esses homens descobriram que podiam fazer a mesma coisa com os animais: domesticá-los e cultivá-los para dispor de suas carnes e de seu leite e de seus ovos — além de sua força de trabalho, que lhes servia para fazer mais comida.

É difícil, agora, quando não há nada mais tradicional do que cultivar a terra, imaginar uma época em que a agricultura era o ápice da modernidade, uma invenção recente que estava mudando tantas vidas. Havia, naturalmente, medo: o novo sempre foi temido pela maioria. Muitos achavam que arar era uma violência brutal contra a Mãe Terra: revolvida, ferida, submetida por seus filhos, ela acabaria se vingando. Muitos relatos mitológicos lamentam essa violência intolerável: formas primárias de militância ecológica.

Foi uma mudança radical: jamais alguém antes pudera ter certeza de que teria o que comer alguns meses depois. A partir dessa certeza, surgiu a necessidade de permanecer em um determinado território até que as sementes frutificassem. Surgiram as primeiras aldeias, lugares onde era possível se instalar e esperar — em vez de ficar perambulando atrás de plantas e animais. Surgiu a ideia do futuro como um tempo em que aconteceriam coisas possíveis de se prever. Surgiu a possibilidade de pensar nessas coisas e fazer planos.

E surgiu a necessidade de organizar formas de conservar os grãos dos cereais. Uma das grandes mudanças esquecidas da história aconteceu quando os homens aprenderam a armazenar alimentos. E também ovos e galinhas; talvez tenham começado descobrindo como produzir mais alimentos e então se depararam com o problema de guardá-los, mas é mais provável que começaram descobrindo como guardá-los e então procuraram formas de obter mais do que o necessário para hoje e amanhã. E então produziram e ampliaram o armazenamento e descobriram novas formas e também outras maneiras de produzir mais e mais, e assim por diante: nossas sociedades.

Começamos a ser — para o bem e para o mal, para nada de nada — o que somos.

Aqueles homens passaram a se alimentar em certas horas já previstas. Foi um salto extraordinário e só o conseguiram porque acreditavam ter garantido o acesso a alimentos suficientes para se permitir não comer cada vez que podiam — como sempre haviam feito, como ainda fazem outros animais.

A fome constante é a condição original do homem. E o alívio de saber que não será necessário procurar durante horas é uma conquista cultural decisiva. Somos mais humanos quanto mais saciados estivermos. E somos mais humanos quanto menos tempo precisamos dedicar a nos saciar. O processo civilizatório é o percurso que vai de passar o tempo todo se preocupando em conseguir comida até passar menos tempo possível se dedicando a conseguir comida. Quanto mais fome, mais animais somos; quanto menos, mais humanos.

A conta continua em vigor em nossos dias.

2

Por preguiça, ignorância ou quem sabe qual outra grande virtude, costumamos achar que a história do mundo só poderia ter sido como foi. É o ardil mais sólido daqueles que preferem que aceitemos o mundo tal como é: o que foi é o que devia ter sido — e o que é também é o que deve ser ou talvez a única opção. Como seria o mundo se a uma série de pitecantropos não tivesse ocorrido — uma suposição — que aquilo que usavam e consumiam era seu, sua propriedade, sua possessão, mas também de todos porque todos o queriam e necessitavam? Como seria se tivessem preferido evitar o esforço de trabalhar e tivessem continuado com suas vidas de nômades preguiçosos? Como, se ninguém tivesse tido o medo ou a imaginação ou a ambição ou a inteligência suficiente para dizer a seus companheiros — convencer seus companheiros — de que aquela árvore enorme e tão idosa era um ser superior, um "deus" ao qual podiam pedir coisas?

São exemplos: a borboleta que voa na China ensina, antes de mais nada, que qualquer bater de asas é importante, que nada é mais seguro.

Naquelas aldeias — as primeiras cidades —, a possibilidade de conservar alimentos produziu outra novidade extraordinária: o tempo livre, o ócio como ideia manifesta. Os homens não tinham mais de passar todo o seu tempo preocupados em conseguir comida porque sabiam que sua comida estava ali, crescendo nos campos, engordando nos currais. Esses homens e essas mulheres puderam dedicar muito tempo a outras coisas: tecer, curtir o couro, trabalhar em olarias, transportar, combater, conversar, dormir a sesta, conspirar, amar, trair. Surgiram ofícios, diferenças.

E a existência de reservas permitia que outros pudessem ambicioná-las. Era necessário protegê-las e, aos poucos, surgiram aqueles que se especializaram em fazê-lo: os mais hábeis, os mais fortes, os mais ambiciosos. A comunidade aceitou lhes dar o necessário para que pudessem defendê-la, e acumularam poder.

Foi um longo processo: os excedentes de comida fizeram com que se desligassem inteiramente de sua produção, se instalassem em casas maiores — que um dia chamaríamos de palácios —, entesourassem, concentrassem, e os aldeões se distinguiram dos camponeses, os ricos dos pobres. E as riquezas se apinharam nesses novos lugares, as primeiras cidades. Quem controla o celeiro controla aqueles que querem comer os grãos. Quem controla quer controlar mais: inventar estruturas que garantam que seu controle será mantido. Começaram a aparecer, aqui e acolá, os primeiros Estados.

E o aumento de seu poder graças a seu poder; os novos Estados mesopotâmicos já tinham força suficiente para construir diques e canais em uma escala nunca vista, que, por sua vez, lhes permitiam plantar e colher em uma escala nunca vista: conseguir mais alimento, mais poder.

E se formaram classes, surgiram as diferenças, as desigualdades: foi uma grande novidade o fato de que alguns comessem e outros não. A tradição da fome havia sido que a penúria e a satisfação fossem — mais ou menos — iguais para toda a horda — e não eram mais. E aqueles que produziam a comida — aqueles que sujavam as mãos na terra, aqueles que partiam as costas partindo os sulcos — costumavam ser o que menos conseguiam comê-la.

A novidade: que uns comessem e outros não.

As sociedades organizadas a partir da produção agrícola reduziram a dieta rica e complexa dos primeiros homens a um regime de *staple food* — alimentos de primeira necessidade — semelhante ao que ainda predomina em muitas sociedades pobres. Um determinado cereal ou tubérculo se transformou em alimento habitual, diariamente repetido, de boa parte de uma população — com algum complemento de molhos feitos com as verduras disponíveis ou um pedacinho de carne de caça ou pastoreio muito de vez em quando.

É verdade que muito mais gente começou a comer, mas a comer mal. É curioso: a grande revolução neolítica, o grande avanço da técnica que transformaria como nunca antes a história dos homens, tornou aqueles homens tão mais civilizados muito menores e mais frágeis. E, além disso, forçou-os a trabalhar de sol a sol para um patrão.

Seus ancestrais caçadores-coletores tinham uma dieta rica em vegetais e alguma carne magra; os primeiros agricultores passaram a comer mais hidratos de carbono e mais açúcares — e, para completar, se moviam muito menos. Seus corpos sentiram os efeitos: em poucos séculos, os camponeses perderam uns 20 centímetros de altura e uns 5 anos de vida — ou de esperança de vida. E, graças ao adoçamento de sua dieta, descobriram as cáries, outra invenção de nossa cultura, e as artrites, graças ao trabalho na terra, e outras enfermidades. Surgiram as primeiras epidemias.

Aqueles homens e mulheres eram muito mais inteligentes, viviam em sociedades infinitamente mais complexas, tinham reis e deuses e putas e soldados, tinham ideias sobre o mundo, se multiplicavam com afinco — mas haviam ficado baixinhos e viviam muito menos. São os estranhos paradoxos do "progresso". Não tinham mais fome — nem sempre tinham fome —, mas começaram a se alimentar mal.

Poderia ser uma forma de discussão contemporânea: o progresso técnico do neolítico — a descoberta da agricultura — piorou a qualidade da alimentação daquelas pessoas. Mas permitiu que, em quarenta séculos, houvesse quarenta vezes mais pessoas. E então?

Ou também: a espécie melhora quando seus indivíduos pioram?

E, ao mesmo tempo, a comida dos chefes, generais, reis, imperadores e deuses que governavam essas novas aldeias foi se tornando cada vez mais especial. Foi nessa época, há uns 10 mil anos, que apareceu a diferença entre a alta e a baixa comida: entre a mesa do chefe enfeitada com produtos variados, preparos complicados — às vezes produzidos pelos primeiros especialistas — e a tigela do camponês, do artesão ou do soldado, onde essa comida única, preparada pelas mulheres da casa, era repetida a cada tarde. Graças a essas comidas, os poderosos engordaram — e a gordura se tornou um sinal de poder. Os pobres, fracos — e a fraqueza, um sinal de impotência.

E a fome sobreviveu, logicamente, em muitos lugares.

O regime de um alimento principal, de primeira necessidade, não apenas piorou sua nutrição; trouxe, ademais, um grave perigo: cada vez que esse alimento — quase — único faltava, devido a uma seca, a uma guerra, a uma inundação, a geadas, a *hambruna* se instalava, irremediavelmente. O primeiro registro conhecido a respeito da fome é uma inscrição na tumba do egípcio Ankhtifi, governador de uma província do sul há 4 mil anos, que diz que "o Alto Egito estava morrendo de fome, a tal ponto que todos estavam comendo seus filhos".

Inventaram o pão. Fazer pão — fazer pão — é uma façanha que pressupõe milhares de anos de buscas, uma viagem extraordinária. Plantar sementes, colher as plantas, moer os grãos, transformá-los em massa, dar-lhe forma, assá-la: quatro ou cinco tecnologias complexíssimas — quatro ou cinco descobertas deslumbrantes — colocadas em jogo para que os homens mediterrâneos produzissem seu alimento mais emblemático. Tanto que Homero, na *Ilíada* e na *Odisseia,* costuma chamar os homens de "comedores de pão".

Existiram deuses. Os homens, assustados, necessitados, criaram deuses. Uma das funções desses deuses — uma das mais importantes — era garantir que as colheitas aumentassem. Ou então, no pior dos casos, quando não havia outro remédio, lhes dar de comer:

"E lhes diziam os filhos de Israel, no meio do deserto: Quem dera Jeová nos tivesse feito morrer na terra do Egito, quando nos sentávamos ao lado das panelas de carne, quando comíamos pão até nos saciar; pois nos haveis levado a este deserto para matar a fome de toda esta multidão.

"E Jeová disse a Moisés: Eu farei chover pão do céu; e o povo sairá, e recolherá diariamente a porção de cada dia."

O aperfeiçoamento das técnicas agrícolas aumentou a população, e mais pessoas tiveram de procurar novas terras para se sustentar. Algumas não eram tão férteis como as iniciais e era necessário procurar de novo, inventar novas formas: um camponês talhava e queimava o campo, e as cinzas serviam de adubo, que permitia cultivá-lo por um ano ou dois; quando a terra se esgotava, o camponês fazia a mesma coisa em um terreno vizinho, e assim por diante. Depois de alguns anos, podia voltar à primeira gleba e começar o ciclo de novo. Mas, mesmo assim, o mecanismo só funcionava quando havia muita terra disponível: se não houvesse muita gente. Havia cada vez mais, e esse foi o princípio das grandes migrações — e da ocupação de mais e mais territórios.

No mundo mediterrâneo romano, onde já não sobrava espaço, os camponeses descobriram que tudo melhorava muito quando integravam a pecuária à agricultura: os animais serviam para completar a dieta, fertilizar as terras com seu esterco e ajudar, com sua força, a trabalhá-las. No entanto, a concorrência foi aumentando: os escravos costumavam ser mais baratos e, às vezes, mais eficazes.

Enquanto isso, o arroz se espalhava pela Ásia. Em certas regiões do sudeste, do sul da China, em partes da Índia, da Coreia, do Japão, era possível conseguir duas e até três colheitas por ano: o sistema produzia muita comida, mas precisava de muita gente trabalhando; no entanto, conseguia alimentá-la. O Extremo Oriente se transformou na região mais povoada do planeta.

A ideia de alta e baixa comida atingiu o ápice em Roma. Certos banquetes imperiais simbolizam — ainda agora, 2 mil anos depois — a quintessência da gastronomia perdulária dos ricos: o jantar de Trimálquio, do *Satíricon*, com suas mamas de lebre, seus gansos recheados com ostras, suas línguas de flamingo e seus pássaros feitos com carne de porco ainda são os exemplos mais coloridos dessa diferença. Se o valor de cozinhar consiste em transformar um alimento natural em algo processado pela cultura, essas aves de porco são o cúmulo possível: não se transforma o bocado, se transforma o animal, se cria uma falsa besta. Cozinha-se — processa-se — a natureza.

Mas Roma consagrou um modelo alimentar que ainda funciona em nossas sociedades: o assistencialismo. Todos os seus patrícios, primeiro, e, por fim, todos os seus habitantes tinham direito à distribuição gratuita ou bastante subsidiada, de acordo com o momento, de grão, pão, azeite: os alimentos básicos, a proteção estatal contra a fome — que às vezes não funcionava, mas frequentemente sim.

"Só em Roma o Estado alimenta os pobres. No Oriente, os pobres são considerados uma moléstia, e quando não podem comprar seu pão, os deixam morrer de fome", dizia, em uma carta escrita no ano 30 antes de Cristo, Marco Antonio. Para isso, organizaram, pela primeira vez nessa escala, um sistema alimentar global, integrado: os grãos que os chefes de Roma distribuíam a seus pobres eram trazidos da Sicília ou do Egito e o azeite, da Espanha ou da Síria. E tinha claro — e diziam isso — que o faziam para comprar a paz. Esses alimentos eram uma espécie de tributo de guerra, pago a um inimigo entocado, quieto mas não adormecido: o povo da cidade de Roma.

Ali também, então, surgiu uma palavra que continua relacionada a essa prática de módica distribuição: cada romano poderoso tinha centenas ou milhares de pessoas mais humildes que o seguiam e lhe obedeciam e recebiam, em troca, seus favores: cliente.

O sistema sobreviveria.

3

Desde o começo da civilização, a fome foi uma das armas mais poderosas, uma forma extrema de exercício do poder. Para render uma cidade cortando o abastecimento de alimentos até que a fome a derrotasse; para conquistar o apreço ou a tolerância de uma população evitando que passasse fome distribuindo comida — e tantas outras.

A fome era uma ameaça porque nunca deixou de estar presente. A fome — a possibilidade da fome — foi, durante milênios, a situação habitual de todas as culturas.

Existe a suspeita — e muitas comprovações — de que chega um ponto em que a fome pode dissolver qualquer sociedade, qualquer solidariedade, todos os vínculos. A história dos ik ficou tão famosa que acabou como uma peça de teatro imaginada, há algumas décadas, pelo diretor inglês Peter Brook.

Os ik: um povo de caçadores-coletores do norte de Uganda que um governo expulsou de suas terras de caça, condenando-os à fome mais extrema. Sua história foi, então, uma exibição do pior que a fome pode causar a um povo: uma espécie de metáfora excessiva.

Os ik quase não tinham comida — e decidiram que não poderiam se dar ao luxo de compartilhá-la. Sua forma de lutar contra a fome extrema foi o extremo individualismo: literalmente, cada um devia se salvar como pudesse. Por isso, as crianças eram abandonadas pelos pais quando completavam 3 anos e se uniam em bandos de infantes que tentavam a vida e conseguiam alimentos roubando-os de quem fosse — sobretudo dos mais velhos e dos mais indefesos, debilitados pela desnutrição.

Aqueles que sobreviviam e chegavam aos oito 8 se integravam a outro bando, ainda mais violento, de menores de treze. E rapinavam juntos até que, ao chegar à puberdade, cada um continuava agindo, procurando, em total solidão. E nessa solidão muitos morriam — porque aqueles que não conseguiam comida não a recebiam de ninguém. Por não receberem — escreveria o antropólogo inglês Collin Turnbull —, não mereciam nem a simpatia dos outros: a visão de um vizinho ou parente morrendo de fome embaixo de uma árvore não sensibilizava ninguém; a menos que achassem que poderiam tirar alguma coisa deles.

Em *Hunger: An Unnatural History*, um livro excelente, Sharman Apt Russell sintetiza as três fases que se sucedem quando surge a ameaça da *hambruna*. "Primeiro há um alarme geral. As pessoas estão excitadas e podem se tornar mais gregárias. Podem compartilhar mais, instalando, por exemplo, cozinhas comunitárias. Podem emigrar. As emoções, as tensões aumentam. Há irritação e fúria, inquietação política, revoltas e saques. Pode haver mais rituais religiosos, mais devoção, cerimônias místicas.

"Na segunda fase, a resistência é dirigida à fome em si mesma, não às suas causas. As pessoas não desperdiçam energias; conservam-nas. Ficam menos sociáveis e suas ações se concentram em arranjar comida. Pequenos grupos fechados, como a unidade familiar, se tornam a melhor maneira de sobreviver. Os amigos e a família estendida podem ser excluídos. Os roubos se tornam habituais. O trabalho político organizado diminui, embora possa haver atos isolados de agressão e violência. No meio dessa desordem social, as pessoas querem mais autoridade.

"A última fase é marcada pelo colapso de qualquer esforço de cooperação, inclusive dentro da família. Isso pode acontecer gradualmente. Os mais velhos são os primeiros sacrificados, e depois as crianças menores. As pessoas, física e emocionalmente exaustas, passam muitas horas sentadas, com o olhar perdido, caladas.

"A *hambruna* revela o melhor e o pior de cada pessoa: exagera o que já estava ali."

A fome era
o que já estava ali.

"Naquele ano, também houve fome intensa em quase toda a Gália. Muitos homens fizeram pão com sementes de uva, com bolotas de azinheira e até com raízes de samambaia: colocavam-nas para secar e as moíam, e depois as misturavam com a pouca farinha que tivessem. Muitos outros faziam pão com as ervas daninhas do campo. Alguns, que não tinham nenhuma farinha, comiam as ervas que encontravam e, amiúde, inchavam e morriam", escreveu Grégoire de Tours — que depois foi santificado e ficou conhecido como São Gregório de Tours — em seu livro *Histoire des Francs*, do século VI.

A fome fazia parte de suas vidas assim como o sono, a fornicação, a morte, a família, com a força daquilo que existe sem a menor sombra de dúvida. O Ocidente medieval foi um mundo cercado pela fome. A queda das estruturas administrativas romanas, a queda da população, a perda de técnicas agrárias confabularam para reduzir a produção e a circulação de alimentos em níveis baixíssimos.

Em um mundo em que cada comarca devia sustentar a si mesma, onde as comunicações e os transportes eram um luxo raro, bastava que a colheita de uma região falhasse — por pragas, secas, guerras, a rapinagem de um senhor inescrupuloso — para que seus habitantes — milhares, dezenas de milhares de habitantes — morressem de fome.

Não havia Estados que distribuíssem qualquer coisa; a Igreja católica o fazia muito de vez em quando. Mas era muito eficaz para definir a razão e a lógica, justificar a fome. Em um mundo regido por um Deus tão todo-poderoso, qualquer pessoa teria sido capaz de se perguntar por que não havia comida suficiente, por que Deus não provia. A resposta cristã foi que a fome era o castigo justo aplicado àqueles que haviam ofendido Deus de alguma maneira.

— E por que o Senhor me condena, padre?

— Isso quem sabe é você, filho, e melhor do que ninguém.

Às vezes, esse Deus era tão generoso que seus sacerdotes se ocupavam das ovelhas perdidas, necessitadas, fracas. Mas, na iconografia medieval, os famintos eram exibidos como uma advertência aos crentes: isto é o que o espera se não aceitar Meu comando, Minhas regras, Meu poder, se não cumprir Minhas ordens. Ou seja, não eram objeto de piedade ou simpatia, mas de desprezo, de horror: exemplos do que é produzido pela imoralidade, pela preguiça, pela fraqueza diante do pecado.

Avisos, advertências.

Há máquinas melhores do que outras; não há ideologia que tenha funcionado sem que tivesse convencido os famintos de que passam fome por sua culpa, sua própria culpa, sua máxima culpa.

Naquela época, em espaços mais prósperos, os reinos islâmicos se espalharam e ocuparam boa parte do norte da África, do sul da Europa, do Oriente Médio, do centro da Ásia. Aperfeiçoaram a produção agrícola com novas técnicas de rotação, grandes obras de irrigação, moinhos, a incorporação de cultivos que trouxeram de seus rincões: cana-de-açúcar, arroz, bananas, cítricos, berinjelas, coqueiros e melões foram capazes de alimentar as maiores cidades de seu tempo: Bagdá e Córdoba — que tinham 1 milhão de habitantes quando Londres, por exemplo, tinha 10 mil que comiam muito pouco.

"Quando não havia mais animais para comer, os homens, atacados pela fome, se nutriram de carniça e de outras coisas imundas. Houve quem tentou matar a fome comendo raízes silvestres e plantas aquáticas, mas em vão: a ira vingadora de Deus não dava trégua. [...] Durante três anos, a terra esteve tão empapada pelas chuvas contínuas que não era possível lavrar um único sulco; durante três anos, a *hambruna* açoitou a terra.

"Oh, desdita: a raiva da fome levou os homens a comer carne humana. Viajantes eram atacados por homens mais fortes que cortavam seus membros, os assavam e devoravam. Muitas pessoas que escapavam da fome e pediam hospitalidade para passar a noite eram degoladas por seus anfitriões, que as comiam. Muitos, mostrando uma fruta ou um ovo a uma criança, a atraíam para algum lugar afastado, a matavam e a devoravam. Em muitos lugares, corpos de mortos foram desenterrados para aplacar a fome. Essa fúria insensata chegou a tais proporções que os animais soltos corriam menos perigo do que os homens. Como havia se tornado habitual comer carne humana, prenderam um homem que a vendia cozida no mercado de Tournus, como se fosse carne de animal. Foi preso e não negou seu crime vergonhoso; amarraram-no em um poste e o queimaram. Então, naquela noite, outro homem foi desenterrar sua carne, comeu-a e também acabou na fogueira", conta, em sua famosa crônica sobre as *hambrunas* sofridas pela Europa Ocidental entre 1031 e 1033, o monge franco Raul, o Calvo.

O canibalismo era — modicamente — extraordinário; a fome não. Nos mil anos que se seguiram à queda do Império Romano, não costumavam passar dez sem que alguma região da Europa — ou várias — sofresse terríveis *hambrunas*.

Mas a *hambruna* era, ainda, uma coisa esporádica: o habitual continuava sendo a fome como ameaça constante, permanente, como horizonte da vida cotidiana.

Não era linear, logicamente, não era sempre igual; era, na verdade, uma corrida confusa entre variáveis: melhoravam os instrumentos e as técnicas de lavoura, ocupavam-se novas terras, produziam-se mais alimentos e então a população crescia, até que esse próprio crescimento fizesse com que a comida voltasse a ser insuficiente — uma guerra ou uma praga quebrava o equilíbrio quase sempre muito precário. Nesses anos e na Europa foi evidente, mas coisas semelhantes aconteceram quase sempre, em quase todos os lugares.

(Um desses ciclos de pauperização e *hambruna* teve início no começo do século XIV e culminou com a aparição, em 1348, de uma doença que encontrou a população muito debilitada: a Peste Negra matou um quarto dos europeus.)

Nessas sociedades onde tantos tinham fome, alguns que não a tinham a impunham a si mesmos de quando em quando: a fome sempre foi uma forma de purificação. As religiões monoteístas mantêm relações intensas com a fome: todas querem forçar certos jejuns, formas controladas de passar fome para demonstrar que um deus — e seus esbirros — pode nos levar a fazer o que não faríamos. Formas de se violentar em homenagem ao poder mais absoluto.

A religião precisa se impor contrariando o natural. É a cultura em um sentido extremo: uma cultura que não traduz este mundo, mas cria outros. Jejuar é um triunfo da cultura, um monumento ao orgulho da cultura. Para o pensamento religioso — um pensamento que imagina que exista algo melhor do que os homens, ou seja, que, nós, os homens, somos uma raça inferior — comer é uma fraqueza. Seríamos melhores se não precisássemos comer. Comer sempre foi pensado como uma obrigação pesada, baixa; os seres superiores estão isentos dela. Na tradição cristã, nunca se disse que Deus comesse alguma coisa; na greco-romana, por exemplo, aqueles deuses, tão antropomórficos, comiam néctar e ambrosia. Jejuar é coisa de anjos — diziam os cristãos—: está mais além da natureza.

Jejuar é aceitar uma interrupção da ordem natural: que uma ordem natural lhe impõe—, mas esta ordem cultural, religiosa, se apresenta como natural, ou melhor, como pré-natural, anterior a toda a natureza, criadora de toda natureza. A natureza é decadência — a carne é decadente, alimentá-la é decadente —, o sobrenatural a melhora e corrige.

Não há nada mais vulgar do que comer para matar a fome.

Mas, para a maioria da população, a gula não era pecado, era milagre. Uns poucos comiam muito; muitos continuavam comendo mal e pouco. As carnes eram um privilégio quase exclusivo dos nobres, que se reservavam o direito de caçá-las; ao longo de mais de mil anos, a alimentação dos europeus foi tão sumária, tão monótona, que ficavam à mercê de qualquer inclemência.

Durante séculos, sua fome foi pura falta de comida: técnicas primitivas, colheitas perdidas por causa do tempo e das guerras. Mas também foi, em grande medida, alimentos sem nutrientes suficientes: má nutrição crônica, constante. No Hôtel-Dieu, o grande hospital da Paris medieval, muitos enfermos se curavam sem outro remédio além de uma internação: alguns falavam de milagre. Muitos anos depois, se saberia que melhoravam porque, internados ali, os doentes comiam um pão de trigo mais nutritivo do que o pão preto — de casca de cevada ou centeio — que comiam em suas casas, em suas ruas.

Alimentos de ricos, alimentos de pobres: durante boa parte da Idade Média, as refeições das classes altas eram repletas de especiarias: pimentas, cravo, canela, gengibre, açafrão — porque quase ninguém podia comprá-las. A partir do século XVI, quando o tráfico mundial barateou-as, surgiu uma nova cozinha rica, à base de manteiga, verduras frescas e outros produtos que, nas cidades, estavam ao alcance de poucos. Eram reproduções em escala, referências à diferença básica: ter ou não ter, comer ou não comer.

Que, além do mais, eram sustentadas pelos doutores de então: muitos tratados extremamente sisudos — como o *Régime de santé pour les pauvres, facile à tenir*, de Jacques Dubois (Paris, 1545) — diziam que os pobres tinham de se restringir às comidas que lhes cabiam — sobretudo pão preto e cebola, alho, alho-poró, grão de bico, mingaus, algum toucinho, sopas — e deixar os manjares delicados aos senhores, pois estes sabiam comê-los. Era, diziam, para o seu bem: seus estômagos não estavam habituados a essas aves, a esses peixes, a esses doces, a essas frutas frescas, a esses sabores refinados, e não saberiam processá-los e adoeceriam, morreriam por querer comê-los. Por sorte, a ciência cuidava deles tanto como agora.

"Sentou-se o licenciado Cabra e deu a bênção. Comeram uma comida eterna, sem princípio nem fim. Trouxeram caldo em umas tigelas de madeira, tão claro que ao comer de uma delas Narciso se arriscou mais do que na fonte", ria o mestre Quevedo, ainda.

Para combater a fome, aqueles que a sofriam haviam inventado lugares imaginários, países felizes, onde as casas eram feitas de presuntos, seus tetos de salmões e robalos, e "pelas ruas são assados grandes gansos e eles mesmos se viram nas panelas e são seguidos de perto por um branco molho de alho e se acomodam sozinhos nessas mesas com toalhas brancas, ao lado de fontes que transbordam vinho". Chamavam-nos, de acordo com os países, de Cocagne, Cuccagna ou até Jauja, um lugar sempre distante, além de algum mar.* O curioso foi que um dia uns navegadores mais ou menos espanhóis acharam que o haviam encontrado. A América não era para tanto, mas os produtos que saíram dali mudaram a alimentação do mundo para sempre. A batata, o tomate, o milho, a pimenta e tantos outros fizeram com que os pobres tivessem algum consolo, mas nenhum Eldorado havia sido encontrado: a fome continuava e a dieta se deteriorava.

Aconteceu mais ou menos a mesma coisa que havia acontecido quando apareceu a agricultura: o aperfeiçoamento das técnicas agropecuárias e a explosão demográfica fizeram com que mais pessoas comessem menos variedade, se alimentassem menos.

Eram os tempos em que Jonathan Swift estava escrevendo *Modesta proposta* (1729), uma das grandes sátiras da história, uma espécie de projeto para atenuar a fome na Irlanda — comendo os famintos.

"Restam apenas 120 mil filhos de pais pobres nascidos anualmente: a questão é, então, como este número será educado e sustentado? O que, como já foi dito, é, nas atuais circunstâncias, absolutamente impossível

---

* Cocanha (ou Cocagne) é uma espécie de lugar mitológico onde ninguém trabalhava e havia comida, sexo e bebidas à vontade. *O país da Cocanha* é o nome de um quadro do pintor belga Pieter Bruegel (1525-1569). (*N. T.*)

fazer pelos meios sugeridos até agora, pois não podemos oferecer-lhes empregos no artesanato nem na agricultura — não estamos construindo casas nem cultivando a terra. Eles muito raramente conseguem ganhar a vida roubando antes de chegar aos 6 anos de idade, a não ser que sejam bastante precoces, embora eu reconheça que aprendem os rudimentos bem mais cedo, período durante o qual, no entanto, só podem ser considerados aprendizes, como fui informado por um distinto cavalheiro do condado de Cavan, que me assegurou que nunca soube de mais de um ou dois casos abaixo de 6 anos, mesmo em uma parte do reino tão famosa pela ágil competência nessa arte.

"Nossos comerciantes me garantem que um menino ou uma menina não é uma mercadoria vendável antes de chegar aos 12 anos, e mesmo quando atinge essa idade não rende, ao ser vendido, mais que 3 libras, ou, no máximo, 3 libras e meia coroa, o que não é vantajoso nem para os pais nem para o reino; os gastos com alimentação e andrajos têm sido de pelo menos quatro vezes esse valor.

"Por isso, vou agora, humildemente, expor minhas próprias reflexões, e espero que não despertem nenhuma objeção.

"Um americano muito entendido que conheço em Londres assegurou-me que uma criancinha de um ano, saudável e tratada adequadamente, é um alimento realmente delicioso, nutritivo e completo, seja cozida, assada no forno ou fervida, e não tenho dúvidas de que possa servir igualmente para um guisado ou um ensopado.

"A proposta que, portanto, ofereço humildemente à consideração do público é que, das 120 mil crianças já calculadas, 20 mil sejam reservadas para a reprodução, das quais apenas uma quarta parte sejam machos, o que é mais do que admitimos quando se trata de ovinos, bovinos ou suínos: meu argumento é que essas crianças raramente são fruto do matrimônio, circunstância não levada muito em conta por nossos selvagens; em consequência, um macho será suficiente para servir a quatro fêmeas. Assim, as 100 mil restantes poderão, ao atingir um ano de idade, ser colocadas à venda para pessoas de bem e fortuna do reino, sempre se aconselhando às mães que as amamentem abundantemente durante o último mês, a fim de torná-las gordinhas e rechonchudas para uma boa mesa. Uma criança renderia dois pratos em um jantar para amigos e, se a família jantasse a sós, o quarto traseiro ou dianteiro daria um prato razoável, e, temperado com um pouco de pimenta ou sal, ficaria muito bom fervido no quarto dia, especialmente no inverno."

Não consta que o projeto de Swift tenha sido levado a cabo. Tampouco há garantias em contrário. Seu conterrâneo, o reverendo Malthus, parece tê-lo levado quase a sério.

"Enquanto isso, o povo de Paris morria literalmente de fome. Todos os dias, do fundo desses negros bairros que a inquietude ameaça e a palidez habita, se viam sair, em grupos, desde as 4 da manhã, mulheres, crianças, velhos que gritavam aos berros que queriam viver. Um pão era uma vitória. E que pão! Uma massa cuja cor negrusca, cujo sabor terroso, cujo olor fétido anunciavam a farinha viciada por misturas assassinas. Quem narrará o desespero de uma mãe quando repousa em seus joelhos a cabeça de seu filho morto de fome?", escreveu Louis Blanc em *Histoire de la révolution française*.

A fome também esteve no princípio desse princípio. Um trabalhador de Paris ganhava menos de 20 *sous* por dia; um pão de 4 libras — quase 2kg —, que era quase toda sua alimentação cotidiana, chegou a custar mais de 15. Por isso, começaram aquelas revoltas com milhares de parisienses pobres pedindo pão — e receberam como resposta uma das *boutades* menos apreciadas da história: "Se não têm pão, que comam brioches."

Começava uma revolução que, de alguma maneira, ainda permanece.

ÍNDIA

A TRADIÇÃO

CALCUTÁ

1

E mais além vi um odre. Vi um odre e um homem que o enchia de água e tentei saber há quanto tempo não via um odre e, sobretudo, sem recordar a palavra odre como uma palavra que designa um objeto presente — e não como artifício em uma frase feita sobre vinho novo e odres velhos, e mesmo assim. Mas vi um odre e estou há um tempo com a palavra odre rolando em milha língua, saboreando-a, degustando-a, condoendo-me por todas essas palavras que ficam órfãs daquilo que diziam e, já sem objeto, caem lentamente no sem sentido. (Alguém recuperará, algum dia, esses sons, esse aperto da língua grudada nos dentes entre o *de* e o *erre*, e fará com que signifiquem de novo alguma coisa?)

Às vezes, acho estranho: costumo achar muito mais cruel o desaparecimento de um monumento, de uma paisagem, de um quadro, de uma palavra, do que o de uma pessoa. A sensação — talvez real — de que um monumento, uma paisagem, uma palavra são únicos, insubstituíveis, e de que uma pessoa é apenas uma pessoa, uma entre tantas. Na esquina, um homem muito velho, acocorado à maneira asiática — os pés plantados no chão, o traseiro baixo, os joelhos um pouco mais altos — no meio de uma centena de batatas, joga batatas e mais batatas em uma cestinha de vime já repleta de batatas. As batatas, naturalmente, rolam, voltam ao chão onde estavam.

Calcutá é uma cidade europeia da primeira metade do século XX: calçadas, ruas largas, ângulos retos, edifícios de quatro ou cinco andares dos anos 1930, 1950, que seriam reproduzidos selvagemente ao lado do Mediterrâneo. Mas uma cidade também é recriação, reformulação constante, novas camadas. Esta, aqui, é a modernidade comercial — carros, luzes, cartazes — mais o desastre de milhares e milhares de miseráveis caminhando, rastejando, os animais, os cheiros. Nossas cidades eliminaram os cheiros que devem ter sido, ao longo dos séculos, seus. E agora, nesta rua bengali, quando o cheiro de esterco se mistura com o cheiro de corpo e o cheiro de mijo e o cheiro de várias putrefações e o cheiro de sabão de coco e o cheiro de lenha queimada, de azeite, de lixo e o cheiro de incenso e o cheiro de especiarias e o cheiro de merda, todos eles parecem estranhos, deslocados.

Como quem significa demais.

Depois algumas ruas cheias de caçambas cheias de restos reciclados de computadores televisores CDs rádios toca-fitas DVDs celulares. Objetos dos últimos vinte anos, feitos para durar quatro ou cinco, resgatados pela pressão demográfica: o fato de não poder comprar um computador amanhã não quer dizer que não me sirva aquele que me servia anteontem. Contrariando um dos requisitos indispensáveis da modernidade consumista, dúzias e dúzias de senhores em seus bancos na calçada, parafusando soldando desfazendo e refazendo o que foi planejado para ser usado e jogado fora. Aqui há milhões planejados para serem usados e jogados fora: rastejam, caminham. No meio de vinte ou trinta carcaças de computadores em diversos estados de deterioração, duas barrinhas de incenso cumprem seu papel. São objetos que só têm cheiro quando estão novos: perdem-no depressa. Agora, aqui, o incenso ocupa seu lugar.

Durante séculos, as mercadorias se dividiam entre perecíveis e perenes; a comida e a bebida acabavam, uma camisa acabava se gastando, mas ninguém comprava uma cama ou uma panela ou um carro pensando que dali a pouco o trocaria por outros. A ideia de duração era consubstancial a esses objetos. O capitalismo mais recente deu a todos uma qualidade muito semelhante à da comida e da bebida: são para serem consumidos, consumir-se. Consumir é uma palavra muito áspera.

Por isso, agora, suponho, o mundo está tão mais cheio de comerciantes: porque nada é comprado de uma vez por todas, porque tudo deve ser comprado e vendido uma infinidade de vezes.

E às vezes, quando caminho por estas ruas que em tantos países do Outro-Mundo funcionam como mercados, tenho um ataque. Milhares e milhares das — digamos — mesmas camisetas, milhares e milhares de sandálias parecidas, milhares e milhares de carteiras tênis pentes bolinhas caçarolas chaves de fenda para que milhares e milhares de pessoas parecidas os comprem e milhares e milhares de pessoas parecidas ganhem mais algum dinheiro para vir, por sua vez, a este ou a outro mercado para comprar camisetas sandálias pentes caçarolas e o arroz de que precisam para poder voltar no outro dia e vender milhares e milhares das — digamos — mesmas camisetas, milhares e milhares de sandálias parecidas, milhares e milhares de.

Não fazem nada, conversam, tiram sua pequena margem de lucro. São um pouco mais inúteis do que o resto. Não agregam nada a essas camisetas ou a esses cabos ou a esses tênis ou a essas balas: sem eles, seriam iguais. O que aconteceria se desaparecesse essa atividade tão notoriamente desnecessária, o comércio?

Os comerciantes são quase tão inúteis como esses sujeitos que lhe dizem que lhe dizem o que está acontecendo, como são as coisas.

Os comerciantes não fazem nada além de encarecer o acesso àquilo de que precisamos. Alguns conseguem coisas que outros não e são, na melhor das hipóteses, intermediários eficientes. Mas a maioria vende as mesmas coisas que a maioria — e no entanto existem, sobrevivem, são cada vez mais. Nos países ricos, o comércio está mais ou menos dissimulado na paisagem: lojas, shopping centers, internet. Em qualquer um desses países, no entanto, vê-se claramente que se trata do primeiro recurso: quando um garoto não sabe o que fazer, vende mangas ou lapiseiras ou bolsinhas na rua, o grau zero da atividade econômica urbana. As ruas existem como espaço para que milhares e milhares de pessoas ganhem a vida comprando e vendendo.

Eliminá-los, é óbvio, não é tão fácil. O sovietismo tentou e os transformou em uma manada de funcionários públicos inertes, entediados, ainda mais improdutivos, e nunca conseguiu resolver, realmente, o problema da distribuição das coisas. Mas, mesmo que fosse encontrada uma boa alternativa, o que fariam esses milhões que hoje vivem disso? Encontrariam alguma ocupação útil, produtiva? Seria liberada uma força de trabalho e energia social tal que mudaria tudo? Ou as ruas ficariam cheias de vadios e mendigos?

Vadios e mendigos?
Ruas repletas de vadios e mendigos.

Desde a última vez em que estive em Calcutá, passaram-se vinte anos; então estava escrevendo um livro sobre a Índia, *Dios mío*; já na época, a cidade dos horrores me deixou perplexo. Vinte anos depois, continua me surpreendendo a facilidade com que os indianos convivem com a miséria alheia. A ideia que mais de um enunciou de mais de uma maneira — "é uma vergonha ser feliz com tanta miséria ao redor" — parece muito distante, muito distante deles.

Ruas repletas, os vadios, os mendigos.

E a maneira como se senta na poeira da rua: aninhado, apequenado, defensivo, os braços em volta dos joelhos, a cabeça afundada entre os joelhos, um pé em cima do outro como se se cuidassem mutuamente. Um puxador de riquixá de Calcutá trota descalço, seus pés em cima do asfalto ou do que houver; seus pés, ao longo dos anos, pisaram em tudo em que é possível pisar neste mundo.

Agora se protegem, se acariciam.

Calcutá transborda de animais. Há vacas indolentes que destroem o trânsito, há porcos que brincam no lixo espalhado por tudo quanto é canto, há corvos que roubam comida das mesas — há janelas com redes para evitar o ataque dos corvos —, há macacos ainda mais gatunos e raivosos, há gaiolas com galos que cacarejam de agonia, há cachorros satisfeitos — estranhamente satisfeitos —, há milhões e milhões de senhoras e senhores: 15 milhões de senhoras e senhores.

Alguns comem todos os dias. Alguns, inclusive, comem animais. No mercado central de Calcutá, os animais comestíveis ainda são animais, até que são comidos.

Esfoladas, desossadas, cortadas em pedacinhos, embaladas a vácuo, amortalhadas em vários tipos de celofane, as carnes que comemos em nossos países cada vez mais carniceiros fazem tudo o que é possível para se distanciar do animal que foram. Que ninguém pense nos olhos tristes de uma vaca quando estiver comendo um bife, no balido terno do cordeiro na hora do *gigot*. Nos países mais pobres, os animais são animais até o penúltimo momento: sem geladeiras, sem correntes de ar frio, esta é a maneira de garantir que cheguem frescos às mesas. Nos países mais pobres, de qualquer maneira, os mais pobres jamais comem animais.

Na Índia, supõem que escolheram, que são vegetarianos.

E então, no meio do mercado e dos gritos, um pardal embica velozmente, voa sobre pedaços de animais, vai, vem, parece que está procurando alguma coisa; quinze ou vinte pessoas o observam, de repente imóveis, caladas, em suspense. O pássaro vai embora; voltam as vozes, os movimentos, os cheiros, e todos sorrimos confusos, como se pedíssemos desculpas. Eu penso em dizer alguma coisa sobre o peso da rotina e de como gostaríamos de quebrá-la, mas não sei como dizer e peço um quarto de quilo de umas nozes estranhas.

E penso que os pardais descem pouco, que duram pouco.

Em uma barraca escondida, um homem vende peixinhos vermelhos; em um aquário com enfeites de plástico, os peixinhos vermelhos. É um salto civilizatório. O Ocidente está tão mal-acostumado — ou bem — que não costuma recordar o valor do supérfluo. *Le superflu, chose très nécessaire —* dizia, sem a menor necessidade, o grande Voltaire. O supérfluo é a marca da grande mudança: tomar posse de uma coisa desnecessária, passar da pura urgência a esse estado de — muito leve — privilégio em que é possível gastar algumas moedas em um peixe vermelho e inútil. Vermelho importa, mas inútil é a palavra-chave: a conquista do direito ao inútil, o contrário da fome. Ter fome é viver com o estritamente necessário, viver para o estritamente necessário, viver no estritamente necessário — e muitas vezes nem isso.

Fome é comer peixinhos vermelhos.

A palavra vegetariano foi inventada em Londres, é claro, por volta de 1850, por uns senhores que resolveram parar de comer carne para viver mais e mais saudavelmente. Mas a Índia se transformou, tempos depois, no país mais vegetariano da Terra. Calcula-se que dois de cada cinco indianos são vegetarianos — quase 500 milhões de pessoas. Os mestres hinduístas lhe dirão que a religião hinduísta considera as vacas animais sagrados, mas não lhe dirão que seus textos clássicos, escritos há mais de 3 mil anos, estão repletos de banquetes em que se comia a carne do animal. E, cheios de fervor vegetal, lhe dirão que não querem exercer violência contra outras criaturas para evitar acumular carma negativo, que ao "ingerir a química grosseira dos animais a pessoa introduz em seu corpo e em sua alma a raiva, o ciúme, a ansiedade, a suspeita e um terrível medo da morte", que os vegetais são digeridos mais adequadamente e permitem viver vidas "mais longas, mais saudáveis, mais produtivas", que a Terra está sofrendo e que, ao comer carnes de animais, se evita um pouco desse sofrimento.

No entanto, não lhe dirão que a maioria dos indianos é vegetariana por pura pobreza: porque não têm dinheiro para comprar carne. Ou quando têm uma vaca ou duas não podem se dar ao luxo de matá-las para comê-las; precisam preservá-las para que produzam o leite que bebem, a manteiga que usam na cozinha, o esterco que queimam, a força com que lavram seus campos. Estranho o destino desses animais sagrados, nutritivos, que podem ser usados, massacrados à força do trabalho, mas não podem ser mortos. É quase uma metáfora.

Fico impressionado com a naturalidade com que aceitamos os produtos mais diversos: os processos mais complexos. Em um bocado de carne de vaca, de uma asinha de frango ou de camarão se acumula uma grande quantidade de histórias, mas, sobretudo, o seguinte: a naturalidade de pensar que assim é a vida, sem saber que durante milhares de anos não foi assim, que para milhares de milhões de pessoas não é assim. É o cúmulo do privilégio: somos tão privilegiados que nem sequer recordamos o que somos.

Pode-se pensar nisso de várias maneiras, mas creio que o fator decisivo do século XX foi o triunfo da mobilidade: que a norma é que tudo se mova. Antes de 1900, havia milhares de quilômetros de caminhos, e não havia carros nem caminhões nem estradas para eles e não havia, obviamente, aviões. Nem supertanques nem helicópteros nem bicicletas nem motocicletas nem submarinos nem metrôs. Não apenas havia pouquíssimos meios de transporte; as pessoas se transportavam muito menos. Viviam — quase todo mundo — em cidades de escala humana, em aldeias, em fazendas onde tudo se fazia caminhando. Depois aprendemos a considerar normal o deslocamento contínuo: todo dia de manhã, viajo 20 quilômetros para ir ao trabalho e, nas férias, 400 ou 4 mil para ir torrar em uma praia de cartão-postal. É curioso: o homem, que era um animal muito quieto, ficou movediço. E a mesma coisa aconteceu com seus alimentos. Sempre existiu comércio, circulação de mercadorias, mas, há um século, só se transportava o que era muito valioso ou muito necessário. Agora, tudo circula: um russo come uvas em janeiro, um indiano rico, queijo camembert, e os leitões chineses são engordados com soja argentina — e milhares de milhões continuam sem comer carne.

Comer animais é quase sempre um luxo. "Salvo raras exceções, a alimentação humana de base é composta de cereais, em todos os lugares do mundo, em todos os países e culturas. Mas os cereais não fornecem proteína suficiente para satisfazer todas as necessidades. A primeira coisa que se agrega, em todos os cantos, são as leguminosas [...] Depois, os tubérculos. Quando o nível de vida aumenta, se somam os azeites [...] E, por fim, a carne e outros produtos animais (ovos, laticínios)", escreve Bruno Parmentier em *Nourrir l'humanité*.

E depois: "Comer um bife é pura loucura planetária."

Os habitantes dos países mais ou menos ricos se alimentam ao revés de como se alimentou a imensa maioria desde o princípio dos tempos. É uma mudança cultural radical e não parece que a percebamos muito. Os homens sempre comeram, sobretudo, hidratos de carbono e fibras vegetais; às vezes, de quando em quando, os acompanhavam com um pedacinho de proteína animal. Cada vez que comemos um bife com salada, uma coxa de frango com arroz, um hambúrguer com purê, um sanduíche de linguiça, estamos revirando esse hábito milenar: colocando o pedaço de animal como centro que é acompanhado por hidratos ou fibras vegetais.

Acho que não percebemos o luxo que isso representa. Acho que qualquer indiano, qualquer africano e muitos sul-americanos perceberiam logo. Porque, para a maioria dos habitantes do OutroMundo, o sistema continua sendo o mesmo. o consumo mundial de alimentos parece muito diversificado, mas três quartos dos alimentos consumidos no planeta são arroz, trigo ou milho; só o arroz representa metade dos alimentos consumidos no mundo.

Digo: a metade de todos os alimentos que os 7 bilhões de seres humanos consomem a cada dia é arroz.

Arroz.

Em nosso mercado global, comer animais é um luxo — que começa a ser asiático. Em 1980, os chineses comiam, em média, 14 quilos de carne por pessoa/ano; agora, são 55 quilos.

E gostam muito. Comer carne é uma aspiração: os recém-chegados à — módica — prosperidade comem carne para provar que estão prósperos, que podem fazer a mesma coisa que fazem os ricos do mundo, que nada do que está nos açougues lhes é alheio.

Ademais, com isso adquirem males que até pouco atrás não sofriam: doenças cardiovasculares, cânceres do sistema digestivo e outras delícias do colesterol. E mergulham no inferno climático: as flatulências das vacas, carregadas de metano, são o pesadelo dos ecologistas, quase um quinto dos gases de efeito estufa.

E competimos. Os animais não costumavam comer as mesmas coisas que os homens comiam. Marvin Harris, o grande antropólogo norte-americano, supôs que o tabu em torno do porco presente em duas das três religiões monoteístas se devia ao fato de que ele competia com os homens pelos mesmos alimentos. Ou seja: era um desperdício, ao contrário das vacas, ovelhas e cabras, que comiam ervas que o homem não comia e, portanto, lhe serviam para transformar calorias inacessíveis em algo que podiam ingerir.

Não mais. Agora, da comida que é dada aos animais, 75% poderiam ser consumidos pelos homens: soja, milho e outros grãos.

É uma invenção — mais ou menos — recente. As vacas sempre comeram ervas. Mas, em 1870, com a chegada dos navios frigoríficos, os ingleses começaram a comprar carne norte-americana, de vacas alimentadas com milho e outros grãos: uma carne mais gordurosa, mais saborosa, diziam então. Até a Segunda Guerra Mundial, essa carne alimentada com grãos era um luxo, apenas 5% da produção mundial, reservada aos norte-americanos e aos europeus mais ricos. Mas já nos anos 1950, com o aumento dos rendimentos agrícolas, os Estados Unidos procuraram uma maneira de colocar seus excedentes no mercado. As multinacionais alimentícias norte-americanas pressionaram para levar a carne alimentada a grãos às mesas do mundo: agora, a imensa maioria da produção mundial funciona de acordo com esse modelo. E o rebanho aumenta: quando falamos de vacas, apenas de vacas, há meio século havia 700 milhões no mundo; hoje há 1,4 bilhão. Uma vaca para cada cinco pessoas; mais carne bovina do que carne humana consumindo-se no planeta.

E depois vêm as grandes indústrias processadoras de porcos e de frangos. O Brasil, um dos maiores produtores agrícolas do mundo, precisa importar grãos para alimentar seus infinitos frangos. O Brasil é o maior exportador mundial de frangos. Seus criadouros geram, a cada ano, 7 bilhões de frangos: a cada ano, os brasileiros matam um número de frangos semelhante ao dos habitantes do planeta e os distribuem por toda parte. E nos Estados Unidos e na China perecem outros tantos a cada ano, só que são comidos por norte-americanos e chineses.

O problema é que são necessárias 4 calorias vegetais para produzir uma caloria de frango; seis para produzir uma de porco. E dez calorias vegetais para produzir uma de vaca ou de cordeiro. A mesma coisa acontece com a água: são necessários 1,5 mil litros para produzir 1 quilo de milho, 15 mil para um quilo de vaca. Um hectare de terra fértil é capaz de produzir cerca de 35 quilos de proteínas vegetais; se seu produto for usado para alimentar animais, produzirá cerca de 7 quilos. Ou seja: uma pessoa que come carne se apropria de recursos que, repartidos, seriam suficientes para cinco ou dez pessoas. Comer carne é estabelecer uma desigualdade bem cruel: eu sou aquele que se permite comer um alimento cinco, dez vezes mais caro do que o que você come. Comer carne é dizer que se fodam os outros nove.

Comer carne é uma ostentação brutal de poder.

Nas últimas décadas, o consumo de carne aumentou duas vezes mais do que a população, e o consumo de ovos, três vezes mais. Em 1950, o mundo consumia cerca de 50 milhões de toneladas de carne por ano; agora, quase seis vezes mais — e se prevê que tal cifra será duplicada em 2030.

A pecuária já utiliza 80% da superfície agrícola do mundo, 40% da produção mundial de cereais e 10% da água do planeta. A carne é forte.

A carne é a metáfora perfeita da desigualdade.

Mas o momento — o suspiro da história, o breve lapso — da carne pode estar acabando.

Lester Brown, pioneiro ecochato, diz que quando lhe perguntam quantas pessoas nosso planeta é capaz de alimentar ele pergunta, por sua vez, com que dieta. "Se todos comêssemos como os norte-americanos, que ingerem entre 800 e 1.000 quilos de grãos por pessoa/ano, sobretudo através da carne produzida por esses grãos, a colheita mundial poderia alimentar 2,5 bilhões de pessoas. Se todos comêssemos como os italianos, que consomem duas vezes menos carne, cerca de 400 quilos de cereais por ano, seria possível alimentar 5 bilhões de pessoas. Se todos adotássemos o regime vegetariano dos indianos, poderíamos alimentar 10 bilhões de pessoas/ano."

Digo: para que continuássemos comendo carne com coisas — não coisas com carne — deveria ser mantido este nível de exclusão: 3 bilhões de pessoas usando recursos de 7 bilhões. Parece um preço alto.

A carne é estandarte e proclama: o mundo só pode ser usado dessa maneira se for usado por poucos. Se todos quiserem usá-lo da mesma maneira, não poderá funcionar.

A exclusão é condição necessária — e nunca suficiente.

(Se não fosse porque não consigo mais, porque sou um caso perdido, porque carrego meio século de assado argentino, porque posso achar que minha atitude não serviria para nada, o único arremate possível destes parágrafos seria proclamar minha decisão inapelável de não comer nunca mais um bife. O contrário — o que estou fazendo — é exibir minha incoerência total.

Apesar de tudo, os argentinos podem se considerar precursores estranhos dessa tendência que talvez não exista. A Argentina foi, por mais de um século, o país por excelência da carne excelente, o maior consumidor mundial de carne bovina; agora não é mais. Quando eu nasci, um argentino médio devorava 98 quilos de carne por ano; agora, pouco mais de

50. Os motivos também parecem precursores: a concorrência da soja, que tornou mais rentável usar as terras para plantá-la do que para pastorear; o consequente aumento dos preços; a ampliação do horizonte gastronômico, que oferece uma grande quantidade de alternativas; as preocupações com a saúde, alimentadas pela carne vermelha.)

Mas aqui, na Índia, a maioria dos vegetarianos acredita que decide, escolhe, opta. Na Índia, o consumo anual per capita de carne — de qualquer carne — é de 5 quilos: 5 quilos, dez vezes menos do que na China. E acreditam que escolhem: são os milagres das ideologias.

2

Há vinte anos, já naquela época, fiquei impressionado com a consistência de certa ideologia. O Lar para Moribundos de madre Teresa ficava ao lado do templo de Khali e servia para morrer — um pouco — mais tranquilo. Madre Teresa o fundara em 1951, quando um comerciante muçulmano lhe vendeu uma mansão por algumas rupias porque a admirava e disse que tinha que devolver a Deus o pouco que Deus havia lhe dado — ou algo assim.

Quando fui visitá-lo, as paredes estavam pintadas de branco e havia cartazes com orações, pequenas estátuas de virgens em estantes, crucifixos e uma fotografia de madre Teresa com o papa Wojtyla. "Façamos com que a Igreja esteja presente no mundo de hoje", dizia um cartaz, embaixo do retrato. A sala dos homens tinha 15 metros de comprimento por 10 de largura, com dois estrados de alvenaria cobertos com ladrilhos baratos que ocupavam as extremidades mais extensas: em cima de cada estrado, quinze catres e, no chão, entre os dois, outros vinte. Os catres tinham colchonetes azuis, de plástico azul, e uma almofada de tecido azul-marinho; nada de lençóis. Em cima de cada catre, um corpo magro esperando pelo momento de morrer.

Nesses dias, os voluntários do Lar para Moribundos recolhiam moribundos nas ruas e os levavam aos catres azuis e os limpavam e acomodavam para que morressem com dignidade.

— Essas pessoas deitadas no estrado estão um pouco melhor e talvez alguma se salve — disse-me Mike, um inglês de 30 anos, com rabo de cavalo, que se esforçava para falar comigo em péssimo francês. — As pessoas que estão embaixo são as que não vão durar: quanto mais perto da porta, pior estão.

Na sala do Lar, ouviam-se lamentos, mas não muitos. Um menino — talvez fosse um menino, talvez tivesse 13 ou 35 anos — quase sem carne em cima dos ossos e uma grande ferida na cabeça gritava Babu, Babu. Richard, do tamanho de dois guarda-roupas, louro, blazer curto, maneiras de pároco de Milwaukee, batia suavemente em suas costas. Depois levou um copo metálico com água a um velho que estava ao lado da porta. O velho estava imóvel e sua cabeça pendia para trás do catre. Richard a acomodou e o velho se arrastou com esforço para que voltasse a pender.

— Este está muito mal. Chegou ontem e o levamos ao hospital, mas não o aceitaram.

— Por quê?

— Dinheiro.

— Os hospitais não são públicos?

— Nos hospitais públicos, você tem de esperar quatro meses para conseguir uma cama. Não servem para nada. Nós temos uma cota de camas em um hospital privado cristão, mas agora todas estão ocupadas; por isso, quando chegamos, nos disseram que não havia mais lugar. Não estamos na América; aqui as pessoas morrem porque não é possível atendê-las.

Richard me contou, então, a história de uma pessoa que fora internada há um mês com uma fratura na perna; não puderam atendê-la e morreu de infecção. E queria contar outros casos: não raramente, disse, alguém morria sem dar muito trabalho.

— Não podemos curar ninguém. Não somos médicos. Temos um médico que vem duas vezes por semana, mas não temos equipamentos nem remédios suficientes. O que fazemos é confortá-los, cuidar deles, dar-lhes afeto, permitir que morram com dignidade.

Naquela época, a madre Teresa já era a madre Teresa, famosa no mundo inteiro, recebia muitas doações e recursos — que não usava para pagar um serviço médico eficiente em sua sede central.

Concluí minha visita dizendo que "gostaria de poder descrever o Lar de madre Teresa como uma entidade extremamente nobre e elevada, mas, depois de um tempo, tudo aquilo começou a me incomodar: esta ideia piedosa de recolher moribundos nas ruas para que morressem limpinhos... Se querem fazer alguma coisa por essa gente, preferiria que fosse ajudá-los a viver melhor, não a morrer melhor. Por um lado, é verdade que para se ocupar tanto de suas mortes é preciso acreditar que a morte é um caminho para outro lugar e então, talvez, importe como vai se chegar lá, embora eu não acredite que mais um catre e menos outras coisas façam alguma diferença. Mas, além disso, continuo achando que o Lar é uma exacerbação do modelo da beneficência clássica católica: uma forma de amenizar os efeitos mais visíveis das grosserias sociais sem atacar nem um pouco a causa dessas grosserias. De repente, enquanto uma cabra e uma criança nua mordem suas orelhas com fruição de famintos, acho que madre Teresa é uma senhora da paróquia de Pilar um pouquinho mais sofrida, e fico muito irritado".

E ainda não sabia muitas coisas. Depois fiquei sabendo que a senhorita Agnes Gonxha Bojaxhiu, também chamada de madre Teresa de Calcutá, era um quadro belicoso de sua santa madre, com algumas ideias poderosas. As duas tinham a ideia de que os sofrimentos dos pobres eram um dom de Deus: "Há algo muito belo em ver os pobres aceitar sua sorte, sofrê-la como a paixão de Jesus Cristo", disse muitas vezes. "O mundo ganha com seu sofrimento."

Por isso, talvez, a religiosa pedira às vítimas do célebre desastre ecológico da fábrica da Union Carbide em Bohpal, na Índia, que "esquecessem e perdoassem" em vez de pedir indenizações. Por isso, talvez, a religiosa foi ao Haiti em 1981 para receber a Legião de Honra do ditador Jean-Claude Duvalier, que lhe doou muito dinheiro — e dizer que Baby Doc "amava os pobres e era adorado por eles". Por isso, talvez, a religiosa foi à cidade de Tirana depositar uma coroa de flores no monumento erigido em homenagem a Enver Hoxha, o líder stalinista do país mais repressivo e pobre da Europa. Por isso, talvez, a religiosa defendeu um banqueiro norte-americano que lhe dera muito dinheiro antes de ser preso por ter ludibriado centenas de milhares de pequenos poupadores. E tantas outras falcatruas semelhantes.

Em 1994, em Calcutá, eu tampouco sabia como a senhorita Agnes usava o halo de santidade que soubera conquistar: os santos podem dizer o que quiserem, onde e quando quiserem. Ela usava essa prerrogativa para levar adiante sua campanha maior: a luta contra o aborto e a contracepção. Já o dissera em 1979, em Estocolmo, ao receber o Prêmio Nobel da Paz, que "O aborto é a principal ameaça à paz mundial" e depois, para que não restassem dúvidas, que "A contracepção e o aborto são moralmente equivalentes".

E mais tarde, diante do Congresso dos Estados Unidos, que lhe deu o título extraordinário de "cidadã honorária": "Os pobres podem não ter nada para comer, podem não ter uma casa para viver, mas, mesmo assim, podem ser grandes pessoas se forem espiritualmente ricas. E o aborto, que acompanha muitas vezes a contracepção, leva as pessoas à pobreza espiritual, e essa é a pior pobreza, a mais difícil de vencer", disse a religiosa, e centenas de congressistas, muitos dos quais aprovavam o aborto e a contracepção, a aplaudiram, extasiados.

Naquela tarde, em Washington, James Hickley, cardeal da capital norte--americana, disse claramente que "Seu grito de amor e sua defesa da vida dos nonatos não são frases vazias porque ela serve aos que sofrem, aos famintos e aos sedentos..." Para isso, entre outras coisas, servia a religiosa.

Embora tivesse, também, outras funções: "Todos — os países, os grupos de amigos, os times de futebol, os grupos de trabalho — precisam ter um Bom: um modelo, um ser impoluto, alguém que lhes mostre que nem tudo está perdido. Existem Bons de muitos tipos: um padre compassivo, um salvador de baleias, um ancião ex-qualquer coisa, um cachorro, um médico abnegado: em algo haverá de crer. O Bom é indispensável, uma condição da existência. E o mundo se acerta para continuar procurando Bons, entronizá-los, exprimi--los o máximo possível", dizia, e que por isso — mas não apenas por isso — a senhorita Agnes ocupava um lugar extraordinário — o da Boa Universal.

E ainda o ocupa. Embora alguns tenham tentado contar um pouco de sua história de corrupção e acordos, ninguém os ouve: é melhor e mais confortável continuar pensando que era mais boazinha do que a cadela Lassie. E assim serve a muitos. Sobretudo porque é útil para reafirmar algumas ideias básicas. Uma, que esta vida é um caminho para a outra, melhor, mais próxima do Senhor. Por isso não é muito importante o que acontece nesta vida e sim como nos preparamos para a outra: sendo mansos, submissos, resignados. Por isso o primeiro empreendimento da senhorita Agnes foi fundar um Lar para Moribundos, um lugar para se morrer mais limpinho. A senhorita Agnes recebeu cataratas de prêmios, doações, subvenções para suas empresas religiosas. E nunca tornou públicas as contas de suas empresas, mas se sabe, porque ela mesma o disse muitas vezes, que fundou cerca de quinhentos conventos em cem países — e jamais uma clínica em Calcutá.

Dizíamos: a ideia central que a senhorita andou vendendo pelo orbe é a de que o sofrimento dos pobres é uma dádiva do Todo-Poderoso. De novo: "Há algo muito belo em ver os pobres aceitarem sua sorte, sofrê-la com a paixão de Jesus Cristo. O mundo ganha com seu sofrimento." Aí está o ponto central, o fundamental. Dois mil anos de colaboracionismo sintetizados em uma única frase, nada mal. "Há algo muito belo em ver os pobres aceitando sua sorte." E a César o que é de César, e a fome que dignifica os famintos. Ou isso dizia a senhorita, que era tão boa.

Agora tem um substituto: o cardeal Bergoglio, tão bom como Lassie, só que mais poderoso, que conseguiu resgatar uma instituição que estava em queda livre. A Igreja católica, graças ao papa peronista, voltou a ser um peso-pesado na luta pelo sentido.

Graças a ele, uma forma de ver o mundo que doutrina multidões na obediência e na aceitação do que não se entende — do que dizem "os que sabem", aqueles que têm o poder de saber — está recuperando seu poder.

Mas a religião cristã, com tudo o que fez, nunca conseguirá chegar à altura da hindu em sua capacidade de aquietar os pobres. As religiões servem mais do que nada para isto: se a pessoa leva uma vida de merda, passando fome, comendo pouco, menos do que o justo, precisa poder acreditar que existe uma ordem superior, um Algo que a explica e justifica. Que explique, naturalmente, o fato de que haja uns poucos que tenham tudo e mandem e decidam as vidas e as mortes, mas não apenas isso — que explique, claro, a besteira de morrer e explique e convença que a morte não é terminal, mas não apenas isso: que explique, com dificuldade, a razão ou pelo menos a origem de tantos males que o mundo carrega, mas tampouco só isso.

Quando os Testamentos disseram que bem-aventurados fossem os pobres porque deles era o Reino dos Céus, estavam dando um grande passo: pela primeira vez uma religião ocidental imaginou que ser pobre tinha um valor agregado de inocência que daria a quem ostentasse essa condição uma recompensa — o Reino dos Céus —, coisa que deveria tranquilizá-lo e levá-lo a suportar a porcaria de sua vida como se fosse um passo incômodo, mas necessário, em direção à outra bem mais agradável. O hinduísmo, por sua vez, é mais radical: não oferece nada — não glorifica a condição do pobre: à sua cultura nunca ocorreu que precisasse simular que lhe conferia algum valor — mas estabelece, taxativamente, que, se alguém é pobre, se alguém sofre, se alguém passa fome, é porque está pagando por seus próprios erros, está vivendo as consequências do que fez em vidas pregressas: que é por sua culpa e que, em síntese, vá se foder. Chamam isso de carma e é a melhor invenção dessa cultura milenarmente idiota, talvez a única que permitiu a um pequeno grupo de chefes controlar durante séculos — e continuar controlando — tantos milhões de esfarrapados sempre moribundos.

Isso é a Índia: é uma grande potência, e certos indianos gostam de dizer que são a maior democracia do mundo — e são. Não gostam de dizer que são o país com mais desnutridos do mundo — e são. Que o fato de a maior democracia do mundo ter a maior massa de famintos deveria ser uma casualidade incômoda. Mas quem sabe não.

3

A fome é, evidentemente, muito confusa. As cifras variam: é muito difícil calcular com exatidão quantos homens e mulheres passam fome. A maioria vive em países com estados precários, incapazes de registrar boa parte de seus cidadãos, e as organizações encarregadas de contá-los têm de usar, em vez de censos detalhados, cálculos estatísticos.

A Organização das Nações Unidas para Alimentação e Agricultura (Food and Agriculture Organization of the United Nations ou FAO, na sigla em inglês) é a agência da ONU responsável por calcular "a fome no mundo". Tenta: estuda balanços agrícolas, importações e exportações de alimentos, os usos nacionais desses alimentos, as dificuldades econômicas e as desigualdades sociais e, a partir daí, determina a suposta disponibilidade de comida para cada indivíduo: a diferença entre necessidades calóricas e calorias disponíveis lhe diz qual é a quantidade de desnutridos. É um método possível — e ainda não há outros que funcionem —, mas é um número tão aproximado que acaba sendo muito maleável; os resultados são tão hipotéticos que podem ser corrigidos de acordo com as necessidades do momento.

De fato, recentemente, a FAO chegou a uma redução importante da quantidade de desnutridos do mundo — mudando a metodologia de seus cálculos. Já o fizera outras vezes. Em 1974, seus experts estimaram que a quantidade de famintos do mundo estava em torno de 460 milhões, mais ou menos a mesma coisa que diziam outras organizações — a OMS, a Unicef. E que, em dez anos, a cifra poderia chegar a 800 milhões; em 1989, confirmaram suas previsões: havia então, disseram, 786 milhões de famintos.

Mas em 1990 a FAO revisou todos os seus cálculos anteriores. Disse que o método estatístico que havia usado não era bom e que agora sabia que em 1970 os famintos não eram 460 milhões, mas mais do que o dobro: 941 milhões. E isso lhe permitia dizer que os 786 milhões daquele momento — 1990 — não significavam um aumento da fome, mas um retrocesso: menos 155 milhões de famintos, uma grande façanha.

Dez anos depois, em 1999, disse que os famintos eram 799 milhões — onde estaria o milhão que faltou para oitocentos? — e que, portanto, a fome voltara a avançar. Até que voltaram a revisar seus próprios números e disseram que, na realidade, em 1990 não havia 786 mas 818 milhões e que, portanto, esses 799 significavam uma redução: de novo havíamos vencido.

Mais estava por vir: em 2011, os famintos de 1990 ainda eram 848 milhões; em 2012, já haviam chegado a 1 bilhão e a 1,15 bilhão em 2013. Se há, agora mesmo, um problema humanitário sério no mundo, é a desnutrição de 1990.

É possível supor que os métodos estatísticos melhoraram muito nos últimos trinta anos; é difícil acreditar que mudaram tanto nos últimos três anos a ponto de descobrir, retrospectivamente, 160 milhões de famintos que ninguém havia contado. Ou, caso contrário, como levar muito a sério dados que aceitam tamanha possibilidade de erro?

Sabemos que não existe nada mais variável do que o passado: é estranho vê-lo mudar tão depressa, tão claramente. Mas também sabemos que qualquer mudança do passado atende a necessidades do presente. Os números de 2014 têm um peso particular: serão os últimos a serem publicados antes de 2015, quando deveriam se concretizar os Objetivos de Desenvolvimento do Milênio das Nações Unidas.

Os Objetivos foram enunciados em 8 de setembro de 2000, em uma grande reunião de cúpula realizada em Nova York: o primeiro e mais pomposo se comprometia a "erradicar a pobreza extrema e a fome" — embora a meta, explicada, fosse "reduzir à metade, entre 1990 e 2015, a porcentagem de pessoas com renda inferior a 1 dólar/dia". Era a proporção sobre o total da população, não a quantidade de pessoas, o que devia ser reduzido à metade, comparando-a com a de 1990. Por isso, se os famintos de agora não diminuírem suficientemente, outra solução viável consistirá em aumentar os de então, para aumentar sua proporção na população total — de então — e melhorar os resultados — de agora—: é mais fácil baixar os números até a metade de 24% do que a de 20%. Parece uma charada, um galimatias; é um galimatias. Também com isso, suponho, contam aqueles que os produzem.

A guerra contra a fome também é feita dessas coisas.

E, no entanto, as cifras da FAO são respeitadas, usadas — este livro também as usa: entre outras coisas, porque são as únicas. E as suas alterações não servem apenas para que os grandes poderes mundiais fiquem mais tranquilos e convençam seus súditos de que suas políticas funcionam bem; também são usadas para decidir o destino de milhares de milhões de dólares em donativos e mercadorias. Desses números depende — em bom *burocratês* — a "continuidade das políticas", "a designação de recursos".

Se aceitarmos — provisoriamente — as últimas contas revisadas da FAO, neste momento há 805 milhões de pessoas passando fome — 805 milhões de pessoas são muitas pessoas: mais de 11% dos habitantes do mundo passam fome, uma em cada nove pessoas do mundo passa fome. Uma de cada nove pessoas é muita gente; se a fome não estivesse tão cuidadosamente distribuída, uma de cada nove pessoas incluiria, forçosamente, meu estimado leitor, algum de seus tios, alguns companheiros de trabalho, vários amigos da infância, da escola ou do time de futebol, essa senhora magra duas filas mais além ou talvez você mesmo.

Mas não é certo que seja um homem ou uma mulher em cada nove — ou é certo de uma maneira que não é certa. A fome, é óbvio, não está repartida por um de cada nove habitantes do planeta; está perfeitamente concentrada nos países mais pobres, o que o *burocratês* chama de "países em vias de desenvolvimento" para não chamá-los de países na via: o OutroMundo.

(Ninguém diz mais "subdesenvolvido"; dizem — *burocratês* — "em vias de desenvolvimento". A palavra *underdeveloped*, que parece tão clássica, é muito recente. Apareceu na língua inglesa no final do século XIX, mas só era usada em fotografia para definir uma cópia mal-revelada. Seu primeiro uso político data de 1949, no discurso de posse do presidente norte-americano Harry Truman: "Devemos nos comprometer com um novo programa, para que os benefícios de nossos avanços científicos e de nosso progresso social contribuam para a melhoria e o crescimento das *áreas subdesenvolvidas.* Mais da metade da população mundial vive em condições próximas da miséria. Alimenta-se de forma inadequada. São vítimas de doenças. Sua vida econômica é primitiva. Sua pobreza é uma desvantagem e uma ameaça tanto para eles como para as regiões mais prósperas".)

A ameaça, de alguma maneira, por sorte, permanece. E ainda a chamamos de Terceiro Mundo: um conceito claramente obsoleto. Dizer Terceiro Mundo tinha sentido quando havia outros dois: o suposto Primeiro Mundo — o bloco capitalista tal como foi constituído depois da Segunda Guerra

Mundial — e o suposto Segundo Mundo — o bloco soviético que foi se armando a partir dessa guerra, da revolução chinesa, da independência de países africanos e asiáticos. O Terceiro Mundo era, então, esse conglomerado dissimilar, confuso, de países que não estavam nem no Primeiro nem no Segundo, que não eram nem ricos nem soviéticos.

O Segundo Mundo, como sabemos, não existe mais; não pode haver um Terceiro. Mas o planeta continua claramente dividido: há um bloco rico, do norte — cada vez menos —, ocidental, onde a qualidade de vida é infinitamente superior, que continua dominando — ainda — a política e a economia.

E depois vem o OutroMundo: os pobres, os mais pobres.

Há países cujo pertencimento ao OutroMundo poderia ser discutido; há muitos que não. Para começar, cinquenta podem reivindicar seu direito indubitável: são aqueles que fazem parte da lista dos "países menos desenvolvidos", uma categoria que a ONU inventou há quarenta anos para definir os mais pobres dentre os pobres: os desconhecidos de sempre.

Entre eles há 33 países africanos: Níger, Angola, Benim, Burkina Fasso, Chade, Comores, Eritreia, Etiópia, Gâmbia, Guiné, Guiné-Bissau, Guiné Equatorial, Lesoto, Libéria, Madagascar, Malaui, Mali, Mauritânia, Moçambique, República Centro-Africana, República Democrática do Congo, Ruanda, São Tomé e Príncipe, Senegal, Serra Leoa, Somália, Sudão, Sudão do Sul, Tanzânia, Togo, Uganda, Djibuti, Zâmbia.

E também há quatorze na região Ásia-Pacífico: Afeganistão, Bangladesh, Butão, Camboja, Kiribati, Laos, Myanmar, Nepal, Samoa, Ilhas Salomão, Timor Oriental, Tuvalu, Vanuatu, Iêmen — e um norte-americano, o Haiti. Outros três — Botsuana, Cabo Verde, Maldivas — foram promovidos há pouco a "países em vias de desenvolvimento".

Esses cinquenta países — onde vivem mais de 750 milhões de pessoas, 11% da humanidade — detêm, juntos, 0,5% da riqueza mundial.

Formam o núcleo rígido, o indiscutível. Mas podem ser acrescentados outros países que, segundo o Programa das Nações Unidas para o Desenvolvimento (PNUD), têm um Índice de Desenvolvimento Humano (IDH) insuficiente: Burundi, Quênia, Namíbia, Suazilândia, Zimbábue, Gabão, Nigéria, Marrocos, Egito, Síria, Paquistão, Afeganistão, Tajiquistão, Turcomenistão,

Uzbequistão, Quirguistão, Mongólia, Vietnã, Sri Lanka, Tailândia, Filipinas, Indonésia, Papua-Nova Guiné, Fiji, Micronésia, Nicarágua, Guatemala, Honduras, República Dominicana, El Salvador, Suriname, Guiana, Bolívia, Paraguai e até um país europeu, o mais pobre de todos: a Moldávia.

(Ou então esquecer todos esses nomes e ficar com um critério frívolo: serão chamados de OutroMundo os 128 países cujos produtos brutos anuais são menores do que a fortuna do senhor mais rico do mundo, um mexicano que atende pelo nome de Carlos Slim.)

E restam, ainda, as grandes misturas: os cinco países cujo desenvolvimento está movimentando o mercado global — os BRICS (Brasil, Rússia, Índia, China e África do Sul) — têm uma enorme quantidade de população arrasada. De fato, juntas, a Índia e a China concentram quase metade da desnutrição mundial. As diferenças — as riquezas — nem sempre respeitam os limites nacionais. A distância entre o litoral da China e suas províncias internas é maior do que entre a França e a Turquia; entre São Paulo e o sertão brasileiro, é maior do que entre a Itália e a Armênia.

E a mesma coisa acontece, de alguma maneira, com os pobres de países que pretendem ser a classe média do mundo, como a Argentina e o México, ou, inclusive, com os novos pobres dos países mais ricos.

Todos eles vivem, de várias formas, no OutroMundo.

No OutroMundo não há casas sólidas, não há esgotos, não há água corrente, não há hospitais nem escolas que curem ou ensinem, não há trabalhos dignos, não há Estado protetor, não há garantias, não há futuro.

No OutroMundo não há, sobretudo, comida para todos.

Dos 805 milhões de famintos do mundo, a maioria está no sul da Ásia: 276 milhões, pelo peso dos indianos e dos bengalis. São cerca de 35 milhões a menos do que há dez anos e ainda são 16% da população. Os 161 milhões de asiáticos do leste são, em sua maioria, chineses: quase 34 milhões a menos do que há dez anos. No sudeste da Ásia, a quantidade de famintos também diminuiu muito: de 113 milhões passaram a 64 milhões. Na África Negra, no entanto, o número aumentou: eram 209 milhões em 2000 e são 214 milhões agora. A mesma coisa no norte da África e no Oriente Médio: de 18 milhões, passaram a 32. Na América Latina, por sua vez, baixaram de

61 milhões em 2000 para 37 milhões hoje. E os 15 milhões de famintos do "mundo desenvolvido" continuam mais ou menos constantes.

Então o OutroMundo — não poderia ser de outra maneira — concentra a maior parte dos famintos do planeta: 790 milhões de pessoas.

A fome é o mal que mais pessoas sofrem — depois da morte, claro, de que sofrem quase todas.

E é, por isso, a que mais mata — sim, depois.

Não têm dinheiro, não têm propriedades, não têm peso: não costumam ter meios de influir nas decisões daqueles que tomam decisões. Houve tempos em que a fome era um grito, mas a fome contemporânea é, sobretudo, silenciosa: uma condição daqueles que não têm possibilidade de falar. Falamos — com a boca cheia — nós, que comemos. Aqueles que não comem geralmente ficam calados. Ou falam onde ninguém os ouve.

Desses 790 milhões de desnutridos do OutroMundo, uns 50 milhões são vítimas de alguma situação excepcional: conflitos armados, ditaduras impiedosas, catástrofes naturais ou climáticas — secas, inundações, terremotos. Restam 740 milhões que não passam fome por nenhuma situação excepcional: só porque lhes coube fazer parte de uma ordem social e econômica que lhes nega a possibilidade de se alimentar.

Segundo a FAO, 50% dos famintos do mundo são pequenos camponeses com um pedacinho de terra, 20% camponeses sem terra, 20% pobres urbanos, 10% pastores, pescadores, lavradores.

A partir de 2007 — se supõe, se calcula —, alguma coisa mudou radicalmente na população do mundo: pela primeira vez na história, vivem mais pessoas nas cidades do que nos campos. A explicação mais óbvia: milhões de pessoas fogem todos os anos de seus campos porque, em conjunto, os camponeses ainda são os mais pobres. Do 1,2 bilhão de pessoas que vivem "em extrema pobreza" — segundo o Banco Mundial, com menos de 1,25 dólares por dia —, três quartos vivem no campo: 900 milhões de camponeses extremamente pobres.

Esses camponeses sem terra ou com tão pouca terra são as presas favoritas da fome: três em cada quatro não comem o suficiente. O resto são os habitantes desse novo lugar da miséria, os marginais das grandes cidades, *slums favelas bidonvilles villamiserias*.*

De qualquer forma, a fome ainda é a maior ameaça à saúde dos habitantes do OutroMundo: mata, todos os dias, mais pessoas do que a aids, a malária e a tuberculose juntas.

A fome é uma das três principais razões para explicar que a expectativa de vida na Espanha seja de 82 anos e de 41 em Moçambique, 83 no Japão e 38 na Zâmbia; que existam pessoas que nascem com todas as chances de viver o dobro do que outras só porque nasceram em outro lugar, em outra sociedade. Não me ocorre forma mais brutal de injustiça.

(Trata-se de redefinir o que é mortal e o que não é: o que é "lícito" morrer e o que não é. Tudo está aí: na realidade, o maior escândalo é esta obviedade de que, a cada ano, a cada mês, a cada dia, morrem milhares, milhões de pessoas que não deveriam morrer ou, dizendo melhor, que não morreriam do que estão morrendo se não vivessem em países pobres, se não fossem tão pobres.

Trata-se de pensar no maior privilégio possível: viver ali onde outros morrem. E depois temos de falar de todo o resto: dessas vidas difíceis, dessas angústias, desses enormes desperdícios de pessoas.)

Os números agridem — e poderiam continuar, ocupando páginas e páginas. Mas os números costumam ser, também, como sabemos, o refúgio de certos canalhas. E se em vez de serem 805 milhões de famintos fossem 100 milhões? E se fossem 24 milhões? E se fossem 24? Então diríamos ah, bom, não é tão grave? Quando começa a ser grave? Os números são o álibi de um relativismo pobre. Se acontece com muitíssimos, é muito ruim; se com muitos, é mais ou menos; e se com poucos não é tão mau. Se este livro fosse corajoso — se eu fosse corajoso —, não mencionaria número algum.

Não somos: eu me refugio, canalha, na caverninha da quantidade.

---

* Neologismo que o tradutor preferiu manter ao longo do livro, assim como *villa* para favelas e *villeros* para favelados. (*N. T.*)

BIRAUL

1

Ao redor da menina, três doutores. María, a grega, e dois médicos indianos. Também dois enfermeiros e atrás, sentada em um banquinho vermelho, chorando como quem entoa uma canção muito triste, a mãe da menina, descalça, sári vermelho. A menina é magrinha, está quieta, os olhos arregalados, uma máscara de oxigênio no rosto.

A menina chegou ontem, com uma diarreia desesperadora, vômitos, tão débil, e ainda não conseguiram recuperá-la. Atrás a mãe, sua canção triste.

— Esqueça tudo o que você viu na televisão — disse-me, assim que cheguei, um veterano da Médicos Sem Fronteiras. — Isto é outra coisa. Aqui você não vai ver cenas terríveis de barrigas proeminentes e perninhas feito ossos. Aqui você não vai ver crianças esqueléticas cercadas por moscas. Aqui é diferente.

Aqui é, em geral, a Índia. Mas aqui, em particular, é Biraul, no estado de Bihar, um dos mais pobres do país. Bihar poderia ser o décimo país mais populoso do mundo, mas não é um país: é uma província. Tem 100 milhões de habitantes, mais do que a Espanha e a Argentina juntas, amontoados em 100 mil quilômetros quadrados de terras férteis — trinta vezes menos do que a Espanha e a Argentina juntas. São planícies muito verdes onde, quando a natureza não se enfurece, crescem uma colheita de arroz e outra de trigo a cada ano. Há 3 mil anos surgiu aqui o maior império indiano; há 2.500, o budismo; há 1.500, as universidades mais reputadas daqueles dias.

— Esqueça, estou falando sério. Aqui a fome é uma coisa muito diferente.

A menina se chama Gurya; sua mãe, Rahmati. Gurya tem quinze meses. Rahmati, de 19 anos, diz que não entende o que aconteceu, que a menina estava bem, que ainda não havia aprendido a andar, mas estava bem. E que tem outra filha, de 4 anos, que está bem e que não entende o que está acontecendo, pois Deus... Rahmati é muçulmana e fala muito de Deus. Por que faz essas coisas com ela? Deus sempre está perto dessas coisas.

— Acha que Deus está zangado com você?

— Sim, está zangado.

— Por quê?

— Não sei, como vou saber?

— O que você acha?

— Prefiro não pensar nisso. O que quero agora é que minha filha fique curada. Por isso estou aqui, neste hospital. Depois veremos.

Gurya tem escamas produzidas pelo kwashiorkor, os edemas que rasgam a pele: um sinal de que está muito à margem.

Rahmati é magrinha, quebradiça, tem uma argola na narina esquerda que diz que é casada, as pulseiras de cobre, o sári vermelho muito lavado, as sobrancelhas pretas, o olhar que foge o tempo todo. Rahmati vive ali perto, diz, em uma aldeia a três horas de caminhada.

Rahmati nunca foi à escola. Quando era menina, ajudava sua mãe nas tarefas de casa e algumas vezes, inclusive, se enfiava com o pai em alguma lagoa para pegar algas que ele vendia no mercado. Não tinha terra nem outra forma de ganhar a vida. Rahmati diz que comiam quase sempre: que às vezes passavam um dia ou dois sem comer, mas sempre aparecia alguma coisa.

Quando completou 13 anos, Rahmati começou a se impacientar: suas amigas da aldeia se casavam, uma atrás da outra, e ela não. Enfim, seus pais acertaram um casamento com o filho de uma prima de sua mãe; o homem era uns dez anos mais velho e, quando chegou o momento, Rahmati estava aterrorizada. Para economizar, teve de compartilhar o casamento com sua irmã: nem sequer o dia mais importante de sua vida seria plenamente seu. Cada noivo recebeu, além da mulher, uma vaca: para comprá-las, seu pai teve de pedir um empréstimo que terminou de pagar depois de muitos anos e muitas privações.

Depois do casamento, o marido de Rahmati foi embora; na aldeia não havia trabalho e haviam lhe dito que em Délhi seria possível arranjar alguma coisa; lá pintou paredes para juntar algumas rupias antes de começar sua vida de casado. Rahmati ficou em sua casa; para ela, tudo continuava como sempre, mas não: não podia brincar como menina, andar por aí, divertir-se, porque não era mais menina e sim uma mulher casada; o primeiro ano de seu casamento foi muito chato. Depois seu marido voltou e a tirou da casa de seus pais: então tudo ficou muito pior. Sua sogra lhe dava ordens, a obrigava a fazer todo o trabalho de casa, a obedecer suas cunhadas. Quando nasceu a primeira menina, a família a recebeu com felicidade; mas o nascimento de outra a desalentou; a sogra resmungava. Um casal indiano precisa ter filhos que possam mantê-lo na velhice; as filhas vão embora e, ainda por cima, têm de receber um dote.

Os dias de Rahmati se parecem. Levanta às 6 da manhã, acorda o marido e as filhas e começa a preparar a comida do dia. Limpar o arroz toma um tempo; vem cheio de bichinhos. Os dias de arroz só são muito tristes; com um punhado de lentilhas ou um tomate tudo muda. Mas não é fácil consegui-los; às vezes, quando não consegue, pode adicionar folhas silvestres, que lhe dão mais sabor. Para cozinhar, precisa fazer fogo; às vezes, tem madeira porque pôde comprar no mercado; às vezes, vai buscar — mas cada vez encontra menos — ou tem de pedi-la a uma vizinha. Se Rahmati tivesse uma vaca, poderia usar seu esterco; às vezes, de fato, uma vizinha que tem uma — e um bezerro — lhe dá um pouco de presente. Rahmati diz que se tivesse todo o dinheiro do mundo compraria uma vaca.

— Ah, sim, compraria uma vaca, teria leite — diz, e seu rosto se enche de brilhos.

— Quanto custa uma vaca?

— Umas 25 mil rupias.

Que são cerca de quinhentos dólares, uma quantia impossível. E diz que sua vida seria bem diferente.

— Imagine, uma vaca! Tudo mudaria se eu tivesse uma vaca. Daria leite, que custa 15 rupias o litro, e teria esterco e poderia ter um bezerro e poderia vender um pouco de leite e comprar arroz ou verduras, sei lá eu. Sim, tudo seria muito diferente se tivesse uma vaca — diz Rahmati, e pela primeira vez levanta a voz um pouquinho. Então se lembra da menina, entra para vê-la; pouco depois, quando volta ao pátio onde conversáramos, sentados em uma esteira de palha, sufocados pelo calor, atacados por moscas, já está triste de novo.

Rahmati vive com o marido, a sogra, um cunhado e suas duas filhas em uma choça feita de troncos e varas; diz que antes tinham um teto de chapa, mas que foi quebrando e não puderam substituí-lo. Ali, diante da choça, dejejuam todos os dias às 8 da manhã e seu marido vai procurar trabalho — um campo para arar, uma parede para pintar, alguma coisa para ganhar as 100 rupias — menos de 2 dólares — que lhes permitirá comer no dia seguinte. Rahmati fica com suas duas meninas, limpa, lava roupa: sempre tem uma roupa para lavar, diz. Quanto menos roupa você tem, mais tem roupa para lavar, diz Rahmati. E, quando termina, pode brincar um pouco com as meninas, não pensar em nada ou até dormir mais um pouco. E depois, ao meio-dia, come o que restou da manhã e continua lavando ou dorme a sesta ou conversa um pouco com alguma vizinha e mais tarde, quando seu marido volta, lhe serve um pouco mais de arroz no jantar ou um *roti* — um pedaço de pão.

— E às vezes faz alguma coisa diferente?

— Bem, não. Todos os dias são iguais, salvo quando há um casamento, uma festa religiosa. Às sextas-feiras meu marido vai à mesquita, mas eu não posso.

— Por quê?

— Porque é o que diz a religião. As mulheres não podem ir.

— E não gostaria de ir, às vezes?

— Não, porque não quero desobedecer à minha religião.

Então lhe pergunto qual é seu momento favorito do dia e não me entende. Repito a pergunta — peço à intérprete que a repita — e Rahmati diz, mais uma vez, que não entende a ideia: que não tem um momento favorito, que tudo é mais ou menos igual, sempre.

Nestes dias perguntei a uma dúzia de mulheres o que fazem em seus momentos de lazer; a ideia de lazer as surpreende, é preciso explicar. Algumas, depois de muitas perguntas, me dizem que à tarde, quando acabam de fazer tudo em casa, às vezes se sentam e conversam com uma vizinha. E que fora isso há as festas: um casamento, um funeral, um nascimento, uma comemoração religiosa. E não lhes ocorre mais nada.

Mas há dias em que a rotina é quebrada: quando não há dinheiro para comprar comida. Os camponeses sem terra não têm o recurso de plantar alguma coisa para sobreviver. Vivem muito grudados na terra — trabalhando em outra terra —, mas quando querem algum de seus produtos têm de passar pelo mercado, sofrer suas variações, pagar intermediários.

— Às vezes, meu marido não arranja trabalho e ficamos sem dinheiro e os vizinhos não querem me emprestar, ou tampouco eles têm, e já me emprestaram muito, então não há.

(O marido de Rahmati costuma ficar horas parado em uma espécie de terreno baldio na entrada da aldeia onde os homens esperam que alguém os contrate. Rahmati diz que às vezes são dez, vinte, trinta, e que às vezes os contratam e muitas vezes não, e seu marido passa o dia embaixo da árvore do terreno pensando — não sei, imagino — o que vai dizer a Rahmati quando voltar sem uma rupia, sem um quilo de arroz. Ou pensando, talvez — não sei, imagino —, que se Rahmati chegar a lhe dizer alguma coisa a calará com um tabefe. Ou pensando, talvez — não sei, já sabemos —, que é ótimo estar casado com uma mulher que sabe que tem de ficar calada quando não há comida.)

Rahmati sabe — talvez — ficar calada, mas agora diz que é duro dormir sem comer.

— É duro ir dormir sem comer, mas você fica esperando que, quando acordar, vai conseguir alguma coisa. O bom é que você pode ir dormir. Se não dormisse, não sei o que faria... É uma lástima ter de acordar de novo às 6 da manhã — diz Rahmati, e que o pior é o choro das meninas; que então, quando suas filhas querem comer e choram, não é possível dormir, não há maneira de fugir da fome.

Agora, aqui, a menina não chora: continua quieta, os olhos arregalados, a máscara de oxigênio no rosto. Aqui, agora, é o "centro de recuperação" da Médicos Sem Fronteiras de Biraul, e Biraul é um povoado grande, de 20 ou 30 mil habitantes no meio de Bihar. Biraul é, sobretudo, algumas ruas muito longas, serpenteantes, cheias de estabelecimentos comerciais e de lojinhas; ao lado, ruas que podem levar a um templo de Durga, a uma lagoa onde búfalos e velhos tomam banho, ao hospital, ao descampado onde os meninos jogam críquete, a casinhas e plantações e mais templos e mais bois e búfalos. Na rua principal se vende quase de tudo, desde um modem para a internet até uma foice que o ferreiro está forjando a golpes de martelo — e o resto: peixes vivos, frangos vivos, deuses diversos, tomates, uvas, balas, lampiões, motocicletas. A rua principal sempre está engarrafada: um carro de boi, por exemplo, fecha a passagem e dúzias de motocicletas e de riquixás buzinam e dúzias de homens e mulheres tentam passar, encontrar uma brecha.

— Às vezes, penso que, se não acordasse, tudo seria mais fácil. Mas depois penso nas meninas, o que seria delas sem mim? Então digo bem, é preciso continuar. Mas é muito difícil, não tem solução.

Sempre pensei, sem pensar, nesses lugares muito distantes — distantes no mapa, distantes dos pontos conhecidos, distantes da minha história — como progressivamente vazios, despojados de gente. Era puro pensamento mágico: o quinto dos infernos está repleto, pulula de pessoas. Milhares e milhares nesse lugar do fim do mundo, que vai acabar assim: não com uma explosão, mas com uma buzinada. Um dia alguém vai apertar uma buzina demais e tudo vai explodir. Será quase tranquilo: não um fogo imenso, não um trovão ensurdecedor, horripilante, não a Terra se partindo em pedaços. Só que esse toque de buzina — provavelmente aqui em Biraul ou talvez em Calcutá ou Jacarta — já não terá espaço: acabará de completar o mundo.

O centro da Médicos Sem Fronteiras de Biraul fica ao lado da aldeia, perto do centro de atenção primária e distribuição alimentar da organização e do posto de saúde pública, em um terreno que se espalha ao redor de uma árvore imponente; na África, na Índia, as árvores sabem organizar o mundo. Faz calor; os pacientes — as crianças e suas mães — esperam sua vez sob a sombra das árvores, conversando, dormindo, amamentando.

Comparado com as instalações sanitárias habituais do povoado indiano, o centro é uma Disneylândia: treze camas em dois quartos bem-cuidados, paredes brancas, janelas, ventiladores, mosquiteiros e uma sala de isolamento com mais três camas. Em cada cama há uma criança com sua mãe; costumam passar quatro ou cinco dias até que se estabilizem e o tratamento ambulatorial comece. Seis médicos disponíveis, dez enfermeiros, espaço, remédios, móveis, instrumentos, limpeza.

O centro de recuperação está abarrotado. A cada dia chegam cem, duzentas mães. Costumam vir porque seus filhos têm tosse ou febre ou debilidade; muitas vão primeiro ao posto público de atenção primária: suas enfermeiras, quando veem que uma criança pode estar desnutrida, os mandam aos rapazes da MSF. Outras ouviram falar do centro e vêm diretamente. São recebidas por quatro jovens indianos, com um protocolo muito preciso: olham cada criança, pesam-na em um arnês pendente, medem-na em uma tábua onde todas choram, passam o braço pela cinta que a medirá para saber se está desnutrida. É um momento decisivo; em poucos minutos, a menina ou o menino estará pronto para receber uma etiqueta, o relato que vai definir sua situação.

No centro de recuperação, uma mãe me vê acender a luz e me pede permissão para fazê-lo: quer ver como é. Aperta o interruptor com cuidado, com medo: não sabe que forças ocultas estão a ponto de serem desencadeadas.

Em Bihar, as etiquetas são claras a ponto de serem confusas: o estado mais pobre de uma terra tão rica. Sessenta quilômetros ao norte fica o Nepal, o Himalaia, mas aqui tudo é plano, trigo, arroz: campo fértil esperando pelas chuvas. Foi uma surpresa: eu o imaginava como uma planície deserta e me deparei com esses campos generosos; o problema não é que não produzam; o problema, provavelmente, é para quem o fazem.

Dizem que antes da chegada dos ingleses seus habitantes eram pobres, mas sobreviviam, e que foi o sistema de arrecadação da coroa que levou à concentração da terra, ao despojamento da terra: que os coletores de impostos impagáveis foram ficando com as terras de milhões de camponeses devedores, transformando-os em proletários rurais, transformando-se em grandes terratenentes. E que, embora os nomes dos proprietários fossem mudando nestes dois séculos, a estrutura da possessão se manteve. E que nos anos 1960 e 1970 houve muita agitação social e o governo sancionou leis de reforma agrária que deviam dar terras aos que não tinham. Mas não foram cumpridas porque os burocratas que deveriam aplicá-las eram os próprios terratenentes e conseguiam driblá-las. E que a miséria, claro, aumentou com o aumento de pessoas: agora são mil por cada quilômetro quadrado. Mais da metade tem menos de 25 anos: é um recorde. Ou o resultado de homens e mulheres que se reproduzem muito porque sabem que vão morrer cedo.

Em Bihar, metade das crianças está desnutrida. Metade: uma em cada duas. A metade das crianças.

Bihar é como um concentrado, um caldinho de Índia. E a Índia é o país com mais fome do mundo. Um quarto dos famintos do mundo vive — vive? — na Índia: uns 220 milhões de indianos não conseguem comer o que precisam, as 2,1 mil calorias diárias que todos os experts recomendam como o mínimo de energia de que um corpo humano necessita. Alguns, menos: muitos, muitos milhões, muitíssimo menos.

Digo: milhões e milhões de pessoas, quantidades intermináveis de pessoas, quantidades intermináveis de moléstias, angústias, dorzinhas, medo. Era a fome que o progresso varreria: própria de países atrasados, bastaria "desenvolvê-los" um pouco para acabar com ela. A Índia é, agora, o décimo país mais rico do mundo — e o primeiro em quantidade de desnutridos.

Na Índia, 37% dos adultos têm um índice de massa corporal inferior a 18,5 — que a Organização Mundial da Saúde considera o limite da má nutrição.
Na Índia, 47% das crianças com menos de 5 anos não chegam ao peso que deveriam ter. No mundo, há em torno de 129 milhões de crianças que pesam menos do que cabe em sua idade; 57 milhões vivem — vivem? — na Índia.
No mundo, há em torno de 195 milhões de crianças que medem menos do que lhes cabe em sua idade; 61 milhões vivem — vivem? — na Índia.
A cada ano, morrem na Índia 2 milhões de crianças de menos de 5 anos. A metade — 1 milhão de crianças a cada ano — morre por complicações relacionadas à má nutrição e à fome. Um milhão de crianças a cada ano, duas crianças indianas a cada minuto, neste minuto.

Uma criança com desnutrição aguda tem nove vezes mais chances de morrer de diarreia, sarampo, malária, aids ou pneumonia do que uma criança bem-nutrida. Não apenas porque seus corpos não têm as defesas necessárias; também por uma obviedade estatística: os desnutridos são os que mais facilmente adoecem — pelas condições em que vivem — e mais dificilmente se curam — porque não têm acesso à medicina. Na Índia há, em cada momento, cerca de 8 milhões de crianças nessa condição, a mais brutal da fome.

São, por ora, números. Os números servem para que saibamos o que já sabemos: para nos convencer do óbvio. Nós os respeitamos, acreditamos que dizem a verdade. Os números são o último refúgio da verossimilhança contemporânea.

E são, também, a melhor maneira de esfriar as realidades: torná-las abstratas.

(É a primeira vez na história em que há dados tão duros, cifras tão aproximadamente precisas sobre os habitantes do mundo: sua quantidade, como se distribuem, sua riqueza, suas doenças, seus trabalhos. Talvez daqui a cinquenta anos o nível de informação atual vá parecer paleozoico, mas nunca houve nada igual: um mundo pensado como números, explicado — aparentemente explicado — por seus números. São manejados pelos grandes organismos internacionais, pelas corporações, pelos governos do Primeiro Mundo. Eles os usam para o que sempre os saberes foram usados: consolidar diferenças, imaginar futuros que acham convenientes.)

Diziam-me que aqui a fome era diferente. É diferente porque às vezes não mata. Na Índia, a fome não costuma ser aguda: milhões de pessoas passam muitas gerações habituando-se a não comer o suficiente, desenvolvendo, ao longo de gerações, a habilidade de sobreviver comendo quase nada, demonstrando as virtudes adaptativas da espécie. Os humanos sobreviveram, conquistaram a Terra porque sabem se adaptar a muitas coisas: aqui se adaptaram a quase não comer e, por isso, milhões são baixos, magros, comedidos, corpos que sabem subsistir com pouco.

Mães pequenininhas que dão à luz bebês pequenininhos, bebês que chegam a um ano pesando 4 quilos — e nunca caminharam. É um fracasso estrepitoso: a adaptação darwiniana em toda a sua tristeza. A capacidade do homem de se ajustar à vida desnutrida e produzir, para isso, corpos que requerem muito menos, cérebros também.

A desnutrição crônica — dizem — não mata a pessoa de uma vez, tampouco lhe permite viver como deveria: corpos ínfimos, mentes deficientes. Milhões de pessoas desperdiçam suas vidas para continuar vivendo.

2

Eu lhe pergunto o que gosta de comer e ele me olha com um ódio maldissimulado. Kamless tem 26 anos: é magro, baixo, enérgico, dono de suas opiniões. Kamless e Renu acabam de chegar ao centro de saúde da Médicos Sem Fronteiras de bicicleta, com Manuhar nos braços.

— Não gosto de comer isso ou aquilo; gosto de comer. Eu sou pobre, não posso pensar em comer algo em particular. Eu como o que posso, um *roti*, um prato de arroz, qualquer coisa. Gosto de poder comer, de que minha família possa — diz Kamless, que, para vir até aqui, leva 2 ou 3 horas, desde que venha de bicicleta; quando vem caminhando, leva 4 ou 5.

Eu, tolo de mim, lhe pergunto por que ele e Renu não vêm sempre de bicicleta. Kamless me olha com uma ponta de desprezo — ou talvez de desespero:

— Porque a bicicleta não é minha, é de um vizinho, e o vizinho às vezes a empresta e às vezes não. Hoje de manhã tive de implorar.

Mas não importa, diz Kamless: que para ele caminhar 4 ou 5 horas não é nada, que algumas vezes por ano vai ao Punjab para trabalhar na colheita de arroz ou de beterraba e tem de viajar dois dias em um trem lotado, que isso sim é uma viagem. Que no Punjab lhe pagam 4 ou 5 mil rupias por mês. Aqui, no entanto, pode ganhar 100 por dia como pedreiro ou lavrador, mas nunca sabe quando vai conseguir trabalho e quando não.

— Você gosta de ir ao Punjab?

— Não, eu gosto de ficar na minha casa com minha família.

— E não gostaria de se instalar lá com sua família?

— Quando vão comigo, sai muito caro, tenho de alugar um quarto, só isso me custa mil rupias. Não posso — diz, e também que sempre tem problemas com seu vizinho porque seu vizinho é rico e com os ricos sempre há problemas.

— E com os pobres não?

— Com os pobres também, mas te fodem menos.

— Seu vizinho é rico como?

— Tem terra, tem vacas.

— Quantas vacas?

— Duas, e um búfalo. É rico. Eu também tive uma vaca. Quando nos casamos, Renu trouxe uma vaca, seu dote. Mas tive de vendê-la. Tive de vender quase tudo para tentar curar meu filho — diz, mas, no fim das contas, não pôde ir a um bom médico.

O filho caçula de Kamless e Renu se chama Manuhar, tem 2 anos e meio e não consegue se mexer: é um corpo nos ossos, desengonçado, que mal sustenta a cabeça.

— Nós não precisávamos de outros filhos, já tínhamos dois, pensamos em ir ao Planejamento familiar para que nos dissessem o que devíamos fazer. Mas queríamos ter uma filha... E veja o que aconteceu — diz Renu. Tudo por querer — contra o lugar-comum — uma menina. Kamless me olha como quem diz eu lhe disse, eu sabia — mas quis fazer sua vontade. E contou que uma vizinha lhes disse que Manu estava assim porque não havia comido bem, mas Kamless não acredita porque seus outros filhos comeram igual, salvo que beberam mais leite. Desta vez Renu quase não tinha leite, essa foi a única diferença.

— E não lhe davam leite?

— Sim, quando podíamos; pedíamos ao vizinho, de sua vaca. Às vezes nos dava, às vezes não.

— E quando não?

— Dávamos da nossa comida.

Sua comida, me diz, é arroz. Quase sempre só arroz.

— E comia?

— Sim, muitas vezes.

Aqui, na clínica, lhes disseram que poderiam curar a desnutrição de seu filho e há duas semanas lhe dão Plumpy'Nut, mas que tem uma lesão cerebral que não podem tratar, que têm de levá-lo ao hospital de Darbhanga.

— A questão é que não temos dinheiro para levá-lo até lá. A pessoa que tem muito dinheiro, como nosso vizinho, pode ir ao médico sempre que quer. Nós quase nunca podemos, pobre menino. Quando queremos ir a um doutor, primeiro temos de arranjar dinheiro para o micro-ônibus, depois para o doutor, depois para os remédios que esse doutor vai receitar... Quase nunca podemos.

— E o que pensam fazer?

— O que pensamos fazer? O que pensamos fazer? — responde Kamless, e sublinha pensamos. Parece um homem inteligente: um homem capaz de entender que me dirijo a ele com palavras inadequadas.

— Sim. O que vão fazer?

Kamless balança a cabeça:

— O que quer que eu faça?

A Índia é um país orgulhoso, um dos mais antigos do mundo, um dos maiores do mundo, uma grande cultura que agora voltou às páginas centrais dos jornais porque vai ser, dizem, uma grande potência. Por isso, entre outras coisas, os indianos não gostam de admitir que metade de suas crianças passa fome, e essa fome, essa miséria, acontece em surdina, como se fosse uma coisa distante, quase hipotética — que se vê o tempo todo, em cada aldeia, em cada esquina.

Por isso, em 2008, quando o primeiro-ministro Manmohan Singh disse, pela primeira vez, em um discurso, que a má nutrição de tantos era uma "vergonha nacional" e "uma maldição que devemos remover", milhões se sobressaltaram como se tivessem ouvido falar pela primeira vez desse sinal que sempre tiveram na face esquerda.

E, no entanto, há muito tempo a Índia tem uma série de mecanismos montados para melhorar a alimentação de suas crianças — e adultos. O mais difundido é o *anganwadi*.

Anganwadi (a palavra significa "pátio da casa") é um sistema de assistência social que deveria vacinar e alimentar as crianças mais pobres. Quase todas as aldeias e bairros indianos têm seu *anganwadi*: mais de 1 milhão de centros assistenciais atendidos por quase 2 milhões de funcionários — mulheres, em sua grande maioria. Segundo o governo, auxiliam cerca de 60 milhões de crianças e 10 milhões de parturientes. Muitos estão fechados; nos outros, os beneficiários se queixam de que não lhes dão a alimentação prevista, ou que lhes dão uma vez por semana em vez de todos os dias, ou qualquer outra variação do abandono.

Além dos *anganwadis*, o grande sistema de assistência social são os cartões BLP — *Below poverty line*, abaixo da linha de pobreza — que deveriam possibilitar a compra de 35 quilos de arroz por mês a 3 ou 4 rupias por quilo.

Na Índia, a linha de pobreza é um tema de discussão; alguns a chamam de "linha de *hambruna*", porque o governo a situa em 50 centavos de dólar — 30 rupias — por dia e por pessoa, menos da metade da que se costuma usar, o famoso 1,25.

Ademais, estudos oficiais dizem que metade daqueles que deveriam ter o cartão não o tem. Kamless sim: quando seu pai morreu, conseguiu convencer um funcionário a lhe dar o dele.

— Eu tinha direito, como não teria? Mas tive de lhe pagar. Custou muito caro.

A inoperância e a corrupção conseguem fazer com que leis muito belas não sirvam para nada. Há estudos que mostram que dois terços dos 12 milhões de dólares que a Índia gasta anualmente com o auxílio aos mais pobres ficam pelo caminho, nos bolsos de funcionários da burocracia, empresários, intermediários e outros ricos. Não é apenas o delito; também há muita ineficiência. Mas a consciência geral do peso da corrupção no sistema é tão ampla que o movimento de cidadania mais importante que surgiu no país nos últimos anos é o chamado India Against Corruption — Índia Contra a Corrupção —, liderado por um senhor, Anna Hazare, que utiliza, entre outros meios de pressão, a greve de fome gandhiana: a fome como arma distorcida.

Enquanto isso, o sistema floresce: Kamless me conta que toda vez que tem de ir trabalhar no Punjab precisa pedir dinheiro emprestado para a viagem e para deixar alguma coisa para sua família.

— Peço a Salim, o dono da loja da minha aldeia. Ele me empresta mil, 2 mil rupias, e as devolvo quando volto. O problema é que tenho de lhe pagar o dobro do que me dá e, enquanto isso, tenho de lhe deixar meu cartão como garantia.

Então Salim — e tantos outros em tantas outras aldeias — usa o cartão para comprar grão barato subsidiado — e o vende ao preço de mercado. Pode juntar cinquenta, cem, duzentos cartões; pode retirar as rações porque suborna algum empregado do depósito estatal de grãos — que, por sua vez, comprou sua nomeação porque sabia que seria rentável. Salim é, no entanto, um legalista: trabalha com cartões de racionamento verdadeiros. Outros não se incomodam: compram cartões falsificados de funcionários corruptos, e a crédito. A Índia parece um país onde tudo é possível porque nada é inteiramente impossível, onde as regras são feitas para serem distorcidas e se possa conseguir, assim, que as coisas aconteçam. Todo tipo de coisas.

Muitos homens vão trabalhar em outros estados — Délhi, Punjab. Alguns enviam dinheiro, outros vêm buscar sua família, outros desaparecem: não é difícil, é uma tentação sempre presente. Casamentos arranjados, filhos que crescem longe com problemas: que a pessoa assuma suas responsabilidades — que não fuja — requer um senso forte de dever; mais usos da ideologia.

O menino chora muito, parece uma tortura. Não quer que nos esqueçamos dele, diz a mãe, e lhe ajeita uma mão que cai.

— Se tivesse todo o dinheiro que quisesse, o que faria seria abrir meu próprio negócio, à porta da minha casa, para vender frutas. E poderia ficar em casa com as frutas e economizaria um pouco de dinheiro para o futuro, e meus filhos poderiam comer frutas de vez em quando — diz Kamless. Eu lhe pergunto se agora não podem; ele olha para o chão, entre triste e colérico.

— Não, agora não.

— E você acha justo que haja alguns que têm muito dinheiro e outros com tão pouco?

— Não é uma questão de justo ou não justo. Aqueles que têm dinheiro têm dinheiro e não importa a ninguém se é justo.

Kamless também está preocupado porque sua casa foi construída em terra pública — "terra do governo" — e tem medo de que um dia o expulsem. Eu lhe pergunto por que fariam isso com ele.

— Porque os governos sempre fazem o que lhes convém. Se um dia quiserem essa terra para um deles, para um amigo deles, virão e a tirarão de mim, e quem vai reclamar?

A base da pirâmide — milhões e milhões na base da pirâmide — são os camponeses sem terra. Muitos nunca a tiveram; muitos a perderam durante o império; muitos outros a perderam por dívidas mais recentes. Muitos — ninguém sabe quantos, essas coisas nunca aparecem nos registros — foram expulsos de seu hectare ou meio hectare que o Estado lhes dera nos anos 1960 ou 1970 pelos sicários de algum proprietário rural ou cacique político — ou os dois ao mesmo tempo. O camponês que tenta reclamar tem grandes chances de acabar com uma bala na cabeça. Ou, na melhor das hipóteses, enfrentando um juiz distrital amigo dos apropriadores ou comprado pelos apropriadores — ou, para unir o útil ao agradável, um amigo comprado dos apropriadores — que vai mandá-lo para casa não sem antes exibir-lhe seu desprezo por ser tão pobre, por ser tão inferior.

— Há dias em que fico com vontade de sair e bater em todo mundo, de fazer-lhes mal, de matá-los para que saibam como é. Mas depois penso que não vou ganhar nada com isso e fico no meu canto.

— O que você acha que poderia ganhar com isso?

— Nada, me enfiariam numa prisão, ficaria sem nada. O que eu vou ganhar? Mas ninguém me tira minha vontade.

3

Por que temos fome de glória, mas sede de justiça?

Estamos na estação das secas. Em dois meses chegará a monção e tudo se transformará em uma armadilha de água. Inundações, caminhos impossíveis, chuvas apocalípticas, animais, doenças — e os alimentos, que serão ainda mais difíceis. Aqui as vidas são regidas pelas estações, os ciclos naturais, as insolências naturais, a fome que vai e vem de acordo com esses caprichos. Aqui as vidas se sucedem e se parecem muito: a vida de Anita, por exemplo, tão semelhante à de sua mãe, de sua avó, de milhões.

— Não sei, minha mãe morreu há muitos anos.

— Quantos?

— Anos, não sei. Bastante tempo, antes de ter me casado, era pequena.

— E se lembra dela?

— Me lembro, não me lembro muito.

— Mas do que você mais lembra?

— Não sei, de vê-la fazendo coisas, trabalhando. Gostaria de me lembrar dela em algum momento em que não estivesse trabalhando — diz, mas lembra: na primeira vez em que teve fome e entendeu que não iam lhe dar nada para comer, gritou para sua mãe que era ruim e que lhe desse de comer e ela lhe deu uma surra. E que depois viu sua mãe chorar e então lhe disse que era ao revés, que quem tinha que chorar era ela porque ela havia provocado a surra e então sua mãe riu e ria e chorava e que ela não entendia o que estava acontecendo.

Há vinte ou trinta anos, os organismos internacionais consideraram que uma das razões básicas da má nutrição de tantas crianças pobres era o fato de não receberem proteínas suficientes porque suas mães não sabiam alimentá-las e fizeram grandes campanhas para ensinar-lhes a dar de comer aos filhos — dar comida que obviamente não tinham. Soa sinistro; parecia muito científico.

Anita é muito esquálida. Anita tem 17 anos, os dentes tortos, o nariz chato com uma argolinha de ouro na narina esquerda, o círculo vermelho hindu na testa, seu sári açafrão com um toque de verde. Sua filha Kajal veste uma camiseta verde, os cabelos longos e eriçados. Kajal tem nove meses, pesa 2,8 quilos e não consegue manter a cabeça ereta. Anita a levanta, a acaricia — mas a olha com uma irritação estranha. Anita olha para o mundo com uma irritação estranha.

— Não, eu nunca fui à escola. Nós somos pobres, somos de uma casta inferior, não vamos à escola.

— E quando outras crianças iam, o que pensava?

— Nada. Eu brincava com as crianças ou acompanhava minha mãe ao campo quando ia colher, trabalhava um pouco. Não pensava nada sobre a escola.

— O que quer dizer com casta inferior?

— Quando a pessoa não tem terras ou uma casa ou comida suficiente, isso é ser da casta inferior — diz, e não diz que também quer dizer não poder se casar com pessoas de outras castas, não conseguir certos trabalhos nem ser aceito em ambientes distintos. A Constituição da Índia proíbe essas discriminações; a vida na Índia as mantém e potencializa.

— Quando você era pequena comia tudo o que queria?

— Não. Às vezes sim, às vezes não. Às vezes comíamos duas vezes, não três, algumas vezes apenas uma. Às vezes nenhuma, e as crianças choravam.

— Você chorava?

— Não, eu não chorava. Para que chorar? Para quem você vai chorar? Eu sabia que meu pai fazia tudo o que podia para nos dar de comer.

— E o que queria ser quando crescesse?

— Nada, não queria nada.

— E o que imaginava?

— Nada, deixava o tempo passar.

— Pensava que quando crescesse ia ter roupas bonitas, uma casa grande?

— Não, nunca pensei nessas coisas. Outras castas pensam nessas coisas.

"O paradoxo da ajuda humanitária crônica é que, quanto maiores são os esforços dos trabalhadores humanitários para chegar aos pobres, contá-los, identificá-los e assisti-los, maior é seu interesse em exibir características de pobreza — em um contexto em que há poucas fontes de renda alternativas. A forma com que o aparato de ajuda humanitária transforma a biografia individual em um discurso programático cria coletivamente um senso de comunidade caracterizado pela despossessão. Os receptores são convencidos de que têm direito a ter acesso à ajuda porque são 'pobres' e 'subalimentados', em vez de serem alentados a pensar que o acesso à comida é um direito fundamental que podem reclamar através de sua ação política como pessoas e não vítimas da fome", escreve Benedetta Rossi, antropóloga especializada em África e professora da Universidade de Birmingham, na Inglaterra.

Eu me pergunto se Anita;

me digo que quem sabe.

O pai de Anita não tinha trabalho fixo: ajudava os vizinhos a cultivar os campos, pastorear os búfalos, e os vizinhos então lhe davam um pouco de grão, leite, esterco. Agora seu marido trabalha, quando pode, em uma fábrica de tijolos. Às vezes vai trabalhar, diz Anita, às vezes não.

— Por que às vezes não vai?

— Não sei, porque não tem vontade.

— E você não lhe diz que precisam que vá?

— Quando lhe digo alguma coisa, brigamos.

— Como brigam?

Anita se cala, olha para o chão, acaricia o cabelo da filha: a irritação se torna um incômodo extremo. Um cavalheiro não pergunta essas coisas; nem mesmo um jornalista as pergunta. Estou prestes a lhe dizer que deixemos para lá, que não importa, quando ela diz, em uma voz muito baixa, que grita com ela, que bate nela.

— Ele grita, me bate, eu choro.

— Você contou ao seu irmão que seu marido bate em você?

— Não.

— Mas deveria fazer alguma coisa, não?

— Não.

— Por que não?

— Porque ele pode me bater se quiser. Para isso é meu marido e eu sou sua mulher.

— E o que você poderia fazer com ele?

— Nada.

— Preferiria ser homem?

— Sei lá eu.

— Queria que sua filha fosse menino?

— Sim.

— Por quê?

Anita se levanta, alisa o sári, vai embora: não quer mais conversar comigo — e eu a entendo, lhe peço desculpas, me envergonho. Mas volta pouco depois: as moscas se apossaram do pátio do centro de recuperação.

— Quero voltar para casa. Com quem tenho de falar?

São as moscas. Algum sábio, audaz e caviloso — digamos Pérgamo, 212 a.C., Yucatán, 800 d.C., Bolonha, 1286 — deve ter postulado que eram as moscas que traziam, de alguma maneira ainda ignorada, a fome. Porque as moscas estão aí, moscas sempre estão por aí.

Anita trouxe sua filha há onze dias porque achava que estava doente, tinha febres, tosses; não sabia mais o que fazer, mas então uma vizinha de sua aldeia lhe disse que existia este lugar, que aqui poderiam atendê-la de graça.

— Eu não acreditei, mas ela insistiu e acabei vindo — diz Anita.

Ao longo de décadas, o sistema público da saúde conseguiu produzir uma imagem exata: não funciona. Os pacientes ocasionais sabem que, amiúde, os postos de saúde não têm remédios ou não têm muita vontade ou estão fechados ou que é preciso dar algum dinheiro a alguém por baixo da mesa — mas tampouco há mesa. Às vezes, naturalmente, atendem direito, mas não é o habitual, nem é a percepção da maioria. Nada disso é casual: a Índia é um dos países que destinam menor porcentagem de seu produto interno bruto à saúde: em torno de 2%, contra 10% da Argentina e Israel, e 14% do México. Mas, dessa quantia, só um terço é destinado à saúde pública — contra mais de 60% na Argentina, México e Israel. É uma verdadeira declaração de princípios

É, também, uma forma de arcaísmo. Durante milênios, muitas doenças não eram curadas. Agora, aqui, tampouco o são. Aqui na aldeia, me dizem, quando uma pessoa tem um enfarte, morre: não há onde atendê-la. No entanto, se essa mesma pessoa vivesse em uma cidade, também morreria: os hospitais públicos vivem lotados. Superlotados. O presente ausente.

Morrem do que não mata outros homens, outras mulheres, em outros lugares.

— Eu a trouxe e a atenderam bem. Me disseram que a menina estava assim porque comia muito pouco. Mal engole o leite que lhe dou.

— Você lhe dá o peito?

Não, diz Anita, não pode lhe dar o peito: nem quando era pequenininha podia lhe dar o peito, porque não tinha leite, estava seca, diz, e olha para baixo, estava seca.

— Por isso lhe dou a fórmula, leite de fórmula. Quando consigo.

— E lhe disseram aqui que estava desnutrida?

— Sim, me disseram isso: desnutrida — diz Anita, e que a trataram e agora está melhor e que por isso quer voltar para casa. Eu lhe pergunto por quê.

— Porque meu marido quer que volte. Veio há dois dias e me disse que eu tinha de voltar logo. Mas eu lhe disse que não tinha dinheiro para o micro-ônibus, e ele também não tinha. Me disse que voltaria hoje para me trazer o dinheiro e então iríamos embora.

— E por que quer que voltem para casa?

— Porque minha cunhada está doente e tem de ir para o hospital e por isso preciso voltar para cuidar de seus filhos, da casa, do meu marido, de todas as minhas coisas.

— E isso é mais importante do que curar sua filha?

— Eu acho que ela está bem.

— Mas o médico disse que não.

— Eu quero ir embora. Não gosto de ficar aqui. E meu marido quer que eu vá.

— Não lhe importa que sua filha fique curada?

— Ele me disse que, se formos para casa, ela vai melhorar.

Não quero lhe perguntar se seria diferente se fosse um menino: tenho vergonha, acho que já a agredi o suficiente. Anita, seu rosto de animal acuado: de quem não consegue entender, mas suspeita que entender um pouco ajudaria.

— O doutor disse que sua filha tem de ficar aqui por mais alguns dias para se curar. Seu marido sabe mais do que o doutor?

— Não sei. É meu marido.

— Às vezes me emputeço, mas então tento entender — diz María, a grega: que às vezes se emputece, mas então tenta entender e pensa que para as mães é muito difícil ver o que acontece com seus filhos.

— Por exemplo: o indicador que usamos sempre para a desnutrição, o MUAC, a medida do braço da criança. Se é de 120 milímetros, está desnutrida; se é de 126, não está mais. Nós sabemos que esses 6 milímetros são muito importantes porque significam uma quantidade de coisas, mas a mãe não consegue sequer vê-los...

— O que lhe dizem quando você lhes diz que estão desnutridas, que têm uma doença que nem sabiam que existia?

— Muitas vezes duvidam. Duvidam dessa doença que não conhecem, duvidam de sua capacidade, duvidam de um tratamento que não parece um tratamento, que não tem pílulas, injeções. Dizem que não, que os verdadeiros médicos dão injeções. E as mães não querem ficar porque têm muitas coisas para fazer em casa que acham mais importantes.

— Você acha que não se importam com a vida de seus filhos ou que acham que não correm perigo?

— Sim, importam-se com seus filhos. Caminham horas para curá-los, aceitam um tratamento mesmo sem entendê-lo e às vezes nem acreditam que a criança esteja de verdade em risco, mas também têm de cuidar do resto da família, têm outras crianças em casa, talvez uma vaca, e sabem que se ficarem aqui muito tempo alguma das crianças poderá adoecer e morrer, ou a vaca, e que então toda a economia familiar desabará... E às vezes têm de escolher. Eu as vi. Custa-lhes horrores, mas acabam escolhendo o que acham que é melhor para todos.

E tudo é pior quando o médico é uma médica. María — 30 anos, enérgica, morena, cabelos eriçados — me diz que acontece frequentemente com ela: atende alguém, lhe faz perguntas, examina. Em algum momento entra no consultório um enfermeiro:

— Ah, doutor, finalmente o senhor chegou, eu o estava esperando.

O governo indiano decidiu, faz tempo, não usar o Plumpy'Nut nem nenhum preparado semelhante. É uma espécie de nacionalismo da fome: dizem que a Índia tem seu próprio perfil de desnutridos e não faz sentido tratá-los com um produto planejado para outras realidades. Dizem que não querem *medicalizar* a questão da má nutrição: que o Estado não deveria curá-la, mas preveni-la, impedi-la de se manifestar — e para isso existem os subsídios aos mais pobres, as merendas escolares, a rede dos *anganwadis*. Mas a verdade é que, mesmo assim, além dos 60 milhões de desnutridos crônicos há mais de 8 milhões de desnutridos agudos.

Também dizem que se trata de um preparado estrangeiro, que pode ser uma cabeça de ponte para o desembarque de grandes laboratórios multinacionais e que, se fosse o caso, deveriam elaborar a pasta com produtos locais em empresas locais. Mas não o fazem. A MSF tenta provar, com sua prática, a utilidade desse remédio: o centro de Biraul seria, a partir dessa ótica, um programa-piloto que trata de demonstrar suas virtudes curativas. O governo indiano não o aprova oficialmente, mas, por ora, o tolera.

Suas cifras são conclusivas: a percentagem da mortalidade das crianças tratadas com Plumpy, muitas das quais chegam em condições desesperadoras, é muito inferior, menos de 3%.

O tratamento funciona. A desnutrição, tão mortífera, é fácil de tratar quando são usados os meios necessários. Mas não são aplicados: o Estado não o faz. Sem pretendê-lo, a MSF sublinha a crueldade das desigualdades, a violência de um modelo social. Diante da cura de uns poucos com esse tratamento, a responsabilidade pelos milhões e milhões que não o recebem: que nem sequer sabem que deveriam recebê-lo.

María, a grega, diz que seria melhor se não tivessem rosto.

— Como?

— Nada, é que às vezes penso que seria melhor que não tivessem rosto — diz, porque continua vendo o rostinho daquela menina, quando se deita continua vendo a carinha daquela menina, quando se descuida vê a carinha daquela menina.

— Chegou muito desnutrida, com dezoito meses, uma infecção respiratória aguda, quase não conseguia respirar. Isso aconteceu numa sexta-feira; passamos todo o sábado trabalhando com ela, a estabilizamos, nós a estávamos salvando, mas na manhã de domingo veio o pai e disse que tinham de ir embora. Eu insisti, disse que se a levasse morreria, o pai me disse que ele era o pai e que sabia o que tinha de fazer. Fiquei triste, deprimida, mas não podia fazer nada. Na manhã de segunda-feira, fomos até a casa da menina, que fica a cerca de 2 horas de carro daqui, e nos disseram que morrera na noite anterior.

E diz que, além da tristeza, então entendeu, pela primeira vez, os limites de sua ação.

— Limites sociais, digo... Na Europa, em uma situação semelhante, você faz tudo o que pode e se o paciente morre é porque você não podia fazer mais nada para salvá-lo. Aqui, no entanto, a menina morreu porque o pai achava que tinha de reafirmar sua autoridade, ou o que fosse; por causas que não têm nada a ver com nosso trabalho, com a medicina. Por isso lhe digo que cheguei ao meu limite.

O tranquilizador e o terrível da vida de um médico é ele que trabalha o tempo todo com o real. Um escritor — digamos, a título de exemplo — passa anos produzindo um artefato sem saber se funciona. E nunca saberá: seu "funcionamento" pode ser medido, em alguns casos, pela opinião de cinco ou seis leitores; em outros, pela venda de 50 ou 100 mil exemplares. E, uma vez concluído, continuará sendo, durante anos, aquele que foi feito algum dia. Um médico, por sua vez — um médico que está aqui, no meio do nada, um médico sozinho na tormenta —, encara a realidade mais extrema: será um bom médico se salvar aquela criança. Se não salvá-la, poderá dizer que o entorno, os meios, a fatalidade... Não será bom. E, se salvá-la, amanhã não será mais o que a salvou porque haverá outra e outra: terá de voltar a ser isso que é de novo, e outra vez. O tranquilizador e o terrível da vida de um médico é que lhe é muito mais difícil se enganar.

O marido de Anita apareceu nessa mesma tarde: o amo terrível, o macho espancador é um rapaz de 1,60 m, 55 quilos, pele muito escura, cabelo desalinhado e sandálias enormes. Talvez tenha 20, 25 anos, e segura sua filha com uma doçura um pouco bruta. Depois vai ver um dos médicos indianos e lhe diz que precisa ir porque trabalha em Délhi e tem de levar sua família. Não é verdade, mas o médico não tem como saber. O médico insiste para que fique — que deixe sua filha por mais alguns dias, que ela precisa, que com menos de 3 quilos continua em perigo, que assim como está qualquer doença poderá matá-la. O amo lhe diz que ele é o pai e que ele decide o que é bom ou não para sua filha e que estão indo. O médico insiste mais uma vez; o amo olha para o teto, como quem diz você pode dizer o que quiser, não o ouço. Anita começa a enfiar os dois ou três trapos da menina em uma bolsa verde.

(Às vezes, penso que este livro deveria ser uma sucessão de histórias mínimas, histórias como esta, e nada mais. E que cada um o leia até onde puder, e se pergunte por que lê ou não lê.

Depois caio na armadilha de tentar explicar: de raciocinar, de procurar razões para o intolerável.

Também nisso sou covarde.)

4

A grande luta da unidade da MSF de Biraul não é contra nenhuma doença: é contra a resistência de seus pacientes — os pais de seus pacientes — a acreditar em uma doença que se assemelha tanto ao seu estado normal. É a crueldade talvez mais cruel da desnutrição: que, com frequência, aqueles que a sofrem não a reconheçam.

Não sabem — não querem saber, não podem saber, não conseguem saber — que a vida poderia ser diferente.

Por causa da desnutrição, mais da metade das crianças da região não se desenvolve plenamente, e muitas padecem de enfermidades que não teriam ou não seriam graves se estivessem bem-alimentadas, e algumas morrem por efeito de suas complicações, mas o trabalho mais importante da MSF consiste em convencer as mães de que a desnutrição pode ser paliada.

Por isso, dedicam boa parte de seus esforços perseguindo os pais renuentes, convencendo-os de que têm de seguir os tratamentos: eles os chamam, mandam camionetes, procuram os pais, incansáveis — tudo que o Estado jamais faria. E também fazem "clínicas móveis" que levam pessoal, instrumentos e remédios a lugares afastados do distrito.

Mahmuda fica perto de Biraul, não muito longe de Darbhanga, a três horas de estrada de Patna, que, por sua vez, fica a uns mil quilômetros de Délhi, Nova Délhi. Mahmuda tem alguns milhares de habitantes dispersos em sete ou oito ruas que serpenteiam caoticamente. As ruas costumam ser de terra. Outros dias são de barro; esta manhã são de poeira: o sol a prumo. Não há eletricidade nem água corrente nem esgotos. Há moscas e pessoas, vacas.

Em Mahmuda, as casas dos ricos — os donos das terras, aqueles que têm um ou dois hectares — são de tijolos e telhas, e não foram concluídas, como se tivessem sido atacados pela preguiça; os menos ricos as fazem de adobe; os pobres, de pura cana. Na entrada da casa fica a vaca — ou as vacas ou búfalos ou bois, e uma bacia redonda com sua ração. Atrás há um pátio de terra com um fogão a lenha ou a esterco; no fundo, o quarto comum. Mas tudo é fluido: muitas vezes as coisas se misturam e as vacas dormem no quarto, as pessoas levam suas *khattiya* — seus catres de bambu e fibras de palma — ao pátio; as crianças estão em todos os lugares. As crianças são baixinhas, magras, buliçosas.

Uma mulher caminha três passos atrás de seu marido; um marido caminha três passos à frente de sua mulher. Uma mulher que vê, quando caminha, seu marido; um marido que não quer vê-la. A mulher poderia se desviar, fugir, e seu marido demoraria a se dar conta.

E a mulher caminha da maneira como caminha um búfalo, com a cabeça esticada para a frente, como se uma canga a puxasse pelos beiços, como para dizer que vai obrigada: que se trata de trabalho.

Em Mahmuda há uma dúzia de pequenas lojas que vendem grãos e miudezas, 8 milhões de moscas que não param, uma árvore que viu todo mundo chegar, uma multidão de árvores frágeis, poeira no ar, cheiros no ar, vários pássaros no ar, vacas, pessoas que passam, mais pessoas que passam carregando lenha ou esterco ou palha na cabeça, mais pessoas que passam. Os ricos andam de motocicleta, os menos ricos de bicicleta, quase todos a pé: as mulheres usam sáris gastos, os homens usam as mulheres. Ao redor, há campos de trigo e de milho: mulheres trabalham nessa terra, com algum homem perdido; os homens aram com bois, as mulheres costumam fazer o resto.

Nos alpendres das casas que têm alpendres há homens entediados que me olham carrancudos, mas me pedem que os fotografe. Devo ser o quarto ou o quinto branquinho que viram em suas vidas; sou, de qualquer forma, um acontecimento. Diante de uma loja, me sento no chão para escrever, e o garoto que toma conta dela vai correndo buscar uma cadeira de plástico: só me resta ocupá-la. Depois, um senhor com um dente grande me conta em hindi uma história longuíssima fazendo muitos trejeitos, um muito magro tenta espantar um boi para me dar passagem, uma mulher sai correndo, duas mães jovenzinhas se cobrem com seus véus e bebês; as crianças correm e gritam para mim. O esterco está por toda parte.

Por toda parte há montões de bosta, bolas de bosta, discos de bosta, tijolos de bosta, cilindros de bosta, bosta de todas as formas imagináveis

— ou possíveis. É todo um ciclo produtivo e está, logicamente, nas mãos de mulheres: recolher folhas no bosque, carregá-las na cabeça para vendê-las ao dono de uma vaca — ou, com sorte, dá-las à própria. E depois recuperar o resultado ou o dejeto dessas folhas: ir recolhendo e amassando a bosta que serve para isolar as paredes da choça e, sobretudo, servirá, quando chegar a monção e 100% de umidade e as inundações, para continuar fazendo fogo: cozinhar.

O cheiro da vaca — a merda da vaca, o estrume da vaca, a palha usada da vaca — é o cheiro dessas aldeotas. É também, para certa memória melancólica, o cheiro da pátria azul e branca.

— Você, o que traz?
— Nada, eu não trago nada.
— Como nada? Nada?

Eu caminho, sorrio, driblo búfalos. Um senhor de pernas muito tortas, muito velho, puxa um. O senhor caminha com esforço, um bastão na mão que é osso puro. O garoto comerciante, que agora me acompanha, fala um pouco de inglês: peço que pergunte ao velho se vai banhar seu búfalo. Não é meu búfalo, diz o velho, com expressão de estranheza, e quer saber de onde venho. Eu digo ao garoto que lhe diga Argentina; o velho olha para o búfalo. Pergunta minha idade, eu digo, me diz alguma coisa com muito *babu, babu* — que é um tratamento respeitoso aos anciãos. Eu lhe pergunto a dele e diz não sei, menos do que isso. Faz um calor de cão, mas não se veem cães; apenas búfalos, vacas, pessoas, algumas cabras, moscas.

Na enorme lagoa, meninos e meninos e senhores e senhoras banham búfalos. As bestas entram na água com a mesma expressão desconfiada com que seus donos as olham, mas depois permitem que esfreguem seus focinhos com a mão e o lombo com folhas secas. Quando uma se afasta muito, seu cuidador a chama em seu idioma — que me soa como o crocitar de um corvo resfriado — e a besta obedece: nada, volta. É o melhor momento do trabalho: respingos de água, mergulhos, conversas.

Aqui o que trabalha é o corpo. A equação é óbvia, mas insidiosa: quanto mais pobre, mais trabalha o corpo; quanto mais rico, menos. Os corpos que mais trabalham se alimentam, muitas vezes, menos. No Ocidente, para substituir o trabalho dos corpos, para compensar essa imobilidade que soubemos conquistar, foram inventadas 1.001 variedades de ginástica. Enganos para corpos que ainda não se habituaram ao fato de que não servem mais para o que serviam.

Aqui os corpos ainda são ferramentas.

A aldeia termina em umas glebas cultivadas, um bosquezinho onde pastam vacas; mais além, já fora, há uma rua cercada de choças realmente nojentas. Aqui, *dalit*, me diz meu novo cicerone, o menino comerciante: nas aldeias indianas, os *dalit*, a casta dos intocáveis, continua tendo que viver afastada do resto. Aqui, esta manhã, como acontece todas as quintas-feiras, uma clínica móvel da MSF se instalou em uma espécie de escolinha com duas salas pintadas de azul onde, nos outros dias, atende o *panchayat bhavan*, um juiz de paz que decide contendas e querelas.

As clínicas móveis têm duas missões básicas: ir ao encontro dos possíveis pacientes e controlar seus estados de saúde, por um lado; por outro, distribuir o Plumpy às crianças com má nutrição aguda severa que já foram detectadas — e checar seu progresso.

Quando Amida começou a choramingar meio sem vontade, sua mãe, Sadadi, não demorou a voltar a pensar em sua primeira filha, Jaya. Na verdade, Sadadi sempre pensa em sua primeira filha. Quando Jaya morreu, há um ano e meio, pouco antes de completar 2 anos, Sadadi achou que aos poucos a esqueceria, mas não:

— O que você sentia?

— Nada, não sei. Era minha filha. Ia ser minha filha durante muito tempo e de repente não estava mais aqui.

Sadadi aperta Amida, arruma sua blusinha verde. Os olhos de Amida estão pintados com uma espécie de fuligem enegrecida. Amida está muito magra e diz que com Jaya aconteceu a mesma coisa: que um dia começou a emagrecer, mas ela não se preocupou. Que haviam passado por uns dias difíceis, em que quase não conseguiam comida, e todos da família estavam do mesmo jeito, pensou Sadadi. Só que Jaya choramingava baixinho, se mexia cada vez menos, se apagava: naquela noite, Sadadi passou horas embalando-a, umedecendo seus lábios, acalmando-a. A menina morreu quando começava a amanhecer. Jaya, em hindi, significa vitória.

— Alguém foi culpado pela sua morte?

— Não, foi tudo muito rápido, o que podíamos fazer...

— E o que disse seu marido?

— Tentou me fazer entender que são coisas que acontecem e que se aconteceu foi porque Deus queria que acontecesse... Eu entendi, mas fiquei muito triste. Nunca imaginei que pudesse ficar tão triste.

Sadadi e seu marido cremaram Jaya com muito pouca lenha e tentaram esquecê-la — um ano depois, nasceu Amida. Mas, quando Amida começou a emagrecer, Sadadi foi correndo à clínica móvel. Sua aldeia não fica muito longe, diz: saíram de manhã, bem cedo, e, caminhando, chegaram antes do meio-dia.

— Eu quero criar esta menina até que fique grande. Eu posso criar bem esta menina para que cresça bem, linda, saudável — diz Sadadi, e que não entende o que aconteceu com ela, que sempre lhe dá seu arroz ou seu pão com verduras, pelo menos uma vez por dia. Que gostaria de lhe dar arroz todos os dias, mas às vezes não pode.

— Por quê?

— Porque está muito caro — diz, e me olha com tristeza: há pessoas que não entendem as coisas mais simples.

Há situações em que o mais simples é tão difícil de entender, tão distante... São, suponho, as que me fazem continuar errando pelo mundo.

Que às vezes, durante quatro ou cinco dias, não tem dinheiro para comprar comida, diz. Então se sente cansada, incomodada, qualquer coisa que a menina faz a incomoda. Diz que as vezes em que não comem fazem mal à menina.

— Mal como?

— Mal — diz, e não quer dizer mais nada. E que a menina estava bem, mas de repente começou a emagrecer, a se mexer menos, e que ela ficou assustada. Agora lhe dizem que a menina está muito mal e Sadadi não entende, ou entende muito.

— Mas estava bem, ontem estava bem — diz, e volta a chorar.

Suas vidas — suas histórias — são muito parecidas. Nisso consiste, também, esta miséria: histórias repetidas, iniludíveis como pedras.

— Você acha bom ou ruim que existam pessoas com muito dinheiro e outras com tão pouco?
— Não é bom, é ruim.
— E quem pode mudar isso?
— Quem pode mudar isso?

Suas vidas, suas histórias, são, além do mais, monótonas, sem grandes sobressaltos. Declives lentos, quedas paulatinas.

— E vai ser sempre assim?
— Não sei.
— O que você acha?
— Quero que mude, mas não sei
— E quem pode mudar?
— Deus, talvez.
— Mas foi Deus quem fez o mundo assim. Por que vai mudar?
— Não sei. Ele saberá. Se alguém sabe, é Ele.

Neste livro, na verdade, não acontece nada. Ou melhor: nada que não aconteça o tempo todo. Neste livro, o mais difícil é entender a quantidade, a escala: entender — entender no sentido de ter presente, entender como quem diz se encarregar — que cada história poderia acontecer — e, com suas variantes, acontece — com milhares e milhares de pessoas. Pensar que a pequena história de Sadadi é a grande história de centenas de milhões de indianos, por exemplo.

Mas também o que acontece quando um indivíduo se torna parte de um conceito? Aqueles que têm fome? O que acontece quando deixa de ser essa menininha adorável de sorriso triste ou esse filho da puta que quase lhe rouba a bolsa ou esse senhor que tenta lhe dizer alguma coisa em um idioma estranho e se torna uma ideia, uma abstração? O que facilita, o que complica?

Campos de arroz e búfalos arando e mulheres com sáris. O ritmo dos bois: o passo lento, sem a menor urgência, de uma junta de bois puxando seu carro — e um homem em cima, torrado pelo sol, tranquilo. São milhares e milhares de pessoas que não estão no mundo, que não têm a menor ideia do que acontece a alguns quilômetros de suas casas. A ilusão do global também é uma concentração de riqueza.

5

— Eu não sei se isto serve ou não serve. Eu acho que serve, claro, caso contrário não o faria — diz Luís, o coordenador do projeto, um madrileno de 30 e tantos anos, magro, meio calvo, de sorriso fácil, vários anos de experiência na MSF. Dirige, em Biraul, uma equipe de umas setenta pessoas: seis estrangeiros, 60 e tantos indianos.

— Mas não é isso o que me levou a vir para cá, passar um ano na Índia ou no Sudão ou na República Centro-Africana. Faço isso, e creio que a maioria o faz, porque não posso não fazer. Às vezes, penso na opção de voltar a trabalhar em uma empresa séria, em Madri, como economista; sim, ganharia um bom dinheiro, teria uma namorada, uma vida agradável, essas coisas, e me sentiria horrível — diz Luís, e que o faz porque gostaria que muitas coisas mudassem no mundo, mas não sabe como e tampouco sabe se assim vai conseguir, mas que se não fizesse nada se sentiria pior.

— Por isso, se você quiser colocar assim, acaba que faço isso por puro egoísmo, para não me sentir mal, veja por onde.

São missionários sem deuses, jovens levemente atormentados por seus privilégios de Primeiro Mundo — o que eu fiz para merecer isto? —, jovens agora sensibilizados pela crise econômica e seus futuros turvos, jovens que querem mudar alguma coisa, mas não sabem como, e então, enquanto isso...

A organização Médicos Sem Fronteiras é a Legião Estrangeira atravessada pelo ar dos tempos, o reverso daquela: jovens que querem se afastar de suas rotinas — mas não criminosos forçados a deixá-las —, que vão aos países mais abandonados — mas não para ocupá-los e sim para ajudá-los a se curar de algumas coisas. Como a Legião, são um espaço de confusão e diferença, onde os expatriados se misturam entre eles e se distinguem dos locais. A Legião atravessada por Erasmus: um produto desta nova ideia de Europa.

(Gosto da palavra *expat*, expatriado, que agora é tão usada. Alguém disse que um migrante é um pobre que vai trabalhar em um país rico e um *expat*, um rico que vai trabalhar em um país pobre. E, no entanto, gosto de pensar que *expat* não significa aquele que está longe de sua pátria, mas aquele que já não pensa em termos de pátria: quem se afastou do conceito de que a pátria é o que importa.)

Aqui, tão distante de suas pátrias, a Legião vive em um apartamento inacabado — como costumam ser os apartamentos na Índia —, com chuveiros de água fria, vasos sanitários ao estilo turco (um buraco no chão) e 5 horas de eletricidade: das 6 da manhã às 11 da noite recebem-na de um gerador, porque a eletricidade da rede pública é uma utopia que de quando em quando se realiza. Por isso a geladeira não funciona; tampouco a televisão ou coisas semelhantes. Cada expatriado tem um quarto frugal: cama com mosquiteiro, uma ou duas cadeiras de plástico, às vezes uma mesa, um armário, um ventilador que para às 11h. São austeros, mas não sacrificados; se interessam, se apaixonam, se envolvem, se irritam, se apaixonam.

Quase todos almoçam e jantam juntos quase todos os dias: seis pessoas conversando em inglês com todos os acentos mediterrâneos: Elisa, italiana, Mélanie e Édouard, franceses, Luis, espanhol, Charlotte, portuguesa, e María, grega. Em cada refeição, entre os *chapatis*, o pão indiano, o arroz e a Nutella, recordo o que Umberto Eco dizia sobre a grande vantagem de o inglês ser a língua franca: que, à diferença de outras línguas mais afetadas, pode-se falá-lo mal. Ao meio-dia, uma senhora lhes prepara a comida para a manhã e a noite; por segurança, não saem de casa depois do pôr do sol. É uma vida decididamente sóbria, pontuada por risos e complicações, pequenas brigas, realizações, frustrações; sublinhada, geralmente, por uma ideia — uma frase — que sempre está perto de seus lábios:

— Nossa principal missão é salvar vidas.

Há ações que são o mais real do real:
salvar
vidas.

— A princípio não entendia, mas agora sim: na MSF, não tentamos mudar o mundo, mas colocar um curativo no momento em que a situação está pior e pelo menos frear um pouco o desastre — me diria tempos depois, em Juba, uma médica sem fronteiras argentina, Carolina, que trabalha há muito tempo nos lugares e momentos mais difíceis.

— Nós não fazemos mais do que isso, mas isso é necessário, apesar de não mudar o mundo nem a vida desses refugiados que vão continuar na merda. Mas estar ou não estar aqui em um determinado momento faz uma grande diferença, a vida ou a morte dessas pessoas.

— Uma forma orgulhosa da humildade ou uma forma humilde do orgulho. E você nunca pensa que gostaria de contribuir para uma mudança que pudesse fazer com que tudo isso não continuasse a acontecer?

— Mas agora não. Isso é querer muitas coisas que estão completamente fora do meu alcance. São coisas às quais nunca vou ter acesso. Para continuar fazendo tudo isso, preciso parar de pensar no que vejo, suas causas, seus motivos.

E Candy, enfermeira de equipe de emergências, foi mais radical:

— Prefiro não pensar em por que acontece o que acontece, se tem ou não tem solução. Se pensasse, não conseguiria fazer mais nada, ficaria paralisada. Para continuar fazendo tudo isto, tenho que deixar de pensar no que vejo, em suas causas, em suas razões.

São formas contemporâneas da militância — em tempos de incertezas, épocas sem projetos. A maioria dos jovens que trabalham para a MSF sabe — acho que sabe — que o que fazem é aplicar um curativo em uma hemorragia femoral, mas preferem esse curativo a nada e, além disso, sentem que a iniciativa tem duas pontas. María, a médica grega, diz que sempre quis fazer o que está fazendo:

— O mundo está cheio de coisas que não me agradam e quero poder fazer alguma coisa para melhorá-las. E também quero viajar, conhecer gente nova, lugares novos, aprender.

— E está conseguindo fazer as duas coisas?

— Mais a primeira do que a segunda. Aqui se trabalha muito, você passa a maior parte do tempo trabalhando, é muito difícil tirar o trabalho da cabeça quando sabe que há vidas que dependem de como você trabalha. Eu me sinto bem, estou fazendo coisas, trabalho como uma louca o dia inteiro, me interessa, sinto que há coisas boas, mas, ao mesmo tempo, estando aqui você se dá conta de que o problema é tão grande, tão grave, que tudo o que fizer é nada, quase nada...

— E então?

— Então nada, vou continuar fazendo o que faço. Isso é o que posso fazer. Vou continuar curando esta pessoa, aqui, agora, e pelo menos ele ou ela estarão melhor. Se você começar a pensar em tudo o que não pode fazer é ruim para seu trabalho, muito frustrante. É melhor pensar que vai cuidar de um em um. Caso contrário, enlouquece.

E Luis me disse, uma noite dessas, que o mais difícil nesse trabalho é se convencer de que não é possível fazer tudo e que sempre há um momento, a princípio, em que você se sente um merda porque tem de se resignar de que o que está fazendo é outra coisa e então não vai poder fazer nada por isso ou aquilo.

— E depois passa?

— Não, na verdade não. Mas você para de pensar o tempo todo em uma mudança geral e aí entende o que é a intervenção humanitária: pensar que é preciso salvar aquele que você pode salvar, aquele que está na sua frente, aquele que você vai procurar.

— O que você consegue fazer é incrível. Mas o preço também é alto: viver tão longe, trancado, trabalhando quase o tempo todo — me diz Mélanie, uma francesa alta e bonita que cuida da logística e faz piadas mais ou menos boas em um inglês de piada. São pessoas preparadas: médicos, enfermeiros, parteiros, administradores formados; no primeiro ano da missão, recebem 700 euros por mês: é uma espécie de voluntariado. Logo depois desses doze meses começam a receber uma quantia mais lógica, mas as exigências continuam: vivem juntos, afastados de tudo, absorvidos por um trabalho incessante.

— Você precisa colocar sua vida entre parênteses durante seis, nove meses, fazendo trabalho de campo. É possível fazer isso por um tempo; depois, é preciso decidir se quer ter uma vida em algum lugar fixo, relações, amigos, ou se vai continuar sendo um nômade humanitário — diz Mélanie, e que, por ora, não vai decidir; que vai ver depois.

— Quais são as maiores diferenças de sua vida habitual?

— Tudo. Não ter energia elétrica nem televisão nem internet o tempo todo, não comer o que quero, tantos insetos no meu quarto... E, claro, ver pessoas em péssimo estado, coisa que na Europa você nunca vê — diz María, a médica grega.

172

— Tudo é muito, muito diferente, mas, ao mesmo tempo, sabia que seria assim. E o que não quero é voltar ao meu país e pensar que, como aqui acontecem coisas horríveis, o que acontece lá não importa nem um pouco. Se meu irmão me disser que quer comprar uma casa, não vou querer lhe dizer que não tem sentido, que as crianças da Índia não podem comer e que ele está pensando em comprar uma casa...

A noite de Biraul é um concerto: muezins, hare krishnas, adoradores de Durga ou de Vishnu, o ar da noite se enche de vozes que, aparentemente, têm muito a dizer, e que não confiam no poder divino, mas em poderosos alto-falantes. É difícil dormir no meio de tanta crença.

6

Hoje toca um ritual triste: a cada mês, um médico da MSF vai fazer "necrópsias verbais": averiguar — tentar averiguar — o que aconteceu com certos pacientes que deixaram de aparecer e que provavelmente morreram.

— Em geral, são pacientes que deveriam ter voltado e não voltaram, e chega alguma informação de que tiveram algum problema, ou não chega nenhuma informação, o que é pior.

Saímos às 8 da manhã e só chegamos à primeira aldeia às 10h. No rádio da camionete toca música de Bollywood, Pablito Ortega para bilhões. As estradas são caminhos de terra ou ex-asfalto, infestados de buracos; nos levam de aldeota em aldeota, pontes quebradas, vacas atravessadas. Quanto mais nos afastamos de Biraul, mais vemos pessoas: não há um lugar vazio. Passa um rebanho de búfalos conduzido por um velho e um garoto: pastores bengalis. A cada ano, milhares de pastores transumantes juntam seus búfalos e vacas e percorrem centenas de quilômetros procurando pasto, até que chegue a monção e tudo fique verde e generoso. Enquanto isso, comer é difícil.

A aldeia tem um rio largo e umas cinquentas casas. Atravessamos um campo de milho para chegar à choça onde vivia o primeiro caso: uma menina de 2 anos que estava se curando da desnutrição e de repente deixou de ir à clínica. A mãe explica que a menina estava bem, mas se queixava de dores de barriga e choramingava; não lhe deram atenção. Como chorava cada vez mais, levaram-na a um médico ayurvédico de uma aldeia próxima; a menina não melhorou e depois de uma semana foram ao hospital de Darbhanga. O médico que a atendeu internou-a imediatamente e lhes disse que no dia seguinte tentaria diagnosticá-la; morreu de manhã, antes que alguém soubesse o que tinha. A mãe não sabe o que aconteceu, por que terá acontecido, corre uma lágrima; tem ao redor um filho, duas filhas, uma cunhada, a sogra. O médico indiano da MSF lhe faz muitas perguntas de um questionário para tentar definir a causa da morte. A mãe mal consegue responder algumas: que tinha tosse, que não percebeu a febre, que brincava, sim, brincava direito com suas irmãs. Quando o médico lhe pergunta se tem atestado de óbito, a senhora agarra um celular com tela quebrada, colocado em viva-voz, e liga para o marido, que trabalha e vive em Délhi. Ele lhe diz que não tem a menor ideia, o que poderia saber? A mulher chora.

— Eu queria que tivesse seu atestado, pelo menos seu atestado...

E a atenção, a urgência com que a filha mais velha — 12, 13 anos — observa seu tio, o homem da casa, comer — agachado no chão de terra, um prato de lata no chão de terra, arroz com um resto de molho —, sua mão direita pronta para avançar com uma jarrinha de alumínio quando ele terminar de esvaziar seu prato. Chega um segundo atrasada: seu tio termina, estica a mão sem olhar, dá um grito; devia lavar a mão de comer na jarrinha que não chegou a tempo. Ela abaixa os olhos; por um momento parece que ele vai bater nela, depois me olha.

Depois, o caminho: a forma que adquire uma menina que dorme no lombo de um búfalo, de bruços, suas pernas em cima do pescoço da besta, seu rosto sobre as ancas da besta. E, mais perto, a maneira de não se afligir nem se afastar de um senhor mais velho que caminha pela estrada, metralhado pelas buzinadas do motorista de um caminhão multicolorido — e pelas de milhares como ele, gandhianos, ou talvez apenas distraídos.

A segunda aldeia é mais recôndita. O caminho é uma trilha entre plantações; antes de chegar, cruzamos um acampamento de paupérrimos plásticos pretos sobre varas de bambu. Muitas mulheres e uma cabra se refugiam à sombra de uma árvore imensa. Na aldeia — menos de dez choças —, o avô do segundo caso nos diz que nunca soube o que aconteceu: que o bebê morreu de repente, uma noite; que estava bem, que começava a engordar e teve uma diarreia, que estava com a barriga inchada — diz — e desmaiou. E que eles se assustaram, tanto que pensaram que quando o sol saísse o levariam a um posto de saúde; à noite, não há forma de sair da aldeia. De manhã, o bebê estava morto.

Os dois amigos viajam, se sabe, de bicicleta. E decidiram sentar um pouco para descansar à sombra de uma árvore ao lado da estrada, uma estrada de asfalto de mão dupla, a única do distrito, com um tráfego imenso. Um deles deixou a bicicleta recostada na árvore; o outro deixou-a no asfalto, meio metro dentro da estrada. Deixá-la ali representava exatamente o mesmo esforço que deixá-la 1 metro mais além, no acostamento, onde não incomodaria.

Uma menina puxa um boi pela orelha; atrás, um menininho carrega um balde e o usa para ir recolhendo o que caga. Na lagoa, as crianças se banham com seus búfalos. A casa do terceiro fica no alto, em um promontório; quando vier a monção, me diz o doutor indiano, todos os campos serão inundados e só se poderá chegar aqui de bote. A casa do terceiro é uma choça de canas meio destruída; ao redor, há outras seis ou sete e duas dezenas de crianças que brincam e mulheres que olham por trás de seus véus e um homem que come agachado; algumas crianças estão vestidas. O terceiro caso era um menino de pouco mais de um ano, que começou o tratamento com Plumpy e o abandonou. Mas seus pais não estão em casa: devem estar nos campos, diz uma mulher. Nos campos? — riem duas vizinhas. O homem é que lhes diz que se calem, que quem sabe é ele: a família que procuramos só vai chegar amanhã ou depois, diz, com um sorriso atravessado.

— Eles não voltam hoje, estou dizendo.

É improvável, mas talvez seja verdade. Seguimos em frente. A família do quarto caso vive em uma aldeia com lojas em uma casa de tijolos com uma motocicleta na porta: camponeses com terra. A menina que procuramos morreu de tuberculose há quase três meses, diz um rapaz magrinho com cara antipática e um bebê — maquiagem escorrida — no colo, sentado em um banco no alpendre da casa. É o tio paterno; seu irmão, o pai da menina, trabalha no Punjab; sua mulher, a mãe da menina, fica atrás com as mulheres, 2 metros mais além, todas sentadas no chão. O cunhado fala com veemência, quase acusando: defende-se. Diz que eles queriam cuidar dela, que a levaram à clínica da MSF porque estava muito magra, com os bracinhos inchados, tossia muito e cuspia sangue, mas que uns vizinhos lhes disseram que ali não se curavam essas coisas, e ele não lhes deu atenção e continuou levando-a, mas não lhe fazia nenhum bem. E que na clínica haviam lhe dito que o tratamento levaria uns dois meses para dar resultado, mas eles sabiam que só diziam isso para que continuasse indo.

— E para quê?

— Para que continuasse indo.

Há umas trintas pessoas ao nosso redor: elas se olham, cochicham. Um menino nos traz chá com leite, doce, carregado de gengibre.

— Mas para que pretenderiam enganá-los se não lhes cobravam? Se não ganhavam nada?

— Eu não sei, para que continuássemos indo.

Há poucas coisas piores do que parar um tratamento de tuberculose: o paciente recai, piora. Quando a levaram a um médico particular, ele lhes disse que lhe indicaria outra terapia, mas a menina morreu antes de começá-la.

Os encontros são estranhos. Pelotões do Ocidente rico como uma margem, uma beira, o fio em que a terra se mistura raramente com o mar: gente que teria passado a vida sem se cruzar se cruza aqui.

Gostaria de saber o que pensam os homens e as mulheres que visitamos: que veem chegar um jipe com quatro pessoas vindas não se sabe de onde para cuidar de seu bebê mais débil, o mais ameaçado. Por muito menos do que isso foram fundadas religiões. Voltamos a Biraul ao cair da tarde.

São acidentes, quase exceções: acidentes. Isto não é a África, lhe dizem: aqui a maioria dos famintos não morre. Isto não é a África e talvez seja algo pior: os famintos se habituam, se adaptam à sua fome. É preciso acreditar neles.

O estado de Gurya continua muito grave: desespera; Rahmati, sua canção muito triste. María, a grega, lhe diz que está fazendo tudo o que é possível, que talvez a salvem.

(PALAVRAS DA TRIBO)

Como, caralho, conseguimos viver sabendo que acontecem essas coisas?

Desculpe que o moleste, senhor, que me imiscua, mas gostaria de saber: o que está comendo agora? O que comeu hoje de manhã? O que na noite passada, o que hoje à noite? Pense; se tiver vontade, repasse; depois me conte o que pensou.

Digo, quero dizer, mas não sei como dizer: você, amável leitor, tão bem-intencionado, um pouco esquecidiço, imagina o que é não saber se vai conseguir comer amanhã? Mais: imagina como é uma vida feita de dias e mais dias sem saber se vai poder comer amanhã? Uma vida que consiste, sobretudo, dessa incerteza, da angústia dessa incerteza e do esforço de pensar em como mitigá-la, na presença persistente dessa incerteza? Uma vida tão restrita, tão curtinha, às vezes tão dolorosa, tão surrada?

Como, caralho, conseguimos viver sabendo que acontecem?

tudo bem, irmão, tudo bem, mas você viu como eu vivo. Não, sério, você viu ou quer que eu desenhe? Ninguém me ajuda. Já tenho problemas suficientes para ficar pensando ainda por cima nesses sujeitos pobres lá da África ou de Calcutá ou desses lugares que nem

Como, caralho, conseguimos viver sabendo?

A fome é o problema alheio por antonomásia. Nunca é diretamente nosso. Nunca somos nós aqueles que de fato se preocupam com o ecossistema, os direitos sexuais, a liberdade de expressão, a paz no Oriente Médio. Por que teria que nos importar? Em nome de que ideia, de que princípio, de que dor, de que moral?

Como, caralho, conseguimos viver?

— O que não é possível é que o governo não se ocupe disso. Um governo que não tem como prioridade que nenhum de seus cidadãos passe fome deveria renunciar, Mariano, renunciar.

— Sempre o governo. Isso não é coisa do governo.

— Renunciar, Mariano. Dizer não posso, desculpem, estou indo embora, procuremos quem possa.

— E se o governo não fizer isso?

Como, caralho, conseguimos?

Ler tudo isto, eventualmente, pensar em tudo isto poderia provocar certa culpa nos espíritos mais débeis. Para que serve a culpa? O que fazer com a culpa? A culpa é a emoção mais apropriada para tentar fazer alguma coisa? E, se não tentarmos, o que então faremos com ela? Ou essa pequena dose de sofrimento causado pela culpa já cumpre sua tarefa tranquilizadora — e nós ficamos tranquilos?

O mais fácil, claro, é não pensar.

Quase sempre é possível.

Como, caralho?

sim, claro, obviamente me dou conta de que é muito grave. Seria triste se, na minha idade, não me desse conta quando alguma coisa é grave, não? Mas também é preciso dizer que estamos melhorando, é verdade que ainda restam muitas pessoas no mundo que passam fome, que não comem o suficiente, mas, se você comparar isso com o que era quando éramos jovens, vai ver que não é a mesma coisa de jeito nenhum. Sim, já sei que é igualmente grave; o que quero lhe dizer é que se vê que a democracia e o desenvolvimento estão solucionando, e não acho estranho porque, no fim das contas, a racionalidade sempre se impõe, embora lhe custe. Há sujeitos que se queixam porque fulano ganha muito dinheiro, porque beltrano tem uma casa enorme ou um iate ou o que seja. Talvez não precisassem exibir tanto a riqueza, nisso posso estar de acordo, às vezes ofende e é uma besteira, mas não devemos nos esquecer de que se os sujeitos têm essas fortunas é porque criaram muita riqueza, inventaram algo, um negócio, uma fábrica, fizeram alguma coisa que criou muita riqueza e, sim, ficaram com uma parte significativa que, de mais a mais, é seu direito, mas, sobretudo, estão dando trabalho a quantos, a quantos estão pagando salários? Quantos não teriam onde cair mortos, andariam pedindo pelas ruas se não fosse porque alguém se arriscou e criou uma empresa e os contratou e lhes paga salários? Sempre há esses amargos ressentidos, que se um sujeito ganhou muito dinheiro o condenariam pelo menos à prisão perpétua. Se não existissem esses sujeitos, meu querido, tudo estaria muito pior, haveria muito mais fome, porque são eles

Como?

CHANDIGARH

Os vagões do trem são dos anos 1970, os assentos e beliches ficam em lugares inverossímeis e todos eles levam o dobro de pessoas que poderiam levar. Sem ir mais longe, em meu banco para três pessoas somos cinco. Mas todos nos esfregamos com delicadeza e uma pontinha de carinho. De vez em quando, o trem para em uma estação onde mais hordas entram pelas portas, pelas janelas, e aquilo que já estava cheio fica ainda mais cheio. No século VIII, milhares de fugitivos do Império Persa chegaram às portas de Mumbai e pediram refúgio ao rei Maharashtra; o rei não os queria e lhes mandou, como resposta, uma tigela cheia de leite; era sua maneira de dizer que não lhes desejava nenhum mal, mas que seu reino estava cheio. Os pársis — o chefe dos pársis — colocaram açúcar na tigela e a devolveram: era sua maneira de lhe dizer que, mesmo sem enchê-la mais, poderiam tornar o leite melhor, mais saboroso. É como se o estratagema pársi fosse uma senha: agregar ao que já está cheio. O trem avança.

Lá fora, choças, campos, choças, os búfalos de sempre.

E na estação seguinte entra mais gente: quando parecia que não caberia mais nem um grão de açúcar, sobe mais gente. É bom comprovar a falibilidade de suas percepções, a flexibilidade do corpo humano e a capacidade de tolerância de uns senhores e senhoras que estão há séculos treinando. Pergunto-me mais uma vez se prefiro me adaptar ou lutar — como se tivesse alguma possibilidade de defini-lo. Eu também estou há tempos treinando.

— O que se deve fazer é recuperar os ensinamentos do Mahatma — me diria, depois, o senhor Sharma. Quis vê-lo porque ouvi na internet uma conferência em que dizia coisas que me interessavam. Por isso estou agora neste trem lotado prestes a chegar em Chandigarh, a cidade onde Devinder Sharma se recupera de um *by-pass*.

E tenho sofrido, durante horas, a violenta impossibilidade do simples: minha absoluta incapacidade de ser, por um tempo, esta senhora que está sentada ao meu lado no trem, o véu branco sobre as rugas de seu rosto. Deveria ser fácil: ela é ninguém, eu sou ninguém, o fato de intercambiarmos ninguéns não incomodaria a ninguém, mas não. É impossível. E então — acontece frequentemente comigo — a humilhação, a claustrofobia de viver toda a vida reduzido a si próprio; não poder jamais, nunca, pensar como pensa qualquer outro desses 7 bilhões. Viver em um cárcere tão estreito. Escrever para simular a fuga.

Como seríamos se pudéssemos pensar com a cabeça de outros? Mais compassivos compreensivos solidários? Mais impiedosos, pela facilidade que isso pressupõe? Mais indiferentes a nossas próprias tolices? Mais sábios, mais resignados, e assim mesmo intolerantes? A mesma merda com algum enfeite?

Quando desci do trem na estação de Chandigarh, um alarme tonitruante tocava. Olhei para todos os lados: ninguém se dava conta. Na gare, pessoas esperavam um trem, mães alimentavam seus filhos, garotos vendiam ou não vendiam comidas e bebidas, pessoas liam ou dormiam esparramadas no chão, empregados perambulavam como se fizessem alguma coisa — e ninguém parecia se dar conta. Demorei um momento para entender que o alarme era o grito de milhares de pássaros sob o teto de lata que cobre a gare: estrondo surdo.

Que ninguém ouvia mais. Um pouco mais além, abria-se a cidade mais racionalista de um país que costuma desconfiar da razão: Chandigarh é um projeto de Le Corbusier que o governo indiano construiu no princípio dos anos 1950 para que fosse, simultaneamente, a capital de dois estados ricos, Haryana e Punjab. Chandigarh é ampla, aberta, organizada: pouco indiana. Chandigarh é o reflexo de uma época que acreditava no bom senso, que poderia encontrá-lo: a modernidade redentora, a redenção moderna acabariam com as antigas vicissitudes, mas não em nome do capital globalizado; em nome de uma ética que servia de estética.

Em Chandigarh há avenidas largas regulares, rotundas, muito verde, muitas árvores, pouca aglomeração, todo o tempo o céu e a recordação da ideia — agora interrompida — de que seria possível começar tudo de novo.

Chandigarh é uma cidade planejada, com as melhores intenções, pelo poder — de um Estado, de um grupo de arquitetos. Isso é o que não funcionou no século XX: as ideias, as estruturas que permitiam que certos indivíduos concentrassem muito poder do Estado, acreditando em suas boas intenções; que provavelmente tiveram, a princípio: acabar para sempre com a fome, por exemplo. Sempre recordo o que me disse um ex-dirigente do partido comunista polonês que conheci em 1991, em Moscou, logo depois do colapso: que o comunismo era um sistema para pessoas quase perfeitas.

E que não funcionou porque não somos perfeitos, e então desistimos de procurar algo realmente bom e aceitamos este mundo do supostamente menos ruim, a democracia de mercado, onde, supostamente, as imperfeições de alguém com poder são contrabalançadas pelas imperfeições de muitos outros. A fome demonstra que não até tal balanço. Mas o capitalismo mascara a culpa: sempre foi extraordinário para mascarar a culpa. Entretanto, nos países soviéticos, alguns poucos assumiam a presunção inalcançável de ser tudo para todos.

Há mais de quinze anos participei de uma reunião dos responsáveis pelas empresas e organismos de gestão da província cubana de Santa Clara com o secretário-geral local do Partido Comunista. O secretário se chamava Miguel Díaz-Canel, era jovem, roqueiro e cabeludo, e agora é o provável sucessor de Raúl Castro: naquele dia, ao redor de uma mesa imensa, um funcionário falou da construção de casas, outro da hepatite, outro da salga de carnes, e outros do fornecimento de energia, da produção de rum, da distribuição de pão, da fabricação de sorvete, da pureza da água, da provisão de ataúdes, dos horários dos ônibus escolares, da merenda escolar — entre outras coisas. Quando saímos, eu disse ao secretário que o grande flanco débil do socialismo era, certamente, essa ambição magnífica e desmesurada de tomar conta de tudo: nesse sistema, qualquer desgraça de qualquer indivíduo é culpa do Estado. E que é aí, em geral, que afloram os problemas, as incompetências, as reprovações.

— No capitalismo, quando alguém não tem um ataúde, a culpa é dele, por não poder comprá-lo. Aqui, no entanto, a culpa é de Fidel e do socialismo. Isso é muito difícil de sustentar, não?

— Sim, claro. Mas você não sabe a satisfação que lhe dá quando vê que as coisas estão indo bem, que as pessoas estão vivendo melhor. Isso não tem preço, garoto, não tem preço — me disse, e me deixou pensando onde estava, no meio de tudo isso, o apetite pelo poder. Se é para conseguir essa satisfação que os melhores, os mais generosos, se agarram ao poder como lapas: para poder continuar fazendo o bem aos demais, para poder ser bons. Suponhamos que — mas que apenas os melhores. Enquanto isso, batalhões de medíocres se aferraram ao poder porque não podiam suportar a ideia de perdê-lo ou porque temiam o que poderia acontecer com eles quando o perdessem ou porque não tinham imaginação suficiente para pensar de outra maneira. De qualquer forma, de *tudo para todos* o sistema soviético passou a ser de *tudo para poucos* — tudo: os bens, as decisões, as comodidades, o discurso —, e foi desabando. E, sobretudo, nos deixou na posição daqueles que não querem nem ver vacas porque um dia foram queimados pelo leite, e então desistimos de acreditar que era possível armar alguma coisa melhor: nós nos entregamos à mediocridade. Chego à casa de Devinder Sharma; é pequena, é amável.

— Por que há tanta fome na Índia?

— Não existe nenhum motivo para que tenhamos fome na Índia. Creio que aqui a fome é deliberada, que é produzida porque não queremos segurar, de verdade, o touro pelos chifres. A fome serve a muita gente.

— Como?

— Não é possível que um país como a Índia tenha a maior quantidade de malnutridos do mundo. Não faz sentido. Os governos indianos sempre desenvolveram programas de assistência pública mais ou menos generosos. O problema é que boa parte desse dinheiro acaba nas mãos dos burocratas. Que, se não houvesse fome, teriam de ganhar a vida de outra maneira.

É uma opção inimaginável: a fome como necessidade de um Estado e de seus fiéis servidores para mantê-los submissos, por um lado, e para roubar uns trocados, por outro.

— Aqui não há carência de alimentos. Aqui costumamos ter, a cada ano, um superávit de 50 ou 60 milhões de toneladas, que são exportadas — enquanto 250 milhões de pessoas passam fome. A situação indiana é incrível: temos famintos, temos comida, mas nada é resolvido. É vergonhoso: como é possível que sejamos um grande exportador de alimentos tendo a maior quantidade de malnutridos do mundo?

Eu lhe digo que o que está dizendo me é familiar — e tem a gentileza de me perguntar de que estou falando. E eu a grosseria de lhe dizer que temos dito a mesma coisa muitas vezes, lá na Argentina.

— Trata-se de um fenômeno global — me diz; que o problema, em todos os lugares, é como se distribui, quem a tem.

Devinder Sharma é um jornalista e militante que escreveu muitos livros sobre agricultura, a globalização, as injustiças. Devinder Sharma tem boas maneiras, tranquilas, quem sabe se suavizadas pela convalescência, um bigode muito fino e unhas bem-tratadas. Mais tarde me diria que pertence à casta brâmane — a mais alta — e falaria de seus direitos familiares, que incluem ter recebido, durante sua doença, a visita de uma centena de parentes preocupados. Mas agora Sharma insiste que o mundo prefere que haja fome: que, em 1996, uma grande reunião de chefes de Estado na FAO prometeu reduzir os famintos à metade em 2020. Que então eram 850 milhões; que desde então uns 120 milhões morreram — e ninguém se importava —, e que, no entanto, continua havendo quase 900 milhões de famintos. E que, em 2008, o mundo gastou uns 20 bilhões de dólares em "pacotes de estímulos" para socorrer os bancos e os grandes grupos financeiros.

— E, no entanto, para acabar de uma vez por todas com a miséria, só seriam necessários 2 bilhões, uma décima parte. É muito óbvio que não interessa a ninguém acabar com a fome. Ou melhor: que interessa a muitos manter gente com fome, porque um faminto é alguém que pode ser explorado, ao contrário de uma pessoa com a barriga cheia — diz, mas depois se contradiz. Ou talvez não:

— Eu não entendo por que os políticos não decidem resolver, realmente, o problema. Se eu fosse primeiro-ministro da Índia, a primeira coisa que faria seria acabar com a fome e assim garantir que continuaria no poder pelo tempo que quisesse. Imagine, os famintos que deixariam de ser famintos são 250 milhões e me apoiariam para sempre.

Eu lhe digo que acho, pelo que vi, que a maioria dessas pessoas não se rebelaria contra a falta de comida, que muitas delas nem sequer entendem bem que lhes falta comida, que pareciam muito submissas, muito resignadas. E Sharma me diz que não é assim: que na Índia há cerca de 650 distritos, e que mais de duzentos já foram palco de ações dos guerrilheiros maoístas, os naxalistas. E que isso acontece porque a agricultura, a principal linha de defesa contra os maoístas, foi destruída.

— Quando se destrói a pequena agricultura para dar espaço à indústria, enfim, para dar terras às grandes corporações e aos investidores imobiliários, e se incentiva o deslocamento da gente para as cidades, o maoísmo tem todas as possibilidades... — diz, mas que não são os únicos: que cada vez mais pessoas percebem que o sistema político não lhes dá o que necessitam. E que as mudanças mais decisivas virão do campo, porque é lá que vive a maioria e que por isso, se alguém quiser promover mudanças na Índia, terá de se ocupar de sua agricultura e de seus camponeses, conclui, quase *entrista*.*

Uma empregada nos traz chá com biscoitinhos, um pedacinho de manga, uma banana. Sharma diz que metade do 1,2 bilhão de indianos vive diretamente da agricultura: os camponeses e suas famílias. E que outros 200 milhões trabalham a partir do que aqueles produzem: no total, 800 milhões de pessoas vivem do campo, e as grandes corporações querem substituí-los com um sistema de produção cada vez mais modernizado, diz Sharma. E que o que é bom para os Estados Unidos ou para o Brasil pode não ser bom para a Índia. Nesses países, há grandes extensões de terra e pouca população: aqui é o contrário. Em 1947, as fazendas norte-americanas tinham em média 50 hectares; em 2005, 200 hectares. Na Inglaterra, entretanto, em 1947, as fazendas tinham em média 4 hectares; agora têm 1,3. Aqui, essas grandes explorações agrárias no estilo norte-americano deixariam milhões de pessoas na maior miséria. Essa gente tampouco pode ir para as cidades, porque as cidades estão entrando em colapso. Por isso é necessário lhes oferecer a possibilidade de produzir no campo: sabem fazer.

— Não precisamos de um sistema de produção *para* as massas e sim *pelas* massas, como dizia Gandhi; de um sistema que lhes permita produzir alimentos para elas e para a sociedade de uma maneira sustentável. Assim, parariam de ser empurradas para os centros urbanos, que já estão absolutamente superpovoados. Nesse sistema vigente, dizem que os camponeses não sabem produzir alimentos, que por isso ganham menos de 2 mil rupias

---

* Tática política usada por alguns grupos trotskistas: infiltrar-se em grandes partidos de massa e transformá-los em partidos revolucionários. (*N. T.*)

por mês, que têm de ir para as cidades e trabalhar em outras coisas e deixar que as corporações produzam os alimentos. Para mim isso é um desastre. Precisamos do processo inverso: que as pessoas fiquem ou voltem para suas fazendas, que produzam de uma maneira sustentável, que não precisem usar adubos e pesticidas químicos, que recebam um dinheiro justo por seus produtos — diz Sharma, e que nossas sociedades deveriam ser "*dependentes locais*", não "*dependentes globais*".

— Às grandes corporações só importa o que cultivam (arroz, trigo, soja). O resto é lixo. No entanto, em uma fazendola se cultiva de tudo, porque tudo é alimento. Nosso modelo defende a criação de sistemas produtivos locais onde cada região seja autônoma: onde os alimentos sejam cultivados, armazenados e distribuídos em áreas de não mais de 100 quilômetros de diâmetro.

É o que está experimentando em Haridwar, um povoado de Uttarkhand, o grupo que ele lidera junto com um guru muito conhecido da televisão, Swami Randev: um projeto gandhiano de volta à terra e às tradições como forma de se opor ao avanço desumanizador, diz, das corporações que produzem alimentos:

— Temos de incentivar as pessoas a produzir sua própria comida, cuidar de sua própria fome. Não é possível que o método para combater a fome seja tão somente repartir comida. Essa não é a maneira. Nós não queremos dar o peixe, queremos ensinar a pescar. O projeto de Haridwar é nossa forma de mostrar a todos que é possível, convencê-los de que podem fazê-lo.

Parece que aqui muitos querem convencer alguém de alguma coisa — principalmente o Estado. Devinder Sharma prega o exemplo, à semelhança da unidade da MSF de Biraul — mas nem ele nem a organização se limitam a isso: quando precisam mostrar o que fazem, fazem.

Devinder Sharma me oferece outra xícara de chá, mais sorrisos, uma conversa tranquila, inteligente. Eu lhe pergunto como se sente como indiano em um momento em que a Índia parece uma grande estrela nascente, e me diz que muito bem, e mais ainda ao recordar que durante muito tempo muitos os olharam com desdém.

— Agora, no entanto, dizem que somos uma superpotência. Não sei como a Índia pode ser uma superpotência se um terço dos famintos do mundo são seus cidadãos. É uma lenda: não somos uma superpotência nem nunca seremos. O poder econômico das trinta famílias mais ricas do país é igual ao do terço mais pobre, uns 400 milhões. Setenta e sete por cento dos indianos só podem gastar 20 rupias por dia, menos de 50 centavos de dólar. Pense nessas desigualdades: como podemos ser uma superpotência? — diz Sharma, e que, na verdade, têm de voltar aos ensinamentos de Mahatma Gandhi: que não se pode pedir para a Monsanto ou a Cargill que produza alimentos para os indianos; que eles mesmos devem produzi-los.

— Por que precisamos seguir os modelos norte-americanos e europeus? Por que não podemos desenvolver nosso próprio modelo? É triste que tenhamos esquecido nossos próprios recursos e que fiquemos olhando o tempo todo para o oeste. É uma mentalidade colonial, precisamos abandoná-la e olhar para nós mesmos. Nossa cultura tem 10 mil anos, por que vamos ficar copiando países que não têm nem quinhentos?

Os indianos, ultimamente, têm mandado para o caralho as máscaras da humildade. E poderíamos dizer que os nacionalismos, como os grandes vinhos, se tornam mais caros, mais respeitados, de acordo com sua antiguidade.

VRINDAVAN

Amanhece em Vrindavan, corre uma brisa, porém: não mais de 35 graus. As ruas são estreitas e sinuosas e sujas como as ruas indianas; ao amanhecer, pertencem aos animais. É a hora dos macacos. As vacas comem no lixo, os cachorros comem no lixo, os porcos, as cabras, os ratos que não vejo comem no lixo, mas os macacos se espalham, dominam o chão e as alturas. É seu momento: daqui a pouco, com o calor, as pessoas vão reconquistar seu território. Para começar, passam três hare krishnas cantando com megafone; passa uma motocicleta, a primeira buzina do dia. Os macacos têm bundas vermelhas como as bundas dos macacos.

O cheiro ainda não é muito forte. Dois meninos com vassouras feitas de galhos fingem que varrem, mas não querem enganar ninguém. Passa um grupo de dez ou doze peregrinas cantando como se seu deus tivesse partido. Mais além, um senhor queima seu montículo de lixo: a fumaça é preta e gordurosa. Os macacos gritam, trepam, dão ordens. Em pé, ao lado de um quiosque, três senhores começam o dia bebendo chá com leite; o quiosque é um estrado alto de madeira onde o dono está sentado com as pernas cruzadas: à sua esquerda, uma panela enegrecida onde ferve o chá em cima de um fogareiro a querosene; ao redor, várias panelinhas para reaquecer o líquido, cuias de argila — o dono é como um deus menor no meio de seus trastes. Uma macaca com um macaquinho pede um chá; o dono não olha para ela. O ar é preguiçoso.

De repente, acontece alguma coisa: um macaco acabou de bater a carteira de uma peregrina; depois da palmada, rápida, precisa, sai gritando e escala uma parede de três metros de altura, senta-se na borda, olha. A senhora e suas amigas gritam; o macaco zomba delas lá de cima. Um dos senhores que bebiam chá diz que o macaco quer negociar: que é preciso lhe dar alguma coisa para que devolva a carteira. Uma mulher lhe dá uma nota de 10 rupias

— vinte centavos de dólar — e o senhor compra do dono do quiosque três pacotes de biscoitinhos doces. Volta, atira-os ao macaco, que os pega como quem não quer, sentado na parede, desdém de macaco. O macaco come, chega uma macaca, ele a convida; guarda em sua mão direita, com firmeza, a carteira. As senhoras o olham de baixo, comentam; a macaca o observa; o macaco se pavoneia com seus biscoitos, sua carteira; a macaca lhe oferece sua bunda vermelha, o macaco a fareja. Não parece disposto a entregar nada. Abre a carteira, fareja, tira figurinhas que devem ser de Krishna; atira uma figurinha e as senhoras gritam. As senhoras começam a se desesperar. O senhor pede mais 10 rupias, compra mais biscoitos. Atira-os: o macaco vê um pacote passar e cair; agarra outro, ainda mais desdenhoso, abre e despedaça os biscoitinhos. Os pedaços vão caindo na rua: passarinhos se juntam, são afugentados por um corvo. O macaco continua a xeretar na carteira; as senhoras gritam. Então aparece um macaco maior, com a bunda mais vermelha do que a do ladrão; o primeiro macaco foge aos saltos, a carteira na mão. A macaca fica com o recém-chegado, as senhoras gritam mais alto e melhor, um cachorro ladra, mas não quer biscoitos, um belo pássaro de corpo cinza, cabeça vermelha e faces laranja persegue dois pardais; vê-se que a beleza não lhe basta. Por fim, chega outro cachorro que, sim, come os biscoitos.

Vrindavan é uma das cidades mais sagradas do hinduísmo: o lugar onde, contam, o senhor Krishna passou a infância se preparando para se tornar um grande deus. Vrindavan fica em Uttar Pradesh, a 100 quilômetros de Agra, onde fica o Taj Mahal, e a 200 de Délhi. Vrindavan tem 50 mil habitantes e dúzias de templos: alguns em suas ruas retorcidas, outros nos arredores, no meio de campos, outros junto ao rio com escadas que descem até a água; alguns servem de templo, outros de cortiço.

Como tudo na Índia, Vrindavan está lotada de pessoas e animais. Os cachorros, por algum motivo, são gordos e prósperos. As viúvas não, mas estão em todos os lugares. Procuro o templo onde se reúnem e sigo duas: uma mais velha e uma quase jovem. Caminho atrás delas, a uma distância de 30 metros; elas fingem não me notar. Com o sol, os cheiros aumentam, recrudescem. Ao dobrar uma esquina, um macaco se atira em cima de mim, a boca bem aberta, os caninos expostos: é feia a sensação de deixar de ser comedor e virar comida. Quer me arrancar a câmera, brigamos. As viúvas se viram, alertadas pelos gritos — do macaco. A mais velha me pergunta em uma espécie de inglês se preciso de alguma coisa. Eu lhe digo que gostaria de conversar com elas. O macaco se retira, derrotado.

Aruthi diz que a ela não importa.

— A mim não importa, eu vou morrer e ponto, por isso não me importa — diz a viúva, e não parece triste ou assustada, mas sim orgulhosa. Acaba de chegar, há alguns meses; mas ainda se lembra de muito.

Moubani usa um sári branco cinza-claro, as mãos cuidadas: vê-se que vem de outra vida. Mas não fala — é o habitual — uma palavra de inglês: não nos entendemos. Aruthi, sim, fala, embora não muito. O rosto de Aruthi é osso puro, escondido em seu xale branco — que um dia foi branco. Tem algum dente, lábios muito escuros, mas uma chispa de picardia nos olhos: que a outra ainda se lembra de muito, diz, e nos trazem para cá para esquecer. Poderia ter dito para nos esquecer, mas acho, a tradução sempre trai, que não: disse para esquecer.

Aruthi e Moubani são duas viúvas de Vrindavan: duas das 15, 20 mil viúvas que percorrem as ruas desta cidade antiga procurando um prato de comida. Sua fome tem uma origem estranha.

A fome também é, com muita frequência, uma questão de gênero. Vrindavan é a fome de gênero em sua expressão mais crua.

Na Índia é péssimo, entre outras coisas, ser viúva; e o foi, de uma maneira brutal, durante muitos séculos: quando morria o senhor, os indianos costumavam cremar com ele a senhora. O costume se chamava *suttee* e quando os malvados colonizadores ingleses decidiram quebrar a tradição e proibi-lo, em 1830, houve sublevações. Até bem entrado o século XX, continuou havendo casos, mais ou menos clandestinos, de cremação de viúvas; é provável que ainda seja praticado, embora raramente. Mas, mesmo sem fogo, ser viúva ainda é um mau destino: a tradição — a religião — pressupõe que foi o carma da mulher que matou seu marido e a condena ao ostracismo. Não pode se casar de novo, não pode trabalhar, não pode nada. Muitas ficam sozinhas, sem recursos, e outras, ainda pior, têm famílias que incomodam.

— Pobrezinha, ela achava que seu filho ia cuidar dela até sua morte. O senhor sabe como era, como continua sendo em muitos casos: a mão do esposo é a verdadeira dona da casa, impõe seu poder à nora, obriga-a a fazer o que quer. Foi assim durante muito tempo. Agora tudo está mudando; agora, cada vez mais, mandam as noras — me disse, em Délhi, a amiga que me falou pela primeira vez das viúvas de Vrindavan. Falava de uma viúva de uma família de camponeses: que viviam em uma choça — propriedade da viúva —, que só havia um quarto, o casal e seus três filhos, e que a viúva dormia do lado de fora para não incomodar, mas mesmo assim incomodava. Até que um dia seu filho lhe disse que juntasse o que precisava para uma viagem longa porque ia levá-la para conhecer Krishna. E que a trouxe para cá, Vrindavan, porque é um privilégio morrer aqui, e aqui a deixou para sempre.

Mais ou menos assim são todas as histórias: algumas, poucas, vêm por vontade própria; as demais são trazidas. Quinze, 20 mil mulheres abandonadas para morrer em uma cidade velha. Quinze, 20 mil mulheres que a percorrem como almas penadas, com barrigas vazias.

Esperando. Quem morre em Vrindavan não é tão privilegiado como quem morre na cidade ainda mais sagrada de Benares, mas terá avançado muito em sua tentativa de chegar ao *moksha*, o final da roda de reencarnações, a dissolução da Unidade divina, a forma hindu do paraíso: a morte mais definitiva. Morrer aqui é um privilégio; morrer, aqui, é um privilégio. Vieram para morrer.

A viúva Aruthi, com palavras quebradas, me diz que é de uma aldeia de Bengala, que nunca foi a Calcutá, que já está há treze ou quatorze anos em Vrindavan, que já lhe resta pouco, que agora está tranquila.

— Não como Moubani, pobrezinha — diz, com um sorriso desdentado, e me leva ao templo —, porque eu havia lhe pedido. Minha sorte, no fim das contas, o ataque do macaco.

Os hindus adoram seus deuses como nós, argentinos, torcemos para o Boca Juniors: aos gritos, as mãos para cima, pulos, danças frenéticas, algazarra completa; é lindo vê-los sem a rigidez virtuosa satisfeita que se vê nas igrejas do culto de Roma. De qualquer forma, o templo Banke-Bihari é um espaço cheio de gritos, assovios, barulho, palmas; pessoas em pé, pessoas ajoelhadas, pessoas sentadas, pessoas encostadas, pessoas adormecidas, pessoas pedindo, pessoas entregando, pessoas pintando o rosto, pessoas agitando flores, pessoas acendendo fogos, ventiladores, fogos, grinaldas, cartazes luminosos, relógios, outros fogos, pessoas que se atiram no estrado para dar a uns sacerdotes docinhos e grinaldas de flores para que o deus que está atrás de uma cortina as abençoe, fogos. Os sacerdotes não param: são máquinas incansáveis de abençoar docinhos, cubos de açúcar consagrado. De vez em quando, correm a cortina do altar — depressa, tipo exibicionista pudico — e todos gritamos: é o momento do gol do senhor Krishna. Depois de seis ou sete vezes, o jogo fica aborrecido: eles abrem a cortina, nós vemos o rosto de deus, levantamos os braços e gritamos.

A viúva Aruthi me olha, satisfeita. Eu lhe pergunto onde estão as outras viúvas. Ela me diz ah, você queria ir ao templo, ao nosso templo, àquele ao qual nós vamos. Não nos entendemos: me trouxe ao templo errado.

Na rua — caminhamos um pouco —, centenas de pessoas vendem de tudo, os macacos vão desaparecendo, os mendigos quase sempre dizem Krishna. Os passantes tocam a cabeça de uma vaca e tocam a própria: imagino que compartilhem ideias. Às vezes, minha intolerância aumenta, temo que transborde. Cada vez suporto menos as superstições.

Há quase vinte anos, as ultrassonografias pré-natais foram proibidas na Índia. Muitos casais as usavam para o que o politicamente correto chamava de "abortos seletivos": descartar o feto se fosse menina. A proibição é pouco respeitada. Há muitas clínicas particulares que ainda as fazem. Há uma coisa que o progresso indiano está conseguindo como ninguém: colocar as técnicas mais modernas a serviço dos costumes mais arcaicos. Antes os abortos seletivos eram assassinatos nos primeiros dias; agora, são mais limpinhos. Em 1980, havia, em todo o país, 104 meninos de menos de 6 anos para cada cem meninas; em 2001, havia 109 — e nos estados mais ricos, como Punjab e Haryana, onde a técnica está ao alcance de mais pessoas, a relação chega a 125 meninos para cada cem meninas. É a mesma ideia de mundo que faz com que, em muitas casas indianas, quando não há comida para todos, só comam os homens.

O costume tem, inclusive, suas justificativas: que os homens, aqueles que trazem comida com seu trabalho no campo, precisam comer para reproduzir essa força de trabalho sem a qual todos ficariam, definitivamente, sem comer. A lógica produtiva não impede que o costume seja brutal: a fome desnuda muitas coisas, coloca no tabuleiro formas da violência que em outras circunstâncias continuariam escondidas.

As viúvas de Vrindavan são o produto mais claro, mais perfeito, dessa sociedade. Um final digno para suas vidas de mulheres indianas: deixaram de ser uma possessão de sua família e passaram a ser da família do marido, nunca tiveram nenhuma autonomia nem maneira de ganhar a vida; quando seu segundo e último dono morreu, não eram mais de ninguém. Ou sim: de deus e da morte — e não valia mais a pena alimentá-las.

Soa brutal, mas costumamos acreditar que devemos respeitar esses costumes assim como nos acostumamos, em nome da diversidade e da tolerância, a que certos muçulmanos convençam suas mulheres de que só os maridos podem vê-las e que por isso, então, não devem sair à rua sem se cobrir até os olhos com censuras de tecido preto.

Como se fosse necessário respeitar as tradições pelo duvidoso mérito de serem tradições.

Agora, no meio da manhã, as viúvas estão em todos os lugares: em qualquer canto, em qualquer rua pedem esmolas, oferecem água de um cântaro de barro em troca de uma rupia, tentam ganhar a vida — enquanto esperam que ela acabe. São mulheres pequenas, magrinhas, reduzidas a sua mínima expressão: são uma recordação — e ninguém se recorda delas. Quase todas têm a cabeça raspada — como cabe às viúvas. Muitas vestem o sári branco que lhes cabe; algumas, poucas, se rebelam e não o usam. Algumas caminham duras como pedaços de pau; outras, encurvadas sobre suas bengalas ou elas mesmas ou a esperança que perderam. As que podem vivem em sete ou oito em um quartinho; muitas, na rua. E, toda manhã, milhares se reúnem no templo Sri Bagwan Bhajan para cantar *bhajans* para Krishna.

Agora, milhares de viúvas estão sentadas em um pátio coberto, paredes de azulejo branco sujo, um altar branco ao fundo, outro no meio; cantam, tocam címbalos, cochilam, conversam, pensam sabe-se lá em quê. Essas canções são a única coisa que as separa da fome final. Vêm toda manhã e cantam ao longo de 4 ou 5 horas; em troca, lhes dão um prato de arroz com um pouco de grãos, um caldo de lentilha. Às vezes, algumas moedas: 4, 5 rupias. A religião, aqui, se exibe sem disfarces, excessivamente nua: venham, cantem ao deus e lhes damos de comer. A fome contribui muito para a crença.

Ao entrar, o templo parece pequeno, mas depois se amplia: de um lado há outra nave e outro pátio e na frente uma maior; tudo cheio de mulheres de branco. As mais jovens parecem mais tristes: olham como se ainda procurassem alguma coisa. As mais velhas parecem mais além de qualquer procura. As que cantam parecem mais felizes; as caladas parecem aborrecidas. Uma me olha, parece irritada, como se a ofendesse, diz alguma coisa a outras duas. Sento-me em um canto, escuto um pouco: sou o único homem. O único que pode sair daqui e ir a algum lugar: que tem aonde ir. Algumas estão tão magras que parece um milagre que estejam vivas; outras estão tão vivas que parece milagre que estejam aqui para morrer. É uma eutanásia lenta, prolongada: são trazidas a um lugar onde a única saída são as chamas de uns poucos troncos, a salvação de se dissolver.

A viúva Aruthi me diz, um pouco mais ou menos, que aquelas que se queixam são mal-agradecidas:

— Onde poderiam morrer melhor do que aqui, tão perto do senhor Krishna? — diz, e que é verdade que são pobres e nem sempre conseguem a comida que querem, mas que o senhor Krishna prefere assim, que ele vai recebê-las de braços abertos.

— E não passam fome?

A viúva Aruthi me olha com uma espécie de desprezo. Eu, por um momento, acredito ou simulo que a entendo. Depois me pede 10 rupias e eu lhe dou 50 e me sinto um merda. Um macaco velho chia no teto, mas não acho que quisesse me dizer qualquer coisa.

DÉLHI

Bebem seu chá: em milhares de barracas da sorte, espalhadas por toda a cidade, os pobres da cidade bebem seu chá. Passaram décadas bebendo-o em xicrinhas de argila; agora, em muitas barracas, minúsculos copinhos de plástico transparente — ou pior, de plástico marrom que imita argila — substituíram essas xicrinhas onde tomavam seu chá com leite, muito açúcar e um toque de *masala*, a mistura de pimentas.

— Olhe como seguram a xicrinha de argila, como se fosse da melhor porcelana, e como bebem o chá, como se fosse o néctar dos deuses, e como a atiram e quebram no chão, como se fossem o marajá de Kapurtala — me disse, há anos, um senhor bem-vestido. Agora são de plástico, privando-os, colocando-os, mais uma vez, em seu lugar.

Um engarrafamento a pé é um conceito para o qual nosso idioma não tem palavras — nem a noção de sua existência. Caminhar, em nossas cidades, é uma atividade muito individual: cada um lhe dá o ritmo que prefere. Aqui, entretanto, com tantos caminhando pelas ruas, e os carros, e as bicicletas, as motocicletas, os riquixás, é preciso se adaptar ao ritmo geral. Também nisto: aceitar o mandato e ser espécie.

E um jipe — mórbido — da polícia de trânsito impede a passagem de uma motocicleta. A motocicleta é grande e ostentosa, mas vulgar, uma dessas motos chinesas com todos os emblemas externos imitando adesivos. O motociclista grita alguma coisa lá detrás; o policial lhe responde algo, o motociclista grita outra vez, o policial de novo, o motociclista. Os gritos vão ficando cada vez mais e mais fortes. O motociclista avança, para ao lado da janela do policial que dirige, grita mais, ergue o braço, bate na janela. Está fora de si, possesso. Sempre fui fascinado por esses momentos em que uma besteira se transforma, de repente, em um conflito que pode ser terrível: em que alguém perde os modos habituais e se arrisca a qualquer coisa por algo que nem sequer lhe importaria se conseguisse pensar. Sempre me surpreenderam, ainda mais, esses milhões de momentos em que acontece o contrário: quando alguma coisa que lhe importa muito não o faz reagir.

A força da ideologia.

Vejo a história em todas as televisões — e em algumas entendo —, leio em todos os jornais, ouço comentários: Délhi parece sacudida pelo caso de uma garota cujos patrões a prenderam em seu apartamento. Os doutores Sanjay e Sumita Verma, os patrões, são dois trintões simpáticos, de pele clara, dois belos exemplos da nova classe média indiana, médicos abastados que foram passar uma semana de férias na Tailândia e deixaram a mucama trancada. A mucama tinha 13 anos, o que não parece particularmente estranho em um país onde o governo diz que há 15 milhões de menores de 14 anos trabalhando e várias ONGs dizem que são 60 milhões e todos concordam que um de cada cinco faz serviços domésticos. Nem é estranho que, como aconteceu com essa garota, seus patrões tenham lhe dado uma surra por terem achado que não fizera seu trabalho como devia. Tampouco é estranho que não tenham lhe pago: é habitual que meninas cativas, sem nenhum poder de negociação, trabalhem em troca de teto e comida. A comida era pouca: dois (2) *chapatis* e um punhado de sal por dia — e uma câmera de vídeo na cozinha para que não comesse mais nada.

Até aqui tudo bem, tudo normal. O tropeço foi que os doutores Verma estavam se divertindo tanto na Tailândia que resolveram ficar mais uma semana: a menina, trancada, os víveres esgotados, vencida pela fome, ficou desesperada e foi até a sacada. Depois de ficar gritando por uma hora, um vizinho a ouviu e chamou os bombeiros; foi resgatada, contou sua história — e causou certo arrepio em um país que considera o trabalho doméstico uma de suas prerrogativas mais normais e o proclama sem pudores: "A simples ideia de não ter de fazer cama, cozinhar, limpar, lavar e o resto soa como o paraíso", diz a página de uma agência de emprego na web, que oferece serviços a residentes estrangeiros que se supõem menos hábeis. "Deixe a culpa para trás: recorde-se de que você está fornecendo um posto de trabalho de que muitos necessitam."

Uma atividade pela qual se paga, segundo a mesma agência, entre 2 e 4 mil rupias: de 40 a 80 dólares por mês. Ou não se paga: é a vantagem comparativa das crianças. Crianças como a cativa de Nova Délhi são traficadas por agências. Essa menina havia sido vendida por seu tio a um intermediário que, por sua vez, a vendeu à agência de Délhi, que a vendeu aos doutores Verma. Calcula-se que mais de 10 milhões de crianças foram vendidas por suas famílias para pagar dívidas; em geral, por períodos de um a cinco anos; às vezes, sem data de caducidade. Nada que não aconteça muito, nada que ninguém ignore. Mas quando a menina foi à sacada e começou a gritar que estava com fome, alguma coisa aconteceu: muitos fingiram ouvi-la, muitos fingiram inteirar-se.

— O que você acha, deixá-la assim, trancada, sem comida?

— Bem, deveriam ter lhe deixado mais *chapatis*, não?

A maior democracia do mundo — como muitos indianos insistem em afirmar — tem aproximadamente 1,2 bilhão de habitantes, que, calcula-se, deverão ser 1,35 bilhão em 2020. Desse total, 680 milhões não completaram a escola primária; 800 milhões não têm televisão; 950 milhões não têm fogão a gás; 980 milhões não têm latrina. E quase 200 milhões fazem parte das castas "intocáveis".

(Sem contar, para não repetir, suas centenas de milhões de famintos.)

E nada disso — por algum motivo que não consigo entender — coloca em questão a ideia de democracia.

Mas, também, na Índia há 550 milhões de telefones celulares. São formas da modernidade do OutroMundo.

Suponho que em lugares como este são pensadas as ideias que talvez, algum dia, mudem todas as outras. Mas hoje de manhã, no Centro Internacional Índia, um audacioso edifício dos anos 1960, cimento e vidros e otimismo moderno, no meio dos jardins da região do poder de Nova Délhi, é difícil estabelecer um vínculo que não seja sarcástico entre esta longa mesa de madeira polida — vinte senhoras e senhores em cada lado, microfones, câmaras, Macs, ar-condicionado, inglês com tons de Oxford — e qualquer uma das choças que visitei na semana passada.

Aqui, os senhores e as senhoras discutem se a Monsanto tem o direito à propriedade intelectual das sementes e um senhor diz que não porque a Monsanto é uma corporação, e uma corporação não é uma pessoa que tenha uma mente capaz de produzir intelectualmente e assim por diante. Os anjos se inquietam em sua cabeça de alfinete e eu me esforço para pensar que tudo isso levará a algum lugar.

A reunião é conduzida por uma senhora bastante imponente. Há alguns dias, ainda na Argentina, um jornalista italiano que agora está trabalhando aqui me disse que Vandana Shiva era uma espécie de Hebe de Bonafini* da Índia.

— E isso é bom ou ruim?

— É bom e ruim, tem o bom e o ruim dessas mulheres que se impõem.

A senhora Shiva também tem 60 e tantos anos, publicou muitos livros, ganhou dúzias de prêmios, ocupa um lugar importante no movimento antiglobalização e tem uma longa história de militância ecológica — que começou nos anos 1970, quando abraçava árvores para impedir que fossem cortadas. A senhora Shiva tem o ponto hindu marcado no meio da testa e usa um sári laranja deslumbrante. Seu corpo é poderoso. A senhora Shiva dirige uma organização, a Navdanya, que defende a agricultura tradicional; a senhora é uma grande defensora dos cultivos tradicionais — e agora me diz que, até 1990, a Índia combateu a fome com êxito, e que tudo começou a mudar em 1991, quando surgiu a globalização. Eu gostaria de concordar, mas tenho a sensação — li, me disseram — de que na Índia sempre houve fome, que a fome na Índia é uma questão de séculos, que não houve um momento em que foi totalmente eliminada e recomeçou, digo.

— Não, não é assim. Aqui tudo mudou com a chegada de multinacionais, como a Monsanto, com suas sementes e seu apetite por mais e mais terras. Antes, o governo dava terras aos camponeses; a partir de 1991, começaram a tomá-las. E enquanto isso a Monsanto fazia campanhas em cada aldeia da Índia; chegavam com um caminhão e prometiam colheitas recordes,

---

* Hebe Pastor de Bonafini, ativista argentina pelos direitos humanos, uma das fundadoras da associação Mães da Praça de Maio, organização de mães de presos desaparecidos durante a ditadura militar que governou a Argentina de 1976 a 1983. (*N. T.*)

prometiam milhões aos pobres agricultores se começassem a usar suas sementes. Então os agricultores passaram a comprá-las, e, com elas, todo o resto: os pesticidas, os fertilizantes, o compromisso de voltar a comprá-las na próxima safra. E, sobretudo, os camponeses se concentraram em cultivos para o mercado: tudo era algodão, trigo, milho... agora inclusive soja. Aqui, o mais grave foi a mudança de mentalidade: deixar de trabalhar para comer e passar a trabalhar para vender. Isso coloca os agricultores, a imensa maioria dos pequenos agricultores, em uma situação extremamente frágil. Antes, quando havia algum contratempo, sempre podiam comer o que colhiam. Entretanto, agora, quando os preços de seus produtos baixam, há seca ou são pressionados pelas dívidas, não é que não ganhem dinheiro: não têm o que comer — diz a senhora, e defende ferozmente as sementes tradicionais contra as sementes geneticamente modificadas da Monsanto e de outras multinacionais. Eu tento lhe dizer que acho que as sementes geneticamente modificadas não são ruins em si: que seus rendimentos são melhores, que permitem colheitas muito maiores.

— Mas o senhor não ouviu o que foi dito há pouco na conferência? — desafia-me a senhora, em seu inglês de professora imaginária. Eu respondo que teria gostado de me preparar melhor para o exame. A senhora não ri; me diz que alguém — um nome que não capto — acabou de dizer que os cultivos tradicionais são melhores para os camponeses do que os modifica- dos, e que falava em inglês e que eu deveria tê-lo ouvido.

— Senhora, sinto muito, mas não entendi nem uma palavra do que esse senhor disse.

A discussão fica mais forte: a mestra não concorda com o aluno Mopi.* O aluno Mopi não gosta de ser desafiado pela mestra. E, ainda por cima, o aluno acha que o problema não é que tenham modificado essas sementes, mas que essas sementes sejam propriedade de grandes corporações que as usam para controlar e explorar camponeses de todo o mundo.

Que o problema é político e por isso também sua solução: pensar em formas políticas que permitam aproveitar esses avanços para beneficiar os demais, não uns poucos.

---

* Mopi é apelido do autor. (*N. T.*)

Imaginava, há cem séculos, senhoras e senhores se queixando de que essa ferramenta nova, endiabrada, esse pau ou pedra afiada que abria a terra em umas linhas longas, fundas, a destruiria, e que os deuses da colheita não iriam tolerar isso.

As mudanças não são necessariamente boas, mas tampouco são necessariamente maus — argumentava, enfático, o doutor Pedro Grullo.*

A agricultura sempre consistiu em tratar de melhorar os rendimentos: desde o princípio, quando senhores ou senhoras descobriram que se enterrassem sementes de alguma planta poderiam comer uma igual meses depois.

Cem séculos tentando: estudando as plantas, adaptando-as aos diversos solos, construindo maneiras de regá-los, descobrindo melhores adubos, combatendo melhor predadores e pragas. Modificando as sementes, em cada momento, com as técnicas que tinham. Há 10 mil anos, começaram a selecionar as melhores plantas para usar suas sementes: darwinismo em mãos camponesas, que inventaram plantas que só cresciam quando cuidavam delas. Há trezentos anos, começaram a combinar as melhores características de distintas variedades cruzando-as através de enxertos, por polinização: uma maçã extremamente saborosa, mas com pouca resistência ao frio, era combinada com outra insípida, mas muito resistente, para tentar obter uma saborosa que suportasse as geadas — e assim por diante. Sempre fizeram isso.

No começo do século XX, as possibilidades foram ampliadas. Cientistas de vários países procuravam híbridos que otimizassem a resistência, o rendimento, o resultado. Em 1940, um engenheiro-agrônomo norte-americano, Norman Borlaug, começou a usar nitrogênio para fertilizar o trigo e a hibridá-lo para torná-lo mais resistente a certas pragas; os testes correram tão bem que as plantas, excessivamente carregadas de grãos, dobravam, caíam. Até que Borlaug descobriu um gene que encolhia o talo do trigo; este talo, mais curto e mais grosso, lhe permitia suportar muito mais grãos. Em pouco tempo, o rendimento de um terreno se multiplicou por três ou quatro; a mesma ideia aplicada ao arroz possibilitou colheitas dez

---

* Personagem da literatura popular que até pode ter existido na vida real, famoso pelas obviedades que dizia: "Quando não está quente, é porque está frio", por exemplo. Algo como acaciano, referência ao conselheiro Acácio, personagem de *O primo Basílio*, de Eça de Queirós. (*N. T.*)

vezes maiores. Suas descobertas chegaram no momento exato; depois da Segunda Guerra Mundial, as melhorias na saúde e nas condições de vida multiplicaram a população dos países pobres: não havia como alimentar tanta gente. As novas técnicas permitiram que milhares de milhões de pessoas sobrevivessem à explosão demográfica desses anos. Talvez a grande revolução de 1968 tenha sido essa: naquele ano, a Índia teve a melhor colheita de sua história, tanto que o governo precisou fechar as escolas para usá-las como armazéns de grãos.

Muitos criticaram a Revolução Verde. Vandana Shiva escreveu que "ao considerarem os limites da natureza como obstáculos à produção, os experts norte-americanos difundiram em todo o mundo práticas ecologicamente destrutivas, insustentáveis". De alguma forma enigmática, Shiva sabia quais eram os "limites da natureza". Norman Borlaug respondeu que esses argumentos vinham dos "elitistas que tinham dinheiro suficiente para não se preocupar pensando de onde tirariam sua próxima refeição".

A Revolução Verde representou um aumento jamais visto da produtividade das terras. Entre 1950 e 2000, a população da terra multiplicou duas vezes e meia; a produção de comida mais do que triplicou.

Em 1964, a Índia produzia 12 milhões de toneladas de trigo em 14 milhões de hectares; em 1995, foram 57 milhões de toneladas em 24 milhões de hectares; o rendimento por hectare duplicou.

Logicamente, nem tudo foram rosas — ou espigas imponentes. A escalada da produção agrícola trouxe inquietações e problemas, como a dependência de combustíveis minerais, não apenas para movimentar os tratores, mas também para produzir fertilizantes e pesticidas, que, por sua vez, deram lugar a pragas cada vez mais resistentes; a capacidade de destruir terras superutilizadas e de esvaziar e poluir os aquíferos, esgotados devido a esse uso extensivo; as emissões de gases de efeito estufa; a perda de variedades vegetais; e, sobretudo, a necessidade de comprar produtos químicos para melhorar a colheita, o que fez com que muitos camponeses se endividassem e perdessem tudo — e que alguns ganhassem o que os outros perdiam: vizinhos mais afortunados, caciques locais, corporações, bancos.

E, por outro lado, ao melhorar os rendimentos agrários e produzir o mesmo com menos mão de obra, muitíssimas pessoas tiveram que emigrar para as cidades para serem exploradas pelas fábricas que impulsionaram o boom asiático: salários baixíssimos, remuneração por tarefa e não por tempo, habitações miseráveis. Mesmo assim, o número de pessoas que passou a comer graças a esses avanços técnicos ainda impressiona. Sem esses rendimentos, mais milhões teriam morrido de fome. Sem esses rendimentos — se quisermos olhá-los do ponto de vista ecológico —, mais florestas teriam sido derrubadas e transformadas em terras de cultivo.

No começo dos anos 1980, cientistas norte-americanos e europeus, tateando no que agora é chamado de engenharia genética, começaram a recombinar genes do DNA de certas plantas em uma tentativa de melhorar seus traços: faziam a mesma coisa que sempre haviam feito, só que com mais conhecimentos e melhores técnicas. É o que hoje é chamado de plantas geneticamente modificadas — e são o alvo das iras.

A Monsanto foi fundada em 1901, em Saint Louis, Missouri — para produzir a sacarina que vendia à Coca-Cola. Durante meio século, se dedicou a fazer inseticidas, plásticos, produtos químicos diversos, mas a fama chegou nos anos 1960, quando a guerra do Vietnã popularizou um de seus produtos: o "agente laranja". Trata-se de um desfolhante poderoso usado pelo Exército norte-americano para destruir florestas e cultivos com o objetivo de deixar seus inimigos à mercê da fome. Naqueles dias, aviões de combate derramavam torrentes de veneno sobre o país; 500 mil de vietnamitas morreram nesses bombardeios, mais 500 mil de crianças nasceram com deformações. Nos anos 1970, inventaram um herbicida potentíssimo à base de glifosato, que foi chamado de Roundup; anos depois, obtiveram sementes de soja, milho e trigo que suportavam grandes quantidades desse produto químico — Roundup Ready — e davam bons rendimentos.

Suas sementes foram espalhadas entre grandes produtores dos Estados Unidos, do Canadá e da América Latina. Agora a Monsanto controla 90% do mercado mundial de sementes transgênicas.

Quase ninguém nega que essas sementes modificadas rendem muito mais do que as comuns. Nem que exigem muito do solo, que dependem de grandes quantidades de produtos baseados em combustíveis fósseis, que pressupõem um modelo de exploração que expulsa camponeses e precisa de muita terra e de muito maquinário. Mas o grande problema é a propriedade: as sementes vão perdendo sua potência a cada ciclo e, assim, os produtores precisam comprar novas a cada vez; além disso, são obrigados por contrato a fazê-lo, porque a Monsanto tem a patente, a propriedade intelectual dessas sementes.

A propriedade privada da reprodução é uma grande invenção contemporânea. É uma forma brutal da ideia de propriedade: não de um campo, não do produto desse campo, mas de um modelo natural — a semente — que só seu "dono" tem o direito de produzir: a propriedade intelectual da natureza.

Todo o processo é uma síntese do funcionamento do capitalismo: cientistas descobrem um avanço técnico que pode beneficiar milhões de pessoas, mas trabalham para uma empresa privada e por isso a empresa fica com os lucros. E, por trás, os Estados servem para garantir que os recebam: com as leis de patentes, garantem que todos lhes paguem.

Nesse esquema, o progresso técnico não é uma tentativa de melhorar vidas, mas a tentativa de permitir que alguns acumulem mais riqueza.

(As grandes corporações de bioengenharia são, com certeza, bem trapaceiras. Fazem pequenas alterações nas patentes que estão por caducar para estender sua posse — e continuar recebendo. Ou caem nos extremos mais ridículos: a empresa texana Rice-Tec, que pediu e obteve, em 1997, a patente do arroz *basmati*, que indianos e paquistaneses cultivavam há milênios; ou a própria Monsanto, que patenteou o trigo *nap bal*, com o qual se faz o *chapati* — o pão mais comum na Índia — e mantém sua propriedade nos Estados Unidos.)

O uso capitalista dos aperfeiçoamentos técnicos causa muitos outros problemas. Quem planeja a semente administra, de alguma maneira, o uso da planta que essa semente vai produzir: o destino desses alimentos. Uma corporação decide que vai fabricar a melhor semente de milho para a produção de etanol: milhares de produtores a plantarão, porque vai lhes dar mais dinheiro que as sementes de milho alimentício. Assim, a corporação define cada vez mais quem come, quem não come, a que preços, sob que condições.

Além disso, os camponeses se tornam dependentes de quem lhes vende as sementes. Perdem a autonomia; perdem, muitas vezes, suas terras, porque não conseguem pagar as dívidas que contraem para comprá-las. Mas, então, a forma de evitá-lo está em usar as velhas sementes tradicionais? Ou em conquistar o direito de usar as novas e adaptá-las e aperfeiçoá-las? Para subir em um ônibus é necessário pagar uma quantia que alguns não têm:

a solução é conseguir dinheiro ou ônibus gratuitos ou viajar em carros de boi? Se uma pessoa lamenta que a Coca-Cola engarrafe água, vai reagir à água ou à Coca-Cola?

É aí que se misturam duas questões muito distintas: que os homens tentem melhorar com as ferramentas disponíveis as plantas que semeiam para obter melhores rendimentos — mais comida — e que os homens decidam que essas plantas aperfeiçoadas são propriedade de quem as aperfeiçoou. É aí que a questão deixa de ser técnica e passa a ser política.

Nada disso é uma tentativa de defender a Monsanto e companhia. Eles fazem seu trabalho de grandes capitalistas. Façamos o nosso. Sua grande vantagem é que eles sabem muito bem qual é o deles.

Contra essa expressão extrema do capitalismo, muitos defendem as formas tradicionais da agricultura. Enaltecem e romantizam o pequeno camponês, aquele que conhece a verdade, que preserva o autêntico diante das falsificações da ciência.

Partem de uma noção antiga que recuperou recentemente certo prestígio: que a natureza é sábia e é preciso respeitá-la. Ou, dito de maneira mais enérgica: "Quando as pessoas tentam se rebelar contra a lógica férrea da Natureza, entram em choque com os mesmíssimos princípios aos quais devem sua existência como seres humanos. Suas ações contra a Natureza devem levar à sua queda", escreve Adolf Hitler em *Minha luta*. Já ria o mestre Voltaire: "*Mon cul est bien dans la nature, et cependant je porte des culotes*".* Por que seria necessário aceitar a sabedoria da Natureza para definir seus cultivos e não para matar uma criança de sarampo ou permitir que o maior coma o menor ou fazer de um parto um extremo risco?

Costumo achar que a ideia de que é necessário retomar os cultivos orgânicos em escala individual é outro efeito do desconcerto: como não temos um plano melhor, nos refugiamos em mecanismos de um passado idealizado. São maneiras que serviam mais ou menos mal em espaços onde viviam três, cinco vezes menos pessoas. Que não conseguem — que, na realidade, nunca conseguiram — alimentar milhões e milhões.

---

* Em tradução literal: "Meu traseiro faz parte da natureza, mas mesmo assim uso calças." (*N. T.*)

Seus defensores também argumentam que a agricultura tradicional emprega muito mais pessoas. Ou seja: encosta-as em trabalhos horríveis que poderiam não fazer — porque existem técnicas que o permitem. São velhas práticas que maquiam sua verdadeira condição, mantendo-os apenas em um nível de subsistência: desnutridos crônicos — ou descartáveis light.

Há maneiras de produzir muito mais comida com muito menos esforço — menos trabalhadores, menos exploração, mais tempo e espaço para fazer outras coisas. O problema é que essa maneira foi monopolizada pelas grandes corporações; seus resultados foram monopolizados pelas grandes corporações. E então alguns, como não veem uma forma de forçar a distribuição desse produto, supõem que é melhor manter um estado de pobreza compartilhada do que criar riquezas de que uns poucos se apropriam: não produzamos, porque os resultados ficarão com os ricos. Coisa que seria razoável em sociedades saciadas, mas muito difícil de sustentar em sociedades famintas.

Com essa defesa do tradicional, dissimulam — tentam dissimular — sua incapacidade, sua renúncia a pensar em um futuro diferente do que propõe o capital global. Entregaram-lhe o monopólio do futuro e se entrincheiram nos bons velhos tempos. O arcaísmo é puro temor, fuga para trás. Não podemos com eles, nos refugiemos nas velhas florestas. E para isso defendem coisas impensáveis: o trabalho bestial, as ferramentas mais arcaicas, as plantas de baixo rendimento. O que vale a pena conservar de tudo isso?

Como a diferença entre aquele senhor que sopra uma bola incandescente de vidro na ponta de um tubo oco para fazer, com muito ar e movimentos milenares, uma taça e a linha de montagem que cospe vinte taças por segundo em um trenzinho organizado e invariável. Qualquer pessoa sabe que a taça artesanal será mais bonita, cara e exclusiva; qualquer um sabe que se quisermos que milhares de pessoas tenham taças será necessário usar as industriais. Que aqui também o que se produz com essa dedicação individual só está ao alcance de uns poucos. Que às vezes a beleza está na quantidade, em chegar a todos: a ética como uma forma da estética.

Um exemplo — entre tantos — que concentra a ideia. Em um parágrafo de *El mercado del hambre*, um livro comprometido e corajoso dos autores do filme *We Feed the World*, os alemães Erwin Wagenhofer e Max Annas dizem sobre a indústria alimentar: "As duas principais empresas ativas neste terreno, a Pioneer e a Monsanto, trabalham complementarmente para fazer desaparecer as certezas adquiridas em muitos milhares de anos de agricultura". Wagenhofer e Annas são dois honestos esquerdistas, críticos das culturas dominantes que, em qualquer outro tema, aplaudiriam quem o fizesse: "[Marx e Engels, Deleuze e Guattari, Carozo e Narizota]* trabalham complementarmente para fazer desaparecer as certezas adquiridas em muitos milhares de anos de [...]", escreveriam, admirados. Só que aqui a admiração se torna pânico.

O problema não é a mudança do paradigma produtivo. O problema é quem se beneficia dele. Não adianta se queixar do progresso técnico, mas sim das formas como esse progresso técnico é usado por aqueles que o controlam para aumentar seu poder e sua fortuna. O truque é que tais técnicas se apresentam ligadas a um modelo econômico — que seriam próprias do capitalismo globalizado e que só o capitalismo globalizado poderia fazê-las funcionar e que se você é contra o capitalismo globalizado é contra elas. Toda a busca consiste em separá-las. Não em jogar fora o bebê com a água do banho por não saber como se joga fora a água.

Trata-se, então de inventar uma maneira de se apoderar dessas novas formas: encontrar as formas políticas de pôr para trabalhar as novas técnicas em benefício de muitos — porque, sem essas técnicas, muitos milhões vão ter problemas para se alimentar. É um processo político complicado e já sabemos que, ultimamente, não sabemos bem o que fazer com os processos políticos. Seria possível pensar, para começar, em governos que não reconheçam a propriedade privada de um conceito de sementes. Seria possível pensar em maneiras por meio das quais esses pequenos camponeses pudessem se reciclar em outro tipo de trabalho, ou se unir em cooperativas que mudassem a escala e o tratamento de seus campos, ou emigrar para as cidades em condições razoáveis com empregos e garantias. Seria possível que, um dia, cada Ministério da Agricultura de cada país do OutroMundo tivesse sua empresa Monsantinho e distribuísse sementes ou organizasse

---

* Carozo e Narizota são personagens de um desenho animado infantil da televisão argentina que fez muito sucesso nos anos 1980. (N. T.)

explorações agrícolas. O problema, claro, é o espantoso fracasso das formas políticas que pretenderam fazer algumas dessas coisas. Mas, se isso nos devolver às aldeias, o fracasso estará selado de antemão.

A senhora Shiva continua falando: diz que mais de 70% das sementes usadas no mundo são controladas por dez grandes empresas, que também controlam boa parte dos remédios, e que as intervenções dessas multinacionais na Índia foram planejadas para criar fome. E eu não lhe digo — já estou desanimado — que não concordo: por que pretenderiam criar fome? Que elas não ganham com isso, que é um custo que estão dispostas a assumir, mas não um benefício. Que seus sistemas foram planejados para outra coisa — para que poucos ganhem muito, neste caso, controlando cada vez mais as formas de produzir alimentos — e que a fome não é uma meta, mas um dano colateral. Que não agrada a ninguém, que causa problemas, repressão, tensão — mas lhes serve para crescer e concentrar a propriedade das terras e o mercado agroalimentar, isso sim. E a senhora diz que esfomear era a meta, que agora a Índia está cheia de famintos:

— Agora somos o país com mais famintos do mundo, e isso não é possível. Não somos a África; somos a Índia, um país rico, fértil. O que acontece é que aqui há um sistema político e econômico planejado para produzir fome — insiste a senhora. E que por isso a fome voltou à Índia nos últimos anos. Eu quero aprender, mas não entendo. Por isso acabo dizendo que em Bihar, de onde estou vindo agora, havia gerações e gerações de malnutridos.

— Bem, Bihar é uma exceção — me diz, e eu lhe digo que sei que não é a única e que são precisamente exceções como Bihar, com seus 100 milhões de habitantes, as que fazem que haja tanta fome. A senhora me fulmina com seus olhos escuros.

"Por mais entristecedor que seja observar como se desorganizam e dissolvem essas miríades de organismos sociais industriosos, patriarcais e inofensivos, e como seus indivíduos perdem, ao mesmo tempo, sua antiga cultura e seus meios de vida hereditários, não devemos esquecer que essas comunidades rurais idílicas, que parecem tão inofensivas, sempre foram a base mais sólida do despotismo oriental, reduziram o intelecto humano a seus limites mais estreitos, convertendo-o em instrumento submisso da superstição, escravizando-o às regras tradicionais, privando-o de toda grandeza e energia histórica...", escreveu, em 1853, em um artigo publicado no *New York Daily Tribune*, intitulado "O papel britânico na Índia", um senhor que se chamava Karl Marx.

Depois, já de volta à sala da mesa polida, um senhor de Maharashtra nos fala de agricultores suicidas. O senhor se chama Kishore Tiwari, é grandalhão, cinquentão, o rosto amável, bonachão. O senhor Tiwari é um dos líderes dos camponeses de Vidarbha, uma região do centro da Índia onde vivem 25 milhões de pessoas e a maioria sempre se dedicou a plantar algodão.

Só em Vidarbha houve, nos últimos dez anos, mais de 20 mil suicídios de agricultores: 2 mil por ano, quase seis por dia. Acontece em toda a Índia: calcula-se que desde 1997, ou seja, em quinze anos, foram uns 250 mil. Mas Vidarbha é uma das regiões mais afetadas, onde a praga avança sem parar. Como se a ideia de que o suicídio é uma solução viável tivesse ampliado o leque: uma coisa que não fazia parte das possibilidades de repente se transforma em uma opção entre outras, espantosa.

— É por causa do progresso. O progresso só nos trouxe pobreza e desespero. O progresso nos trouxe mortes e mais mortes — diz o senhor Tiwari, e a palavra progresso soa, em seus lábios, como uma maldição.

Os camponeses de Vidarbha sempre viveram vidas muito difíceis. Seus campos são pequenos e pedregosos, uma terra da qual é difícil arrancar nada. Mas, diz o senhor Tiwari, os camponeses de Vidarbha aprenderam a sobreviver com suas penúrias, até que chegaram as sementes geneticamente modificadas da Monsanto.

— Nossos camponeses se suicidam porque não conseguem pagar suas dívidas, é verdade. Mas não é verdade que contraem essas dívidas para pagar o casamento de seus filhos, os dotes de suas filhas. Bem, alguns fazem isso. Mas a maioria se endivida para pagar as sementes da Monsanto — diz, para dizer que é a modernidade, e não a tradição, que os mata.

— Os vendedores vêm com as sementes de algodão BT e os convencem a comprá-las; vendem-lhes seus espelhinhos coloridos.

O algodão BT é uma variedade modificada pela inserção de uma bactéria, a *Baccilus thuringiensis*, que produz um inseticida natural efetivo contra certos insetos — mas não contra todos. A semente precisa que lhe agreguem

209

adubos e pesticidas que custam muito dinheiro; no entanto, cresce muito bem quando há uma boa irrigação; nem sempre funciona em campos que dependem — como quase todos em Vidarbha — dos caprichos da chuva. Mas os vendedores tentam ocultar esse fato e os camponeses se iludem com os rendimentos que poderiam obter e as compram e gastam um dinheiro que não têm com essas sementes e toda a parafernália de que precisam. Além disso, as sementes de algodão BT, como a maioria das geneticamente modificadas, não são boas para replantar; a cada ano, os camponeses precisam voltar a comprá-las — e assim se endividam mais e mais, diz o senhor Tiwari.

— É o que chamaríamos de vício, fazer coisas nocivas compulsivamente. É como fumar, beber, um vício. Nossos camponeses ficaram viciados em algodão BT.

Eu não digo — eu não digo mais nada — que acho curioso que seus camponeses sejam, ao mesmo tempo, detentores de um saber milenar e sujeitos que se enganam com tanta facilidade, incapazes de distinguir essa mentira de suas próprias verdades. É, amiúde, a triste obrigação das "vanguardas": defender os povos contra si mesmos.

Mas o senhor Tiwari não considera a possibilidade de que essas sementes funcionem, sim: que seriam boas se não fizessem a Monsanto lucrar. Agora diz que inclusive alguns de seus camponeses se endividam com coisas muito mais primárias: para comprar uma pá e uma enxada, para alugar um boi que lhes permita arar seu pedaço de terra. E que outros nem sequer podem fazê-lo; que amiúde uma família ara sua terra com um de seus membros conduzindo o arado, dois puxando, como se fossem animais.

— Nossos camponeses passam fome, muitas vezes passam fome. Mas acho que não se suicidam por causa da fome. Eu diria que a fome faz parte do que conseguem suportar, estão habituados. A maioria se suicida por vergonha, o desespero de perder suas terras — diz o senhor Tiwari, e conta que os camponeses de sua terra se suicidam bebendo o próprio inseticida que os enche de dívidas. Ele nos mostra suas fotografias. Nas fotos, nos retratos que uma viúva ou um filho normalmente preservam, os suicidados têm olhos grandes, muito arregalados, como se lutassem contra o impulso de fechá-los.

Depois, o senhor Tiwari diz que o governo não faz nada, que os ricos e poderosos não fazem nada, que a imprensa quase nunca faz nada. Embora, diz, às vezes a imprensa trate do tema e isso serve para que as autoridades tenham de fazer algo. Que não costumam fazê-lo, mas que, quando apare-ce um jornalista ou uma equipe de televisão, às vezes sim. De fato, foi um jornalista do periódico *The Hindu* quem começou a agitar o tema em nível nacional, há alguns anos. Palagummi Sainath, a quem todos chamam, por piedade, de P. Sainath, é uma das pessoas que mais sabem a respeito de camponeses, pobreza e fome na Índia; eu estou há dias escrevendo para ele, tentando encontrá-lo para entrevistá-lo e até agora não me respondeu.

O destino é uma forma de atravessar a rua: o indivíduo, mas não tanto, imbuído de seu destino, olha para um passarinho e começa a caminhar para atravessar a rua. Ou olha para um botão da camiseta sem botões e começa a caminhar para atravessar a rua. Ou, mais desajeitado, fecha os olhos e começa a caminhar para atravessar a rua. O curioso é que alguns sobrevivem — por um tempo.

MUMBAI

Alguém me diz que o lixo — o infinito lixo das ruas indianas — é um problema evolutivo: que os indianos jogam tudo em todos os lugares porque antes cães e vacas o comiam em um instante.

— O problema é que agora, com o plástico...

Estou fazendo o dejejum na calçada de um café, o Mumbai, perto do mar. Leio o jornal, me distraio; um corvo agarra o pão que restava em meu prato e foge voando. Há algo de metáfora grosseira nesta sociedade onde os animais também participam da briga pela comida.

E há um lugar-comum: que a Índia vive em vários séculos ao mesmo tempo. Eu diria que vive neste século com várias classes ao mesmo tempo — como em todos os séculos. A diferença aqui é que os ricos vivem na contemporaneidade, mas também no século XVII, porque é nele que exploram os seus pobres — que só vivem nele.

Perto do mar, Mumbai exibe o esplendor da velha colônia: casas monumentais, ruas largas, árvores antigas; um pouco mais além, os arranha-céus, a região financeira, os elegantes bairros novos: — Mumbai é o estandarte de uma nova prosperidade indiana. Uma cidade de vinte milhões de habitantes onde se concentra a riqueza do país, onde torres florescem a cada dia, onde shoppings e carros e grifes brilham. Em Mumbai vivem, também, mais miseráveis do que em qualquer lugar do mundo. Sua prosperidade tão aparente os atrai: milhares chegam a cada dia fugindo da miséria de seus campos.

Jogados fora, descartados.

Avani diz que sim, que agora está vivendo há bastante tempo aqui, mas quem sabe quanto mais:

— Aqui você nunca sabe. Quando precisa ir a algum lugar, nunca sabe se ao voltar ainda vai ter uma casa.

O que Avani chama de sua casa é um plástico apoiado em quatro pedaços de pau. O que Avani chama de seu lar não é sequer uma favela: está um pouco mais abaixo na escala Richter.

— Ninguém pode saber o que é sem ter passado por isso.

As favelas de Mumbai são enormes e ficaram famosas quando *Quem quer ser um milionário* faturou 400 milhões de dólares e ganhou oito prêmios Oscar e a compaixão piegas do planeta. Mas existem aqueles que não tiveram o privilégio de viver em uma favela. Os mais pobres entre os 10 milhões de pobres de Mumbai são os *pavement dwellers* — moradores do asfalto —, aqueles que vivem no meio da rua, em choças erguidas em espaços públicos — calçadas, estradas, sarjetas, parques, lixeiras. Ninguém sabe exatamente quantos são: alguns falam de 100 mil, outros de um quarto de milhão.

Há alguns anos, segui Geeta durante alguns dias, uma garota de 20 e poucos anos, que sempre vivera na rua, mas que, graças a uma associação de mulheres — a *Mahila Milan*, Mulheres Unidas — que promovia a poupança comum, havia se safado: a Mahila Milan propôs a essas mulheres de rua que economizassem 1 rupia por dia cada uma e que o grupo, em alguns anos, as ajudaria a construir suas casas. Uma rupia era uma quantia ínfima e, ao mesmo tempo, difícil de conseguir; mas muitas mulheres tentaram; quando a conheci, Geeta acabara de se mudar para um apartamento de um aposento que ficava em um conjunto habitacional popular dos arredores de Mumbai.

— Qual é a vantagem de a Mahila Milan ser um grupo integrado só por mulheres? — perguntei-lhe então.

— Primeiro que aqui, quando você colocava mulheres e homens juntos em um grupo, os homens decidiam tudo. Mas além disso há outras coisas. Os maridos costumavam bater nas mulheres se saíssem quando estava escuro. Quando se uniram na Mahila, as mulheres começaram a poder sair de casa. Os homens a princípio resistiam, mas, quando viram que suas mulheres resolviam certos problemas ou evitavam um despejo, não disseram mais nada. E começaram a olhá-las de outra forma: no fim das contas, quem conseguia as coisas eram elas.

— E pararam de bater nelas?

— Bem, não de verdade. Agora, quando um homem bate na sua mulher, as mulheres da associação vão até sua casa e tentam resolver, convencer o homem a parar de bater. Muitas vezes conseguem.

Naquela ocasião, Geeta havia me contado sua história, sua infância: ia à escola, brincava na rua, à noite comia as sobras que davam à sua mãe nas casas que limpava. Geeta e sua família não tinham banheiro nem luz nem água corrente; cada manhã, às 5h, Geeta, ou sua mãe, tinha de ir a uma oficina vizinha pegar água da torneira — mas só nessa hora. Sua mãe também costumava lhes trazer roupa velha que suas patroas lhe davam: Geeta chegou à adolescência sem ter estreado nem uma camiseta.

— Às vezes, tínhamos um plástico para nos cobrir, às vezes não. Eu gostava mais quando não tínhamos, porque podia ler à luz dos faróis da rua.

Então Geeta lia até bem tarde: queria tirar boas notas na escola. Algumas professoras a maltratavam porque vivia na rua; outras, no entanto, a ajudavam. E Geeta estudava e brincava, lavava, comia quase todos os dias. Era uma vida, embora ameaçada pela demolição: de quando em quando, por alguma queixa, as autoridades municipais chegavam e destruíam suas choças. Nessas noites, Geeta, sua família e os outros vizinhos esperavam que os agentes fossem embora e voltavam a armá-las de novo, no mesmo lugar ou em algum outro.

— Voltávamos, mas vivíamos ameaçados. Isso não era muito bom. Alguns vizinhos dos edifícios diziam que nós, moradores do asfalto, éramos sujos, que éramos ladrões. E qualquer um vinha e nos insultava, não sei. Estávamos ali, na rua, sem nenhuma proteção.

Agora Geeta vive em seu apartamento, está feliz, mas cansada. E se queixa do barulho:

— Na rua havia tanto barulho que não ouvíamos as crianças. Mas, desde que viemos para cá, achamos que são muito barulhentas, gritam muito.

Eu lhe pergunto se pode me apresentar a alguma amiga que ainda viva na rua, e me diz para encontrá-la no dia seguinte em um bairro mais ou menos central — para encontrar Avani.

Alguns metros mais além, sem ruídos, a elegância com que um velho, morador de calçada, sentado em sua calçada, o *dhotti* enrolado na cintura, embebe as mãos com um líquido que tira de uma garrafinha de Coca-Cola, esfrega-as, toca a careca, os braços, os mamilos: sua toalete matinal. Atrás, uma dúzia de garotos: ensaboados, quase nus, gritando, rindo, tomam banho na calçada, como a cada manhã.

Já faz séculos que conviemos que uma quantidade importante das atividades das pessoas aconteceria fora da vista daqueles que não fizessem parte de sua família. Mais: poderíamos definir a família como o grupo de pessoas que, sim, podem presenciar essas ações íntimas. Não deveria ser assim: poderíamos viver em público — os banheiros, por exemplo, foram coletivos durante boa parte da história —, mas, por uma série de razões, resolvemos viver em privado. Aqui, as pessoas que vivem na rua retomam essas velhas formas.

As pessoas que vivem na rua dormem na rua, se lavam na rua, se vestem na rua, cozinham na rua, comem na rua, rezam na rua, adoecem e morrem na rua, conversam e se reúnem e fodem e riem na rua.

Estão, são a rua.

Avani é magra e baixinha, o rosto muito redondo, esses olhos um pouco fora de órbita que assemelham as mulheres indianas às vacas. Avani se movimenta com uma graça extrema: como quem flutua sobre o lixo. Veste um sári verde e vermelho fininho de tão gasto; seus filhos têm entre 5 e 10 anos e correm ao redor da gente, descalços, gritando. Um cachorro também corre. Hoje Avani está aqui porque faz dias que não consegue nenhum trabalho.

— Às vezes consigo algum, limpo casas de família, mas muitas vezes, quando ficam sabendo que vivo na rua, me despedem: dizem que somos sujos, que somos ladrões.

Avani e Geeta eram amigas: seus pais haviam chegado da mesma região do sul da Índia, haviam crescido juntas, conversavam sobre suas esperanças e temores. Mas quando tinha 16 anos, Avani engravidou de um vizinho um pouco mais velho do que ela. O homem não teve problemas de se casar sem dote: vê-se que a amava. E Avani diz que era uma boa pessoa, que a tratava bem, que também tinha problemas para arranjar trabalho, mas que chegou um momento em que acreditaram que iam poder sair da rua, conseguir um lugar para viver.

215

— E foi justamente naquela noite — diz Avani: que veio um homem trazendo uma família querendo ocupar o lugar que eles ocupavam, e que depois souberam que a família havia pago ao homem cerca de 500 rupias e que o homem era uma besta e gritava que fossem embora, que pegassem o que pudessem e fossem embora e que então seu marido precisou defendê--los, o que ia fazer? Atacou-o com uma faca e o homem foi embora, ferido. Alguns dias depois, chegou a polícia: o homem havia morrido.

— A polícia nunca se mete em nossas coisas, se vem é para nos tirar de algum lugar, não para cuidar da gente. Mas tivemos o azar de que esse homem era conhecido deles, lhe fazia não sei que favores, e vieram procurar quem o havia matado.

Já faz quase quatro anos que prenderam o marido de Avani e ainda está sendo julgado, mas parece que não vai sair tão cedo.

— Aí tudo se arruinou. Eu fiquei aqui, sozinha, casada mas sem homem, sem trabalho, esposa de um preso, as três crianças. Não sei o que fazer com as crianças. Não posso mandá-las à escola porque não são aceitas, dizem que sem domicílio não podem pegá-las. E assim passam o dia inteiro dando voltas por aqui...

Avani me diria depois que há muito tempo, quando agarraram seu marido, tentou trabalhar como puta, mas não suportou.

— Não conseguia, não conseguia. Eu conheço muitas garotas que se prostituem e tudo bem, mas eu tinha muito nojo, se percebia, e os clientes se irritavam. Pena.

Agora, quando falta trabalho, Avani e seus filhos comem o que encontram no lixo: às vezes há suficiente, às vezes não. Outras vezes, Avani pede umas moedas para comprar um punhado de arroz. Quase todos os moradores do asfalto têm desnutrição severa: comem pouco e mal. De quando em quando, Avani encontra no lixo alguma coisa que pode vender; há uns meses, apareceu um celular bom e lhe deram 400 rupias. Quatrocentas rupias são 8 dólares e o celular era, por sua descrição, um iPhone que pode ser vendido, mesmo usado, por umas 20 mil.

— Nesse dia comprei três pedaços de frango para meus filhos. A menor ficou meio mal, passou a noite inteira com dor de barriga.

— E sabe o que está acontecendo comigo agora? Quando não como, fico o tempo todo com os dentes apertados, meus dentes rangem.

Mas depois me diz que sempre lhe resta a coisa do rim.

— Que coisa do rim?

— Sim, isso me tranquiliza. Eu sei que, se ficar muito desesperada, que se realmente ficarmos sem nada de nada, sempre poderei vender um rim.

— Vender um rim? — pergunto-lhe, um pouco enérgico. Avani me olha como se não entendesse minha energia:

— Sim, muita gente faz isso. Bem, não sei se muitos, mas alguns certamente. Minha amiga Darshita fez e está bem — diz Avani e se cala. Olha para mim, abaixa os olhos, me olha de novo. Eu lhe pergunto o quê, ela sussurra: se diria que não quer me ouvir.

— Tenho medo. Tenho muito medo. Tomara que possa fazê-lo, se precisar, por meus filhos. Mas e se eu não conseguir? O senhor acha que conseguirei?

Há perguntas que nenhum de nós jamais se fez.

Quando era menina, quando não havia comida, quando passavam fome, os pais de Avani sempre diziam que sim, que na cidade era preciso viver à vista de todos, mas que sempre havia alguma coisa para comer: que algo sempre encontravam, não como na aldeia, onde às vezes passavam dias e dias sem provar nem um bocado, onde os filhos da prima Madhu havia morrido e o médico disse que tinha sido por causa de uma doença, mas eles sabiam que era porque haviam passado muito, muito tempo sem comer.

E, por isso, o medo de Avani quando a levaram à aldeia pela primeira vez: achava que ia morrer de fome. Comeu — no casamento de uma tia, comeu bastante arroz e *dal** e carne de cordeiro —, mas depois, na cidade, cada vez que ficavam sem nada para comer dizia à sua mãe que já estavam outra vez como na aldeia.

E a mãe sempre lhe dizia a mesma coisa:

— Você achava mesmo que conseguiríamos escapar dela?

Essas perguntas que

Sua casa é feita de dois pedaços de papelão que servem de paredes, um em cada lado, atrás do paredão da casa onde se apoia a sua, na frente nada: a rua, a cidade. E um plástico negro como teto e lá dentro dois catres de madeira e

---

* Prato típico da culinária indiana, feito à base de cereais, geralmente lentilha. (*N. T.*)

algumas panelas. De dia, Avani tira o teto e as paredes para que os vizinhos não se queixem; de noite, reconstrói sua casa: a cada noite.

— O que você espera para seus filhos?

— Não sei, que consigam sair...

— Conseguirão?

— Se Geeta conseguiu...

— Por que ela conseguiu e você não?

Avani fica calada, como se nunca se tivesse feito essa pergunta. Ou como se a tivesse feito muitas vezes.

nenhum de nós jamais se fez.

Um terço das crianças de Mumbai sofre com a desnutrição — e é sempre o mesmo terço. Nestes dias, uma ONG chamada Dasra disse que nas favelas de Mumbai morrem, a cada ano, 26 mil crianças por causa de má nutrição: mais de setenta a cada dia. O Estado, aqui, gasta em saúde 210 rupias anualmente por pessoa: 4 dólares anualmente por pessoa; menos, inclusive, que a média nacional. Na cidade da suntuosidade e do progresso, as diferenças são ainda mais cruéis.

— E de quem é a culpa?

— Não sei, minha, nossa. Se eu tivesse conseguido sair daqui, não teria estes problemas?

— Como pode melhorar sua situação?

— Minha única solução é conseguindo mais dinheiro, trabalhando mais, muitas horas. É a única solução.

— Você odeia alguém?

— Não, tento não odiar, não tenho motivos para odiar.

— Quando está na rua e vê passar alguém em um carro novinho em folha...

— Não sei, não me sinto bem.

— E se imagina em seu lugar?

Avani ri como uma colegial flagrada, é estranho, não combina.

— Não, como lhe ocorre? O que vou fazer nesse lugar?

— O que faria se tivesse todo o dinheiro que quisesse?

218

— Compraria um terreno, construiria uns quartos e os alugaria.

— E então seus pobres inquilinos teriam que lhe pagar aluguel...

— Sim, claro. Mas se alguma vez não tivessem dinheiro eu esperaria.

Por ora, tudo o que Avani gostaria de poder era viver em um *slum*. Ou nisso que ela chama de *slum* e eu não sei como traduzir. Isso que os ingleses chamam de *slum*, os franceses de *bindoville*, os italianos de *baraccopoli*, os brasileiros de favela, os alemães, que não precisam inventar uma palavra para isso, de *slum* — e que todos esses idiomas, em outros tempos, souberam chamar de gueto: um espaço onde se amontoa certo segmento social porque razões políticas ou religiosas ou econômicas o impedem de viver em outros lugares.

O castelhano, no entanto, não tem uma palavra: tem muitas. A evolução do *slum* em castelhano é a dispersão linguística do idioma: quanto mais um conceito se afasta da academia, mais chances há de que cada país o nomeie de uma forma diferente.

O big bang do castelhano latino-americano.

Chabola, callampa, villamiseria, cantegril, barriada, población, pueblo joven, colonia, campamento: a mesma coisa, dita de tantas formas diferentes. Passei horas pensando como chamá-la neste livro. Por fim, imaginei que gostaria de usar uma palavra do velho castelhano — árabe, claro — que não se usa em nenhum de nossos idiomas — embora tenha certa tradição tangueira: *arrabal*. O arrabal era — continua sendo — esse setor da cidade que fica em suas margens, habitado por uma população que se supõe distinta ou marginal ou perigosa: a forma mais castiça do *slum*. Subúrbio em estrito senso: uma *suburbe*, uma cidade por debaixo da verdadeira cidade. Quis usar arrabal e depois achei que estou escrevendo, contra meu desejo, em argentino.

Villamiseria.
Villa.

(De como uma palavra pretensiosa do idioma passou a ser usada para designar uma coisa que não tem pretensões: *villa, villero*, o que vive fora.

* * *

De como, em argentino, uma palavra que nasceu para estigmatizar — e ainda estigmatiza — foi adotada por suas vítimas como a maneira orgulhosa de chamar a si mesmas e a seus costumes e a suas produções.)

Os *villeros*, as *villeras*,

o *villero*.

Villamiseria é a única que integra, ademais, em seu significante a qualificação do que é.

A *villamiseria* é um produto da Revolução Industrial. Não que antes não houvesse arrabaldes pobres, mal-afamados, marginalizados, mas a difusão e tamanho que começaram a ter no século XIX eram desconhecidos. Então, entre outras coisas, a palavra *slum* — que antes significara negócio sujo — passou a designar esses lugares que cresciam nas margens de Londres, Manchester, Dublin, Paris, Calcutá ou Nova York.

Já então as *villamiserias* eram caracterizadas como "uma amálgama de casas destruídas, amontoamento, enfermidade, pobreza e vício". Mas na primeira metade do século XX haviam se tornado raras no Primeiro Mundo e — a partir dos anos 1960 — floresceram no Outro com raro ímpeto.

E foram, seja dito, as principais responsáveis por uma das grandes mudanças dos últimos anos: pela primeira vez desde que o mundo é mundo há mais pessoas vivendo nas cidades do que no campo.

"As cidades do futuro, em vez de serem construídas com vidro e aço, como as imaginavam as velhas gerações de urbanistas, são feitas de tijolo cru, palha, plástico reciclado, blocos de cimento e aglomerado de madeira. Em vez de cidades de luz crescendo até o céu, boa parte do mundo urbano do século XXI se afunda na sujeira, cercada de poluição, excremento e decadência. Os bilhões de cidadãos que vivem em seus arrabaldes pós-modernos podem observar com inveja as ruínas das toscas casas de barro de Çatalhüyük, na Anatólia, construídas no princípio das cidades, há mais de 9 mil anos", diz Mike Davis em um livro imprescindível, *Planeta favela*.

Em 1950, havia 86 cidades no mundo com mais de 1 milhão de habitantes. Calcula-se que em 2015 serão 550. Nas 25 cidades que têm agora mais de 8 milhões de habitantes, apenas três ficam em países ricos: Nova York, Tóquio e Seul; as demais vivem no OutroMundo. E são as que mais crescem. A população urbana de Brasil, China e Índia já ultrapassa as populações de Estados Unidos e Europa somadas. Mas três quartos do crescimento da maioria dessas cidades se devem a construções marginais em terras ocupadas: as *villamiserias*.

A *villamiseria* é uma das grandes invenções modernas: a forma mais atual, mais contemporânea de habitação do OutroMundo. No mundo que se tornou urbano, a *villa* é a urbanidade que mais cresce. A cada ano, diz a ONU, 25 milhões de *villeros* se somam à lista.

Há, agora, no mundo, umas 250 mil *villamiserias*; a ONU diz que vivem nelas 1,2 bilhão de pessoas: que uma de cada cinco crianças do mundo é um *villero*, que três de cada quatro habitantes das cidades do OutroMundo vivem em uma *villa*.

Muitos deles passam fome.

R. me pede que não revele seu nome. Eu lhe digo que não se preocupe, que lá longe, onde eu vivo, ninguém o conhece; ele me diz que não sabe, que talvez não, mas quem sabe sim e que ele não quer que as pessoas pensem que se queixa de ser o que é. Que tem orgulho de ser o que é e não quer que ninguém se confunda.

— Sente orgulho de ser o quê?

— De ser o que sou.

— Ou seja...?

— Um morador de Dharavi, um *villero*. Aqui alguns têm vergonha, mas eu não tenho. Por isso não quero que ninguém se confunda.

Não entendo sua lógica: um orgulho que não diz seu nome. R. tem mãos grandes, rachadas, cabeça pequena, olhos afundados, cabelos negros desalinhados. R. tem 30 anos, uma esposa grávida, três filhos, uma mãe e duas irmãs amontoados em dois quartos. Sua casa é feita de uns poucos tijolos, tábuas, chapas, varas: todos os materiais que R. conseguiu encontrar ou comprar muito barato. R. nasceu em Dharavi; seus pais chegaram aqui há quase cinquenta anos.

— Eles sim vieram fugindo da fome.

Os pais de R. vieram de Saurashtra, no estado de Gujarat, a 100 quilômetros, porque uma longa seca os deixara sem terra e sem comida. Quando chegaram, Dharavi era um pântano marginal cercado pelos trilhos de duas estradas de ferro, onde viviam alguns pescadores. Agora, incrustada no meio de Mumbai, é a maior *villamiseria* da Ásia; ruas estreitas, sujas e malcheirosas, pessoas e pessoas e pessoas, animais, gritos: a densidade de qualquer espaço indiano elevado à oitava potência. Dharavi é uma mistura de mundos muito variados, 1 milhão de pessoas e dúzias de comunidades diferentes aglomeradas em menos de 2 km². Muçulmanos, hindus, bordadores de Uttar Pradesh, confeiteiros de Tamil Nadu, tintureiros e alfaiates, ferreiros, carpinteiros, operários têxteis e moleiros expulsos do centro da cidade pelo desenvolvimento imobiliário: cada grupo forma seu bairro com seus costumes e suas regras.

— Meu pai conseguiu se instalar direito. Minha mãe diz que gostavam de estar aqui. E ele sabia fazer seu ofício, era um bom oleiro e por isso conseguiu nos criar. O problema foi que o perdemos muito cedo, pobre homem.

O pai de R. chegou há cinquenta anos; muitos continuam chegando a cada dia. Dos 500 mil que migram a cada ano para Mumbai, 400 mil acabam em lugares como este. Por isso em Mumbai há entre 10 e 12 milhões de *villeros*; 60% da população de Mumbai vive em 6% da superfície da cidade, sem água corrente, sem ruas, sem esgoto. As *villas* estão devorando a cidade.

Uma lógica pobre: se em Mumbai vive muito mais gente nas *villas* do que no resto, qual é a margem e qual é o centro? O que é o central e o que é o periférico?

Mumbai — não apenas Mumbai—: uma grande *villamiseria* com algumas regiões de edifícios serviços negócios capitalismo funcionando.

Se Dharavi é agora o que é, é porque Biraul é o que é agora. E todos os Dharavis, e todos os Birauls. As grandes cidades ocidentais já haviam chegado a seu ponto de (des)equilíbrio antes do final do milênio, as cidades que crescem são as outras. O crescimento da população urbana significa, sobretudo, que os camponeses do OutroMundo estão se mudando para as cidades.

A urbanização é, sobretudo, um efeito dessa mudança de formas de produção rural, que precisam cada vez menos de mão de obra, que expulsam as pessoas que não lhes servem mais. E essas pessoas — muitas dessas pessoas — vão tentar a vida nas cidades, onde o aumento dos serviços — transportes, domésticos, limpeza — e o desenvolvimento de indústrias muito primárias parecem precisar de todos os corpos baratos disponíveis.

Às vezes, trata-se apenas de uma miragem: muitos nem sequer entram nesse mercado e sobrevivem como podem. A cidade lhes oferece mais possibilidades do que suas aldeias: lhes oferece, para dissimular, a vantagem de ter tudo mais perto, à mão. Mas, para muitos, tudo isso que parece próximo é tão inacessível como se estivesse em outro mundo. E, mesmo assim, a ilusão continua funcionando: um teto, certa segurança, o acesso ao que os ricos descartam, a proximidade de algum tipo de trabalho, um hospital péssimo mas, enfim, hospital, o sonho de uma escola para seus filhos, a miragem do progresso. Ir para as cidades é a coisa mais intensa que milhões de pessoas fazem para melhorar suas vidas e as dos seus. E muitas vezes acabam em lugares como estes.

Há, em toda a Índia, 160 milhões de *villeros*.

Os camponeses abandonam os campos, mas eles continuam produzindo alimentos. O campo era uma forma de vida; está se transformando em um modo de produção, uma exploração: um espaço para uma prática econômica que precisa cada vez menos de pessoas.

Como disse Davis: inverteu-se o mecanismo clássico que opunha campos com muita mão de obra a cidades com muito capital. Agora, com o crescimento das periferias urbanas — que não é mais um efeito da sedução de novos empregos e sim da reprodução da pobreza —, o OutroMundo ficou cheio de campos com muito capital e cidades com muita mão de obra.

A população rural não vai crescer mais: já atingiu seu auge, e se reduz. A maioria — 75% — dos famintos ainda vive nos campos. É como se fossem um arcaísmo que poderia desaparecer com a continuidade do processo de urbanização. Mas a miséria está se transferindo perfeitamente para as cidades.

Todo o crescimento demográfico futuro acontecerá nas cidades: "a fome será mais e mais urbana" — diria o manifesto que ninguém escreve porque é excessivamente verdadeiro. E porque ninguém se atreveria a concluir: "ou não será."

Mas, precisamente por causa da fome, os famintos que podem fogem para as cidades: Mumbai, Daca são exemplos extremos.

R. começou a trabalhar quando tinha 10 ou 11 anos e, aos 14, seu pai morreu e ele, como filho mais velho, precisou se encarregar deles. Seus dois irmãos menores trabalhavam com ele; juntos, alimentavam a família: cinco irmãs, a mãe, dois primos órfãos. Com o tempo, conseguiram recompor a situação. Foram em frente, mas agora está difícil de novo: há muita concorrência, não apenas de outros oleiros, mas também dos metais e plásticos muito baratos, vendidos a preços incríveis. R. diz que isso é incontrolável, que em dez ou vinte anos seu ofício não vai servir mais para nada, que ele não vai servir para nada.

— Vou acabar como esses que ficam procurando no lixo ou puxando um riquixá — diz, e depois, como quem não havia pensado na hipótese: — Não, já vou estar muito velho para puxar um riquixá. Talvez meus filhos, se conseguir que frequentem a escola... Tomara que eles, porque eu não vou servir para nada — insiste, a cabeça baixa, o olhar na sujeira do chão.

Há dez anos, logo depois que se casou, R. e sua família perderam sua casa: foi um golpe duro.

— Tivemos de sair da casa que meu pai havia construído, nós a perdemos. Como ele havia chegado no começo, a casa ficava muito no centro e começou a valer mais dinheiro. Não tínhamos papéis e por isso nos tiraram.

É, entre outros, o paradoxo da *villa*, o que faz com que muitos *villeros* acabem sendo, muitas vezes, precursores involuntários do capitalismo de mercado. Em algum momento, quando a pressão social e demográfica transborda, um grupo de pessoas ocupa um terreno que ninguém quisera ocupar: por ser distante, difícil de edificar, insalubre. Eles não têm opção: vão e o habitam. Com o tempo — e seu esforço, suas pressões —, conseguem transformar este lugar em um espaço habitável, apetecível; então, o mercado decide recuperá--lo e algum rico, algum especulador, algum banco, consegue documentos e licenças que lhes permitem expulsar os *villeros* e vender suas casas.

Outras vezes, o processo é isolado, individual, mais sibilino; alguém oferece ao ocupante desse espaço melhorado um dinheiro que não pode recusar: que o leva a ter a ilusão de que poderá construir uma choça melhor, abrir um negócio ou, inclusive, comer mais amiúde. Outras vezes — tão frequentes —, os *villeros* são inquilinos que não conseguem mais continuar pagando os aluguéis aumentados graças às melhorias.

Então têm de ir embora, procurar outro lugar inabitável, recomeçar.

— Espero poder ficar nesta casa por muito tempo — diz R. — Mas não podemos arrumá-la muito — completa, porque sabe que se o fizerem seu pedacinho de terra vai valer o suficiente para que alguém se lembre de que ele não é o dono, apenas um ocupante.

— Não é estranho? Eu quero melhorá-la, mas, se melhorar muito, vão foder com a minha vida. Por isso também não quero melhorar muito. Eu gostaria de querer melhorar, mas não posso, aí perco tudo.

Alguém me disse, muitas vezes, nestes dias, que a Índia é a sociedade mais maleável: que os indianos conseguem se adaptar a qualquer coisa. E fiquei sem saber se achava aquilo um mérito.

Dizem que no começo do século passado uma dama inglesa que precisava viajar para uma aldeia indiana enviou uma carta ao professor da escola local para lhe perguntar se a casa em que ficaria dispunha de um WC. As autoridades locais não conheciam essa palavra e discutiram; depois de muitas dúvidas, chegaram à conclusão de que a dama, provavelmente, quisera dizer *wayside chapel* — uma capela próxima — e encarregaram o professor de lhe responder, com toda a amabilidade de vassalo colonial: "Querida senhora, tenho o prazer de lhe informar que o WC fica a 9 milhas da casa, no meio de um lindo bosque de pinheiros. O WC pode receber 229 pessoas sentadas e abre aos domingos e às quintas-feiras. Sugiro que chegue cedo, sobretudo no verão, quando a afluência é grande. Também poderia ficar em pé, mas seria incômodo, sobretudo se visitá-la com frequência. Saiba a senhora que minha filha se casou ali, porque foi ali que conheceu seu futuro esposo. [...] Gostaria de lhe recomendar que fosse em uma quinta-feira, dia em que poderá desfrutar do acompanhamento de um órgão. A acústica é excelente e os sons mais delicados podem ser apreciados em todos os lugares. Há pouco foi instalado um sino, que toca cada vez que alguém chega. Uma pequena loja oferece almofadas, muito apreciadas pelo público. Será um prazer acompanhá-la pessoalmente e situá-la em um lugar bem visível."

Agora, cem anos depois, na região onde R. vive, tampouco há água corrente, nem esgoto; as mulheres da casa vão buscar água em umas bicas que ficam do outro lado da estrada. Defecam no mato, nos descampados.

A metade da população de Mumbai não tem banheiro e por isso caga onde pode. Há alguns anos, alguém calculou que 6 ou 7 milhões de adultos cagam a cada dia nas *villamiserias* de Mumbai: se cada um produzir meio quilo, isso pressupõe umas 3 mil toneladas de merda todas as manhãs — que se espalha por rios putrefatos ou se amontoa ao redor das choças e dos caminhos.

A falta de banheiros cria, obviamente, problemas sanitários extremos: nas *villas* de Mumbai, dois de cada cinco mortos foram vítimas de infecções e parasitas, devido à contaminação da água e à falta de esgoto. Mas, acredite, há também outros problemas: as mulheres, que não querem que os homens as vejam, costumam ir em grupos antes do amanhecer: às vezes, vão a terrenos afastados, acompanhadas por ratos e serpentes. Ou onde homens as esperam, às vezes, para violentá-las quando se afastam.

No mundo, 2,5 bilhões de pessoas vivem sem esgoto, morrem sem esgoto. Costuma-se achar que o aumento incrível da expectativa de vida nos últimos 150 anos é um efeito da medicina e seus remédios; é, muito mais, resultado das cloacas e da água corrente. Aqueles que não as têm continuam na merda: de 2000 a 2010, morreram mais crianças de diarreia do que soldados em todos os conflitos desde a Segunda Guerra Mundial.

— Se pelo menos pudéssemos nos ajudar mais entre nós, nos organizar para nos defender... — diz R.

Uma *villa* é, antes de mais nada, um lugar onde o Estado não funciona. Não há luz, não há água, não há ruas, não há polícia, não há escolas. Até os anos 1970, muitos governos do que era então o Terceiro Mundo tentaram substituir as *villamiserias* por conjuntos habitacionais: eliminá-las, por infames.

Mas então, pouco antes do Consenso de Washington, a política mudou. O Departamento de Desenvolvimento Urbano do Banco Mundial foi o propulsor da nova proposta: não seria mais necessário gastar dinheiro público para construir casas para os pobres, mas usá-lo — muito menos — para manter e melhorar as *villamiserias*. A proposta veio envolta em grandes louvores à iniciativa dos pobres — a construção de *villas* — e, portanto, na conveniência de "ajudá-los a se ajudar". Apresentava-se como um "empoderamento" dos *villeros* e era, na verdade, uma forma de perpetuar a diferença extrema, a existência desses lugares de exclusão, guetos contemporâneos. E, logicamente, de preparar a retirada do Estado que os anos 1980 veriam ser completada.

E propiciar, então, sua substituição por ONGs e outros organismos beneficentes: "Se esforçam em subverter, desinformar e desalentar os *villeros* para mantê-los afastados de qualquer luta de classes. O que promovem é que eles tenham de pedir favores baseados na boa vontade e no humanitarismo em vez de se tornarem conscientes de seus direitos. Essas agências e organizações intervêm sistematicamente para que não tentem obter o que precisam por meio da agitação social. Seu esforço está centrado em distrair a atenção dos *villeros* dos verdadeiros males políticos e levá-los a confundir seus inimigos e seus amigos", escreveu Davis.

R. ganha, apesar de tudo, 3 mil rupias por mês, quase 60 dólares, e diz que raramente passam fome: que, em geral, conseguem comprar comida.

— Raramente passamos fome — diz: que às vezes, de vez em quando, alguma noite, têm de ir para a cama com um chá, mas é raro. E que, de qualquer maneira, isso não é ter fome. Que não é como quando seus pais chegaram, que lhe contaram que muitas vezes passavam dias sem ter o que comer.

— Eles lhe contaram ou você passou por isso?

— Bem, quando era garoto, parece que nem sempre comíamos. Eu não me lembro bem, só um pouco, mas me lembro.

— E de que se lembra?

— Não sei, me lembro que papai agarrava alguns dos irmãos e batia neles. Batia por qualquer coisa, por ter dito uma coisa ou outra. Então eu já sabia que naquela noite não teríamos comida. Agora é diferente. Quase sempre temos nosso prato de arroz ou uns *chapatis*.

Salmão defumado, presunto cozido, presunto cru, salada de sementes de romã, tâmaras recheadas, coquetel de lagostins, abacate com pêssego, creme de aspargos, caudas de lagosta em caldo de lagosta, ovos cozidos com caviar, salada de cuscuz, salada caprese de papaia, salada de alcachofras com amêndoas, salada mexicana de berinjela, salada de maçã verde, carpaccio de maçã e ananás, queixo roquefort, queijo brie, queijo *la vache qui rit*, queijo camembert, queijo feta, queijo emental, queijo edam, queijo cheddar, queijo cheddar vermelho, azeitonas ao pesto, azeitonas verdes e pretas recheadas com anchovas recheadas com pimentão recheados com amêndoas, alcaparras, cevada, chutney de manga, chutney de menta, sopa gelada de manga com alecrim, sopa gelada de água de rosas, sopa gelada de *khus* (capim limão), assados, *papads,* samosas, *parathas,* pães europeus.

Linguado a *meunière* com pesto de *zucchini, tahine* de verduras, arroz *biryani* com verduras, arroz *biryani* de frango, quiche de alho-poró e cebolas caramelizadas, batata recheada com milho e aspargos, lasanha de ricota e abóbora, *bharba dal,* cogumelos ao curry, *tikka paneer* com menta, couve--flor *vatanuda,* cabelos-de-anjo *hakka* com verduras, tofu e castanhas em molho de mostarda, sopa *laksa* de verduras, frango com molho de vinho de arroz, costelas de porco em molho de mel e canela, frango *dhum ka, vieyra bhatti ka, paupiettes* de frango com azeitona, queijo e tomate seco, goulash de cordeiro, *magret* de pato assado, costelinhas de cordeiro assadas, pé de porco assado.

Flan de caramelo, *lemon pie, radbi, baklava, halwa,* bolo de ananás, torta de merengue com morango, mousse de chocolate, torta de cereja, *chena paya* de morango, pannacota de maçã, carmelita de frutas, salada de fruta, cheese cake com mirtilo, enrolado com *praliné,* bolo mármore de chocolate, iogurte cozido com morango, *crème brulée* ao café, mini torta de pistache, *parfait* de laranja, sorvete de morango, sorvete de creme, sorvete de chocolate, sorvete de café, torta de pera, torta de creme e frutas secas, torta de amêndoa, arroz-doce.

Por sorte, cada prato tem uma legenda. O bufê do Taj Hotel, o melhor de Mumbai, inclui duas taças de Moët & Chandon e custa 3,5 mil rupias mais impostos. Os impostos não são tão altos.

Karun hesita diante da mesa das sobremesas. Karun usa uma camisa Lacoste que pode não ser falsa, azul-marinho, e uma calça também.

— Posso lhe fazer uma pergunta?

— Sim, claro, pergunte o que quiser.

A vida de Karun vai bem. Conta que seu pai foi bancário e nunca chegou a gerente, mas quando percebeu que seu filho mais velho parecia inteligente fez tudo o que foi possível para lhe dar uma educação promissora. Karun estudou Administração em uma universidade quase famosa, se dedicou, se graduou e foi trabalhar em uma das maiores agências de publicidade da Índia. Isso foi há 15 anos; desde então progrediu, se casou com uma mulher de uma casta um pouco melhor do que a sua, tiveram dois filhos — duas meninas, mas Karun faz um gesto, como se não lhe importasse tanto —, compraram um apartamento em um bairro conveniente, boa roupa, um automóvel BMW Série 1 a prazo. O resumo é rápido e envaidecido: Karun parece gostar de enumerar suas conquistas. E que é provável que abra sua própria agência em alguns meses; na verdade, ele e sua mulher estão aqui para comemorar o fato de um dos investidores ter respondido ontem que sim. Karun tem gel nos cabelos, brilhos no sorriso, os modos e as maneiras de velho vendedor. Mas me olha de maneira estranha quando lhe pergunto se sabe que há muita fome na Índia.

— Sim, claro. Eu sei que há, leio os jornais, me interesso. Mas tudo isso me parece tão distante... Meus amigos estão muito mais preocupados com o sobrepeso do que com a fome. Parece uma piada, todos fazem dieta — diz Karun, se servindo de um bom pedaço de torta de chocolate e creme e frutas vermelhas para mostrar que ele não.

— O que não me agrada é que essa seja a imagem da Índia, que vocês nos vejam assim. Que continuem falando desses pobres miseráveis em vez de destacar tudo o que estamos conseguindo. Mas não é que não me importe, não acredite. Eu acredito na nossa responsabilidade. Que, se nós continuarmos prosperando e criando riqueza, eles vão acabar aparecendo.

Estou por lhe perguntar quem somos nós — e inclusive quem são eles —, mas Karun me pede que o desculpe, que sua mulher está fazendo gestos, que tem de voltar à sua mesa. Karun vai embora; eu me pergunto se as sobras de tudo isso acabarão no prato de Avani. Me pergunto se não estou sendo muito melodramático. Me respondo que não sei — quase me respondo que talvez — e que sim, mas que talvez tenha que sê-lo. Ou que me agrada.

Jogam o carro em cima deles, as motocicletas em cima deles, o caminhão em cima deles: nunca, em todo este tempo, vi um indiano parar a sua máquina para deixar um pedestre passar. Atropelam-nos sem piedade, ou melhor, sem entender por que haveriam de tê-la. Creio que isso — essa atitude, esse desprezo — explica, entre outras coisas, a fome de milhões.

Nos países ricos, dirigir um carro é seguir com atenção uma série de regras; aqui — e em boa parte do OutroMundo — é viver todo o tempo conforme a lei do mais forte, ou seja, ter de calcular quem é mais forte, fazer um exercício contínuo de estratégia bélica. Creio que pode se aplicar a quase tudo.

Com o devido respeito, este país é uma demonstração constante de que aqueles que governam não se importam nem um pouco com os que não. A sujeira, a decadência, o estado das estradas e das ruas, o descuido de todos os espaços e serviços públicos, a saúde de tudo: está claro que o que fazem todos aqueles que não têm escolha a não ser usá-los não importa nem um pouco àqueles que os administram. A porcentagem ínfima do produto muito bruto que é destinado à saúde pública é outra demonstração taxativa. A quantidade de famintos é definitiva.

Não é uma contradição. Só pode surpreender aqueles que pensam na Índia com os números do Fundo Monetário Internacional e da *The Economist*. Não é o caso de Palagummi Sainath.

"Em um dia como hoje, um dia qualquer, uns cinquenta agricultores vão se suicidar; uns trezentos vão tentar: em geral, para cada um que consegue, outros cinco ou seis tentam. São dados oficiais, do governo indiano, que sempre são menores do que a realidade. Nesse um dia qualquer, uns 2,2 mil agricultores vão abandonar a agricultura e procurar outras formas de viver, irão passar fome nas grandes cidades... Nesse dia, o governo indiano vai presentear 12 bilhões de rupias às grandes corporações e aos indivíduos mais ricos do país sob a forma de isenções fiscais.

"Nos anos 1960 e 1970, os movimentos campesinos conseguiram estabelecer preços mínimos para sua produção e conseguiram a redistribuição de milhões de hectares de terra, porque havia lutas campesinas massivas; nos anos 1990 e 2000, há suicídios de camponeses em massa. O que aconteceu para que essas lutas massivas se transformassem em desespero massivo? A resposta é complexa porque tudo é sempre complexo, mas não é tão complexa assim. A resposta é política. Mas o principal é o seguinte: essas enormes quantidades de dinheiro do Estado que foram e continuam indo para as grandes corporações e são negadas aos pequenos agricultores. E assim os campesinos ficam cada vez mais nas mãos dos agiotas de suas aldeias e desses grandes prestamistas, os grandes bancos, e ambos são protegidos pelo governo.

"Agora vivemos em um processo que eu chamaria de economia McDonald's, porque é a mesma em todos os lugares. A maioria dos países do mundo adotou alguns processos iguais: um é a retirada do Estado dos setores que importam aos pobres. O Estado não se retirou em geral; o Estado está mais intervencionista do que nunca, como se viu nos "pacotes de estímulo" depois do colapso de 2008: são mais intervencionistas do que nunca e o que querem é beneficiar o mundo corporativo e a elite da elite" — diz, em um vídeo do YouTube, P. Sainath. Não consegui encontrá-lo. Enviei-lhe mais e-mails, tentei novas datas, mas não deu. Por isso, agora, embora ele não possa me ver, eu olho para ele.

"O que os poderosos fizeram nestes vinte anos? Reduziram qualquer forma de valor humano a um valor de troca. Disseram: ah, isso não é rentável, por isso não há lugar para os campesinos. Que se deitem e morram. Não criaram nem um emprego, o setor público perdeu 900 mil empregos; expulsam as pessoas de seus campos, de seus cultivos, sem que haja outros empregos para elas. Onde estão os postos industriais para os camponeses aos quais não foi dada educação, saúde, nada? Aonde irão? Matam-se. Neste país, o setor que mais cresceu nos últimos anos não foi a tecnologia, não foi o software: foi a desigualdade, que cresceu mais do que em nenhum outro momento da nossa história.

"Em 2009, estávamos no 134º lugar no ranking de desenvolvimento humano das Nações Unidas, abaixo de todos os países latino-americanos do planeta, inclusive da Bolívia, que muitos dizem que é o mais pobre da América Latina. Estamos abaixo da Palestina, que não viu um dia de paz em sessenta anos... No Índice Global da Fome do International Food Policy Research somos o 67º de 88, apenas acima do Zimbábue" — diz Sainath. No vídeo, está em pé atrás de um atril de conferências; tem 60 anos, os cabelos brancos muito desalinhados, largas sobrancelhas pretas, olheiras muito escuras: Sainath, no vídeo, agita os braços, fala com força, agita as mãos e as sobrancelhas.

"Na Índia, há 53 bilionários. Não milionários; desses, temos 140 mil. Não, 53 bilionários, que nos transformaram no quarto ou quinto país de bilionários, depois dos Estados Unidos, da Rússia e da Alemanha; e agora da China, que está nos ultrapassando. Mas esses 53 têm mais dinheiro do que qualquer um dos demais grupos de bilionários, salvo os norte-americanos: reúnem, sozinhos, uns 341 bilhões de dólares, um terço do produto bruto da nossa economia de mais de 1 trilhão de dólares. E, por outro lado, temos 836 milhões de seres humanos que vivem com menos de 20 rupias por dia. Bem-vindos à Índia de 2012."

Ao fundo, no meio de outras torres, o edifício Antilia: a casa do senhor mais rico da Índia, um tal de Mukesh Ambani, industrial, financista. O edifício tem 27 apartamentos, todos dúplex, uns 40 mil metros quadrados (todos dele), nove elevadores (todos dele), a residência privada mais cara do mundo: entre 1 e 2 bilhões de dólares, ninguém sabe. Ali deveriam viver o senhor Ambani, sua senhora, seus três filhos — e seiscentos empregados domésticos diversos. Não é fácil construir uma casa de 27 apartamentos para cinco pessoas. Dizem que a casa tem três heliportos, seis andares de garagem com capacidade para duzentos carros, uma sala de jantar afogada por candelabros e cristais, salões de dança, ginásio, spa, sala de ioga, sala de exposições, jardins de inverno, árvores internas, cinema, teatro, discoteca, adega, cozinha industrial, salão de inverno.

Da casa do senhor Ambani se avistam *villamiserias* — e vice-versa. Mas o problema é que não tem, dizem, janelas suficientes que deem para o leste, ao sol nascente, e isso contradiz os princípios do *vastu shastra*, uma versão hinduísta do feng shui: traria má sorte. Por isso, a família não a ocupa: dá festas, recepções, mas, dizem, no final de 2013, ainda não havia se decidido a dormir na casa.

"As cifras são motivo de muitas discussões, e o governo continua criando comitês para produzi-las. É o sistema indiano: criam comitê atrás de comitê até que algum lhes forneça a cifra que queriam. Mas sabemos que a Índia exporta 60 milhões de toneladas de grãos por ano. Exportamos trigo a 5,45 rupias por quilo enquanto aqui o vendemos aos pobres por 6,40. E para quem? Para as vacas europeias", prossegue Sainath.

"As vacas europeias são as criaturas com maior segurança alimentar do planeta. Para sua segurança alimentar, são gastos uns 2,70 dólares por dia. Por isso, quando perguntaram a um líder campesino de Vidarbha qual era o sonho dos agricultores indianos, ele respondeu: 'O sonho dos agricultores indianos é renascer como vaca europeia.' Tudo isso devido aos subsídios recebidos pelos camponeses europeus, e os que recebem os agricultores norte-americanos, que tornam impossível competir com eles, e que os preços que eles aceitam sejam a ruína para nossos produtores. Em 2005, os norte-americanos produziram algodão no valor de 3,9 bilhões de dólares e receberam subsídios de 4,7 bilhões de dólares. E é assim a cada ano. Isso destruiu as economias algodoeiras de muitos países, desde Vidarbha até

Mali, Chade, Burkina Faso. Os presidentes desses países publicaram um artigo no *New York Times* que dizia que "subsídios estão matando nossa gente". E o que faz a Organização Mundial do Comércio? Ajuda esses países a "diversificar sua produção": se não podem competir com os subsídios, que façam outra coisa."

Mumbai é uma mistura de 2010 (o luxo), 1910 (à beira do colapso) e miséria de todos os tempos. O Cher Bar & Grill fica em um bairro caro; as paredes externas de vermelho raivoso, a cara de Guevara com a boina pintada tipo estêncil, e uma oferta variada, em inglês no original: *beer draught — absinthe fountain — shots by the foot — indian & french wines — mojitos — pizza by the slice — legendary burgers — giant hot dogs — south american specialties (mexican, brazilian, cuban...) —* e, por fim, *corporate lunch as much as you can eat: 349 + tax.*

Che Guevara *not dead*, vende *mojitos.**

As much as you can eat.

"Quando comecei a estudar história, tive de ler Tácito e seus anais", diz, no vídeo, agora com voz calma e pausada, a expressão concentrada, Palagummi Sainath. "Tácito escreveu sobre Nero e o incêndio de Roma. Tácito foi um historiador muito desapaixonado; detestava Nero, mas não o culpou pelo incêndio. Diz que Nero não o começou. Diz, sim, que estava muito preocupado e que tinha de distrair as massas, e que para isso organizou a maior festa da Antiguidade. Na bela prosa de Tácito, o imperador oferece seus jardins para a recepção. Todo mundo que fosse alguém estava lá: os senadores, os nobres, os jornalistas de piada, toda a grande sociedade estava lá. Mas Tácito conta que Nero tinha um problema: como iluminar todo aquele espaço, aquele imenso jardim? Teve uma ideia: mandou trazer muitos criminosos e ordenou que fossem queimados para iluminar a festa. Na bela prosa de Tácito, 'foram condenados às chamas para prover a iluminação noturna'. Para mim, a questão não foi Nero e sim os convidados de Nero. Quem foram os convidados de Nero? Que tipo de mentalidade

---

* Coquetel tradicional cubano: rum branco, suco de limão, açúcar, folhas de hortelã, água com gás e gelo picado. (*N. T.*)

era preciso ter para enfiar figos na boca enquanto outros seres humanos ardiam para iluminá-lo? Que mentalidade para saborear uvas enquanto chamas consumiam pessoas? Era a gente sensível de Roma: os poetas, os cantores, os músicos, os artistas, os historiadores, a *intelligentsia*. Quantos deles protestaram? Quantos ergueram a mão para dizer que aquilo era ruim, não deveria acontecer, não deveria continuar? Segundo nos conta Tácito, ninguém. Ninguém. Por isso, sempre me perguntei quem eram os convidados de Nero. Depois de passar cinco anos escrevendo sobre suicídios de agricultores, creio que tenho minha resposta. E acredito que vocês também sabem quem eram. Podemos discordar acerca de como resolver esse problema. Podemos, inclusive, dissentir em nossas análises do problema. Mas acredito que podemos estabelecer um ponto de partida: podemos estabelecer um acordo: não aceitaremos convites de Nero."

DA FOME, 2
A MÃO DO HOMEM

1

Descobriram uma forma de fazê-los render mais: terras, homens.

No começo do século XVIII, na Europa, a agricultura havia começado a mudar. Primeiro em Flandres e depois na Inglaterra, os camponeses encontraram formas de não deixar a terra descansar: após colherem o cereal, plantavam tubérculos ou legumes que alimentavam animais que produziam mais comida, mais força de trabalho, mais adubo para continuar plantando. Na Inglaterra, em 1830, pela primeira vez na história, a população urbana ultrapassou a rural: com o aumento dos rendimentos agrários, apenas um quarto dos ingleses trabalhava na produção de alimentos. "Isso acionou um círculo virtuoso", escreveu o britânico Paul McMahon em seu excelente *Feeding Freenzy: The New Politics of Food,* "as cidades forneceram um mercado para os excedentes alimentícios e os agricultores proporcionaram um mercado perfeito para os bens manufaturados produzidos nas cidades, incluindo melhores ferramentas agrárias; isso levou a aumentar a produção alimentar, permitindo que mais diaristas deixassem o campo para ir trabalhar em fábricas e minas."

Um circuito de exploração quase perfeito.

Enquanto isso, a fome continuava sendo uma realidade permanente e, ao mesmo tempo, se tornou tema dessas disciplinas mais ou menos novas que ainda eram chamadas de filosofia. Com as primeiras tentativas de secularização do mundo, a fome também deixou de depender do senhor Deus e passou à esfera da economia e de seus efeitos na sociedade. Adam Smith, o pai do liberalismo, escreveu que a escassez de comida podia ser o resultado de guerras ou de más colheitas, mas que a fome era consequência "da violência do governo que tenta, por meios impróprios, remediar as inconveniências da escassez obrigando os negociantes a vender seu grão pelo que considera um preço razoável". E conclui que "a liberdade do comércio de grãos está mais ou menos restrita em todos os lugares e, em muitos países, está presa a regulamentos absurdos que frequentemente agravam a inevitável desgraça da escassez de alimentos e a transformam na calamidade de uma *hambruna*". E que, logicamente, sem essa interferência o mercado poderia encontrar seu ritmo natural e produzir um mundo sem fome.

Por sua vez, o reverendo Malthus não acreditava que o mercado fosse capaz de acabar com a fome. Entre outras coisas, porque não acreditava que isso fosse necessário — ou sequer desejável.

Poucos indivíduos tiveram mais influência do que ele na forma como muitos pensaram a fome. Thomas Robert Malthus nasceu em 1766, em uma aldeota de Surrey, no sudeste da Inglaterra. Filho de advogado, estudou no Jesus College de Cambridge, ordenou-se pastor e conseguiu uma desses vicariatos ou sinecuras das quais viveram muitos intelectuais e aventureiros ingleses: em troca de agir com certa piedade e preocupação com a virtude do rebanho, desfrutavam de uma posição confortável que lhes permitia se dedicar aos seus afazeres. Os do reverendo Malthus consistiam em se perguntar, apesar do otimismo do Iluminismo, por que os pobres ingleses — os ingleses pobres — haviam se tornado tão sujos, feios, ruins, bêbados, amorais, famélicos, vagabundos, putas, mendigos.

Malthus, um cristão no fim das contas, descobriu que era por sua culpa — a deles — e desenvolveu a ideia em seu famoso *Ensaio Sobre o Princípio da População na Medida em que Afeta o Melhoramento Futuro da Sociedade*, publicado em 1798. Sua tese central dizia que nunca há alimentos suficientes para todos porque nossa capacidade de nos reproduzir é maior do que a de produzir comida — porque o homem, tolo, deseja mais o sexo do que o alimento. E que essa pulsão reprodutiva "tende a manter as classes mais baixas da sociedade na miséria e a impedir qualquer melhoria permanente de sua condição". Que se os pobres são pobres e morrem de fome é porque são como coelhos: porque se multiplicam além de suas possibilidades.

Mas que há soluções, mecanismos para evitar o desastre e restabelecer certo equilíbrio: "No mundo dos vegetais e dos animais, a lei natural age arruinando as sementes e semeando enfermidades e morte prematura; em relação ao homem, age por meio da miséria", escreveu Malthus.

O vício, a fome e a miséria são os recursos que a Divina Providência, dizia o pastor Malthus, inventou para manter as coisas em seu devido lugar: "Os vícios da humanidade são agentes aptos e ativos do despovoamento. São os precursores desse grande exército de destruição e amiúde terminam por si mesmos seu terrível trabalho. Mas quando falham nessa guerra de extermi-nação, doenças, epidemias, pestilências e pragas avançam em aterrorizantes colunas e varrem milhares e dezenas de milhares. Quando seu êxito ainda está incompleto, a gigante e inevitável *hambruna* a segue por trás e, de um só golpe poderoso, emparelha a população e o alimento do mundo."

E era inteligente que assim se fizesse, dizia o reverendo: "Isso produz, sem dúvida, alguns males parciais, mas uma breve reflexão nos convence de que produz um bem muito maior". Porque não apenas mantém o necessário equilíbrio entre população e produção, mas, também, com seu exemplo, convence os mais pobres a evitar a fornicação indiscriminada, melhora sua moral vacilante, os afasta da tentação e da preguiça, os faz trabalhar.

Os faz trabalhar:
a fome como ferramenta indispensável.

A fome servia para manter a máquina em marcha. Em seu *A Dissertation on the Poor Laws*, de 1786, o médico e vigário Joseph Townsend, correligionário de Malthus, esclareceu: "A fome amansa os animais mais selvagens, dá lições de decência e civilidade, obediência e sujeição aos mais brutos, aos mais obstinados, aos mais perversos. Em geral, só a fome pode submeter e esporear os pobres ao trabalho."

Nessa visão, a fome não era mais uma consequência dos problemas de um sistema econômico, mas a solução para esses problemas: um elemento disciplinador fundamental.

A fome era, mais uma vez, culpa dos famintos: o resultado de seus vícios e de sua fraqueza moral, de sua preguiça. E o Estado não devia se ocupar de seus sofrimentos, porque não faria nada além de aumentar essas fraquezas. Na Inglaterra dessa época foi inventada a palavra *humanitarian* — um hit de nossos tempos —: era usada para definir um excesso pernicioso de atenção aos mais pobres.

(Agora, no entanto, na consciência geral, no discurso "humanitário", não há ninguém mais inocente do que os famintos: vítimas de circunstâncias que os ultrapassam completamente. Vítimas de uma geografia inclemente, dos caprichos do clima, de guerras que não desencadearam, de relações internacionais que os superam, da injustiça de um sistema global. Vítimas, sempre vítimas. Em um mundo que idolatra as vítimas — e talvez por isso se dedica a produzi-las em grandes quantidades —, os famintos são as vítimas por excelência, as mais puras, as menos suspeitas. Tanto que, para muitos, são algo milagroso, vítimas sem algozes.

Para outros não. Aqui está toda a diferença.)

Leituras da fome.
A fome de direita, a fome de esquerda.

A ideia também se fortaleceu na Inglaterra do século XIX — esse grande laboratório de testes da modernidade industrial. *Oliver Twist*, de 1839, foi a estreia de Charles Dickens na grande literatura — grande por qualidade e por influência. O romance retomou e amplificou discursos que culpavam os mais ricos, os poderosos, pela situação dos mais pobres. E, com isso, por sua fome. As crianças eram a quintessência dessa figura: vítimas inocentes daquilo que não podiam controlar e não podiam, de maneira alguma, ter produzido. Por isso a fome das crianças sempre foi uma arma de choque daqueles que tentaram denunciar os mecanismos sociais que provocavam essas penúrias. Por isso, ainda.

"Esses operários não possuem eles próprios nada, e subsistem com um salário que só permite viver ao dia; a sociedade individualizada ao extremo não se preocupa com eles e lhes deixa a tarefa de custear suas necessidades e as de sua família; no entanto, não lhes proporciona os meios para fazê-lo de maneira eficaz e duradoura. Qualquer operário, inclusive o melhor, está, portanto, constantemente exposto à miséria, ou seja, a morrer de fome, e um bom número deles sucumbe. As casas dos trabalhadores são, por regra geral, malconstruídas, malconservadas, malventiladas, úmidas, insalubres. [...] As crianças, que só podem mitigar pela metade sua fome no momento exato em que mais precisam se alimentar, chegarão a ser, em grande proporção, homens débeis, escrofulosos e raquíticos", escreveu, em 1845, Friedrich Engels em seu *Situação da classe operária na Inglaterra*.

Foi então que houve uma das *hambrunas* mais famosas e estudadas da história.

A Irlanda era há séculos a colônia pobre do reino da Inglaterra. Terra de grandes senhores feudais, seus camponeses — e mais tarde seus operários — viviam de um alimento básico: a batata. Em 1840, um terço de sua população jamais comia outra coisa, porque a maioria das terras boas — as que produziam alimentos variados — havia sido apropriada dois séculos antes por nobres ingleses e escoceses e destinada a criar vacas, ovelhas e cereais a serem exportados para Londres, Manchester, Edimburgo. Qualquer semelhança com o destino de milhões de hectares de terras africanas agora ocupadas por empresas e estados estrangeiros não é mera coincidência.

Por isso, em 1845, quando uma praga — a *Phytophora infestans* — destruiu três quartos da colheita de batatas, a *hambruna* se abateu sobre o país. Os irlandeses pediram ajuda ao governo inglês, que lhes mandou muito pouco, quase nada. Enquanto isso, a exportação de carnes seguiu seu curso: na Irlanda, não havia dinheiro para comprá-la e o governo não a proibiu. Um país destruído pela fome exportava comida. Era uma demonstração palpável dessa evidência que Amartya Sen "descobriria" mais de um século depois: que as grandes *hambrunas* contemporâneas não são efeito da falta de alimentos, mas da falta de dinheiro para comprá-los.

Em 1840, os irlandeses eram 8 milhões. Calcula-se que, durante os cinco anos da praga, 1 milhão encontraria a morte por conta da fome e de doenças derivadas e outro milhão emigrou para os Estados Unidos. Também por isso a *hambruna* foi tão estudada: foi a origem do peso da Irlanda na demografia e na cultura do país mais poderoso.

Entretanto, nos textos de combate da esquerda, a fome se constituiu como a prova incontestável do fracasso de uma ordem: a consigna mais rotunda contra ela. "Avante pobres do mundo,/ em pé os escravos sem pão." A fome era a contrassenha que unia os que sofriam com ela, a que os colocava sem a menor sombra de dúvida em um dos lados da guerra social. E "Pão e trabalho" era a reivindicação que os sintetizava.

Mas o *Manifesto Comunista* de 1848 não contém a palavra fome.

Aquele informe de Engels, publicado quase secretamente na Alemanha, era puro jornalismo militante. Mas alguns jornais do *establishment* também começaram a publicar histórias sobre a vida dos operários e desocupados: o jornalismo se reinventava como uma maneira de colocar diante dos olhos de seus leitores as realidades que em geral não queriam ver.

Em 1880, um combativo jornalista chamado William Stead foi contratado para ser editor de um vespertino inglês conservador chamado *Pall Mall Gazette*. Stead o mudou de cabo a rabo: sua missão, escreveu, seria "trabalhar pela regeneração social do mundo". Para isso, produziu relatos vívidos, escritos em uma linguagem simples e quase violenta, na primeira pessoa, agregando desenhos, croquis, mapas, fotografias, manchetes que contavam histórias dos mais miseráveis. Seu maior êxito foi uma série de reportagens sobre o tráfico de escravas brancas que intitulou de *The Maiden Tribute of Modern Babylon*. Nele, para explicar como funcionava a venda de garotas aos bordéis de Londres, organizou a compra, por 5 libras, de uma menina de 13 anos para prostituí-la. A série aumentou a circulação do jornal para 120 mil exemplares; por sua repercussão, o Parlamento inglês decidiu aumentar a idade de consentimento sexual de 13 para 16 anos. Mas, ao mesmo tempo, Stead foi julgado e condenado a três meses de prisão pela compra da menor. Stead batizou essa forma de informar, pela primeira vez, de *new journalism*. Nela, entre outras coisas, o jornalista se transformou no protagonista que, com muita frequência, tenta ser.

Dez anos depois, nos Estados Unidos, Jacob Riss publicou *How the Other Half Lives: Studies among the Tenements of New York*: era o primeiro livro de jornalismo que, graças à recente invenção do flash de magnésio, podia entrar nos cortiços e choças onde os mais pobres se refugiavam — e mostrá--los ao resto da cidade que, espantada, alegava demência. Foi um escândalo, um violento golpe na mesa que fez tremer os candelabros.

Então, essas histórias ainda provocavam escândalo.

Enquanto isso, a fome encontrava novas utilidades. Vladimir Ulianov, em *O imperialismo, fase superior do capitalismo*, citava Cecil Rhodes, o conquistador do pedaço da África que conseguiu batizar de Rodésia:

"Ontem estive no East End londrino e assisti a uma assembleia de desocupados. Ao ouvir, nessa reunião, discursos exaltados cuja nota dominante era 'Pão, pão!' e ao refletir, quando voltava para casa, sobre o que havia ouvido, me convenci, mais do que nunca, da importância do imperialismo [...] O império, eu sempre disse, é uma questão de estômago. Se não querem a guerra civil, devem se transformar em imperialistas", dizia Rhodes, segundo Lenin.

Entre 1875 e 1914, as potências coloniais repartiram um quarto da superfície da Terra; a Grã-Bretanha sozinha ficou com 10 milhões de quilômetros quadrados, mais do que toda a superfície da Europa; a França, com 9 milhões. Esses territórios ocupados lhes serviam para matar dois pássaros com um único tiro: ofereciam novos espaços para que seus desocupados encontrassem ocupações distantes e proviam comida barata para baixar a pressão de sua fome. Era a forma de evitar a guerra civil. Nessa leitura, a fome não era nem uma condenação divina, nem um justo castigo por sua preguiça, nem uma praga fortuita: era a causa que ameaçava levar à queda do regime.

A expansão colonial europeia da segunda metade do século XIX concluiu, de alguma maneira, a criação do OutroMundo tal como o conhecemos: milhões de trabalhadores vivendo em regime de semiescravidão que produziam comida nos territórios do império para manter malnutridos os operários dos centros imperiais.

Então, havia em poucos países — não há em nenhum agora — tanta fome como na Índia. Então — no começo do século passado —, muitos diziam que a fome era culpa da classe dominante ou do poder colonial — que vinham a ser a mesma coisa, só que mais evidente, mais visível. Os primeiros independentistas indianos argumentaram que, entre 1860 e 1900, na Índia britânica, sem que houvesse grandes desastres naturais, haviam acontecido mais de dez *hambrunas*, que mataram 15 milhões de pessoas. Não podia haver, diziam, melhor demonstração da violência do ocupante do que essas mortes, produto da rapina colonial que — sob o pretexto de difundir os benefícios da civilização ocidental — se apoderava dos recursos que teriam sido suficientes para manter esses indianos vivos.

O mecanismo era geral — e algo mais complicado—: supõe-se que as grandes *hambrunas* asiáticas da segunda metade do século XIX foram resultado da integração dessas regiões na economia-mundo, sua "globalização". Milhões de camponeses que sempre haviam vivido em economias de subsistência foram forçados a produzir para o mercado mundial — matéria-prima para as fábricas inglesas, comida para seus operários — e perderam suas terras, suas formas de vida, seus alimentos. Não foram mortos pelo atraso; foram mortos pelo desenvolvimento dos outros.

Aqueles "holocaustos vitorianos" desenharam a estrutura do mundo que agora conhecemos. Foi, escreveu Mike Davis, o processo que deu forma ao Terceiro Mundo — o Outro — e que criou essa classe de semiproletários rurais sem posses, sempre à beira da fome, e protagonizou também muitas da guerra de libertação do século seguinte.

Foi, de qualquer forma, um redesenho importante das vidas de centenas, milhares de milhões. Nesse lapso, *hambrunas* aconteceram também na China, no Sião, na Indonésia, na Coreia. Não está muito claro quantas pessoas morreram; alguns historiadores falam de 25 milhões, outros, de 150. Mais ou menos.

A Revolução Industrial também revolucionou nossa relação com os alimentos. Sempre houve conservas — salgados, defumados, curtidos —, mas a maior parte dos alimentos chegava às cozinhas fresca, recém-colhida, recém-abatida: uma cenoura era uma cenoura com sua terra, uma galinha, uma galinha com suas penas. A partir do século XIX, os processos industriais permitiram conservar alguns alimentos em latas e frascos durante meses ou anos, e novos meios de transportes refrigerados permitiram transportar outros aos lugares mais distantes. Os alimentos deixaram de ser o que se produzia em tal ou qual estação, e deixaram de ser também o que se produzia mais ou menos perto. Os alimentos foram globalizados — para aqueles que podiam pagá-los. E, ao mesmo tempo, seus preços foram, definitivamente, globalizados: desde então, no Senegal, um frango não vale mais o que vale um frango no Senegal, mas o que poderia custar em Paris ou em Nova York, se convir transportá-lo. Com esse sistema, cada vez mais produtores de alimentos de todo o mundo foram perdendo a possibilidade de consumir o que produzem; cada vez mais consumidores tiveram de se habituar a pagar com salários locais a comida global: a comer pouco.

E, cada vez mais, todos comemos alimentos processados em lugares distantes, que nos chegam sob formas irreconhecíveis, tratados com produtos sobre os quais não sabemos nada. Mais do que nunca, comer é um ato de confiança em entidades desconhecidas que não a merecem.

(De novo: que desde então o moreno que quer comprar 1 kg de milho em um mercado do Sudão tem de pagar o preço de Chicago. É um dos mecanismos mais bem-sucedidos de criação de fome. Mais do que nunca, não comer é a consequência de um mercado mundial que dirige, concentra, excluí: esfomeia.)

Os colonos europeus que se espalharam pelo mundo no século XIX ocuparam territórios onde a agricultura invertia as proporções que conheciam: em vez de pouco espaço e muita gente, havia muito espaço e pouca gente, coisa que serviu de incentivo para a invenção de máquinas que ajudaram a fazer o trabalho — exatamente quando eram desenvolvidos os novos motores a vapor e os combustíveis fósseis. A agricultura se mecanizou depressa — e, assim, os rendimentos cresceram exponencialmente na Austrália, na Nova Zelândia, na Argentina, na África do Sul, no Canadá e, sobretudo, nos Estados Unidos. Ali foi acionado, em 1902, o primeiro trator a gasolina. Cinquenta anos depois, não havia, nos EUA, nem uma fazenda que não tivesse um. E, ao mesmo tempo, a revolução dos transportes fez com que os alimentos produzidos em uma região pudessem ser vendidos a milhares de quilômetros dali sem tanta incidência no preço: entre 1870 e 1900, o custo de levar trigo norte-americano para a Europa foi dividido por três: foi um dos maiores avanços da "fronteira agrária" que a humanidade conheceu.

"A globalização dos alimentos pode ser vista na alimentação de um trabalhador londrino médio nos tempos de Sherlock Holmes", escreveu Paul McMahon. "Esse operário comia pão feito com trigo norte-americano e o acompanhava com uma caneca de cerveja fabricada com cevada canadense. A manteiga de seu pão vinha da Irlanda, a geleia da Espanha. Aos domingos, podia se permitir um rosbife importado da Argentina ou da Austrália.

Bebia chá trazido da Índia, adoçado com açúcar das plantações do Caribe. Estava sentado no topo de um sistema alimentar que desejava produtos de todos os cantos do mundo."

Nesses anos — final do século XIX e começo do XX — foi acabando a fome habitual, cotidiana nos países ricos, porque eles passaram a ser o centro de um sistema mundial, ou seja, deixaram de depender de suas terras, de seus climas, de seus camponeses, de suas colheitas. Porque criaram uma ordem global na qual não se produz comida: se compra. E o resto do mundo precisou se adaptar.

Enquanto isso, a fome não era apenas um sofrimento comum, uma consigna, uma prova de união; também podia ser a forma extrema de uma reivindicação. Dizem que a greve de fome reapareceu no Ocidente no princípio do século XX. Mulheres inglesas exigiam o direito de votar, e o faziam com certa violência; a sociedade se escandalizava diante de mulheres que brigavam com a polícia. Lido agora, soa estranho que mulheres precisassem lutar tanto para impor um direito que ninguém discutiria nos dias de hoje: são as armadilhas — as leituras — da história. Outra demonstração de que tudo muda, de que o que agora nos parece natural não o foi ontem, não o será amanhã.

A greve de fome é uma forma de exercer violência contra si mesmo para que outros — o poder, o Estado — tenham de ser responsabilizados por essa violência: o grevista resolve começá-la, mas o poder tem a possibilidade de terminá-la outorgando o que foi pedido. E, se não a termina, se torna verdugo.

A greve de fome só pode funcionar frente a um governo no qual o grevista de alguma maneira confia. Um verdadeiro tirano contestaria uma greve de fome com uma gargalhada ou nem sequer isso; a aposta do grevista consiste em supor que um governo que valoriza alguma bondade — a democracia, a justiça — não pretenderá carregar em suas costas o peso de deixar morrer de fome um homem pacífico que só pede para ser ouvido.

A greve de fome trabalha, é claro, à margem. Aquelas mulheres inglesas a colocaram em circulação; um advogado indiano a transformou em arte e exemplo. Mohandas Karamchand Gandhi era um líder independentista que procurava formas pacíficas de intervir em um processo complicado e tenso, muito violento. Quando os operários grevistas dos moinhos de grão de Ahmedabad pediram sua ajuda para que lhes pagassem mais por produzir comida, Gandhi decidiu apoiá-los parando de comer. Gandhi já era um personagem conhecido e sua greve teve grande publicidade: em poucos dias, os donos dos moinhos, até então muito intransigentes, aceitaram negociar aumentos salariais.

Nos anos seguintes, Gandhi jejuaria para convencer seus compatriotas a melhorar as relações entre hindus e muçulmanos, a aceitar em seus templos os "intocáveis" e, por fim, várias vezes, contra os abusos das autoridades imperiais. Seu último jejum foi no final de 1947 — quanto tinha 78 anos e a Índia já era independente —, para tentar deter a violência entre hindus e muçulmanos, que já havia provocado centenas de milhares de mortes. Os embates pararam por alguns dias; pouco depois, em 30 de janeiro de 1948, Nathuram Godse, um militante hinduísta, penetrou em sua pregação vespertina e matou-o com três tiros no peito. No ano seguinte, foi condenado à morte. O premier Jawaharlal Nehru e os dois filhos de Gandhi pediram a comutação de um castigo que não respeitava os princípios gandhianos da não violência e sua oposição à pena de morte, mas o Estado indiano não aceitou seus pedidos. Godse foi enforcado em 15 de novembro daquele ano.

Desde Gandhi, por Gandhi, a greve de fome é o mecanismo mais extremo de pressão sem violência. Ou, dizendo melhor: de uma violência dirigida contra si próprio. Uma maneira extrema de deixar em evidência que é o Estado que decide sobre os corpos e os destinos de seus súditos; uma maneira de colocá-lo diante de sua própria realidade brutal.

Depois, durante o século XX, as *hambrunas* cresceram e se multiplicaram com uma característica particular, aterradora: as mais massivas, as mais brutais foram causadas pela mão de algum homem. Ou, para ser mais preciso, foram resultado de decisões do poder.

2

Pitirim Alexandrovich Sorokin foi um intelectual e político russo que liderou uma das facções derrotadas na revolução de 1917. A grande *hambruna* que assolou a Rússia naqueles anos o levou a escrever e publicar, em 1922, um livro, *A fome como um fator nos assuntos humanos*, onde tentava abordar a questão a partir de vários pontos de vista. Era um livro escrito com total conhecimento de causa: em muitos daqueles dias seu autor havia comido, quando possível, algumas, poucas, cascas de batata. Era, também, um livro contrarrevolucionário — falava do que devia ser calado — e foi retirado de circulação. Só em 1975, mais de cinquenta anos depois, sua viúva voltou a publicá-lo, em Miami, Flórida.

Nunca foi reeditado: é um livro raro. O exemplar que está em minhas mãos, da Biblioteca da Universidade Columbia, foi consultado uma vez em 1991, outra em 1993 e mais uma vez em 2007. Mas deve ser o maior tratado já escrito sobre a fome e seus efeitos. Suas variedades, sua fisiologia, sua influência nas invenções, nas migrações, nas guerras, nas mudanças sociais, no delito: "Para a fome nada é sagrado. É cega e esmaga com a mesma força o grande e o pequeno, normas e convenções que se opõem à sua satisfação. Quando estamos saciados, pregamos "a santidade da propriedade", mas quando temos fome podemos roubar sem nenhuma titubeação. Quando estamos saciados, nos convencemos de que é impossível que matemos, roubemos, violemos, enganemos, defraudemos, nos prostituamos. Quando temos fome, podemos fazê-lo."

Ainda não está totalmente claro o que aconteceu naqueles anos na Ucrânia. Em 1929, Josef Stalin, líder máximo da União Soviética, determinou que a terra fosse coletivizada. Os *kulaks* — camponeses proprietários — eram inimigos de classe, disse, e deviam desaparecer. Foram intimados a entregar suas terras e seus bens. A maioria se rebelou; na Ucrânia, muitos sacrificaram seu rebanho: 40 milhões de vacas, ovelhas e cavalos morreram, em uma hecatombe sem igual. Em 1930 e 1931, mais de 1 milhão de camponeses ucranianos foram deportados para a Sibéria ou a Ásia Central; não se sabe quantos foram fuzilados.

Em 1932, o campo ucraniano era um caos. Moscou determinou que aqueles que restavam deveriam entregar cotas de grãos — e ficaram sem nada para comer. Na primavera desse ano, cerca de 25 mil pessoas morreram de fome a cada dia — e ninguém podia revelar que isso acontecia, sob pena de morte "por traição". Os governos locais pediam que o poder central lhes enviasse grãos; Stalin se negava. Patrulhas de jovens militantes percorriam os campos confiscando o pouco que restava: seus chefes diziam que os camponeses eram contrarrevolucionários que queriam acabar com o comunismo — e devia ser verdade. A fome aumentava. O canibalismo se generalizou; nas aldeias, havia cartazes que diziam que "Comer crianças mortas é um costume bárbaro" — e os que o faziam ou tentavam também eram fuzilados.

Os ucranianos a batizaram de *Holodomor* — a peste da fome — e os livros históricos oficiais da União Soviética nunca a mencionaram. Só sessenta anos depois foi possível tentar definir a magnitude do desastre. Por isso, ainda, as contas diferem, e nessa ignorância foram perdidos milhões de pessoas: alguns dizem que morreram uns 5 milhões, outros, que foram 8 ou 10.

As contas da fome costumam ser vagas: assim preferem aqueles que contam.

Antes de confiar na eficácia do Zyklon B, Adolf Hitler e seus lugares-tenentes também usaram generosamente o poder de extermínio da fome. Conheciam a fome: fora sua aliada alguns anos antes, quando os alemães, afundados pela derrota na Primeira Guerra Mundial, comiam tão pouco que os elegeram.

O *Der Hungerplan* foi um programa meticuloso, preciso, com um princípio simples: não se podia desperdiçar com as populações dos países ocupados a comida de que precisavam os exércitos alemães; não fornecê-la permitiria, além do mais, completando o círculo virtuoso, eliminar populações que os nazistas consideravam supérfluas.

Como cabe a um esquema alemão, o *Hungerplan* era meticuloso e suas categorias, perfeitamente definidas: eram quatro, de acordo com o nível de alimentação que cabia a cada uma. Guiavam-se por uma afirmação do ministro do Trabalho nazista: "Uma raça inferior precisa de menos espaço, de menos roupa e de menos alimentos do que a raça alemã." Os "bem-

-alimentados" eram os grupos locais que os nazistas queriam preservar para que colaborassem com eles; os "insuficientemente alimentados", que recebiam no máximo mil calorias por dia, eram aqueles que os nazistas não queriam preservar nem matar; os "esfomeados" eram as populações que os nazistas haviam decidido reduzir o máximo possível — judeus, ciganos; os "exterminados por fome" quase não recebiam alimentos — eram, entre outros, os prisioneiros de guerra russos.

Seus captores alemães os trancavam, aos milhares, em campos cercados, sem espaço, sem teto, sem comida, com apenas umas gotas d'água; embora, em alguns casos, os agonizantes comessem os mortos, nenhum sobrevivia mais de três semanas. Em um desses campos, vários milhares de soldados soviéticos presos assinaram e entregaram a seus captores uma das petições mais brutais da história: que, por favor, os fuzilassem. Não conseguiram.

Calcula-se que na invasão da URSS pela Alemanha cerca de 4 milhões de civis russos morreram de fome. Em cidades sitiadas, como Leningrado, a penúria era tal que as autoridades locais executavam, sem maiores trâmites, qualquer um que não estivesse esquelético, porque só os que haviam roubado comida podiam ter alguma gordura.

O lema da revolução soviética de 1917 havia sido "Paz e pão": caminhos empedrados.

Em 12 de outubro de 1940, os invasores alemães anunciaram a criação do gueto de Varsóvia. Todos os judeus da cidade deviam se internar nessa área vigiada, cercada por um muro de 3 metros de altura coberto com cacos de vidro e arame farpado: umas 500 mil pessoas amontoadas em 3 quilômetros quadrados, 30% da população de Varsóvia em 3% da cidade.

Os habitantes do gueto faziam parte, segundo a burocracia alemã, da terceira categoria do *Hungerplan*: enquanto os soldados do Reich recebiam 2.613 calorias por dia e os poloneses cristãos 699, os poloneses judeus do gueto tinham direito a 184: um pedaço de pão e um prato de sopa por dia. "Os judeus desaparecerão pela fome e da questão judia só vai restar um cemitério", escreveu naqueles dias o governador alemão. Com essas doses, a morte tinha que ser rápida; um sistema de solidariedade e contrabando forneceu alimento e conseguiu que, no primeiro ano de existência do gueto, apenas um quinto da população morresse de fome e suas enfermidades: umas 100 mil pessoas.

As histórias de heroísmo e de infâmia, de solidariedade e de egoísmo desses dias são extraordinárias: contrabandistas, colaboracionistas, mendigos, ladrões, resistentes, milhares e milhares faziam qualquer coisa para conseguir alguns bocados. "As pessoas caíam mortas de fome. Morriam quando iam trabalhar, diante das portas das lojas. Morriam em suas casas e eram atiradas em becos sem roupa nem identificação. Assim, suas famílias podiam continuar usando suas cadernetas de racionamento. Os odores de morte, podridão e miséria enchiam as ruas", descreve Sherman Apt Russell em *Hunger*.

Nessas condições aterradoras, um grupo de médicos do gueto deu início a um desses projetos que me levam — tão de quando em quando — a me orgulhar de minha história judia. Não tinham remédios nem instrumentos nem comida para curar seus pacientes — nem a menor esperança de sobreviver —, mas estavam em condições de estudar intensamente a desnutrição e seus efeitos, e o fariam para tentar dar alguma contribuição à ciência: colaborar para que, algum dia, em outras condições, outros famintos fossem tratados melhor. "Homens sem futuro, em um esforço de vontade final, decidiram dar uma modesta contribuição ao futuro. Enquanto a morte os golpeava, os que restavam esperaram por sua própria morte sem abandonar suas tarefas", escreveu o prefaciador anônimo de *Maladie de Famine: Recherches cliniques sur la famine exécutées dans le ghetto de Varsovie*. O livro, repleto de casos e estatísticas, foi concluído nos últimos dias do gueto pelos poucos médicos que ainda não haviam sido deportados — que se reuniam, clandestinamente, em um cemitério. Uma mulher anônima o contrabandeou para fora do gueto e o entregou a um professor polonês, Witold Orlowski, que o publicou em Varsóvia em 1946.

"Os primeiros sintomas da fome: a boca secava e aumentava a vontade de urinar; não era raro ter pacientes que urinavam mais de 4 litros por dia. Depois vinham uma perda rápida de gorduras e um constante desejo de mastigar, mesmo objetos não mastigáveis. Esses sintomas diminuíam conforme o avanço da fome; até a perda de peso ficava mais lenta. O grupo seguinte de sintomas era psicossomático: os pacientes se queixavam de debilidade geral, de não conseguir fazer as coisas mais simples; ficavam preguiçosos, deitavam-se com frequência, dormiam com interrupções e queriam se cobrir para combater uma anormal sensação de frio. Deitavam-se na característica postura fetal, as pernas encolhidas e as costas arqueadas, por isso tinham contraturas dos músculos flexores. Ficavam apáticos e deprimidos. Até perdiam a sensação de fome; e mesmo assim quando viam algum tipo de comida muitos a agarravam e a engoliam sem mastigar.

"Pesavam entre 20% e 50% menos do que antes da guerra, entre 30 e 40 quilos. O menor peso foi observado em uma mulher de 30 anos: 24 quilos.

"Os movimentos do ventre aumentavam, causando muitas vezes uma disenteria hemorrágica, que provocava mais debilidade. Os inchaços apareciam primeiro no rosto, depois nas pernas e nos braços; depois se espalhavam por todo o corpo; amiúde se acumulavam fluidos nas cavidades peitoral e abdominal.

"A debilidade muscular era tão pronunciada que produzia uma grande lentidão de movimentos, mesmo em situações de muita pressão. Por exemplo: um paciente agarrou um pedaço de pão que estava com um médico e tentou fugir com ele, mas caiu no chão gritando: 'Minhas pernas não me sustentam!'."

As descrições clínicas, os dados estatísticos, as experiências, as autópsias continuam durante páginas e páginas, implacáveis. E as tentativas desesperadas de tratar os pacientes: "Adicionou fígado picado e sangue de vaca à pequena porção de comida do paciente. Deu-lhe injeções de ferro, combinou uma terapia de fígado e ferro. Deu-lhe vitamina A. Fez transfusões de sangue. Nada funcionava. Por fim, anotou que 'os melhores resultados foram obtidos ao prover alimentação adequada com um valor calórico apropriado. Esses resultados eram previsíveis, porque a única terapia racional para a fome é a comida'."

Nunca soube como minha bisavó Gustava, mãe de meu avô Vicente, viveu nesses últimos dias. Ninguém sobreviveu para nos contar como conseguiu complementar sua ração de 184 calorias, se tinha algo que pudesse vender para comprar outro pão ou uma batata no mercado negro, se chegou a sentir com força a mordida da fome, se se desesperou, se se resignou, se pensou em se matar, se pensou em seu filho distante, se imaginou as netas argentinas que não conhecia com o alívio de saber que em algum lugar seu sangue continuaria. Tampouco lhe deram muito tempo; era uma mulher idosa e não demoraram muito a colocá-la no trem que a levaria às câmaras de gás de Treblinka. Ali, ela e outros 250 mil habitantes do gueto de Varsóvia seriam assassinados poucos meses depois.

(Às vezes, penso que não é surpreendente que agora, a cada dia, deixemos que tantos morram de fome: que não nos importe, que saibamos olhar tão bem para outros lados. Somos, em última instância, os mesmos que éramos há setenta anos, quando Hitler e Stalin e Roosevelt e os campos e as bombas...)

A daquela guerra foi a última grande *hambruna* europeia. Calcula-se que um terço dos 56 milhões civis que morreram durante esses seis anos morreu de fome: mais de 18 milhões de pessoas. A metade da população da Bielorrússia, por exemplo, desapareceu por esse motivo, mas também em países ditos "civilizados" como a Holanda e a Noruega a fome matou muitíssimas pessoas.

Em 1946, 100 milhões de europeus ingeriam cerca de 1,5 mil calorias por dia: estavam desnutridos. Nesse ano, uma instituição recém-criada para tentar evitar que se repetissem guerras como aquela lançou sua primeira campanha contra a fome. A Organização das Nações Unidas se inspirava no horror que acabara de terminar, e em ideias como a que expressava com tanta clareza Franklin Delano Roosevelt, um de seus maiores incentivadores: "Chegamos à compreensão de que a verdadeira liberdade individual não pode existir sem segurança e independência econômicas. Homens necessitados não são homens livres. As pessoas famintas e desempregadas são a matéria de que são feitas as ditaduras", disse Roosevelt no Congresso dos Estados Unidos, em janeiro de 1944. A ideia era clara: mais famintos do que os estritamente necessários poderiam produzir efeitos lamentáveis. Em última instância, era mais simples e mais barato dar comida a uns milhões de pessoas do que lutar contra algum Hitler deste mundo.

Em 10 de dezembro de 1948, as Nações Unidas proclamaram sua solene Declaração Universal dos Direitos Humanos. O primeiro direito declarado postulava que "todos os seres humanos nascem livres e iguais em dignidade e direitos" — embora a Declaração só tivesse sido assinada, originalmente, por 64 países, porque o resto do mundo era colônia de alguns deles. Em seu artigo 25, a Declaração dizia que "Toda pessoa tem direito a um nível de vida suficiente para lhe assegurar e à sua família a saúde e o bem-estar, principalmente quanto à alimentação, ao vestuário, ao alojamento, à assistência médica e ainda quanto aos serviços sociais necessários".

A Organização das Nações Unidas para a Alimentação e a Agricultura (FAO) foi a primeira estrutura criada pela ONU para contribuir para que todos comessem. Seus princípios se baseiam no sofisma de que todos os seres humanos compartilham algo: a humanidade. "Humanidade é uma ideia de quando a humanidade não existia: de quando havia pequenas comunidades onde o destino de um implicava, de alguma maneira, o dos outros. Ou, digamos: onde era fácil ver que o destino de um implicava, de alguma maneira, o dos outros — e se cuidavam", escreveu um autor argentino quase contemporâneo. "Não há ideia mais resistente: as condutas sempre contradisseram o conceito, mas essas condutas são entendidas como erros, desvios. As melhores ideias, as mais poderosas, são as que nunca se verificam — e sua irrealidade constante as conserva e realça."

Entre todos os direitos que nunca foram cumpridos, o direito à alimentação ocupa um bom lugar. Supõe-se que um direito universal está acima de qualquer outra consideração; que não se pode abandonar seu cumprimento ao "livre jogo do mercado" nem ao azar dos indivíduos. Que os Estados deveriam se ocupar de que esse direito universal se cumprisse universalmente.

Entre todos os direitos que nunca são questionados, o direito à alimentação também ocupa uma boa posição. É curioso: quando se fala de direitos humanos, costumamos pensar em que não te encarcerem sem as razões habituais, não te torturem, não te matem, te permitam viajar, se expressar, revelar suas opiniões; não costumamos pensar em comida. O direito de comer é um direito humano de segunda ou terceira categoria. Quando outros são violados, se armam escândalos saudáveis, duradouros; todos os dias, centenas de milhões de pessoas estão impossibilitadas de exercer seu direito à alimentação, e a indignação — dos grandes organismos, dos pequenos cidadãos — costuma ser discreta.

Enquanto isso, nos países produtores de discursos a fome virou uma coisa dos outros. Seu lugar no discurso político se nutriu dessa benevolência condescendente — e, quem sabe, de uma leve culpa.

Não houve azares, não houve uma causa externa imprevisível, incontrolável. A maior *hambruna* dos tempos modernos — ou, melhor, a maior *hambruna* registrada pela história — aconteceu em um país em paz, sem catástrofes naturais nem acidentes climáticos que pudessem dispará-la. Foi o resultado incrível de uma acumulação de erros e soberbas, a combinação de uma política equivocada com a crença no relato que essa política fazia de si própria.

Em 1958, o presidente Mao Tsé-tung resolveu que a China devia dar seu Grande Salto para a frente — que levaria sua economia a superar, dizia, a da Grã-Bretanha em uma década. Para isso tinha de se industrializar — e milhões de camponeses deveriam se tornar operários. A agricultura, que era seu setor mais produtivo, manteria seus rendimentos graças a certas mudanças políticas e técnicas.

Milhões de pessoas se puseram em marcha. A terra, posta em comum, deveria ser trabalhada por comunas campesinas tão precariamente improvisadas que não conseguiam funcionar. E as inovações podiam ser delirantes: foi imposto o uso de vidros quebrados como adubo, foram construídos diques de terra que desmoronavam às primeiras águas, decidiu-se colocar para parir leitoas desmamadas prematuramente. A produção, é óbvio, caiu de forma dramática, mas as autoridades locais preferiram dissimular: para ocultar seu fracasso e agradar seus superiores, seus informes exageravam três, quatro, dez vezes as quantidades obtidas. E com isso os chefes centrais se convenceram de que tinham razão, o Salto funcionava: gritaram aos quatro ventos, ordenaram que grande parte dessas colheitas — falsas — fosse enviada aos silos das cidades, reduziram a importação de alimentos e duplicaram a exportação de grãos — que, segundo seus cálculos, sobravam. Nesses dias, o presidente Mao visitou uma comuna campesina e, diante da promessa de uma grande colheita, recomendou: "Plantem um pouco menos e trabalhem meio dia. Usem outras formas de cultivar: estudem ciências, dediquem-se a atividades recreativas, organizem uma universidade."

A confusão reinava: mesmo enviando para as cidades tudo o que tinham, as comunas não podiam cumprir as cotas que suas próprias mentiras haviam ajudado a estabelecer; muitos de seus responsáveis foram acusados de traição e executados por obstruir o processo revolucionário. E nas aldeias não restava nada. Os camponeses eram obrigados a comer em cozinhas comunitárias que careciam de quase tudo. Quando alguns chefes locais começaram a reclamar alimentos, os líderes do partido denunciaram uma conspiração da direita — que, talvez, inclusive, achassem verdadeira — e executaram os mais insistentes. Enquanto isso, milhões de pessoas iam ficando sem comida.

A *hambruna* durou mais de três anos. A antropofagia foi, em muitos casos, a resposta. Desesperados, não só comiam os mortos; muitas crianças foram sacrificadas. As famílias tentavam respeitar os velhos tabus e não comer os seus. A solução foi recuperar um velho costume chinês: vizinhos trocavam filhos para não comer seu próprio sangue. "Pararam de alimentar as meninas; só lhes davam água. Trocaram o corpo de sua filha pelo da filha do vizinho. Ferveram o corpo em uma espécie de sopa...", contou muito depois um sobrevivente ao jornalista inglês Jasper Becker. Não bastava, e as mortes aumentavam. Houve revoltas, dizimadas pelo Exército Vermelho. As cifras nunca foram claras, mas se sabe que pelo menos 30 milhões de pessoas morreram de fome entre 1958 e 1962.

O mundo ignorava — e parecia que não queria saber. Em 1959, Lord Boyd-Orr, o primeiro diretor do FAO, eminente nutricionista, declarou que "o governo de Mao Tsé-tung terminou com o ciclo tradicional da fome na China". Ainda em 1961, um jornalista francês que foi entrevistar Mao escreveu que "o povo chinês nunca esteve perto da *hambruna*": se chamava François Mitterrand.

Desde meados do século passado, as *hambrunas* se radicaram na África e na Ásia. Minha imagem — minha primeira imagem — da fome ainda são as fotos de Biafra: aquelas crianças com os braços e as pernas magérrimos, os rostos cadavéricos e barrigas como se fossem globos inflados. Em minha geração, na Argentina, quando alguém é muito magro, ainda é possível que os outros o chamem de Biafra. Em minha geração, ainda acreditamos que a fome é uma coisa que se vê nas fotografias.

A última grande mudança agrícola havia começado no início do século XX, na Alemanha: os engenheiros da BASF inventaram um mecanismo de produção de adubos químicos baseado na conversão de nitrogênio e hidrogênio em amoníaco — e ganharam o Prêmio Nobel. Nos anos 1930, esses adubos se difundiram nos países mais ricos — e liberaram os fazendeiros da necessidade de produzir seus próprios adubos, dando lugar a novas sementes geneticamente modificadas, mais delicadas, mas muito mais produtivas. Que precisaram, por sua vez, de mais pesticidas e mais irrigação. Em 1930, havia no mundo 80 milhões de hectares irrigados; em 2000, eram 275 milhões.

Apenas em meados dos anos 1960 essas condições começaram, graças ao que depois foi chamado de Revolução Verde, a chegar — muito diminuídas — a certos países do OutroMundo — México, China, Índia, além do Sudeste Asiático.

A produção de alimentos aumentou como nunca antes.

Que tantos consigamos comer todos os dias é um milagre; que tantos não o consigam, uma canalhice.

Durante séculos, as *hambrunas* não tiveram solução. Aconteciam quando uma seca, uma inundação, uma guerra, uma peste liquidavam as reservas de uma região. Os mais ricos, obviamente, sempre tinham alguma coisa para comer; para o resto não restava realmente nada. E, nos reinos maiores, mais centralizados, onde outras regiões podiam prover a comida que faltava, as comunicações eram lentas e os transportes ainda mais: o sinal de alerta, primeiro, e o socorro depois podiam demorar semanas ou meses, tempo suficiente para que milhares ou milhões morressem de fome. Salvá-los não dependia da decisão de ninguém: não havia, de fato, como.

Agora, dar de comer aos famintos só depende da vontade. Se há gente que não come o suficiente — se há gente que adoece de fome, que morre de fome —, é porque os que têm alimentos não querem dá-los: os que temos alimentos não queremos dá-los O mundo produz mais alimentos do que necessitam seus habitantes; todos sabemos quem são aqueles que não têm o suficiente; enviar-lhes aquilo de que necessitam pode ser uma questão de horas.

Isso é o que faz com que a fome atual seja, de alguma maneira, mais brutal, mais horrível do que a de cem anos ou mil anos atrás.

Ou, pelo menos, muito mais eloquente sobre o que somos.

BANGLADESH

SEUS USOS

1

— Se o senhor me garantir que não vai dizer nada, eu lhe digo qual é o meu segredo — diz Amena, e fala mais baixinho e olha ao redor como quem quer se assegurar. Eu lhe digo que claro, a quem vou contar o quê, e ela me diz que às vezes põe água para ferver e acrescenta algo, uma pedra, um galho, quando as crianças não estão olhando.

— Então as crianças percebem que estou cozinhando alguma coisa e eu lhes digo que vai demorar um pouquinho, que durmam um pouco, que depois as acordo. E então dormem mais tranquilas.

Eu ouço, não lhe pergunto o que dizem no dia seguinte, como faz para que funcione mais uma vez: tenho a impressão de que não quero saber.

Quando o conheceu, Amena achou que sua vida finalmente começava. Hakim era simpático, bom moço, muito amável com ela: até então, ninguém havia sido assim com ela. No cortiço onde cresceu, as crianças brigavam muito, e Amena não costumava ganhar as brigas; quando algumas crianças começaram a ir à escola, ficou entre as que não foram. Só conseguiu que uma tia bem velha lhe ensinasse um pouco de árabe: temia que, sem essa língua, não pudesse responder às perguntas de Deus quando, já morta, Ele a interrogasse.

Mas tudo isso parecia muito velho, muito menor quando encontrou Hakim. Amena tinha 14 anos, era bonita, esbelta, longos cabelos pretos e, depois de duas visitas, ele lhe disse que queria se casar. Ela sabia que ele era casado; ele lhe disse que não via mais sua mulher e que, de qualquer forma, ia deixá-la por ela. Amena teve medo porque não entendia bem o que ele fazia, mas se disse que aquela mulher devia ser má e que com ela não faria a mesma coisa. Não sabia que muitos homens abandonam suas esposas porque não conseguem mantê-las; escapam, procuram outra, imaginam que se começarem de novo vai ser diferente. Então lhe disse que sim, que ela também queria, mas que seus pais não iam permitir, que tinham lhe preparado um marido e não iriam querer nenhuma mudança. Ele lhe disse que fugissem juntos e ela morreu de nervosismo e de amor e de emoção: decididamente, sua vida havia mudado para sempre.

Amena e Hakim foram para a casa de uma irmã dele em uma pequena aldeia nos arredores de Daca, a capital de Bangladesh; ali, o sacerdote que chamaram para oficiar o casamento se negou a fazê-lo sem o consentimento dos pais; tiveram de chamar outro, que por fim aceitou. Amena ficou muito feliz.

Esses dias que passou na aldeia foram os melhores de sua vida. Amena engravidou; ela e seu esposo vieram viver em um quarto de um cortiço de Kamrangirchar, a ilha *villamiseria* que fica perto de Daca, e ele começou a trabalhar aqui e acolá, tijolos, riquixá, cargas várias. Faltava o perdão de seu pai; Hakim insistia muito para que o conseguisse, lhe dizia que precisavam dele para ser felizes. Amena foi vê-los, com dois tios e um irmão; não abriram a porta. Amena passou dias e dias sentada à porta do cortiço onde seus pais viviam, esperando. Quando por fim a perdoaram, Hakim lhe disse que bom, que então poderia lhes pedir seu dote.

— Seu dote?

— Sim, claro. Uma mulher, quando se casa, tem de levar seu dote. Como nós havíamos fugido, não houve dote e Hakim dizia que não se importava, que a única coisa que lhe importava era que estivéssemos juntos, mas depois começou a me pedir. Eu lhe dizia que meus pais não tinham nada para nos dar e ele começou a me bater. Me batia. Me batia muito.

Amena não se lembra de muitos detalhes: acha que a partir daí sua vida foi uma sucessão de semelhanças. Mais crianças, mais surras, mais tristezas, o fantasma da fome o tempo todo, a fome muitas vezes. Eu lhe pergunto se acha lógico que seus filhos não tenham comida suficiente e ela me olha e me diz que isso acontece com muita gente. Eu lhe pergunto se acha lógico que isso aconteça com muitos e me dou conta de que não entende a palavra "lógico" — ou o que seja que o intérprete está lhe dizendo em seu lugar — e ela me diz que se é assim é porque Deus quer que assim seja, que para isso

Deus é todo-poderoso e o que ela vai fazer e eu lhe pergunto por que Deus iria querer que ela sofra e ela me diz vá saber.

— Vá saber. Isso Ele sabe, não eu. Para isso é Deus.

Maneiras da lógica.

— Eu sonhava em crescer como uma pessoa boa e racional e ter um ótimo casamento e uma vida próspera e alguns filhos que pudesse criar como pessoas boas e racionais. Mas nenhum dos meus sonhos se cumpriu, porque me casei com Hakim, que, ainda por cima, morreu...

— Morreu?

— Sim, precisou operar uma espécie de abcesso em uma perna e o operaram mal e teve tétano e morreu em poucos dias, pobrezinho — diz, sem pestanejar, como quem repete uma história já transformada em simples prosa, como quem não recorda o que acabara de dizer sobre aquele senhor que transformara sua vida em um desastre.

— Pobrezinho. Se estivesse vivo, tudo seria diferente. Mas não está, e eu nunca pude ser uma pessoa racional porque meus pais não puderam pagar a educação de que precisava para isso...

— E agora, o que pode fazer para melhorar?

— Não sei o que posso fazer, porque para realizar os sonhos é preciso ter dinheiro e eu não tenho nada. Por isso não tenho nenhuma possibilidade. A única coisa que me resta é tentar criar meus filhos como pessoas boas e racionais, com os poucos meios que tenho. Não é fácil, mas gostaria de poder, que não se tornem gente ruim, viciados em drogas, e assim quando Deus me perguntar eu poderei Lhe dizer que pelo menos fiz isso: que criei as crianças que Ele quis me dar e rezei tudo o que pude.

— E Deus vai gostar disso?

— Não creio que vá gostar, porque se gostasse não teria me dado tanto sofrimento.

— E o que o faria mais feliz?

— Não sei, não consigo saber. E não vá achar que não me pergunto.

Lógicas complicadas, ligeiramente opacas.

— O problema é a água — diz Amena, como se eu tivesse que saber do que está falando. Eu não sei, lhe digo.

— Os dias em que não posso comprar água. Eu lhes dava a água que encontrava, mas adoeciam muito. Os doutores me disseram que era por causa da água, que tinha de lhes dar água comprada. Está bem, é verdade. O problema é que muitas vezes não tenho dinheiro para comprar água.

Em Daca, como em muitas cidades, a água que os pobres devem comprar do aguadeiro que passa com um carro custa muito mais — quatro, cinco vezes mais do que a água corrente daqueles que têm água corrente.

— Ou, se lhes compro água, não tenho como lhes dar de comer. Então, o que faço? Diga-me, senhor, o que faço?

À primeira vista, você diria — eu diria — que ser pobre é ter menos opções: é não poder escolher. E, no entanto, ser pobre é escolher o tempo inteiro: comer ou beber, uma roupa ou um teto, viver mal ou viver mal. Ser pobre é, também, essa sensação de incompletude perpétua: que você só pode conseguir uma mínima parte do que acha que deveria ter, do que necessita. Todo o esforço dos publicitários, dos marqueteiros, dos grandes vendedores dos países ricos consiste em reproduzir entre seus consumidores esta sensação: que o mundo está cheio de coisas que a pessoa quer e ainda não tem. Transformar os ricos em pobres a quem sempre falta mais alguma coisa.

— Quando não como, me sinto mal, mal de verdade. Tenho uma espécie de dor no peito e fico tonta. Não consigo ficar parada e por isso me deito com meus filhos, tento fazer com que não chorem. Mas não tenho nada a fazer, meu destino é este. Por isso tenho de aceitá-lo, mas não sei quanto vou conseguir sobreviver assim.

— E o que gostaria de ter?

— Comida, bastante comida. Me sinto muito mal quando vejo pessoas que têm muita comida e a desperdiçam. Esses sim eu odeio. Alguém deveria se rebelar contra os que desperdiçam comida, mas para se rebelar é preciso ter força. Eu acho que se tivesse dinheiro teria mais força e conseguiria me rebelar. E de verdade me rebelaria contra essa gente que desperdiça comida, a castigaria.

— Mas se tivesse dinheiro e essa força, seria um deles, não uma rebelde.

— Não, eu nunca seria como eles, mesmo que fosse rica, porque sempre vou me lembrar de como é ficar com fome, não ter comida.

— Tem certeza?

— Sim, acho que sim, que tenho certeza. Acho.

"A pobreza urbana — um mundo triste, tão afastado da solidariedade de subsistência do campo como da vida política e cultural da cidade tradicional — é a nova face da iniquidade. As margens das cidades são uma zona de exílio, uma nova Babilônia. Mas, diante dessa rua sem saída, os pobres se rebelarão? Os grandes arrabaldes são — como temia Disraeli em 1887 ou Kennedy em 1961 — vulcões prestes a entrar em erupção? Ou uma impiedosa competição darwiniana — cada vez mais pobres lutando pelas mesmas migalhas informais — gerará, entretanto, uma violência comum autoinfligida, a forma mais terrível de "involução urbana"? Em que medida o proletariado informal possui o mais poderoso dos talismãs marxistas: a capacidade de mudar a história?

"O futuro da solidariedade humana depende da recusa militante dos novos pobres urbanos em aceitar sua marginalidade terminal no capitalismo globalizado. Tal recusa pode adquirir formas atávicas ou vanguardistas: o repúdio da modernidade ou a tentativa de recuperar promessas reprimidas. Não deveria surpreender que alguns jovens dos subúrbios de Istambul, Cairo, Casablanca ou Paris abracem o niilismo religioso do jihad salafista ou se deliciem com a destruição dos maiores símbolos da modernidade alheia. Ou que outros milhões se voltem para as economias urbanas de subsistência operadas por gangues de rua, narcotraficantes, milícias. A retórica que demoniza as diversas "guerras" internacionais contra o terrorismo, as drogas e o crime é uma forma de apartheid semântico: constroem muros epistemológicos ao redor de *slums*, favelas e *chawls* que impedem qualquer debate honesto sobre a violência cotidiana da exclusão econômica. E, como nos tempos vitorianos, a categórica criminalização dos pobres urbanos é uma profecia autorrealizada que garante um futuro de intermináveis guerras de rua."

Assim escreveu Mike Davis há menos de dez anos.

2

— Aqui tudo vai ficando difícil. Bangladesh é um dos três países com mais desnutrição do mundo e parece que não se deram conta. Se se dão conta, obviamente, é no campo, quando ficam sem comida, mas aqui em Daca parece que não — diz Vikki, um holandês grandalhão, louro, desalinhado — e a cadeira em que estou se mexe de uma maneira estranha. Tudo se mexe de uma maneira estranha, como se o chão tivesse se sacudindo; como isso não é possível, procuro uma explicação razoável para minha sensação equivocada: problemas de equilíbrio, preciso dormir mais, devo estar muito cansado. Vikki continua falando, se apaixona, me distraio. Depois, no almoço, todos comentam, excitados, o tremor. O medo não pode ser zonzo: você precisa saber o que temer. A falta de medo diante desse terremoto me demonstra mais uma vez que o medo é a forma mais incômoda do conhecimento.

Cada vez invejo mais a serenidade dos animais: dos ignorantes.

Bangladesh é um país muito novo, "dos meus tempos": deixou de ser colônia inglesa antes que eu nascesse, mas foi Paquistão Oriental até eu completar 14 anos. Então — em 1971 — houve uma breve guerra, festejos, discursos, um país. Desconfio — estupidamente — das novas nações: eu as vejo como se fossem quase falsas, imposturas. Uma pátria não pode ser mais jovem do que meu pai.

Mas são, e persistem: a última grande fornada de países acabou de completar 50 anos. De qualquer maneira, a República Popular de Bangladesh é um dos mais sofridos: 148 mil quilômetros quadrados — não muito menos do que o Uruguai — para uns 160, 170 milhões de habitantes, quarenta vezes mais. Em população, Bangladesh é o sétimo país do mundo; em superfície, o 95º. É, com 1.140 habitantes por quilômetro quadrado, o país mais denso — mais denso — do planeta. Fica na desembocadura de dois grandes rios indianos, o Ganges e o Brahmaputra, e é baixinho. Quase não há nada a mais de 10 metros do nível do mar: o país é inundado sem parar, e se supõe que, se o aquecimento levantar os mares, vai virar uma piscina. Por ora, é só um formigueiro — um formigueiro — de pessoas que tentam cultivar arroz em uma terra que não basta. Bangladesh, com tão pouco espaço, é o quarto produtor mundial de arroz, mas não basta.

— Não se dão conta de que estão muito doentes — insiste. Vikki, o holandês enérgico, é o responsável pela Médicos Sem Fronteiras em Bangladesh, e continua falando de algo que eu já ouvi, que é uma senha: a capacidade de se habituar ao mais difícil, ou, dizendo melhor, ao pior: de achar que assim é a vida.

Daca é uma cidade-modelo: a que sintetiza como e por que a forma de cidade fracassou. Há sessenta anos, Daca era uma pequena capital de província com meio milhão de habitantes; agora é trinta ou quarenta vezes maior, amontoa muitos milhões sem casas nem ruas nem transportes nem espaços nem cloacas suficientes. E continuam chegando: todos os dias aparecem em Daca milhares de pessoas que acreditam que aqui vão viver melhor do que em suas aldeias — ou que um dia acordarão para saber que sua aldeia havia ficado debaixo d'água, ou que seu meio hectare de terra era do prestamista, ou que já não era suficiente para que pudessem alimentar seus seis filhos.

Dizer muitos milhões — de habitantes — parece um descuido; não é meu. Ninguém sabe quantos habitantes a cidade tem, mas não é nada pessoal: tampouco sabem quantos tem o país. Em Daca podem ser, dizem, 16, 18 milhões. Ou talvez 22.

Meu primo Sebastián, um cientista ousado, insiste em dizer que é urgente criar um movimento internacional pela redistribuição do espaço: que tão injusto como a distribuição injusta da riqueza, da comida, dos recursos naturais é que alguns países tenham tanto espaço e outros tão pouco: questão de densidade.

É uma selva de carnes e de latas. Em Daca, caminhar é ficar pulando entre corpos movediços — pessoas, bicicletas, riquixás, motocicletas, carros, ônibus — que se jogam em cima de você, e é difícil deixar de lado uma das regras básicas de quem caminha nas cidades: que os outros — os que conduzem alguma coisa — prefeririam não matá-lo. Não está claro o que preferem; mas sim que, por escolha, religião ou comodidade, não se detêm diante de nada.

Mas um homem passa em uma moto não muito velha com duas meninas de seis ou sete anos, uma atrás e outra na frente dele, grudadas nele, abraçadas a ele, vestidinhas para ir à escola, e o rosto de felicidade da que vai atrás, o rosto grudado nas costas enormes de seu pai, no calor de seu pai, no poder imbatível de seu pai. Ela nem sequer sabe que a vida não é assim. Ou talvez saiba alguma coisa.

Daca ou o fracasso: em Daca, não há iluminação pública nem cuidado com o espaço público nem uma ordem pública visível. Ir de um lugar a outro pode demorar horas ou se tornar, de repente, impraticável. As buzinas, os barulhos, o calor, a poeira, as ruas destruídas, o ataque dos carros, os edifícios à beira do colapso, os rios e riachos podres, os cheiros, os cheiros terríveis, as cordilheiras de lixo. Quanto mais pobre é uma sociedade, mais limitado o acesso a certos usos: facilidades que todos têm na Noruega são privilégio de uns poucos no OutroMundo. O cuidado com o espaço público — a ideia de que é um território de todos, que deve ser cuidado para todos — também é próprio dos países ricos: aqui, os ricos têm seus espaços e os mantêm fechados.

Daca é um perfeito fracasso e é, ao mesmo tempo, um grande exemplo do êxito das cidades: um ímã que atrai mais e mais pessoas e, ao fazê-lo, cai no desastre. O êxito das cidades do OutroMundo implica sua hecatombe: vivem em uma constante crise de superprodução — de desejo, de sedução, de esperança—: o mecanismo da crise do capitalismo.

Aqui também a maioria dos que chegam acaba indo parar nos imensos *slums* — *villamiserias*, acampamentos, barracos, favelas, choças — que completam a cidade. Kamrangirchar, o maior de todos, é uma ilha no rio Buriganga.

Mohamed Masum chegou, vindo de sua aldeia, há três meses, cheio de sonhos. Mohamed tinha um pedaço de terra onde plantava — arroz, alguma banana, mangas —, mas teve de deixá-la: depois que se casou, seus irmãos passaram a acossá-lo.

— Não sei, não gostavam de Asma, me diziam que era pobre, que não tinha dote.

Mohamed a conhecia da aldeia, gostava dela, disseram-lhe que era trabalhadora e boa, e decidiu se casar; finalmente, seus irmãos a aceitaram e tudo se tranquilizou. Ou parecia: com a doença de seu pai — todos sabem, diz, que seu pai vai morrer muito em breve —, as brigas pela herança ficaram tão brutais que ele preferiu vender sua parte e ir embora.

— É uma grande herança?

— Sim. São três pedaços de terra de 40 ou 50 metros cada.

Mohamed não se importou: fazia tempo que queria vir para Daca. Sempre lhe disseram que a vida na cidade era outra coisa.

— Eu sabia que as pessoas que vivem aqui têm vidas cômodas, tranquilas, felizes, que é possível ganhar muito dinheiro.

— De onde você tirou isso?

— Me contaram. E certa vez vi na televisão, em minha aldeia, na praça. Ali se vê que as pessoas vivem bem em Daca.

— E continua achando a mesma coisa?

— Claro. Minha vida está melhorando e por isso vou ficar aqui.

Aqui é seu aposento de 2 × 3 — chapas e palmas — sem nenhum móvel: nada. Mohamed é magro, fibroso, o rosto de guerreiro bengali: um tigrinho do Sandokán* no lugar errado. Asma o observa com um sorriso amável, plácida, e ao redor correm seus três filhos, todos no aposento. Os aposentos deste cortiço — desta *villamiseria* — se sucedem nos dois lados de um corredor estreito; em cada um vive uma família e todas compartilham a cozinha, a torneira, o banheiro — um buraco no chão. Para pagar o aluguel, Mohamed trabalha pedalando um riquixá.

— O que é o pior de seu trabalho?

— O pior é que é muito cansativo. É o mais cansativo que fiz em toda a minha vida.

— Quanto você ganha por dia?

— Depende do dia. Às vezes 200, às vezes até 400 takas.

Que são quase 5 dólares — mas, me dirá mais tarde, quase nunca é suficiente: costumam ser 200 takas, 2,5 dólares, por 10 ou 12 horas de trabalho. A cidade está repleta de riquixás, condutores de riquixás. Ninguém sabe quantos são: entre 200 mil e 500 mil, dizem, que é dizer nem ideia. E que

---

* Referência ao *Tigre da Malásia*, personagem dos romances do escritor italiano Emilio Salgari. (*N. T.*)

cada um percorre uns 50 quilômetros por dia neste inferno de poluição e trânsito. Eu lhe pergunto o que vê de positivo em seu trabalho.

— Nada. Mas não tenho dinheiro nem conheço ninguém; por ora, é o único que surgiu. Mas eu sempre quis viver em Daca; por isso estar aqui agora me faz me sentir feliz. Mas é verdade que em minha aldeia quase sempre tinha alguma coisa para comer.

E que na cidade se você não ganha dinheiro não come, me explica, não é como na aldeia, onde sempre era possível conseguir umas mangas ou fazer um bico ou pedir um punhado de arroz a algum parente.

— Aqui na cidade tudo é como se fosse de outros — diz, e fica pensando no que disse como quem olha para um brinquedo novo, dá voltas: sim, aqui tudo é de outros.

— Aqui, no dia em que não consigo trabalhar, eu não como — diz, e me olha e se corrige: não comemos.

— Agora, faz dois dias que não me sinto bem e não posso sair: já ficamos sem comida. Isso não é muito agradável. Hoje à tarde vou ter de sair, esteja como estiver: as doenças são para os ricos.

A angústia de ganhar a vida a cada dia. A equação é muito simples: não há reservas. Se conseguir dinheiro hoje, sua família e ele comerão; caso contrário, não comerão. Viver ao dia: saber que se hoje não ganhar o suficiente hoje não comerá. E amanhã, e depois de amanhã. É preciso sair e ver, e pode ser e pode não ser. A ideia de reserva, de poupança, de garantia — que fundou culturas, que constitui a nossa — não existe: é preciso sair e ver e pode ser e pode não ser.

— Mas agora estou melhor do que antes.

Que agora está melhor do que antes, diz: que tem uma cama — está sentado nessa cama, um tablado sem colchão onde a cada noite dormem cinco pessoas — e um ventilador. O ventilador gira no teto, alivia o calorão, os cheiros.

Em 1980, a ilha de Kamrangirchar tinha 2,8 mil habitantes: a primeira conexão de eletricidade foi instalada em 1990 — em uma escola religiosa. Agora há meio milhão, e todos são migrantes: pessoas que tentam. Kamrangirchar é uma de tantas cidades de aluvião, pobres do OutroMundo ocupando espaços. A densidade, mais uma vez, a ocupação exasperada. Buenos Aires, uma cidade grande, tem uns 15 mil habitantes por quilômetro quadrado; Kamrangirchar tem 150 mil, sem edifícios altos. Na ilha, seis de cada dez adultos não sabem ler e escrever; na ilha, há 98 mesquitas, 69 madraçais — que ensinam o Corão — e sete escolas primárias.

São sociedades que vão se construindo com retalhos. E a superdeterminação de algumas metas precisas: importa entender o que leva essas pessoas até lá. A esperança de comer todos os dias; a ilusão de que seus filhos terão vidas diferentes; a aceitação de que o que tinham não era viável; a convicção de que mudar é necessário e a resignação de que a mudança possível é essa migração, esses amontoamentos. Não há história; a história é o que abandonaram, porque os condenava. Deveria existir futuro, porque vieram para isso; e existe, mas muito distante, ilusório: não é uma construção, um percurso. E, entretanto, um presente contínuo, feito de continuar sobrevivendo. Ter mais tempos que um tempo costuma ser um luxo.

— Se tivesse um pouco de dinheiro poderia começar um negócio, comprar alguma coisa e tentar vendê-la na rua, alguma coisa. Mas para isso preciso de um pouco de dinheiro e por ora não consegui economizar nada porque tenho de pagar o aluguel e a comida. Mas vou conseguir.

— E pensou na possibilidade de voltar para a aldeia?

— Não, não podemos mais, porque vendi a terra que tinha para vir pra cá. Não, agora a vida que temos é esta. Esta é a minha vida.

Parece decidido: como quem já saltou, uma vida no ar. Pergunto qual é seu momento mais feliz.

— Minha felicidade é quando não tenho fome. Quando tenho comida, sou feliz; quando não tenho, não sou.

— De quem é a culpa de às vezes não ter comida?

— Quando sinto fome não fico irritado com ninguém. Creio que Deus me mandou o que tenho e que vai cuidar de mim, do que acontecer com minha vida. O bom e o ruim. E se agora estou nesta situação é porque devo ter cometido algum pecado para que Ele me mande estas coisas.

— É justo que haja gente tão rica e gente tão pobre?

— Não, eu creio que Deus não tinha de fazer isso.

— Mas faz.

— Sim, porque não somos tão bons como Ele quer. Nós o decepcionamos, e Ele nos mostra assim. Se quisermos viver melhor, teremos de fazer por merecer.

E sua mulher assente e depois sai para levar um filho para fazer xixi lá fora e então, em voz baixa, para que ela não o ouça, Mohamed diz que às vezes se torna muito pesado, que a responsabilidade é muito pesada, que saber que se não trouxer dinheiro nenhum dos seus vai comer é muito pesado, que às vezes você sabe o quê.

— Não, não sei.

— Às vezes, acho que seria melhor ser mulher — diz, e ergue as sobrancelhas, como se tivesse se assustado com o que está dizendo. Nós nos fitamos e eu não sei o que lhe dizer. Asma volta com o bebê e diz que se estamos falando de não ter comida deveríamos nos calar, se não temos vergonha.

— Dessas coisas não se fala. Para que vamos falar? Já temos o bastante com o que acontece com a gente.

Há dezenas de *villas* como esta na cidade de Daca. Kamrangirchar não é a mais pobre, a mais insalubre; é apenas a maior e uma das mais desguarnecidas. Kamrangirchar é um amontoado de casas inacabadas, ruas irregulares, ruas desconjuntadas, mercados, lojinhas, pontes, lixeiras, cabos e mais cabos, motocicletas, riquixás, mercados fedorentos, carpinteiros que serram, ferreiros que martelam, boias-frias que amassam tijolos, barqueiros que esperam um cliente, crianças que desbastam as bordas de plástico de quinhentos baldes amarelos. Outros vendem frutas, guloseimas, morfina ou heroína: Kamrangirchar é, também, o centro de distribuição de drogas mais conhecido do país.

Tudo parece ter estado sempre aqui, mas tem no máximo 30 anos. Há quarenta, isto era um rosário de ilhotas separadas por águas e pântanos, um lixão gigante até que começaram a chegar, do interior, pessoas, mais pessoas. Era um lixão e se encheu de gente; aqui as metáforas também são de segunda mão.

Com os migrantes, Kamrangirchar foi se povoando dessas moradias provisórias — onde as vidas transcorrem. Umas são choças com paredes de lata, teto de palma, solo de tábuas descasadas, sustentadas apenas por umas varas de bambu muito longas enterradas no pântano 3 metros mais abaixo. Seus habitantes vivem, mais além de metáforas ruins, em equilíbrio muito precário: para sair de suas casinhas, para cozinhar, para se lavar, caminham por pequenas pontes feitas de três ou quatro bambus — e lá embaixo a água negra, hedionda: o cheiro de suas vidas.

Outras são como cortiços, solares, vilas, condomínios degradados: em terra firme, vinte ou trinta quartos precários amontoados ao redor de alguns pátios, umas fornalhas, uma latrina e uma bomba-d'água. Em cada quarto há uma cama que ocupa tudo, sem colchão — às vezes, um pano em cima de tábuas —, as paredes de chapa com buracos do tamanho de galinhas, trapos pendurados, alguma panela, algumas roupas rasgadas. É difícil ter — haver, possuir, ser proprietário de — menos do que isto.

Os quartos quase nunca têm portas; uma cortina, no máximo.
A privacidade é outro luxo no qual não pensamos.

Mais tarde, já na rua: a maneira como Mohamed aciona seu riquixá lotado, com uma mãe, um pai e três criancinhas: apoiando todo o peso de seu corpo na perna esquerda e depois, com um estranho passo de dança, passando todo o peso para a direita — duas ou três vezes, até que o bicho roda, e as gotas de suor como se fossem diamantes ou naftalina.

3

Momtaz está indignada porque ontem teve de levar a um hospital seu filho de dois anos que havia cortado um dedo com uma faca e sangrava sem parar e ela, diz, tinha medo de que morresse, e lhe deram oito pontos, mas quando quis ir embora não permitiram porque não tinha como pagar o tratamento. Eram mil takas — pouco mais de 10 dólares — e a retiveram por várias horas, diz, com uma mistura de horror e vergonha na cara, ainda. Não a deixavam sair, estava como presa, diz, e seus filhos em casa sozinhos, sem ninguém que cuidasse deles e cozinhasse alguma coisa, e o arroz prestes a acabar e esses senhores que a prendiam. Foram horas terríveis; por fim, uma tia conseguiu o dinheiro e foi buscá-la. Agora Momtaz não sabe como vai fazer para pagá-la:

— Com esse dinheiro nós comemos dez, quinze dias. Eu não posso deixar de comer todo esse tempo para pagar minha tia — diz, e o diz em um tom monocórdio, como sem emoção, que é a emoção mais brutal.

— Não sei o que fazer, estou desesperada.

Momtaz estava sozinha: seu marido foi à cidade, porque se sentia doente; deixou-lhe 15 quilos de arroz e a promessa de que voltaria em alguns dias, mas o arroz já está quase acabando. Momtaz não se lembra de quando foi que se casou nem quando saiu — com o marido — de sua aldeia: Momtaz se lembra de muito pouco, continua falando do desastre de ontem, da dívida, do arroz que está acabando. Em seu quarto do cortiço há uma cama, um estrado que ocupa todo o espaço, as paredes de lata com bicadas de galinha, trapos pendurados, as tábuas soltas no chão, mais buracos no teto de palma. Momtaz não permite que seus filhos saiam: passam o dia inteiro trancados nesses 6 metros escuros, fedorentos.

— Não permito que saiam, tenho medo de que sejam sequestrados.

— Quem poderia sequestrá-los?

— Não sei, me disseram que há pessoas que sequestram.

— E para que os sequestrariam?

— Não sei, quem sabe — diz, e seus filhos ou gritam ou choram ou tossem ou dão pulos. Momtaz diz que gostaria de comer todos os dias, dar comida a seus filhos todos os dias, não ter de pensar em comer todos os dias. E diz que já está acostumada, que não comer não faz mal ao corpo, mas que às vezes fica muito nervosa. Tão nervosa, diz, baixinho, como quem pede desculpas. O rosto de Momtaz é redondo, os olhos atordoados, o corpo pequeno de menina.

— Você acha que sua vida vai melhorar?

— Não sei. Veremos mais adiante.

— O que você poderia fazer para melhorá-la?

— Não sei, agora eu não posso fazer nada para melhorá-la. Mas quando meus filhos forem maiores vou poder trabalhar e ganhar um pouco mais de dinheiro.

— Alguém poderia ajudá-la?

— Não. Quem vai me ajudar?

— E o governo?

— Não sei, eu não entendo dessas coisas.

Que seus filhos a sustentem quando crescerem, que tomara que pudessem ir à escola, que se conseguissem o dinheiro para os livros poderiam mandá-los à escola: o de sempre. As crianças parecem todas igualmente pequenas; têm sérios problemas de desenvolvimento por falta de alimentação. São dessas crianças que parecem não ter chances: crescerão pouco, entenderão certamente pouco — e serão, com sorte, mão de obra bruta e muito barata, a menos que.

— Mas o que quero para eles é que tenham uma vida tranquila, que tenham futuro.

— Você tem uma vida tranquila?

— Não.

— Por quê?

— Porque é cheia de misérias, sempre há alguma coisa...

Pergunto por que tem de viver assim, de quem é a culpa; Momtaz me olha como se a pergunta fosse muito difícil ou brutal ou supérflua, vá saber, e cala a boca. Um filho passa a mão no seu rosto; Momtaz afasta a mão, quase com violência. Depois diz:

— A culpa é minha.

A culpa é dela, diz, porque teve muitos filhos. Que precisava ter se controlado, que se tivesse tido apenas dois filhos tudo seria diferente, diz, compungida. Que a culpa é dela, diz, insiste.

Há discursos que são, para dizer de uma maneira fina, um grande tacho de merda.

Às vezes, parece que a fome é coisa de mulheres. Se eu fosse etimólogo ou etimologista ou entomólogo, gostaria de saber se essas duas palavras tão corriqueiras, tão próximas, têm raízes comuns: *hambre* (fome) e *hembra* (fêmea). Ou *faim* e *femme*, ou *fame* e *femina*. E então talvez descobrisse que é apenas uma questão de consonância. E me diria que, no entanto, não.

Porque, entre outras coisas, este é um livro feito de mulheres, como um corpo é feito de água; 90% de um corpo de mamífero — pessoas, vacas, doninhas — é água, e a água é o que não se vê. Um corpo é feito de água assim como o tempo de futuro, escreveu alguém. E parece que a fome é, sobretudo, coisa de mulheres: está mais perto delas, a sofrem quando cozinham, a sofrem em seus filhos, as sofrem quando os levam ao hospital e seus homens não, a sofrem quando seus homens comem e elas não. Fique dito: 60% dos famintos do mundo são mulheres.

(Agora, hoje, a primeira-ministra bengali é Sheikh Hassina Wazed, filha do Sheikh Mujib, fundador do país. A Ásia — tão cheia de antigos países novos — soube ser governada, não faz muito, por filhas dos pais das pátrias: Indira Gandhi na Índia, Benazir Bhutto no Paquistão, Chandrika Bandaranaike no Sri Lanka, Megawati Sukarnoputri na Indonésia e seguem assinaturas; algumas morreram, outras foram mortas, outras se aposentaram e Aung San Suu Kyi continua na fila em Myanmar. Alguém deve ter elaborado sisudas teorias sobre essas herdeiras de repúblicas.

Aqui, de vez em quando, há um golpe de Estado; nos últimos anos, o poder se debateu entre a filha do pai da pátria e a viúva dele, que o depôs e assumiu. Que mulheres os governem não faz com que estes países sejam menos machistas: nem um pouquinho.)

Em 1971, quando Bangladesh foi fundado, o país tinha uma taxa de fertilidade de 6,4, ou seja, cada mulher bengali paria, em média, mais de seis filhos. A explosão demográfica era impetuosa, e as autoridades nacionais e os organismos internacionais tentaram freá-la. As campanhas e os propagandistas foram aos últimos rincões do país; vinte anos depois, a taxa havia baixado a pouco mais da metade, e agora está por volta de 2,5. Essas campanhas instalaram a ideia de que parir muito era a principal causa da pobreza.

— Foi o que minha mãe me disse quando me casei: que não repetisse seu erro, que não tivesse tantos filhos — me disse Rokeya. Há alguns anos, vim a Bangladesh para entrevistar mulheres para uma publicação das Nações Unidas sobre saúde reprodutiva. Rokeya me contou sua vida: que graças ao seu casamento pôde parar de trabalhar como doméstica, que então começou a fazer as mesmas tarefas, mas para a família do marido, que tudo era diferente, que não era mais escrava.

— Me senti muito, muito bem.

Tudo parecia funcionar, mas Rokeya não engravidava. A princípio, seus sogros supunham que era muito jovem, mas se passaram três, quatro anos e a pressão foi aumentando. Seu marido, Quddus, sorria para ela cada vez menos e Rokeya tinha medo de que a repudiassem.

— E você procurou um médico?

— Não, na minha aldeia não havia médico. Na verdade, nessa época eu nem sabia que existiam médicos.

Um dia, sua sogra lhe disse que devia estar perseguida por um espírito mau e a mandou ver o *kabiraj*, digamos, o "médico tradicional", digamos, o "bruxo". O *kabiraj* confirmou: um espírito estava comendo seus óvulos e era necessário espantá-lo. Para isso lhe deu um tubinho de lata com uma citação do Corão e algumas ervas. O remédio não teve efeitos imediatos; Rokeya demorou quase um ano para engravidar. Foi um grande alívio, e o parto foi simples: em sua casa, com a parteira da aldeia. Era uma menina, mas nem Rokeya nem sua família se queixaram.

Rokeya já tinha seu primeiro bebê e recordava sempre as palavras de sua mãe. Por isso, quando um agente de planejamento familiar foi visitá-la, ela lhe pediu pílulas anticoncepcionais. Era o momento mais árduo da campanha contra a natalidade; Rokeya as tomou durante mais de dois anos sem dizer nada ao marido — nem nunca ver um médico. Um dia ele encontrou as pílulas e lhe perguntou o que eram; ela, primeiro, se assustou, porque o havia enganado; depois reuniu coragem e lhe explicou que não queria voltar a engravidar, pois assim poderiam ter uma família pequena e criar melhor de sua filha. Ele a ouviu, discutiram; por fim, ele lhe disse que estava de acordo, mas que tivessem mais um, um varão. Sem um varão, diz agora Rokeya, uma família não pode estar completa. Ela lhe disse bem, mas que esperassem um tempo, até que Sharim crescesse.

— Meu marido nunca me bate, é uma boa pessoa. E sempre me apoia no que penso, e sabe que não podemos sustentar tantos filhos.

Uma coisa é baixar a taxa de natalidade de um país apinhado; outra, bem diferente, é convencer seus mais pobres de que a responsabilidade de sua pobreza é deles — porque têm muitos filhos.

Malthus, em bengali, se diz Malthus.

O segundo foi um varão, Milon. Com o tempo, o pai de Quddus morreu, Quddus herdou uma terra que não lhes bastava; emigraram para Daca, conseguiram trabalho: ele cuidava de um estábulo, ela faxinava a escola. Rokeya estava satisfeita, mas continuava preocupada com a possibilidade de voltar a engravidar: tinha medo de desequilibrar suas finanças. Finalmente, um agente de planejamento familiar lhe sugeriu que ligasse as trompas: era, lhe disse, uma solução definitiva. Rokeya pensou que viver em Daca era uma sorte: na aldeia jamais teria podido. Rokeya e Quddus concordaram, mas ela continuou tendo dúvidas:

— Alguns religiosos dizem que quando uma mulher faz a ligadura das trompas não vão poder enterrá-la segundo a religião e a terra vai rejeitar seu corpo e Deus vai castigá-la. Eu tinha medo. Discuti sobre isso com uma mulher na clínica e ela me disse que não era verdade; por isso resolvi ligar. Agora sei que, se sou pobre, não é por minha culpa.

(PALAVRAS DA TRIBO)

Como?

Ou seja, eu: o que é que permite que nesta noite consiga voltar do campo de batalha e me enfiar no chuveiro e me trocar e me perfumar e pedir no restaurante do hotel um bom jantar e talvez uma garrafa de bom vinho? O que é o que me permite poder fazer isso, noite após noite?

A evidência de que não fazer nada disso não vai resolver nada de suas vidas e entretanto a minha continua aí? A capacidade de pendurar no cabide uma coisa que, no fim das contas, é meu trabalho?

A desculpa de que eu, pelo menos, trabalho neste livro?

Como, caralho?

eu de verdade gostaria de fazer alguma coisa. Juro, Mani, quando os vejo tenho um ataque, e quando penso nessa pobre gente ali, com essa angústia de não saber se vão conseguir comer ou não, não consigo acreditar que não façamos nada para consertar as coisas. Eu vi um documentário ótimo, exibiam-no sem anestesia, Mani, sem poupá-la de nada, era angustiante, me senti muito mal, muito comovida, e desde então sempre me lembro deles. Ou desde sempre, na verdade, porque eu me recordo que minha mãe sempre me dizia "você tem de comer isso, menina, como vamos jogar fora se há crianças na África que não têm nada" e eu pensava nessas crianças e comia. Que coisa louca, não? Para que eu comesse o que eles não podiam comer ela me dizia que eles não podiam, que não tinham. Isso que me dizia me marcou, mas agora me dou conta de que foi outra de suas manipulações, que porra tem a ver que eu comesse ou não com o que eles tivessem ou não? Que se eu não comesse eles iriam ter ainda menos? Bem, mas isso não é o que importa. O que importa é que eu sempre penso neles e, lhe digo, gostaria de fazer alguma coisa. O que me tranquiliza um pouco é que somos muitos os que tentam ajudá-los. E não apenas pessoas como eu: Bill Gates, Bono, o papa, gente poderosa. Você não viu que o papa sempre fala dos pobres e a Igreja está aí para ajudá-lo? Se não fosse por eles... O fato de estarem preocupados me tranquiliza, me alivia. Embora também às vezes me preocupe, Mani: me pergunto o que pode fazer uma garota como eu se os mais poderosos do mundo, se

Como, caralho, conseguimos?

— O que eu não suporto é comer tudo isso sabendo que há tanta gente morrendo de fome.
   — Sim, de verdade é uma pena.
   — Claro, mas tampouco vamos deixar, desperdiçar. Isso seria pior.

Como, caralho, conseguimos viver?

E eu achava que a fome era insuportável por antonomásia.
(ou achava, então, que jamais aprenderia a suportá-la)

Como, caralho, conseguimos viver sabendo.

Há um esvoaçar de culpas. Todos temos culpa, mas não dessa forma ladina em que a comunhão da culpa é a dissolução da culpa, a redistribuição da culpa em pedacinhos tão pequenos que por fim nenhum importa. Todos somos culpados, mas alguns são muito mais culpados do que outros — e nessa progressão quantitativa há um salto qualitativo. É verdade que você, que eu, que aqueles dois lá no fundo, com seus hábitos alimentares se apropriam da comida de que outros precisam. Mas essa culpa, por ser importante, não se parece nem um pouco com a do senhor Cargill ou de algum presidente de seu país. Sem nenhuma comparação, você sabe.

Como, caralho, conseguimos viver sabendo que acontecem?

tá bem, eu entendo, mas, então, o que você quer que eu faça? Que não coma nunca mais? Que me alimente a pão e água, que só coma milho para mostrar minha preocupação e minha solidariedade? Isso também não serve para nada, velho, é pura pose. Eu creio que, em síntese, temos de levar nossas vidas como são e levar em conta que se, de alguma forma, pudermos ajudá--los, ou, inclusive, dizendo melhor, que se, de alguma maneira, pudermos intervir para mudar essa situação, temos de fazê-lo, mas nos perguntando, obviamente, para que serve, a quem serve, se vale a pena continuar se inflamando por uma situação que vai continuar assim quem sabe por quanto tempo. É pura perda, velho, puro desperdício. Ou você não se lembra do pobre do Julio, do que aconteceu com ele? Não, o que eu estou dizendo é que você tem de se ocupar daquilo que realmente tem alguma chance de resolver, você me entende? Que se, no final, só vai servir para foder sua vida, para se sentir impotente e tampouco você vai ser útil a alguém, vai se sentir a última merda, então o que é necessário fazer é escolher com muito cuidado de que coisas

Como, caralho, conseguimos viver sabendo que acontecem essas coisas?

4

Há histórias que pesam: a fome é quase um hábito em Bangladesh. Sua primeira causa — sua causa tradicional — é a insuficiência de terra: muitos milhões de camponeses não têm nenhuma, muitos milhões têm muito pouca. Apenas 1% das fazendas bengalis têm mais de três hectares; 86% têm menos que isso — são insuficientes para alimentar uma família. As pessoas vivem há milhares de anos em lugares difíceis, mas nos últimos cem a explosão demográfica os levou a ocupar até os mais ingratos.

Além disso, essas terras dependem muito de um clima caprichoso: as inundações provocadas pelas chuvas e os grandes rios são básicos para os cultivos, mas seus repetidos excessos são fatais; assim como os ciclones, os tornados, as marés, a erosão das terras e inclusive as secas. E a deterioração das terras e suas camadas pela pressão da Revolução Verde: a produção agrícola triplicou em quatro décadas, mas o solo parece estar exausto. E rios e lagos, cujos pescados davam trabalho a outros 10 milhões, estão se esvaziando por excesso de uso.

Por isso, os camponeses, que ainda são dois em cada três bengalis, fogem para Daca. E a terra cultivável diminui — 1% ao ano — porque está sendo ocupada pelas cidades. E os novos cidadãos passam a depender mais ainda do preço dos alimentos; embora Bangladesh produza mais de 90% dos alimentos que consome, esses preços estão ligados ao mercado global — e sobem, e sobem, e sobem.

Por isso — e pelo crescimento demográfico —, embora a porcentagem de pobres baixe 1% anualmente há mais de vinte anos, a quantidade total de pobres não decresce, nem a das crianças famintas nem a das crianças que morrem.

Uma das linhas divisórias mais claras entre as classes sociais consiste em calcular qual parte de suas receitas uma família gasta em comida: quanto mais pobre, mais alta a porcentagem. Na Inglaterra, no começo do século XIX, no início da Revolução Industrial, a maioria da população gastava 90% de suas receitas em comida. Em 1850, apenas dois terços. Agora, entre

10% e 15%. Um dos critérios adotados pelos organismos internacionais para definir a classe média: é aquela que gasta menos de um terço de suas receitas em comida.

Aqui, onde os pobres gastam mais de três quartos de seu pouco dinheiro para se alimentar, qualquer aumento é um golpe duríssimo, que muda radicalmente a situação de milhões de famílias: passam de comer a não comer.

Ou a comer como quem passeia pela margem.

Certa vez pensei — escrevi? — que uma medida cruel do grau de "humanização" de uma pessoa é a quantidade de tempo que dedica a conseguir comida. Os animais quase todo, as famílias norueguesas, uma semana por ano.
Mas não conseguir tira você da escala, joga você em outra liga.

Bangladesh, diz o Banco Mundial, é o país com maior proporção de crianças desnutridas: 46%. Em Bangladesh, 8 milhões de crianças de menos de 5 anos — quase a metade do total — estão abaixo do peso porque não comem suficientemente.
Nos últimos vinte anos, a mortalidade infantil decresceu muito: de 117 crianças mortas por mil nascidas vivas em 1990 a 47 por mil em 2013. Mas, dessas 47 por mil, dois terços — umas 31 por mil — morrem por efeito da má nutrição. De novo: de cada cem crianças que nascem em Bangladesh, três morrem de fome. Filhos de mães malnutridas, a cada ano 110 mil bebês morrem ao nascer: um a cada 5 minutos. A cada 5 minutos morre um recém-nascido em Bangladesh.

Taslima diz que é empregada doméstica, mas acabo descobrindo que é mentira. Taslima tem 30 anos, diz, mas não tem certeza, porque não sabe quando nasceu; sua mãe, sim, tinha um dia de aniversário, diz, mas ela nunca quis ter um:
— Para quê? O que vou fazer com isso?
Taslima poderia ser uma velha: a pele esticada sobre cada osso, o olhar tão triste. Taslima nasceu em uma aldeia perto da Birmânia, mas está em Daca há muito tempo. Na aldeia, seu pai trabalhava na terra dos outros, sua mãe tentava: tinham cinco filhos e nem sempre conseguiam lhes dar

283

de comer. As crianças sabiam que era melhor não lhes pedir: se pediam quando não havia, apanhavam.

— Pobrezinhos, seus pais deviam sofrer muito — digo, e Taslima me olha sem entender; só o rancor.

Taslima nunca foi à escola e, de qualquer maneira, ainda era pequena quando sua irmã mais velha a trouxe para Daca para que a ajudasse com os trabalhos de casa. A irmã limpava casas alheias e tinham um quarto em um cortiço e se viravam: as duas comiam amiúde. Quando Taslima completou 14 anos, sua irmã procurou um marido para ela; já era hora. O rapaz trabalhava como carregador de bagagem na estação rodoviária porque sua surdez, dizia, não lhe dava outras opções. Se habituaram a comer pouco.

— E eu que acreditava que o bom de estar casada era que ia ter comida todos os dias... No final, foi o contrário.

Depois de alguns anos, Taslima já tinha duas filhas e muito pouco para alimentá-las. Tentou conseguir trabalho limpando casas, mas quando era menina havia quebrado o braço esquerdo e este cicatrizou mal: não tinha força. Foi demitida de dois ou três empregos e acabou mendigando nas ruas.

— E por que você disse que trabalha limpando casas?

Taslima havia falado com força e clareza; agora se cala, abaixa o olhar. Por fim diz que tem vergonha:

— É feio ter que andar pedindo. Você não sabe como gostaria de poder limpar alguma casa. Embora pedir tampouco seja fácil, é um trabalho duro, você não faz ideia. Às vezes as pessoas dão, às vezes não. Há lugares aonde se pode ir, em outros a polícia põe você pra correr. Lugares onde se arranja dinheiro e em outros nada. Ou talvez um punhadinho de arroz: tudo ajuda.

Durante alguns meses catou lixo e viveu melhor: no final do dia havia conseguido 50, 100 takas — mais de 1 dólar — e 1 quilo do arroz mais barato custa 35. Mas durou pouco: chegou uma família querendo trabalhar naquele lugar, na margem do rio, onde ela trabalhava, e a expulsou aos pontapés. Nestas ruas destruídas ou não terminadas, forradas de lixo, fedorentas, há homens e mulheres que caminham avidamente, com bolsas nas costas, para levar as sobras antes de ninguém.

— Às vezes você acha que consegue. Mas não, não consegue.

Costumamos desprezar os animais que se alimentam de lixo: ratos, corvos, baratas, moscas, outras larvas. Mas são animais.

Taslima tem um rosto magro marcado por rugas e uma argolinha de ouro na narina esquerda para dizer que é casada. Também tem três filhas e dois filhos — o mais velho tem uns 12 anos, o menor ainda não completou um ano — e um marido atrofiado.

— Minha luta é arranjar comida. Passo o dia inteiro pensando em como vou fazer, de onde vou tirá-la. O dia inteiro. Não consigo pensar em outra coisa.

Em sua casa só se come quando ela leva o que comer; às vezes leva.

— Quando não como, me dói a barriga, dói a cabeça, mas, sobretudo, fico muito irritada, não consigo encontrar nenhuma paz. Penso em toda a gente que tem e fico muito irritada. É como se cem mil mosquitos estivessem zumbindo em minha orelha.

A fome são cem mil mosquitos zumbindo na orelha, diz, em voz baixa. E que quando tem fome e consegue comida não lhe importa nada, o que for:

— Quando tenho fome e consigo alguma coisa para comer não me importa nem um pouco o que for: que seja comida, mesmo que não tenha gosto de nada, mesmo que tenha gosto ruim, qualquer comida, o que for.

Às vezes, Taslima consegue tão pouco que só é suficiente para seus filhos. Então fica olhando para eles enquanto comem e espera que algum dia a salvem: que quando começarem a trabalhar tragam dinheiro para casa e então descansará. Seus filhos não foram à escola e terão que trabalhar no mais baixo escalão, mesmo assim, será melhor do que agora.

— Qual é seu prato favorito?

Taslima sorri timidamente, ajeita o sári como se lhe tivesse perguntado uma coisa muito íntima. Por fim abaixa a voz para dizer que seu prato favorito é o peixe que aqui é chamado de *hilsha*.

— E quando foi a última vez que você comeu *hilsha*?

— Não sei... — diz, e realmente não sabe e começa a pensar. Histórias passam pelo seu rosto: um vestígio de sorriso, a testa franzida, os lábios apertados. Então diz que acha que foi antes do nascimento de sua filha mais velha, certamente: há treze anos.

— E como se recorda do gosto?

— É que quando era menina, na minha aldeia, eram pescados facilmente, havia muitos, ou você comprava e custavam quase nada. Por isso comi tantos que nunca esquecerei seu gosto. Nunca esquecerei seu gosto.

Comer é ativar a sensação de fazer parte de uma cultura: cada povo tem suas regras sobre o que come e como come. O grilo, considerado delicioso na China, é uma maldição no meu bairro e alívio da necessidade aqui, neste bairro. O Big Mac, comida de marginais e pobres de Nova York, é privilégio de crianças ricas de Manágua ou Kishinau. O porco que será presunto em Jabugo, Espanha, pode unir muçulmanos e judeus em um repúdio absoluto — e assim por diante. Mas não é apenas o que se come; é também, obviamente, como é comido: cada cultura chega a considerar natural a maneira como come. Achamos a coisa mais lógica do mundo — insisto: natural — beber toda manhã uma infusão quente açucarada, ou um suco de fruta, talvez algum pão ou biscoito untado com gordura animal e talvez um doce de frutas, inclusive alguns ovos de galinha fritos em gordura. Achamos natural, quando chega o meio-dia, comer um ou dois pratos salgados — talvez um frio e outro quente — compostos de proteínas animais, hidratos de carbono e alguma fibra vegetal, acompa-nhados por uma bebida fria que pode ser alcoólica e, finalmente, alguma coisa doce e de novo uma infusão quente açucarada. E assim sem cessar. Achamos pertinente comer uma carne fria tratada com conservantes e cortada muito fina no desjejum, mas não uma carne fresca cortada, gros-sa, e recém-cozida, que cabe comer no almoço ou no jantar. Achamos lógico acompanhar esse pedaço de carne quente — de certos animais, basicamente três ou quatro — com certas verduras cruas ou cozidas, mas não estamos dispostos a completá-lo com uma boa taça de morangos com creme ou um filé de merluza. Achamos normal adicionar ao trigo-candial transformado em cabelos de anjo alguma gordura animal ou vegetal ou certas verduras e carnes e queijo em pedaços muito pequenos, mas nos surpreenderia se alguém lhe agregasse doce de leite ou mel. Passamos toda a refeição adicionando farinhas de trigo cozidas em forma de pão ao que consumimos mas achamos impróprio continuar fazendo-o quando chegamos, finalmente, aos sabores doces.

Às vezes se incorporam, em certas épocas, novos elementos: há alguns anos, por exemplo, no Ocidente quase não se comia peixe cru, e agora, via sushi, se come muito. Mas os grandes traços — a divisão café da manhã, almoço e jantar, por exemplo — são bastante resistentes e se impõem com a força daquilo que não parece imposto. Não costumamos achar que o esquema poderia ser bem diferente e, de fato, o foi em muitas épocas e em muitos lugares.

Comer é se escrever, se estruturar: cada povo escreve o relato de si mesmo a cada dia com os alimentos que come, com a forma como os come, com o modo como os pensa, os recorda, os deseja. Uma das características menos pensadas da fome é que o leva a comer sempre as mesmas coisas. A variedade alimentar é um mito moderno, um mito de países ricos. Ao longo da história, a maior parte das pessoas comeu mais ou menos as mesmas coisas em quase todos os dias de suas vidas. A gastronomia — a arte de variar o que se come — é uma disciplina que, durante milênios, foi tão difundida como a joalheria do nácar ou a pesca com mosca.

Formas de relatar: diante da retórica barroquíssima das cidades ricas, onde o comensal pode supostamente escolher em qualquer momento entre uma variedade que parece inesgotável — desde o sanduíche de mortadela até a espuma de *foie gras*, passando pela pizza, a salada, o chop suey, o curry, o hambúrguer, a tortilla, o taco, a sopa, o assado, os risotos, a tradição local — o habitante do OutroMundo é confrontado com uma linguagem reduzida a duas ou três frases. Aqui, em Daca, por exemplo, na linguagem alimentar, pode-se escrever só arroz muitas vezes, com algum pedacinho de verdura quando é possível, um pedacinho de peixe em uma festa, fome. É outro tipo de relato: contundente, obsessivo, brutal.

Maneiras do realismo sujo.

Taslima está devendo dois ou três meses — não se lembra, diz que não se lembra — de aluguel. O chão de seu quarto é de madeiras descasadas, as paredes de latas esburacadas, o teto de outra lata; seu quarto foi construído em cima de um pântano pestilento — negro, cheio de merda, cheio de lixo — sustentado por varas de bambu. São vários: um arquipélago de quartos imundos no ar, em cima de água putrefata, unidos por pequenas pontes de bambu, tão pouca coisa. Quando o vento sopra com força, diz, quando chega a monção, tudo se mexe.

— Às vezes, à noite, passo um tempo ouvindo as varas ranger. Não consigo dormir, ouço...

São lugares que no início são frágeis, de repente decadentes, pouco depois arruinados. Os dez quartos, os dois fornos, as pequenas pontes trêmulas foram construídos em um terreno — em um pântano — que pertence a um senhor que os aluga a uma senhora chamada Marfot, que chegou a Kamrangirchar há trinta, quarenta anos, e se instalou sobre esta lixeira, e foi construindo o labirinto. A senhora Marfot e sua família ocupam três dos dez quartos, tão pobres como os demais; ela está velha, se queixa de que está velha e pobre e viúva e que sempre teve e tem medo de que o dono a expulse, que queira vender o terreno, que queira construir para ele mesmo alugar os quartos. A senhora Marfot diz que não teria para onde ir.

— Você não sabe o que é isto de passar tantos anos pensando que a qualquer momento poderiam me expulsar. E, afinal, não aconteceu nada. Se tivesse sabido, não teria pensado. Mas você não sabe, não é mesmo?

— Não sabia?

— Bem, não entendia. Agora entendi: este lugar está tão podre que mais ninguém vai querê-lo. É isso que nos salva. Se fosse um pouco melhor, nos teriam expulsado há muito tempo.

A senhora é pobre; o dono também, um pouco menos. O dono é um desses que viviam em Kamrangirchar antes que os outros tivessem chegado; quando viram que chegavam tantos, os habitantes primitivos — que sempre haviam sido marginais, trapeiros, pescadores — agarraram a oportunidade e ocuparam espaços, construíram ou nem sequer construíram barracos e os alugaram caro: pobres que viram a oportunidade de explorar outros, mais pobres.

Suponhamos que a solidariedade é uma coisa que vai se armando com o tempo.

Suponhamos que ela é mais difícil em sociedades migratórias, novas. Suponhamos que em algum momento aparece, que por certas razões aparece: que há situações nas quais as pessoas acham que lhes convêm mais, lhes interessa mais se aliar a outras pessoas parecidas do que fodê-las.

Suponhamos que, a partir desse ponto, se constroem relatos que confirmam que é necessário ser amável e generoso com os que vivem nas mesmas condições: ser solidário — se dizer solidário — com aqueles que vivem nas mesmas condições.

Suponhamos que esse viver nas mesmas condições se constitui a partir de certos parâmetros sociais e econômicos — ao invés de religiosos, raciais, familiares. Esse foi o pressuposto mais decisivo da política moderna: que cada camada social tem interesses comuns que fazem com que lhe convenha defendê-los. Supõe-se que para isso serviam os grandes relatos políticos, o trabalho dos partidos que os sustentavam.

Agora?

5

Kamrangirchar é um espaço abarrotado: três quilômetros quadrados transbordantes de gente. É também um território confuso, que a cidade de Daca não quer anexar porque suas cifras de saúde educação pobreza são tão ruins que baixariam a média de seus índices de qualidade de vida. Há vinte anos, uma indústria automobilística alemã contratou um engenheiro de som para que projetasse o som sólido, confiável de uma porta ao se fechar — que fosse considerado o símbolo de um carro bem-feito. Já criado o ruído, os designers projetaram a porta capaz de produzi-lo. Às vezes, os parâmetros sociais funcionam como aquela porta: não são a tradução de um fato, mas um fato em si, um signo significando a si mesmo, uma ferramenta dessa campanha permanente que são os governos dos governos que, mais do que governar, preservam: seu poder, dentro do possível, e os sistemas.

"I don't know where I'm going but I'm on my way", dizem as letras brancas da camiseta verde-oliva de um garoto de boné e barba maometanos que passa caminhando de mão dada com outro. O outro não tem nada escrito da camiseta, só o boné.

Aqui as ruas tampouco têm nome. Uma rua com nome também faz parte desse outro luxo que chamamos de história.

Distraído, sentado em um banco de pedra, observo botes passando no rio Buriganga. Bacias multicoloridas de plástico, a maior grosseria da modernidade, transportadas em um bote de madeira por um barqueiro com remo de bambu. São 7h30, 8h; o sol ainda está tímido. Duas meninas me olham por um instante, me dizem que querem ser fotografadas, tiro uma fotografia delas. Uma deve ter 10 anos, a outra, 7; uma veste um sári preto com bolinhas brancas, cabelos curtos, olhar desconfiado; a outra, um vestidinho amarelo um pouco rasgado, sorriso brilhante. Então uma senhora velha se aproxima com uma careta estranha; tem os dentes muito vermelhos de bétele, um sári verde bem destroçado, unhas sebosas. Começa a falar, uma catarata de palavras em bengali; eu faço o possível para que entenda que não entendo bulhufas. A certa altura, acho que está tentando me vender as duas meninas. Faz gestos, trejeitos, aponta-as, faz dois e um com os dedos e abaixa a mão; eu entendo que vai me dar as duas pelo preço de uma, um preço baixo. Eu não sei se acredito no que estou acreditando, mas não encontro outra coisa para acreditar. As meninas olham para baixo.

De repente muda de tom. A senhora grita comigo, dá voltas ao meu redor, me aponta com o famoso dedo indicador; começam a se juntar pessoas ao meu redor. Ela as olha, volta a me apontar, com caretas de desprezo. Acho que, para se vingar de meu desdém, está me acusando de uma coisa horrível: talvez de querer comprar as duas meninas. Juntam-se mais e mais pessoas, se aproximam. Acho que tenho de tratar de ir embora antes de verificar o que está acontecendo.

Fugir com a dúvida, não saber nunca o que aconteceu. Saber — costuma acontecer — havia ficado muito caro.

Digamos: a calma com a qual os cachorros daqui sabem dormir cercados por mil moscas.

A calma é provinciana. Ou inútil, ou persistente. Quarenta graus, sol; nem um resquício de vento move as folhas das árvores — magras, as árvores são magras. Pela rua encharcada passam riquixás, alguma moto, um carrinho com tijolos puxado por pessoas, pessoas carregando pirâmides de baldes de plástico ou panelas de alumínio na cabeça, pessoas caminhando, crianças. Muitas crianças. Crianças correm, pulam, gritam: a revoada de crianças faz parte da calma. Em um lado da rua há choças, alguma casa, galpões que são fábricas precárias desses baldes, dessas panelas, globos coloridos: nas fábricas trabalham outras crianças.

— Vamos, não durmam! Vamos, Abdel, trabalhe.

Abdel e seus companheiros trabalham doze horas por dia tirando bacias de plástico de uma máquina que não parece muito velha, em um galpão de chão de terra com outras três máquinas, outras dez crianças e um patrão jovem que manipula um rosário de prata e cheira a recém-banhado, gel nos cabelos, o sorriso duvidoso. Abdel diz que tem sorte de ter conseguido este trabalho, que não lhe pagam muito, mas que já era hora de ele começar também a levar comida para casa, que seu pai sozinho não dá conta. Que se cansa, mas ainda lhe sobra tempo para brincar com seus amigos quando sai, que joga críquete bastante bem, que tomara que algum dia consiga jogar na televisão — não diz em um grande time, diz na televisão — e que sim, que é verdade que preferiria fazer o outro trabalho, o de cortar rebarbas em vez de ficar tirando bacias da máquina, mas que acabou de começar, que só está ali há uns meses, que talvez mude mais adiante. O outro trabalho é o de Mohammed: sentado à porta do galpão com uma pilha das bacias que tiram da máquina, com uma navalhinha na mão, Mohammed tira as rebarbas de plástico que lhes restaram.

— É melhor, sim, é muito melhor.

— Por que, lhes pagam mais?

— Não. Não está vendo onde está sentado? Posso ver as pessoas passando, a rua, o sol.

Das 35 milhões de crianças bengalis entre 5 e 14 anos, quase 5 milhões trabalham. Aqui em Kamrangirchar a metade das crianças trabalha. Suas famílias não têm dinheiro para se dar ao luxo de permitir que elas não ganhem nada; menos ainda de mandá-las à escola. Aqui em Kamrangirchar, só uma em cada dez crianças vai à escola.

— De qualquer forma, o que têm de aprender vão aprender melhor na oficina do que na escola — me diz, quando lhe pergunto, o patrão de sorriso duvidoso. Poucas coisas indignam mais a boa consciência ocidental do ver que crianças trabalhando. Gostaria de entender por quê. Dizendo de outra maneira: verificar quando, onde, como surgiu a ideia de que as crianças têm direitos que seus pais não têm. Como foi que atribuímos às crianças o direito ao ócio produtivo, à educação, à assistência social, à preguiça que seus pais não têm. O direito, inclusive, de vir a ser: a criança entendida como uma pessoa que ainda não é o que será e que preserva, portanto, entretanto, a possibilidade de ser uma coisa diferente. As crianças e seu direito ilusório de serem diferentes enquanto seus pais já vivem suas condenações — e elas também, mas esta parte é repugnante. Eu acho horrível que as crianças trabalhem como burros e que os adultos trabalhem como burros, e me alegro de que uma dessas reprovações seja um lugar-comum, mas não entendo por que apenas uma delas. Só pela ilusão da inocência original das crianças? Pela ilusão do desamparo particular das crianças que nos obrigaria a defendê-las? Pela ilusão de sua debilidade?

Por que motivo — mistura de motivos — aceitamos que ser criança é uma postergação da condenação?

Crianças e adultos, atarefados: as pequenas fábricas de bacias de plástico aonde as rebarbas coloridas vão se juntando no chão como uma pequena montanha de merda moderna; os barracos onde seis mulheres vestidas com os tecidos mais clássicos classificam tampinhas de refrigerante de acordo com as cores; os pátios onde três ou quatro crianças separam trapos das pilhas de lixo, sérias, concentradas, convencidas de que não devem cometer erros; a rua ao lado do rio onde dúzias e dúzias de condutores de riquixás esperam por seus clientes enquanto, alguns metros mais embaixo, dúzias e dúzias de barqueiros, mais velhos, mais afortunados, esperam os deles na popa de seus botes de madeira: os quiosques barraquinhas tendas tendinhas onde senhoras e senhores vendem — tentam vender — guloseimas bebidas pescados sonhos fritos picantíssimos frutas cortadas para o deleite das moscas; o terreno baldio onde duas crianças de 8 anos levam e trazem uns estranhos bambus eriçados de pontas que têm, cada uma, uma espécie de forro de cores vivas: globos recém-fabricados que secam ao sol; e os pedreiros que erguem casas tijolo por tijolo com armações de milhares de bambus, os carregadores que transportam na cabeça sacas com cinquenta quilos de arroz ou uma dúzia de caldeirões de latão ou um tronco ou uma pilha de tijolos, os fabricantes de caldeirões, as mulheres que lavam roupa no rio de águas negras, os homens e mulheres que se lavam no rio de águas negras, as crianças que ainda não trabalham, os cabeleireiros encerrados em suas caverninhas de lata com paredes de espelhos baratos, as pessoas que amassam e fritam a massa do pão chamado *naan* em seus caldeirões de azeite sempre fervendo e o cheiro, sobretudo o cheiro: o cheiro brutal de gordura velha que nós, os portenhos, chamamos de *riachuelo* — mas muito mais bestial, sempre ali, sempre untando a vida para que você não esqueça.

Um rio negro como o piche, o Buriganga. É surpreendente que peixes possam viver nele. Pessoas não: a ecologia não é aplicada a elas. As pessoas lavam, se lavam, se banham no Buriganga. O Buriganga corre lentamente e sobre o Buriganga correm botes de madeira com proas erguidas, orgulhosas, negras como o rio, e correm barcaças e lanchas destruídas e pedaços de plástico e merda em abundância. O Buriganga é negro como nenhum outro rio que conheci; o Buriganga cheira a merda.

— Você se alimenta, comendo só arroz?
— Não. Bem, você diz que não.

O Buriganga, na frente; deste lado, diante de um dos poucos edifícios de três andares da ilha, cem mulheres pequenininhas fazem fila com crianças nos braços.

— E seu filho se alimenta?
— Não, não. Mas o que quer que eu faça? Não tenho outra coisa.

As mulheres vestem sáris coloridos; corpos magros, rostos pacientes; as crianças têm uma pinta negra, gorda, pintada no lado esquerdo da testa para protegê-las dos maus espíritos que, quando veem que são lindas, ficam querendo atacá-las. Os espíritos, se sabe, são fúteis e petulantes. Assim, enfeadas pela mancha, as crianças evitam os perigos da beleza, inúmeros. As crianças disfarçadas de feias choram devagar, suas mães as consolam; são 8 da manhã: à porta do edifício de três andares diante do Buriganga, mulheres esperam ser atendidas pelos profissionais da Médicos Sem Fronteiras.

— Você tem que lhe dar leite, todo o leite que puder.
— Tem certeza, doutora?
— Sim, claro.
— Certeza mesmo? Como é possível que apenas com o leite que sai de mim o bebê já tenha o que necessita?

Que a fome fazia parte de suas vidas. Que alguma vez por dia não comiam, que algumas vezes não comiam nada durante todo o dia, que algumas vezes não comiam nada durante dois dias. Já sabiam; sabiam que saber é uma enfermidade, é uma pena adicional, enquanto não puderem remediá-la.
— Agora, cada vez que não como penso no que estará acontecendo dentro de mim. — diz Shahalla. Mas, ainda mais que a fome, a má nutrição é um hábito: como lhes dizer que esses alimentos repetidos, pobres — arroz,

caldo talvez de lentilhas, muito de vez em quando algum resto de carne ou metade de um ovo —, que eles e seus pais e seus filhos comeram sempre não servem para nada, não servem para fazer homens e mulheres fortes, capazes de viver seriamente suas vidas.

— Se pelo menos tivesse algum trabalho.
— Em uma fábrica?
— Sim, claro, onde for.
— E por que não tem?
— Porque não posso, não tenho com quem deixar meus filhos, não posso, por ora não posso. Tomara que eu possa logo.
O truque em todo seu esplendor: esperar — para se salvar — que o explorem.

Shahalla diz que caiu em uma armadilha: que não pode sair para trabalhar porque não tem com quem deixar seus filhos porque não tem família em Daca porque vieram da aldeia depois da inundação para ver se em Daca poderiam viver melhor mas não aconteceu nada e que então às vezes têm o que comer e às vezes não, e esses dias em que seus filhos a olham com fome caladinhos. Shahalla tem mais ou menos 23 anos, uma menina de sete, um bebê de um que não caminha, não cresce, não bota dentes, não faz nada do que um bebê de um ano deveria fazer. E ultimamente não come mais.
— Sempre comeu o arroz que eu lhe dava, mas agora não quer mais.
Para muitos, aqui, comida e arroz é a mesma palavra. Shahalla tem traços tensos, os ossos muito marcados, e se sente presa, diz: que caiu em uma armadilha.
— E eu que fiz tanto sacrifício para lhes dar seu arroz. E agora não serve...
Shahalla diz que seus filhos são a coisa mais importante de sua vida, e agora está preocupada: ela sabia que se não comessem se sentiriam mal, mas achava que se acabassem comendo não aconteceria mais nada, e uma médica sem fronteiras acaba de lhe dizer que não é assim, que se seus filhos continuarem comendo mal vão ter muitos problemas quando crescerem porque vão crescer menos e aprender menos, diz, e que isso lhe doeu porque ela deveria ter feito outra coisa, diz, ser capaz de lhes dar o que necessitam, diz, só uma lágrima.

E foram muitas: mulheres que se ofendiam ou se aterrorizavam ou se deprimiam quando a enfermeira lhes dizia que não estavam alimentando direito seus filhos, que seus filhos estavam malnutridos, que isso era uma doença, que teriam que lhes dar alimento, que é algo assim como um remédio. Que se ofendiam ou se aterrorizavam ou se deprimiam porque estavam lhes dizendo que não sabiam ser mães.

— Eu sempre digo às enfermeiras que tenham muito cuidado com o que dizem — me diria, uma manhã, Astrid, a norueguesa que coordena as enfermeiras.

— Sobretudo, que não achem que estamos lhes reprovando nada. Pobres mulheres, acima de tudo que não achem que estamos lhes dizendo que a culpa é delas.

Então poderia ser adotado outro critério para diferenciar a fome mais brutal da má nutrição: a fome brutal tem consciência de si, a má nutrição, não. E, neste caso, grupos como a MSF seriam, na caricatura, vanguardas esclarecidas que têm que começar convencendo os malnutridos de que o são, pois assim poderiam começar a tratar de se curar. Trata-se, de alguma forma, do mesmo problema de qualquer grupo político de esquerda: precisa convencer os explorados e oprimidos de que o são como condição prévia para qualquer tentativa de deixar de sê-lo. Como quem diz: persuadir.

6

Acho que deveria pensar em outras coisas. Acho que não sei em que, e que, além disso, agora não conseguiria. Depois, que tudo isto — a miséria, a incerteza, a persistência da fome, sempre ali — serve para que Fatema trabalhe 12 horas por dia: para que queira trabalhar 12 horas por dia.

Fatema apostou no tudo ou nada. Fatema tem 21 anos, um filho de três, uma filha de sete e um marido que acabou de deixá-la. Fatema também tem um rosto largo e gordinho, uma inteligência vivaz e um sorriso bonito: triste, mas cálido. Seus pais a trouxeram para Daca quando tinha 5 anos, afugentados por uma inundação que os deixou sem casa. A casaram quando tinha 13 anos; não queria, mas tampouco estranhou: começara a trabalhar aos sete, 12 horas por dia, em uma fábrica têxtil, e casar não devia ser, afinal de contas, nada muito diferente. Outra coisa teria sido poder ir à escola: quando era pequena, Fatema ficava observando as meninas que iam e achava que eram princesas encantadas, diz: princesas encantadas.

— Eu ficava olhando e sentia muita inveja. Pareciam princesas encantadas.

O que não esperava era que seu marido fosse tão vagabundo: às vezes trabalhava com um riquixá, ou vendia alguma coisa na rua, ou ficava em casa uma semana inteira sem trazer nenhuma taka. E a maltratava e a surrava quando achava que o dinheiro que ela trazia que não era suficiente.

— E você o expulsou ou ele foi embora?

— Foi embora.

— Gostaria que voltasse?

Fatema hesita. Pensa muito para dizer que, afinal, dá no mesmo: que, de qualquer jeito, ela tem que ganhar dinheiro para dar de comer a seus dois filhos. A filha está com febre: dorme em cima de sua saia, as duas no chão de tábuas de seu quarto.

— Mas não a aborrece viver assim, ficar sozinha?

— Não, prefiro. Quase sempre prefiro. Um homem tem que se ocupar de sua família; senão, não é homem — diz, e se cala, os olhos entrefechados; depois, volta à carga: um homem que não se ocupa é um inútil, um parasita. Pergunto se tem boas lembranças de sua vida com ele e diz que sim, que no começo, mas muito depressa não. E que não quer procurar outro homem. Para quê? Que tem que se ocupar de seus filhos.

São paradoxos estranhos: que o fato de uma mulher como Fatema trabalhe como um cão — a hiperexploração destas mulheres — lhe permita não depender de um homem, não ter que tolerar suas agressões.

Há quatro dias, um operário têxtil, Aminul Islam, apareceu morto, torturado, à beira de uma estrada, nos arredores de Daca. Islam tinha 40 anos, dois filhos, uma filha, e havia sido um dos líderes das manifestações de 2010 que conseguiram aumentar o salário mínimo do setor de 1,6 a 3 mil takas por mês: 3 mil takas são 35 dólares.

— Sim, me lembro das confusões e do aumento. Mas não ouvi nada a respeito dessa morte — diz Fatema. Islam tentara organizar seus companheiros de trabalho da Shasha Denim, uma das muitas fábricas que fazem roupas que depois se chamarão Nike, Tommy Hilfiger e outros nomes muito *cool*. Mas um dos requisitos para que as condições de trabalho continuem sendo o que são é impedir que suas vítimas se rebelem: os salários de fome são defendidos pelas armas dos parapoliciais. Os vários governos bengalis reprimem da mesma forma, sem nenhum pudor, qualquer manifestação operária — e a famosa "comunidade internacional" finge que não vê. Que existam países como Bangladesh, que existam milhões de operários que trabalham por quarenta dólares mensais, é uma condição necessária para a ordem mundial: não apenas porque produzem as mercadorias baratas que milhares de milhões consomem; também porque organizam o mapa da indústria — que se transfere dos países mais prósperos, onde ninguém admitiria trabalhar por esses salários, aos países onde são aceitos sem maiores problemas. "Precisamos levar certo tipo de produção a países onde vamos ter mais rentabilidade, assim podemos ter um nível de lucratividade que nos permita investir em pesquisa e inovação", disse um grande empresário norte-americano ao *New York Times*. Outra função do progresso técnico: justificar o capitalismo mais violento. Se não fabricássemos tal ou tal coisa com trabalhadores superexplorados, não ganharíamos o suficiente para continuar "inovando", dizem, e fazem caras sérias, capitães do amanhã transformado em mercado.

— Que vergonha, não? Ele nos defendeu, deu sua vida para nos defender e eu nem sequer sei quem era.

Aminul Islam era um homem baixinho, barbudo, muçulmano muito devoto; há três anos, pouco depois daquelas greves, foi sequestrado por um bando de sicários do serviço de inteligência bengali. Foi espancado, torturado, quiseram obrigá-lo a assinar documentos denunciando seus companheiros; por fim, Islam conseguiu fugir; durante alguns meses ficou afastado, mas não conseguiu controlar seu gênio.

Há um mês, os operários de sua fábrica voltaram às ruas. O conflito começou quando pediram uma tarde de folga para assistir a uma partida do campeonato asiático de críquete que, nestes dias, é a obsessão da cidade. Os patrões se negaram e o conflito se instalou: algumas horas depois, milhares de operários entraram em greve: protestavam por seus salários, suas condições de trabalho, o assédio sexual às mulheres. Um grupo de parapoliciais sequestrou Islam; foi solto no dia seguinte, mas, menos de duas semanas depois, voltaram a levá-lo.

— Não, que vergonha. Pobre homem — insiste Fatema, a voz murmurando, o rosto enegrecido. Nos últimos vinte anos, Bangladesh se transformou no segundo exportador mundial de roupas, depois da China. Agora as roupas representam três quartos de suas exportações: vinte bilhões de dólares em roupas a cada ano. Dos quatro milhões de operários do setor, 90% são mulheres. Fatema ainda trabalha na mesma fábrica têxtil: lhe pagam três mil takas por mês para operar uma máquina, 12, 13, 14 horas por dia, seis dias por semana. Mas seu trabalho conta pouco: em cada jeans que é vendido em Nova York por 60 dólares, o custo da mão de obra bengali — o que sobra para Fatema — é de 25, 30, centavos. E nós, ocidentais progressistas democráticos tão preocupados com os direitos humanos, vestimos essas roupas.

Fatema passa metade — metade — de sua vida no trabalho. Eu lhe pergunto em que pensa quando está sentada diante de sua máquina, nessas horas intermináveis, e me diz que pensa em seus filhos, no dinheiro de que precisa, em como vai fazer para criá-los como deve criá-los.

— Penso nessas coisas, nos problemas, em tudo o que tenho pela frente.

— E gosta de algum pensamento?

— Bem, às vezes penso nos momentos felizes que tive com meu marido — diz, tímida, quase culpada, e que o melhor da fábrica é que às vezes pode conversar com suas amigas, falar de seus problemas, ouvir os delas, e que aí sim se sente acompanhada. Mas que não conversa por muito tempo porque tem que voltar logo para casa, para cozinhar para os filhos. Seu quarto está muito limpo, muito organizado; esteirinhas no chão de tábuas; duas prateleiras em um canto com panelas, uma toalha, uma garrafa térmica.

— Qual é o tipo de música que você gosta de ouvir?

E ela, de novo, como quem se desculpa.

— Bem, o que acontece é que não posso ouvir música porque não tenho como, não tenho rádio, essas coisas.

Karl Marx imaginava uma sociedade de iguais onde os trabalhos necessários à subsistência, sem a obrigação de produzir mais-valia para uns poucos, seriam muito mais leves para todos e, portanto, os homens e mulheres teriam muito mais tempo para se dedicar ao que lhes interessasse. Aqui, a ideia de ócio — ou melhor, de atividades não voltadas diretamente a suprir necessidades básicas — quase não existe.

Fatema paga dois mil takas por mês por este quarto de dez metros quadrados; lhe restam mil para todo o resto: roupas, transporte, comida. Três pessoas que têm que viver, se vestir, se alimentar com 13 dólares por mês: arroz, com sorte, duas vezes por dia. Costuma-se ver a fome como um problema daqueles que não têm trabalho, os marginais, os perdidos; não daqueles que passam metade da vida diante de uma máquina, produzindo mercadorias desejadas pelos consumidores.

— Quando não há comida suficiente, eu não como, mas meus filhos sim. Eles são toda a minha esperança — diz Fatema e lhe pergunto pelo seu prato favorito.

— Como sou pobre, não posso pensar em nada especial, o que eu quero é um prato de arroz e um caldo de lentilhas. Isso é o que posso comer, e o que eu quero.

— Mas se pudesse comer qualquer coisa...

— Eu gosto de bolinhos, de doces de padaria.

— E quando come isso?

Aqui um desses bolinhos custa quatro ou cinco takas: cinco centavos de dólar.

— Ui, faz muito tempo que não compro um.

Nestes dias como em pensões bengalis onde sempre há arroz, sempre o *dal* de lentilhas, às vezes meio pedaço de frango, e às vezes acabo de jantar sem chorar por causa do ataque da pimenta. Mas como, quando peço de tudo, por dois dólares. As duas pensões que costumo frequentar são muito limpas, sempre repletas de empregados. A pobreza é — para os menos pobres — comprar pessoas muito baratas; comprar aos montes.

São sociedades de servidão. Se uma mulher que limpa sua casa pode lhe custar 500 takas por mês, para que limpar, e se um senhor que dirija seu carro pode lhe custar 5 mil, para que dirigir, e se um garoto que carregue suas compras vai pular de alegria com 50, para que carregar? Para isso servem, na vida cotidiana, esses abismos.

Karl Marx, há muito tempo, definiu um setor da sociedade como proletários: aqueles que não têm nada além de sua prole: Fatema observa sua filha febril, a acaricia.

— O pior é que agora tenho medo de ir trabalhar — diz Fatema. Eu lhe pergunto de que tem medo e me olha, estranhando: do fogo, me diz, como quem diz uma obviedade. Sua oficina, abarrotada, malventilada, cheia de tecidos e produtos químicos, fica no quinto andar de um edifício de oito andares onde cada andar é uma pequena fábrica com uma centena de operárias amontoadas em suas máquinas, sem ventilação, com escadas estreitas e escuras; a construção é de péssima qualidade e, além disso, como a luz é cortada todo o tempo, os terraços estão cheios de geradores que agregam peso que essas estruturas mal suportam — ou não suportam. Os incêndios, os desabamentos, são frequentes. Nos últimos cinco anos, mais de 5 mil operários morreram calcinados.

— Mas tampouco posso faltar. Se falto um dia, me descontam dois. E quando me atraso tenho que trabalhar, mas não me pagam a jornada.

Às vezes, tenho a impressão de que não queremos nos responder as perguntas fáceis: por que são tão pobres e passam tanta fome em Bengala, aluno Mopi? Porque lhes pagam muito pouco pelo seu trabalho, senhorita, os exploram.

E por que aceitam trabalhar por tão pouco dinheiro, aluno Mopi? Porque não têm opção, é isso ou a fome pura e simples, senhorita. E quem se beneficiada dessa exploração, aluno Mopi? Muitos, senhorita, muitos. Sim, já sei que são muitos, mas me cite algum, aluno. Bem, eu, por exemplo, que compro a roupa que eles fazem.

O homem mais rico da Espanha, Amancio Ortega, aumentou, em 2012, sua fortuna em quase vinte milhões de dólares porque sua principal empresa, a Inditex — Zara — "está otimizando os custos do grupo com uma política de compras centrada nas economias emergentes". Ou seja: fabrica cada vez mais na Índia, na China e em Bangladesh. Só aqui usa o trabalho de um quarto de milhão de pessoas.

Carregamos no corpo pedaços de pele alheia: uns pedaços muito estranhos, sujos, suados.

Falamos do futuro — sem pronunciar essa palavra estranha. Eu lhe pergunto como se vê daqui a vinte anos.

— E também tenho medo porque agora posso trabalhar, mas dentro de vinte anos vou estar mais velha e quem sabe se ainda vou poder trabalhar, se meu patrão vai querer que eu fique em sua fábrica. Tudo depende de como criarei meus filhos. Se conseguir criá-los como se deve, vão ter trabalho e vão poder cuidar de mim dentro de vinte ou trinta anos, quando já estarei velha. Mas, se não conseguir, não vou ter nada de nada.

A aposta: tudo ou quase nada — embora tudo seja pouco. Eu lhe pergunto de quem é a culpa de que ela tenha que viver assim e me diz que não sabe, que tanto faz. Ouve-se uma conversa no quarto de um lado, os gritos de um bebê no do outro. A única luz entra pela fresta da porta — e alguma pela da parede. O ar, por lugar nenhum.

— Se conseguisse alguma coisa jogando culpas, as jogaria, mas tanto faz. Acho que é meu destino, o que Deus decidiu para mim. Colocou-me aqui sem nada do nada para eu tenha que me valer sozinha. Ele saberá por quê.

— E por que não fez o mundo para que cada um tivesse tudo de que precisa?

— Eu não tenho conhecimento nem sabedoria para explicar por que é assim. Gostaria de poder dizer o que sinto diante de toda esta injustiça. Mas não sei, nunca fui à escola.

— Mas você acha que é culpa de Deus, do governo, das pessoas?

— Não tenho nenhuma queixa de Deus, Ele faz o que tem que fazer, o que quer. Mas tenho, sim, que dizer que o governo só serve para os ricos; para nós nunca faz nada, nunca cuida da gente, nunca nada.

"Sempre haverá pobres na Terra",
diz o Deuteronômio 15, 11.

As cidades são, também, a forma mais eficiente de explorar essa mão de obra bem barata. Assim começou a famosa Revolução Industrial: atraindo para as cidades inglesas camponeses pobres que viam que, já migrados, teriam um trabalho abominável — mas trabalho, porém, e comida.

Detesto o hábito — a preguiça — de achar que o OutroMundo faz as mesmas coisas que o Primeiro, só que muito depois, mas às vezes — e só às vezes — parece verdade: agora, dois séculos depois, muitas cidades pobres adotam o mesmo mecanismo. Na Ásia, na África, na América Latina crescem cidades que permitem explorar melhor essa mão de obra quase presenteada. Com um nível de miséria que obriga essa mão de obra — esses milhões de pessoas — a se vender tão facilmente. E esses são os afortunados que fazem com que milhares venham atrás e nem sequer o consigam.

O que fazemos? Ficamos nus para não carregar sobre a pele a pele dessas mulheres transformadas em tiras? Esplêndido *love-in*, todos agindo em nome do embuste em prol da justiça universal? Nos compadecemos durante vinte e dois segundos e três quintos? Nos dizemos que graças a nós elas têm trabalho, comem? Nos calamos, olímpica, culposa, desanimadamente?

Alguém disse que aos pobres de Kamrangirchar não interessa tanto o que acontece com o país, com a política, essas coisas. Estão muito ocupados procurando o que comer: esse, me dizem, é o autêntico carma dos pobres.

A autêntica condenação dos pobres.

No lobby do hotel mais caro de Daca, um jornalista amigo me apresenta a N., um intermediário. São os que aproveitam o negócio: os que conseguem as encomendas das marcas ocidentais e as transferem aos fabricantes locais. N. tem 30 e tantos anos, um sorriso radiante, uma camisa impecável, um relógio que parece uma vasilha de sopa. N. sorve um *cappuccino* e me diz que as grandes galerias, supermercados e grifes rasgam as vestes — diz "rasgam as vestes" — em público, mas não renunciam a suas margens de lucros: que recebem pelo menos seis vezes o preço que pagam. E tentam aumentá-lo o máximo que podem, pagando o menos possível — e que eles se viram como podem, diz N., e se distrai: as telas planas das televisões do lobby do hotel mais caro estão passando uma partida do campeonato asiático de críquete, Bangladesh contra Índia.

— O críquete é minha verdadeira paixão. Ali sim é necessário ter colchões. O críquete é a verdadeira luta pela vida.

No lobby do hotel mais caro, um desses monstruosos edifícios com decoração de aeroporto, mármore rosa, uma empregada gordinha passeia com uma raquete iluminada. A empregada tem modos de pantera: espreita, ataca. Quando dá um *smash*, um *backhand*, a raquete crepita, faz ruído, luzes se acendem: outra mosca morta. Talvez sua tarefa seja limpar o ar que os clientes respiram; talvez, exibir a luta pela sobrevivência: para que ninguém se descuide e a esqueça, a esqueça e se descuide. E seu sorriso afiado, satisfeito: quem poderia encontrar alguma vez em algumas palavras o deleite que esta senhora encontra em moscas mortas?

(E agora, enquanto organizo estas páginas, outro desabamento em Daca: mais de 1,1 mil vítimas. Dizem que no dia anterior haviam aparecido fendas que os levaram a evacuar o edifício de oito andares onde trabalhavam três mil operárias, mas que nesse dia, 24 abril, os patrões disseram que quem não entrasse para trabalhar perderia o salário do mês. Dizem que todas entraram e duas horas depois o edifício desabou, em segundos. Dizem que o dono é um cacique do partido governante. Dizem que em Bangladesh um de cada cinco deputados federais é empresário têxtil e que aqueles que não são investem na indústria ou são subornados por ela: que ninguém tem o menor interesse em mudar nada. A política como instrumento de um setor econômico que não costuma se mostrar tão visível.)

É duro pensar que Fatema ou Abdel são privilegiados: que têm um emprego, um patrão que os explora a fundo. Taslima — ou Momtaz ou Mohamed —, não: não têm a quem pedir nada, não têm companheiros com os quais possam se unir para conseguir melhores condições de trabalho, não têm a — relativa — segurança de que também amanhã não têm rede de proteção: trabalham como podem — como seu meio lhes impõe — e quando não podem trabalhar se fodem, irremediavelmente.

Que é dizer: comem ainda menos — e gostariam de ter o privilégio de Abdel ou de Fatema.

Que é dizer: em certos tempos e lugares — aqui, em Daca, agora, em tantos mais — a fome serve para isso.

Da fome, 3

Outra vez sopa

Quando nasci, em 1957, eu era um entre 2,95 bilhões de pessoas. Já era uma humilhação suficiente: meus sonhos de singularidade divididos entre 2.949.999.999 de pessoas. Agora é pior. Agora somos mais do dobro: em meio século, a população do mundo duplicou e continuou aumentando; já passamos dos 7 bilhões.

Há 2 mil anos, nesse momento de transição convencional que coincidiu com o nascimento de um pregador judeu que viveu muito mal e morreu muito bem, havia mais ou menos 300 milhões de pessoas no mundo — e a cifra crescia bem devagar. Os homens levaram mais de quinze séculos para se duplicar — e então aceleraram. Em 1900, eram 1,7 bilhão, e 2,5 bilhões em 1950. Dizem que em 12 de outubro de 1999 chegamos aos 6 bilhões. Dizem que em 2050 seremos — serão — 9 bilhões e que os equilíbrios regionais acabarão de se modificar: a Ásia continuará tendo mais da metade da população mundial, mas a Europa, que no começo do século passado reunia quase um quarto, não vai ter 7%. E que, no entanto, a proporção de africanos será duplicada e eles serão um quinto do mundo.

Somos muitos, crescemos muitíssimo. Quando houver historiadores que olhem com a perspectiva adequada, dirão que o que mais caracteriza estes tempos é essa proliferação jamais vista de homens. (Nem sequer se permitirão, suponho, aquela piada borgiana: *Mirrors and fatherhood are abominable, because they multiply the number of men*".*

No entanto, se estudassem com a atenção necessária como um planeta que, durante séculos, não conseguiu alimentar 500 milhões de pessoas, de

---

* "Os espelhos e a paternidade são abomináveis, porque multiplicam a quantidade de homens." Jorge Luís Borges, em "Tlön, Uqbar, Orbis Tertius", do livro *Ficções*, de 1941. (*N. T.*)

repente poderia alimentar corretamente 5 bilhões. É uma das façanhas mais extraordinárias da história dos homens.

A fome tem muitas causas. A falta de comida não é mais uma delas.

Norman Borlaug recebeu, aos 56 anos, em 1970, o Prêmio Nobel da Paz. Aese Lionães, a presidente do Comitê, disse, ao entregá-lo, que "o mundo esteve oscilando entre o medo de duas catástrofes: a explosão demográfica e a nuclear. As duas representam uma ameaça mortal. Nessa situação intolerável, com a ameaça do Juízo Final pairando sobre nós, o doutor Borlaug chega ao palco e corta o nó górdio. Nos deu uma esperança bem-fundamentada, uma alternativa de paz e de vida: a Revolução Verde. Demos o prêmio a um cientista que, mais do que ninguém nesta época, contribuiu para alimentar um mundo faminto. E o escolhemos com a esperança de que, ao dar pão ao mundo, também lhe dê paz".

Era — diziam — uma preocupação permanente: em 1974, Henry Kissinger, secretário de Estado de Richard Nixon, promoveu uma grande conferência em Roma para estabelecer políticas contra a fome — e a encerrou declarando que "em uma década, nenhuma criança irá para a cama com fome". Depois a década passou: 1984 é um número problemático.

Nesses anos, o pânico malthusiano voltou a ser uma das atitudes mais difundidas. Paul Ehrlich, professor de Biologia da Universidade de Stanford, publicou, em 1968, um livro que causou furor. *The Population Bomb* começava dizendo que "a batalha para alimentar a humanidade acabou. Nos anos 1970, centenas de milhões de pessoas morrerão de fome apesar de qualquer programa de ajuda que for acionado. É muito tarde para impedir um aumento substancial da taxa de mortalidade no mundo".

Ehrlich dizia que a única ação possível para minorar a longo prazo a catástrofe era limitar a taxa de crescimento demográfico a zero ou menos e para isso se poderia, entre outras coisas, adicionar aos alimentos e bebidas dos países mais prolíficos — os mais pobres — "esterilizantes temporários" ou, se se quisesse mais efetividade, esterilizar em massa. E que os Estados Unidos deveriam administrar seus auxílios de acordo com a capacidade de cada país de controlar a natalidade. A Índia, por exemplo, que não sabia fazê-lo, não deveria receber nada; era inútil desperdiçar pólvora com ximangos;

seria melhor deixar que a população fosse reduzida — se autorregulasse à força da fome — ao máximo necessário, diziam o doutor Ehrlich e sua esposa — e não foram presos: apareciam no programa de Johnny Carson, vendiam caminhões de livros, enriqueciam. O fim do mundo sempre foi um bom negócio.

E também era um bom negócio para certas instituições distintíssimas, como o Clube de Roma. Seu informe *Os limites do crescimento*, elaborado por cientistas do Instituto de Tecnologia de Massachusetts e publicado em 1972, vendeu mais de 30 milhões de exemplares e foi lido como a sagrada escritura. O trabalho, cheio de cifras e modelos, dizia que os recursos naturais decisivos estavam acabando e que, portanto, a humanidade entraria em um período catastrófico e a população seria reduzida brutalmente, como resultado de guerras e *hambrunas* e obscurantismos vários.

Aqui estamos. Não há nada mais triste do que o apocalipse, porque nunca chega ao seu destino.

O malthusianismo — recorrente, teimoso — é a caricatura, a maneira extrema de uma forma de pensamento muito mais comum: a tentação de imaginar o futuro extrapolando as condições do presente. Os malthusianos supõem, em geral, que se a população continuar crescendo não vai conseguir se alimentar — nas condições atuais de produção de alimentos. Não levam em conta a evidência histórica de que, com seus desajustes e períodos críticos, a produção tende a se adaptar ao crescimento da necessidade e vice-versa.

Não há nada mais reacionário, mais conservador: pensar o mundo do futuro com as características do presente e transplantar a esse contexto constante uma única variável — neste caso, a maior demanda de alimentos por causa do crescimento demográfico.

E, logicamente, se horrorizar com os resultados.

(Em *Uma breve história do futuro*, Jacques Attali recorda exemplos deste equívoco: "No final do século XVI, prognosticava-se que o surgimento dos caracteres móveis de imprensa não faria nada além de reforçar os poderes dominantes de então, a Igreja e o Império; no final do século XVIII, a maioria dos analistas não via na máquina a vapor nada além de uma atração de feira que não transformaria o caráter agrícola da economia; no final do século

XIX, a eletricidade tinha, para quase todos os observadores, um único futuro: permitir que as ruas fossem iluminadas mais adequadamente.")

Em 1970, mais de um quarto dos 3,7 bilhões de pessoas que havia então por aqui passavam fome: uns 880 milhões. Nesses anos, os efeitos da Revolução Verde foram decisivos para melhorar a situação na Ásia — na China e na Índia sobretudo. A quantidade de famintos se mantinha, mas o crescimento demográfico levava sua proporção a diminuir.

Em 1980, 850 milhões de desnutridos representavam 21% da população. Em 1990, 840 milhões eram 16% das pessoas. Em 1995, a quantidade de famintos chegou a seu mínimo histórico: sempre de acordo com a FAO, eram 790 milhões, 14% da população mundial. Os organismos internacionais transbordavam de otimismo e anunciavam que a batalha contra a fome estava terminando.

Importava-nos essa batalha porque fora criada a fantasia de que o conjunto do mundo se preocupava com o conjunto do mundo: as Nações Unidas foram muito úteis para armar tal relato, embora o que a enchesse de brios fosse uma extensão do medo original de Roosevelt — enquanto existissem blocos, nenhum dos dois permitiria que aparecessem em seus domínios setores em crise que ameaçassem aderir ao outro bando — e, para tanto, era útil e até necessário lhes dar de comer.

E quase ninguém se atrevia mais a dizer que a fome — que passar fome — pudesse ser o castigo de um deus a quem não obedeciam suficientemente. Mas a vulgata malthusiana continuava — continua? — vigente: se os pobres passam fome, é porque procriam em excesso. O que não deixa de ser verdade, em última instância — uma instância tão última que não explica nada. Para começar: aqueles que procriam muito são os que continuam sem ter nenhuma certeza — alimentar, médica — de que seus filhos sobreviverão à infância. Para continuar: no mundo atual, se seus filhos não têm alimentos e remédios suficientes, não é porque sejam muitos, mas porque outros os açambarcaram, os deixaram sem "sua parte".

Havia, entretanto, outras justificativas: muitas delas ainda continuam em pé. Há décadas abundam, amáveis, os papers bem-pensantes — norte-americanos, europeus, "internacionais" — que costumam começar com uma verdade intrépida: que a principal causa da fome no mundo é a pobreza. Parece lógico, quase óbvio. E, no entanto, é a mais pura mistificação retórica. Poderiam dizer, talvez, uma coisa inteiramente diferente: os pobres têm fome porque não têm dinheiro suficiente para comprar sua comida, mas pobreza e fome não têm uma relação de causa e efeito; compartilham, na verdade, a mesma causa. São formas da mesma privação, do mesmo despojo. A principal causa da fome no mundo é a riqueza: o fato de que uns poucos fiquem com o que muitos necessitam, inclusive os alimentos.

Depois vem uma linha de justificativas mais complexas; a fome é o resultado de outros problemas estruturais. "Para acabar com a fome é preciso melhorar a educação" é um clássico contemporâneo, que tem sua parte de verdade: na maioria dos países pobres, a educação dos mais pobres não os habilita a melhorar suas formas de ganhar a vida. Entre os que são habilitados, são muitos os que decidem rentabilizar essa educação migrando para os países centrais, que os recebem de braços abertos: contratam, por exemplo, enfermeiras baratas no Zimbábue ou no Suriname enquanto continuam clamando pela melhora educacional no Suriname ou no Zimbábue.

A linha mais frequente insiste que os governos dos países pobres são corruptos e que desviam os auxílios que deveriam alimentar seus cidadãos. São corruptos, roubam dinheiro. "Homens néscios que acusais/ a mulher sem razão,/ sem ver que sois a ocasião/ do mesmo que culpais." Esses governos corruptos se mantêm através do apoio dos mesmos governos e organismos ocidentais que se queixam de sua venalidade: servem-lhes para obter matérias-primas e equipamentos militares — e agora os estão perdendo para os chineses, que se queixam menos e lhes oferecem os mesmos negócios, mas com condições um pouco melhores.

E novamente: se esses países são pobres, é porque, acima de tudo, foram colônias e seus donos as planejaram em seu próprio benefício e continuam ocupando, de alguma maneira, um lugar periférico no sistema global: porque continuam sendo o OutroMundo.

No meio de todas as explicações, uma ressurgiu com muita força nos anos 1980, Smith quase decalcado: se ainda restavam centenas de milhões de famintos, era por culpa da intervenção dos Estados Unidos na economia de seus países, que não permitiam que o mercado fizesse seu trabalho, esparramasse suas dádivas.

A ideia fazia parte da grande ofensiva do capitalismo iniciada nesses anos; nos anos 1990, depois da queda do muro de Berlim e do fim da história, mais nada se interpôs em seu caminho. A história é conhecida: aproveitando as dívidas que os países pobres contraíram com os grandes bancos internacionais nos anos 1970 — quando os grandes bancos tinham muita liquidez e convenceram os países pobres a aceitar esses empréstimos —, o Fundo Monetário Internacional e o Banco Mundial lhes impuseram seus programas neoliberais. Seus funcionários, com o poder de coerção das dívidas, se transformaram em novos administradores coloniais, que desembarcavam nas capitais de uma centena de países com o poder de impor sistemas econômicos completos. Reagan e Bush nos Estados Unidos, Thatcher na Grã-Bretanha e Kohl na Alemanha eram os líderes político-militares que respaldavam o ataque.

A maioria de suas medidas colaborou com a fome: a desvalorização das moedas nacionais encareceu a compra de qualquer alimento importado ou exportável, a redução dos aparatos estatais deixou milhões de trabalhadores na rua, as privatizações aumentaram os preços dos serviços públicos e deixaram os pobres com menos dinheiro para comprar comida, a destruição da saúde pública impediu que os malnutridos, sujeitos a mais enfermidades, pudessem curá-las.

Os planos de ajuste, em sua cruzada pelo predomínio do mercado sobre as regulações nacionais, incluíam a supressão do controle da importação de alimentos — pelos países pobres, cujos produtores tiveram de competir com os preços subsidiados dos produtos dos países ricos. O FMI e o Banco Mundial diziam que esses controles distorciam o funcionamento do mercado, mas nunca questionaram outras "distorções" que os Estados ricos introduziam no mercado: os milhares de milhões de dólares em subsídios agrícolas, seu protecionismo radical. Na Rodada Uruguai — 1986/1993 — de negociações da Organização Mundial do Comércio, muitos países foram obrigados a eliminar suas barreiras aduaneiras e diminuir seus incentivos à produção agrícola — enquanto os Estados Unidos, a Europa e o Japão aumentavam mais ainda os subsídios aos seus produtores, que podiam produzir mais barato e dominar esses mercados.

A integração dos países no mercado global, que redefinia o papel de cada um e reestruturava a produção local para adaptá-la a esses mercados, transformando cultivos de subsistência em cultivos de exportação, fez com que muitos camponeses perdessem suas terras, seus trabalhos, e se vissem obrigados a migrar para as periferias das cidades; os que ficavam não podiam mais cultivar seus alimentos e, amiúde, tinham de trabalhar nos novos latifúndios por salários de fome.

Em muitos países, a política do FMI e do Banco Mundial também incluiu a eliminação dos subsídios aos alimentos e dos mecanismos reguladores de preços internos que seus Estados implementavam através de suas reservas de grãos e outros produtos alimentícios. Em casos como o do Níger, o resultado foi direto: a morte de milhares de pessoas de pura e simples fome.

Isso era chamado de Consenso de Washington. Deve ser feio — para um senhor, para uma cidade — entrar para a História como o nome de uma política que abateu tantos milhões de pessoas.

A ofensiva capitalista dos anos 1980 e 1990 também produziu um fenômeno mais geral e muito significativo: as decisões básicas da economia de cada país eram tomadas nas sedes do FMI e do Banco Mundial — em Washington — e, portanto, as autoridades nacionais quase perderam qualquer poder: nessas novas democracias, as eleições ficaram cada vez mais semelhantes a uma farsa desnecessária. Sem o Estado para interceder nos conflitos econômico-sociais, os pobres ficaram ainda mais desprotegidos, à mercê das decisões dos ricos.

"A principal causa do aumento da pobreza e da desigualdade nos anos 1980 e 1990 foi a retirada do Estado", diz um informe tão seriamente institucional como *The Challenge of Slums*, publicado em 2003 pelas Nações Unidas.

E, no entanto, às vezes nos esquecemos de quanto melhoraram as vidas de muitíssimas pessoas. Em Londres — a capital do império naquele momento —, por exemplo, em 1851, um terço das mulheres entre 15 e 25 anos eram empregadas domésticas e outro terço, eram putas.

É um exemplo; há muitos. Se não existissem centenas de milhões de pessoas com fome, alguns poderiam dizer que esse sistema teve êxito, que não precisamos de outro. E muitos o dizem.

"Durante os anos 1990, o comércio continuou se expandindo a uma taxa sem precedentes, quase todo o mundo ficou aberto aos negócios e as despesas militares decresceram. Todos os insumos básicos da produção baratearam, enquanto as taxas de lucro caíam velozmente junto com o preço das commodities básicas. O fluxo de capitais se liberou dos controles nacionais e pôde movimentar-se rapidamente para as áreas mais produtivas. Sob essas condições quase perfeitas para a doutrina liberal dominante, poder-se-ia ter acreditado que a década traria prosperidade e justiça social incomparáveis", dizia *The Challenge of Slums*.

E, no entanto, continuava o informe, "um número inédito de países viu seu desenvolvimento retroceder nos anos 1990. Em 46 países, seus habitantes são mais pobres agora (2003) do que em 1990. Em 25 países, mais pessoas passam mais fome agora do que uma década atrás".

Centenas de milhões de habitantes da África, da América Latina e do Sudeste Asiático não apenas comiam menos — também alteraram suas formas de viver. Nas grandes *villamiserias* do OutroMundo, homens que ficavam sem trabalho entregavam seu posto de chefe do lar a suas mulheres — que procuraram empregos domésticos ou venderam comida na rua. Seus filhos deixaram de ir à escola para ajudar com algum trabalhinho — ou, amiúde, para não fazer nada e se ocupar em atividades mais ou menos delitivas. O emprego informal cresceu exponencialmente; as possibilidades de reclamar boas condições de trabalho se tornaram mais e mais utópicas. A migração se multiplicou entre os que podiam encará-la. Para os que não, desapareceram as perspectivas de melhoria social: o futuro passou a ser uma coisa muito parecida com o presente, uma palavra sem sentido mais amplo.

Em um estudo já clássico, *Free Markets and Food Riots*, de 2004, John Walton e David Seddon recensearam 146 "revoltas contra o FMI" em 39 países devedores, entre 1976 e 1992. A maioria começou com o saqueamento de mercados.

Durante os anos 1990, a tendência foi clara: a quantidade de famintos voltou a crescer, chegando à casa dos 850 milhões — e aumentava. Estava sendo incubada uma das piores crises alimentícias dos últimos tempos.

E por trás, quase silenciosa, fora dos focos, a grande finança estava prestes a dar o golpe. Já estava preparado: estava há mais de 15 anos sendo preparado em um edifício ao lado do lago Michigan.

Estados Unidos

O capital

1

O arranha-céu do *Chicago Tribune*, construído em 1925 no centro do centro de Chicago, é uma ideia do mundo. Sobe, alto e audacioso; têm mais andares do que então costumavam ter os edifícios, mas tem, ao rés do chão, a porta de entrada de uma catedral gótica: a tradição como base da audácia moderna. E um conceito do poder: incrustado em sua face há pedaços, pedras de outros edifícios, como se esse os tivesse deglutido — e digerido mal. Esses pedaços esboçam um reino deste mundo: o Taj Mahal, a Igreja de Lutero, a Grande Muralha da China, o muro de Berlim, o castelo de Hamlet em Elsinoor, o Massachusetts Hall de Harvard, a casa de Byron na Suíça, a abadia de Westminster, o forte de Álamo do Texas, o Paternon de Atenas, o castelo real de Estocolmo, a catedral de Colônia, a Notre Dame de Paris, a torre de David de Jerusalém. São pedacinhos: os bocados do monstro. Essas mordidas armaram o Império Americano.

Sou cruzado por respostas: às vezes se cruzam diante de mim tentativas de resposta, mas, fiel a mim, prefiro me fazer de tolo. Cem, duzentos pombos revoam em bando a boa altura: vão, vêm, se cruzam, se confundem. Não sabem aonde ir; suas asas brilham no ar, seus movimentos são uma onda perdida, involuntariamente bela. De repente, aparece um pombo que quer ir mais longe; o bando se abre, deixa-o passar; ele estica a cabeça; os outros voam atrás dele, seguem-no como se fossem um só.

Chicago, tarde de inverno feroz, o vento revoando.

Aqui, nestas ruas, em algumas destas ruas, nasceram pessoas que admiro ou não admiro. Aqui, entre outros: Frank Lloyd Wright, Ernest Hemingway,

John dos Passos, Raymond Chandler, Ray Bradbury, Philip K. Dick, Edgar Rice Burroughs, Walter Elias Disney, Orson Welles, Charlton Heston, John Bellushi, Bob Fosse, Harrison Ford, John Malkovich, Robin Williams, Vincent Minelli, Kim Novak, Raquel Welch, Hugh Hefner, Cindy Crawford, Oprah Winfrey, Nat King Cole, Benny Goodman, Herbie Hancock, Patti Smith, Elliot Ness, John Dillinger, Theodore Kaczynski (o Unabomber), Ray Kroc (o criador do McDonald's), George Pullman, Milton Friedman, Jesse Jackson, Hillary Rodham Clinton — e outros tantos que recordam que nós também somos *made in USA*.

— É muito simples, irmãos, e muito fácil: tudo está escrito neste livro, e basta aprender e obedecer ao que diz este livro para ter a melhor vida possível, aqui e na eternidade, toda a eternidade — grita, parada na calçada, uma senhora de 30 e tantos anos, o sorriso tremendamente compassivo. A senhora fala e fala, mas ninguém se decide a ouvi-la.

— Olhem, vejam: basta aprender para ter a melhor vida...

Aqui, nestas ruas, há milhares de pessoas apressadas, há vento, há um grande lago que parece um mar e, ao redor, mais homogêneo, ainda mais poderoso do que em Nova York, o capitalismo concentrado e refulgente sob a forma de edifícios que são castelos verticais: superfícies de pedra, aço e vidro negro que colonizam e fragmentam o ar, transformando-o em um tributo ao seu poder. O ar, aqui, é o que resta no meio dessas fortalezas, e as ruas limpas, bem-cuidadas, são o espaço necessário para que resplandeçam Não sei se existem muitos lugares onde um sistema — de ideias, de poder, de negócios — tenha se plantado com semelhante altivez. Chicago — o centro de Chicago — é uma ocupação brutal, absoluta, do espaço. Durante muitos séculos, essa era a tarefa do rei, que erigia seu palácio ou fortaleza, e de sua igreja, que construía uma catedral para marcar de quem era o lugar: para imprimir seu poder no espaço. Entretanto, aqui, dúzias de empresas poderosas ocupam o ar com seus edifícios, e nada destoa.

Chicago é um festival da melhor arquitetura que o dinheiro pode comprar: quarenta, cinquenta edifícios corporativos construídos nos últimos cem anos. Na minha opinião, todos melhores do que o melhor de Buenos Aires; e dois ou três melhores do que os três ou dez melhores de Xangai — porque assim está o mundo. Um dos principais arquitetos da cidade,

Daniel Burnham, expôs em 1909 a ideia básica: "Não devem ser feitos planos modestos, porque não têm a magia necessária para aquecer o sangue dos homens." Aqui os edifícios têm a magia necessária, a lábia requerida: explicam, sem a sombra de uma dúvida, quem são seus donos. No meio das fortalezas, não há edifícios modestos, negócios de chineses transplantados, restos de outra ordem, becos, lixo: tudo é a mesma música. *Money makes the world go round*, canta Liza Minelli — seu pai nasceu aqui —, e o Pink Floyd responde: *Money,/ it's a crime./ Share it fairly/ but don't take a slice of my pie.*

A senhora negra de 30 e tantos anos toma fôlego: deve ser duro falar sozinha durante tanto tempo. Então um homem branco de 50 ou 60 anos, sujo, barba descuidada, blusão verde impermeável, tipo militar, muito surrado — um sem-teto, como são chamados —, se aproxima e lhe pergunta se tem certeza de que basta aprender e obedecer:

— Se não tivesse certeza, não o diria, não acha?

— Não, eu não.

Nestas ruas, as calçadas estão limpas, impecáveis, as vidraças brilham; passam senhores e senhoras que vestem uniformes de trabalho: tailleur com saia ou calça para elas, seus saltos, suas bolsas; terno escuro com camisa clara para eles. O homem branco — logo se vê — não ficou satisfeito com a resposta da mulher negra e volta ao seu refúgio, 10 metros mais além: seu refúgio é um papelão no chão e em cima do papelão uma bolsa arrebentada, uma manta marrom ou realmente suja, um prato de plástico azul com algumas moedas. Ao lado de seu refúgio há um cartaz que diz que tem fome porque não tem trabalho nem quem lhe dê de comer: "Tenho fome porque não tenho trabalho nem quem me dê de comer", mostra o cartaz escrito com caneta preta em outro pedaço de papelão. Seu cartaz não pede; explica.

As calçadas estão limpas, impecáveis, as vidraças brilham e há muitos mendigos: a cada 30 ou 40 metros há um sentado na calçada limpa etc., dois, três, quatro por quarteirão com cartazes que dizem que não têm comida.

— Tudo está escrito no livro, meus amigos. Se vocês não o leem, se vocês não o seguem, a culpa é toda de vocês. A condenação será toda de vocês, meus amigos — grita a mulher negra.

Quando funciona, é quando mais deprime. Em Calcutá, em Madaua, em Antananarivo sempre se pode pensar na falha, no que resta por conseguir.

Esta é uma das cidades mais bem-sucedidas do modelo mais bem-sucedido do mundo atual: Chicago, EUA. E todo o tempo a sensação de que não tem muito sentido: tanto desenvolvimento, tantos objetos, tanta tentação tola. A máquina mais perfeita, mais inútil. Gente que se esforça, que trabalha muitas horas por dia para produzir objetos ou serviços relativamente desnecessários que outras pessoas comprarão se conseguirem trabalhar muitas horas por dia produzindo objetos ou serviços relativamente desnecessários ou. Como se um dia acordássemos amnésicos — por fim amnésicos, prazerosamente amnésicos — e nos perguntássemos: e para que era que era tudo isto?

(O necessário — o indispensável — é uma porcentagem cada vez menor daquilo que nosso trabalho nos provê. Mais ainda: o grau de êxito de uma sociedade é medido pela proporção de mercadorias desnecessárias que ela consome. Quanto mais dinheiro um determinado grupo, um setor, um país gasta no que não precisa — quanto menos em comida, saúde, roupa, alimentação —, supomos que ele vive melhor.

Embora, também: o que aconteceria, em um mundo mais igualitário, com todas essas coisas belas que só são feitas porque há gente com muito dinheiro sobrando? Aviões carros barcos casas de vanguarda relógios finos grandes vinhos iPhone tratamentos médicos personalizados. Um desenvolvimento igualitário sempre é mais lento e mais obscuro?)

Aqui houve mártires. Durante muitos anos, para mim, Chicago foi um nome com dois significados: o lugar onde Al Capone e seus rapazes matavam usando metralhadoras primitivas em filmes que eram vistos em branco e preto embora fossem coloridos; e o lugar onde milhares de trabalhadores lideraram as lutas pela jornada de 8 horas de trabalho e por isso quatro deles foram enforcados, em 1886: os Mártires de Chicago, que viraram uma figura clássica dos movimentos operários e a razão pela qual o dia 1º de Maio se transformou no Dia do Trabalho em quase todo o mundo — salvo, era só o que faltava, nos Estados Unidos da América.

Trinta e oito anos antes, em 1848, quando o senhor Marx publicava em alemão e em Londres seu *Manifesto comunista*, quando a Europa se rebelava contra suas várias monarquias, aqui em Chicago capitalistas entusiasmados viam nessa confusão grandes oportunidades de negócios. Aqui em Chicago, naquele ano, foram inaugurados o canal fluvial e os primeiros trens que conectariam a cidade à costa e a transformariam no grande centro do comércio de carne e cereais do norte; nesse ano, acabaram de construir os primeiros elevadores de grãos a vapor, umas máquinas engenhosas que permitiam usar silos de um tamanho jamais visto; nesse ano, também, foi aberta uma sala onde os fazendeiros que vendiam seus produtos e os comerciantes que os compravam se reuniam para negociá-los: o Chicago Board of Trade, o ancestral do Chicago Mercantile Exchange, ou, dizendo de outra maneira: o mercado que agora decide os preços dos grãos no mundo.

— Tudo está escrito no livro, meus amigos — grita a mulher negra.

O edifício tem 200 metros de altura; é um bloco maciço, impenetrável, de pedras grandes e janelas pequenas, e lá em cima, no topo, uma estátua de 10 metros de Ceres, a deusa romana da agricultura: milho em uma mão; na outra, trigo. Embaixo, perto da porta, letras talhadas dizem Chicago Board of Trade; o edifício foi inaugurado em 1930, quando os Estados Unidos enfrentavam a crise mais brutal de sua história. Ao seu lado, dois edifícios do mais rigoroso neoclássico, de quando os norte-americanos descobriram que eram um império — e quiseram que se assemelhasse ao mais famoso—: o edifício neoclássico do Banco Continental que agora comprou o Bank of America; o edifício neoclássico da sucursal de Chicago do Federal Reserve, o banco central norte-americano. As bandeiras estreladas estão em todos os lugares: o poder feito pedras e bandeiras.

— Bem-vindo — me diz Leslie, o melhor sorriso, um paletó rosa, de um rosa muito róseo. Leslie — vamos chamá-lo de Leslie — é corretor de uma das quatro ou cinco maiores produtoras de cereais do mundo, uma empresa que movimenta milhões de milhões de dólares por ano, e vai me levar para conhecer a bolsa sob a condição de que não revele seu nome nem o nome de sua empresa. Leslie — vamos chamá-lo de Leslie — se dá conta de que eu olho de uma maneira estranha e me diz que o paletó é, como dizer, um acidente.

— Estamos no mês de conscientização sobre o câncer de mama, nós o usamos para levar as pessoas a pensar no câncer de mama — me diz, e que é uma boa causa, e que sempre é bom colaborar com uma boa causa.

Depois me diz que entremos, que temos muito a percorrer: que a Bolsa é um mundo, diz, todo um mundo.

— É um mundo que tem suas próprias regras. À primeira vista, podem parecer estranhas, difíceis, como se quiséssemos que os lá de fora não soubessem o que acontece aqui dentro. Mas eu vou explicá-las até que você as entenda — me diz, me ameaça.

O andar — se chama "o andar" — da Bolsa de Chicago tem mais de 5 mil metros quadrados, meio hectare de negociantes e computadores e painéis eletrônicos. O andar da Bolsa de Chicago parece uma catedral: uma grande nave vagamente redonda com tetos altíssimos e, logo embaixo do teto, muito em cima, no lugar dos vitrais dos santos, um painel iluminado que a cerca: milhões de cifras em painéis de diodo verdes, vermelhos e amarelos, cotações, quantias de compras e de vendas, subidas e baixas, perdas e ganhos: a razão comercial em forma de cifras que mudam o tempo todo.

Mais embaixo, aqui embaixo, o andar da bolsa é dividido em poços — *pits* — com funções distintas: há poços de milho, de trigo, de opções de milho, de opções de trigo, de óleo de soja, de farinha de soja. Cada poço é um círculo de 10 metros de diâmetro cercado por três fileiras de grades. Lá dentro, em pé, três ou quatro dúzias de senhores, muitos com paletó rosa, parecem entediados: uns olham para a tela pendurada em sua cintura, outros leem um jornal, algum olha os cabelos do que está ao seu lado, a roupa do que está ao seu lado, o tédio do que está ao seu lado, outro o bico de seu sapato reluzente; muitos olham para o teto, olham para as cifras dos painéis, ou para seus tablets onde há mais cifras, mais cotações — até que, de repente, alguém grita alguma coisa que nunca consigo entender, e despertam. Gritam e se olham: um galinheiro sem galinhas, puro galo educado, mas galo. Agitam talonários em branco, dirigem uns aos outros gestos com as mãos e os dedos, observam, nervosos, as telas da cintura, os números do teto. Por 1 ou 2 minutos, todos cacarejam, agitam as mãos no ar, ensaiam trejeitos; depois, tão subitamente como começou, o movimento volta a se dissolver em catatonia.

— Aqui tudo faz sentido. Ou pelo menos gostamos de acreditar nisso, diz Leslie — vamos chamá-lo de Leslie —, e me explica que os movimentos das mãos — a palma para fora ou para dentro, os dedos juntos ou separados, à altura do peito ou do rosto — quer dizer compro ou vendo, quanto, por quanto, e que se entendem.

— Mas na maior parte do tempo parecem entediados.

— Bem, é porque agora quase tudo é feito nas telas. Há alguns anos, havia dias em que aqui não era possível nem caminhar de tão cheio que estava.

Agora é possível. As tormentas intermitentes dos galos são como um dinossauro bipolar, uma mímica em homenagem ao passado venturoso. Tudo parece um pouco forçado, como se estivesse fora de lugar; assim era este negócio há dez ou quinze anos. Agora tudo isto é uma parte muito menor. A maioria — mais de 85% nestes dias, e a cifra avança — se faz em outro lugar, em nenhum lugar, nas telas dos computadores do mundo, nos lugares mais distantes. Chicago não é mais Chicago; é outra abstração globalizada.

Depois pergunto a Leslie — vamos chamá-lo de Leslie — se acredita que este lugar, o templo, vai durar:

— Em algum momento isto vai desaparecer, não?

— É difícil imaginar que possa desaparecer. Já tem mais de 150 anos e eu passei metade da minha vida aqui. Você acha que posso imaginar que vai desaparecer?

— Não sei. Mas você acha que vai desaparecer?

— Sim, a médio prazo, sim.

Mas, ainda, nos poços de cada grão — nas telas dos computadores — milhares e milhares de operações incessantes vão "descobrindo" o preço através da oferta e da demanda. Chicago não é mais o lugar onde tudo se compra e se vende, mas continua sendo o que fixa os preços que depois serão pagos — serão cobrados — em todo o mundo. Os preços que definirão quem ganha e quem perde, quem come e quem não come.

Recordo, de repente, tardes em Daca, noites em Madaua, pensando em como seria este lugar, onde tanto se joga. E suponho — mas é injusto ou não tem sentido, ou não tem sentido e é injusto — que ninguém aqui jamais pensou em Daca nem em Madaua.

— O mercado é o melhor mecanismo de regulação para manter os preços onde devem estar. Ninguém pode controlar um mercado, nem sequer os especuladores mais poderosos — me diz Leslie.

— Este lugar ajuda a baixar os custos da comida em todo o mundo — me diz outro corretor, um senhor muito gordo que transpira copiosamente. Eu tento não julgar o que me diz: pergunto-lhe como.

— Criando um mercado transparente que provê liquidez a todos os envolvidos. É necessário que existam pessoas e empresas que arrisquem seu dinheiro para que o mercado possa funcionar. É isso o que fazemos. E, obviamente, ganhamos dinheiro com isso, senão não o faríamos.

Eu o ouço, não faço caretas. A Bolsa de Chicago — dizem — serviu para estabilizar os preços. Sua grande invenção, em meados do século XIX, foi o estabelecimento de contratos de futuro — os "futuros"—: um produtor e um comerciante assinavam um documento; nele, o primeiro se comprometia com o segundo que, em tal data, venderia tal quantidade de trigo por tanto dinheiro e a Bolsa garantia que esse contrato seria cumprido. Assim, os fazendeiros sabiam antes de colher quanto receberiam por seus grãos, os compradores sabiam quanto teriam de lhes pagar. Era — se supunha — uma função muito útil do famoso mercado.

A explicação mais clara me daria, tempos depois, em Buenos Aires, Iván Ordóñez, que na época trabalhava como economista de um dos maiores produtores de soja sul-americanos, Gustavo Grobocopatel.

— No fundo, o que é a agricultura? É pegar uma pilha de dinheiro, enterrá-la e, seis meses depois, desenterrar mais dinheiro. O problema é que, no momento de plantar, eu sei quanto me custam a semente, o trabalho, o fertilizante, mas não sei a quanto venderei o grão no momento de colher. Como tenho incerteza em relação à receita, porque o resultado depende do clima e isso o torna muito volátil, preciso garanti-lo. E a mesma coisa acontece com o industrial que precisa da minha soja para transformá-la em farinha e com o criador que precisa dessa farinha para alimentar seus animais. Então, o que podemos fazer é entrar em acordo, com base em uma série de dados passados e presentes, sobre um preço a ser aplicado quando for colhido. Esses são os contratos de futuro: obrigações de compra e venda de algo que hoje não existe. Por isso se diz que esse é um mercado de "derivados": porque os preços de futuro derivam dos preços atuais desses mesmos produtos. Isso me ajuda a estabilizar o preço. Como o mercado precisa de volume, não apenas participo eu, que produzo soja, e você, que a compra, mas também um sujeito que acredita que o preço que nós acordamos é pouco ou é muito. O que esse sujeito, que se chama especulador, faz é dar volume e liquidez ao mercado, e consegue que os preços desses futuros sejam confiáveis.

Quando ouço a palavra confiável, puxo meu revólver — dizia aquele outro.*

Hoje há quem afirme que o mercado das matérias-primas alimentícias funcionou com essas normas durante muito tempo. Mas alguma coisa começou a mudar no começo dos anos 1990: então, ninguém percebeu; muitos, depois, lamentaram.

— Agora há novos jogadores, bancos e fundos que se envolveram em tudo isso; antes era um mercado para produtores e consumidores, e agora virou um lugar para o jogo financeiro, para a especulação.

Os Estados Unidos saíam dos anos Reagan quando milhões de postos de trabalho haviam desaparecido — e milhões de trabalhadores haviam sido despedidos — para que as grandes corporações pudessem "realocar" suas fábricas em outros países, quando os salários dos trabalhadores que restavam estancaram, embora sua produtividade tivesse aumentado em quase 50%, quando os impostos aplicados aos mais ricos baixaram pela metade. Quando esses ricos tinham, por todos esses motivos e mais alguns, muito dinheiro ocioso e queriam "investi-lo" em alguma coisa que lhes servisse para ter ainda mais.

— Não me agrada muito, mas o que posso fazer? Preciso continuar jogando, é meu trabalho.

Leslie — vamos chamá-lo — me explica os mecanismos do assunto. Depois de um tempo, se dá conta de que não consigo entendê-los e tenta me tranquilizar.

— É possível sintetizar tudo isso muito facilmente: todos esses sujeitos querem ganhar dinheiro. Como fazem para ganhar dinheiro? Agora há muitíssimas maneiras. É preciso conhecê-las, ser capaz de manejá-las: tomar posições a médio prazo, a longo prazo, entrar e sair das posições em 2 minutos. Há, cada vez mais, formas de ganhar dinheiro com essas coisas.

Há países no mundo — como este — onde se pode dizer que as pessoas fazem alguma coisa só para ganhar dinheiro. Há outros em que não. Mas,

---

* Referência a uma frase atribuída ao líder militar nazista Hermann Göring: "Quando ouço a palavra cultura, tenho vontade de puxar meu revólver". (*N. T.*)

no geral, é difícil dizer que alguém faz com que os preços dos alimentos subam só para ganhar dinheiro. Então há justificativas: que, na realidade, os grãos sobem por causa do aumento da demanda chinesa, a pressão dos biocombustíveis, os fatores climáticos. Leslie — vamos chamá-lo de Leslie — é uma pessoa encantadora, cheia de boas intenções. Seus amigos — os corretores que me apresenta no andar da Bolsa de Chicago — também parecem ser boas pessoas. Alguns trabalham para as grandes corporações cerealistas, outros para bancos e fundos de investimento, outros são autônomos que arriscam seu dinheiro comprando e vendendo — e devem ter o respaldo de uma financeira que lhes cobra comissões por tudo o que fazem. Todos amáveis, entusiastas, pessoas muito preocupadas com o destino da humanidade. Pessoas que me levam a me perguntar para que serve conversar com as pessoas. Ou dizendo de outra maneira: para que serve a percepção que as pessoas têm do que fazem. Para quê, mais além da anedota.

— E às vezes pensam em qual é o custo do que fazem no mundo real?

— A que tipo de custo você se refere? O custo econômico, o custo social? De que custo está falando?

2

"A história da comida deu um giro execrável em 1991, em um momento em que ninguém estava prestando muita atenção. Foi o ano em que o grupo financeiro Goldman Sachs decidiu que o pão nosso de cada dia poderia ser um excelente investimento.

"A agricultura, arraigada nos ritmos do sulco e da semente, nunca havia chamado atenção dos banqueiros de Wall Street, cuja riqueza não provinha da venda de coisas reais, como o trigo ou o pão, mas da manipulação de conceitos etéreos como risco e dívidas colaterais. Mas, em 1991, quase tudo o que podia se transformar em abstração financeira já havia passado por suas mãos. Os alimentos eram quase a única coisa virgem que restava. E assim, com seu cuidado e precisão habituais, os analistas do Goldman Sachs se dedicaram a transformar os alimentos em um conceito. Selecionaram 18 ingredientes que poderiam transformar em commodities e prepararam um elixir financeiro que incluía vacas, porcos, café, cacau, milho e algumas variedades de trigo. Sopesaram o valor do investimento de cada elemento, misturaram e avaliaram as partes, e reduziram o que havia sido uma complicada coleção de coisas reais a uma fórmula matemática que podia ser expressada em um único número: o Índice de Commodity Goldman Sachs. E começaram a oferecer ações desse índice.

"Como costuma acontecer, o produto do Goldman Sachs floresceu. Os preços das matérias-primas começaram a subir, primeiro devagar, mais depressa depois. Então mais gente colocou dinheiro no Índice Goldman Sachs, e outros banqueiros perceberam e criaram seus próprios índices de alimentos para seus próprios clientes. Os investidores estavam felizes de ver subir o valor de suas ações, mas o preço crescente dos desjejuns, almoços e jantares não melhorou em nada a vida de nós que tentamos comer. Os fundos de commodities começaram a causar problemas."

Assim começava um artigo revelador, publicado em 2010, na *Harper's* por Frederick Kaufman, intitulado *The Food Bubble: How Wall Street Starved Millions and Got Away with It.*

— A comida foi monetizada. A comida se transformou em investimento, como o petróleo, o ouro, a prata ou qualquer outra ação. Quanto mais alto o preço, melhor o investimento. Quanto melhor o investimento, mais cara a comida. E os que não podem pagar o preço que o paguem com a fome.

Eu havia procurado uma foto de Kaufman na internet para reconhecê-lo no bar de Wall Street onde ficara de me encontrar; na foto, ele vestia uma camiseta branca, barba de quatro dias, cabelos alvoroçados e um sorriso largo: um grandalhão levemente selvagem. Mas naquela tarde vi chegar um senhor quase baixinho, vestindo um terno azul elegante, correto, com sua camisa impecável e sua gravata, segurando a correia de seu poodle branco. Depois me disse que vinha de um almoço e que o desculpasse pelo cachorro, mas andava tão ocupado com o lançamento de seu último livro, *Bet the Farm*, que em algum momento tinha de levá-lo para passear. Fred Kaufman se sentou e me disse que tínhamos uma hora.

— No início dos anos 1990, os executivos do Goldman Sachs estavam procurando novos negócios. E sua filosofia básica, a filosofia básica dos negociantes, é que "tudo pode ser negociado". Nesse momento, tiveram a argúcia de pensar que as ações e bônus de dívida e tudo isso talvez não tivessem tanto valor a longo prazo; que o que sempre teria valor era o mais indispensável: a terra, a água, os alimentos. Mas essas coisas não tinham volatilidade, e isso era um problema para os *traders*. Toda a história dos mercados de alimentos, e a história da civilização, consistiu em tentar dar certa estabilidade aos preços de um produto muito instável. Os alimentos são, fundamentalmente, instáveis, porque é necessário colhê-los duas vezes por ano, e essa colheita depende de uma série de questões que não podemos administrar: a meteorologia, sobretudo. Mas a história das civilizações depende dessa estabilidade. A civilização surgiu nas cidades; ali apareceram a filosofia, as religiões, a literatura, os ofícios, a prostituição, as artes. Mas a gente das cidades não produz comida e por isso era preciso garantir que pudesse comprá-la a um preço mais ou menos estável. Assim começou a civilização, no Oriente Médio. E, muitos séculos depois, também na América. Durante o século XX, os preços dos grãos estiveram muito estáveis — salvo em breves períodos inflacionários — e esse século foi o melhor para este país.

O poodle era paciente, educado. Enquanto seu dono falava, ele o observava, quieto como se não o tivesse escutado muitas vezes. Fred Kaufman era uma torrente de palavras:

— Os banqueiros não entendem os benefícios de ter um preço estável para os alimentos; o que entendem, pelo contrário, é que quando há mais volatilidade fazem muito dinheiro ao longo de muito tempo, porque a demanda de alimentos nunca vai desaparecer; ao contrário, vai aumentar, sempre. Então lhes interessava criar condições para atrair grandes capitais para esses mercados e, sobretudo, para manter esses capitais ali e fazer muito dinheiro controlando-os. É isso o que querem: dinheiro. A eles não importam os mercados, os alimentos; lhes importa o dinheiro. Para isso, deviam transformar esse mercado, que durante um século serviu para manter a estabilidade dos preços e a segurança dos produtores e consumidores, em uma máquina de produzir volatilidade e, portanto, de produzir dinheiro; para isso criaram seu Índice, que lhes permitiu atrair os capitais de muitos investidores e controlá-los. E isso produziu um aumento sustentado dos preços. Em alguns anos, triplicaram os preços dos grãos; sim, triplicaram, e milhões de crianças morreram, parabéns. Todos os especuladores preveem que os preços dos alimentos serão duplicados nos próximos vinte anos; se isso acontecer, e os habitantes dos países pobres tiverem de gastar 70%, 80% de suas receitas em comida, a Primavera Árabe será uma festa de quinze anos diante do que vai acontecer no mundo. Há pessoas que acreditam que isso não é com elas, que não é problema delas. Estamos aqui, a duas quadras do Marco Zero:* acredito que já nos demos conta de que no mundo há muita gente irritada conosco capaz de fazer coisas que podem nos afetar — disse Kaufman, e seu poodle branco o olhou, preocupado.

Mas agora, em Chicago, em pleno andar da bolsa, Leslie tenta me explicar o mecanismo. É difícil: depois de muito tempo, até fico achando que estou entendendo alguma coisa.

---

* Memorial erigido onde antes do 11 de setembro havia as duas torres do World Trade Center que desabaram no atentado.(*N. T.*)

Suponhamos que quero fazer negócios. Eu, logicamente, não vi um grão de soja em toda a minha vida, mas posso vender agora mesmo 1 tonelada para entregar em 1º de setembro de 2014 — um futuro — a preço de mercado: digamos, 500 dólares. Todo meu truque consiste em esperar que o mercado tenha se equivocado e a tonelada de soja valha, no fim de agosto, 450 dólares. Porque eu, que nunca tive soja, poderei comprar, então, por esse preço a tonelada que devo entregar — e assim ganharei 50 dólares. Ou melhor: vender meu contrato para que outro o faça — e talvez, então, ganhe 49. Ou se sou impaciente, ou se quero atapetar meu banheiro, ou se desejo me dedicar integralmente à arte pré-rafaelista, poderia vendê-la em qualquer momento entre agora e setembro de 2014 — amanhã mesmo, por exemplo, se a "soja/setembro/2014" subir 1 dólar e eu tiver vontade de fazer dinheiro rapidamente.

Mas também, me explica Leslie, é possível que a soja/setembro/2014 termine a 600 dólares e eu terei perdido 100 dólares, por exemplo. Para evitar essa perda, me diz, poderia ser mais sofisticado e comprar, em vez de um contrato de futuro, uma "opção". Uma opção é um contrato que me dá o direito — mas não a obrigação — de vender 1 tonelada de soja por 500 dólares a tonelada em setembro próximo. Por isso, vou pagar àquele que se compromete a comprá-la de mim a um preço — digamos, 20 dólares. Se quando outubro chegar a soja estiver a 450, terei ganhado 30, porque o sujeito que me vendeu a opção é obrigado a comprar de mim por 500 dólares a soja que eu poderei comprar por 450; menos os 20 que me custaram esse direito, são 30. Então posso vender minha opção por 30, 29 dólares, e ganhar esse dinheiro diretamente, sem fazer a operação. E aquele que a comprou de mim especula que uma semana depois a soja estará a 445 e então nessa semana terá ganhado mais 5 dólares, e assim por diante. E se a soja acabar a 600, eu terei perdido apenas 20: não exerço minha opção e aí termina tudo.

— Ufa.

Essa é a teoria, que não tem nada a ver com a prática. Na prática, essas opções são compradas e vendidas o tempo todo, sem parar: em última instância, o preço da soja em setembro de 2014 ou depois de amanhã ou no próximo mês é apenas um número que é necessário prever com a maior precisão possível para poder apostar com êxito em suas variações, mas seria a mesma coisa se fosse a temperatura de Saint Louis, Missouri, ao longo das próximas 24 horas ou a quantidade de arrotos que serão dados em um jantar de negócios de 14 vendedores de silício líquido. Poderia ser qualquer uma dessas coisas e tantas mais, mas, se fossem, não mudariam as vidas de milhões de pessoas: aqui o preço dos grãos é a base de um jogo de especulações; fora daqui, é a diferença entre comer e não comer.

Aqui, entretanto, o negócio está em tirar proveito das pequenas diferenças diárias ou horárias ou *minuteiras* da cotação; essas ínfimas variações, quando as quantidades são importantes, produzem diferenças substanciais. E tudo graças aos erros de cálculo do mercado que, para sorte daqueles que o cultuam, sempre se equivoca.

É curioso: aqueles que trabalham no mercado, aqueles que cantam as mais ardorosas loas ao mercado, aqueles que vivem com tanta abundância graças ao mercado, trabalham com os erros do mercado. E nenhum diz — bebendo uísque nos bares, nos seus artigos na *The Economist*, nas suas aulas em escolas de negócios — que gosta do mercado porque sempre comete equívocos.

Mas o erro do mercado é a condição de seus negócios. Se não se equivocasse, se a soja futura, a de setembro de 2014, negociada hoje de manhã a 500 custasse 500 em setembro de 2014, esse templo estaria deserto, não haveria forma de fazer negócios com tudo isso. Mas ninguém diz: cantam seus Panegíricos, difundem a Palavra e dizem que o Mercado é a cura para todos os males.

Vivem de seus erros.

3

A transformação dos alimentos em um meio de especulação financeira já dura mais de vinte anos. Mas ninguém pareceu perceber muito até 2008. Nesse ano, a grande banca sofreu o que muitos chamaram de "a tormenta perfeita": uma crise que afetou, ao mesmo tempo, as ações, as hipotecas, o comércio internacional. Tudo desabava: o dinheiro estava no meio de uma tormenta, não encontrava refúgio. Depois de alguns dias de desconcerto, muitos desses capitais se protegeram na caverna que lhes pareceu mais amigável: a Bolsa de Chicago e suas matérias-primas. Em 2003, os investimentos em commodities alimentícias estavam na casa de aproximadamente 13 bilhões de dólares; em 2008, chegaram a 317 bilhões — quase 25 vezes mais dinheiro, quase 25 vezes mais demanda. E os preços, obviamente, dispararam.

Analistas nem um pouco suspeitos de esquerdismo calculavam que essa soma de dinheiro era 15 vezes maior do que o tamanho do mercado agrícola mundial; especulação pura e simples. O governo norte-americano desviava centenas de milhares de milhões de dólares para os bancos "para salvar o sistema financeiro" e boa parte desse dinheiro não encontrava melhor investimento do que os alimentos — dos outros.

Agora, na Bolsa de Chicago, se negocia a cada ano uma quantidade de trigo igual a cinquenta vezes a produção mundial de trigo. Digo: aqui, cada grão de milho que há no mundo é comprado e vendido — não é comprado nem vendido, é tudo simulação — cinquenta vezes. Dizendo de outra maneira: a especulação com o trigo movimenta cinquenta vezes mais dinheiro do que a produção de trigo.

A grande invenção desses mercados é que aquele que quer vender alguma coisa não precisa tê-la. Mais: seria uma raridade vender uma coisa que se tem. Vendem-se promessas, compromissos, incertezas escritas na tela de um computador. E aqueles que sabem fazê-lo ganham, nesse exercício de ficção, fortunas.

E aqueles que não sabem contratam programadores de computação. Mais da metade do dinheiro das bolsas do mundo está nas mãos da HFT (High- -Frequency Trading ou Negociação de Alta Frequência), que é a forma mais extrema de especulação algorítmica ou automatizada. São muitos nomes para uma coisa tão complicada e muito simples: supercomputadores que realizam milhões de operações que duram segundos ou milissegundos; compram, vendem, compram, vendem, compram vendem comprem vompran cempren venpran comden cemden sem parar, aproveitando diferenças de cotações ínfimas que, em semelhantes quantidades, se transformam em montanhas de dinheiro. São máquinas que operam muito mais depressa do que qualquer pessoa, autônomas de qualquer pessoa. Impressiona-me que os donos do dinheiro coloquem tanto dinheiro nas mãos — vamos chamá-las de mãos — de umas máquinas que poderiam se equivocar e cujos equívocos poderiam lhes custar verdadeiras fortunas: que tenham tal confiança na técnica ou, talvez, tal avidez.

As HFTs são a mais pura especulação: máquinas que só servem para ganhar dinheiro com mais dinheiro. São operações que ninguém faz sobre contratos que não foram feitos para ser cumpridos acerca de mercadorias que jamais alguém verá: compra e venda do nada em segundos, mercado puro sem a intromissão de nenhuma realidade. Dinheiro sobre dinheiro, fumaça criando fogo, a ficção mais rentável.

A máquina girava a mil por hora. Naquele dia, 6 de abril de 2008, uma tonelada de trigo chegara a custar 440 dólares. Era incrível; apenas cinco anos antes, custava três vezes menos: por volta de 125. Os cereais, que haviam se mantido em valores nominais constantes — portanto, baixado de preço — durante mais de duas décadas, começaram a subir em 2006, mas, nos primeiros meses de 2007, o aumento ficou irrefreável: em maio, o trigo ultrapassou 200 dólares por tonelada, em agosto, 300, em janeiro, 400; a mesma coisa acontecia com os outros grãos.

E, como dizem os negociantes, o mercado alimentar tem "baixa elasticidade". É sua maneira de dizer que, aconteça o que acontecer com a oferta, a demanda não poderá mudar tanto: que, quando os preços sobem muito, pode-se adiar a compra de um tênis ou de um carro, mas muito pouca gente aceita de boa vontade adiar a compra de seu almoço. Ou seja: mesmo que os preços subam, todos os que podem vão pagá-lo — e que os que não podem vão ficar muito incomodados.

O aumento não tinha, obviamente, uma única causa. Uma delas foi o aumento extraordinário do preço do petróleo, que naqueles dias de abril beirava os 130 dólares por barril, o dobro de um ano antes. O petróleo é tão importante para a produção agropecuária que um ensaísta político inglês, John N. Gray, disse há pouco que "a agricultura intensiva extrai comida do petróleo". Referia-se, entre outras coisas, a esse cálculo tão cacarejado que diz que produzir 1 caloria de comida custa 7 calorias de combustíveis fósseis.

O preço do petróleo influi no preço dos alimentos de várias formas. Para começar, porque influi em qualquer preço: a energia é o sangue de que o corpo global precisa para funcionar (disse há muito tempo um grande capitalista com arroubos líricos) e seu preço é o preço de tudo. E, em particular, os alimentos incluem em seu custo uma parte significativa de combustível: em sua produção — devido às máquinas rurais e porque a maioria de seus adubos e pesticidas contém alguma forma de petróleo —, em seu transporte, em seu armazenamento, em sua distribuição. Mas, além disso, o aumento do preço do petróleo deu ainda mais importância aos famosos agrocombustíveis.

Começaram chamando-os de biocombustíveis; ultimamente, grupos críticos insistem que o prefixo "bio" lhes confere uma pátina de honorabilidade ecológica que não merecem — e postulam que os chamemos de *agrocombustíveis*. Parece que o "agro" não é tão cotado como o "bio" na consciência *cool*. Mas há gente que paga muito dinheiro para conseguir a simpatia da imprensa: em 2000, o mundo produziu 17 bilhões de litros de etanol; em 2013, cinco vezes mais: 85 bilhões. E 9 de cada 10 litros de etanol foram consumidos nos Estados Unidos e no Brasil.

O etanol é o *agrobio* mais usado e, também, o mais antigo. Durante 10 mil anos serviu, sobretudo, para se embebedar; nos anos 30 do século passado, o Brasil, que ainda não tinha petróleo, começou a destilá-lo de sua cana-de-açúcar e utilizá-lo, misturado com gasolina, para impulsionar seus carros. Com o fim da Segunda Guerra Mundial, o petróleo ficou tão barato que o etanol ficou pouco menos que esquecido; nos anos 1970, quando da crise internacional do petróleo, o Brasil recuperou a ideia e, pouco depois, os Estados Unidos, cansados de depender do petróleo que lhes vendiam seus inimigos — ou pior, certos inimigos —, resolveram imitá-lo.

O fato de que os Estados Unidos sofram por sua dependência do petróleo é um paradoxo estranho, quase uma forma de justiça poética: no começo do século XX, a luta pela economia global tinha o carvão inglês de um lado contra o petróleo norte-americano do outro. Os norte-americanos conseguiram impor o petróleo como energia hegemônica no mundo — basicamente porque tinham poder e muito petróleo. E agora seu petróleo não basta para satisfazer um terço de suas necessidades e é preciso importá-lo de países hostis, ou meio hostis, ou susceptíveis a ser hostis — e, portanto, devem mantê-los sob controle com uma força militar que lhes custa fortunas. Os Estados Unidos continuam gastando 40% do 1,58 bilhão de dólares que o mundo despende em despesas militares. Por isso, fabricar combustível com recursos próprios é uma prioridade geopolítica.

E é outra forma de usar os alimentos para não alimentar.

E um negócio de primeira para muitos.

O agrocombustível é a penúltima resposta à superprodução de grãos que complica há décadas a agricultura norte-americana. Nos últimos cinquenta anos, as técnicas agrárias foram aperfeiçoadas como nunca, os subsídios aos fazendeiros aumentaram muitíssimo e suas explorações obtiveram lucros inéditos: não sabiam o que fazer com tanto milho, com tanto trigo. Na segunda metade do século XX, os Estados Unidos enfrentaram um problema com poucos antecedentes na história da humanidade: a superprodução de alimentos. Parece piada que esse fosse o problema do maior produtor de alimentos de um mundo em que faltam alimentos.

Entre outros efeitos, a superprodução manteve muito baixos os preços dos alimentos durante um longo período. Um dos primeiros usos desse excedente foi político: a exportação, disfarçada de auxílio, de grandes quantidades de grão. Já falaremos do programa Food for Peace.

Outra resposta consistiu em usar esses grãos para alimentar o gado: nos Estados Unidos, vacas, porcos e frangos ainda ingerem 70% dos cereais. O consumo de carne chegou a níveis que jamais haviam sido atingidos.

Depois viriam outros usos: xarope de milho — grande edulcorante da indústria alimentícia —, detergentes, têxteis e, ultimamente, o agrocombustível.

O etanol norte-americano é feito de milho, um de seus principais cultivos. Os Estados Unidos produzem 35% do milho do mundo, mais de 350 milhões de toneladas por ano. Uma lei federal, a Renewable Fuel Standard, determina que 40% desse grão deve ser usado para encher os tanques dos carros. É quase um sexto do consumo mundial de um dos alimentos mais consumidos no mundo. Com os 170 quilos de milho necessários para encher um tanque com etanol-85, uma criança zambiana ou mexicana ou bengali pode sobreviver um ano inteiro. Um tanque, uma criança, um ano. E são enchidos, a cada ano, quase 900 milhões de tanques.

Vamos de novo: o agrocombustível usado pelos carros estadunidenses seria suficiente para permitir que todos os famintos do mundo recebessem meio quilo de milho por dia.

Jean Ziegler, sempre contundente, diz que "os biocombustíveis são um crime contra a humanidade".

O governo norte-americano não apenas determina que o milho seja usado para movimentar carros; também entrega àqueles que o produzem milhares de milhões de dólares em subsídios. Uma forma clara de redistribuição de riqueza: um governo recebe impostos de todos e os entrega a setores que têm poder suficiente para pressioná-lo. O lobby dos fazendeiros norte-americanos tem muito peso por diversas razões e um delas é que seus estados, pouco povoados, têm os mesmos dois senadores que Nova York ou a Califórnia.

Não é um argumento apresentável. E assim as leis e as resoluções que subvencionam o etanol falam, é claro, da "independência energética" e da "luta contra as mudanças climáticas". Mas a marca do carbono é pesada: Frédéric Lemaître afirma, em *Demaine, la faim!* que o etanol de milho só reduz as emissões de gás carbônico dos carros entre 10% e 20% — e que, computando tudo o que é emitido pelos tratores e adubos e pesticidas necessários para produzi-lo e transportá-lo e a energia elétrica necessária para processá-lo, o saldo ecológico é negativo.

E que o aumento da demanda de milho produzida pelo etanol é responsável por uma porcentagem importante — que ninguém consegue definir com precisão — do aumento de preço dos alimentos. Um exemplo: muitos fazendeiros do Meio-Oeste norte-americano pararam de cultivar o milho branco que vendiam, entre outros, para o México e passaram ao amarelo, usado para produzir etanol. Então os preços da farinha foram duplicados ou até triplicados no México e milhares de pessoas foram às ruas, em uma ação que foi chamada de "a revolta das tortilhas".

Na Guatemala, ninguém foi às ruas. Metade das crianças da Guatemala é desnutrida. Há vinte anos, a Guatemala produzia quase todo o milho que consumia. Mas, nos anos 1990, começaram a chegar os excedentes norte-americanos, baratíssimos, devido aos subsídios que recebiam em seu país, e os camponeses locais não conseguiram competir com aqueles preços. Em uma década, a produção local foi reduzida em um terço.

Nesses dias, muitos camponeses tiveram de vender suas terras a empresas que agora plantam palmeiras para fazer óleo e etanol, cana-de-açúcar e etanol. E aqueles que conseguiram continuar cultivando suas terras encontraram mais e mais dificuldades: ameaças de homens armados para que as vendessem, proprietários que preferiram deixar de alugá-las para trabalhar com as grandes companhias, grandes plantações que se apossam da água ou a envenenam com seus produtos químicos.

O problema se aguçou nos anos seguintes: os norte-americanos começaram a usar seu milho para produzir etanol e os preços subiram, e subiram mais com os grandes aumentos que precederam a crise de 2008. Agora, nas *tortillerías* guatemaltecas, 1 quetzal — uns 15 centavos de dólar -– compra quatro tortilhas; há cinco anos, comprava oito. E o preço dos ovos triplicou porque os frangos também comem milho.

São exemplos.

Mas não acredito que se faça isso para prejudicar alguém.

Quero dizer: não é que as autoridades e os lobbies e os produtores agrícolas norte-americanos queiram deixar com fome as crianças guatemaltecas. Só querem melhorar suas vendas e seus preços, depender menos do petróleo, cuidar do meio ambiente — e isso produz certos efeitos secundários: acontece, o que vai se fazer.

Shit happens.

O uso de grãos para produzir agrocarburantes relaciona ainda mais os preços agrícolas aos preços do petróleo: quando o preço da gasolina aumenta, o do etanol também aumenta — e com ele, o do milho. De agora em diante, os conflitos geopolíticos que costumavam ter influência no preço do petróleo influirão muito mais diretamente no preço dos alimentos.

(Em 2012, a Comissão Europeia aceitou alguns desses argumentos: alguns anos antes, havia estabelecido que, até 2020, todos os meios de transporte do continente deveriam estar usando 10% de agrocombustíveis. Diante do ataque de ONGs e partidos que a acusavam de estar tirando comida dos pobres, a comissão decretou que a metade desse combustível deveria provir de madeiras, feno, dejetos agrícolas, palhas, algas: alguma coisa que não pudesse ser comida.

Desde meados da década passada, a grande esperança foi a "segunda geração de biocombustíveis", fabricados a partir de vegetais não comestíveis, que deviam baixar o preço dos grãos e acabar com a competição entre motoristas e comedores. Supunha-se que seus processos eram mais caros e complicados, mas valiam a pena. No último trimestre de 2007, o investimento mundial no desenvolvimento desses produtos atingiu um máximo de 7,600 bilhões de dólares; até as grandes petroleiras, como a BP e a Shell, haviam se lançado. Não funcionou como esperavam: no primeiro trimestre de 2013, o investimento decrescera para 57 milhões, pouco mais do que zero.

Parece levemente monstruoso que a produção de vegetais para o transporte tenha de competir com a produção de vegetais para a alimentação — e provavelmente o seja. Mas sempre aconteceu. Durante milênios, muita terra foi usada para alimentar animais de tração e de sela. Ainda no começo do século XX, os Estados Unidos reservavam um quarto de sua terra cultivada para alimentar seus cavalos. Apenas nos últimos cem anos, com a irrupção do petróleo, a produção agrária pôde se dedicar quase totalmente à alimentação — e esse foi, provavelmente, outro motivo para que seus preços baixassem. Agora, ao que parece, o intervalo acabou, e certas coisas voltam a ser o que eram.)

4

O discurso daquele senhor que não sabia fazer discursos ficou famoso, como sempre, por sua falta de jeito: "Há 350 milhões de pessoas na Índia que estão classificadas como de classe média. Isso é maior do que a América. Sua classe média é maior do que toda a nossa população. E, quando alguém começa a ganhar dinheiro, começa a pedir melhor alimentação, comida melhor. Então a demanda sobe, e isso faz com que os preços subam", disse George W. Bush em maio de 2008, no meio da crise. Costuma-se pensar que outra das causas do aumento dos preços é a melhoria do poder aquisitivo de milhões e milhões de indianos e chineses, que lhes permite comer mais — e aumentar, enormemente, a demanda por alimentos.

É verdade, com *poréns*.

Alguns *poréns*: os 500 ou 600 milhões de indianos que continuam comendo pouco e mal, os 250 milhões que nem sequer comem o mínimo indispensável. Mas é verdade que a entrada no mercado global de alimentos desses indianos e desses chineses ajudou a elevar os preços: entre outras coisas, porque essas centenas de milhões estão começando a comer — ou, por ora, tentando comer — como se fossem norte-americanos ou europeus.

E isso sim atenta contra a ordem global — cuja condição de existência é que nem todos queiram ou possam fazer o mesmo que fazem aqueles que os controlam.

A piada: como há mais pessoas que podem consumir comida e entram no mercado, a demanda aumenta. Como a demanda aumenta, os preços sobem e aquelas pessoas que haviam entrado no mercado ficam do lado de fora outra vez. E outras com elas — ou sem elas.

Em 2001, a China exportou cerca de 7 milhões de toneladas de grãos; em 2012, importou mais de 10 milhões. Essa diferença de 17 milhões — mais do que todas as exportações de grãos do Brasil — provocou uma mudança significativa no mercado mundial. E isso sem contar a soja. Até os anos 1990, a China se autoabasteceu de soja, mas, então, seu governo resolveu multiplicar a criação de porcos que eram alimentados com soja importada; em 2012, a China comprou quase 60 milhões de toneladas de soja. É muita soja: mais do que toda a produção argentina, por exemplo. Comer carne sempre é mais caro.

Que fique dito: durante décadas, os países ricos do Ocidente cristão e democrático e solidário comeram toda a carne que quiseram. Agora se preocupam com o desperdício que isso significa — porque os chineses começaram a fazer as mesmas coisas que eles. São sociedades baseadas na exclusão: só podem funcionar como funcionam se as outras não.

Na China e na Índia, o que define o acesso completo à famosa classe média é ter carro e comer carne. Na China, o consumo de carne passou de 14 quilos anuais por pessoa em 1980 a 55 agora. Na Índia, no entanto, graças a suas centenas de milhões de pobres e desnutridos, a média se mantém em 5 quilos anuais por cabeça. Nos países ricos do Ocidente, a média é, há décadas, de mais de 50 quilos anuais por pessoa.

Um momento tão claro da concorrência entre classes, do bolo finito: quanto mais ricos comem carne, mais pobres não comem.

O aumento dos preços teve, naturalmente, outros motivos. Nasciam pessoas, e a demanda mundial continuava crescendo no ritmo habitual: umas 220 mil bocas novas por dia, 80 milhões por ano — a grande maioria no OutroMundo. Mas isso vinha acontecendo ano após ano e nunca tivera grande importância. E o estribilho habitual da queda da oferta não conseguia soar afinado. Em 2008, os Estados Unidos tiveram uma das maiores colheitas de trigo de sua história; tanto que, depois da temporada de vendas, o Departamento de Agricultura do governo federal informou que os silos norte-americanos ainda armazenavam quase 18 milhões de toneladas de trigo: um recorde absoluto. Enquanto os preços subiam e a fome crescia, os grãos se amontoavam nos silos do Meio--Oeste. Ou era vendido para os animais que podiam pagar por ele: enquanto os preços subiam e a fome avançava, nesse ano 55 milhões de toneladas de trigo foram vendidas, apenas nos Estados Unidos, para engordar animais.

Mas as reservas globais de grãos baixaram: vários elementos estavam há anos reduzindo a produção em vários lugares do mundo — e continuavam ameaçando.

Problemas climáticos agudos, sobretudo a seca incessante na Austrália, um dos grandes produtores agrícolas; as inundações no sul da Índia e no oeste da África; as geadas extraordinárias na China; a onda de calor no norte da Europa.

E questões mais estruturais. Nos países ricos, o ritmo do rendimento das plantações baixou ou até estancou. Cientistas dizem que a manipulação das sementes chegou ao teto: que já não há muito mais que possam modificar para melhorar seu rendimento. E, por outro lado, o uso indiscriminado de inseticidas e herbicidas criou espécies de superinsetos e supererervas super-resistentes. Inclusive já há ervas daninhas que desafiam e vencem o famoso e onipresente glifosato.

E os solos se esgotam, perdem seus nutrientes e ficam cada vez mais áridos. Um informe das Nações Unidas diz que, a cada ano, 1% da superfície arável do mundo, uns 12 milhões de hectares, fica inutilizável. Com a água acontece a mesma coisa: muitos dos aquíferos usados para a irrigação estão se esgotando — ou se esgotaram. Nos anos 1970, se generalizou — nos países mais ou menos ricos — o uso de bombas a motor e a quantidade de água extraída se multiplicou. Há aquíferos que a chuva preenche; há outros, mais subterrâneos, que só têm o que têm. O de Ogallala, que provê um terço das águas usadas nas plantações norte-americanas, poderá secar em menos de três décadas. Na China, na Índia, no resto do mundo, há ameaças semelhantes.

Enquanto isso, em 2008, os efeitos do círculo vicioso: como os alimentos aumentavam, vários governos — da Índia, da China, das Filipinas, do Vietnã, da Rússia, da Argentina, da Indonésia — reduziram as cotas de exportação para controlar os preços locais; então a oferta de alimentos baixou e os preços subiram mais.

E a maioria dos Estados não tinha instrumentos suficientes para controlar seus preços internos, cada vez mais ligados ao mercado mundial. Perderam o poder de controlá-los por várias razões: entre elas, porque haviam reduzido brutalmente suas reservas de alimentos.

Sabemos que os alimentos mais consumidos não são apenas mercadorias: são um dos elementos políticos mais poderosos em qualquer situação. Por isso, durante milênios, os governantes trataram de manter grandes estoques. Mesmo antes que o judeu José tivesse engabelado aquele faraó com um truque freudiano, controlar os celeiros era controlar a sociedade: socorrê-la em tempos de emergência ou controlar os preços em qualquer época. Mas no começo deste século muitos desses depósitos estavam vazios.

Por um lado, certos Estados ricos se convenceram de que, com o crescimento dos transportes e dos mercados globais, manter grandes reservas não fazia mais sentido. Bastava ter dinheiro — se faltasse, era só comprar — e se recebia em alguns dias. E os Estados pobres haviam deixado de ter essas reservas porque, nos anos 1980 e 1990, o FMI e o Banco Mundial os haviam obrigado a não intervir mais nos mercados de seus países "para não interferir no livre jogo da oferta e da demanda" — ou, dito de outra maneira, para que não carregassem a obrigação de se ocupar de seus pobres.

Em plena crise, o presidente do Banco Mundial, Robert Zoelick, disse que o protecionismo era a causa dos aumentos e que era necessário "que os mercados tivessem mais liberdade". Zoelick havia ocupado cargos importantes das administrações de Reagan e dos Bush — e havia dirigido o Goldman Sachs. Mas um informe do próprio Goldman Sachs — o inventor do primeiro fundo de investimentos em alimentos — disse, então, que "sem dúvida, o aumento dos fundos dirigidos às commodities impulsionou os preços".

O preço dos alimentos aumentava em todos os lugares. Os aumentos, é claro, não influíam da mesma maneira em todos eles. Quando o preço do trigo dobra nos Estados Unidos, o do pão pode aumentar entre 5% e 10% — porque a matéria-prima é uma parte ínfima do preço dos alimentos: transporte, elaboração, conservação, patentes, publicidade, empacotamento, distribuição, margem de lucro do varejista pesam mais. No entanto, em Túnis, em Manágua, em Délhi, o pão — ou o grão com que uma mulher fará pães, tortilhas ou *chapatis* — custará o dobro ou talvez mais.

E, sobretudo, nos países ricos, o consumidor habitual gasta menos de 10% de sua renda em comida — embora seus pobres possam chegar a gastar 25% ou 30%. Nos países do OutroMundo, mais de 2 bilhões de pessoas gastam com alimentação entre 50% e 80% do que conseguem; um pequeno aumento dos preços as condena à fome.

Esses dados — e certamente mais algum — explicam o fato de os preços dos alimentos terem aumentado em 2008 e nunca mais baixado.

Naquele dia, 6 de abril de 2008, milhares de trabalhadores e de desempregados marcharam nos subúrbios do Cairo para protestar contra o aumento do preço do pão: para pedir comida. O Egito é o maior importador de trigo do mundo: só produz a metade do que precisa. Em menos de três anos, o preço do pão, o principal alimento de 40 milhões de pobres, quintuplicou. Nesse dia e nos seguintes, a polícia egípcia reprimiu, atirou, matou manifestantes. Por fim, o governo cedeu e mandou o Exército produzir e distribuir pão para os mais famintos.

Poderia ter sido um episódio isolado. Mas em Uagadugú, a capital de Burkina Faso, havia acontecido uma coisa muito parecida duas semanas antes e só a intervenção do Exército acabou com as manifestações. Em Daca, milhares de pessoas incendiaram e saquearam o que puderam em protesto contra o aumento do arroz, negociado a mil dólares a tonelada na Bolsa de Chicago — e cinco anos antes custava 195. No lado indiano de Bengala, milhares incendiavam lojas de comida subsidiada pelo governo porque seus donos queriam vendê-la a preços de mercado negro. E em Porto Príncipe, Haiti, os protestos pela fome obrigaram o primeiro-ministro a renunciar. E em Duala, Camarões, um protesto de motoristas de táxi degenerou em grandes manifestações contra os preços dos alimentos e mais de vinte manifestantes morreram. E em Dacar, Senegal, aconteceu algo semelhante, e em Abidjã, na Costa do Marfim, em Maputo, em Moçambique, no Iêmen, no Paquistão, na Etiópia, na Índia, na Indonésia, nas Filipinas, no México, no Tajiquistão, no Brasil e em muitos outros países milhares e milhares de pessoas enfrentaram soldados e policiais para reivindicar seu direito de comer todos os dias.

E até em Milwaukee, Wisconsin, onde um quarto da população vivia abaixo da linha oficial de pobreza, milhares de pessoas se juntaram em uma noite de junho diante de um edifício público onde, se dizia, iriam distribuir cupões de comida. Não havia a tal distribuição e os milhares começaram a quebrar tudo o que encontravam em seu caminho.

"Enquanto 200 bilhões de dólares aterrissavam no mercado alimentar, 250 milhões de pessoas caíam na pobreza extrema. Entre 2005 e 2008, o preço global dos alimentos aumentou 80%, e ninguém se surpreendeu quando a *The Economist* informou que o preço real dos alimentos havia alcançado seu nível mais alto desde 1845, o ano em que a revista o calculou pela primeira vez", escreveu depois Frederick Kaufman.

As revoltas pela comida continuaram durante todo o ano. Alguém recordou que fazia décadas que não havia "fome urbana" no mundo e que a fome urbana não é a mesma coisa que a fome rural: quando os camponeses têm fome caminham, fogem, procuram; quando os habitantes das cidades têm fome, vão para a rua.

Houve mortos e feridos e presos; os governos terminaram cortando os impostos dos produtos de primeira necessidade, subvencionaram sua importação ou proibiram que fossem exportados. Algum governo caiu, os preços finalmente caíram, milhões de pessoas caíram na pobreza extrema e o mundo teve mais famintos do que nunca em sua história. A fome atingiu, pela primeira vez, 1 bilhão de pessoas.

Um bilhão de famintos.

Talvez o ano de 2008 se transforme em uma data inaugural: o momento em que voltaram a acontecer lutas globais por causa dos alimentos.

"Os alimentos são o novo ouro", escreveu, então, um jornalista do *Washington Post*, apresentando uma fórmula que funcionou: significava, sobretudo, que deixaram de ser um bem de consumo e viraram um bem de acumulação e especulação, e não um bem qualquer: o bem cujo preço mais havia aumentado nos últimos anos.

Para muitos, significava que haviam parado de comer.

5

Mais tarde, quando almoçávamos saladas em um bar do Board, Leslie
— vamos chamá-lo de Leslie — me contou fragmentos de sua vida com a
candidez típica, sobretudo, dos norte-americanos: seus pais imigrantes,
sua vontade de crescer para ser um verdadeiro norte-americano, suas
hesitações, sua decisão de se dedicar a alguma coisa que lhe desse realmente dinheiro — sua forma de ser um verdadeiro norte-americano. Mas
sua decepção com a maneira adotada pelas grandes corporações para
dominar o assunto, seu desagrado com a prepotência com que o governo
acha que pode lhes ditar suas condutas: cóleras, mais que desconforto,
incômodas para um senhor que trabalha colocando combustível nessas
operações.

— Por favor, quero lhe pedir que não me descreva. Não é por nada, mas
não quero que me reconheçam — me disse, quando comíamos a sobremesa,
quase envergonhado.

Leslie — vamos chamá-lo de Leslie — é um resto do passado, um dinossauro
que continua operando no templo, a Bolsa de Chicago. Seu colega Diego —
vamos chamá-lo de Diego — é o presente e, se aquele deus não o remediar,
um futuro. Diego tampouco quer que revele seu nome, nem o de sua empresa. Sua empresa é uma das grandes corporações cerealistas do mundo
e, me diz Diego, tem muitos regulamentos sobre o que seus empregados
podem ou não dizer: se não lhe prometer que não revelarei seu nome, não
me dirá quase nada:

— Hoje, no escritório, me perguntaram se não tinha medo de conversar
com uma pessoa que está escrevendo um livro sobre a fome, e eu lhes disse
que não, porque minha consciência está tranquila. Eu não poderia trabalhar em um negócio onde ficasse pensando que contribuo para a fome de
alguém, mesmo que seja a de uma única pessoa. Me fiz essa pergunta mil
vezes e tenho certeza de que não contribuo, de que minha companhia não
contribui para que as pessoas passem fome.

347

— Por quê?

— É como a piada do sapateiro que manda dois vendedores à África. Um volta e diz que não há possibilidade de fazer negócios, a África é um fracasso colossal, lá ninguém usa sapato, não vamos vender nada. E o outro volta e diz que a África é uma mina de ouro, lá ninguém tem sapato, vão ficar cansados de vender sapatos. Aqui é a mesma coisa: quanto mais gente comer no mundo, mais vamos vender — diz Diego e eu lhe digo que sua metáfora é arriscada — se não têm, vamos fazer negócios — e ele me olha com uma ponta de reprovação, como se estivesse decepcionado:

— Não, quero dizer que o que tentamos é chegar ao maior número de mercados possíveis. Não estou lidando com diamantes, que quero esconder a quantidade que há para que os poucos privilegiados que podem comprar paguem mais e desfrutem em segredo. Não, meu negócio é o volume. O melhor que pode acontecer comigo é que todo mundo coma, não que não coma.

Diego — vamos chamá-lo de Diego — é argentino e trabalha há alguns anos no escritório nova-iorquino de sua empresa: é "*trader* de futuros" — é preciso ser atrevido para ser *trader* de futuros —, ou seja, ele se dedica ao "*financial risk management*". Diego trabalha com os produtos mais comuns, diz, aqueles que são chamados de "baunilha" porque é o sabor mais comum. Diego tem por volta de 40 anos, é louro, de sorriso fácil, a camisa azul com um jogador de polo bordado no peito, e assim, com seu sorriso fácil, insiste: para mim, o negócio é que mais gente coma, não que menos, diz, e me olha. Eu não devo parecer muito entusiasmado, porque Diego me pergunta se estou de acordo:

— Então, concorda?

— Bem, não muito. Para começar, a farinha que vocês vendem para alimentar porcos, frangos ou vacas para produzir carne é uma das formas menos eficazes de ingerir proteínas. Quando eu como um bifinho, com a quantidade de proteínas vegetais que a vaca que produziu esse bifinho consumiu, poderia ter alimentado dez sujeitos.

— Sim, eu sei, é muito ineficiente. Se nos habituássemos a comer quinoa ou soja, haveria muito mais comida. Mas o homem é o único animal que não come para satisfazer suas necessidades nutritivas. Hoje li algumas das histórias de seu Projeto Fome em seu blog, e a verdade é que me senti muito mal, tenho dificuldade de processar esse tipo de coisas. Parece muito fácil acabar com a fome no mundo. Uma criança africana precisa de um aporte calórico de... digamos 1,5 mil calorias. O que tem de comer para não ficar desnutrida? Dois pratos de soja e um copo de leite por dia? Mas o mercado também lhe diz que você é aquilo que consome. Eu não posso dizer que não vou mais vender soja para alimentar animais, que vou direcionar toda a soja à nutrição humana, porque ninguém vai comprá-la. É aí que age o mercado. Então, se fizer isso, a única coisa que vou conseguir é que aumente o preço da carne, porque vai haver menos carne e vai ser mais cara porque as vacas vão ter de comer pasto, e o preço da soja vai baixar, porque ninguém vai querê-la.

Eu olho para ele, Diego — vamos chamá-lo de Diego — se dá conta e responde a si mesmo:

— É possível que isso contribua de alguma maneira negativa, ou melhor, que deixe de contribuir positivamente? É possível, é uma questão bastante filosófica — diz, e que a fome é um negócio para muitos.

— A fome é um negócio para muitos — diz, e me surpreendo. Até que começa a me explicar que está se referindo a, por exemplo, esses líderes que preferem manter sua gente malnutrida e analfabeta porque assim lhes é muito mais fácil arrastá-la pelas narinas. O líder de uma tribo africana quer ser cercado por sujeitos que não possam lhe dizer nada, diz. Diego fala com o tom escorregadio típico dos ricos e meio ricos argentinos:

— Se você tem um líder militar que deu um golpe de Estado em um país africano e vê que anda com pistolas banhadas a ouro e as pessoas morrendo de fome, é claro que o sujeito está negociando a fome. Por que há desnutrição em Chaco ou em Formosa? Não é porque nós temos um mercado que é organizado em Chicago e negocia soja. É, sim, porque há um governador filho da puta que usa os recursos de sua província em seu próprio benefício, que usa o avião da província para ir passar férias em Punta del Este. Ou, mais genericamente: há problemas complexos que não foram criados pelo mercado nem pela transformação dos alimentos em commodities — diz Diego, vamos chamá-lo de Diego.

Em outros livros, em outros contextos, batizei essa ideia de "honestismo": a suposição de que a questão central é a honestidade dos líderes ou a ausência dela; a presunção de que a corrupção ou a falta dela define a situação econômica de uma sociedade, acima do funcionamento do capitalismo de mercado, acima da distribuição dos bens — ou da falta dela.

Eles — os *traders* — insistem em afirmar que os capitais que administram servem para dar liquidez ao mercado e assim permitir suas operações. Eu lhes digo que esse mercado já operava quando esses capitais eram destinados a outras coisas. Mas o que acontece — diz agora Diego, vamos chamá-lo de Diego — é que existem especuladores bons e especuladores maus. Ele especula, diz, não pela própria especulação, mas para que sua companhia possa continuar comprando e vendendo grãos e produtos processados ao melhor preço possível com os melhores lucros.

— Eu sou um fraco que vai trabalhar todos os dias, tenta pensar e tomar decisões corretas. Se você esperava se encontrar aqui com um yuppie vestindo um Armani, certamente está decepcionado: somos pessoas mais do que normais.

Sua empresa emprega dezenas de milhares de pessoas — a maioria, suponho, mais do que normais. Sua empresa é uma das quatro grandes corporações que traficam commodities alimentares: Archer Daniels Midlands, Bunge, Cargill, Louis Dreyfuss e são chamadas, obviamente, de ABCD. As quatro controlam mais de 75% do mercado mundial de grãos: três quartos dos grãos do mundo. Em 2005, fizeram negócios de 150 bilhões de dólares; em 2011, de 320 bilhões.

A Bunge, a mais antiga, é um bom exemplo de como funcionam essas grandes empresas internacionais do negócio alimentício. Fundada em 1818, em Amsterdã, foi transferida para Antuérpia em 1859 e Buenos Aires em 1884; jamais teve uma nacionalidade clara. Da Argentina — sob o nome de Bunge&Born — se estendeu ao resto da região e chegou aos Estados Unidos até que, em 1974, os Montoneros, guerrilheiros urbanos, sequestraram dois de seus proprietários, os irmãos Jorge e Juan Born e receberam um dos maiores resgates desde os tempos de Atahualpa: cerca de 60 milhões de dólares. Então a firma se mudou para o Brasil e as Bermudas até que, em 2001, terminou se radicando em White Plains, Nova York — e lançou ações em Wall Street.

A Cargill, por sua vez, é, desde sempre, uma empresa familiar: a maior companhia privada do mundo: 158 mil empregados em 66 países que falam

63 idiomas com faturamento três vezes maior do que a Disney, quatro vezes maior do que a Coca-Cola. Em 2007, a Cargill fez negócios avaliados em 88 bilhões de dólares, com lucros de 2,4 bilhões. Em 2008, ano da grande crise alimentar mundial, movimentou 120 bilhões de dólares e lucrou 3,6 bilhões.

"A Cargill teve a oportunidade de ganhar mais dinheiro nesse contexto, acho que é uma coisa sobre a qual temos de ser muito honestos", disse então o CEO da empresa, Greg Page. A Cargill é o segundo maior comerciante mundial de carne bovina e suína, o segundo maior proprietário mundial de gado confinado, o segundo maior produtor mundial de alimentos para animais. Todos os ovos usados nas lanchonetes McDonald's norte-americanas são fornecidos pela Cargill — que exporta 25% do trigo norte-americano. "Somos a farinha de seu pão, o trigo de suas massas, o sal de suas batatas fritas. Somos o azeite de suas saladas, a vaca, o porco, o frango que comerão esta noite. Somos o milho de suas *tortillas*, o chocolate de suas sobremesas. Somos o algodão de suas roupas, o adubo de seus campos", diz a Cargill em um livreto. A letra é clara; não se ouve bem a música.

A Cargill e as outras empresas estão envolvidas nas mais diversas confusões: desflorestamento, uso de produtos químicos proibidos em cultivos, processamento e conservação, sonegação planetária de impostos, trabalho escravo, trabalho infantil.

A Cargill e as outras tentam manter o que chamam de "controle total da cadeia alimentar". Jean Ziegler dá um exemplo em seu livro *Destruição em massa*:

"A Cargill produz adubo fosfatado em Tampa, Flórida. Com esse adubo, fertiliza suas plantações de soja nos Estados Unidos e na Argentina. Em suas fábricas, os grãos de soja são transformados em farinha. Em seus barcos, a farinha viaja para a Tailândia, onde alimenta os viveiros de frangos, que são mortos, esviscerados e empacotados em fábricas altamente automatizadas. A frota da Cargill os transporta ao Japão, aos Estados Unidos e à Europa. Caminhões da Cargill os distribuem aos supermercados — muitos dos de propriedade da Cargill...".

As corporações ABCD não se expõem excessivamente ao grande público: quando oferecem um produto massivo, costumam usar nomes de fantasia. Mas entre os grandes atores do mercado também há nomes muito

351

conhecidos: McDonald's, Pizza Hut, Kraft, Nestlé, General Mills, Nabisco. Compram, vendem, se abastecem, especulam — porque não há forma de ganhar dinheiro que não lhes interesse.

As grandes corporações controlam o mercado mundial e a maioria dos mercados nacionais. Como são compradores — quase — monopolistas, podem fixar preços muito menores do que os produtores poderiam esperar se houvesse mais competição por seus alimentos. Mas quando o preço global dos alimentos sobe, seus lucros aumentam de muitas maneiras diferentes: usam de informação privilegiada, retêm estoques enormes, compram onde está barato e vendem onde está mais caro, definem os preços globais, produzem quedas e aumentos temporários desses preços, esmagam produtores locais com preços insustentáveis, esticam os lucros de seus portos e frotas e depósitos, pressionam governos para obter melhores condições ou medidas que os favoreçam, negociam fortunas nos mercados especulativos — "para garantir suas operações com mercadoria real".

E, devido ao seu caráter global, estão, em geral, mais além do controle dos governos: grupos que manipulam boa parte dos alimentos do mundo são administrados com um único objetivo — legitimamente capitalista—: seu próprio benefício. E o mundo não inventou — ou não quis inventar — maneiras eficientes de controlá-los. É mais um exemplo da defasagem entre a economia globalizada e as formas dos governos nacionais.

As grandes corporações ocidentais ainda dominam o mercado mundial, mas enfrentam cada vez mais a concorrência de companhias semelhantes baseadas na China, no Japão, na Coreia. As empresas orientais começaram a operar seguindo o mesmo modelo, mas logo lhe agregaram outro aspecto, que está transformando as regras do jogo: compram, agressivamente, terras no OutroMundo para produzir nelas seus próprios cultivos e não depender dos vaivéns dos produtores e dos mercados nacionais.

E, com algum atraso, as grandes corporações — e muitas pequenas — do Ocidente começaram a imitá-las. Isso é o que começa a ser chamado de *land grab*, apropriação de terras: o colonialismo do século XXI.

A cada manhã, Diego — vamos chamá-lo de Diego — chega ao seu escritório nos arredores de Nova York, liga seu computador e começa a comprar e a vender determinados grãos em determinados lugares do mundo. Costumava ser uma atividade muito delimitada no tempo: das 9h às 13h, o horário de funcionamento da Bolsa de Chicago, mas agora o movimento continua nos mercados asiáticos, americanos, europeus, e por isso Diego não se desconecta quase nunca: em seu iPad, agora, enquanto me conta tudo isso em um bar de Nova York, as cifras dançam como se fizessem parte de um trecho do filme *Matrix*.

Seu trabalho consiste em tentar entender antes de todo mundo como vão se comportar os famosos mercados: a oferta e a demanda deste ou daquele grão, por exemplo, para ver se pode se antecipar a eles comprando o que vai subir, vendendo o que vai baixar, ou melhor, fingindo que os compra, comprando a opção de comprá-los em um futuro no qual não vai comprá--los porque muito antes terá vendido essa opção a outro que por sua vez vai vendê-la a outro que por sua vez, e assim por diante. Para isso, tem de absorver uma grande quantidade de informações: não pode acompanhar cada um dos detalhes que vão influir nos preços, mas sim certos dados fortes. Quando a usina nuclear de Fukushima explodiu, por exemplo, a primeira coisa em que pensou foi que haveria graves problemas com o tráfego marítimo e que por isso os preços iriam baixar porque não seria possível vender durante um tempo naquela região — e a demanda cairia. Essa ideia representou para sua empresa alguns dólares — alguns milhões de dólares. Mas outras vezes tenta interpretar sinais como esse e se equivoca: uma das maiores curiosidades do famoso mercado é que ele depende das ideias de muitas pessoas que não têm por que ter boas ideias, dos saberes de muitas pessoas que sabem pouco mais do que dizem três jornais, duas revistas. O mercado é, também, a curto prazo, o estado de espírito de um grupo relativamente pequeno de profissionais de primeira classe. Caprichos e confusões fixando preços no mundo, decidindo sem pensar as vidas de milhões.

Por saber que não sabe, Diego se guia, sobretudo, por uns gráficos que fornecem certos padrões sobre o comportamento dos preços; quando tal grão sobe, suponhamos, até dez, os gráficos dizem que costuma ser o momento em que começa a descer. O mercado olhando para seu próprio umbigo.

— E você deve administrar quantias aterrorizantes, não?

— Sim. Veja. Isso não representa bem o que fazemos, mas a única forma de fazer, de agir, é imaginar que você está jogando Banco Imobiliário. Não posso ir dormir com a ideia de que estou sentado em 200 mil toneladas de soja e amanhã posso perder 50 dólares por tonelada porque não conseguirei dormir. Em 10 minutos me dou um tiro. Você precisa se abstrair, pensar que é só *funny money*, números em uma tela. Salvo as enormes distâncias, acho que é como o médico que tem de operar alguém. O sujeito não pode pensar que está operando o pai de três crianças que têm um grande futuro pela frente... Não, ele pensa "estou segurando um coração e preciso costurar duas veias por aqui e fechá-lo e que venha o seguinte", diz Diego — vamos chamá-lo de Diego — com seu sorriso muito amável, convincente. De quando em quando, bebe um gole de sua Coca-Cola light; no bar, ao entardecer, há mais e mais gente, mas Diego, vamos chamá-lo, não olha para os lados: está perfeitamente concentrado em nossa conversa.

— Da mesma maneira, às vezes, você fica muito desanimado e se pergunta o que está fazendo. Às vezes, é chamado de idiota, "você me disse que ia subir e caiu". Mas eu não sou mago. Se soubesse todas as vezes que vai subir e todas as que vai cair, teria me aposentado há muito tempo e estaria tocando piano em minha casa. Você tem de assumir a responsabilidade pelo que está fazendo, mas, ao mesmo tempo, se abstrair e dizer "bem, estou jogando Banco Imobiliário".

— Mas você deve se impressionar um pouco com essas quantias movimentadas, inimagináveis para as pessoas comuns.

— Eu não acredito em nada, mas acho que há gente que nasce para esse trabalho, talvez por um pouquinho de instinto suicida, pessoas que dizem "bem, posso me abstrair", e há pessoas que não, que dizem "ai, perdi 100 dólares"... É como um médico cujo paciente morreu: ninguém quer que um paciente morra, a família pode sentir muitíssimo, mas o médico tem de continuar vivendo, tem sua vida. Caso contrário, se suicida.

Ele não se suicida. Ele, insiste Diego, vamos chamá-lo, especula para que sua empresa possa continuar produzindo. É discutível, discutimos, e não chegamos a nenhuma conclusão. Ele insiste: ele é um dos especuladores bons. E que os especuladores maus são aqueles que não têm nada a ver com a produção, e que cada vez se aperfeiçoam mais e ocupam mais espaço no mercado. Como os programas da High Frequency Trading, são máquinas de especular "que só servem para isso".

— Isso é um mau especulador, porque lhe agrega um ruído que o mercado não precisa ter — diz Diego, como se se aliviasse. Diego — vamos chamá-lo de Diego — já terminou sua segunda Coca-Cola, tem de ir embora. Caminhamos até a porta; lá fora, Nova York. Faz frio. Chuvisca. Diego, vamos chamá-lo, me estende a mão, me sorri pela última vez:

— Espero tê-lo convencido de que não sou um mercador da morte — me diz, e abre seu guarda-chuva.

A crise alimentar de 2008 acabou levando a uma baixa dos preços porque a crise se generalizou e provocou uma espécie de recessão global. Mas, dois anos depois, os preços subiram e, por fim, voltaram aos níveis de então. Talvez o efeito mais espetacular — quero dizer: espetacular — dessa crise de fome tenha sido o que algum publicitário esperto resolveu batizar de "Primavera Árabe".

Era chamado de Basbousa, o nome de uma dessas massinhas norte-africanas feitas de semolina e mel, mas a verdade é que nem sempre conseguia o que comer. Mohamed Bouazizi havia perdido seu pai quando tinha 3 anos; a partir dos 13, teve de alimentar sua mãe e seus irmãos menores. Foi pedreiro, boia-fria; em algum momento, conseguiu um carrinho de mão e vendeu frutas e verduras nas ruas de sua aldeia, Sidi Bouzid, no sul da Tunísia.

Naquele dia de dezembro, 2010, uma policial o parou e lhe disse que ia confiscar seu carrinho porque não tinha permissão, a documentação necessária. Bouazizi havia se endividado para comprar sua mercadoria; se a perdesse, a ruína. Não tinha nada, não podia sequer pagar a propina que a mulher esperava: discutiu, a mulher lhe deu uma bofetada. Alguns dizem que isso foi a gota-d'água; apanhar de mulher é, em sociedades extremamente machistas, a humilhação definitiva.

A verdade é que Bouazizi foi se queixar no gabinete do governador, mas não o receberam. Ali, diante da porta, gritava que estava arruinado, que assim não poderia continuar vivendo. Aproximou-se de um posto de gasolina, conseguiu alguns litros, voltou à porta da sede do governo, se empapou de combustível. Dizem que, pela última vez, gritou como querem que eu viva e se incinerou.

Poucos dias depois, a Tunísia estava em chamas.

O aumento dos preços não foi o único, mas sim um motivo decisivo da rebelião. Quando Bouazizi morreu, em 4 de janeiro de 2011, vários jovens já haviam seguido seu exemplo e muitos outros lutavam nas ruas. Sua morte acabou por inflamar a população; dez dias e 350 mortos depois, o presidente Zine el Abidine Ben Alí, que governara a Tunísia durante 23 anos, fugiu do país. Começava a primavera.

Nos meses seguintes, caíram vários governos de longa data: Mubarak no Egito, Khadafi na Líbia, Saleh no Iêmen, Al-Ahmad no Kuwait, Rifai na Jordânia.

"A crise alimentar de 2011 é real e pode trazer com ela novas revoltas pelo pão e revoluções políticas. Quem sabe se as manifestações que expulsaram esses ditadores não são o final da história, mas seu começo? Preparem-se para uma nova era, na qual a escassez mundial de alimentos vai ser cada vez mais decisiva na política global", escreveu, em outubro de 2012, o sério analista Lester Brown na séria revista norte-americana *Foreign Affairs*.

Quem sabe como e por que o que parece estar calmo fica confuso, como e por que um episódio que poderia não ter chegado aos jornais locais provoca rebeliões em toda uma região, como e por que se produzem essas erupções, o que as determina?

Quem o soubesse saberia muito.

Os preços, enquanto isso, continuaram subindo. Um informe do Relator Especial das Nações Unidas sobre o direito aos alimentos, Olivier De Schutter, concluiu que "uma parte considerável do aumento dos preços foi provocada pelo surgimento de uma bolha especulativa. Os preços de várias matérias-primas flutuaram excessivamente em margens temporárias excessivamente estreitas para permitir que esse comportamento fosse causado por oscilações de oferta e demanda".

Já sabemos: os *traders* argumentam com toda uma coleção de razões. Que a explosão do consumo na China, que o uso crescente de grãos para fabricar agrocombustíveis pressionando os mercados, que o clima descontrolado — e alguns, talvez, os mais reflexivos ou culpados, lhe dirão que talvez sua atividade tenha agregado algum por cento.

Há uma diferença. Há causas com sentido, com raízes, fundamentos, reais e insuperáveis: os chineses comem, os combustíveis movimentam automóveis e tratores, as secas são inevitáveis; os "fundos de investimento", no entanto, poderiam não existir e ninguém — salvo eles mesmos — não sentiria nem um pouco sua falta.

"Agora a provisão mundial de alimentos não tem que lutar apenas contra uma oferta menor e uma demanda maior de grãos reais, mas com o fato de que, além disso, os financistas armaram um sistema que aumenta artificialmente o preço futuro dos grãos. Resultado: o trigo imaginário determina o preço do cereal real, pois os especuladores — que costumavam ser um quinto do mercado — agora são quatro vezes mais do que os compradores e vendedores reais. Hoje, banqueiros e especuladores estão sentados no ponto mais alto da cadeia alimentar: são os carnívoros do sistema, devorando tudo o que há por baixo", escreveu Kaufman.

Os fundos de investimento são o dinheiro que sobra nos países mais ricos: esse que as pessoas não precisam gastar para viver, seu superávit, o resíduo. É o dinheiro que evidencia a diferença entre os setores que precisam de tudo o que têm para tentar sobreviver e os que acumulam muito mais do que necessitam.

É um dinheiro que não usam e então querem fazer alguma coisa com ele: comprar o produto mais procurado, a segurança. Comprar o maior dos luxos dos países ricos: a garantia de um futuro.

Para isso, podem guardar cédulas debaixo do colchão, amontoar tijolos, comprar ouro, comprar ações, comprar títulos da dívida de um país. Ou confiá-lo — confiá-lo — a esses fundos que têm um bando de senhores aparentemente muito preparados para extrair dele o melhor suco. Esses senhores, então, concentram o dinheiro de milhões de pessoas: assim atingem uma massa crítica que lhes permitem intervir nos mercados com uma força extraordinária — e ganhar mais dinheiro.

Os fundos de investimento são a forma de milhões de pessoas "comuns" — aposentados, pré-aposentados, poupadores de 10 ou 20 mil dólares, executivos agressivos, inspetores corruptos, desempregados que administram sua indenização, médicos bem-sucedidos, comerciantes de sapatos de luxo, bilionários do gás siberiano, professores belgas, putas holandesas, estrelas do rock e todo o resto — participarem da fome de milhões: contribuem, de longe, como quem não quer a coisa, com o mecanismo que leva os preços da comida a subirem e que mais e mais pessoas não possam pagá-los.

Seu dinheiro é uma parte muito importante desses 320 bilhões de dólares que, segundo o Barclays Capital, agem no mercado das matérias-primas e desequilibram o preço dos alimentos.

Eu sou um deles.

(PALAVRAS DA TRIBO)

Como, caralho, conseguimos viver sabendo que acontecem essas coisas?

Os budistas tailandeses não podem quebrar ovos: sua religião os proíbe. Os budistas tailandeses ricos mandam seus criados quebrá-los; assim, os amos não têm culpa, porque não quebraram os ovos; os criados, porque obedeceram às ordens de seus amos.

Às vezes, o mundo — dizia aquele — é um ovo que sempre quebra outro ovo.

Como, caralho, conseguimos viver sabendo que acontecem?

a ver, vamos por partes: se eu lhe dissesse venha correndo, a casa de seus filhos está queimando, você deixaria tudo, qualquer coisa, e sairia correndo feito louco, não? Claro que sim; então o que eu digo é que não precisamos fingir que somos idiotas e dizer que tudo nos afeta da mesma maneira, ai a humanidade, ai a miséria de um homem é minha miséria, ai se quando uma única criatura não pode comer eu não posso dormir, essas besteiras que ficam muito lindas para levantar um sem-vergonha. A pessoa sabe que existem coisas que lhe importam muito e outras que lhe importam muito menos, mas a questão é que de qualquer forma essas coisas lhe importam, mesmo que seja menos, e então vale a pena pensar no que se pode fazer. Não fazer discursos incríveis nem dizer que ninguém vai conseguir mudar o mundo sozinho, mas, pelo menos, que coloque seu grãozinho de areia, faça sua pequena diferença, não? Embora saiba que não tem o poder de mudá-lo e que certamente as coisas vão continuar mais ou menos iguais faça o que fizer, mas pelo menos que fique com a satisfação de que tentou alguma coisa, não? Eu acho que quando uma pessoa consegue isso já é outra

Como, caralho, conseguimos viver sabendo?

A simultaneidade, digo: a multidão.

Se você pudesse — se alguém pudesse — ter consciência de uma milésima, de uma milionésima parte das coisas que acontecem no mundo enquanto lê esta frase, no breve lapso em que a lê, morreria? Explodiria de prazer horror surpresa espanto?

De seis ou sete coisas, pelo menos.

Quatro ou cinco.

Como, caralho, conseguimos viver?

Há consolos, punhaladas pelas costas. *"Freedom's just another word for nothin' left to lose"*, diziam, cantavam — e soava como se realmente significasse alguma coisa.

Como, caralho, conseguimos?

— E você, o que acha de tudo isto?

— Você quer saber mesmo?

Como, caralho?

mas se a Bíblia já disse, não? Está escrito lá que neste mundo sempre vai haver pobres. Eu tenho pena, para que negar, mas se Deus quer que seja assim é por alguma coisa, por alguma coisa deve ser. Ou você acha que isso pode acontecer assim, simplesmente, porque sim? Ele não dá ponto sem nó: tudo o que faz é por alguma coisa. Às vezes manda amarguras que você tem de viver, tem de superar para provar que merece. Sua confiança, Suas graças, porque quem somos nós para nos opor ao que Ele manda? Não é fácil, acredite, porque eu sei que é preciso ajudá-los, que um bom cristão também precisa ajudá-los, mas é preciso ajudá-los na justa medida, o suficiente para que sintam em seus corações o calor da caridade e o amor do próximo, mas tampouco a ponto de se opor à obra do Senhor, que se decidiu que eles passassem essas privações tem Suas razões, claro, e quem somos nós para contrariá-las ou inclusive tentar sequer entendê-las; se Ele tivesse querido que as entendêssemos já nos teria

Como?

6

Algum dia alguém vai procurar uma figura que sintetize a coisa mais triste destes tempos e talvez escolha Jdimytai Damour.

Seria — quase — justo.

Jdimytai Damour tinha 34 anos, media quase 2 metros e pesava 120 quilos. Era negro, tranças rastafári poderosas; o chamavam de Jimbo e não tinha trabalho fixo. Em novembro de 2008, uma agência de trabalhadores temporários havia lhe conseguido um emprego de algumas semanas em uma sucursal do Walmart em Valley Stream, um subúrbio nem sequer muito pobre de Nova York. O Walmart é, sabemos, a maior rede varejista do mundo; seus donos, a família Walton, têm tanto dinheiro como os 100 milhões de norte-americanos mais pobres.

Naquela noite, Damour havia trabalhado várias horas arrumando, com uma dúzia de colegas, a loja para abri-la às 6 da madrugada: era isso que os norte-americanos chamam de Black Friday, o dia depois do Dia de Ação de Graças, quando as liquidações costumam ser muito atraentes — e milhões de pessoas fazem suas "compras natalinas".

Naquela noite, em pé diante das portas, 2 ou 3 mil pessoas se impacientavam e, aos gritos, faziam ameaças. Os empregados haviam chamado a polícia; um agente com um megafone pedia ordem, mas ninguém lhe dava importância. Quando faltavam 10 minutos para as 5h, a pressão se tornou insuportável. Os clientes empurravam as portas, tentavam abri-las; os empregados tentavam mantê-las em seu lugar. Cinco minutos depois, os clientes derrubaram, despedaçaram as portas. Damour caiu de costas; uma avalanche de pessoas passou por cima dele. Quando seus colegas conseguiram alcançá-lo, estava morto.

A polícia chegou pouco depois e tentou esvaziar a loja: muitos clientes se negaram a sair: "Eu estou na fila desde as 21h de ontem e agora que posso comprar vou comprar", diziam, e disputavam mercadorias. De acordo com o *New York Times*, horas depois, outro empregado se lamentava: "Viram

Damour estirado no chão e continuaram correndo. Foi asqueroso. E as ofertas nem sequer eram tão boas."

Ao meu lado, no metrô de Chicago, um setentão lê um livro sobre a crise do capitalismo e suas alternativas. Usa uma calça de veludo cotelê, jaqueta velha, poucos cabelos cacheados, a barba descuidada, pequenos óculos redondos sem armação, uma careta de preocupação ou mal-estar. Parece a caricatura de uma caricatura: o esquerdista amargo, sempre à procura de um pelo no ovo, incapaz de desfrutar a vida. Um pouco mais além, uma garota negra e pomposa, grandes saltos agulha, longas unhas verdes e amarelas, escreve a mil em seu iPhone enfeitado. O esquerdista não olha para ela; ela tampouco para ele.

(A ideia de que existe uma vida mais simples, mais feita de prazeres simples que vale a pena ser vivida e que a teimosia do esquerdista — sua insistência em um desejo que sempre se choca contra a realidade — o arruína, o impede de vivê-la. Ainda que o grau de prazer que a chatice de sua leitura — de seu mundo — lhe cause, não tenha por que ser menor do que o que a garota negra obtém de suas unhas e de seus "textos". E que, como parece óbvio: eu prefiro mais o prazer do chato — porque às vezes, quase por engano, conseguimos mudar alguma coisa. Ou cínico: porque o desejo de alguma coisa inalcançável é o desejo que permanece muito mais. Ou interessado: porque nenhum outro vale tanto a pena. Ou, inevitável: porque é o que me cabe.)

— Não se dê ao trabalho de vir buscar comida aqui, na igreja de Saint Kevin, hoje não abriram.

— Como não abriram?

— Já não lhe disse? Não abriram.

Chama-se Gordon, me diz, ou entendo isso. Não entendo tudo o que diz: tem os dentes muito danificados. Também tem uns 60 e poucos anos — com cara de 60 e todos—; um blusão vermelho manchado, botinas sem cadarços, um gorro de lã cinza com um pompom que diz White Sox, uma careta de que mais nada lhe importa.

— E não lhe importa?

— Claro que me importa, mas o que quer que eu faça? Que abra a porta aos pontapés?

A igreja é um edifício sólido, mas com a pintura danificada no meio de uma espécie de estacionamento e está fechada a sete chaves; é uma igreja semelhante a muitas outras, falso normando suíço, alguma coisa falsa: sua pequena torre, suas grandes janelas, seus cartazes convidando à pregação e ao temor a um Deus. Hoje, naturalmente, como toda quinta-feira, deveriam distribuir comida, mas Gordon me diz que já está esperando há uma hora e não acontece nada.

— Você vem sempre?

— Claro que venho sempre. Ou tenho pinta de turista? Eu passo por aqui sempre que preciso.

Aqui é tão outra coisa: aqui a paisagem são essas casas pequenas, repetidas, cubículos de madeira com teto de duas águas, essas casas com 10 metros quadrados de terra pelada na frente, a varanda onde cabem duas cadeiras de escritório encontradas na rua e um lustre quebrado, essas casas com placas de madeira fechando as janelas porque seus donos não conseguiram pagar suas hipotecas, de quando em quando esses blocos de moradias sociais, frios como um punhal frio; aqui a paisagem são ruas largas desoladas, fábricas fechadas, galpões sem trancas, terrenos baldios, carros velhos, negros, pardos, lixeiras ao vento. Aqui é o sul da cidade muito próspera; aqui, há alguns anos, um garoto negro muito bem-educado começou a se interessar pela questão social; depois fez carreira e virou presidente. Aqui não mudou nada desde os tempos em que Barack Obama queria mudar tudo.

No outro lado da rua, há uma parede descascada onde se destacam três pequenos cartazes, letras vermelhas sobre fundo branco: o mais alto diz *do it yourself and save, divorce in one day, 65 us$*; um concorrente oferece *fast fast fast divorce that you now want*; mas não diz por quanto. O terceiro, no entanto, muda de assunto: *affordable bankrupcy, no money down, call now.* Há sol, mas o vento golpeia. Há muitos cabos velhos no ar: nada empobrece tanto a paisagem urbana como uma boa teia de cabos no ar. Um garoto negro espera o ônibus com o rosto enterrado em um capuz vermelho; uma camionete da polícia passa devagar, impondo sua presença. Os policiais são negros, de cabeças raspadas. O menino abaixa a cabeça.

— E agora, como vou fazer para comer esta semana? — pergunta, de repente, Gordon.

364

— Não há opções?

— Você não gostaria de conhecê-las — responde-me, e eu digo que sim, claro, e ele ri e repete, já indo embora, ajustando seu gorro com pompom: não, você não gostaria de conhecê-las.

Em Chicago, há centenas de "armazéns populares" — *pantries*. Também há centenas de "cozinhas de sopa" — *kitchen soups*. Muitos deles recebem parte de seus alimentos do Greater Chicago Food Depository.

O Food Depository fica em um subúrbio industrial da cidade, em um edifício que poderia ser, em um país médio, a sede de qualquer multinacional que se orgulhasse de alguma coisa: vidro, aço, um grande estacionamento, a bandeira norte-americana flamejando ao lado de outras duas em mastros grossos. Wendy, minha anfitriã, me repete algumas vezes que o edifício tem a superfície de cinco campos de futebol americano, e tudo nele é perfeitamente limpo: esse cheiro de recém-esfregado típico dos escritórios norte--americanos, essa obsessão pela higiene que acaba parecendo suspeita. O Food Depository tem 35 anos: foi criado em 1978 por Robert Strube, fruteiro e verdureiro de Chicago.

— Tiveram a ideia em um bar, depois de alguns drinques, que é quando ocorrem as coisas que valem a pena. Robert e seus amigos estavam fartos de jogar fora a mercadoria que lhes sobrava. Então organizaram um grupo para distribuí-las aos mais necessitados.

A iniciativa cresceu; começaram a receber o apoio de outros comerciantes da cidade, do poder legislativo do Estado. No final dos anos 1990, uma campanha de arrecadação de donativos obteve 30 milhões de dólares; com eles construíram um edifício enorme, de 25 mil metros quadrados.

— No ano passado, distribuímos 64 milhões de libras, cerca de 30 mil toneladas de alimentos, o que equivale a umas 140 mil refeições por dia. Você imagina como ficamos felizes com este trabalho, ao saber que o que fazemos contribui para que tanta gente coma?

Wendy é alta, magra e loura não apenas nos cabelos: deve ter a alma loura e suave; louro e suave o futuro; também tem óculos grandes e lábios fininhos, o sorriso sempre vivaz das tímidas. Tem menos de trinta anos e há oito trabalha aqui. Ao longo de corredores muito longos, Wendy aponta portas fechadas, me mostra cozinhas industriais onde pessoas desempregadas fazem cursos para que possam trabalhar em restaurantes, quatro salas de reunião, um grande salão de encontros e de festas, e, por fim, grandes depósitos repletos de produtos comestíveis. São hangares do tamanho de não sei quantos campos de futebol: são imensos. Desses hangares sai, todos os dias, a frota de caminhões que distribui comida em mais de 650 abrigos, armazéns e refeitórios populares do condado de Cook, o território onde fica Chicago: atendem, no total, quase 700 mil pessoas. Em todo o condado há umas 800 mil que sofrem, diz Wendy, de "insegurança alimentar": 15% da população.

— E o terrível é que a quantidade continua aumentando. Há cinco anos, eram 500 mil; agora, com a crise, o aumento do desemprego... Mas mesmo assim sempre lhes damos alimentos de qualidade, muito nutritivos.

Wendy me mostra um folder que menciona os 18 elementos que deveriam estar presentes em qualquer refeição: arroz, massa, feijões, biscoitos, atum enlatado, mas também verdura e frutas frescas, carnes, ovos, leite.

— Queremos que os nossos clientes tenham o melhor que possamos lhes dar — diz Wendy. Disse *clients*, no original, em inglês, e eu me pergunto se a palavra terá algum sabor do clientelismo que os romanos inventaram e nossos governos usam, ou melhor, desperdiçam. Então lhe pergunto por que os chamou de *clients*; Wendy me diz, bem, *clients*, *customers*.

— Sim, por isso lhe perguntei.

— É que para nós são nossos clientes. Toda empresa respeita, antes de mais nada, seus clientes: os clientes sempre têm razão. Bem, isso são eles para nós: os clientes, nossos clientes, que merecem todo o nosso respeito. Como em qualquer empresa que funcione.

Há alguma coisa na lógica norte-americana que nunca para de me espantar.

Também nisso os Estados Unidos são um caso curioso: nunca nenhum país produziu tantas cifras para mostrar como é injusto.

Dedicam-se a criá-las, juntá-las, analisá-las, difundi-las: a mostrar como a riqueza norte-americana se concentrou nas últimas décadas. Dizem que há 35 anos 1% dos mais ricos tinha 9% das riquezas nacionais, e agora 24%: quase o triplo. E que 0,01% dos mais ricos tinha 1% dessa riqueza e agora cinco vezes mais; que 16 mil famílias concentram 5% da riqueza do país mais rico do mundo. E que então os diretores das grandes companhias ganhavam quarenta vezes mais do que a média dos empregados e agora quinhentas vezes mais, e assim por diante. E que esse processo produziu, logicamente, o empobrecimento de seus pobres e a redução da famosa classe média. "Agora os Estados Unidos têm uma distribuição de riqueza mais desigual do que as tradicionais repúblicas bananeiras, como a Nicarágua, a Venezuela e a Guiana", escreveu Nicholas Kristoff no *New York Times*.

E que isso, logicamente, produziu quantidades inéditas de pobres: agora mesmo, 50 milhões de pessoas, 16% da população. E que isso, era só o que faltava, fez com que uma quantidade semelhante vivesse em lugares "alimenticiamente inseguros": 33 milhões de adultos e 17 milhões de crianças. E que a metade dos inseguros é composta de negros ou hispânicos — que juntos não representam um quarto da população do país.

Os Estados Unidos são o país mais rico do mundo.

Os Estados Unidos são o país onde há mais pobres no mundo.

É uma façanha recente. Depois de décadas de luta, no final dos anos 1970 a fome estava controlada nos Estados Unidos. Mas o neoliberalismo também funcionou em sua própria casa: deduções de impostos para os ricos, o aumento das despesas militares e a ideia repisada de que o Estado não tem de se meter reduziram o orçamento do auxílio social a tal ponto que os problemas de alimentação voltaram a crescer. E a perda de milhões de empregos — o fechamento de indústrias "realocadas" na Ásia ou no México — deu sua contribuição: os 10 milhões de inseguros que havia no começo dos anos 1980 foram multiplicados por cinco.

Mesmo assim, mesmo agora, 80% das famílias inseguras têm pelo menos um membro que trabalha. Aqui a forma da marginalização nem sempre é não trabalhar; é, também, fazer esses trabalhos que não pagam o suficiente para que se possa comer como se deve e que obrigam a pessoa a depender da caridade — pública ou privada.

A caridade privada não parou de crescer: em 1980, havia duzentas distribuidoras não governamentais de alimentos gratuitos em todo o país; em 2010, 40 mil. As públicas têm um peso decisivo. Em 2008, 28 milhões de norte-americanos receberam *"food stamps"*, um subsídio de cerca de 260 dólares para cada família de três membros; em 2012, foram 46 milhões. Em média, essas famílias ganham em pequenos trabalhos uns 750 dólares por mês e, ao contrário do que se costuma pensar, a maioria é de brancos: 43%. Também há 33% de negros, 19% de hispânicos. É verdade que a proporção daqueles que recebem auxílio alimentar é maior do que a proporção de negros na sociedade norte-americana — mas nem tanto. Quando são incluídos seus custos, o governo federal gasta mais de 70 bilhões de dólares por ano para alimentar seus pobres. E não basta.

Poderíamos dizer que, em última instância, os Estados Unidos fazem com seus pobres a mesma coisa que fazem com o resto do mundo: criam condições para que haja fome, mas lhes dão coisinhas ou os assustam, ou então dão de presente a suas vítimas alguns pães adormecidos. E então lhes dão mais algumas coisinhas ou mais sustos e, quando estão mais próximos, lhes dão mais coisas: têm um sistema bastante amplo de salva-vidas para famintos.

O velho truque da caridade.

Para muitos norte-americanos, agora, os subsídios e a distribuição e os panelões populares são mais do que um recurso circunstancial: é sua estratégia de sobrevivência. "A maioria dos nossos clientes recebe assistência por mais de seis meses", disse há pouco um porta-voz da Feeding America, uma das organizações mais ativas. E que a quantidade de pessoas que atende aumentou quase 50% nos últimos oito anos.

— O que mudou desde então foi a composição demográfica daqueles que têm fome. Antes só vinham *homeless*, sem-teto, velhos e viciados em drogas. Agora aparecem pessoas da classe média que ficaram sem trabalho ou que recebem um salário que não é suficiente para alimentar seus filhos.

Mais de 20 milhões de crianças recebem comida de graça — ou muito subsidiada — nas escolas: o volume também aumentou muito ultimamente. O governo paga 2,79 dólares por refeição; 2,79 é mais do que o dobro de tudo o que tem por dia uma em cada cinco pessoas no resto do mundo. A comparação é detestável — uma vez descartadas todas as despesas fixas —, pois 2,79 não bastam para uma refeição que não acabe sendo uma montanha de gordura e de carboidratos.

Jim McGovern, parlamentar democrata, é tão progressista e está tão preocupado com a fome que dirige o comitê sobre a questão no Congresso e ficou durante uma semana comendo com os 3 dólares diários de que dispõem aqueles que vivem com os *food stamps* para provar que era muito difícil. Em um documentário sobre a insegurança alimentar, *A Place in the Table*, McGovern define o problema: "A perda de potencial humano é terrível. Algumas dessas crianças poderiam ter sido grandes cientistas ou líderes de nossas forças armadas, mas o impacto da fome arruinou tudo e, em consequência, estamos debilitando nossa nação." A piada fácil seria dizer que, se a fome serve para enfraquecer o Exército norte-americano, na próxima vez escreverei a seu favor. E, sem piada, o mal da fome é o fato de impedir que crianças pequenas se tornem grandes homens? Se é esse o problema, existem métodos mais baratos: com bons testes para saber quem teria chances de progredir, seria possível economizar muito dinheiro alimentando todas as outras.

Em sua última campanha eleitoral, o presidente Barack Obama prometeu acabar com a fome das crianças norte-americanas em 2015. Já não lhe resta muito tempo.

7

— Você veio de carro?

— Sim, no meu *doch** — diz, e ri; a mulher tem voz rouca, sotaque mexicano.

— Em meu *doch patas* — diz, e sua voz sai estrangulada. A mulher é gorda e está sentada; a outra mulher é gorda e está sentada ao seu lado: são velhas, estão guardando lugares para elas na fila. A primeira mulher diz que não pode ter carro, que nunca pôde, e pergunta para a segunda se ela tem carro.

— Sim, eu tenho. Bem, meu marido tem. É velhinho, mas ainda funciona.

— O carro? — pergunta a outra, e as duas dão uma gargalhada. Duas ou três mulheres que estão na fila as olham como quem se pergunta. Chove suavemente, mas chove.

A Igreja Metodista do Amor de Deus também recebe boa parte de suas mercadorias do Food Depository — e está aberta. Ou melhor: cercada. Sob a chuva fina, centenas de pessoas formam uma fila que dá a volta em uma esquina e vai até a outra. A maioria das pessoas é mexicana, a maioria mulheres, a maioria gorda, a maioria com mais de cinquenta anos de idade. O bairro é outra coisa: uma região que foi de classe média — sobrados com um pátio pequeno, tetos de telha, arabescos nas janelas ou nas portas, árvores — e decaiu: agora é de mexicanos. São casas que eram ótimas há setenta, oitenta anos e que foram se deteriorando. Na avenida, as lojas se chamam Cuernavaca Bakery, Mexico Dollar Plus, Maria's Beauty Salon, Paletería Azteca, Cheli's Taquería: aqui, na rua Sawyer, diante da igreja, há crianças morenas dando cambalhotas e uma mesa onde dois homens vendem pamonhas por 1 dólar a unidade e tacos por 1,90 dólar. Uma mulher passa gritando, empurrando um carinho de compras: suas

---

* *Doch*, gíria que significa, ao mesmo tempo, dois ou automóvel da marca Dodge. *Patas*, na linguagem das ruas, quer dizer "pés". Ou seja, a mulher chegou a pé, e por isso ri. *(N. T.)*

pamonhas custam 90 centavos e, diz, são quentinhas. Os dois homens a olham e se olham; o mais jovem diz ao mais velho que não se preocupe, que ela logo irá embora.

Em bairros como este, diz o pessoal do Food Depository, mais de 40% das pessoas vivem em condições de "insegurança alimentar".

As pessoas esperam, pacientes, a fila avança muito pouco. Quando chegam à porta da igreja, anotam seus nomes em uma lista, descem alguns degraus e chegam a um porão onde há mesas com alfaces, cebolas, cenouras, batatas, laranjas, abóboras, muito coentro, latas de feijão, salsichas, arroz, pães, uns croissants rançosos enviados por uma rede de padarias. Há cheiro de coentro e suor no ar; gritos, risadas, empurrões. Até há pouco, me dizem, havia frango, mas já acabou.

— Antes lhes preparávamos bolsas com comida, mas depois descobrimos que era melhor deixá-los escolher o que achavam melhor — diz Ramiro Rodríguez, o pastor. — Um dia eu ajudei um senhor idoso a carregar sua bolsa e, quando me disse que havíamos chegado, descobri que vivia em uma espécie de garagem vazia, um lugar abandonado, sem banheiro, sem cozinha, nada. E aí vi que tinha bolsas das vezes anteriores, que desperdiçara muitas coisas porque não podia cozinhar. Então começamos a lhes dizer que seria melhor que cada um escolhesse o que queria.

O pastor Ramiro tem o aspecto limpo, organizado, que se espera de um pastor, embora trabalhe como eletricista em obras. O pastor está à frente da igreja desde 1997; então já vivia há 15 anos na região:

— Cruzei a fronteira em 1982, já faz tempo.

Ramiro nasceu em um pequeno povoado do estado de Guerrero e, ainda menino, pregava a boa palavra pela região com um grupo de amigos. Mas não ficou: sua família nem sempre tinha comida suficiente, e seu pai decidiu cruzar a fronteira para ver se conseguia lhes mandar alguma coisa. Ramiro tinha 19 anos e lhe disse não, papai, não vá, minha mãe e meus irmãos precisam de você aqui, é melhor eu ir, eu sou o mais velho de seus filhos, cabe a mim, e que lhes mandaria o que pudesse. E seu pai admitiu, abençoou-o e o acompanhou à praça do povoado para se despedir dele como um homem.

— E eu vim para passar um ano, para tirá-los das dificuldades, mas se sabe que ainda não consegui.

Ramiro passou muito tempo andando de cidade em cidade, trabalhando na construção civil, tentando a vida, vivendo com pouco, mandando dinheiro para a família. Quando se casou, desembarcou em Chicago — nesta região suburbana de Chicago que chamam de Villita —: era 1990.

— No bairro ainda restava algum louro, mas a maioria já era mexicana, e então os últimos louros começaram a ir embora. Durante alguns anos, aqui foi um bom lugar, mas depois foi se deteriorando. Depois das Torres Gêmeas, aquilo que aconteceu em Nova York, começaram a construir menos; menos trabalho, empresas foram embora, fábricas fecharam. E depois veio aquela crise das hipotecas e aí menos ainda. Isso fodeu com todo mundo. Meu patrão agora não está fazendo nada. Ele se dedicava a comprar casas velhas, restaurá-las e vendê-las. Agora, como ninguém está comprando, não as restaura, porque, se restaurá-las, alguém entra nelas e rouba tudo o que encontra, sobretudo cobre, o cobre das tubulações, que é o que agora se vende com mais facilidade. Então imagine...

O que tenho de imaginar é que o pastor Ramiro agora tem pouco trabalho e que isso é um problema porque ele vive de seu trabalho; na igreja, insiste, é voluntário: ninguém lhe paga nada.

— Mas eu gosto de fazer o que faço. Deus vai me pagar e Ele nunca fica devendo nada.

O homem é negro e não quer me dizer seu nome. Veste um conjunto de jogging verde e é barrigudo. Suas pernas parecem dois barris. Eu sorrio e lhe pergunto se não tem vergonha, se não se incomoda de ficar pedindo comida aos hispanos, e ele diz que já que vieram lhes tirar tantas coisas que pelo menos lhes deem alguma coisa em troca.

— Alguma coisa teríamos de tirar deles, não é mesmo?

No outro lado da rua passa devagar um carro vermelho, esportivo, velho, com dois garotos; despeja no ar *reggaeton*, a música caribenha, ou o que seja, a todo vapor.

Quando começou, há quase cem anos, a Villita era um bairro com maioria de centro-europeus. Por isso, diante da Igreja do Amor de Deus há ainda uma inscrição que diz "Jana Husa" e os restos de um vitral com o rosto do famoso Jan Huss: um herege tcheco que dizia que os cristãos tinham de comungar de duas formas — não apenas comendo o pão, mas também bebendo o vinho —, defendia os pobres contra os potentados e organizou uma comunidade utópica na montanha Tábor até que, em 1421, um papa mandou queimá-lo — e que eu estudei muito, por esses azares da vida, em outra vida.

— Que estranho, encontrar Jan Huss aqui, tão longe.

— Tão longe de quê?

— Não sei, tão longe — digo e lhe conto a história, e o pastor me diz que não tinha a menor ideia:

— Eu não conhecia essa história, mas gosto da janela, é nossa janela, e queremos consertá-la para que não caia. O problema é que chamei alguns vidraceiros para consertá-la e me disseram que queriam 10 mil dólares. Meu Deus, não tenho esse dinheiro. Mas vamos ver, Deus proverá. Esperamos poder consertá-la antes que nos expulsem — diz, com o tom calmo que os pastores costumam usar, como se toda a serenidade do céu tivesse pousado em seus sincipúcios.

— Por que vão expulsá-los?

— Por que os louros estão de olho neste bairro. Ainda é possível comprar casas muito barato e não estamos muito longe do centro. Os louros são assim: voltam, sempre voltam. Permitiram que o usássemos por um tempo, mas continuou sendo deles. Você acha que foram embora, mas quando lhes convêm... Já começaram. Em dez anos, neste nosso bairro não vai restar nenhum de nós.

A senhora do *doch* já está chegando à porta da igreja. Chama-se Ramona; tem um desses rostos onde cada traço parece ter sido exagerado por um caricaturista sem talento: o nariz muito grande em forma de gancho, orelhas retorcidas, as rugas da papada parecendo uma sanfona. A senhora me diz: "veja se é justo que tenha de vir até aqui, eu que às vezes até tenho trabalho — e trabalho pesado". Eu lhe pergunto o que faz.

— Trabalho em uma padaria. Às vezes, faço a limpeza; às vezes, empacoto. Depende da necessidade — diz, como quem desafia.

— Mas então deve ter muito pão...

— Não, não me dão nada. Até as *burundas* precisamos sacudir antes de ir embora.

Burundas são migalhas e dona Ramona me diz que o problema é não saber nunca se vai haver trabalho ou não. Nos dias em que tem, me diz, fica tranquila, porque ganha o mínimo, 8 dólares por hora: podem chegar a lhe pagar uns 60, diz, e embora precise guardar quase tudo para pagar o aluguel, as dívidas e os remédios, sempre consegue separar uns 10 pesinhos, diz pesinhos, para um pedaço de frango, umas salsichas. Mas o problema é não saber; há dias em que fica horas esperando, grudada no telefone, até que se dá conta de que já é tarde e não vão chamá-la.

— E na minha casa há muita gente para alimentar: meu marido, que não pode mais trabalhar porque está doente, e minhas filhas; cada uma tem três filhos.

— Quantas filhas, senhora?

— Duas.

— E não trabalham?

— Uma trabalha, sim, mas nem sempre.

— O que faz?

— Limpa casas, o que mais poderia fazer?

A senhora Ramona e sua família estão aqui há uns vinte anos: chegaram quando as meninas eram muito pequenas, diz, que merda que não as pari aqui, pois tudo teria sido mais fácil.

— E a senhora diria que passam fome?

— Fome, o que é fome... O que passamos é necessidade. Também passamos ansiedade. Essa coisa de não saber se amanhã vai haver o que comer, me entende? Essa ansiedade.

Nos Estados Unidos, a definição de insegurança alimentar é "não saber de onde virá sua próxima refeição". É outro prodígio da civilização do eufemismo, a que chama a tortura, por exemplo, de "interrogatório aperfeiçoado", a idiotia de "capacidade diferente" e seu sistema de governo de "democracia". Sabem de onde vem: de lugares como este. Mas há uma coisa verdadeira: não sentem ter o controle sobre o abastecimento. Alguém que ganha dinheiro trabalhando e compra com esse dinheiro a sua comida se sente legítimo merecedor dessa comida: que pode garantir seu abastecimento porque fez o suficiente e que a continuidade do abastecimento depende dele. O sujeito que vai passar a bandeja em um refeitório comunitário não tem nenhum título: recebe um favor que, assim como lhe é dado, pode lhe ser tirado sem nenhum aviso prévio.

A princípio, a fome nos EUA consiste nisto: não em não ter comida, mas em não ter a propriedade — o direito de dispor como lhe der na telha — dessa comida. No país do ter ou não ter é um problema.

Mas o conceito fica mais exato quando lhe dizem que um terço deles sofrem de "insegurança alimentar extrema": que alguma vez, nos últimos meses, não tiveram absolutamente nada para comer.

— Quando vim para esta igreja ouvíamos falar de provisões de comida para os necessitados e dizíamos filhinho, se pudéssemos ter uma despensa para ajudar os nossos... — conta o pastor Ramiro, e que agora, nestes dias, essa atividade distributiva está completando cinco anos e o pior, diz, e também o melhor é que cada vez estão dando comida a mais pessoas. O pastor sabe as diferenças, mas insiste em não fazer diferenças:

— Alguns vêm porque não têm mesmo nada, se não viessem até aqui, não comeriam ou comeriam muito pouco. Outros têm alguma coisa, mas vêm e economizam alguns pesinhos que lhes fazem muita falta. Eu quero tratar todos da mesma maneira.

E a dúvida, então, apesar de tudo, é a respeito de quantos dizem que sua alimentação é insegura para continuar recebendo ajuda. Não há nada mais confuso do que uma estatística, uma verdade do nosso tempo.

Na esquina da frente estão parados três garotos com calças *baggy*, camisetas folgadas, bonés virados para trás, uma infinidade de tatuagens. As gangues do bairro estão em conflito com o pastor — porque ele, entre outras coisas, expulsou-as da quadra de basquete da igreja, dizendo que a destruíam — e às vezes aparecem quando há distribuição para foder com tudo, para zombar. No entanto, agora Nicky atravessa a rua e entra na fila.

— Você vai pedir comida?

Nicky grunhe alguma coisa que não consigo entender. Eu lhe sorrio e tento de novo. Digo meu nome, ele me diz que se chama Nicky. Tem duas argolas no nariz, os cabelos tipo crista com um toque de azul, o olhar entre curioso e desconfiado. Seu rosto é uma estátua olmeca repintada.

— E seus amigos não vão lhe dizer nada?

— Vão me dizer o quê? Se *take* para minha mãe, ela não me fode *for a while*. É um bom *bisnes*, cara.

— E tira daqueles que de verdade precisam?

— *We all need*, cara. Eu também preciso. Preciso para meus assuntos.

Depois o pastor me diria que, desde que seu irmão mais velho foi preso por envolvimento com drogas, a família de Nicky — a mãe, suas irmãs — tem dificuldade para se alimentar todos os dias.

São pobres, se preocupam, sofrem. E, no entanto, as comparações: a renda per capita de 5% dos mais pobres dos Estados Unidos é superior à de 60% da população mundial.

Ou ainda: esses 5% de norte-americanos mais pobres têm, em conjunto, a mesma renda dos 5% dos mais ricos da Índia. Parece inverossímil, mas está documentado em um estudo do Banco Mundial.

Em 1870, a desigualdade de renda no mundo era um pouco menor do que agora. Mas as diferenças eram estabelecidas, sobretudo, a partir da classe: um operário norte-americano, um camponês indiano ou um pastor queniano compartilhavam um nível de pobreza semelhante. A nacionalidade não tinha importância: todos eles viviam um pouco acima do umbral de subsistência. Agora a nacionalidade marca as diferenças: um pobre norte-americano é muito mais rico do que um camponês indiano ou um pastor queniano. Parece uma obviedade, mas tem um corolário: a ideia de um interesse comum dos "proletários do mundo uni-vos" não tem mais a base econômica que tinha, sim, quando foi enunciada.

E também: que a forma mais evidente de acesso a uma vida economicamente melhor é a migração.

Dizendo com mais números: os 5% mais pobres da Alemanha têm uma renda média per capita maior do que os 5% mais ricos da Costa do Marfim. Ou seja: a imensa maioria dos marfinenses sabe — de alguma maneira sabe — que se for para a Alemanha vai ser um pouco mais rico do que se ficar em seu país.

A migração não é mais, como foi há cem anos, uma tentativa de enriquecer em sociedades que diziam estar se formando: "fazer a América". Agora significaria fazer parte dos pobres do país ao qual se vai para viver muito melhor do que no país de onde se sai, aquele que chamamos de próprio. Por isso a migração é a opção mais procurada desses tempos, a esperança ou a ameaça, o campo onde acontece a disputa entre pobres e ricos deste mundo. Para milhões, o futuro não é outro tempo, mas outro lugar.

Mas tudo pode falhar.

— Quando tinha minha perna, tudo andava muito bem — diz Fernando, e tenta sorrir.

— Inclusive eu andava muito bem — diz, para explicar a piada, e eu sorrio para que saiba que a entendi. Fernando tem rosto largo, bigodão, cabelos negros espessos, mãos imensas, e quase não cabe na sua cadeira de rodas. Fernando chegou aqui há 15 anos, conseguiu trabalhar como pedreiro, conseguiu trazer sua mulher e seus dois filhos — aqui viraram quatro. Vinha de uma aldeia que ficava a 100 quilômetros do Distrito Federal, no México, e estava disposto a fazer qualquer sacrifício; trabalhava bem, ganhava a vida. Até que, naquela tarde, há quatro anos, escorregou no barro e cravou na coxa uma ponta de ferro: desgarrou sua carne, quebrou um osso. Seu patrão, um mexicano que havia ganhado muito dinheiro, não quis cuidar dele: deu-lhe mil dólares e disse que não havia mais o que fazer. Fernando não tinha seguro; curou-se como pôde — pergunto como, mas ele não quer me dizer—; algumas semanas depois, a perna gangrenou, me diz, ou algo assim: tiveram de amputá-la.

— Que merda. Como tudo muda em um instante — diz e olha para o céu. Eu também olho, ele me observa: — Não, não é preciso procurar motivos lá em cima. Foi um tropeção, não é necessário culpá-Lo.

Fernando parece estar bem, animado; imagino-o repassando mil e uma vezes o momento terrível, as mil e uma formas de como poderia não ter acontecido, mas não lhe pergunto. Eloy, seu filho de 13 anos, empurra a cadeira. Fernando diz que faz pouco tempo que está se recuperando: que foi um golpe muito duro, que ele era um homem que ganhava seu pão com o suor de sua testa e agora depende de muitas coisas como esta.

— Ok, papai, mas há muitos mais que também vêm pedir seu *food* aqui. *You ain't the only one.*

— Sim, filho, mas eles vêm porque são preguiçosos ou incapazes. Eu podia fazer tudo quando caminhava.

— *Sure*, papai, *that we never forget.*

Fernando segura meu braço para que me incline, que o ouça mais de perto. As pontas dos dedos de Fernando são chatas, largas. Um dia,

377

quando crescer, alguém vai me explicar por que as pontas dos dedos dos operários ficam achatadas.

— Sabe que tenho medo de vir até aqui? Que um dia apareça a Imigração e leve todo mundo. Eles sabem que nós que estamos aqui não temos papéis. Bem, que muitos não temos os malditos papéis. Há um ano apareceram em uma igreja lá de baixo e levaram uma porção de compadres.

— Isso aconteceu mesmo — o pastor Ramiro me diria depois: que então, durante algumas semanas, muitos não quiseram ir à igreja, que ele teve de convencer quase um por um, que lhe dizia que não iria acontecer nada — e acreditaram. E que ele, enquanto isso, rezava para que fosse verdade.

São pobres de segunda ou de terceira: pobres desintegrados. Os migrantes são os marginais dos marginais: não recebem, ao contrário dos pobres nativos, os benefícios do Estado porque não são reconhecidos por esse Estado. Não recebem as *food stamps* e, ainda por cima, quando vão mendigar comida nas igrejas, correm o risco de perder tudo.

— Eu não vim até aqui para isso, como pude me equivocar tanto. Me confundi. Bem, me disseram que aqui ia encontrar isso ou aquilo. Isso acontece comigo por ouvir o que me dizem.

— E não quer voltar?

— Não, para onde? No meu país está pior, e nós, que já demos tanto errado, o que vamos fazer lá? Não, não há onde se agarrar. Aqui já nos estrepamos.

A exploração estilo bengali não é a única forma adotada pelos ricos para explorar a pobreza do OutroMundo. A outra maneira clássica é explorar o trabalho dos imigrantes: mão de obra barata para os trabalhos que os locais mais pobres não querem fazer.

Tem suas consequências. Entre elas: o setor mais explorado da classe trabalhadora desses países não é mais majoritariamente nacional e não tem direitos: tem medo. Esses imigrantes reformularam a ideologia, a cultura dos trabalhadores: romperam com sua solidariedade, abateram sua vontade de reivindicar.

É, para seus patrões, uma verdadeira conquista.

8

Quando, por fim, consigo encontrar a senhora Sandra, três de seus auxiliares já haviam me oferecido um prato de comida. Faz frio; eu, que costumo andar andrajoso, hoje vesti uma jaqueta de couro. Sempre achei que essa jaqueta me tornava elegante: ou os voluntários da Cruzada Missionária já viram muitas coisas, ou se forçam a não perguntar quem é quem, ou minha jaqueta é menos elegante do que eu imaginava.

— Deus o abençoe, jovem. Não quer um prato de comida?

A senhora Sandra deve ter a minha idade, as mãos gordurosas, um avental limpo, muita maquiagem: as sobrancelhas completamente depiladas, com um traço fúcsia. A senhora Sandra está há muitos anos na América — "muitos, sim, e nem me pergunte quantos porque depois não vai acreditar em mim se lhe responder" — e teve trabalho e suas duas filhas cresceram e foram embora e seu marido já havia ido antes e ela tem um pouquinho de dinheiro para sobreviver e muito tempo de sobra, por isso vem cozinhar com os outros voluntários, todas as segundas, terças e sextas-feiras, "para a glória do Senhor". Seu sopão popular funciona há mais de cinco anos em um porão amplo e limpo e sem graça desta igreja adventista. Soa desconcertante que diga que Deus vai ajudar quando você já não espera.

— Por que abrem justamente nesses três dias?

— Porque nesses dias as outras *soups* ficam fechadas. Então nós percebemos que nesses dias os pobrezinhos ficavam sem comer...

Os pobrezinhos de dona Sandra são uns cinquenta homens — todos homens, quase todos mexicanos, quase todos adultos e velhos — sentados diante de mesas compridas, diante de seus pratos de comida: pratos cheios de verduras, frango, arroz, feijão. A maioria vive nos arredores: alguns, poucos, em casas, muitos na rua — em um canto abandonado, em um carro velho, debaixo de uma ponte ou, quando chega o inverno, em algum abrigo para *homeless*, onde podem dormir, mas depois têm de ir embora. Em dias alternados, vão de manhã ao porão da Cruzada Missionária: às 9h lhes dão um café e um donut, às 10h a palavra do Senhor, às 11h, o almoço.

— Sim, aqui a maioria são mexicanos, mas há muitos de outros países. Hispânicos, não hispânicos. Aqui há de tudo: pretos, louros, cafés, de tudo — diz dona Sandra e me olha para ver se entendi a piada dos cafés.

Mais benefícios da religião: quem faria isso se não fossem eles? Mais usos da religião: o que aconteceria se eles não o fizessem?

Baldomero me diz que se chama Baldomero e que quando sai daqui costuma ir à esquina para que o ouçam. Na esquina fica O Grito Desesperado #2, Alcoólicos Anônimos Aberto 24 horas, Onde se Ajuda a Parar de Beber e de se Drogar, Se Você Quer Parar de Sofrer Bata Aqui.

— Você acha que eu me chamo Baldomero, mas todos me chamam de Beto.

Baldomero agora Beto é um homem baixo, magro, negro, os ossos bastante acentuados, sessentão. Beto diz que trabalhou muitos anos em sua vida: que trabalhava cuidando de jardins, cuidando de plantas.

— Deveria ter me visto. Em tenho um *touch* para as plantas. Elas faziam tudo o que eu lhes dizia. Eu era feliz com aquelas plantas.

E que tinha uma família, três filhos que eram bons.

— O menor até tem a nacionalidade — diz, seu sotaque caribenho, para dizer que é norte-americano — porque nasceu aqui, em um bairro de Chicago. Mas que ele perdeu tudo porque o álcool o perdeu: que o álcool o levou a fazer coisas que nunca quisera fazer, que o afastou de sua família, que o afastou de Deus, que o fez ficar sem trabalho. E que agora está fazendo o possível para voltar a encontrar seu caminho, mas que já é um pouco tarde, diz, que está na rua — *out there*, diz, que está *out there*, apontando um ponto mais além da esquina —, que sua família não quer mais vê-lo porque fez coisas ruins.

— Fiz coisas ruins, feri-os, prejudiquei-os.

— O foi que lhes fez?

— Coisas ruins.

São coisas que eu sei, diz, e que não lhe resta mais nada: passar os dias, vir até aqui comer quando está aberto, à noite procurar um *shelter*, um abrigo, e às vezes tomar um trago, que tanto faz, que a vida fica igual quando não toma um trago, me pergunta para que eu lhe diga que sim, que tem razão — e eu me calo.

A religião é o ócio dos povos.

Agora a canção é uma espécie de cúmbia, a música tradicional da Colômbia, de supermercado que fala do amor e de cuidar desta bela vida que lhe deram de presente. No porão da Cruzada Missionária, os pobres comem de cabeça baixa. Em um canto, há cinco ou seis jovens que gritam, fazem piadas. Na parede do fundo, há um cartaz — um único cartaz: "Eu sou o pão da vida./ Aquele que vier a mim nunca terá fome".

— Eles são destes, como dizer... Como se diz em espanhol? — diz dona Sandra e procura uma palavra que lhe escapa: — O que eles são é *homeless*, pobrezinhos — encontra a palavra, por fim. Depois alguém — um comensal — me disse que uma filha de Beto se suicidou e que alguns disseram que foi porque ele quis obrigá-la a fazer coisas que ela não queria fazer.

— Que coisas?

— Coisas que ela não queria fazer... — disse, e se calou.

Beto é puro erro: caiu e não tem como voltar a se levantar. A pobreza da margem, daqueles que caíram:

— Sabe do que sinto falta? Aquilo de que mais sinto falta são as plantas. *Out there* é muito *hard* ter uma plantinha. Eu já tentei, mas não duram. Eu acho que é porque *out there* não é possível. Tomara que não seja porque perdi até o *touch*. Se tiver perdido o *touch*, não me resta mais nada.

— Muita gente acha que só os *homeless* procuram estes refeitórios. Na verdade, acho que tem muita gente que prefere acreditar nisso. Ficam mais tranquilos — diz David Crawford, "diretor de serviços de alimentação" — é o que diz seu cartão — da A Just Harvest, uma ONG formada por vários grupos, principalmente religiosos. David é negro; tem poucos cabelos longos cuidadosamente penteados sobre a calva, um bigode ralo, uma camisa larga com a gola ajustada, uma gravata fininha. David fala como uma metralhadora norte-americana, disparando palavras sem nenhuma pausa.

— É mais fácil se dizem claro, são *homeless*, são sujeitos que saíram do sistema. Então a culpa não é do sistema, a culpa é desses sujeitos. Mas não é verdade; muitas dessas pessoas que você vê aqui têm um lugar para viver, o que acontece é que não têm dinheiro suficiente para tudo: precisam pagar aluguel, seguro, remédios, e então não sobra para comprar comida. Por isso vêm. Aqui há de tudo. As pessoas que aparecem aqui são muito diferentes, têm histórias muito diferentes. O que têm em comum é que não têm comida suficiente, e isso é verdade: ninguém vem a um lugar como este se puder evitar.

Que é mais fácil pensar que caíram por histórias pessoais, próprias. Armar um relato — são vagabundos, são loucos, são bêbados, são viciados em drogas: desabaram. Graças a essa ideia, um mendigo que procura um sopão popular não coloca em questão a sociedade de onde sai — ou bem pouquinho.

A Just Harvest fica na outra ponta de Chicago, bem ao norte, onde termina o último metrô. É um bairro de negros, um pouco desolado: já é noite, a luz das calçadas é discreta. Mas o lugar é limpo e iluminado, tem janelas; uma sala com paredes com afrescos ingênuos de mariposas e papagaios e planetas e vulcões, crianças de mãos dadas, zebras coloridas. Há três dúzias de mesas para quatro ou seis pessoas, bem-arrumadas, limpas, com toalhas impecáveis de plástico, e, no fundo, um desses balcões de se servir passando com bandejas. Há negros, hispânicos, há brancos; há crianças, velhos, homens e mulheres. Ninguém lhes pede nada: quando querem comer, chegam, anotam seus nomes em um papel, vão buscar sua bandeja de comida. São, diz David, um terço de homens, um terço de aposentados, um terço de pessoas com empregos que não lhes bastam para comprar toda a comida de que precisam.

— É possível que alguém tenha um emprego e não ganhe o suficiente para comprar comida?

— Sim, claro, são empregos temporários, fazem faxina em casas e escritórios, servem em botequins, carregam e descarregam. De repente têm trabalho por dois, três, quatro dias por semana, algumas horas por dia, e recebem o salário mínimo, os 8 dólares, então é possível que em uma semana ganhem 150, 200 dólares. E isso em um lugar onde o aluguel mais barato não custa menos de 500, 600 dólares mensais, e ainda têm de pagar transporte, remédios, roupas... Faça as contas... Com que comem?

A Just Harvest distribui comida há quase trinta anos, mas nos últimos três ou quatro seu público aumentou muito. Toda tarde alimenta cerca de duzentas pessoas — em uma hora, o serviço é rápido, limpo, eficiente. E a comida é saudável, diz David, nutritiva:

— Damos um pouco de carne, boas proteínas, verduras, salada, uma fruta, pão, tudo o que deve ter uma boa refeição. O que mais queremos é evitar que achem que estamos lhes dando comida de segunda classe: não é possível que existam pessoas de segunda classe comendo comida de segunda classe — diz David, e me olha de novo.

— E você? Não quer comer alguma coisa?

Betty tem mais de 70 anos, cabelos brancos curtos, olhos muito azuis embaçados, alguns dentes a menos e o lado direito das costas semelhante a uma tábua de passar. Betty caminha com um andador, mas não mora muito longe, são sete ou oito quadras, e desde que lhe deram o andador não leva muito tempo para chegar. Betty diz que a princípio, quando começou a vir, se dizia que era porque aqui podia comer acompanhada. Agora acha que talvez fosse verdade, talvez não, mas que, de qualquer maneira, o que não queria é admitir que tinha de comer a comida da caridade. Mas que agora já sabe que se não fosse por este refeitório teria muitos problemas.

— Meu marido morreu há sete anos. Às vezes, penso que é uma sorte que esteja morto: que não viveu para passar por tudo isto. E olhe que sempre pagamos os impostos.

O marido de Betty trabalhou a vida toda em uma administradora de bens: organizava os livros, fazia as contas, essas coisas. Aposentou-se há quinze anos com uma pequena pensão, que dava para sobreviver: com o tempo, os azares da bolsa a deixaram tão pequena que só basta para que Betty continue pagando o aluguel.

— Uma vez por ano, minha filha me convida para ir visitá-la lá em Memphis, porque ela vive em Memphis, Tennessee. E quando pode me manda alguma coisa. Mas não pode quase nunca, pobrezinha. Ela precisa manter seus dois filhos — diz Betty, e que ela não quer ser um peso para sua filha, e que parece mentira que depois de toda uma vida tenha de ser um peso para os outros, e me pergunta de onde sou. Digo que sou da Argentina, sul-americano.

— Ah. E lá também acontecem essas coisas? Ou só acontecem na América?

— Nós tentamos levá-los a pensar que não têm motivos para ter vergonha de vir, que estão exercendo seu direito, que todos temos o mesmo direito de comer tudo de que precisamos — diz, David, mas que nem sempre conseguem. — Você sabe, são anos achando que vir a um lugar destes é uma vergonha, como um sinal terrível de fracasso. Se o governo tem vergonha de reconhecer que há fome na América, imagine se o homem ou a mulher pobre que sofre com isso não vai ter vergonha.

Um homem negro magro, destruído, sessentão, com uma camiseta com o rosto de Obama muito grande, em preto e branco.

— Então gosta do que Obama tem feito?

— Eu? Por quê?

— Ora, pela camiseta.

— Ah, sim, me deram e eu a uso.

O homem tem poucos dentes, o olhar apagado, um prato nas mãos, pouca vontade de falar.

— Mas gosta dele?

— Gosto do cara.

— É disso que estou falando. E por quê?

— Porque sempre está sorrindo, assim como eu.

— E agora vai votar nele?

— Não, para quê? Eu estou igual a antes de ele ser presidente. Tudo está como antes.

Em um painel em um canto há alguns anúncios, regras de funcionamento, um pôster imenso: Make Wall Street Pay, diz o pôster — e David me explica que não são eles que dizem isso, que é um lugar que deixam para aqueles que queiram colocar suas opiniões. Este é assinado pela National People's Action. Entre suas regras, a A Just Harvest tem uma que é inflexível: não aceita dinheiro do governo; aceita de pessoas, empresas, igrejas, vários grupos — jamais do governo.

— Mas é verdade que em meu país há gente faminta, há muita gente faminta — diz David, e que eles querem ajudá-los: que por isso o fazem.

— Nós queremos ajudá-los como faria qualquer vizinho.

— Qualquer vizinho?

— Sim, qualquer vizinho. Qualquer vizinho deve saber que seu vizinho tem o mesmo direito que ele tem de comer, e que se seu vizinho não come tem de fazer tudo o que for possível para lhe dar de comer, porque se não o fizer é tão culpado pela fome de seu vizinho como qualquer outro. E mais ainda em um mundo que está cheio de comida, todos devem ter sua parte, mais além de quem seja cada um, sem perguntar quem é cada um. É isso o que pensamos, e se você não está de acordo...

— Eu?

— Bem, você ou qualquer pessoa.

As comparações continuam odiosas: ao lado dos pobres do Níger ou de Bangladesh estes seriam privilegiados absolutos.

Mas não estão ao lado.

Seria necessário discutir a ideia da pobreza, sua relatividade. A fome é pobreza absoluta; aqui a pobreza é relativa — e a chamam de fome. Relativa é uma discussão filosófica: quanta desigualdade podemos ou devemos tolerar?

No entanto, a pobreza absoluta parece estar fora de qualquer discussão: aqueles que não acham ruim que uma pessoa viva muito abaixo de suas possibilidades se incomodam um pouco que morra antes do necessário por razões externas, exógenas.

Que morra de fome.

— Mas comer não deveria ser uma luta de cada dia, não. Isto é a América.

Dick tem óculos sem armação, os cabelos rentes, a barbinha bem aparada, redonda, uma grande papada, uma camisa azul com uma bandeira norte-americana na manga, como as que são usadas pelos funcionários dos correios. Dick tem 50 e tantos anos, uma barriga imensa e come depressa.

— Não, eu nunca trabalhei nos correios. Comprei esta camisa de segunda mão do Exército da Salvação. Eu trabalhava em uma empresa de caminhões, no depósito, tudo ia bem, mas fecharam e agora está muito difícil de conseguir outro trabalho. Quem vai empregar um sujeito da minha idade? — diz Dick, e que ele sempre soube que havia gente que frequentava lugares como este, mas nunca imaginou que pudesse acontecer com ele.

— Às vezes, até doava alguma coisa. Não entendo: não entendo mesmo como pode ter acontecido.

Dick tem dificuldade de falar, respira mal:

— Eu fumei muito. Agora, por sorte, está muito caro...

Dick diz que de dia come macarrão com *cheese*, umas latas que lhe custam 1,49 e quando pode toma uma cerveja.

— O que quer que eu faça? Eu tenho as *food stamps*, me dão menos de 40 dólares por semana. Eu tenho de viver com 40 por semana. O que quer que eu faça com 40 por semana?

E que então vem até aqui quase todas as tardes: que isto pelo menos lhe permite se manter gordo, alimentado. É o que diz: gordo, alimentado.

— Agora lhe dizem que ser gordo é ruim, que não faz bem; o que eu sei é que os gordos nunca morrem de fome. Morrerão de outras coisas, mas de fome não — diz Dick e se levanta, com um movimento complicado. Segura seu prato descartável: ainda restam um pouco de arroz e duas fatias de pão de centeio. Leva-o até o tacho, atira-o no lixo. Eu sei que não devo, mas não posso não pensar em quantos comeriam com essas sobras em Bihar ou no Sudão. Comparações, já sabemos.

9

As cores explodem nas prateleiras: vermelhos, azuis, amarelos, tudo muito primário. Nas prateleiras, há caixas com tigres, leõezinhos, esquilos, papagaios, frangos, cães, gatos sorridentes, *starlets* sorridentes, esportistas triunfantes que oferecem copos e copinhos, roscas e rosquinhas de vários cereais, de todas as formas, de muitos sabores — mel, morango, nozes, canela, chocolate com um jato de leite no desenho para torná-los saudáveis. Uma senhora que parece duas ou três senhoras, os cabelos louros desgrenhados, os olhos muito azuis, um jogging de rosa bem forte agarra uma caixa que diz Trix — com um coelho —, observa-a com receio, volta a deixá-la na estante. A senhora que parece mais senhoras avança com um passo puxando com esforço seu carrinho não muito cheio. A senhora que parece resfolega, se movimenta com dificuldade: as pernas se chocam, não parecem convencidas de que possam suportar seu peso.

— Me desculpe, mas poderia me alcançar aquela caixa de cereais?

A caixa deveria estar ao seu alcance — os supermercados não querem dificultar as compras —, mas a senhora não consegue se esticar.

— É muito mais barata, sabe?

Alcanço-lhe a caixa sem desenhos, com um slogan que diz que é saudabilíssima: a senhora a examina, coloca-a em seu carrinho de compras, me agradece, resfolega. Em seu carrinho, há pacotes de macarrão da marca do supermercado, duas dúzias de ovos, três pacotes de pão de forma, seis latas de *maccaroni & cheese*, mais latas variadas, dois rolos de papel de cozinha, um detergente familiar, caixas de gelatina e bolos a serem assados, três quilos de açúcar, alguns potes de sorvete de baunilha, um frasco de maionese de dois litros, três pacotes com 12 salsichas cada um, um frango morto.

— Minhas crianças também gostam dessas coisas.

A senhora se chama Mareshka: me diz que se chama Mareshka e que a desculpe por me incomodar, mas que com esse corpo com que ficou há muitas coisas que já não pode fazer. Eu não me atrevo a lhe perguntar que outras coisas, mas sim se vem sempre ao Family Dollar. O Family é o supermercado mais barato de Binghamton e Mareshka me olha — entre as dobras de seus olhos afundados — com um toque de ódio, como se lhe estivesse perguntando outra coisa: o que gostaria de lhe perguntar.

— Eu não sou pobre, eu ganho minha vida. Eu não peço nada a ninguém. Nós nunca pedimos nada a ninguém.

Nós, me diria Mareshka depois, quando estávamos saindo, na calçada cinza meio deserta, eram seus antepassados. Seus tataravós, me disse, chegaram da Polônia cem anos e aqui se instalaram porque havia trabalho.

— Pobrezinhos... Se nos vissem agora.

— Não a aborrece que tenham escolhido tão mal?

— O que poderia lhes reprovar, pobres velhos? Pelo menos morreram felizes antes de saber. Quero acreditar, acho.

Binghamton é uma pequena cidade do norte do estado de Nova York, a 3 horas de carro da cidade de Nova York: a 3 horas do poder do mundo. Já transcorreram mais de dois séculos desde que aventureiros brancos puseram seus índios para correr e um branco rico ficou com tudo. O senhor William Bingham comprou a terra e a batizou com seu nome; em meados do século XIX, já era um lugar próspero, muito promissor; por aqui passava um desses canais que conectavam estas terras ao porto. E em 1850 chegou o trem: indústrias se instalavam, imigrantes chegavam, o dinheiro tilintava. Naquela época, Binghamton era tão importante que aqui foi criado o primeiro centro dedicado a tratar o alcoolismo como doença — o New York State Inebriate Asylum — e começaram a chegar poloneses, alemães, irlandeses, italianos que iam fazer a América; e a fizeram, por um tempo.

Chegaram a chamá-la de Vale das Oportunidades: a cidade crescia, eram construídas casas bonitas, casas pretensiosas, pontes, igrejas, algum parque e foi fundada uma companhia que ficou conhecida como IBM. Depois da Segunda Guerra, Binghamton chegou ao topo: aqui foi inventado o simulador aéreo, aqui a Lockheed e companhia construíram armas e mais armas; a espionagem militar muito tecnológica era uma de suas especialidades. Mas o fim da Guerra Fria as pegou; quando enfrentar o comunismo deixou de ser um grande negócio, fábricas foram fechadas ou migraram à procura de melhores condições. Por uma estranha forma de justiça poética, depois de vencer essa guerra Binghamton perdeu empregos, pessoas, esperanças; agora, a cidade propriamente dita tem menos habitantes que há cem anos:

com todos os seus subúrbios, arranha o quarto de milhão — um de cada quatro vive abaixo da linha de pobreza.

Em Binghamton, agora, as melhores casas viraram pequenos bancos, grandes funerárias, todo tipo de igrejas: as prioridades são claras. Os shopping centers de Binghamton ficam nos subúrbios, o centro é fantasmagórico: ruas esburacadas, casas abandonadas, uma universidade de segunda, mas tem o orgulho de se proclamar "Capital Americana do Carrossel", lar de seis dos 150 que restam em toda a nação. De vez em quando volta a aparecer nos jornais: em abril de 2009, por exemplo, quando um veterano do Vietnã entrou nos escritórios da American Civic Association da rua Front e matou a tiros 14 pessoas. Ou no ano passado, quando uma pesquisa do Instituto Gallup disse que era a cidade com a população mais pessimista do país ou quando ganhou o ranking de céu mais nublado ou quando aparece alguns desses estudos que costumam colocá-la entre as cidades com a maior quantidade de obesos: mais de um terço de seus habitantes, 37,6%, segundo as últimas avaliações.

A civilização ocidental está rechonchuda: gorda gordura roliça.

Quando os dicionários definirem as palavras, obesidade significará gordura condenável, perigosa.

O avô de Mareshka teve uma espécie de salsicharia — fabricava salsichas, vendia salsichas —; seu pai não quis conviver com tanta carne e arranjou um trabalho manual na IBM. Quando a fábrica de Binghamton fechou, teve de voltar ao negócio da família, amargurou-se, afundou. Mareshka já tinha 30 anos, já estava casada, já tinha dois filhos e uma filha; tentou explorar um salão de beleza, mas também não funcionou. Seu marido era motorista de ônibus; ajeitavam-se.

— E aí nos convenceram. A mulher, aquela, a do banco, insistiu com a gente, vamos lá! Que podíamos comprar uma casa por menos do que pagávamos de aluguel. Não era verdade, não era inteiramente verdade, mas nós queríamos acreditar.

Compraram. Compraram a casa por 60 mil dólares, adiantados pelo próprio banco. E era linda, me diz, lindíssima, uma dessas casinhas de madeira com um jardim atrás, uma varanda na frente, dois andares, três quartos, muito bonita, diz, e seu rosto fica nublado. Fica nublado porque seu marido morreu em 2008 — justo em 2008, diz — e ela não pôde, não conseguiu, continuar pagando a hipoteca: a casa? Voltou para o banco.

— Sim, morreu de um ataque de coração — me diz, e não quero lhe perguntar se era muito gordo; ela me vê, me olha.

— Já sei no que você está pensando. Sim, tem razão. Não se cuidava. Mas poderia ter vivido mais um pouco, não? Certamente, tenho certeza de que poderia.

Agora Mareshka cuida da loja — cerveja, cigarros, jornais, bilhetes de loteria, guloseimas — de uma prima e ganha uns 2 mil por mês. Seus três filhos têm entre 13 e 21 anos de idade.

— Vivem querendo comer. O que quer que lhes dê?

— Mas, com essa renda, não tem o direito de pedir ajuda, vales de comida?

— Sim, tenho direito, mas não tenho vontade. Não quero. Ganho minha vida, não quero que ninguém me dê nada de presente. Eu sou americana.

I'm American, diz,
como se isso significasse quase tudo.

Os Estados Unidos estão há alguns anos na vanguarda de uma estranha epidemia: a da gordura.

Começar a temê-la foi uma das transformações mais radicais dos últimos tempos. Ao longo de séculos, em quase todas as sociedades, ser gordo era considerado luxo: ser capaz de comer em excesso, armazenar riquezas no próprio corpo — e exibi-lo era outra forma do poder.

Algumas décadas atrás, ainda, a gordura era um símbolo indiscutível de prosperidade. Os reis, os chefões, chefes, chefetes, os cardeais, os plutocratas cujas panças inflavam o jaleco do qual pendia a corrente de ouro do relógio, as grandes damas com chapéus magníficos ou as divas da ópera usavam sua gordura como se fossem galardões. Em épocas em que o trabalho emagrecia, um corpo gordo era um corpo que se jactava de seu ócio; em épocas em que comer era privilégio, um corpo que exibia que comia tudo o que queria — mais do que precisava — era um corpo que se apetecia mostrar. Depois a gordura foi passando de moda. Primeiro, jovens adeptos da contracultura a rejeitaram: era burguesa; depois, burgueses resolveram cuidar de seus corpos: o trabalho sedentário engordava, o exercício exigia dinheiro e tempo livre; haveria que hastear um corpo fibroso, esportivo. Mas, há menos de 25 anos, a gordura começou a ser vista como epidemia.

É claro que os ricos deixaram de ser gordos.

De uma maneira geral, temos peninha. Achamos que a gordura é uma exibição da falha individual de uma pessoa que não foi, não é, capaz de se controlar o suficiente para manter seu corpo esbelto, enfim, de controlar seu corpo. Mas, aos poucos, volta a ser símbolo de inclusão social — só que no outro extremo da sociedade —: cada vez mais ser gordo significa ser pobre.

Os médicos acusam a gordura de ser a causa do aumento exponencial das mortes por problemas circulatórios, de certos tipos de câncer muito cruéis e desta grande doença contemporânea: a diabetes. E por isso quiseram exatificá-la: usam uma unidade, chamada Índice de Massa Corporal — o peso de uma pessoa ao quadrado de sua estatura — e dizem que se tal índice estiver entre 25 e 30 a pessoa tem sobrepeso, e que é obesa se seu índice passar de trinta.

A medida é severa: eu, que meço 1,85 m e peso 90 kg, tenho um ligeiro sobrepeso — IMC de 26,2 — e, mesmo assim, estou abaixo da média dos homens latino-americanos: 26,7. Para ser obeso, teria de pesar 103 kg.

Com tal rigor, não é difícil definir que, no mundo inteiro, há 1,5 bilhão de pessoas com sobrepeso. As obesas são um terço: 500 milhões. Essas cifras servem para estabelecer uma simetria muito comerciável: que o mundo está tão retorcido que há mais ou menos a mesma quantidade de desnutridos que de sobrenutridos, de famintos que de gordos. E, tácita e explicitamente, que os alimentos que faltam a alguns são levados por outros: que os gordos estão comendo o que os famintos não conseguem comer.

Parece uma boa explicação de quase tudo e, como quase todas, não é verdadeira.

— Dizem que temos de nos alimentar saudavelmente. Quem pode comprar comida saudável? É preciso ser rico para viver comendo frutas e verduras...

— E você gostaria de comer essas coisas?

— Quer saber a verdade? A verdade?

— Bem, já que estamos...

— A verdade é que não. Eu gosto da minha comida. Eu sei que deveria comer outras coisas, mas sei também que não posso, não tenho como. E podem dizer que isso me faz mal, mas eu gosto. Já tenho muito sofrimento na minha vida para ficar pensando o tempo todo que estou comendo o que não deveria, nem sequer poder comer tranquila o que gosto.

— E não se preocupa com seus filhos?

— Meus filhos já são grandes, já começaram a escolher sozinhos o que vão comer. Não posso fazer mais nada.

— Seus filhos são magros?

Mareshka me olha com uma mistura de ódio e desprezo e sorri.

Não é verdade: a obesidade é a fome dos países ricos. Os obesos são os malnutridos — os mais pobres — do mundo mais ou menos rico. Nesses países a má nutrição passou de defeito a excesso: da falta de comida ao excesso de comida lixo. A má nutrição dos pobres dos países pobres consiste em comer pouco e não desenvolver seus corpos e suas mentes; a dos pobres dos países ricos consiste em comer muito lixo barato — gorduras, açúcar, sal — e desenvolver corpos desmesurados.

Não são a contracapa dos famintos: são seus pares.

A forma da desigualdade nessas plagas.

10

Em Binghamton, a luz é um anoitecer ao meio-dia. Hoje é quinta-feira, frio de final de outono, nuvens baixas, e o clima no McDonald's da Main Street é docemente familiar. Em duas mesas juntas no meio do salão, duas mães loiras de pele leitosa com sardas vermelhas, joggings sujos, tentam controlar sua manada de filhos, todos menores de 12 anos, todos loiros, quase todos gordos, três muito gordos. Na mesa ao lado, um casal de negros imponentes, 30 e tantos anos, boné do Yankees ele, lenço vermelho ela, um quarto de tonelada os dois, alimentam seu bebê sentado em uma cadeira alta: gordinho, salpicado, ataca os pedacinhos de hambúrguer como se fossem inimigos de uma vida prévia. Terceira mesa: uma avó muito gorda, macacão de veludo azul-turquesa com capuz, logotipo de uma universidade distante, os cabelos curtos maltingidos, óculos, tênis, come nuggets de frango com o neto e a neta de menos de 6 anos, magrinhos, engraçados. Em outra mesa do meio, um branco cinquentão, velho hippie surrado, corcunda, muito chupado, bebe uma vitamina de frutas. Mais além, duas mulheres muito gordas, quase baleias, brancas do tipo italiano, não muito velhas, uma com dentes outra sem, conversam com um homem de barbinha redonda, por fazer, gordo mas ainda movível: por fim entendo que a mulher desdentada é a mãe, a que tem dentes sua filha e o senhor... quem sabe.

Na natureza não há gordos, nas "sociedades primitivas" não havia gordos: a obesidade é uma doença — uma epidemia — criada pelo homem. Ser gordo é acumular em excesso: a cobiça de não saber o que vai encontrar no futuro, de temê-lo.

Em 1965, um geneticista norte-americano, James V. Neel, disse que, há milhões de anos, certos homens paleolíticos, caçadores-coletores que podiam vagar sem encontrar o que comer durante dias e dias, produziram mecanismos fisiológicos que lhes permitiam "carregar calorias": guardá--las no corpo em forma de gordura. E que sobreviveram melhor do que os demais, se impuseram na luta da evolução.

Durante muito tempo, ter essa capacidade foi uma vantagem decisiva. Agora é um problema: o mundo mudou — sobretudo o mundo rico, aonde a falta de comida nunca chega — e os corpos continuam guardando reservas na gordura.

Acumulamos no lugar equivocado: em vez de armazenar fora do corpo — na despensa, na geladeira, no cartão —, continuamos carregando-as. Somos corpos paleolíticos perdidos em um entorno pós-industrial, inadaptados. Civilização é criar ferramentas que façam o que antes o corpo fazia: um gordo é anterior. Um gordo é como um *homeless* que carrega todos os seus pertences em seu farnel, dobrado sob o peso.

Porque, além do mais, vivemos de uma maneira muito diferente: os corpos dos países ricos não se movimentam. Máquinas substituíram seus esforços: carros e ônibus para a caminhada, elevadores para as subidas, máquinas de lavar para lavar, liquidificadores para liquidificar, robôs para a indústria — e os trabalhos sedentários. A energia corporal costuma ser o grande capital da maioria dos homens: era o que tinham para conseguir o que precisavam, sua famosa força de trabalho. Agora a força de trabalho não costuma ser, nessas sociedades, física. Pela primeira vez na história, a maioria dos homens e mulheres não gasta sua energia com algum objetivo rentável — e então foram inventadas formas de gastar essa energia para gastar essa energia: ginásticas, máquinas, pílulas que ajudam a se desfazer daquilo que há pouco tempo era tão precioso, tão cuidado. Uma estranha pesquisa concluiu que os norte-americanos atuais usam um terço da energia física que usavam há sessenta anos: nesse período, seus obesos mais do que triplicaram: de 11% pularam para 35% da população.

No McDonald's da Main Street, as telas das televisões estão ligadas na Fox, o canal da direita mais radicalmente de direita: senhores de gravata falam sem som. Toca música pop dos anos 1970. No canto mais afastado se juntam alguns jovens: dois rapazes, quatro moças de 16 ou 17 anos, blue jeans, jaquetas abauladas, vozes altas. Um rapaz é muito gordo, o outro não; três garotas são muito gordas; uma — se chama Leah, me diria depois — é negra de pele clara e deve pesar mais de cem quilos. Seus traços são agradáveis, bem-desenhados, finos, afundados em um mar de gordura: bochechas, sobrancelhas, papada. Leah me diz que já sabe o que quero que faça?

— Na escola nos ensinaram; nos disseram que vamos ter problemas. Eles não entendem. Eu não ligo pra nada do que vai me acontecer daqui a vinte anos, quando estiver velha. Meu problema é agora. Meu problema não é o que possa acontecer comigo; é o que está acontecendo comigo — diz, e limpa a boca suja de ketchup com um guardanapo de papel.

— Eu quero ser assim, mas o que posso fazer? É feio ser assim. Você acha que os garotos correm atrás de mim? Que me olham?

Em uma mesa ao lado da janela — lá fora as nuvens se acumulam, os poucos que caminham passam depressa, encurvados —, um senhor bem centro-europeu de 70 anos ou mais, barba branca, óculos, macacão de etiqueta sob o casaco cinza, recém-saído de um filme de Ernst Lubitsch, come seu *cheeseburger & fries* com a maior delicadeza: depois de cada mordida, limpa os dedos com um lenço branco. Morde com vontade: tem fome. Um negro de 20 anos, muito alto, muito magro, jogging vermelho boné vermelho tênis vermelhos com brancos brilhantes, argolas douradas, come um hambúrguer com melancolia, olha pela janela como se o mundo tivesse partido; a mostarda escorre pelo seu lábio inferior, pelo queixo, pelo blusão. Uma negra de 20 e tantos anos, um pelotão de quilos — as pernas dois triângulos perfeitos —, chega com uma garrafa de água mineral e uma salada: ouve alguma coisa nos fones de ouvido conectados com seu telefone, ri, parece que acorda. Leah me diz que já tentou fazer todas as dietas:

— E a única coisa que consegui cada vez foi ter a mesma sensação de fracasso, saber que não sou capaz. Você sabe o que é bater sempre contra a mesma parede? Você sabe como é quando não sabe mais o que pode fazer? Tenho 16 anos.

O surgimento dos restaurantes de fast-food — que nossa estupidez não costuma chamar de restaurantes — conseguiu, primeiro, que pais pobres dos países ricos pudessem levar seus filhos para comer fora, propiciar-lhes os sabores desses sabores salgados e doces e gasosos e fritos e gordurosos, e que as mães não tivessem de cozinhar todos os dias — e muitas que se habituaram a não fazê-lo até se esqueceram de como se fazia. E as crianças se habituaram a esses alimentos, e os pais acreditaram que para acalmar sua fome — a vontade de comer — não havia nada mais rápido, fácil e barato. Barato, sobretudo: quando alguém tem 10 dólares para alimentar duas ou três crianças, nada mais rentável — em calorias, em proteínas, em prazer — do que um combo desses. E nada que arruíne mais os corpos.

Cada vez mais cientistas dizem que certas comidas industriais baseadas nos três reis magos assassinos da indústria produzem no cérebro humano um tipo de vício semelhante ao provocado pelo álcool e o tabaco. E que a comida lixo e outros tipos de fast-food estão repletos desses três elementos, e que são eles que ameaçam mais brutalmente os corpos de quem os consomem. Em 2012, Robert Lustig, pesquisador respeitado, publicou um artigo na revista *Nature* dizendo que a natureza sabia o que fazia quando fez com que o açúcar fosse difícil de ser obtido, e não o homem quando o tornou tão fácil — e que o consumo de açúcar no mundo triplicou nos últimos cinquenta anos. O açúcar, que era um condimento de luxo, ficou barato: o primeiro refúgio contra a fome. O chá dos indianos, o mate doce dos argentinos, a Coca-Cola dos norte-americanos são formas de enganar a barriga, mandar-lhe depressa calorias pouco nutritivas que a mantenham entretida por um tempo. Embora, em geral, não seja açúcar, mas o famoso JMAF, xarope de milho de alta frutose, essa sopa contemporânea, subproduto do milho subsidiado, que dissimula os sabores de quase todos os alimentos industriais e de todos os refrigerantes e é, segundo estudos e mais estudos, a causa de boa parte dos males da obesidade — incluídas quantidades de diabetes. Eric Schlosser, o autor de *Fast Food Nation*, diz que nossos alimentos mudaram mais nos últimos quarenta anos do que nos 40 mil anos anteriores.

Leah termina seu quarto de libra, se relambe. Sua amiga lhe oferece um gole de milk-shake de morango; Leah lhe diz não, obrigada, e me olha.

A "epidemia da obesidade" começou nos Estados Unidos, nos anos 1980. Desde então, os preços de frutas e verduras aumentaram, em valores permanentes, cerca de 40%. E, no mesmo período, os alimentos processados baixaram cerca de 40%. Com 3 dólares é possível comprar cerca de 300 calorias de frutas e verduras ou 4,5 mil calorias de batatas fritas, biscoitos e refrigerantes. Quem quer e pode comer para não se empanturrar de calorias compra frutas e verduras. Quem precisa comer para conseguir um mínimo de calorias compra lixo.

Comida lixo: a prioridade é matar a fome da forma mais barata possível. Encher o corpo com porcarias da forma mais barata possível.

As grandes empresas produtoras de alimentos têm, como todas as grandes companhias, uma obrigação acima de todas: ganhar dinheiro para seus acionistas. Para isso, precisam comprar seus insumos o mais barato possível, pagar a seus empregados quanto menos melhor, vender mais o mais caro que uma quantidade suficiente de compradores aceite pagar. Mas chegou um ponto em que os consumidores — os comedores — dos países mais ricos já comiam tudo o de que precisavam; as grandes empresas precisavam que comessem mais. Daí dois fenômenos próximos: o desperdício de um terço ou de metade dos alimentos que se compra e, sobretudo, o fato de que uma criança de um país rico come uma média de 4 mil calorias por dia, o dobro do que deveria. E se enche e se empanturra de porcarias feitas desses três reis magos, e quer mais e come mais e quer mais — porque a convencem de que quer mais. Para isso, as empresas têm de gastar fortunas em publicidade. Em poucos produtos o custo proporcional da publicidade é maior do que o da comida lixo das grandes corporações. São as regras do negócio.

Que também são consequência dos subsídios à agricultura. Os subsídios começaram a ser distribuídos na Grande Depressão dos anos 1930, como uma contribuição de emergência para auxiliar os agricultores a atravessar a crise — mas nunca deixaram de ser concedidos. E, nas últimas décadas, deixaram de beneficiar majoritariamente as famílias de agricultores de filmes cafonas porque o campo norte-americano se concentrou. Agora os recebem sobretudo grandes empresas agroalimentícias: 70% do dinheiro é destinado a 10% dos beneficiados, os grandes plantadores de milho, trigo e soja — que têm o poder de lobby necessário para consegui-la. Esses produtos são, entre outras coisas, os componentes mais habituais dos alimentos processados — que, por isso, são tão mais baratos do que as frutas e verduras, que não obtêm o mesmo nível de subsídios. E assim envenenam sua gente.

Vamos às perguntas que (se) faz Raj Patel em *Stuffed & Starved: The Hidden Battle for the World Food System* para deixar claro que os alimentos que comemos não é uma fatalidade e sim uma escolha, embora não saibamos quem escolhe:

"Quem escolhe os níveis seguros de pesticidas e como define 'seguros'? Quem escolhe que produto deve ser comprado e onde para produzir os nossos alimentos? Quem decide quanto pagar aos fazendeiros que produzem alimentos ou aos empregados que trabalham para esses fazendeiros? Quem decide que as técnicas usadas para fabricar esses alimentos são seguras? Quem ganha dinheiro com os aditivos que são colocados nesses alimentos e decide que esses aditivos são saudáveis e não nocivos? Quem garante que há energia barata suficiente para transportar e reunir esses ingredientes desde todos os cantos do mundo? Quem define quais são os produtos que vão encher as gôndolas dos supermercados? Quem decide quanto eles vão custar? Quem decide que esses preços serão mais altos do que os que os pobres podem pagar?"

Comida que é lixo, dejetos para dejetos.

Agora chove, lá fora, em redemoinhos. Dentro do McDo um rapaz de 20 e poucos anos, calças pretas, camiseta azul, boné preto, óculos, espinhas, muito gordo, varre o chão e resfolega. Freddy Mercury canta que há um garoto que vai morder poeira — e me pergunto se todas as canções do programa musical se referem a comer. Em uma das mesas altas, ao meu lado, dois adolescentes, um negro e um hispânico, bem magrinhos, a roupa velha e suja, comem *cheeseburgers* com milk-shake e batatas fritas; o mais escuro dorme em cima da mesa e se diria que não tem casa ou família ou essas coisas. Um branco de não menos de 150 quilos, blue jeans, camisa quadriculada aberta em cima de uma camiseta cinza, toma um sundae com Coca-Cola; sua filha gordinha pula em volta, fala com ele, ele tenta calá-la. A cara do homem é triste; bebe sua Coca-Cola em um copo imenso, como se fosse a última dose de genebra de sua vida. Em outra mesa alta, três operários — calças e camisas de operários, manchas de operários, ferramentas de operários — brancos, quarentões, bigodes, barbas descuidadas, a careca avançando, comem Big Macs. Dois são muito gordos, um não; conversam, de vez em quando arrotam. Leah me diz que ela não tem culpa de ser como é.

— Às vezes, tenho ódio dos meus pais. Se eles não tivessem me criado assim, talvez não tivesse este problema. Mas, pobrezinhos, o que podiam fazer? Às vezes tinham trabalho; às vezes não. Já é suficiente que nos tenham criado saudáveis e inteiros.

Nos Estados Unidos, há cerca de 25 milhões de diabéticos e 80 milhões de "pré-diabéticos". Uma criança norte-americana nascida em 2000 tem uma chance em três de ser diabética; e uma em duas se for negra ou latina. Se forem mantidos os níveis atuais de obesidade, diz Jay Olshansky, médico especializado em longevidade e coisas assim, a esperança de vida dos norte--americanos pode baixar entre cinco e quinze anos nas próximas décadas.

Mas dizer "esperança de vida dos norte-americanos" é um abuso de linguagem. A esperança de vida de um norte-americano branco com educação universitária é de quatorze anos a mais do que a de um norte-americano negro que não terminou o secundário: quatorze anos são muitos anos — e, se estiver morto, são ainda mais longos. Mas não apenas os negros: também é nove anos mais longa do que a vida de um norte-americano branco sem estudos, esses que a língua norte-americana pré-correção política chamava de *white trash* — lixo branco.

Tom Vilsack, secretário de Agricultura de Obama, ex-governador de Iowa, explicava à sua maneira, em um debate no Senado, os problemas da obesidade: "Apenas 25% dos jovens norte-americanos entre 19 e 24 anos estão aptos a prestar o serviço militar. E uma das razões principais disso é que há muitos jovens com sobrepeso. O Instituto de Medicina estudou os valores nutricionais dos alimentos que servimos às nossas crianças e constatou que têm muita gordura, muito açúcar, muito sódio, poucas frutas, poucas verduras...".

Sobre a evolução da palavra gordura: do desejável ao temível. E sobre a evolução do apetite: pela primeira vez na história, comer é uma coisa má, uma ameaça.

Um salão gigantesco cheio de mesas longas, brancas, cadeiras brancas de plástico para cem ou duzentas pessoas; nas mesas, vinte ou trinta pessoas comem em suas bandejas de self-service. Nas paredes, bandeiras norte-americanas, bandeirolas de regimentos e outros grupos militares, fotografias de soldados mortos, fotografias de coronéis mortos, fotografias de garotas louras muito arrumadas; demoro a descobrir que também são soldados mortos. Uma bandeira negra com a silhueta de um rosto grisado que diz POW-MIA — *prisoner of war-missing in action* as vinte ou trinta pessoas parecem um pouco perdidas no salão enorme, espalhadas em cinco ou seis grupinhos. São todas brancas, comem. Vieram ao desjejum organizado pela American Legion nesta manhã de domingo; 6 dólares para os adultos, 3 para as crianças, de graça para os menores de 6 anos, *all you can eat* em balcões cheios de ovos e salsichas e batatas e bacon e panquecas e pão e queijo e requeijão e café e suco, e algumas frutas tristes. A American Legion é uma associação de veteranos de guerra e assemelhados, com 3 milhões de sócios, 15 mil sedes como esta espalhadas pelo país: sua missão, dizem seus estatutos, é a de "defender a Constituição, manter a lei e a ordem, fomentar e perpetuar um americanismo 100%, combater a autocracia das classes e das massas...". E promover dejejuns solidários — em uma escola de bairro a que doam dejejuns.

— Eu tenho orgulho de contribuir com aquilo que a legião faz aqui — me diz Goofy. É estranho chamá-lo de Goofy (pateta), mas ele me diz que se chama Goofy. Goofy deve ter 70 anos e há anos usa a camisa para fora das calças imensas: Goofy é gordo, caminha com dificuldade, papada transbordante, os olhos pícaros devorados pela gordura; a camisa, uma bandeira de outra pátria. Em seu prato de plástico há uma montanha de ovos mexidos, três salsichas, uma pilha de bacon, rodelas de batata; ao lado, um copo de plástico branco com café. Diante dele, sua mulher, Loretta: alguns quilos a menos, a mesma carga no prato. Eles se olham, Goofy fala:

— Nós temos uma responsabilidade moral com nossos vizinhos. Não podemos admitir que haja crianças que não comam o suficiente. Por isso fazemos estas coisas.

— Mas também não lhes faz mal comer demais?

— Quem disse que isto é demais? Comemos sempre assim. Ou agora, porque há doutores que dizem coisas na televisão, vamos ter de deixar de fazer o que nossos avós faziam?

Goofy engole, limpa a boca com um guardanapo de papel, sorri. Sua mulher, na frente dele, tenta dizer alguma coisa e ele a interrompe: espere, Bunny, deixe o senhor falar. Eu lhe pergunto se lutou em alguma guerra e ele me diz que sim, o rosto erguido, a gordura em posição de sentido:

— Sim, lutei no Vietnã, claro. E não vou lhe dizer que foram os melhores anos da minha vida, porque a Bunny me mataria, mas sinto falta — diz, e ri com uma careta de trinta anos de casado. Bunny não ri:

— E, como os vietcongues não o mataram, você quer se matar com esse bacon. Quantas vezes o médico lhe disse para não comer tanto essas coisas?

Começa uma cena que eles devem ter ensaiado muitas vezes: que Goofy tem uma diabetes tipo dois terrível, que precisa perder peso e comer menos gordura e açúcar e sal e todas essas coisas, diz Bunny. Goofy a deixa falar, mastiga, limpa o ovo que ficou nos lábios com o guardanapo.

— Não sei por que se assustam. Aqui todos somos assim, todos vivemos assim, todos morremos assim. Os magros não morrem?

Depois, já na rua, o céu é um manto cinza-escuro: o chão está molhado embora não tenha chovido e o frio fere como se fosse alguma recordação. Agora, na rua, um senhor de 30 e tantos anos veste uma camiseta preta folgada muito surrada com letras maiúsculas brancas, berrantes: "*Live fat. Die young*". Viva gordo, morra jovem, diz, e a piada é o "s" que falta a "*fat*" para ser o que era: *live fast*, viva veloz. O senhor é negro e veste, além de sua camiseta folgada, um blue jeans novo onde poderia viver uma família, tênis pretos, um boné vermelho do Red Sox e uns 200 quilos de carne derramada. O senhor se chama — diz que se chama — Barky e me diz — embora eu não acredite — que sua camiseta diz uma grande verdade.

— Estou farto de ouvir o que tenho de fazer. Eles me dizem que tenho de fazer isto ou aquilo, mas depois quando quero fazer não posso, não tenho dinheiro. Ou você acha que eu não gostaria de ser Brad Pitt? Mas não posso, viu, não posso. Então, por mim, prefiro que eles fiquem calados. Ou não ouvi-los, viu. Prefiro não escutá-los — diz Barky, e vai embora antes que eu possa lhe perguntar quem são eles. Ou lhe dizer que eles — os eles possíveis — são contra a obesidade porque lhes custa caro: descobriram que lhes custa muito caro.

Há números muito norte-americanos, típico produto dessa obsessão norte-americana de medir. Dizem que a saúde de um obeso custa, em média, 1,5 mil dólares anuais a mais do que a de um magro. Dizem que a de um diabético custa 6,6 mil dólares a mais. Dizem que a diabetes custa 150 bilhões de dólares por ano — e que metade dessa cifra é paga com o famoso "dinheiro dos contribuintes". E que a obesidade provoca uma média de 300 mil mortes por ano e que, por isso, dizem, "já causa tantos problemas como a fome". Insistem muito, ultimamente, em seus discursos, nos fóruns internacionais, nos jornais, que a obesidade causa tantos desastres como a fome. Mas não falam dessa diferença básica: a fome é produzida majoritariamente em outros lugares, em outros países, e ocupar-se ou não se ocupar deles é sua prerrogativa. No entanto, a obesidade é produzida aqui e agora e o Estado norte-americano não pode escolher entre se ocupar ou não, gastar ou não gastar. Por isso, a obesidade se tornou a obsessão mais recente de um país dado a obsessões nacionais. À diferença das demais formas da má nutrição — que parecem africanas — essa acontece em suas cidades, é paga com seus impostos.

Embora talvez o mais difícil seja a consciência do fracasso: não é fácil admitir que sua sociedade — a sociedade mais poderosa do mundo — produziu legiões de corpos deformados, pessoas que não podem mais funcionar como pessoas. Essa cultura obesa, tão Simpsons, tão Big Mac, tão Walmart, é um cadáver — gorduroso — no guarda-roupa norte-americano.

De novo: não é verdade que os gordos comam o que os famintos não comem; mas parece verdade que as próprias indústrias que os enchem de lixo controlam os mercados e se apropriam dos recursos que poderiam permitir que os que não comem comessem. Os gordos e os famintos são vítimas — diferentes — da mesma coisa.

Chamemos isso de desigualdade, capitalismo, vergonha.

Jackson está na varanda de sua casa de madeira, sentado em uma cadeira de plástico branco que é muito pequena para ele: derrama-se por todos os lados. Faz frio: Jackson cobre as pernas com um cobertor felpudo vermelho e amarelo e entrefecha os olhos para sentir os raios de sol que o mantêm aqui fora. Peço que me desculpe, que não gostaria de incomodá-lo.

— Não se preocupe, homem, não me incomoda. O que acontece é que esse pode ser o último sol em muitos meses, preciso aproveitá-lo.

A casinha de Jackson é feita de tábuas de madeira pintadas com um amarelo de outra época, remendadas com tábuas esverdeadas: mais uma em um quarteirão de casinhas de tábuas de madeira, todas parecidas, todas pobres — e tão mais ricas que a maioria das casas do mundo, com eletricidade, água corrente, televisões e computadores e micro-ondas. Jackson afasta o cobertor: suas pernas são colunas envoltas em flanela escura.

— Me dizem que para me movimentar melhor tenho de fazer exercícios. Como querem que faça exercícios se não consigo me mexer?

As casinhas não têm grades ou cercas ou nenhum outro obstáculo visível: abrem-se ao mundo com a confiança que só uma sociedade muito controlada propicia. Na calçada, há neve velha, uma lama cinza. Jackson me diz que sua história não tem o menor interesse: que não tem história — e a conta. Jackson diz que até há pouco trabalhava: que passou muito tempo cuidando de um depósito de bebidas que fica aqui perto.

— Mas não posso mais, olhe para mim, como quer que faça alguma coisa? Jackson tem a minha idade: está acabado. Vive de uma pensão que não é suficiente, seus filhos lhe dão algum dinheiro — uma é caixa de um supermercado, o outro é faxineiro de uma escola — mas mal dá para eles:

— Me dão o que podem, nunca é muito.

— E como faz para comer todo dia?

— O pessoal da igreja me ajuda, caso contrário, de verdade, não poderia.

— E o que lhe dão?

— Pobrezinhos, o que podem.

Antes de chegar, achei que teria de procurá-los, mas não: os gordos estão em todos os lugares. É estranho ver tantos obesos nas ruas, nas lojas, nos carros. Me digo que claro, que é um lugar especial, o segundo povoado com mais obesos do país. Mas a classificação não é relevante: no resto do país não há, como aqui, 37% de adultos obesos, mas 35%; a diferença é mínima. São, no total, 78 milhões de adultos, 12 milhões de crianças obesas.

E continuam aumentando. Há cinquenta anos, eram 11,7% dos norte-americanos. Há 25, 20,6%. E os negros estão quinze pontos acima da média nacional, e os mexicanos, cinco pontos. Mais uma vez: coisa de pobres.

Os Estados Unidos são um caso exemplar, precursores, mas a epidemia está se espalhando pelo mundo: quando um país consegue certos níveis de consumo, seus pobres passam a ter acesso a esses alimentos e ficam gordos. O México é um exemplo, a China começa a ser — e a lista continua.

E é verdade que parecem levemente monstruosos, inquietantes. Mas talvez sejam a vanguarda da evolução e, apesar de suas dificuldades aparentes, estão se adaptando melhor do que os demais ao mundo atual e um dia seremos como eles e uma cintura que não meça metro e meio será coisa do passado — e a população do mundo diminuirá porque não haverá terra suficiente para acalmar seu apetite. Ou talvez sejam a vanguarda do desastre final: a forma com que a espécie humana, inutilizada por seu próprio êxito evolutivo, terminará desaparecendo.

Não com uma explosão, mas com um crac da balança.

DA FOME, 4

A DESIGUALDADE

Chamamos isso de desigualdade.

Paul McMahon aproveitou uma pesquisa da FAO sobre a produção e o consumo de calorias em mais de 170 países para dividi-los em cinco grupos de acordo com a disponibilidade de alimentos. É um esquema, mas serve para que se tente ter uma visão global: um mapa das desigualdades.

Os *poderes alimentícios estabelecidos* são os quatorze países industrializados que funcionam como exportadores líquidos de calorias: Estados Unidos, Canadá, Austrália, Nova Zelândia e vários europeus. São países com condições naturais muito favoráveis e economias muito sólidas que sempre controlaram os mercados internacionais e receberam antes de todos os outros os benefícios dos avanços técnicos.

Os *exportadores de alimentos emergentes* são países com grandes territórios que se somam à exploração agrícola: Brasil, Uruguai, Paraguai, Argentina, Tailândia, Vietnã, Myanmar, Rússia, Ucrânia, Cazaquistão. Nos últimos anos, adotaram uma forma intensiva e tecnicista, cada vez mais concentrada, de produção com menos força de trabalho. Suas exportações de grãos se multiplicaram. Costumam aceitar os mecanismos do livre- -comércio global.

Os (apenas) *autossuficientes* são países onde a população cresceu enormemente, mas que ainda mantêm a capacidade de se abastecer com seus próprios alimentos: Costa do Marfim, Malaui e Turquia estão entre eles, mas os mais importantes são China, Índia, Paquistão, Bangladesh, Indonésia. Só estes cinco países asiáticos têm mais de 3 bilhões de habitantes: sua situação alimentar condiciona a alimentação do mundo. Aproveitaram a Revolução Verde nos anos 1960 e 1970, mas continuam usando muita força de trabalho: metade de sua população ativa está no campo. Seu desenvolvimento social e industrial e sua urbanização estão transformando as coisas. Continuam tendo centenas de milhões de famintos.

Os *importadores de alimentos ricos* são países com pouca terra cultivável e/ou pouca água e/ou muita população e que ganham fortunas exportando outras commodities — petróleo, minérios — ou com suas indústrias: Japão, Coreia do Sul, Suíça, Grã-Bretanha, os reinos do Golfo Árabe. Produzem uma proporção muito baixa de seus alimentos, mas têm muito dinheiro para comprá-los, o que os torna particularmente vulneráveis às oscilações do mercado e da geopolítica mundiais.

Os *pobres e alimenticiamente inseguros* são a maioria dos países da América Central, da Ásia Central, do norte da África e, acima de tudo, da África Negra: o OutroMundo. Embora a maioria de sua população viva no campo, as terras inférteis, os azares climáticos, a concorrência desleal de outros países e, sobretudo, a falta de capital e de infraestrutura os condenam a uma produtividade muito baixa que não chega a cobrir suas necessidades. Tampouco têm recursos suficientes para importar o de que precisam. Muitos de seus habitantes passam fome.

Agora, desigualdade.

Vivemos sob o império da cifra: nunca os números tiveram tanto peso em nossa visão do mundo. Tudo parece mensurável; instituições, governos, universidades, empresas gastam fortunas computando as variáveis mais recônditas e as mais visíveis: populações, enfermidades, produções, mercados, telespectadores, geografias, misérias, perspectivas. Tudo tem um número. É difícil, é novo: os Estados e os patrões estão há séculos tentando fazer um censo cada vez melhor: há pouco tempo conquistaram as ferramentas necessárias para fazê-lo a seu bel-prazer. E fazem: para saber como somos, é preciso medir; para saber o que serve e o que não serve, é preciso medir; para saber o que fazer, medir; para saber se o que foi feito foi feito bem ou mal, medir, medir, medir. Nunca o mundo foi tão medido, comedido. Durante séculos, uma pessoa atenta podia perceber que as crianças indianas eram muito magras e comiam muito pouco; agora, pode ler nos informes mais detalhados que 47,2% sofrem com pouco peso — e supor que entendeu o que acontecia.

A aparência da mensurabilidade nos leva a acreditar que temos todos os dados necessários. Os números dão uma aparência de solidez a qualquer iniciativa, a qualquer política, a qualquer negócio, a qualquer protesto. Mas são, antes de mais nada, uma herança distorcida, o reflexo desse universo onde o decisivo é se a empresa ganhou 34.480.415 ou 34.480.475. Uma adaptação do olhar a esse olhar.

Os números são o idioma no qual acreditamos que nos entendemos — pretendemos nos entender, tentamos nos entender. Os números são a forma contemporânea de aprender o mundo: aproximada, inexata, soberba. Este livro também é cheio de números — e me envergonha levemente, como me envergonha pronunciar o "c" ou o "z" quando estou na Espanha: falar em um idioma que não é de todo meu para acreditar que tenho certeza de que me entendem.

A desigualdade é definida com números.

A desigualdade é cada vez mais nomeada pelos que a produzem. A tendência de nivelar rendas, receitas, que havia predominado nos Estados Unidos e na Europa a partir dos anos 1930 foi detida pelo contra-ataque neoliberal dos anos 1980 — e seus efeitos foram repartidos no resto do mundo. Inclusive — sobretudo — nos países novos-ricos que se somaram às listas neste período. Nesses trinta anos, a economia global mudou muito: surgiram novos atores, os famosos Brics e companhia limitada. O crescimento desses países produziu uma classe muito mais rica do que seus concidadãos — que se somou aos ricos de sempre, norte-americanos e europeus. Ricos globais, que vivem em vários lugares ao mesmo tempo, que lucram em muitos lugares ao mesmo tempo, que movimentam sua riqueza na economia cibernética global, que formam esse setor que foge cada vez mais do controle de instituições políticas e jurídicas idealizadas para unidades econômicas nacionais.

O famoso coeficiente de Gini — que mede o nível de desigualdade das sociedades conforme uma escala que vai de 0, a completa igualdade, a 1, a completa desigualdade — também mostra que nos últimos trinta anos as diferenças aumentaram em quase todos os países. A China ainda é um bom exemplo: seu coeficiente, que era de 0,27 nos anos 1980, é de 0,48 atualmente. E no Brasil se mantém por volta de 0,50. Mas também na Suécia o coeficiente passou de 0,20 a 0,25, na Alemanha de 0,24 a 0,32, nos Estados Unidos de 0,30 a 0,38 e na Grã-Bretanha de 0,26 a 0,40.

* * *

O coeficiente de Gini da desigualdade mundial — ao se compararem as receitas de todos os habitantes do mundo, é de 0,70. Mais brutal do que o índice de qualquer país quando visto isoladamente.

Um recente informe da Oxfam diz que quase a metade — 46% — da riqueza do mundo está nas mãos de 1% de seus habitantes. O resto fica para o resto.

Ou, dito de outra maneira: 70 milhões de pessoas acumulam a mesma riqueza que os outros 7 bilhões.

Ou, também, segundo o mesmo informe: os 85 ricos mais ricos do mundo — 78 homens, sete mulheres — têm mais dinheiro do que os 3,5 bilhões mais pobres.

Isso é, digamos, o que chamam de desigualdade.

E às vezes os preocupa.

Com a desenvoltura que a caracteriza, a revista do establishment mundial *The Economist* sintetizou a questão em uma edição especial publicada no final de 2012:

"Agora muitos economistas temem que as crescentes disparidades das receitas possam ter efeitos colaterais nocivos. Em teoria, a desigualdade tem uma relação muito ambígua com a prosperidade. Pode impulsionar o crescimento, porque as pessoas mais ricas poupam e investem mais e porque as pessoas trabalham mais duro respondendo aos incentivos. Mas grandes diferenças de renda também podem ser ineficientes, porque podem impedir o acesso de pessoas pobres talentosas à educação ou criar ressentimentos que resultam em políticas populistas destruidoras do crescimento.

"Durante muito tempo, o consenso foi o de que uma economia em crescimento era uma maré que fazia subir todos os barcos, com efeitos muito melhores do que uma redistribuição que elimina os incentivos. Robert Lucas, Prêmio Nobel de Economia, sintetizou a ortodoxia quando escreveu, em 2003, que 'de todas as tendências daninhas para uma economia eficaz, a mais sedutora e venenosa consiste em focar nas questões da distribuição'.

"Mas agora o establishment econômico está preocupado. Pesquisas de economistas do FMI sugerem que a desigualdade econômica atrasa o crescimento, provoca crises financeiras e debilita a demanda. Em um informe recente, o Banco de Desenvolvimento Asiático argumenta que, se a distribuição de renda dos países asiáticos não tivesse piorado nos últimos vinte anos, o rápido crescimento da região teria tirado mais 240 milhões de pessoas da pobreza extrema. Estudos mais controvertidos tentam vincular as diferenças crescentes da renda com todo tipo de enfermidades, desde a obesidade até o suicídio.

"As diferenças, crescentes em muitos países, estão começando a preocupar até os plutocratas. Uma pesquisa do Fórum Econômico Mundial de Davos apontava a desigualdade como o problema mais urgente da década — ao lado dos desequilíbrios fiscais. Todos os setores da sociedade concordam cada vez mais que o mundo está se tornando mais desigual e que as disparidades atuais e sua evolução possível são perigosas. A instável história da América Latina, durante muito tempo o continente com a maior desigualdade de renda, sugere que os países dirigidos por elites ricas e recalcitrantes não funcionam muito bem."

O informe dizia que, apesar de tudo, alguns dos mais ricos continuam céticos quanto ao fato de a desigualdade ser um problema em si. "Mas até eles têm interesse em mitigá-la porque, se continuar crescendo, pode produzir forças de mudança que levem a uma saída política que não interessa a ninguém. O comunismo pode estar bem morto, mas há muitas outras más ideias dando voltas por aí."

Preocupa-os, mas nem tanto assim.
Os fatos, digo.

O negócio da hotelaria de luxo — para falar de algo cuja inexistência não causaria nenhum dano — movimentou, segundo a Bain & Co., 165 bilhões de dólares em 2012: um terço a mais do que em 2009. São hotéis que cobram uma média de 700 dólares por noite e têm um único segredo: mais pessoal por cada hóspede — mais serventes.

É um mercado em alta. A Knight Franck, uma empresa que lhes vende casas, diz que dentro de dez anos vai haver 4 mil bilionários, contra os 2,2 mil atuais. Que também têm necessidades insatisfeitas — só que não são básicas. Agora mesmo, por exemplo, podem reservar por 6 milhões de dólares um G-650 Gulfstream, o jatinho particular mais *cool* da temporada outono/inverno, mas só receberão seu veículo se pagarem mais 60 milhões e esperarem cerca de cinco anos. O próprio presidente da Gulfstream, parte de uma corporação que fabrica tanques e submarinos, disse que "nunca havia visto tantos poderosos tendo problemas". Há outros serviços, claro, que não sofrem esses contratempos: o mercado de portas de aço e vidros à prova de bazucas, por exemplo, continua crescendo sem parar.

Gastar em luxo e segurança de luxo e produtos de luxo é o capitalismo em todo o seu esplendor. Ou, às vezes, o capitalismo em toda a sua estupidez: os Estados Unidos gastaram, em 2012, 170 bilhões de dólares em "marketing direto", ou seja, cartas de papel ou bytes para tentar vender alguma coisa. Dizem seus experts que 3% das cartas físicas, ou 0,1% das digitais, conseguiram vender alguma coisa. "Ou seja, 164 bilhões de dólares só serviram para incomodar pessoas, sujar o chão e tapar filtros de spam", disse outro artigo da *The Economist*, deixando clara sua utilidade mais evidente: dar trabalho inútil a milhares de pessoas, reproduzir a si mesmo, enriquecer alguns patrões.

(Há coisas difíceis de rebater. Por exemplo: o mundo abriga cerca de 800 milhões de cães e gatos domésticos. Só os norte-americanos gastam a cada ano 30 milhões de dólares para alimentar suas mascotes. Então, como dizer a quem diz que devem ser proibidas as mascotes enquanto houver gente passando fome que não tem razão? Como justificar que um cão coma o que os homens não comem? Às vezes, há abismos entre razão e razão.)

Warren Buffett, o quarto homem mais rico do mundo, disse, em 2011, que em seu país havia uma guerra de classes. "Há uma guerra de classes há vinte anos, e minha classe a venceu. Somos os únicos cujas taxas impositivas foram reduzidas dramaticamente. Em 1992, as quatrocentas pessoas que pagavam mais impostos nos Estados Unidos tinham uma renda média de 40 milhões de dólares. No ano passado, a renda média das quatrocentas que mais pagaram foi de 227 milhões, cinco vezes mais. Durante esse período, a proporção do que pagaram sobre sua renda caiu de 29% para 21%. Com esses impostos, minha classe ganhou essa guerra: foi uma carnificina."

(Que o capitalismo é como os aviões: quando para, cai; precisa continuar sua interminável fuga para a frente — e simular que não pode aterrissar.

Que o verdadeiro milagre do avião não é voar: é transformar o movimento mais veloz que sabemos alcançar em aparência de imobilidade, de quietude entre as nuvens, uma quietude que torna ainda mais inexplicável, inverossímil, que continuemos pendurados no ar. Que o verdadeiro milagre do capitalismo é transformar a imobilidade por excelência em aparência de movimento furibundo.)

O aumento da desigualdade nos últimos trinta anos foi uma mudança brutal em relação à tendência geral do século XX. Nos países mais ricos, poucos pareciam se interessar pela questão enquanto todos podiam consumir, e continuaram desinteressados até que a crise os atacou de frente. No ano da graça de 2008, os Estados ricos gastaram fortunas enormes para salvar seus bancos e seus mais ricos enquanto condenavam a levar vidas piores — sem poupança, sem casa, sem trabalho — muitos de seus pobres. Para não falar dos pobres alheios.

Em junho de 2008, quando milhões de pessoas pediam comida nas ruas de dúzias de países, quando os desnutridos do mundo chegaram, pela primeira vez na história, à cifra tão publicitária de 1 bilhão, os participantes da reunião de cúpula da FAO proclamaram mais uma vez que 30 bilhões de dólares por ano durante seis anos — 180 bilhões no total — resolveriam as questões mais urgentes da fome mundial. Alguém recordou, nesse momento, que só o mercado de tratamentos para emagrecer movimentava nos Estados Unidos cerca de 33 bilhões anuais.

Então os países ricos prometeram destinar 12 bilhões de dólares a ajudas. Era quase heroico: mais de um terço do que lhes pediam. E chegaram a entregar 1 bilhão; em novembro, suas bolsas de valores e seus bancos despencaram, e seus governos se esqueceram dos famintos. Em alguns meses, gastaram 3 bilhões — 3.000.000.000,000 — de dólares — para salvar seus bancos.

Mas é curioso que — me — surpreenda tanto o fato de que os governos gastem fortunas para resgatar os grandes bancos e não gastem quantias bem mais modestas para resgatar os famintos: as finanças são indispensáveis para que seu sistema funcione; os famintos não. São, na verdade, um pedaço de pau enfiado no meio dessas rodas.

Ainda assim, para muitos, o resgate dos bancos foi uma quebra: o momento em que começaram a pensar em algumas coisas.

É curioso como, de repente, inesperadamente, algo que parecia evidente mas ninguém via se torna evidente para muitos: é "revelado" por algum fato, uma frase. Ou talvez seja necessário dizer: cristaliza-se nesse fato e se transforma, então, em um conceito comum, compartilhado. O resgate dos grandes bancos ocidentais por seus governos foi uma dessas revelações. De repente, gerações ou setores que haviam passado muitos anos satisfeitos com seus níveis de vida, de liberdade, de consumo, constataram que estavam em meio a uma intempérie: nas mãos de uns ricos superpoderosos que podiam usar os aparatos do Estado em seu benefício — e se irritaram.

(De alguma maneira, os resgates do verão de 2008 foram a contracapa — o ferrolho? — do ciclo que havia começado no verão de 2001, sete anos antes. Se os atentados islâmico-americanos serviram para convencer milhões de cidadãos dos países centrais de que deviam confiar no Estado que os defenderia — mesmo que isso supusesse renunciar a certas liberdades —, os resgates financeiros os convenceram de que, ao contrário, não podiam confiar nesses Estados quando realmente precisavam deles porque estavam dominados pelos ricos. Foi uma mudança cujos efeitos continuam ativos, procurando um resultado.)

A expressão mais conhecida — mais vendida — desse processo foi exatamente uma expressão: "Noventa e nove por cento".)

Tudo começou com um artigo que o economista liberal e Prêmio Nobel Joseph Stiglitz publicou, em maio de 2001, na revista *Vanity Fair*. Stiglitz começava recordando como a riqueza havia se concentrado — "1% dos norte-americanos mais ricos fica com quase um quarto da renda da nação a cada ano" —, como a quantidade de dinheiro que circula no circuito financeiro atrai os melhores talentos — afastando-os de atividades mais produtivas para a sociedade —, como essa concentração faz com que os ricos se desinteressem pelos serviços públicos — escolas, hospitais, parques — porque não precisam deles, e como acaba com a coesão de uma sociedade.

E concluía dizendo que "esse 1% tem as melhores casas, a melhor educação, os melhores médicos e o melhor nível de vida, mas há uma coisa que seu dinheiro não parece ter comprado: a compreensão de que seu destino está ligado à maneira como vivem os outros 99%. Através da história, isso é algo que aqueles que fazem parte do 1% chegam, eventualmente, a aprender. Muito tarde."

O slogan logo foi difundido. Em poucos dias, muitos falavam de 99% e 1%: políticos, jornalistas, publicitários, pessoas. "Fazemos parte dos 99%" se transformou em um canto de guerra.

(Nos Estados Unidos, 10% da população concentra metade da riqueza nacional — mas o que interessava era aquele 1%.)

Instalaram-se certezas. De repente, o tema da desigualdade havia se transformado em lugar-comum: lugar de encontro fácil. Porque a desigualdade se estabelecia em relação aos que haviam acumulado excessivamente. Não era uma diferença qualitativa: era quantitativa. Não correspondia ao lugar que cada um ocupa na sociedade, na produção, nas várias instâncias de um país. Nesse esquema, o dono de uma fabriqueta com apenas duzentos operários — o explorador do trabalho de duzentos operários — podia estar no mesmo saco, ao lado de qualquer um de seus operários: ele e os outros faziam parte desses 99% que não tinham dezenas de milhões de dólares.

É o mesmo mecanismo que tanto serve à palhaçada nacionalista. O nacionalismo consegue transformar o patrão e o operário, o advogado e a mucama, a fazendeira e o lavrador em parte da mesma coisa — a Nação, a Pátria que os reúne e os une — contra as demais. Os grupos precisam de um inimigo para acreditar que existem: o inimigo das nações são as outras nações — algumas mais do que outras—; o inimigo dessa nova coesão inverossímil entre ricos e pobres, marginalizados e integradíssimos, repressores e reprimidos que o slogan dos 99% propõe é esse uno, os desmesurados. São tão brutais, tão excessivos que é possível postular que todos os demais têm algo em comum: que não são eles.

E ainda assim.

(Os norte-americanos que cantam que são "99% contra 1%" acham que eles são, em conjunto, algo assim como 1% do mundo?)

O slogan dos 99% coloca em discussão a questão da riqueza extrema — mas não a questão da riqueza, da propriedade, das formas de apropriação da riqueza.

(Parece que, ultimamente, todos os debates pararam diante da porta da propriedade privada: é o *nec plus ultra* destes tempos, o umbral que não pode ser atravessado. *Lasciate ogni speranza voi ch'entrate.*

Basicamente, suponho, porque não há nenhuma ideia alternativa a oferecer. Apareceram diversas formas de propriedade no campo da produção cultural: desde sempre, aquele que quisesse compartilhar um sanduíche devia desistir da metade desse sanduíche, aquele que quisesse compartilhar um livro devia entregar o livro. Agora, é possível compartilhar uma canção, um filme, um livro eletrônico, uma bicicleta em certas cidades bacanas sem perder nada deles: é uma mudança radical, mas ainda pequena, uma janela aberta a diferentes formas de propriedade. Mas, quando voltamos à tosca materialidade do sanduíche, tudo continua igual: tão disputado como sempre.

Mais: apresenta-se como o iniludível, o "natural". O capitalismo e seu conceito da propriedade privada se apresentam como a forma natural. E, portanto, aceitá-lo é realista. Há respostas, e elas são, com certeza, políticas: admitir que aceitá-lo é uma escolha. Não aceitá-lo é outra, contrária: não garante que vá mudar; só que alguém gostaria que mudasse.)

No discurso hegemônico atual, o contrário da desigualdade não é a igualdade. O que aqueles que criticam essa "desigualdade" procuram não é a igualdade, mas a sensatez. Que não haja extremos. O que os incomoda não é que exista um mecanismo pelo qual alguns se apropriam do que outros produzem, mas que se apropriem em excesso.

De onde 99% e 1%: eles são os que ficam com muito; nós somos os que ficamos com um pouco. Porque o capitalismo é positivo, mas não é preciso exagerar. Como diz uma declaração contra a desigualdade da Oxfam, uma das ONGs mais comprometidas com a luta pela erradicação da miséria, "A desigualdade foi vinculada a diferentes problemas sociais, incluindo a violência, a doença mental, o crime e a obesidade. Mais: foi demonstrado que a desigualdade não é apenas ruim para os pobres, mas também para os ricos. As pessoas mais ricas são mais saudáveis e mais felizes quando vivem em sociedades mais igualitárias."

Na realidade, ninguém sabe muito bem do que está falando quando fala de igualdade.

A *égalité* imposta pela Revolução Francesa era a igualdade jurídica em uma época em que ela não existia: em que ter nascido em tal ou qual berço mudava todos os seus direitos. Agora, quando se supõe que a maioria dos países oferece essa igualdade jurídica, a igualdade se transformou, para muitos, em "igualdade de oportunidades": a ideia de que a vida é uma corrida de obstáculos e o que deve ser assegurado é que todos possam chegar à largada e começar a correr — e depois, na pista, os mais fortes triunfarão e o resto terá perdido sua oportunidade. Outros, por fim, estarão falando de certa igualdade material. Mas também é provável que, de novo, queiram dizer "certa sensatez, certa medida, na desigualdade": que não existam diferenças caricaturais, que os que têm mais não humilhem o resto. Porque não sobrevivem, atualmente, muitas doutrinas que defendam a igualdade material como um fim.

Ou sim?

Para impulsionar essa "medida na desigualdade", essa "desigualdade razoável", a maioria dos governos e organismos internacionais sustentou, durante as últimas décadas, que a solução era alguma variante do *trickle down*, do derrame pelo qual o aumento da riqueza dos mais ricos também beneficiaria os mais pobres.

Ultimamente, dizem isso em voz baixa, com vergonha, como para que não se entenda bem, dissimulando.

É difícil imaginar escalas de igualdade material em uma sociedade baseada na desigualdade material — que, ao mesmo tempo, a condena um pouco. Sempre se disse que a morte é a grande niveladora: "[...] achegados são iguais/ os que vivem por suas mãos/ e os ricos" — diz um dos maiores poemas do idioma.*

---

* Últimas estrofes do poema "Coplas a la muerte de mi padre", de Jorge Manrique, autor do século XV, um dos poetas clássicos do romantismo espanhol (*N. T.*)

Em 11 de setembro de 2001, em Nova York, quase 3 mil pessoas — os arquivos dizem que 2.973, e nunca se saberá exatamente quantas — morreram por causa de dois ataques aéreos de novo tipo. Nesse mesmo dia, no resto do mundo, cerca de 25 mil pessoas morreram por causas relacionadas com a fome. No dia seguinte, outras tantas, e no outro e no outro.

As mortes de Nova York aconteceram em Nova York, a capital do mundo; as outras, em suas margens mais distantes, nos subúrbios do Outro. As mortes de Nova York tiveram responsáveis, e convinha a todos aqueles que têm poder midiático colocá-las muito em evidência; as outras parecem não ter responsáveis e a maioria dos meios de comunicação prefere manter essa ilusão. As mortes de Nova York serviram para que os grandes poderes do mundo justificassem um aumento exponencial do controle social e da repressão; as outras não lhes servem, aparentemente, para nada. Ou, pelo menos, para nada que possam proclamar.

A desigualdade não está apenas no relato da morte; também — sobretudo — está na própria morte.

Durante a maior parte da história, as pessoas morriam de doenças que ninguém sabia curar. Certamente, os pobres morriam mais, porque sua alimentação, suas condições sanitárias, suas formas de vida eram piores, mas ninguém tinha um remédio eficaz contra a gota ou a sífilis ou o câncer de mama: em última instância, reis e escravos morriam das mesmas coisas.

Não mais. Nas últimas décadas, o avanço da medicina básica fez com que na África a população triplicasse entre 1950 e 2000. Já não morrem tantas mães durante o parto, tantos filhos nos primeiros anos de vida, tantos doentes de malária ou de tuberculose. E, no entanto, morrem muitíssimos. Uma em cada dez de crianças africanas morre antes de completar 5 anos: quinze vezes mais do que nos países ricos.

A diferença é que agora não morrem porque não há remédios para suas doenças; morrem porque não podem comprá-los. Em Uganda, por exemplo, o governo não tem dinheiro suficiente para enviar as doses de Malarone — atovaquona e cloridrato de proguanilo — necessárias para prevenir a malária, e envia menos; nos hospitais, são divididas e distribuídas, e cada pessoa toma menos do que precisa. Essas doses reduzidas funcionam como uma vacina: a médio prazo, as pessoas se tornam imunes ao Malarone;

quando adoecem, não há tratamento possível e morrem. O que as mata não é sequer a doença; é o fato de haver menos remédios do que os necessários.

Talvez essa fosse, provisoriamente, uma medida da igualdade urgente, irrenunciável: que ninguém morra de males para os quais temos soluções. Uma mínima igualdade diante da grande igualadora.

É tão modesta.

A igualdade de comer todos os dias é ainda mais modesta. Dizíamos: em um mundo onde nada legitima mais do que ser vítima, a fome produz vítimas — muitíssimas vítimas — sem carrasco aparente.

O que é uma vítima sem carrasco? Um ato sem agente, um fato que ninguém provocou. A confusão de não poder completar uma história. E, portanto, uma história desagradável que tantos deixam acontecer.

E falam, se é que dizem alguma coisa, da desigualdade.

ARGENTINA

O LIXO

1

O sol ataca. Há um caminho de terra, um descampado, cheiro de raios; há uma ponte. Sob a ponte, o rio Reconquista é uma massa disforme de água marrom e espuma, podridão. O sol se desfaz. Sobre a ponte, centenas de pessoas esperam que, 100 metros mais além, uma barreira de abra. Transpiram, se olham, falam pouco: muitas têm bicicletas. Sob a ponte se ouvem gritos: dois garotos de 15, 16 anos, correm atrás de outro garoto de 15, 16. Em cima da ponte, quando a barreira for aberta, centenas de pessoas vão correr para a grande montanha de lixo. São homens, quase todos; quase todos são jovens — mas há mulheres, velhos. Sob a ponte, o perseguido grita; os perseguidores o alcançam, o acossam, o perseguido grita mais. Sobre a ponte, alguns olham: fingem que não olham e olham. Embaixo, os perseguidores viram o perseguido, agarram-no pelos braços e os pés, balançam no ar, atiram no rio. O perseguido cai no rio podre, não grita mais. Os que esperam, esperam. O sol explode.

— É horrível ter de andar no lixo. Meu marido me dizia que a vida é assim. E eu lhe dizia que, se é assim, a vida é horrível. Meu marido foi embora, vá saber por onde andará, foi embora e me deixou com cinco crianças. E eu continuo aqui, no lixo.

Os lixões de José Léon Suárez são uma tradição argentina. Aqui, há mais de 50 anos, um governo militar fuzilou um número confuso de civis que tentavam apoiar uma rebelião militar peronista. Daqui — daquela história — saiu um relato que começava dizendo que um morto estava vivo.

"Seis meses depois, em uma noite asfixiante de verão, diante de um copo de cerveja, um homem me diz:

"Um fuzilado ainda vive.

"Não sei o que é que consegue me atrair nessa história difusa, distante, cheia de impossibilidades" — escreveu, em 1957, Rodolfo Walsh no começo de *Operação massacre* — e dessas linhas saiu, pouco mais ou menos, tudo o que fazemos. Daqui, dos lixões de José Léon Suárez.

— Encontro Paty,* massa de tomate, sopa, essas coisas. Sim, eu cozinho quase tudo de lá de cima.

— E o que cozinha mais?

— Guisado. Guisado com batata, macarrão, arroz. Quando encontro carne, carne. Depende do que encontrar na montanha.

Os lixões mudaram muito desde então. Agora são um empreendimento de 300 hectares que se chama Ceamse — Coordenação Ecológica Área Metropolitana Sociedade do Estado. Sua origem é turva de tão clara: em 1977, os militares que assassinavam com denodo, que enchiam o rio de cadáveres, decidiram que tinham de acabar com o *smog* que enfeava o ar da cidade de Buenos Aires. Era uma causa nobre, bem ecológica: proibiram os queimadores de lixo domiciliares e os substituíram por grandes depósitos localizados nos subúrbios; em seu sistema de metáforas, a claridade do céu do centro bem valia o lixo das terras da periferia.

Nesses mesmos dias, a menos de 1 quilômetro dali, no Campo de Maio, um dos maiores quartéis do Exército argentino, centenas ou milhares de corpos desapareceram, foram queimados, enterrados.

A cidade de Buenos Aires produz o lixo; os territórios circundantes o recebem, o processam — o consomem. A cidade de Buenos Aires, onde vivem 3 milhões de pessoas, produz todo dia 6,5 mil toneladas de lixo: trinta distritos periféricos, onde vivem 10 milhões, produzem 10 mil toneladas por

---

* Tradicional marca argentina de hambúrguer. (*N. T.*)

424

dia. Ou seja: cada habitante da capital produz o dobro de um dos subúrbios. Pertencer tem seus privilégios.

Sempre existiram pessoas que *cirujeaban*:* que procuravam nos lixões coisas para vender. Com a instalação do Ceamse — com o aumento exponencial da quantidade de lixo que chegava à região — os catadores locais também foram aumentando. No final dos anos 1990, quando a Argentina se consolidou como um país partido, o Estado armou um cerco ao redor do lixão: passou a ser vigiado por dúzias de policiais. E não tinham pruridos: quando cruzavam com um catador, enchiam de porrada — e lhe tomavam, para seu benefício, o que havia recolhido. As autoridades do Ceamse diziam que faziam aquilo para o bem dos invasores: que não podiam permitir que levassem — e comessem — alimentos decompostos que poderiam prejudicá-los. O Estado que não lhes garantia a comida garantia que não pudessem comer um iogurte azedo. Os catadores começaram a aperfeiçoar suas técnicas: entravam à noite, sub-repticiamente, um por vez, ou dois ou três: quando viam algum policial se escondiam, muitas vezes sob o lixo.

Mesmo assim, catar lixo era um trabalho viável em um país com escassez de empregos. Ao redor do lixão havia um cinturão de terras vazias, inabitáveis por razões sanitárias. Aos poucos, foram ocupadas.

— Nesse dia, às 15h ou 16h, fiquei sabendo que estavam ocupando e às 18h estava lá, com meu pedaço de toldo. Foi difícil, muito difícil. É como em todos os bairros: um se enfia, dois se enfiam e, quando você se dá conta, todos já estão lá — diz Lorena.

— E então comecei a me dar conta do que é ser pobre.

Corria o ano de 1998 e a Argentina estava, como de hábito, em plena crise econômica, social. As terras ao redor do lixão ficaram repletas de pessoas que haviam perdido o emprego, que não conseguiam pagar mais os aluguéis mínimos que lhes cobravam por uma casinha onde podiam sobreviver. E, além disso, haviam chegado milhares de refugiados das inundações das províncias do nordeste: a região transbordava de pobreza.

— A ocupação foi muito espontânea. Quando você ocupa uma terra, é assim, um grande caos, tudo cheio de pedaços de cabos para marcar os lotes,

---

* Do verbo *cirujear*, neologismo argentino: catar lixo. (*N. T.*)

e eu estava sentada em uma pedra vigiando um pedaço de terra. Havia um vizinho que se chamava Coqui, e ele sempre implicava comigo: "Você se lembra daqueles anos, quando era bem branquinha?".

Lorena era muito jovem. Não tinha 25 anos. Agora tem 38 e pesa, diz, quase 200 quilos: uma massa com rosto risonho, inteligente, os cabelos louros meio curtos, carne transbordante.

— Agora sou colorida, a pele fica curtida, queimada, os bracinhos pretos...

— Você se lembra de quando era muito pálida, Lore, e ficava sentada aí, nessa pedra?

— Do que me recordo é de que tinha um medo...

Lorena havia chegado do Uruguai oito anos antes, quando tinha 16. Vinha de um bairro operário de Montevidéu: seu pai fora embora quando era bem pequena; sua mãe, costureira, trabalhou muito para sustentar suas quatro filhas que, aos poucos, foram emigrando para a Argentina. Seu último grande esforço foi oferecer à filha menor, Lorena, uma festa de 15 anos; estava doente e morreu de infarto dois meses depois. Lorena, sozinha, sem recursos, não teve escolha e foi para a casa de uma irmã que morava no outro lado do rio da Prata, em José León Suárez, nos subúrbios de Buenos Aires.

— Peguei um ônibus em Montevidéu, viajei a noite inteira. De madrugada, entramos em Buenos Aires por uma rodovia, chegamos ao centro, estava amanhecendo e eu olhava pela janela e dizia ui, Hollywood, cheguei em Hollywood, luzes, rodovia, umas mulheres que saíam vai saber de onde com botas até os joelhos, shorts curtinhos e aquelas botas. Eu olhava para fora, pela janela, e meus olhos pulavam, porque era demais: "Rodovia, botas e bundas", dizia. Meu coração explodia e dizia onde estou, o que é isto, onde me enfiei?

Em José León Suárez também não entendia nada. Suas irmãs ficaram inquietas com a adolescente que chegava do passado. Lorena não tinha documentos, não tinha educação, não sabia o que fazer com sua vida.

— Comecei a trabalhar vendendo sanduíche de linguiça na calçada da estação de trem. O dono passava a mão na minha bunda e eu não queria dizer nada, mas um dia explodi e o mandei para o caralho e não apareci mais. E aí comecei a catar papel. Aqui em Suárez todos iam com carrinhos e, bem, comecei a me drogar, muito. Eu nem sabia o que era um baseado... E todo esse submundo da pobreza, da miséria... Eu queria me matar... E depois me aconteceu uma coisa muito linda: conheci o pai de meus filhos. Fiquei muitos anos, 16 anos, com o pai de meus filhos. Foi uma bela história.

O rapaz se chamava César, trabalhava em uma fábrica, tinha uma família. Juntos construíram outra: dois filhos biológicos, uma filha adotada. Naqueles dias de 1998, viviam em um ranchinho que alugavam; ele fora demitido da fábrica e não sabiam mais o que fazer para pagar o aluguel. E, além disso, Lorena sempre quisera ter alguma coisa que fosse dela: um pedaço de terra. Mas naquela tarde ele não queria participar da ocupação. Ela insistia:

— Eu já estava de saco cheio, só isso. Sempre fazia tudo direito, tudo bem, e continuava indo mal, nunca tinha nada. Mas o Fraco não queria quebrar a lei, queria fazer tudo direito. E ainda mais quando viu o que eram essas terras, um lixão meio inundado, tudo cheio de merda, de barro, ratos imensos. Foi a primeira vez que nos separamos.

Naquela tarde, cada um ocupava o que podia. Lorena lembra daquilo com carinho. As pessoas se ajudavam: venha por aqui, se enfie neste lugar, vamos, do que precisa? A princípio, cada um ficou com um lote de 30 por 30; depois viram que assim não daria para todo mundo e decidiram cortá-los pela metade: 30 por 15 e aí sim. Começaram a delinear as ruas, o espaço onde algum dia estariam as calçadas; semanas de trabalho, de entusiasmo. E de conflitos: havia alguns que os ocupavam para vendê-los aos que chegassem depois, mas os vizinhos tentavam impedi-los.

— Quando eu ficava sabendo que alguém estava ali para fazer negócio, chamava meus companheiros, dizia a eles vamos lá e ficávamos no lote até que enfiávamos uma família, não permitíamos que fosse vendido até que enfiávamos uma família. Todos tínhamos toldos, vivemos quase seis meses assim. Para sobreviver, os que estávamos ali nos organizávamos em grupos para acender uma fogueira e poder cozinhar, porque a polícia não nos deixava entrar com madeira, não nos deixava entrar com chapas. Tampouco tínhamos água, a água que havia era podre, houve muita hepatite. Organizamos o sopão popular, começamos a ver como poderíamos trazer água; no começo, o assentamento é muito difícil. Aí comecei a ver que eu podia fazer algumas coisas.

Algum tempo depois, alguém se deu conta de que um bairro sem nome não é um bairro. Discutiram a questão em uma assembleia de moradores.

Vários quiseram batizá-lo de José Luis Cabezas, nome de um fotógrafo que um milionário ligado a Carlos Menem havia mandado matar um ano antes. Mas acabaram decidindo que se chamaria Oito de Maio, porque foi esse o dia em que finalmente haviam se atrevido a ocupá-lo, o dia em que começou.

Nos meses seguintes, chegaram milhares de pessoas: todas as terras vazias — os lixões, os pântanos — dos arredores foram se transformando em bairros. Com o tempo, César aceitou viver por um tempo no terreno ocupado e se reconciliou com Lorena. Não tinham muitas fontes de renda; havia dias em que não conseguiam comer o necessário: catavam, *cartoneabam*. *Cartonear* é um verbo novo do idioma dos argentinos: não tem mais de 20 anos. É, em síntese, a forma politicamente correta, descafeinada, de chamar aqueles que vivem de chafurdar no lixo alheio, os que costumam chamar a si mesmos com a palavra antiga: *cirujas*, catadores.

Lorena costumava ir a um bairro elegante da capital, Belgrano R., "R" de residencial. Alguns vizinhos também faziam a viagem; entre eles, os pais de Noelia.

— Quando Noelia tinha 5 ou 6 anos, há muito tempo, vinha a um centro comunitário que havíamos armado no bairro. Eu fazia uma oficina com as crianças e me lembro de que estávamos falando de sonhos, do que cada um sonhava, e Noelia fez um desenho meio estranho. Eu não entendia nada de desenho e lhe pedi que me explicasse. "Este é um McDonald's, tia." Eu lhe disse: "Esse é seu sonho?" "Sim, comer, mas lá dentro, né." E apontava para dentro. Porque a verdade é que estava acostumada a comer do saquinho do McDonald's, do lixo do McDonald's, mas queria comer lá dentro — diz Lorena, e que o McDonald's era "São McDonald's" porque de lá saía o hambúrguer mais lindo. "Até hoje o lixo do McDonald's é o mais limpo de todos", diz. Mas Noelia queria comer lá dentro.

Então, há uns dez anos, a maioria dos moradores do bairro Oito de Maio subia a Montanha, esse lugar que ainda chamam de Montanha, para *cirujear*.

— Você se enche de coragem. Se eu lhe disser negro, enfie-se naquela montanha de lixo que está ali, você vai se animar? Posso lhe garantir que não. Vai ter de fazer das tripas coração e vai ter muito nojo e vai vomitar e vai dizer eu não posso estar aqui.

A montanha de lixo tem 5 ou 6 metros de altura, 20 de base, é uma verdadeira porcaria: todo tipo de dejetos jorrando, pegajosos, aquele cheiro de inferno.

— Mas se você estiver com muita fome, vai fazer o que tiver de fazer, azar, e no final nem vai perceber. É a necessidade... A única coisa que nos mobiliza para nos organizarmos, para lutar, para ter uma terra é morrer de fome. Preciso e faço. Não somos muito conscientes, não temos muita consciência de trabalhar aqui. Se fôssemos muito conscientes, não estaríamos aqui.

Aqui é a planta cooperativa de processamento de lixo, ao pé da Montanha, que Lorena dirige. Planta de processamento é um grande nome: é um galpão repleto de lixo, montanhas de lixo ao redor, várias dúzias de homens e mulheres separando-o, preparando-o para vender. São os que se livraram de ter de escalar a Montanha todos os dias: *cirujas* com trabalho fixo. A Argentina é um país onde tudo pode se institucionalizar; o mundo atual é um mundo onde tudo pode.

— Por quê? Se fossem muito conscientes, o que fariam?

— Não sei, outra coisa. Nós nem pensamos em quanto tempo vamos levar para morrer trabalhando aqui... É terrível porque a vida de todos os que trabalhamos no ramo do lixo, em tudo o que é o setor... Estamos empesteados, muito empesteados... Trabalhamos com os ratos, veja as condições. Mas você tem de resolver a questão do rango hoje. Quando tem fome, não pode parar e ficar olhando essas coisas — diz Lorena.

Com a crise de 2001 e o aumento das ocupações e a falta de dinheiro, a quantidade de *cirujas* se multiplicou de repente — e sua insistência e seu desespero: contam que os guardas do lixão ficaram mais violentos, expulsavam a tiros os que tentavam entrar. Então os *cirujas* começaram a assaltar os caminhões que chegavam. A repressão também aumentou e se espalhou pelos bairros próximos: havia cassetetes, tiros; espancados, feridos.

A polícia aperfeiçoou, dizem, sua metodologia: às vezes, deixavam os *cirujas* entrar e os agarravam quando saíam, para lhes tomar o que haviam encontrado — para depois vender nas aldeias. Alguns policiais, dizem ainda os *cirujas*, lhes cobravam para deixá-los entrar: em dinheiro, em mercadoria, em sexo.

Até o dia 15 de março de 2004: naquela noite, dois gêmeos de 16 anos, Federico e Diego Duarte, entraram, como em muitas outras noites, para *cirujear* na Montanha. Quando a polícia apareceu, se esconderam debaixo de uns papelões em uma pilha de lixo. Federico viu um caminhão descarregando cataratas de sebo uns metros mais além, onde seu irmão devia estar; quando a polícia foi embora e ele conseguiu sair, o procurou por todos os lugares. No dia seguinte, sua irmã Alicia denunciou seu desaparecimento à polícia. Não lhe deram muita importância. Dois dias depois, quando um fiscal ordenou que o rastreassem, já era tarde.

O corpo de Diego Duarte nunca apareceu, e o caso se transformou em um escândalo que os jornais nacionais repisaram. Em protesto, o Caminho do Bom Ar — que atravessa os terrenos do Ceamse — foi bloqueado por organizações piqueteiras: alguns dias depois, centenas de *cirujas* incendiaram galpões do prédio. Por fim, a empresa negociou: ficou acertado que a cada dia, durante uma hora, a partir das cinco da tarde, os *cirujas* poderiam entrar na Montanha. Era um modo de sancionar, de tornar institucional, uma coisa que até então fora clandestina e marginal: que milhares de argentinos revolvessem o lixo para procurar comida.

2

Jogar lixo fora é um gesto de poder. O poder de prescindir de bens que outros necessitariam; o poder de saber que outros se ocuparão de fazer com que desapareça.

O poder de possuir é prazeroso; nunca mais do que o poder de se desfazer: o poder de não precisar de bens.

O poder verdadeiro é desdenhá-lo.

O Institution of Mechanical Engineers (Colégio de Engenheiros Mecânicos do Reino Unido ou IMechE, na sigla em inglês) é um organismo sensato, respeitado. Em janeiro de 2013, publicou um informe que parecia puro sensacionalismo: depois de anos de estudos, havia chegado à conclusão de que cerca da metade dos alimentos que o mundo produz não é consumida.

Na realidade, a cifra não era tão distante das habituais — mas assim, brutal, causou certo impacto. "Hoje produzimos cerca de 4 bilhões de toneladas de alimentos por ano. E, no entanto, devido às más práticas de colheita, armazenamento e transporte, assim como ao desperdício na venda e no consumo, calcula-se que cerca de 30% a 50% — entre 1,2 e 2 bilhões de toneladas — desses alimentos nunca chegam a um estômago humano. E essa cifra nem sequer reflete o fato de que grandes quantidades de terra, energia, fertilizantes e água também são perdidas na produção de alimentos que simplesmente acabam indo para o lixo", diz o informe dos engenheiros.

Os motivos variam de acordo com as regiões. No OutroMundo, os alimentos se perdem porque falta infraestrutura: apodrecem nos campos sem meios para serem colhidos, são arruinados em depósitos acondicionados de forma incorreta, não chegam a seus destinos devido às estradas e aos meios de transporte deploráveis, são comidos pelos ratos e outros bichos. E não apenas nos países mais extremos: "No Sudoeste Asiático, por exemplo", diz o informe, "as perdas de arroz chegam a cerca de 180 milhões de toneladas anuais. Na China, um país em vias de rápido desenvolvimento, a perda de arroz chega a 45%, enquanto no Vietnã, menos desenvolvido, a 80% da produção."

Nos países ricos, os alimentos são perdidos em frigoríficos ou gôndolas de supermercados ou depósitos de restaurantes ou, sobretudo, em geladeiras e despensas dos consumidores. É que são — ainda — muito baratos. E a paranoia dominante em questões alimentares faz com que todos os que podem joguem comida fora quando sua caducidade começa a se aproximar. Além disso, somos muito exigentes. "Os grandes supermercados, para satisfazer as expectativas de seus clientes, rejeitam colheitas inteiras de frutos perfeitamente comestíveis porque não atingem elevadíssimos padrões devido às suas características físicas — tamanho e aparência. Por exemplo, cerca de 30% da produção de verduras do Reino Unido não chega a ser colhida por isso. E, quanto aos produtos que chegam aos supermercados, as habituais ofertas costumam incentivar os clientes a comprar quantidades excessivas que, no caso dos alimentos perecíveis, serão, inevitavelmente, jogados fora. Nos países ricos, os consumidores jogam fora 30% a 50% do que compraram."

Um ano antes, a FAO havia sido mais recatada, ao dizer mais ou menos a mesma coisa — e estabelecer categorias: na Europa e nos Estados Unidos, um consumidor médio desperdiça cerca de 100 quilos de alimentos por ano; um asiático ou um africano — um consumidor africano? — não chega aos 10 quilos. E que os cidadãos dos vinte países mais ricos desperdiçam a cada ano uma quantidade de alimentos igual a toda a produção da África Negra — cerca de 220 milhões de toneladas.

Ou, também: na Itália, são jogados no lixo, todo ano, alimentos suficientes para alimentar 44 milhões de pessoas, por uns 37 bilhões de euros. Nos Estados Unidos, segundo o National Resource Defense Council, são jogados fora 40% dos alimentos. Uma pesquisa do Shelton Group diz que dois de cada cinco norte-americanos sentem "culpa verde" por desperdiçar alimentos.

Dito de outra maneira: a cada dia, os ingleses jogam fora uma média de 4 milhões de maçãs, 5 milhões de batatas, 1,5 milhão de bananas. A cada dia, os ingleses jogam fora uma média de 4 milhões de maçãs, 5 milhões de batatas, 1,5 milhão de bananas. A cada dia os ingleses jogam fora uma média de 4 milhões de maçãs, 5 milhões de batatas, 1,5 milhão de bananas. A cada porra de dia.

Jogar comida no lixo é um claro efeito — um dos efeitos mais brutais — da superabundância. Em 2007, os ingleses jogaram fora 8,3 milhões de toneladas de alimentos; em 2010, com a crise, baixaram para 7,2 milhões — o que é ainda mais vergonhoso: quando estão mais pobres, se cuidam.

Há algo nessas cifras que parece falso: é inverossímil que desperdicemos a metade ou até um terço dos alimentos que temos enquanto tantos não têm. Mas as chequei muito e muitos as confirmaram.

Em 2001, um estudo do Instituto de Engenharia Sanitária da Faculdade de Engenharia da Universidade de Buenos Aires constatou que a capital argentina joga fora 200 a 250 toneladas de alimentos por dia: cerca de 550 mil rações de comida.

O lixo — a abundância de lixo, o desperdício de lixo — é uma das metáforas mais óbvias do sistema-mundo: que alguns joguem fora aquilo de que os outros precisam muito, que falte a alguns o que sobra a outros.

— Aquele que ganha, leva o melhor — grita um garoto para mim, camiseta do Boca Juniors cheia de buracos.

O sol ataca. No caminho de terra, no descampado, cheiro de raios, mil pessoas esperam à entrada da ponte. Estão atentas, se amontoam, ocupam toda a largura, esperando o sinal de largada. O sol insiste. Na frente, um policial as observa, fuzila-as com a indiferença. De repente, levanta os braços, gira os braços: o sinal esperado. Mil pessoas avançam, em um rumor sem gritos, a caminho da Montanha.

A primeira opção é jogar o que sobra no lixo; a segunda, jogar para os cidadãos de terceira.

Quando o policial dá o sinal, é preciso correr: é preciso chegar antes de todos, é preciso aproveitar os três quartos de hora em que a Montanha fica aberta. É preciso correr: um quilômetro de corrida aberta, subindo, empurrões, quedas, gritos, alguma piada. Correm, correm, pedalam: pelo caminho de terra e poças, correm, no meio de pequenas pilhas de lixo e moitas e tanques de água parada, correm: todos correm, para ver quem chega antes para se enfiar no lixo e ficar com os melhores restos. Correm: a maioria são homens, mas há mulheres, crianças; mil homens e crianças e mulheres correndo com denodo para chegar primeiro ao lixo. É a luta pela sobrevivência colocada em cena por um diretor sem o menor talento.

— Eu vou de bicicleta, mas, se cair, passam por cima de você. Ou te empurram, porque é um caos, e se cair passam por cima. Hematomas por todos os lados. É como uma maratona; quem cai, perde. Se você não levantar imediatamente, passam por cima. Todos querem chegar primeiro. Você viu como é a fome: o que chega primeiro agarra; o que não chega fica sem nada. Por isso é preciso correr.

Laucha sobe a montanha há dez anos; antes trabalhava como ajudante de pedreiro, mas não é fácil encontrar, diz que cada vez há menos trabalho.

— Bem, pelo menos para mim não há — me diria depois, já na baixada.

Alguns levam carrinhos de mão — os cavalos são proibidos —, mas avançam devagar, muito devagar: só lhes serve se trabalham com outra pessoa que possa se adiantar em uma bicicleta. As bicicletas são velhas, desengonçadas: avançam aos tombos no terreno irregular, perigoso, cheio de obstáculos e fios e podridão de toda espécie.

— Você viu? É como uma dessas largadas de corrida de cavalo; ficamos todos ali e é preciso sair correndo e quem passa, passa; você é empurrado, se atiram em cima de você. Uma vez quebrei o ombro e os quartos, por sorte uns garotos me puxaram, me arrastaram, você não imagina como doía...

Caminham vestidos com andrajos, calças curtas sujas, camisetas sujas, bonés sujos, tênis sujos; um verdadeiro equipamento de sujeira para se sujar lutando pelo melhor lixo.

— Mas aqui ninguém vai ajudá-lo, você tem que se salvar sozinho.

Antes Flaca não subia porque não tinha bicicleta:

— E sem *bike* é difícil, você chega tarde, quando chega não resta nada.

Flaca ia com um carrinho *cirujear* no centro — a capital, diz: a capital — mas saía de casa depois do almoço e só voltava à noite, muito tarde; cada vez tinha mais problemas para deixar seus filhos e, além disso, às vezes encontrava alguma coisa, às vezes não.

— Aqui é mais seguro, sempre se encontra alguma coisa. Bem, sempre não, mas muitas vezes. E depois fica muito mais perto. Você não imagina como economizei para conseguir a bicicleta. Passei anos querendo essa bicicleta.

A Flaca é magra, tem 30 e tantos anos, cinco filhos entre 2 e 12 anos.

— Mas acabou conseguindo comprá-la — disse-lhe mais tarde, e me olhou como quem não entendia. A *bike*, lhe digo.

— Não, como iria comprá-la? Encontrei-a na capital, no lixo, toda arrebentada, e a fomos ajeitando.

O cheiro, o fedor, muitos bichos: uma infinidade de bichos.

— Se você quiser subir, faça de conta que é um cárcere. É assim, como viver num presídio. Você fica esperando ser morto ou pode matar alguém. É perigoso, estou dizendo, é perigoso. Mas não ache que é com você. Quando aparecem garotos jovens, quando são de outra aldeia, levam cacetadas, são moídos, e lhes tomam a *bike*, o boné, cortam suas caras, um desastre. Outro dia deixaram um menininho desmaiado, um menino de 8, 10 anos, um que era novo aqui. E com ele estava a mãe, que agarrou a corrente da *bike* e afugentou os meninos que deixaram seu filho desmaiado.

— Você tem medo de subir?

— Eu sou grande, tenho idade.

Vão chegando: em tropel, aos bandos, chegam lá em cima. Lá em cima é uma espécie de meseta onde os policiais vestidos de comandos, com metralhadoras, estacionam seus jipes e motocicletas, aonde vão e vêm escavadeiras amarelas, onde cruzam o chão quilômetros de canos que puxam os gases enterrados: onde, enfim, o cume da Montanha, o alto da Montanha é esta montanha interminável de lixo.

— Acorrente-a, Matute! — grita um garoto de 20 anos, e Matute o obedece: alguns amarram suas bicicletas com arames; outros as deixam como se confiassem.

— Não, há muito mais homens do que mulheres. Os homens são mais fortes. Então, nós, mulheres, temos de procurar comida, não podemos carregar madeiras ou tambores. Você começa a saber como procurá-la. É o instinto — me disse depois a Flaca.

— As mulheres não são muitas. Porque é muito perigoso. Empurram, batem em você. Mas há também. Algumas vão com crianças. Mas isso pode lhes fazer mal. O cheiro, o lixo, tudo isso.

O marido de Flaca está há muito tempo sem conseguir trabalho; Flaca e o marido recebem um subsídio — a Pensão Universal por Filho — por um dos filhos, que tem o sobrenome dela porque nasceu quando estava separada. Mas os outros quatro não, porque têm o sobrenome do marido, e certa vez o marido teve um trabalho de acordo com as normas legais e então não recebem por eles. Agora tem de providenciar documentos para receber.

— E não faz mal a você?

— O que me faz mal?

— O lixo, digo, a contaminação.

— Graças a Deus, ainda não. Estou habituada.

O cheiro de um gás estranho, as aves de rapina, as poucas plantas obstinadas que crescem, montanhas no planalto. Em uma das paisagens mais planas do mundo, em pleno pampa, cinco ou seis montanhinhas como esta, que o lixo foi formando. Daqui de cima se vê longe. Primeiro as prisões: três presídios, um ao lado do outro. Mais além as aldeias: muitas, intermináveis. Alguém me disse que isso aqui é um parque temático da pobreza, que não falta nada: lixo, cárceres, fazendolas. Citava: alguém, certa vez, pendurou na entrada um cartaz que dizia Bem-Vindos a Quemaikén, o Parque Temático da Pobreza.

— Eu prefiro ser simples e não ricaça. Por aí com o que eu tenho estou melhor do que eles que têm mais.

— Por que está melhor?

— Porque quando você é humilde mais coisas vão lhe dar. Quando você não é humilde, não lhe dão nada. A pobreza consegue mais do que a grandeza.

— O que conseguem mais?

— Comida, amigo, comida — me diz o senhor Tato, de 50 e tantos anos — ou talvez 32. No lixo, trepadas na montanha de lixo, centenas de pessoas disputam as mercadorias mais procuradas. Iogurtes, salsichas, hambúrgueres, pacotes de macarrão, biscoitos, batatas fritas, latas de conserva, garrafas de refrigerante, lenços, tecidos, remédios, envelopes de sopa, comida para cães, galões de plástico, prateleiras de madeira quebradas, papel, algum móvel, algum achado extraordinário. Há mitos: que fulano achou um celular que valia não sei quanto, que beltrano achou um relógio dos bons, que sicrano uma carteira com um maço de cédulas.

— E o que mais procuram?

— Ouro — diz o sujeito, e dá uma gargalhada.

— E encontrou alguma vez?

— Vou encontrar...

— E sem ser ouro...

— Se encontro um iogurte, pego o iogurte, porque sei que dá dinheiro, tenho clientes que compram. Salsicha, queijo fresco, fiambre, bolas de mortadela, costela, queixo para ralar, de tudo — diz o senhor Tato, os dentes muito perdidos, o boné do New York Yankees cor de nada. O senhor Tato se detém nas marcas, discrimina as marcas:

— De tudo. O iogurte Actimel... Jogam fora embalagens inteiras. Ou os chicletes Beldén, que pegamos e voltamos a empacotar. Ou os pacotes de batata frita preparada, que jogam fora nos McDonald's dentro de sacos, congeladas. Essa é boa.

O senhor Tato me pergunta se tenho um cigarro; não, acabaram; ah, espere que vou procurar. Pouco depois volta com um maço de Marlboro meio abaulado, ainda fechado; me oferece um cigarro.

— Veja, restou da queima.

Eles cheiram a lixo. Alguns policiais estão com o dedo no gatilho de suas escopetas cortadas. Eles revolvem, afundam, encontram o que procuram — ou algo.

— Até crianças às vezes aparecem. Crianças, seres humanos. Quando usam aqueles ganchos de três dentes, que engancham o lixo assim, para destroçá-lo, mais de uma vez apareceu um corpo. Não uma vez, não uma vez, eh, muito mais. Eu não vi, mas muitos viram. Também tiram caixões de defunto. Se você começar a procurar, vai encontrar o equipamento completo. Se quiser morrer, será fácil morrer — me diz um homem gordo, com a barriga aparecendo por baixo da camisa curta, bermuda, tênis esfarrapados.

— Você alguma vez imaginou como devem ser as casas de quem joga tudo isso fora?

— Pra que pensar? Melhor não pensar, chefe.

Alguns chegam tarde, revolvem o que outros revolveram. Um homem velho, encurvado, com uma bolsa de aniagem, me sorri um sorriso desdentado.

— Esses sem-vergonha deixam passar muita coisa — diz, como quem sabe, com a bolsa vazia.

Na montanha de lixo, pessoas, centenas de pessoas enlameadas, chapinhando, se afundando no lixo. Os policiais com as escopetas prontas. Pássaros, os pássaros mais sujos que vi em minha vida.

— Isto é o mundo ao revés, amigo. Em vez de dar para a gente, o atiram aqui no lixão, para que os preços não caiam. Devem ser filhos da puta.

Jogam fora — jogam fora aqui mesmo — 10 toneladas de lixo por dia: o equivalente a duzentos vagões de trem cheios de lixo a cada dia.

— Eu encontro carne, às vezes batatas fritas. Todo dia tem coisas diferentes. Comida para cachorro, sacos de 15, 20 quilos. Caminhão de salsicha, de iogurte. Carne moída.

— E o que fazem com o que encontram?

— Você come, o que vai fazer? E quando sobra alguma coisa, vai e a vende no bairro. Aqui, na saída, há uns compradores que querem comprar, mas por umas moedinhas. Mas eu vendo barato.

— Para não brigar com os vizinhos?

José Luis ri, ou algo assim. José Luís tem quase 40 anos: chegou a José León Suárez muito pequeno, com um ano ou dois. Vinha de Santiago del Estero. Sua camiseta, bastante limpa. Usa luvas.

— Bem, mais ou menos. E porque todos sabem que vêm da queima. Eu, quando encontro salsichas, vendo o pacote com seis por seis mangos; na loja custam sete, oito. Mas faço um verdadeiro trabalho: é preciso colocá-las em um tacho com barrela, detergente, limpar, lavar. E pouco depois as vendo, por aí.

— E não aparecem depois para se queixar? Você me provocou uma indigestão, quase me matou...

— Não. As mercadorias saem bem, não apodrecem. Saem bem; lhes convêm... Se você tem algumas crianças e precisa comprar três pacotes com doze salsichas cada um... Faça a conta. Não estão vencidas. Estão bem. Não é possível entender por que não as doam aos restaurantes populares, a alguém... E não se limitam a jogá-las fora: passam por cima com uma pá de trator para transformá-las em merda. E quando você chega se vê obrigado a procurar o que resta. O que acontece é que os supermercados jogam fora tudo isso para receber o seguro, não é porque os produtos estejam feios ou vencidos. O lixo é um negócio. Um verdadeiro negócio. Mas quem leva a melhor são os caras que entram sozinhos, entram de manhã, estão acertados com a polícia.

— Você sabe o que vou comer hoje à noite? Flor de assado! — me diz um garotinho com camiseta do Chacarita Juniors, um time da região. A camiseta é um catálogo de manchas, o garoto é andrajoso e acomoda no guidão de sua *bike* uma sacola de plástico com 20 ou 30 quilos de carne muito sangrenta. O garoto do Chacarita vai embora cedo, feliz. Daqui comemos, vendemos, ganhei meu dia. Às vezes, até parece que um Deusinho cuida de você, diz, e ri às gargalhadas.

— Por que há gente que tem muito e outros que não têm quase nada?
— Aqueles que têm mais sofrem mais do que aqueles que têm menos, é a única explicação. Eu sou mais feliz tendo pouco do que o vizinho que tem mais. Quem tem muito é muito infeliz.
— Por que diz isso?
— Porque, no bairro, todo mundo me inveja: tem menos, mas vive bem com os filhos, dizem, me invejam.
— E você não tem vontade de ter mais?
— Não.
— De ter sempre o que comer?
— Gosto de ter sempre no dia, no dia, é melhor do que ter muita comida e não ter o carinho e o amor de seus filhos.
— E as duas coisas?
— Você nunca tem as duas coisas juntas. Quando tem mais, tem mais problemas de saúde, outros problemas.

Uma menina de 8 ou 9 anos corta o pé com alguma coisa — uma lata, um vidro, um ferro retorcido. Grita, sangra, dois ou três correm, e a levam em um carrinho ladeira abaixo.

— Eu estou lutando contra o sistema, a corrupção. Luto contra o poder. Aqui há dez ou quinze malandros que se acertaram com a polícia e levam tudo, estão fodendo com a vida de mil sujeitos que vêm e quando entram não encontram mais nada, os restos, o lixo — me diz Carlos, o líder da Montanha — ou seja lá o que for.

— Eu me enganei em minha vida, mas há doze anos não faço mais nada. Depois, nunca vendi drogas, nunca tirei nada de quem não tem, sempre tirei do Estado...

— Como do Estado?

— Do Estado, dos bancos, coisas sérias. Mas faz doze anos que mudei, estou fazendo trabalhos sociais. Porque passei muitas necessidades, venho de uma família humilde, somos onze irmãos. Eu sou analfabeto...

— E agora aprendeu?

Carlos me olha com uma expressão que pode ser que sim ou que não ou muito pelo contrário. Carlos tem um rosto que parece dizer, sempre, sim ou não ou muito pelo contrário: um rosto que nunca se sabe. Os cabelos muito curtos, os traços magros talhados a golpes, os lábios finos apertados, algumas cicatrizes, tatuagens discretas. Uma motocicleta poderosa, blue jeans e coturnos; me diz que é analfabeto com orgulho, como quem diz olhe de onde saí e veja onde estou. E que acabou de comprar uma ambulância para que as pessoas de seu bairro possam ir ao hospital em caso de urgência, que vai entregá-la neste sábado à noite no desfile da região, e que há alguns anos comprou outra, mas que o intendente de San Martín, por ciúme, a confiscou, acusou-o de coisas muito estranhas e enfio-o na prisão por seis anos, diz:

— Ficaram comigo seis anos, me armaram três processos, no final me declararam inocente dos três, livre de culpas e acusações. Mas me comeram seis anos inteirinhos, todos, filhos de mil putas. Nem me pediram desculpa, filhos de mil putas.

Aqui em cima, na Montanha, Carlos é um senhor dos anéis: dúzias de garotos se aproximam dele, dizem alguma coisa, lhe oferecem um cigarro ou uma lata de cerveja, lhe pedem trabalho, lhe roubam um minuto. Foi ele quem me permitiu subir — foi ele quem me trouxe —, embora, a princípio, não quisesse:

— Com essa sua cara, como vou fazê-lo entrar? Todos vão ficar te olhando, vão te encher de porrada.

440

Eu lhe disse que por ora não contava com outra cara à mão e que tinha certeza de que ele saberia me defender. Carlos resmungou e me disse tá bom, eu te levo, mas não garanto nada: vou dizer que você é um primo meu que chegou do Paraguai, mas se faça de humilde.

— Aqui sem mais nem menos te enfiam a porrada; por isso se faça de humilde.

Agora um garoto de 10 ou 12 anos lhe entrega um pão doce esmagado que acabou de achar; Carlos me convida; comemos. O garoto, depois, me diz que tenta evitar que seus companheiros de escola saibam que sobe à Montanha.

— Eu me faço de idiota. Caso contrário os garotos me fodem, vão me xingar de *ciruja*.

Dois garotos disputam uma sacola cheia de saquinhos de sopa em pó. Param, se olham: solte; não, solte você.

— Você não sabe quem eu sou.

— Você não é ninguém.

Um tem uma mecha azul no cabelo e o nariz torto, metro e meio, muito homenzinho; o outro é gordo, grandalhão mas gordo, a cabeça raspada.

— Você não é ninguém, idiota. E vai ser menos ainda se não soltar.

Muitos carregam canivetes — e os usam.

— Você é jornalista? Sim, não minta para mim, você deve ser jornalista. Tudo bem, eu não vou dizer nada, mas não venham nos escrachar dizendo que está tudo podre. Uma vez vieram aqui e começaram a dizer que todas as coisas estavam podres e não é verdade. Com isto mantenho meus filhos, graças a Deus. Tenho oito filhos e nenhum passou mal. Além disso, nós só levamos coisas que nos servem, não as que não nos servem. Nós vemos coisas que estão vencidas e não as levamos, porque levamos para nossos filhos. Eu posso lhe dizer que não são coisas feias. Eu vivo disto e dou aos meus filhos e eles são assim, gordinhos — me diz Juana, se defende. Juana vive em uma aldeia que chamam de Cidade de Deus, porque, em algum momento, ficou cheia de narcotraficantes, e vem todos os dias, há muitos anos.

— Há quantos anos?

— Não sei, muitos anos — diz Juana, e que antes trabalhava como empregada doméstica, mas agora já está velha.

— Com este rosto não querem me dar trabalho — diz, e me mostra as gengivas vazias. Juana se defende: defende a qualidade do que encontra no lixo, porque teme que, se disserem muito que está podre, alguém vai ter a ideia de fechar o lixão — e aí ela ficará sem comida.

— Muitas coisas chegam congeladas, quando as pegamos, ainda estão congeladas.

— Continuam congeladas? Como é possível, com este calor?

— Sim, continuam. Porque agora começaram a jogar fora depressa. Têm uma hora em que têm de jogar fora coisas boas e congeladas, naquela hora.

— E consegue alguma coisa todos os dias?

— Sim, quase todos os dias.

— Vem todos os dias?

— Sim. Antes eu vinha com minha filha mais velha, a Yoli, que tem 17, 18 anos, mas agora não quero que venha, isso aqui ficou muito perigoso, porque tem garotos que começam a roubar, mentem. Prefiro vir sozinha, por via das dúvidas. Mas não passa de um grupinho, e são muito ruins. Mas há muitos que são gente boa.

É um trabalho individual: cada um no seu canto.

Ou melhor: é pura concorrência.

Isso também é aprendizagem, um curso sobre a sociedade em que vivemos.

— Você sobe até aqui há muito tempo?

— Lá sei eu desde quando. Comecei a vir quando era pequeno. Passo todo o tempo dizendo que não vou vir mais. Mas o que você quer que eu faça? É preciso encher a pança — diz um sujeito que deixou há muito tempo de ser pequeno.

— Há muitos idiotas que nos olham arrevesado porque fazemos isto. O que querem? Que comecemos a roubar? Na verdade, deveríamos nos agradecer: para cada *ciruja*, um ladrão a menos.

Um homem e uma mulher muito velhos começam a descer com as sacolas vazias.

— Eu venho aqui há cerca de vinte anos. A vida me deixou aqui — diz o homem e lhe pergunto se muitas vezes vai embora assim, sem nada. Ele pisca um olho; entre rugas brutais, o enruga um pouquinho:

— Para mim é difícil pegar alguma coisa, para minha mulher também. Mas sempre viemos, nos conhecem: sempre há algum garoto que nos dá alguma coisa.

Um gordo com muita autoridade, torso nu, a barriga explodindo, lhe diz pegue e oferece um pacote. Centenas vão aparecendo, as roupas cobertas com um barro cinza que não existe na natureza. O rosto, as mãos cobertas com esse barro.

— Conseguiu alguma coisa?

— Comida para os frangos, cara — diz um garoto, as pernas bem magrinhas, um festival de tatuagens: carrega uma bolsa cheia de grão de milho.
— Sempre há um sujeito que compra, e aí você ganha o jantar.

Alguns puxam seus carrinhos a tração humana, riquixás de lixo. Outros caminham levando suas bicicletas, a sacola com o butim atravessada no guidão. Aqui também há classes ou algo assim. Aqueles que carregam uma sacolinha com alguma comida, aqueles que carregam uma torre de barris ou um farnel de madeira em um carrinho de mão.

— É uma loteria. Há dias em que você encontra, há dias em que não leva nada.

O policial, atrás, os atiça. Já se passaram três quartos de hora.

— Hoje não havia nem merda — diz um, o rosto muito manchado.

— Não, nem merda — responde um gordo com os cabelos eriçados, e quando vai embora: este não sabe, o idiota nunca soube procurar, diz, a bolsa cheia de salsichas.

— Aqui neste país só passa fome quem quer.

3

A pergunta tem um eco clássico: como é possível que haja fome no celeiro do mundo? Como um país que produz alimentos suficientes para 300 milhões de pessoas não consegue alimentar seus 40 milhões de cidadãos?

A Argentina é o quinto maior produtor mundial de milho, o terceiro de feijão de soja, mas o país consome muito pouco do que produz. A Argentina colhe, seja o ano bom, seja ruim, uns 50 milhões de toneladas de soja, mas não come soja. Por isso é o maior exportador mundial de óleo de soja, o segundo de farinha e de feijão de soja e de milho, embora sua superfície cultivada seja muito menor do que a do Brasil, da China e dos Estados Unidos.

E retruca: como não basta?

É, sempre, uma pergunta: a impressão é a de que ninguém gostaria de se enlamear na resposta.

Em março de 1976, quando o general Jorge Rafael Videla assumiu o poder, as veleidades industriais das décadas anteriores não correspondiam ao novo mundo global que Washington queria e ainda por cima haviam produzido uma classe operária muito batalhadora. Nos primeiros dias de abril de 1976, o embaixador norte-americano em Buenos Aires recebeu um comunicado reservado de seu chefe, o secretário de Estado Henry Kissinger, que sintetiza tudo: ordenou-lhe que pressionasse para que o projeto econômico da junta militar colocasse "ênfase na diminuição da participação estatal na economia, no aumento das exportações, na atenção ao relegado setor agrícola e em uma atitude positiva em relação aos investimentos estrangeiros".

É impressionante ver como, nas décadas seguintes, sucessivos governos foram cumprindo — às vezes mais, às vezes menos — essas ordens, até devolver ao país o seu papel de celeiro sem mais pretensões.

E, por isso, milhares e milhares de habitantes das grandes cidades cujo trabalho havia sido necessário descobriram que não o era mais. E outros milhares e milhares de habitantes do campo cujas plantações funcionavam tiveram de abandoná-las, arrasados pelo avanço da agricultura mecanizada da soja.

Na Argentina, esse tipo de expulsão fundou o país. Aqueles que viviam em suas terras começaram a ser despojados delas em 1536, quando os primeiros espanhóis tentaram, sem êxito, colonizá-las. Depois, aos poucos, foram conseguindo, mas mantiveram uma influência restrita: até a segunda metade do século XIX, a maior parte do que depois foi chamado de pampa estava nas mãos de uns índios nômades que caçavam vacas e cavalos selvagens. Em 1870, com o país já conformado, os ricos de Buenos Aires decidiram que chegara a hora de ocupar estas terras: a invenção do navio frigorífico, que lhes permitia exportar carne congelada para a Inglaterra no lugar da salgada do Brasil e do Caribe — para os escravos das plantações de cana-de-açúcar —, as tornou, de repente, bem mais apetecíveis. Aqueles ermos que só serviam para a reserva de gado selvagem e barato se tornaram uma poderosa fonte de lucro: era preciso acabar de conquistá-los. Então lançaram sua última "Campanha do Deserto": a Argentina sempre se imaginou como um deserto que era necessário povoar e construir. Foi a primeira idade de ouro exportadora da pátria.

Agora — há quase vinte anos — outras inovações comparáveis nas formas de produção agropecuária produziram efeitos semelhantes. A ampliação das fronteiras agrícolas pressupõe que existam terras que antes não serviam para cultivar e que agora sim: nessas terras havia pessoas que viviam de outras atividades — pequena pecuária, cultivos familiares — e que agora incomodam, sobram. O País Carrossel repete seus dramas, suas farsas, seus fracassos.

Aconteceu em muitos lugares do mundo quase ao mesmo tempo, porque as causas são comuns. Quando acabou a Segunda Guerra Mundial, a Europa destruída passou fome. A prioridade do Plano Marshall e de outros esforços de reconstrução ocidentais era a de que o Primeiro Mundo pudesse produzir alimentos suficientes. A solução — na Europa e no Japão — foi a adoção de uma política de grandes subsídios estatais aos agricultores: nos Estados Unidos, eles existiam desde a Grande Depressão dos anos 1930. O resultado foi que, durante cinquenta anos, esses agricultores puderam vender barato — e os preços dos alimentos permaneceram baixos.

E por isso ninguém tentou "expandir a fronteira agropecuária": não valia a pena. Cada região pobre continuava com seus cultivos tradicionais, que consumia e exportava em proporções variáveis. Incluí-las mais seriamente na economia global requeria alguns investimentos — algumas estradas, maquinário, irrigação, instituições políticas e econômicas — que os baixos preços não justificavam. Esse era, ao mesmo tempo, seu maior problema e sua melhor defesa.

Nos últimos anos do século XX — diante da pressão dos cidadãos provocada por episódios como o da Vaca Louca e outros desastres ecológicos —, as políticas de subvenções europeias mudaram: já não premiavam os volumes, mas a qualidade dos produtos, já não tendiam a produzir muitos alimentos, mas a preservar a sociedade rural tradicional. Sua produção diminuiu justo no momento em que aumentava a demanda chinesa; também crescia a demanda por grãos destinados à fabricação de agrocombustíveis e, através de Chicago, a especulação.

Com o aumento dos preços, terras que não haviam sido rentáveis começaram a ser: com mais irrigação, com mais maquinário, com as novas sementes e adubos e pesticidas, regiões que sempre haviam sido inúteis para a agricultura passaram a ser apetecíveis.

A nova ordem alimentar mundial está mudando muitas coisas: meu país, entre elas.

Há alguns anos, em Los Juríes, um povoado de Santiago del Estero, conversei com integrantes do Movimento Campesino que, entre outras coisas, se opõem ferozmente a que os plantadores de soja os expulsem de suas terras, mudem suas vidas para sempre, os obriguem a emigrar para as cidades.

— A soja desertifica. Os sujeitos usam pesticidas que secam o algodão e qualquer outra coisa. Usam cada vez mais fertilizantes, tudo avaliado em dólar, tudo artificial. Nós trabalhamos com produtos orgânicos. E, além disso, a soja deve ser plantada em grandes extensões, com máquinas de semeadura direta, é preciso lhes pagar à vista. Por sua vez, quando se trata de algodão, você pode semear 1 hectare e toda a família trabalha e depois é como ter uma cédula, um dinheiro: você vai com sua sacola de 20 quilos de algodão ao armazém e compra a comida que precisa. Para plantar soja é preciso ter capital e muito terreno, é coisa para grandes e médios produtores. É a que mais degrada a terra, leva toda a riqueza em poucos anos. O algodão você pode semear durante mil anos que tudo bem. Mas, graças a Deus, os espertalhões não conseguiram inventar uma forma mecânica que permita colher todo o algodão. Só 30%, 50%, mas assim permanece a necessidade de mão de obra. Nossas vidas não se esvaem nisso. Enquanto continuarmos plantando alguma coisa, vamos continuar existindo. Depois vamos começar a desaparecer, de um em um ou aos montões. Falando sério: se isso continuar assim, os campesinos vão desaparecer. Vamos todos para as cidades, seremos mão de obra barata, se tivermos sorte, ou desocupados. O dia em que estivermos recebendo 200 pesos da prefeitura ou de algum plano será o dia em que poderemos dizer que foi tudo para o caralho, de verdade.

Enquanto isso, suas terras ficaram mais e mais cobiçadas, e os pretendentes mais e mais violentos. Nos últimos anos, vários camponeses da região foram assassinados pela segurança dos novos sojicultores. Rodolfo González Arzac contou dois casos recentes:

"Cristian Ferreyra morreu dessangrado em 16 de novembro depois de ter levado um tiro de escopeta. Vivia na comunidade de San Antonio, a pouco mais de duas horas da cidade de Monte Quemado, por um caminho de terra lunar. Tinha 23 anos, faltava um dia para completar 24. E há algum tempo, com outras famílias, defendia as terras que as comunidades campesinas ocupam há muito mais de vinte anos (o que lhes outorga o benefício legalmente conhecido como usucapião). Cristian Ferreyra foi assassinado, conforme as investigações da Justiça, por encomenda. Foi morto por um vizinho contratado por um empresário. Um vizinho que, como é habitual em comunidades muito pequenas, o conhecia bem: tinham até laços familiares.

"Miguel Galván morreu em 10 de outubro. Foi degolado. E, de sacanagem, já morto, lhe deram outra punhalada, que destruiu seu fígado. O assassino carregava uma arma com duas balas engatilhadas que não foram disparadas. Foi morto em Salta, a poucos metros de Santiago del Estero, em um lugar chamado El Simbol. Miguel Galván foi criado em El Simbol, a cerca de 2 horas da cidade de Taco Pozo, na província de Chaco, por um caminho de terra lunar. Na montanha não há fronteiras, só árvores pequenas, animais, poeira e famílias que produzem alimentos e vivem entre a austeridade e a carência. Mas a zona é conhecida regionalmente como a tripla fronteira.

Miguel Galván vivia em Mendoza. Voltara à sua terra para o enterro de sua mãe, três meses antes. E havia ficado ali, embora sua família sentisse sua falta, e ele também, para ajudar seus dois irmãos, que brigavam com outro empresário e outro vizinho do lugar, contratado por aquele homem de negócios para despojá-los de suas terras. O vizinho, como costuma acontecer nestes casos, fora criado com ele."

Esses camponeses de Santiago — e quase todo o resto — chegaram a esses campos há duzentos ou quatrocentos anos para substituir os índios que estavam sendo expulsos. Misturaram-se, naturalmente, mas sua cultura — majoritariamente hispânica — substituiu a indígena. Então quem se opunha à civilização e que, portanto, teria de ser expulso em nome do progresso era o índio, o selvagem.

Agora, curiosamente, os expulsos são aqueles que então ocuparam seu lugar. O primitivo — o selvagem — se define cada vez mais por sua recusa em se "globalizar", em se adaptar à economia do mundo, a integrar-se à modernidade da vez. E, sobretudo, porque essa modernidade não consegue torná-lo rentável — para ela.

Eu havia achado, então, que era lógico e razoável que quisessem conservar seus costumes, suas tradições, sua forma de viver: que não quisessem cair na indignidade de viver em um barraco de favela — que parecia ser sua única alternativa a esses costumes.

Mas também é provável que sua eficácia como produtores seja muito menor do que a de um campo de soja bem-semeado. Então, diante desse primeiro reflexo de defender seu direito de continuar vivendo como vivem, pergunta-se: se tivéssemos pensado sempre assim, continuaríamos vivendo em magníficas cavernas com fogueiras e machados de pedra e bisões?

Eu me perguntava. Depois encontrei em um livro francês uma passagem onde Denis Clerc — citando *La faim, pourquoi?*, de François de Ravignan — dizia que nos "países do sul, para que todos comam, é necessário que todos tenham trabalho, mesmo que isso vá em detrimento da eficácia global. Uma sociedade menos eficaz pode ser menos pobre do que uma sociedade mais eficaz. Imaginem dois países: no primeiro, as ferramentas e técnicas de produção modernas permitem que 10% da população produza 1 milhão. Os 90% restantes sobrevivem mais ou menos bem com as migalhas distribuídas pelo Estado. No segundo, ferramentas arcaicas só permitem produzir 500 mil, mas essas ferramentas são usadas por todos e requerem o trabalho e a colaboração de todos; permitem a todos comer e viver; pobres, mas decentes. Qual dos dois países é mais pobre?".

Temo que minha resposta não coincida com a sua; que se, para que os habitantes de um país comam, é necessário lhes garantir trabalhos pesados em um sistema de produção primitivo, ineficiente, alguma coisa está errada. Que se a busca não incluí a hipótese política — a forma de produzir muito e repartir — está ainda mais errada.

A Argentina se transformou em um dos grandes focos agrários do mundo — só que sua produção é dirigida ao mercado global e, mais especificamente, aos peixes e porcos chineses. Soja sem elaboração, quase sem valor agregado, o grosso desses 50 milhões de toneladas é usado para alimentar animais que, por sua vez, alimentam a nova classe média chinesa.

A mariposa bate asas sem parar. É impossível registrar todos os matizes de um sistema integrado. É mais do que interessante procurar alguns. No México, como na Guatemala, o preço do milho é um assunto sério: a base da alimentação de boa parte de sua população. O problema é que, desde que foi assinado o acordo de livre-comércio com os Estados Unidos, o milho norte-americano, brutalmente subvencionado, começou a dominar o mercado mexicano — e deixou milhões de agricultores sem trabalho. Dez anos depois do início do NAFTA (North American Free Trade Agreement ou Tratado Norte-Americano de Livre-Comércio), um *bushel* (36,27 quilos) era vendido a 1,74 dólar, mas produzi-lo custava 2,66 dólares. A diferença era compensada pelos subsídios — para máquinas, fertilizantes, créditos, transporte — recebidos por seus produtores.

Produzir milho no México deixou de ser rentável e por isso muitos passaram a plantar maconha. Em 2008, as terras dedicadas à plantação de maconha superaram, pela primeira vez, as destinadas ao milho: nove milhões de hectares de cannabis — um terço do total mexicano — contra 8,2 de hectares de milho.

Mas, nessa época, o preço do milho norte-americano aumentou; entre outros motivos, porque é usado cada vez mais para produzir agrocombustíveis. Por isso o aumento do preço das tortilhas provocou revoltas. Então a política e a economia mexicanas se complicaram, o governo autorizou gastos extraordinários para subvencionar a importação — que provocou mais demanda e o preço aumentou ainda mais. Então muitos fazendeiros norte-americanos pararam de cultivar soja e passaram a plantar milho, mais rentável. Então os sojicultores ganharam mais mercado. Por causa do NAFTA, há tantos narcotraficantes no México; por causa da crise das tortilhas mexicanas, há mais dinheiro nos shoppings de Buenos Aires e Rosário.

O resultado dessas ondas sucessivas de expulsão se acumula nas vilas da Grande Buenos Aires: são os que agora, ali, no celeiro de soja mundial, conseguem ter fome.

Enquanto isso, milhões de argentinos prosperam no mercado mundial; fingimos que somos idiotas, ou não queremos ver: nossa prosperidade custa caríssimo a milhões e milhões de pessoas. A Argentina saiu de sua pior crise graças ao aumento do preço dos grãos: devido a esses preços há milhões — na África, na Índia, em todo o OutroMundo — que morrem de fome. Não estou dizendo que fazemos isso de propósito. Não, por favor; nós passeávamos por aí quando os chineses começaram a comer e as leis do mercado levaram os preços a subir e as leis do mercado fizeram com que todos esses não pudessem mais comprar comida e morressem, mas por que olham para mim? Eu faço meu trabalho, eu defendo o que é meu, e tento vendê-lo o mais caro possível porque assim são as leis do mercado e eu estava justo ali, que culpa eu tenho?

É verdade — suponhamos que seja verdade. Mas é bom ter isso presente: cada centavo gasto com governadores e assessores de porra nenhuma e mordomias e sinecuras, em cada novo carro Hilux reluzente, cada dia de foda em Punta del Este, cada novo apartamento na costa de Rosário são possíveis porque aumenta a demanda por grãos, os preços sobem, os mais pobres do Níger e do Sudão não conseguem pagá-los, não comem e morrem — ou matam ou apenas agonizam durante o máximo de tempo que puderem.

O dinheiro de nossa prosperidade é um dinheiro muito sangrento. Não é agradável reconhecer que compra a fome de milhões. Não deveria ser tão cômodo, tão fácil, tão barato.

E menos ainda quando se leva em conta que há tantos, aqui mesmo, que também a sofrem.

450

4

— Ou seja, isto agora parece o paraíso para você.

María havia me perguntado pelo meu trabalho. Eu lhe falei deste livro, lhe disse que estivera na Índia, na África, e vá saber onde, e ela disse, claro:

— Claro; então, para você, isto deve ser o paraíso.

María é miúda, o rosto redondo e agradável, a barriga de carboidrato; uma camiseta velha com listras verdes e pretas, calças pretas, sandálias de plástico. María, de pouco mais de 40 anos, já teve sete filhos: o mais velho completou 21, a menor, 2.

— Como, o paraíso?

— Sim, se comparado com esses lugares onde você esteve, isto aqui é o paraíso. Eu vi na televisão como vivem lá, nesses lugares, e não sei para que os vejo porque depois fico chorando feito louca. Meu marido fica irritado, me diz: "Não entendo para que merda você quer olhar para essa porcaria se depois fica assim." Mas eu olho, não sei... E depois as pessoas se queixam... De repente você vê outras coisas e percebe que aqui a vida está difícil, sim, mas não é tão terrível, não temos essas *hambrunas*.

Em meados dos anos vinte daquele século, Macedonio Fernández, que existiu apesar de Borges, dizia que a prefeitura de Buenos Aires pagava um senhor horrível, um autêntico espantalho, para passear pela rua Florida para que os demais, ao vê-lo, se dissessem "bem, afinal de contas, não estou tão mal".

Há crônicas — crônicas? — agudas que servem para isso.

O solo de lajotas desparelhadas, paredes sem reboco; um cachorro preto, magro, se espreguiça como se nada lhe importasse. Três meninos magros chutam uma bola como se mais nada lhes importasse. Quatro mulheres gordas conversam como se mais nada mais importasse.

— E a Betty, não veio esta manhã?

— Não, você sabe como ela é. E esse sujeito que está com ela agora, que...

Sim, lhes importa: estão esperando sua vez de encher as panelas vazias que têm nas mãos. O Refeitório Oito de Maio fica no centro do bairro Oito de Maio, em uma esquina, diante do armazém Kiko: o refeitório são duas salas imensas que os moradores locais foram construindo com esforço, com materiais que conseguiram aqui e ali, com seu próprio trabalho. Em uma das salas estão as crianças, o cachorro, as mulheres: nessa sala, ao fundo, há um afresco pintado por mãos meio desajeitadas, preto e branco, com poucos toques de cor. No afresco, pessoas revolvem montanhas de lixo; em um canto, um homem sorridente com os braços abertos exibe seu butim: se vê uma vaca, peixes, garrafas, latas, sacolas e mais sacolas, uma televisão. Mais perto, um homem de cabelos longos tem um rosto triste, as comissuras da boca alongadas para baixo.

— É porque encontrou muito pouco, não está vendo? Vai voltar sem nada — me diz uma das quatro mulheres. No aposento ao lado, a cozinha, outras quatro mulheres conversam, mas também correm, suam, suam, tiram macarrão de uma panela empretecida, coam, atendem aos pedidos, conversam, correm, suam. A cozinha é grande e está meio vazia: um forno industrial que não parece muito usado, um fogão a gás de botijão, uma pia, uma mesa de azulejos, um calor imenso. Uma das quatro mulheres gordas espalha o macarrão tipo penne em uma vasilha plana; com uma colher, tempera-o com um molho vermelho — tomate, cebola, batata, algum osso com restos de carne — e mistura. No outro lado da mesa, uma menina lhes alcança um pote de plástico; uma das mulheres gordas — a menos gorda, que se chama María — o enche com o penne. A menina sai feliz; uma das mulheres gordas da outra sala chega com uma panela, entrega-a a María, espera que a encha.

A última pesquisa do Ministério da Saúde da Nação — argentina — disse que 28% dos lares argentinos recebem sacolas ou cestas de alimentos e que 12% comem em refeitórios comunitários. Na Grande Buenos Aires, há várias centenas desses refeitórios; alguns dizem que 2 ou 3 mil; ninguém sabe exatamente.

— Ui, quando fomos viver no Chaco, lá sim passávamos fome. Era desesperador, não chegava nada, tínhamos de ir dormir com um mate fervido, não havia nem biscoito, nem pão. Viemos correndo.

— E aqui nunca mais?

— Bem, não vou lhe dizer que nunca. Mas aqui, quando você não tem para comprar, sempre pode procurar de alguma maneira, sempre vai haver alguém que lhe dê alguma coisa, que lhe empreste, que lhe jogue um osso. Essa é a vantagem de estar em seu lugar.

No bairro Oito de Maio vivem 2 mil famílias, mais de 10 mil pessoas. Muitas casas já são de alvenaria, algumas ainda são de chapa. Muitos dos primeiros habitantes já partiram: chegaram outros, com um pouco de dinheiro na mão — 300, 400 dólares — e compraram suas casas; eles foram ocupar outras, sempre mais longe. Mas as ruas ainda são de terra meio barro; os poucos carros são cadáveres de carros, latarias desmoronadas. Os cachorros são pequenos; algumas árvores já cresceram. O cheiro de alguma coisa queimando nunca cede.

E as inundações quando caem duas gotas, e as penúrias de viver sobre uma pilha de lixo assentada em um pântano: aqueles que estão mais perto do rio, por exemplo, não podem construir uma sarjeta porque quando começam a cavar encontram água. E as montanhas de lixo ao lado, os gases que emitem o cheiro: o cheiro o tempo todo.

Há alguns estabelecimentos comerciais: um açougue que vende ovos, um quiosque que vende cerveja, refrigerantes e cigarros com um cartaz que diz bebidas, gelo, outro quiosque que vende cadernos e cargas para celular com um cartaz que diz livraria; no ar, a música dançante colombiana, a cúmbia. Três mulheres muito gordas conversam à porta de uma casinha só de lata; um menininho nu corre ao redor, mas não é o habitual; outros dois gritam, choram, correm. Os cachorros pequenos estão sujos.

— Tenha cuidado, che, não pise no cocô — grita para seus filhos descalços uma senhora que está à porta de sua casa. Eu a olho, ela me olha como quem pede desculpas:

— O que acontece é que pisam nessas coisas, o que quer que eu faça? E depois me enchem a casa de merda.

Dois garotos grandes passam em uma moto pequena. Um cachorro preto revolve o lixo: há lixo por todos os lados.

As *villamiserias* não são novas na geografia suburbana argentina. É claro que já existiam antes dos anos 1970. Mas eram menos e, sobretudo, pareciam transitórias. Eram, para seus habitantes, lugares de passagem, que ocupariam durante alguns anos até que conseguissem um trabalho melhor e, com isso, uma casinha em um bairro e uma vida de esforços e horizontes. Agora não.

Agora são um destino.

— Eu sei escrever — me diz Quiara quando me vê escrevendo. Quiara tem 5 anos, cabelos escorridos alourados, calcinha curta, camiseta muito lavada, sandálias de plástico cor-de-rosa.

— Gostou das minhas sandálias novas?

Eu lhe digo que são lindíssimas, ela sorri.

— E quem a ensinou a escrever?

— Eu me ensinei sozinha. Mas não tenho mochila para ir ao jardim. Quando receber, minha mãe vai me comprar uma mochila.

— Você quer ir ao jardim de infância?

— Talvez. Mas eu já sei.

O cheiro, sempre o cheiro de queimado.

Todos os dias, María chega ao refeitório às 8h, olha o que restou, começa a pensar com que vão fazer a comida do dia. A essa hora também chegam as outras três; se podem, se conseguiram mercadoria, começam a descascar, a cortar, a preparar as panelas. A cada meio-dia — sempre que podem, sempre que conseguem —, María e suas companheiras repartem cerca de duzentas porções: batata, macarrão, arroz com algum resto de carne ou verdura; muito carboidrato, poucas proteínas. Às 11h30, começam a chegar as crianças, as mulheres com suas panelas para buscar o guisado.

— Antes lhes dávamos de comer aqui mesmo, mas percebemos que muitos não vinham porque tinham vergonha de serem vistos. Então começamos com essa coisa de distribuir para que venham buscá-la. Quase todas mandam os filhos, como se fosse apenas para eles. Mas nós sabemos, sempre mandamos algumas porções a mais para que os pais também comam. O que acontece é que não é fácil vir até aqui e dizer não tenho para comer, não consigo. Têm muita vergonha — diz María, e que há vezes, como agora, não conseguem mercadoria suficiente para cozinhar todos os dias, e que nada a deprime mais do que esses dias em que tem de ficar parada diante da porta do refeitório e dizer às crianças e às mulheres que chegam com sua caçarolas que hoje não há, mãezinha, hoje não, papai, o que vai se fazer, talvez amanhã.

— Eu sou muito covarde: me angustia muito ver as pessoas revolvendo o lixo para comer — diz María.

Acabam por volta das 14h, limpam, guardam, conversam, se organizam. María vai para casa, dorme a sesta; quando acorda, prepara a comida de seus filhos e do marido que, quando tem trabalho, chega por volta das 20h. Então comem, veem um pouco de televisão, se deitam mais ou menos cedo porque à noite não dá, diz, para andar pelas ruas.

— Gosto de ver na televisão alguma coisa que me faça rir, é disso que gosto. Ou, então, alguma para chorar, essas telenovelas mexicanas, colombianas. Um dia eu gostaria de ir à Colômbia: tudo parece tão lindo, as paisagens, as casas. Bem, a verdade é que gostaria de ir a qualquer lugar, conhecer, sair um pouco daqui, do bairro. Mas como vou fazer, eu? Como quer que eu saia daqui? — me diz María, e que as crianças não lhe deixam tempo livre porque precisa estar em cima delas o tempo todo, cada segundo em cima para que não se torçam, não se percam no caminho, assim que a verdade é que conhece muito pouco, diz: eu conheço muito pouco.

— O que eu vou saber, eu?

Lori é magrinha, já quarentona, poucos dentes, cinco filhos. Lori passou anos sem ter um trabalho fixo, mas agora está há vários meses trabalhando em uma dessas plantas cooperativas de reciclagem de lixo. Ganha cerca de 1,5 mil pesos por mês — 140 dólares —, embora haja meses que menos e outros meses em que o dinheiro não aparece, demora, se torna fumaça. Mas, desde que trabalha, parou de ir buscar comida no refeitório. María lhe diz que vá, que continuam tendo suas porções e ela diz que não, obrigada, que por ora se ajeita com o salário.

— Bem, mas você pode mandar algum de seus filhos buscar comida, é sempre uma ajuda.

— Obrigada, María. Eu gosto de ganhar minha comida trabalhando.

María diz que há dias em que vem cheia de esperanças e outros em que se deprime: acha que nunca vão conseguir sair disso, sempre raspando o fundo da panela.

— Fico deprimida, sim. Mas ainda mais deprimida quando somos roubados. Como podem nos roubar aqui, no refeitório?

Há um mês e meio, diz, alguém lhes roubou todas as panelas: os instrumentos que usam para cozinhar para os vizinhos.

— Na verdade, é preciso ser muito estranho para roubar panelas da gente, não?

— Você disse estranho?

— Bem, estranho. Filho da puta, digo.

E há duas semanas, à noite, lhes roubaram um tanque de água: um tanque de mil litros que mede 2 metros e vá saber quando pesa, do teto do refeitório. María diz que essas coisas sim a desanimam. E eu lhe digo que me parece um exemplo horrível disso que agora chamam de "falta de códigos": o salve-se quem puder, o todos contra todos, a ruptura dessas redes sociais que souberam conseguir algumas coisas.

— Bem, é o que estamos tentando recuperar aqui, com tudo isto. Mas sabemos que está difícil — me diz María, e que não podem mais emprestar o refeitório para festas de aniversário, como costumavam fazer, porque elas sempre acabam em brigas, porrada, garrafas voando, algum punhal.

— Brigam por qualquer idiotice. Pelo boné, pelo tênis, porque você me olhou, brigam por tudo. O que há aqui é muita droga, muito poucas esperanças. Aqui está cheio de garotos que não veem nenhuma saída.

María tem um filho que poderia, sim, ter visto uma: jogava futebol como adulto. De repente, as expectativas da família se condensaram no garoto. Mas não foi possível, porque não tinham dinheiro para pagar todas as suas despesas: o ônibus para os treinos, as chuteiras, a alimentação especial.

— Nos clubes sempre diziam que nos iam dar para essas despesas, mas acabavam não dando porque eu não queria assinar nada. Se você assina, depois lhe tiram tudo, lhe arrancam até a alma — diz María, por uma vez amarga.

Chega um garoto com uma panela e pede que a encham. O menino usa uma camiseta de manga curta, calças curtas, uma multidão de tatuagens, dessas precárias que costumam fazer nas prisões e aqui são chamadas de "*tumberos*".

— Pobre garoto. Esse aí tem dois irmãos na prisão, mas não estão presos por besteiras, estão presos por assassinato. E ele também esteve, mas não era tão grave, agora saiu, mas com essas marcas não lhe dão trabalho em nenhum lugar. O que quer que faça, pobre garoto? Por mais que tenha feito o que fez, isso não impede que sua barriga também chie de fome, você me entende? Eu conheço isso na própria carne.

Há poucos espaços onde a desigualdade social seja vista mais claramente do que na mesa — ou seja lá onde cada um coma.

Ao longo de décadas, a alimentação dos argentinos foi surpreendentemente igualitária. A primeira pesquisa com dados corretos — feita em 1965 pela Comissão Nacional de Desenvolvimento — mostrava que os ricos e os pobres argentinos comiam as mesmas coisas. Carnes vermelhas e laticínios, frutas e verduras, massas e pães em proporções semelhantes: era uma representação daquela Argentina injusta que — com justa razão — queríamos mudar.

— A alimentação não era igual porque a carne dos pobres não era a mesma dos ricos. O quarto traseiro da vaca ia para os bairros ricos, o quarto dianteiro aos bairros pobres, e havia certos cortes transversais que eram para todos: a costela, o patinho para o bife à milanesa, por exemplo. Mas, se eu fizer uma lista com a cesta de consumo dos pobres de então e mostrá-la a um nutricionista, ele vai me dizer que é uma alimentação da classe média. A quantidade e variedade de alimentos são incomparáveis com o que comem agora — me diz Patricia Aguirre, antropóloga, a pessoa que mais estudou a alimentação nacional. Podia haver diferenças de preços e de gostos, logicamente, mas a ingestão de proteínas era muito semelhante em todos os setores — e, por isso, os pobres não tinham carências alimentares.

Recordo-me de uma tradição que foi perdida: o churrasquinho da obra em construção era uma síntese daquela pátria, o aroma da cidade dos meus primeiros anos.

O modelo começou a ser desarmado em 1985, e o censo de 1996 já consagrava a nova tendência: a alimentação dos pobres era radicalmente diferente da dieta daqueles que não o eram. Agora, nesta Argentina a que parecemos resignados, há dieta de pobres e dieta de ricos. Não é mais sequer uma questão de quantidade, mas de composição: as pessoas das classes altas e médias comem frutas e verduras e carnes — mais brancas do que vermelhas —, que as mantêm magras e talvez saudáveis; os pobres comem batata, arroz e massa — açúcar, carboidrato e gorduras —, que os enchem: pouquíssima carne, pouquíssimas frutas e verduras. É uma escolha racional: as carnes são muito caras e as frutas e as verduras não são apenas caras, mas também saciam muito menos do que as farinhas.

— Não é que não saibam; é que não podem. Não é que sejam irracionais, como às vezes os acusam os nutricionistas; é que sua racionalidade é diferente da deles. Não é que a mãe não saiba que seus filhos têm de comer frutas e verduras; e que se, com o preço de 1 quilo de pêssego, você compra 300 gramas de carne, as frutas não lhe convêm nem um pouco. Não é que não pensem em uma alimentação saudável e equilibrada; é que pensam na melhor forma de permitir que todos comam com o pouco que têm — diz Patricia Aguirre. E que não só há diferenças nos produtos, mas também nas formas de cocção. Os mais pobres não cozinham no forno: não é apenas o custo de comprá-lo; além disso, cada refeição consome muito gás, que é caríssimo. Assim, quando há, fritam ou refogam. No país do assado, é a volta a um clássico da cozinha camponesa, a cozinha mais pobre: o refogado é uma maneira de combinar restos, de aproveitar ingredientes baratos, de fazer o fogo render, de permitir que a cozinheira cuide de outros assuntos enquanto cozinha.

— Recordo-me de uma senhora de um bairro popular. Estávamos conversando enquanto ela preparava um refogado de lentilhas e seu filho chegou da escola, com quatro amiguinhos. Eles podem ficar para comer, mamãe? Sim, nenê, podem ficar. Então a senhora pegou a chaleira e começou a verter água no refogado: sopa de lentilhas, lhe disse.

"No único aposento, mal dividido por cortinas, onde transcorre a vida, a cozinha ocupa um lugar central e, nela, as frituras, os refogados e as sopas são os pratos mais frequentes, porque são funcionais quando é necessário dar atenção às tarefas domésticas e aos filhos [...] Os refogados e as sopas têm outra vantagem: podem ser acompanhados com pão, que pode ser molhado em seu caldo e depois usado para limpar o prato — e por isso é um produto cujo consumo aumenta à medida que cai a renda.

Esse acompanhamento é fundamental para dar volume à ingestão, para saciar", escreveu Aguirre há alguns anos.

María me diz que uma vez teve de ir à La Plata para resolver algumas coisas e viu todo aquele campo: que nunca havia imaginado que existissem tantas plantações.

— Eu olhava para aquelas fazendas e me perguntava: por que será que toda essa gente que tem dinheiro, o governo, todos eles não percebem que somos tantos os que necessitamos, que não temos nem onde viver, e eles guardam tudo, tudo sempre para eles, tanto espaço sem utilidade...?

— E por que fazem isso?

— Porque são egoístas, querem ter sempre mais do que o outro. Devem achar isso, não sei, eu imagino que devem achar isso.

Que uma boa parte dos argentinos — um em cada quatro, mais ou menos — tenha deixado de comer habitualmente a comida nacional — a carne — é um fato tão brutal, tão decisivo, que sempre me surpreende que não achemos que é um dado fundamental do novo país que conseguimos construir nestes últimos trinta ou quarenta anos: deste fracasso sustentado.

(É, de alguma maneira, o inverso perfeito dos chineses, que passaram séculos sem ver carne nem pintada e agora a consomem cada vez mais: porcos cevados com a soja dos pampas.)

— Na Argentina não há, quase não há má nutrição pura e simples — diz Patricia Aguirre. Às vezes aparecem nos jornais histórias de crianças que morrem de fome em Misiones, Formosa, Jujuy, Tucumã. Mas é verdade que não é habitual: aparece nos jornais. Você se lembra de quando os mortos tinham nome? — costumava me perguntar um amigo no desterro, em Paris, no final dos anos 1970.

— A assistência chega a quase todos os cantos, salvo às regiões mais relegadas do país. Mas o que levamos para essas crianças? Massa, arroz, batata. Então não são desnutridas: são malnutridas crônicas, crianças que não crescem como deveriam, que não se desenvolvem.

É a história bengali, indiana, africana: a história comum do OutroMundo. Gente que se habitua a comer mal, menos do que precisa, diferente do que precisa, e a sobreviver mal com isso: a desenvolver mal seu corpo, seu cérebro. A viver vidas muito piores — e quase sem sabê-lo.

Em castelhano, dizemos ter fome, passar fome. E o estranho é que tê-la é mais transitório do que passá-la. Tenho fome. Fique tranquilo, já vamos comer. Ui, estou passando fome. Sim, pobrezinho, desde que ficou sem trabalho. Não é a única excentricidade dessa coisa tão estranha que chamamos de fome.

Ou, então, como dizia aquele russo: "Descreva o mundo e descreverás sua aldeia."

(PALAVRAS DA TRIBO)

Como?

De novo: a perplexidade de que achemos normal, que não nos salte aos olhos como um rato raivoso, que não nos impeça de viver como vivemos. Normal, natural, parte da ordem das coisas: imutável. Ou será o contrário? Que cada um por si é o natural e a cultura consiste em se incomodar, em se unir, em pensar coletivamente?

Como, caralho, conseguimos?

mas acaba também esgotando um pouco. No fim das contas, você fica sem entender o que querem. No mundo, sempre houve pobres e ricos, sempre vai haver. Olhe, aqui mesmo, no bairro: não vai me dizer que os Meldani são iguais aos Salvatierra. E isso não é de agora, irmão, não é de agora. Sempre houve, por que vai deixar de haver assim de repente? E a questão é que se os pobres são pobres, é porque não fazem o suficiente, não fizeram; são brutos, são preguiçosos, são violentos, têm dúzias de filhos e sabem que não podem mantê-los, são vagabundos, são tudo isso que não se deve ser para vencer na vida. E depois querem que tenhamos pena deles. Não, não me entenda mal; eu não digo que tenham de morrer de fome. O que eu digo é que tampouco temos de fazer cara de espanto, ui, que estranho, como é possível que todos esses passem fome. Não precisamos nos fazer mais de bobos: se passam fome, é porque não gostam de trabalhar, não querem se esforçar, não gostam. E eu não digo que se fodam, quando é possível ajudá-los que se ajude, claro, mas tampouco precisamos ser hipócritas e fingir que são iguais a nós. Afinal, alguma seleção tem de haver. Caso contrário, quebrar a espinha não serviria para nada. Ou você prefere que tudo seja a mesma...

Como, caralho, conseguimos viver?

O velho truque da profecia. Em 2050, pode faltar comida no planeta, lhe dizem, em suas projeções catastróficas, em 2050 pode faltar comida em certas regiões ricas do planeta — se o número de pobres continuar aumentado e recuperarem alguma coisa do que lhes cabe. No resto do mundo, em 2050, também poderão acontecer coisas horríveis, semelhantes às que estão acontecendo agora.

Como, caralho, conseguimos viver sabendo?

Vidas pequenas: como faço para comer amanhã?
Vidas épicas: como faço para comer amanhã?

Como, caralho, conseguimos viver sabendo que acontecem essas coisas?

— Bem, mas assim é a realidade, o que vamos fazer?
  — Alguma coisa, é preciso fazer alguma coisa. Política, por exemplo.
  — Você não entende como a política funciona, não?

Como, caralho, conseguimos viver?

embora eu não saiba, lhe digo que não sei o que pensar. Sim, alguns vêm lhe dizer que o mundo está cheio de sujeitos que não comem o suficiente e apresentam estatísticas e números e até lhe dizem que aqui, nesta mesma cidade, também há, e eu mais de uma vez tive de ir a bairros muito pobres, lugares um pouco fortes, e não é que veja alguém se fodendo por conta da fome, estão gordos, bem-alimentados. Enfim, eu não sei, eu não tenho a menor ideia, mas às vezes acho que isso também deve ser algum tipo de propaganda de vá saber com que interesse querem nos vender essas coisas; não estou dizendo que não acontecem, não, talvez aconteçam um pouco, mas vendem isso pra você como se fosse uma catástrofe para que você depois compre toda a história e acredite que

Como, caralho, conseguimos?

5

— Alguém é culpado por alguns terem pouco e outros muito?

— O governo deveria dar mais trabalho para que as pessoas pudessem passear, pudessem comer no dia a dia. Não se preocupa com a gente humilde, a deixa de lado. As doenças, tudo, é por causa dos políticos, porque, quando você tem um trabalho, pode comer, e quando não, não pode — diz Paola, me olhando com olhos atemorizados.

— Como você se imagina daqui a dez anos?

— Não sei, porque não sei se vou chegar lá. Eu vivo o dia a dia, não sei o que vai acontecer daqui a dez anos. Para que vou me imaginar daqui a dez anos se não sei se vou dormir e conseguir acordar?

A cada meio-dia, todo meio-dia, Paola leva seus três filhos a um refeitório comunitário de seu bairro, Gregorio de Laferrere, na comarca de La Matanza, a 10 quilômetros do centro de Buenos Aires. Os filhos de Paola são duas meninas de 10 e 3 anos e um menino de 7; outras duas morreram.

— As duas de parto, pobrezinhas; nasceram e aí, sem mais nem menos, morreram. Quando morreu a última, a Abi entendeu tudo, pobrezinha, e ficou muito tocada. Por isso a carrego o tempo todo.

Abi é Abigail, a menina de 3 anos, que não sai do colo da mãe. Paola brinca de cavalinho, acaricia seus cabelos, é condescendente.

— Eu não quero perder nem mais um filho. Nem mais um. Não quero.

Paola tem 27 anos, usa uma bermuda marrom, camiseta rosa, os cabelos escuros escorridos, as pernas e os braços magros. Seu pai veio de Tucumã, no noroeste do país, antes de ela nascer. E deixou lá — descobriram muito tempo depois — uma mulher e vários filhos. Em Laferrere, arranjou trabalho em uma fábrica de detergentes; em um baile conheceu a mãe de Paola, cortejou-a, foi viver com ela: tiveram mais duas filhas e se separaram porque o homem "bebia muito, se drogava e batia em minha mãe". Que, pouco tempo depois, encontrou outro marido, um homem que acabara de sair da prisão — com quem teve outros filhos.

— Eu o respeitava como se fosse meu pai. Eu o considerava meu pai até que começou a abusar de mim, quando eu tinha 7 anos, mais ou menos. Sempre preferi que fizesse comigo e não com minhas irmãzinhas, que eram menores. E vivi assim até os 12 anos.

— O que ele fazia com você?

— Passava a mão em mim, tocava minhas partes íntimas, me fazia olhar revistas pornográficas com ele, me fazia tocar suas partes íntimas e tudo o que vem depois. Mas foi aos poucos. Como meu irmão nasceu com esse problema de deficiência e vivia adoecendo, minha mãe passava a vida nos hospitais. Ou às vezes dizia que ia ao hospital e andava por aí, com outros caras. Então eu tinha de ficar com ele, lavar, cozinhar, fazer o papel de esposa e não de filha. Não saía para brincar, como todas as crianças. Uma noite me agarrou, senti uma dor forte lá atrás e, bem, havia me penetrado por trás. Não contei nada a minha mãe. Me segurei e passei três anos assim. Todos sabiam, todos se calavam.

As irmãs menores, por fim, contaram à mãe, mas ela não acreditou: agora Paola suspeita que preferiu não acreditar, que a situação lhe convinha. Mas um dia o homem achou que sua mulher estava dormindo e começou a passar a mão em Paola; a mulher acordou, viu tudo, não pôde negar mais. Ou talvez tivesse ficado com ciúme.

— Depois minha mãe me disse que tínhamos de ficar de boca calada. Dizia: comece a pensar que, se você disser alguma coisa, seus irmãos vão acabar internados em um colégio, seu irmão é deficiente, eu posso ser presa, me dizia. E o que vão dizer aqui no bairro... — me dizia. A pressão foi tanta que fiquei calada — diz Paola e que uma vez, muitos anos depois, perguntou-lhe por que havia feito aquilo, por que com ela — se dizia que a amava como se fosse sua filha. E o homem lhe disse que foi para se vingar de sua mãe, porque saía, porque não o atendia como uma mulher tem de atender a seu homem, que ele tinha de sair para roubar para nos manter e ela não o atendia.

— Eu lhe disse que se ele saía para roubar era porque queria, que eu jamais lhe pedi que fizesse uma coisa dessas. E que se havia muitas mulheres lá fora, muitas que se satisfaziam com qualquer coisa, porque teve de se agarrar justo comigo? O senhor tem consciência da idade que eu tinha? — perguntei a ele.

Não, me disse, não tinha consciência e não sei como lhe pedir perdão. Mas eu o perdoei, porque fui à igreja e me ensinaram a perdoar. Eu o perdoei. Mas, com tudo isso que aconteceu comigo, não tive infância.

Tampouco tinha, então, comida suficiente. Sua mãe às vezes passava dias fora de casa e Paola precisava se ocupar de alimentar seus irmãos: tinha 10, 11 anos, e pedia comida pelas ruas do bairro.

— Eu tinha muita vergonha de pedir, mas não havia outro remédio.

Às vezes conseguia e então preparava um almoço para todas as crianças, uma panela de macarrão com sal, às vezes um pouquinho de azeite; depois, à tarde, uma xícara de mate fervido; e, à noite, cedo pra cama, para não sofrer de fome.

— E quando não era macarrão, o que comiam?

— Arroz, batatas, o que encontrava, fazia alguma coisa. Ou pedia ao meu avô, que andava com um carrinho e trazia verduras que os verdureiros jogavam fora. Eu tirava as partes feias e cozinhava com isso. Ou fruta picada, eu tirava as partes feias e comíamos.

— E comiam carne alguma vez?

— Ui, muito de vez em quando.

— Essa situação a irritava?

— Muito. Até chegamos a comer coisas vencidas. Agora, se você fizer isso, vai acabar passando mal, mas nem ligávamos. Comíamos de tudo. Graças a Deus nunca passamos mal. Fomos nos alimentando.

— E achava que alguém tinha culpa de que acontecessem essas coisas?

— Não. Tentava não jogar a culpa em ninguém. É triste, e ao mesmo tempo é o que a vida lhe ensina. A mim ensinou muito. Eu sei muito, não preciso saber tanto.

— Uma parte da população é um excedente absoluto para esse modelo de acumulação ou de crescimento. O modelo não precisa deles, que sobram, são caros, é preciso atendê-los. Além disso, demandam, têm discurso, dizem coisas, são semióticos, reclamam, pronunciam, votam. Tudo isto é um custo muito alto de reprodução desse sistema. Sim, são um excedente — me diz Agustín Salvia, sociólogo, professor da Universidade de Buenos Aires, coordenador do Observatório da Dívida Social Argentina da Universidade Católica, que faz, todos os anos, as melhores pesquisas sobre a situação social do país.

— Alguém poderia pensar, teoricamente, que seria bom incluir essa força de trabalho capaz de produzir riqueza, não só para si, mas riqueza coletiva. Sob outro modelo, nem menos nem mais capitalista, outra lógica, onde se integre o setor informal ao setor formal da economia, onde haja uma transferência dos setores mais concentrados aos menos concentrados, haveria um processo de inclusão social dessa gente, e pequenas empresas familiares poderiam cumprir um papel social e economicamente produtivo. Hoje não cumprem. Hoje sobram. Se desaparecessem, não aconteceria nada, pelo contrário.

Paola, além disso, sentia falta de seu pai biológico: havia três anos que não o via quando ele apareceu, no dia de seu décimo segundo aniversário. Havia bebido e lhe disse que era sua filha, que a amava, que queria lhe dar algum presente.

— Eu lhe disse que, se queria me ver, que viesse sóbrio, que não me servia que viesse me ver um pai bêbado, queria um pai sóbrio, lhe dizia. Todos os meus tios e meu avô são bêbados. Eu queria ter um pai como o da maioria das pessoas. E lhe disse que o único presente que queria era que estivesse sempre comigo e que quando completasse 15 anos iria viver com ele.

O pai lhe disse que sim, que ia ver. Mas três dias depois alguém fora avisá-la que o homem havia caído ou se atirado no rio Matanza e que fora tirado de lá morto. Naquele ano, Paola começou a trabalhar; cuidava de uma menina, filha de um policial. Quando podia, ia à escola noturna. Era difícil: chegava cansada, tinha medo de deixar seus irmãos sozinhos; às vezes, não tinha alternativa; outras vezes, sua mãe estava em casa. Mas pelo menos conseguia levar algum dinheiro — alguma comida — para a casinha. O mais difícil era conseguir leite para a menor, Camila, de nove meses.

— Foi justo em um dia em que não fui trabalhar porque Camilita estava com febre. De madrugada, dei leite à minha outra irmã, preparei a mamadeira da Cami, cuidei dela, disse à minha mãe que, como não ia trabalhar, cuidaria de tudo. Dei-lhe leite e mais tarde, de manhã, meu irmão deficiente, que dormia no pé da cama com ela, acordou minha mãe para ir ao banheiro e minha irmãzinha estava morta, nos braços da minha mãe. Esqueceu-se de respirar. Essa foi minha dor maior, cuidei tanto dela... Foi uma dor terrível. De todas as dores que tive, foi a pior — diz Paola.

O núcleo duro, permanente, do desemprego na Argentina é de aproximadamente 15% dos trabalhadores: cerca de 3 milhões de pessoas. Eles e seus filhos, sua família, vivem em situações que, de longe, é difícil imaginar — e tampouco tentamos muito. Não têm um trabalho fixo, não têm água corrente ou esgoto ou eletricidade, não têm ruas, não têm proteção; nem sempre têm comida suficiente.

— É uma cultura marginal que cria seus próprios laços de solidariedade, de mobilidade, onde a ilegalidade não é vista como problema. Tudo funciona por meio de operações tipo mercado negro, onde não há obrigação de formalização, onde a violência resolve conflitos econômicos, onde a Justiça não existe, a norma não existe — diz Salvia. E, sobretudo, a barreira entre esses setores e o resto da sociedade é cada vez maior: que a possibilidade de cruzá-la não é apenas ilusória; já não é levada em conta. Na Argentina, há milhões de pessoas que não pensam que vão se integrar em algum momento à sociedade formal. Que sabem que essa desigualdade insuperável é a condição de suas vidas. Que, até mesmo quando prosperam com alguma atividade informal — legal ou ilegal —, se mantêm nesse setor. Mas que, em geral, não prosperam: sobrevivem. Entre eles está a grande maioria dos 5% de lares argentinos "em situação de insegurança alimentar" e dos 7% de lares com "insegurança alimentar moderada": de 12% de lares com insegurança alimentar. E, é claro, 8% de crianças — um quarto de milhão de crianças — cronicamente desnutridas.

"Doze por cento de lares argentinos" são cerca de 5 milhões de argentinos — que não comem o de que precisam.

Aos 15 anos, Paola se desesperou: sua mãe estava ou não estava, o dinheiro não chegava, a comida não chegava. Então descobriu que havia homens que estavam dispostos a lhe dar dinheiro ou mercadorias em troca de se deitar com ela.

— Ia encontrar uns caras com os quais nunca devia estar e, lamentavelmente, tive de fazer aquilo para arranjar dinheiro. Eram amigos dos meus tios, que me conheciam desde que eu era pequena. Às vezes, não queria novos clientes. Havia amigos que, como me conheciam da infância, não queriam, e me davam coisas, da mesma forma, mas outros não. Eu fechava os olhos e pensava em meus irmãos.

Quando já tinha 16 anos, Paola conheceu, na escola noturna, um garoto que parecia entendê-la. Simpatizaram, saíram; Paola engravidou.

Ele cuidou dela: quando tinha, lhe dava alguns pesos, alguma coisa para comer, alguns caramelos; ela parou de se deitar com os caras. Batizou sua primeira filha de Camila, como a irmãzinha que se esquecera de respirar. Ele, às vezes, encontrava algum trabalho, fazia algum bico. Pouco depois, conseguiram uma casinha no bairro e foram viver juntos. No ano seguinte, nasceu Joel, seu segundo filho.

Paola estava quase feliz: tudo parecia encaminhado. Tinham sua casinha, suas colchas, sua mesa manca, seu fogãozinho de botijão. Mas sua família começou a guerrear contra seu homem: que tocava sua filha, que a violentava, que era um sujeito perigoso. Paola acreditou e o abandonou. Tinha 20 anos, nenhuma renda, e uma irmã mais velha lhe sugeriu que fosse trabalhar com ela em um bar de acompanhantes.

— No bar ficaram insistindo para que fizesse outras coisas, para ganhar mais dinheiro. Eu me recusava, não sirvo para isso. É diferente me deitar com um cara por algumas coisas do que me deitar com cinquenta, mas, por fim, resolvi me meter. Falei com meu cunhado, que era o gerente, e me enfiei naquilo. Então nunca mais faltou nada aos meus filhos. Todos tinham suas coisas; eles me pediam e eu ia comprar.

Era um alívio: comiam todos os dias, podia fazer empanadas, comprar um refrigerante quando queriam. Mas não gostava dessa vida, sentia falta de seu marido, tinha um namorado, ficou grávida. Os clientes cuidavam dela, não permitiam que bebesse álcool, diz Paola.

— Para ter relações, pagavam 60 pesos por meia hora; 30 para o dono, 30 para a garota. Você ficava numas poltronas grandes, separadas por biombos. Não havia nem banheiro para tomar banho depois das relações. Ali, eu sempre me cuidei, com todos. Eles te dão preservativos e te obrigam a usá-los. Nos dias de semana, entrava às 20h e saía às 3h. Trabalhava na Constituición e de lá vinha para cá; meus irmãos cuidavam dos meus filhos. E nos fins de semana a mesma coisa, mas saía mais tarde: às 7h. Chegava em casa, dormia um pouquinho e saía outra vez. Um dia encontrei meu marido, me disse que queria ver as crianças, tive de lhe contar que estava grávida e que trabalhava em um prostíbulo para lhes dar de comer, que não queria pedir nada a ele.

No quarto mês de gravidez, parou de trabalhar. Semanas depois, à noite, começou a sentir dores e pediu a seu irmão que fosse buscar um médico, mas o do posto de saúde do bairro não quis ir porque dizia que não tinha ambulância, que a paciente fosse ao consultório. Paola não podia. Sua irmã a ajudou; por volta das 5h, a menina nasceu de um só empurrão, morta.

— Meu irmão foi até lá e chutou tudo na clínica, e não tiveram mais remédio do que vir me ver. Mas o bebê já havia nascido, estava enrolado em um lençol, dentro de uma caixa. Ninguém queria me levar, ninguém queria se responsabilizar, nem a polícia. Depois tiveram o topete de me acusar de qualquer coisa, de ter feito um aborto, porque eu estava grávida de seis meses. Minha alma doeu muito, e ao mesmo tempo resolvi tomar uma grande decisão. Fui à igreja, não queria saber mais do prostíbulo, de virar noite, queria viver uma vida normal, como antes.

Paola voltou para o marido. Dois anos depois, teve outro parto prematuro, outra criança nasceu morta. Agora os cinco vivem na quitinete com duas camas pequenas, uma para Paola e o marido, outra para seus filhos. Um parente lhe emprestou um fogareiro para que pudesse cozinhar; quando querem água, têm de pedi-la ao vizinho.

— Agora estamos querendo economizar para fazer um banheiro, uma privada. Enquanto isso, temos de ir ao poço.

A situação está melhor, diz Paola: seu marido conseguiu um trabalho de servente em uma fábrica e lhe pagam mil pesos — uns 80 dólares — por mês.

— Pagam mais, mas depois descontam muito dinheiro, não sei como é isso.

— E você recebe a Pensão Universal por Filho?

— Não, porque parece que, como ele está empregado, recebe por outro lado, não nos cabe. Primeiro me davam, mas depois nos descobriram e a tiraram.

Muito perto daqui, diz a lenda, foi inventado o doce de leite — uma dessas invenções argentinas que deve ter existido muito antes do país. Contam que em uma fazenda pertencente a dom Juan Manuel de Rosas, caudilho todo-poderoso da primeira metade do século XIX, uma criada estava aquecendo, no fogão, leite com açúcar quando chegou um dos inimigos do patrão, Juan Lavalle, para vê-lo, e ela teve de atendê-lo e se distraiu. E que quando, por fim, se lembrou do que estava fazendo, encontrou na panela uma massa espessa e marrom; então ficou assustada, temendo a reação do patrão, e levou-a até ele para se justificar. Rosas provou, gostou, ofereceu a Lavalle e a desfrutaram juntos. Mais de dez anos depois, Lavalle foi perseguido por todo o país, até que conseguiram matá-lo.

Há alguns meses, Paola levou seus três filhos a uma organização comunitária para que fossem medidos e pesados: disseram a ela que estavam "abaixo do peso". Paola não entendeu: explicaram que isso queria dizer que estavam muito magros e que, além disso, eram baixinhos para sua idade, que tinha de alimentá-los melhor. Paola primeiro se irritou, se defendeu contra aquilo que lhe parecia uma reprovação; depois, diz, começou a chorar.

— Por fim, me disseram que o governo mandava uma cesta com mercadorias às crianças que estavam abaixo do peso e que eu tinha de fazer os documentos e pedi-la. E então acabaram me dando. Recebo-a a cada quinzena: uma cesta com quatro pacotes de macarrão, arroz, óleo, doce de batata.

Paola ficou feliz, mas continuava se sentindo culpada. Ainda chora quando me conta:

— Meus filhos são a coisa mais importante da minha vida e eu sei que eles estão abaixo do peso porque não cuidei bem deles. Antes sim conseguíamos guardar um pouco do dinheiro do salário do meu marido para fazer o banheiro, mas agora decidimos que o mais importante é que as crianças comam bem. O dinheiro não chega, no fim do mês estamos apertados, mas agora tentamos fazer com que as crianças comam. Não vamos permitir que nossos filhos tenham fome. Ao meio-dia, os levo ao refeitório e à noite tenho de lhes dar alguma coisa. Mesmo que fiquemos sem comer, que eles comam. Ainda que seja uma sopa, um pouco de macarrão.

— E de quem é a culpa de você não ter o suficiente para comer tranquila?

— Não sei, que sei eu? Eu não gosto quando a presidente diz que não há pobreza. Eu a ouvi dizer muitas vezes que não há pobreza. Que venha e preste atenção na pobreza que há, nas crianças que estão morrendo de fome. Outro dia vi em um telejornal uma mãe da província de Misiones cuja filha morreu de fome, aquela que foi presa. Sabe a angústia e a impotência que senti quando vi isso? Tanto estuprador, tanto delinquente, e uma mãe que perde a filha, uma filha que morreu de fome, é enfiada na cadeia.

— A marginalidade estrutural mais pesada pode chegar a 15% dos lares. São 5, 6 milhões de pessoas. Levando em conta a perspectiva de Fidel Castro da Cuba de vinte anos atrás, que abriu as comportas e lhes disse "vão para

Miami", ou a do general Antonio Domingo Bussi, que prendeu todos os vagabundos e os levou para Catamarca, para o sistema seria maravilhoso que fossem embora. Sobram — me diz Salvia, e eu lhe digo que então alimentá--los mal é quase uma esperteza.

— Bem, é necessário alimentá-los para que não se produza uma situação de subversão social, onde os saques não sejam a forma sistemática pela qual os marginais dirimem suas dívidas com o Estado.

Estamos sentados a uma mesa do café San Juan y Boedo e conversamos como se estivéssemos sentados a uma mesa de café.

— Não, não digo que não seja esperto alimentá-los, mas alimentá-los mal. Porque é melhor que não sejam muito inteligentes e fornidos e, além disso, é muito mais barato. Em termos de rentabilidade, para que gastar dinheiro para alimentar quem não vai produzir nada? E, por último, isso lhe favorece à medida que produz pessoas que não têm a iniciativa que poderiam ter se estivessem bem-alimentadas.

— Concordo. Mas não acredito que haja uma mente que o controle e o faça...

— Não, eu tampouco, porque não acredito que sejam inteligentes.

— Mas espere; no entanto, eu acredito sim que existe essa lógica: qual seria a medida a partir da qual essas pessoas não saqueariam meus supermercados, não me gerassem conflitos políticos? Duzentos e cinquenta pesos? Então é isso que elas valem. Amanhã me criam um conflito político porque não conseguem comer e eu tenho de aumentar para 500. Aumento para 500. Qual é a medida da contenção social, do controle social? Se forem muitos caros, eu vou passar por apertos. Não posso pagar tanto, porque tenho de tirar de outro lugar. Mas alguma coisa tenho de pagar; e quanto menos, melhor.

Não é um truque argentino. A estratégia dos dominantes sempre foi a de manter seus dominados em seu nível mínimo possível. Procurar, empiricamente, qual era em cada caso esse nível: tentativa e erro. O erro poderia ser que milhares morressem de fome ou que se levantassem e exigissem. O mecanismo se mantém. Quando a Europa e os EUA escolhem gastar com seus bancos o que não gastam com seus pobres estão confiando na hipótese de que seus pobres vão tolerá-lo; quando especulam com os preços dos alimentos ou extraem matéria-prima ou transformam milho em combustível, acreditam que a morte de uns quantos africanos não vai afetar sua vida.

Quando um governo distribui esmolas a seus súditos, espera que sejam suficientes para mantê-los afundados e dominados: inofensivos, silenciosos.

Porque a fome é, apesar de tudo, um forte elemento de chantagem: muitas pessoas se incomodam por 10 minutos quando um veículo de comunicação espalha que há famintos — e o incômodo é diretamente proporcional à proximidade geográfica: se estão a menos de 50 quilômetros, digamos, pode durar até 45 minutos. E não há nada que um governo deteste mais que súditos incomodados: todo o seu trabalho consiste em fazer com que se sintam tão acomodados que não sintam mais nada. Então entra em ação a caridade cristã ou sua versão contemporânea, o assistencialismo: dar aos pobres o mínimo para que sobrevivam e não manchem com seu sangue ou seus ossos as telas de televisão.

Muitos sobrevivem, outros não.

6

Perto do rio, as fazendolas vão rareando: o perigo da água. Há juncos, barro, uns baixios: tudo isso eram pântanos que os mais pobres foram ocupando. Uma família cria porcos, outra cozinha tijolos, outra procura no meio do mato garrafas, papelão, trapos. Passa uma vizinha e diz a Claudio que não pode deixar de ir à reunião que vão fazer para pedir mais terra: caminhos de terra, carros de terra, precisam de terra para firmar o solo, levantá-lo.

Cem metros mais além, o rio Matanza corre escuro entre as margens de entulhos e mato; neste lado, lixo; no outro, um bosque bem silvestre. Claudio diz que às vezes ainda vem pescar enguias com as mãos, que é proibido, mas tanto faz, é o pescado de que mais gosta, que Romi faz com algumas enguias uns refogados do caralho.

— Muitos garotos continuam vindo do outro lado para roubar. Há uma parte que é como umas pistas para andar de quadriciclos, essas motos; os garotos vão armados, você não pode imaginar as máquinas que trouxeram para cá, para o bairro — diz Claudio, e que tampouco sei a quantidade de amigos que morreram ali, no outro lado.

— Aí a polícia te pega e te mata, te mata sem mais nem menos e te deixa estirado, no meio do bosque, não dizem nada a ninguém, você é comido pelos vermes. Ali, quem vai te encontrar? Algumas vezes, nós tivemos de buscar os corpos. Uma vez havia um que chamavam de Diabo, que foi encontrado roubando, trocou tiros com a polícia e o deixaram estirado, como se tivesse morrido; como ele não voltava, os amigos foram procurá-lo e o encontraram ali, estirado, com um tiro no olho, a cabeça apodrecida, cheia de vermes, mas estava vivo. Não conseguia ver nada porque tudo estava infectado, seus olhos ficaram tapados, gritava, delirava. Os garotos o levaram ao hospital, mas ficou caolho porque os bichos comeram um olho inteiro — diz Claudio, e que o rio é traiçoeiro.

— Você agora o vê assim, tranquilo; mas, quando traz muita água e transborda, cobre todo mundo, o grande filho da puta.

Claudio é alto, corpulento, usa uma bermuda feita com uma calça blues jeans cortada e uma camisa celeste muito folgada; está bem-barbeado, uma mosquinha no queixo, os cabelos curtos, o sorriso conquistador, e me diz que há algumas semanas o bairro foi inundado seriamente, água até o pescoço. Que os filhos da puta fecham as comportas do rio mais abaixo para que os bairros não sejam inundados e a água é desviada para eles; que teve de ficar em seu rancho inundado, trepado em uma mesa, com seus dois filhos maiores, durante quase uma semana.

— Os garotos daqui são terríveis. Se você não fica para tomar conta, levam tudo.

A água cobria a rua, diz, não havia maneira: Claudio fez uma balsa com madeiras e bolsas infladas, usou galhos como remos, e foi procurar provisões.

O bairro La Loma, de Gregorio de Laferrere, comarca de La Matanza, tem ruas de terra, casinhas de um ou dois aposentos de madeira e chapa e tijolos sem reboco, uma fenda nos dois lados da rua onde uma água negra fedorenta fica estancada. Mulheres bebem mate diante de suas casas, os rádios ligados, a cúmbia tocando ao fundo, algum cheiro de maconha, arvoredos novos mas verdes, crianças brincando ao redor; um senhor com um facão poda uma árvore; dois cavalos magros pisoteiam o pouco pasto que cresce na calçada de terra. Em cada quadra, há dois ou três postes de luz; de cada poste, sai uma dúzia de cabos dos vizinhos que roubam eletricidade: pendem.

Na entrada do bairro, há um terreno baldio, uma quadra inteira: lixo, mato, restos de uma fogueira, alguns salgueiros velhos. Em uma esquina, uma placa de madeira pintada diz Parque da Memória.

Parque da Memória, diz.

Claudio nasceu aqui, há 36 anos. Sempre viveu aqui. Até os trinta, andava perdido: era mau, briguento, patoteiro. Chefiava uma gangue de esquina, fodia com a vida dos vizinhos, às vezes cobrava pedágio: diz que quem não lhe pagasse não passava.

— Brigávamos o tempo todo: você me deve 2 gramas, você não apareça aqui no meu território... Eu era ruim. Mas também era outra época. Outro dia passei pela esquina, ali, onde eu mandava, e os garotos ainda estavam lá, fumando maconha, e não sei se a fumaça me pegou ou, que porra, era como se tivesse voltado dez anos no tempo. Todos ali falando as mesmas besteiras, de drogas, de roubos, de mulheres, que ontem à noite fodi com esta, ontem à noite fui roubar em tal lugar... Eu os olhava e não conseguia acreditar. Agora todos estão muito loucos. Os garotinhos não respeitam nada; se você se fizer de louco, te dão um tiro; se não tiver um chumbo, uma arma, ninguém o respeita. Antes as coisas se acertavam aos socos e nada mais. Eles mesmos te chamam de velho, esta é a era da pólvora.

Claudio diz que ele não roubava: que vivia na rua, mas não roubava.

— Eu sempre trabalhei; me drogava, mas com meu dinheiro. Nunca achei graça nessa coisa de andar roubando. Porque nós somos de uma família cristã, sempre me ensinaram as coisas de Deus. Eu me drogava muito, mas sempre com a grana do meu trabalho. Quando terminei a primeira série, tinha 15 anos, e a partir de então andei pelas ruas até os trinta: 15 anos de droga e aí parei.

Claudio começou cheirando qualquer coisa, solventes, gasolina, depois veio a maconha e aí ficou gostando de cocaína — e gastava tudo o que ganhava como pedreiro; nos fins de semana, ficava muito chapado e durante a semana só bebia vinho.

— Por isso eu sei que ninguém consegue se afastar das drogas sem a ajuda de Deus. Mas, quando Deus o afasta, o afasta para sempre, limpa você para sempre. Agora, quando um garoto está roubando, nós o aconselhamos, eu prego. Às vezes, vêm e me dizem que querem largar essa vida, mas não conseguem, e eu lhes digo que conseguem sim, que, com a ajuda do Senhor, é claro que conseguem. Eu sei, porque eu consegui.

Claudio trabalhava como pedreiro na capital. Até certa manhã, há alguns anos: rebocava, tranquilamente, a fachada de uma casa quando chegaram quatro homens e perguntaram pelo capataz. Claudio lhes disse que estava lá dentro e retomou o trabalho. Voltaram pouco depois, agradeceram e foram embora, caminhando. Quando os viu dobrar a esquina e correr, entendeu tudo: havia sido um assalto. Claudio correu para o fundo; seus companheiros estavam de bruços, amarrados, e o chefe estava convencido de que ele os entregara. Disse-lhe que não iria denunciá-lo, mas que não voltasse nunca mais. Claudio não tinha como provar que não era verdade: de repente, as pessoas com quem havia trabalhado durante vários anos não acreditavam mais nele; Claudio chorou de raiva.

— Como você vai se defender de uma acusação mentirosa? O que vai lhes dizer, se eles já sabem que não vão acreditar em você? O que vai lhes dizer? Eu sou de Lafe, irmão: todo mundo vai lhe dizer que nós de Lafe somos canalhas.

Naquela época, Claudio e Romina costumavam cartonear, catar papelão, mas acabaram parando: cada vez encontravam menos coisas, diz, porque as pessoas estão jogando menos coisas fora, diz, por causa da malária, ou talvez haja muita competição, muitos garotos *cartoneando* por aí, diz, e por isso foi um alívio quando ele conseguiu seu primeiro plano Jefes y Jefas.*

Durante anos, o atual governo argentino se recusou a distribuir dinheiro sem contrapartidas. "Se você fica na assistência, a gente também fica na assistência. Nós temos de ajudar a promover a dignidade que a gente quer", dizia a ministra do Bem-Estar Social, irmã do presidente da Nação. "A gente me diz que quer armar uma cooperativa ou uma confecção. Se a assistência é uma oficina familiar, você está lhes dando uma oportunidade. Se é a assistência simples de uma renda e ainda por cima limitada, não está lhes deixando nada. Ou alguém pode achar que o problema da pobreza pode ser resolvido com 100 pesos?"

Mas algumas derrotas eleitorais convenceu o próprio governo a mudar radicalmente de postura, e a Pensão Universal por Filho se transformou em sua grande medida social: distribuiriam uma quantia fixa, cerca de 40 dólares mensais, a mais de 3 milhões de crianças. É claro que não foi apresentado como o fracasso de seis anos de uma política oposta, mas como um grande passo à frente em quem sabe que caminho. De fato, foi a vitória do assistencialismo, da caridade cristã a cargo do Estado — eu lhe dou um pouco, o mínimo necessário para que continue como está.

E criou, naturalmente, diversas lealdades: ao governo que distribui, ao rosto visível desse governo, a seus representantes locais, a todos aqueles que conseguem alguma prebenda para repartir. Criou certa gratidão e criou, ao mesmo tempo, medo: se eles me deram porque quiseram, podem me tirar quando quiserem. Não façamos confusão, garotos, senão ficaremos sem isso.

A assistência é uma forma de agir sobre os efeitos da pobreza — a falta de acesso ao mais indispensável — e não sobre suas causas. Ou, dito de ou-

---

* Programa de proteção social destinado a chefes e chefas de família desempregados lançado pelo governo argentino oficialmente em janeiro de 2002. (*N. T.*)

tra maneira: uma forma de manter essa pobreza no tempo, de não criar as condições necessárias para que essas pessoas assistidas comecem ou voltem a se valer por si mesmas. A assistência consegue fazer com que os pobres continuem sendo pobres e dependam brutalmente daqueles que os assistem: o governo, o Estado, ONGs, várias Igrejas. A assistência salva pessoas no que diz respeito ao imediato — e, com o mesmo mecanismo, afunda-as mais em sua condição de pessoas que precisam ser salvas.

Então é difícil deixar de se perguntar se essa não é uma condição do sistema, a forma pela qual um sistema de injustiças é preservado e mantido.

Quando completou 30 anos, Claudio ouviu, diz, o Chamado. Agora jejua, conversa com Deus, lhe faz promessas, trata de cumpri-las — e se ocupa de difundir Sua obra em sua comunidade e me fala de seus encontros com Deus e me conta todas as suas desgraças: os evangélicos usam o relato de suas desgraças — "dão testemunho" — como uma maneira de devolver os demais ao caminho do bem.

— Vou lhe dizer a verdade: eu também fui violentado quando era menino. E nunca contei a ninguém: nem à minha mãe, nem à minha mulher, nem aos meus amigos, nem a ninguém, até que um dia o Senhor falou comigo pela boca de um pastor profeta e me disse que Ele sabia que haviam abusado de mim quando era criança e que eu tinha de perdoá-los para curar meu coração. Ele sabe tudo. Ele esquadrinha seu coração e sabe tudo.

A cada noite, Claudio pedia a seu deus que o ajudasse a fazer o bem, a afastar garotos e garotas da droga, a devolvê-los ao caminho. Até que Ele lhe apareceu uma noite, enquanto dormia, todo vestido de branco e o segurou pela mão e o levou, em seus sonhos, à porta de uma casa: apontou-a, disse-lhe venha, aqui vive uma que é minha filha, quero que você converse com ela.

Deus, em Laferrere, o chama de você. Claudio conta que no sonho disse à menina tudo o que seu deus lhe disse para dizer, e que ela lhe confessou, no sonho, seus pecados: adultério, drogas, um aborto. E diz que acordou meio morto de medo, mas agradeceu a seu deus essa oportunidade e no dia seguinte foi procurar a garota e tudo foi como no sonho — porque o sonho não era um sonho, mas seu deus levando-o para o bem. Mas teve de lutar:

— O que acontece é que o diabo não quer perder essa vida que conquistou. Então, se você vai lutar, ele se manifesta, ataca você, é capaz de expulsá-lo a pedradas. Mas, se você for com a ajuda da oração e do jejum, pode vencer o diabo. Não sou eu quem diz isso, é a Bíblia. Mas também não é fácil ver o diabo. Eu não sei. Meu irmão menor tem, sim, essa capacidade que Deus lhe deu: ele os vê em cima das árvores, nas casas, caminhando, os vê quando estamos rezando por um endemoninhado e o diabo sai de sua boca... Mas é difícil, porque o diabo sabe tudo, sabe quem você é, o que faz, todas as coisas, lhe diz o que só você sabe para que fique com medo.

Há alguns meses, Claudio foi à prefeitura pedir uma conexão legal de luz, com medidor. Pagou 150 pesos e, além disso, tinha de começar a pagar pela luz: parecia um péssimo negócio, mas fez aquilo porque, para comprar qualquer coisa — "um tênis, um fogareiro, o que for" —, a prestação com o cartão da Pensão, pedem a conta de luz. É uma primeira forma de integração ao sistema: se você paga a luz, existe como consumidor. Mas o prazo já venceu e não apareceram.

Quando Claudio se converteu, já tinha dois filhos. Havia engravidado uma vizinha, Romina, quando ela contava 15 anos e ele, 20. Romina se recusou a abortar; o menino nasceu bem, mas não se juntaram: cada um continuou na casa de seus pais, uma diante da outra, e brigavam com frequência. Pouco depois do segundo, pensaram em viver juntos, mas não tinham dinheiro. Um dia, a comadre de Claudio ofereceu lhe vender a metade de seu terreno por 2 mil pesos — uns 180 dólares;— que não se preocupasse, que iria pagando como pudesse. Eram 80 metros quadrados de terra muito baixa: ameaçada pela água, mas sem água corrente. Claudio começou a ocupá-lo com escombros que ia trazendo do lixão; o problema é que não tinha um centavo para erguer quatro paredes. Pediu a seu deus a solução: rezou e rezou, diz, rezou 8 horas. Até que apareceu um amigo que ia começar a construir uma casa de alvenaria e se ofereceu para lhe passar sua casinha de madeira.

— Um único aposento, meio apodrecido, mas era muito melhor do que nada. E era um sinal de que o Senhor não me abandona, que cuida de mim, que me ouve — diz agora Claudio. E assim começou: bem devagar, tijolo por tijolo, Claudio e Romina lhe agregaram dois aposentos sem reboco, o chão de cimento. Em um aposento há duas caminhas onde dormem as três crianças mais velhas e uns cabides de onde pende a roupa limpa; no outro, a cama de casal de Romina e Claudio, uma de solteiro para as duas meninas menores, e mais cabides. Na parte velha da casinha, um fogareiro com um botijão e uma mesinha. Tudo está bem-cuidado, limpo, bem-varrido. Tudo é, diz Claudio, uma prova de que Deus não se esquece deles.

— Por isso tenho de ajudar os outros, mostrar ao Senhor que eu também posso ser Sua ferramenta para fazer o bem.

Por isso, me diz, agora está construindo um aposento para uma garota que conheceu na cooperativa, que tem cinco filhos e cujo marido está preso, que o contratou como pedreiro.

— O que ela não sabe é que meu Senhor me disse que não cobre, que faça de graça, mas que só lhe diga quando acabarmos. Imagine a surpresa que a garota vai ter...

É um luxo que lhe custa muito caro. Havia épocas em que Claudio fazia mais bicos de pedreiro, mas agora está há meses sem ter nada.

— Você não sabe como passamos fome. Um dia desses mandei minha mulher levar as crianças menores para a casa da mãe para que lhes desse alguma coisinha para comer, porque aqui não temos quase nada.

Claudio recebe, a cada mês, mil pesos — uns 80 dólares — de um plano do governo que é apresentado como "cooperativa de trabalho" e, para isso, tem de trabalhar como gari — aos sábados e domingos, dois turnos de quatro horas cada — no centro de Lafe.

No centro, a ponte da estação exibe um outdoor que diz que em 2011 a cidade completou seu primeiro centenário: "Gregorio de Laferrere, 100 Anos de História..."; as reticências devem ser o futuro. Gregorio de Laferrere fica a meia hora de trem do centro de Buenos Aires; foi fundada pelo político, jornalista e dramaturgo argentino Gregorio de Laferrere, que, generoso, quis batizá-la com seu nome. Não deu certo: agora todos a chamam de Lafe.

O centro de Lafe é a estação de trem; ao redor da ponte, há uma multidão de estabelecimentos comerciais: a lojinha de pão com chouriço, os *choripanes*, a de celulares mais ou menos legais, a de rosquinhas e sopas paraguaias, La Reina del Regalo, o quiosque de cigarros e guloseimas. Um pouco mais além, em cima da avenida ao redor, lojas de avenida: um McDonald's, uma grande salsicharia, a lanchonete El Porteño, duas lojas de eletrodomésticos, uma agência de empréstimos. O asfalto da avenida é uma recordação da lua; nas calçadas, dúzias de pessoas esperam ônibus em linhas serpenteantes. São rostos acobreados; a paisagem — os cartazes, o amontoamento, o lixo, os gritos — é muito latino-americana.

São muitos: mulheres, bebês, velhos, homens com mãos rudes. Os garotos mais magrinhos vestem bermudas, tênis de alunizar e, quando não transpiram muito, bonés de beisebol. As garotas mais faceiras se tingem de louro e usam shorts muito curtos; as garotas mais faceiras são gordinhas. As carnes são repartidas: os garotos com bermudas são magrinhos, fibrosos; as garotas com shorts são mais gordas, pernudas.

— Quando inventaram aquela lei do matrimônio gay, nós fomos à praça para dizer à humanidade que isso era contra a palavra de Deus, porque Sua palavra é para ontem, hoje e amanhã, é um mandato eterno. E pouco tempo depois Néstor Kirchner morreu, viu. Porque a palavra de Deus é que eu sou o amor, mas também sou o fogo consumidor: que Deus, se quiser, te dá um sopro e te tira a vida.

Em alguns momentos, Claudio fala em "bíblico", nessa gíria estranha dos pregadores suburbanos, que não só usa o "tu" em um país onde ninguém diz "tu"; também usa palavras arcaicas como se seu Deus falasse desde o fundo dos tempos e lança as ameaças mais brutais em nome do amor e da concórdia. Além disso, Claudio as repete com essa pronúncia fanhosa, como se estivesse patinando em cima das palavras, sem consoantes finais, com que são cantados os cantos das torcidas argentinas.

— Eu acredito que foi por isso que o presidente morreu. Porque vivemos agora tempos muito estranhos, em que o bom é chamado de mau e o mau de bom, tudo está ficando de cabeça para baixo.

Lafe é a terra dos Falcon, o purgatório onde — por falta de inferno melhor — eles sobrevivem. O Falcon é um velho modelo da Ford que a fábrica mãe lançou no mercado nos anos 1950 e impôs à Argentina alguns anos depois. O Falcon foi, durante muitos anos, o carro favorito dos argentinos: resistente, razoável, de boa aparência. Até que, nos anos 1970, os Falcon — sobretudo os verdes — passaram a transportar militares e policiais que sequestraram e assassinaram milhares de pessoas. Desde então, os Falcon começaram a sumir da paisagem portenha: vejo agora que vieram para

Lafe. Aqui, cadáveres do Falcon fazem lotação: por 2 pesos, levam quantos passageiros couberem. Estão incompletos, vencidos, oxidados, mas andam: alguns exibem inclusive uma placa.

— E não te deixa puto da vida que Deus não tenha feito um mundo mais justo?

— Não é Deus quem faz isso, são os homens.

— Mas, por exemplo, quando você tem de mandar seus filhos para a casa da avó porque não há comida suficiente...

— Sim, mas tudo é aprendizado. O que Ele quer é que você saiba viver tanto na escassez como na abundância, no que for que Ele lhe mande. O que Ele quer lhe ensinar é que você tem de aceitar o que Ele lhe mande, que dependa d'Ele. No entanto, minha senhora, Romina, não quer entender isso. Ela acredita em parte, nada mais, fecha o coração a Deus. O Senhor está batendo na porta de seu coração e ela não quer abrir. E isso me dói. Eu vejo os casais na igreja e estou sempre sozinho. E não sou viúvo nem solteiro; eu também quero ir à igreja com minha família. Deus me diz para esperar: Ele também testa sua paciência. Romi é assim, ela acha que o governo tem de lhe dar as coisas. Está bem, ela as procura bem. Mas Deus quer que você dependa d'Ele. O pastor me disse de novo, há pouco: Deus quer que você pare de andar pedindo ao homem e passe a pedir a Ele. Ele é o dono de todas as coisas; se você Lhe pedir rezando, Ele vai lhe dar o que você precisa.

Romina me diz que teve sorte com seu marido: que é verdade que teve uma época em que era um problema, que bebia, que se drogava, que andava pelas ruas, mas que desde que se curou — diz "que se curou" — é outro homem, que a ajuda, que quando ela precisa ir a algum lugar ele arruma a casa, lava, cuida das crianças, coloca-as para dormir.

— E me trata bem, é bom, nunca levantou a mão para mim, nada. É uma pena que nunca possamos estar tranquilos. Você imagina como eu gostaria de estar tranquila?

— O que seria estar tranquila?

— Nada, não precisar ficar procurando o tempo todo, ter toda a mercadoria já guardada para comer até o final do mês. Eu ficaria tão tranquila...

Romina tem 30 anos, cinco filhos. Magra, pernas longas e magras, shortinho alvinegro, camiseta fúcsia, as unhas dos pés pintadas de violeta, os cabelos curtos pintados de vermelho escuro, o rosto cheio de ângulos, os dentes grandes um pouco amontoados. Faz calor, transpira; eu lhe pergunto por que não acredita em Deus e ela me diz que não, que acredita sim.

— Não, eu acredito sim. Sim, porque aconteceu um montão de coisas. Quando meu bebê do meio tinha 3 anos, meus sogros lhe deram de presente um galo e uma galinha. O bebê gostava de tocar em tudo, tocava tudo, e quis tocar o galo, e o galo o agarrou com aquelas unhas que tem e lhe fez quatro buraquinhos, sangrava, parecia um coador. E eu e meu marido saímos em disparada, procuramos um táxi, estava morrendo no caminho, morria em meus braços. E chegamos ao posto de saúde e não fomos atendidos, e meu marido começou a gritar atendam o bebê, está morrendo, e acabaram atendendo, e o sujeito nos disse: "Pegue, dê-lhe isso" — e era soro. "Está brincando com a gente? O bebê está morrendo e você nos dá isto?" "Não, mas não temos pediatra, não temos nem guarda", me disse. "Mas me traga um médico, alguma coisa, porque, se o bebê morrer, a culpa também vai ser sua." Por fim o limparam, passaram umas pomadas nas feridas, mas o bebê não reagia. E dissemos: "Vamos levá-lo ao hospital infantil." Mas não tínhamos dinheiro algum, não podíamos. Ali perto da clínica há uma igrejinha que se chama Deus é Meu Salvador. Entramos nela e meu marido me disse vamos rezar, me disse. E veio o pastor e também rezou, todos rezamos durante 2 ou 3 horas e de repente ele acordou, nos reconheceu, tudo. O Senhor o tocou, porque se não fosse por Ele teríamos perdido o bebê, já estava indo embora.

— Por que ficaram na igreja em vez de ir ao hospital?

— Porque não tínhamos um peso sequer.

— E o pastor não quis lhes dar?

— Não, bem, o que acontece é que entramos ali, rezamos ali e ele acordou. Estava morrendo e acordou — diz Romina, mas continua sem se convencer das bondades da ajuda divina; em geral, prefere as oferendas do Estado.

7

A palavra cliente vem do latim *cliens, clientis*, que deriva do verbo *cluere*, acatar, e é, provavelmente, a relação republicana mais antiga: um cidadão — o *cliens* — reconhece o poder de outro cidadão — o *patron* — e aceita fazer o que lhe pedir em troca de lhe dar sua proteção, que use seu poder — que ele, com sua submissão, amplia — para ajudá-lo.

O clientelismo, essa forma de relacionar povo e poderosos, é um dos principais mecanismos dos regimes mais ou menos democráticos do OutroMundo e seus arredores.

(Por isso, também, o truque clássico da direita para desqualificar a intervenção do Estado — *big government* — consiste em assimilar essa intervenção ao clientelismo: que a única intervenção possível é distribuir dádivas. Quando, na minha opinião, deveria consistir em arbitrar, criar condições para que a riqueza fosse distribuída de forma justa.)

— Se lhes dermos comida, nunca vão trabalhar.

— Nós lhes damos comida porque não podemos lhes dar trabalho.

— Você diz?

Há diálogos antigos. Aqueles que se opunham à caridade há cinquenta ou 250 anos — nos tempos do bom e velho reverendo Malthus — tinham um argumento sólido: se os habituarmos a receber comida de graça, nunca vão querer voltar a trabalhar. A fome surgia como uma necessidade do mercado: para manter os trabalhadores trabalhando, para sustentar a velha maldição do pão e suor nas testas. Mas não mais: o mercado não precisa dessas pessoas, e a única forma de mantê-las vivas — enquanto não encontrem uma maneira de solucioná-lo — é dar-lhes comida.

Nos últimos dois anos, Romina trabalhou no refeitório comunitário de seu bairro: cozinhava, servia e, em troca, recebia 700 pesos e podia levar comida para sua família e, às vezes, alguma sacola com mercadoria. Mas o refeitório fechou no ano passado devido a uma briga entre o grupo que o administrava — "eram uns que estão na política, não sei o quê, não sei qual; perguntei a eles muitas vezes, mas não quiseram me dizer" — e algum funcionário do governo que deixou de lhe enviar provisões.

— E agora me inscrevi na Bairros de Pé, mas antes ia a outras passeatas, passava o dia inteiro fora. Depois, me pagavam tipo 150, 200, mas eu precisava sempre ir, ir, sem parar.

— Aonde?

— Acampar, à Casa Rosada, esses lugares.

— E como se chamava o grupo?

— Teresa Vive. Mas agora me inscrevi ali, no Bairros, e tenho que ir às marchas.

— Faz muito tempo?

— Não, pouquinho, há duas ou três semanas. E inscrevi meu irmão menor, que também precisava. Ele trabalha como pedreiro, mas agora consegue bem pouquinho e por isso vem comigo e também ganha alguma coisa.

No pátio de sua casa — na parte vazia do terreninho que cerca sua casa, no meio de escombros e de um poço pela metade — há três ou quatro gatos magros, uma cadela parida. Um pássaro enorme, negro, disputa com um gato um pedaço de alguma coisa: parece carne, mas pode não ser. Chiam: pássaro e gato chiam, brigam.

Romina diz que agora, no Bairros, está melhor do que antes: que lhe dão mais ou menos a mesma coisa, mas não a obrigam a caminhar tanto.

— O que lhe dão na Bairros de Pé?

— Bem, por ora, mercadoria, já me deram um pouco, e um salário, que estou esperando, de 750. Porque eu recebo pelas crianças, a Pensão Universal, e eu lhes disse olhem, eu já recebo isso, não sei se vão me tirar; não, não vão tirar, me disseram, não se preocupe. E quem não recebe a Pensão pode ser enfiado na coisa das cooperativas, que é de 1.200. Mas todos temos de ir às passeatas, sim ou sim. Quando não te veem nas marchas, querem te tirar.

— E você vai?

— Eu já estou indo, já.

— E de onde saem esses 750 pesos que lhe dão?

— Não sei, é um tipo de salário, como uma organização, tem três letras. Não sei se é "p c", "p n l", algo assim.

O clientelismo não é privativo dos governos — nacional, provincial, municipal —, nem sequer dos partidos mais tradicionais. Obviamente, nada se compara com o poder de dádiva de um governo peronista, mas até os grupos da suposta esquerda funcionam de acordo com esses esquemas. Cada grupo movimenta suas influências no aparato do Estado e sua gente na rua para conseguir a maior quantidade possível de subsídios e prebendas para seus seguidores — o que, ao mesmo tempo, lhes permite manter e aumentar o número desses seguidores. O que, às vezes, se transforma na única razão para que muitos deles participem de suas atividades.

— É um cheque?

— Não, eles dão o cartão. Comecei a fazer os trâmites para tirar o cartão. A coordenadora do Bairros me disse que já o pediu, que logo vão me dar.

A Bairros de Pé é uma organização que participou durante vários anos do governo atual; depois se afastou, mas, nesse lapso, conseguiu benefícios que, em muitos casos, ainda mantém.

— E lhe pagam a Pensão Universal pelos cinco filhos?

— Sim, mas, na verdade, nestes meses, não estavam me pagando direito porque não fiz o documento novo do menino de 10 anos e não quiseram aceitar o cartão. A mesma coisa com a menina de três; eu levava o papel e não o aceitavam. E na última vez em que não aceitaram eu disse que estou esperando há um ano e meio, a menina vai completar 3 anos e não é possível que sempre não aceitem. E eles me diziam não, por isso e aquilo, e eu me sentei lá e deixei os papéis ali e disse daqui não saio, porque já fizeram a mesma coisa com o menino de 8 anos quando completou 5 anos que eu o levava ao jardim na 32, ali, e o de lá da 32 não quis assiná-lo e sem a assinatura...

Romina se entusiasma, se exalta, repassa cada uma das dificuldades burocráticas que teve de enfrentar para conseguir os subsídios para suas crianças: é um relato profuso, labiríntico, de horas e horas de espera, obstinação, suaves humilhações, discreta violência — que lhe dá tanto trabalho como qualquer trabalho.

—... e depois a menina de seis que completa em primeiro de maio e precisava do documento novo e eu não tinha dinheiro e não pude fazê-lo. E não aceitaram a caderneta e queriam lhe dar baixa, e eu explicava que preciso dela, que sem esse dinheiro não consigo lhes dar de comer, e nesse dia também fiquei sentada ali, não me mexia, e estava cheio de gente e me disseram de tudo, um caos, mas não fui embora. Então disse não, quero falar com alguém que me diga o que vão fazer e me diziam para ir embora, e meu marido não queria nem me ver, acho que lhe dava... Não sei o que lhe dava, mas eu fiquei até as 20h. Eu lhes dizia que queria falar com o chefe e o homem me disse que não se pode reclamar e falei e fiquei brigando e...

Romina, por ora, conseguiu que lhe paguem 1.200 pesos — em vez dos 1.500 que cabiam aos seus cinco filhos.

— Eles me devem, me devem essa, mas pelo menos me ajuda.

— E procurou trabalho?

— Estava fazendo faxina por hora, o que mais pegava era isso, tem que ser por hora, porque, caso contrário, quem vai se ocupar das crianças? Mas como agora não tenho nada vou a essas passeatas. Vocês cumpram comigo, lhes digo, e eu cumpro com vocês. Se ficarem me enrolando, se for e não acontecer nada, paro de ir e pronto.

— Como é que você cumpre com eles?

— As marchas. São as marchas. Até agora só foram três. Vamos às 7h e às 14h já estamos aqui. A mim convém, é mais tranquilo. As marchas a que eu ia antes eram até a noite, eu chegava aqui por volta da meia-noite. Imagine.

— E onde foram essas últimas?

— Fomos à Praça de Maio e ao Mercado de Abasto, ali em San Justo... ah, e também ao Obelisco.

— E para que são?

— Não sei, para protestar, dizem. Ou pedir programas. Fomos ao Abasto para pedir programas. E a cesta de Natal.

— E, quando protestam, por que protestam?

— Para que deem mais planos, mais mercadoria para a gente, tudo isso.

— E o que significa que eles cumpram com você?

— Que paguem o salário, os 750 — me explica Romina, como quem não entende que eu não entenda.

Mas não basta: muitas vezes não basta. Desde que o refeitório fechou, as crianças estão comendo menos, me explica Romina, e quase sempre a mesma coisa: refogado de arroz, refogado de massa — que às vezes levam um pedacinho de carne, mas outras muitas não —, um purê.

— E depois, quando faz calor, salada com carne enlatada. E, quando há carne moída, faço bolo de batata também. Junto tudo o que encontro e faço o que posso. Quando passamos fome, quando não conseguimos o suficiente, cada peso que agarramos é para eles. Nós não comemos e eles comem. E às vezes eles percebem e perguntam: vocês não comem nada? Não, sim, nós já comemos, agora comam vocês.

— Qual é seu prato preferido?

— Não, eu não tenho problemas para comer — me diz: como se o paladar fosse uma ameaça, o resultado da exclusão do realmente insuportável.

— Mas de que você mais gosta?

— Não sei, gosto de torta de acelga, de verdura — diz Romina.

Claudio e Romina estão preocupados porque a filha menor, a de 3 anos, "está abaixo do peso". Disseram isso a Romina em uma sala da Bairros de Pé onde havia uma merenda; ela levou as crianças para que bebessem e comessem alguma coisa boa, e lá mesmo as pesaram e mediram e lhe disseram isso, que Tuti teria de pesar pelo menos 21 quilos e que está com 16. Mas que não se preocupasse, disseram: que iriam levá-la ao médico, ao posto de saúde, para que lhe desse o certificado de abaixo do peso e com isso conseguiria uma cesta de mercadoria por quinzena — ou até por semana. Romina já sabia: seus dois filhos mais velhos haviam passado pela mesma coisa alguns anos atrás.

— O problema agora é que a médica não quer me dar o certificado — diz Romina, suspirando: o mundo é um lugar difícil, cheio de pessoas que o tornam ainda mais difícil.

— A levamos com a senhora da Bairros e a médica disse que não, que estava tudo bem. Mas quando a pesou eu não a vi; fiquei do lado de fora porque estava cheio de gente.

— E você, o que acha?

— Eu já não sei o que pensar. A senhora da mobilização me disse que vamos lutar outra vez e vamos ver outra doutora. E eu respondi que talvez essa outra doutora não fosse querer dá-lo. Porque há doutores que não querem lhe dar o certificado médico.

— Por quê?

— Porque você é da Bairros de Pé ou de outra organização assim, não querem. Dão aos do governo, parece. Eu conheço uma enfermeira e ela me disse que a chefe da pediatria é assim, não quer que deem certificados. É capaz de a terem ordenado a não dar... E digo que não está bem, porque quem vai pedir alguma coisa é porque está precisando. Mas, bem, tomara que tenha razão, não é? — diz Romina, e arma um sorriso triste; por um lado, seria ótimo que sua filha estivesse bem, mesmo que isso lhe custe a oportunidade de receber a cesta de comida que altera sua dieta:

— Na cesta tem óleo, açúcar, macarrão, arroz, doce de batata, é muito linda. Não posso me queixar. O problema é que me dão uma vez por mês; uma por mês não basta.

Por outro lado, mantém a suspeita de que sua filha está realmente malnutrida, que de verdade precisa e não recebe por capricho de uma funcionária.

O mundo é um lugar hostil, mais hostil do que qualquer outro espaço, cheio de regras que mudam o tempo todo, cheio de truques que outros sabem, cheio

de espinhos.

Romina compra o pouco que compra em uma lojinha que fica a duas quadras de sua casa, porque o dono lhe vende fiado. Em troca, cobra cerca de 50% a mais por cada produto. Romina gostaria de poder comprar em outro lugar, em um lugar onde pudesse pagar o macarrão, o açúcar, o azeite por preços reais, mas não pode porque para isso precisaria de dinheiro.

— O sujeito está ganhando milhões com a gente. Mas o que podemos fazer? Nós não podemos fazer nada. Nós, afinal, nunca podemos fazer nada.

Na Argentina atual, sobram 5 ou 6 milhões de pessoas. Os mais pobres sobram: sua exclusão completa — sua desnecessidade — é relativamente nova e ninguém sabe o que fazer com ela: o que fazer com eles.

Há, é claro, uma coisa que sociólogos, políticos e membros de organizações sociais não governamentais chamam, com certo cinismo talvez voluntário, de inclusão. É um conceito relativamente novo: até pouco tempo atrás, o que os pobres e os defensores dos pobres pediam não era inclusão e sim igualdade. O que correspondia a tempos e mecanismos nos quais a sociedade sabia para que usar seus pobres — e estava disposta a lhes dar alguma coisa em troca: as certezas da escravidão, as garantias da vassalagem, as angústias de um salário seguro. A Argentina, sem ir mais longe, se caracterizou por ser, durante a maior parte do século XX, um país onde os pobres tinham um lugar: eram trabalhadores. O capitalismo mais ou menos industrial precisava deles para operar as ferramentas de suas fábricas, oficinas e serviços, e essa necessidade até permitia que os necessitados pudessem impor algumas condições: melhorias — sempre insuficientes — de sua forma de vida.

Quando os ricos argentinos resolveram mandar seus militares mudar o sistema — e recriar aquela arcádia pastoral que nunca havia existido, a fechar fábricas e a expulsar camponeses para se tornar o celeiro do mundo —, talvez não tivessem previsto que isso deixaria milhões de pessoas sem emprego — no sentido forte: sem uso, sem necessidade. Assim conseguiram, entre outras coisas, substituir a ameaça da violência organizada operária pela ameaça da violência inorgânica dos favelados: uma violência individual, desmaranhada, que pode explodir em direções muito pouco previsíveis. E agora se lamentam.

Certamente, deveriam ter imaginado — ou poderiam ter estudado —, porque essa exclusão de milhões já acontecia em outros países latino-americanos. Mas os ricos argentinos são um pouco bobos e acharam que poderiam construir um país do OutroMundo e continuar caminhando pelas ruas, tranquilos. Demoraram a entender que tinham errado: a exclusão dos pobres criou esta violência — esta violência básica que consiste em não ter objetivo, em não ter futuro.

— Não sei, a menor me disse que quer ser doutora e o menino me disse que vai ser advogado.

— Como pensaram nisso?

— Talvez viram alguma coisa na televisão.

— E acha que vão conseguir?

— Quem sabe. Tomara que consigam. Mas não sei como seria.

Agora, na Argentina, segundo pesquisas sempre confusas — sempre complicadas por aqueles que deveriam esclarecê-las —, cerca de 750 mil jovens entre 18 e 25 anos não têm trabalho nem muitas perspectivas de ter. São um de cada seis jovens, um de cada três jovens pobres.

O peculiar da Argentina — o que torna, talvez, seu caso interessante — é que a massa de relegados absolutos — de *descartáveis*, diriam os colombianos, de supérfluos — é um fenômeno relativamente novo: que é possível reconstruir a forma como apareceram em um país que os evitara.

"A *triagem* — processo de seleção — capitalista da humanidade já teve lugar. Como advertiu Jan Breman, escrevendo sobre a Índia: 'Atinge-se um ponto sem retorno quando um exército de reserva que espera ser incorporado ao processo laboral é estigmatizado como uma massa permanentemente excedente, uma carga excessiva que não pode ser incluída, agora ou no futuro, na economia e na sociedade. Essa metamorfose é, na minha opinião, a verdadeira crise do capitalismo mundial.' Por sua vez, a CIA apontou em 2002: 'No final dos anos 1990, a surpreendente quantia de 1 bilhão de trabalhadores, que representam um terço da força de trabalho mundial, a maioria deles no sul, estavam subempregados ou desocupados.' Isso escreveu nosso habitué Mark Davis em *Planeta favela*. E mais adiante: "Esse bilhão, que coincide em parte com a população das *villamiserias*, é a classe mais inesperada, a que cresce mais depressa no mundo atual."

Homens e mulheres costumavam ter uma função. A Índia era um exemplo claro: ali, durante séculos, os muito pobres foram a mão de obra baratíssima que, por um lado, cultivava o que os mais ricos comiam e, por outro, lhes servia e os serviam. Eram, é claro, intercambiáveis; não eram indivíduos, mas espécie. Como não importava a ninguém se viviam ou morriam, centenas de milhões funcionavam como uma reserva útil e uma pressão para manter os salários miseráveis.

É o modelo clássico: nas sociedades que usavam muita força humana de trabalho, as pessoas sempre foram um insumo necessário. Sabemos, por exemplo, dos problemas que o Império Romano teve para se prover de escravos, e que um dos motivos de sua decadência foi que, depois de ter dominado o mundo, ficou cada vez mais difícil renovar, com guerras de conquista, a mão de obra. Sabemos, por exemplo, que a Revolução Industrial europeia precisou de milhões de operários que pudessem abandonar o campo, porque as técnicas agrícolas haviam progredido muito, e fossem às cidades manejar essas máquinas sedentas de pessoas. Sabemos que, inclusive, os desocupados cumpriam uma função econômica: faziam pressão sobre os ocupados para que aceitassem trabalhar mais e ganhar menos — porque poderiam substituí-los a qualquer momento. Sabemos que qualquer sociedade agrária se baseava, até poucas décadas atrás, no esforço sustentado, suarento, dos camponeses.

Há sistemas que conseguem explorar ao máximo seus recursos: atribuem a cada indivíduo uma tarefa rentável para seus objetivos. O equilíbrio é instável — e não dura muito, em termos históricos, ou mesmo não acontece, quando não há coincidência: uma melhoria de certas técnicas, que libera certa mão de obra, não corresponde a um aumento da necessidade dessa mesma mão de obra para outras tarefas.

Agora, em um mundo onde as máquinas são muito eficazes, a mão de obra e o trabalho — as pessoas — sobram. As guerras e as epidemias, que sempre funcionaram como mecanismos de regulação demográfica, caíram muito ultimamente, apesar de tudo. As pessoas vivem mais, as crianças morrem menos: somos muitos. Mas não somos abstratamente muitos, em geral: há alguns que são muitos.

É uma situação perfeitamente anômala: não sei se aconteceu alguma vez com esta intensidade, nestas quantidades. Às vezes, penso que é uma das grandes mudanças da época: pela primeira vez na história, um sexto ou um quinto da população mundial está sobrando. Como fica feio que morram sem mais nem menos, são mantidos apenas à tona, desnutridos, mas não mortos de fome.

A Argentina — como dizíamos — serve de exemplo: fechou milhares de fábricas e oficinas; conseguiu substituir a maioria dos peões rurais por tratores e colheitadeiras cada vez mais eficientes; tem se dedicado a produzir mais grãos do que nunca com muito menos gente.

E não lhe ocorreu o que fazer com eles. Se um dia os chefes argentinos — os ricos e seus representantes — recebessem a dose adequada de pentotal, o soro da verdade, seria engraçado ouvi-los: poderiam discutir como se desfazer de 5 ou 6 milhões de pessoas. E achariam que estariam prestando um grande serviço à pátria: o resto viveria com mais conforto, o índice de criminalidade baixaria muito, as seitas evangélicas perderiam influência, haveria muito espaço livre para novos cultivos e bairros privados, os transportes coletivos funcionariam melhor, o Estado economizaria recursos — subsídios, organismos, policiais, carcereiros — que poderia usar para melhorar, por exemplo, as escolas e universidades, que pessoas educadas usariam com inteligência. Talvez se perdessem alguns jogadores de futebol e alguns boxeadores e dois ou três cantores ruins; talvez o peronismo extraviasse alguns milhões de votos e todos eles teriam mais problemas para conseguir mucamas — mas, em geral, ganhariam mais do que perderiam.

Não o fazem. Talvez não se atrevam — por ora — e tentam conformá-los com programas assistenciais. Talvez prefiram que existam esses milhões que lhes permitem — por ora —, através desses programas, manipular os votos, e estão dispostos, em troca dessa garantia de poder, a suportar seus contratempos. Não sei. Para eles, a aposta também tem seus riscos: sempre incomoda não poder sair de casa para passear sem temores e, além disso, permanece o medo de que uma noite se fartem e arrebentem tudo.

— Não, quando os garotos começam a falar dos roubos, de sair com uma arma, eu sempre lhes digo garotos, fiquem tranquilos, tranquilos, não vale a pena. Se, no final, você sempre vai perder, não vale a pena. Mas os garotos me dizem para não ser cagão, que me acalme, que os pastores me manipularam. Os garotos riem de mim, e às vezes eu me esquento e começo a xingá-los. Então riem ainda mais e me dizem ah, não era você o bonzinho, o evangélico?

A Argentina é um caso particular da pergunta do trilhão: como conseguimos nos convencer, depois de ter vivido em um país de relativa inclusão e homogeneidade social, de que era normal que tantos cidadãos ficassem sem opção de ter uma vida digna?

A mesma coisa acontece, de uma maneira ou outra, em muitos lugares. Com diferenças, é lógico: o uso político argentino não é semelhante ao uso econômico indiano ou bengali ou à falta de uso em muitos outros lugares. Mas o fato de que não tenham lugar se repete, que sua função não consiga justificá-los se repete. A mesma fração da população que sobra na Argentina sobra no mundo: é esse 1,4 bilhão de pessoas, esses 20% da população do mundo que é extremamente pobre, que vive com menos de 1,25 dólar por dia, esses que passam fome.

Outras possibilidades. As operárias de Daca estão, sim, integradas à economia do mundo: elas são exploradas para que as roupas possam ser vendidas a um valor baixo no Primeiro Mundo. A opção é "integrar", dessa mesma forma, africanos, sul-americanos, nepaleses? No momento, não parece viável em termos econômicos. Dizendo de outra maneira: não sabem como lhes tirar a mais-valia, não precisam deles.

A melhor hipótese para os países ricos é que aqueles que sobram do OutroMundo sobrevivam por si mesmos. Que cuidem de seus zebus, que plantem suas hortinhas. Odeiam ver que ocupem terras que lhes serviriam, mas ainda há algumas muito difíceis de rentabilizar: se as deixarem. E, quando tudo transborda, podem lhes mandar uma sacola de grãos. Depois veem hipóteses piores: que passem a molestar as cidades, que se unam e se insubordinem. São, é claro, uma moléstia:

um peso morto.

(Os descartáveis também têm uma versão *soft*: os milhões e milhões que trabalham em atividades perfeitamente inúteis, entendido como inútil um trabalho cujo desaparecimento só afetaria a própria estrutura onde ele é realizado. David Graeber, professor da London School of Economics, disse que "é como se alguém andasse por aí inventando trabalhos inúteis com a única intenção de manter todos nós trabalhando". Empregados — infinitos empregados — de todo tipo de empresas de serviços, empregados — infinitos empregados — dos corpos burocráticos estatais, gerentes de toda espécie, vários advogados, relações públicas, vendedores, recepcionistas, secretários, jornalistas e tantos mais estamos aí para que ninguém perceba que não temos um lugar genuíno na cadeia produtiva e que se ocupássemos um lugar genuíno bastaria que todos trabalhássemos 10 ou 15 horas por semana, que somos todos tão descartáveis como um camponês do Bihar — só que em certos países as coisas são mais complicadas. Os descartáveis com emprego têm a vantagem de que, em geral, ninguém lhes diz que o são — e eles mesmos tratam de não dizê-lo.

E comem quando querem.)

Logicamente, o sistema não se rende e de vez em quando descobre novos usos para os descartáveis: essas clínicas indianas que contratam mulheres pobres para usá-las como ventres. Mães e pais do mundo rico enviam seus embriões fecundados ou seus óvulos e espermatozoides a doutores da região que os implantam em uma garota da região que, por colocar seu corpo para trabalhar *full-time* durante nove meses, ganha o que não conseguiria ganhar em vinte anos de trabalho, se tivesse algum: uns 4 ou 5 mil dólares. Pelo mesmo trabalho, uma garota norte-americana poderia receber 30 ou 40 mil. O preço total de um bebê *made in USA* anda em torno de 100 mil dólares, e isso limitava os usos do serviço, caro para a classe média. Não mais: na Índia, pode ser feito por uns 15 mil.

Nas clínicas indianas mais chiques, o sistema é cada vez mais semelhante à clássica cadeia de produção. Não permitem mais que as mulheres gestem em suas choças, onde "se alimentavam mal, trabalhando muito, sofriam penúrias; era melhor para ela e para o bebê que ficassem conosco, com uma alimentação saudável e controlada". Nesse ofício, um operária mal-alimentada é um mau negócio, e por isso elas são internadas durante nove meses em casas coletivas onde não fazem nada além de reproduzir, tranquilas, bem-alimentadas. E quando dão à luz, claro, assinam um papel que diz que nunca tentarão saber o que aconteceu com seu produto.

Desde o fim da escravidão, apenas o exterior do corpo foi usado para produzir — e o interior ficava de fora, bem-composto. Agora os avanços técnicos estão conseguindo usar o interior para produzir pessoas — não mais escravos. É, logicamente, uma boa causa: "Nós tiramos algumas mulheres da miséria e ao mesmo tempo oferecemos a outras a felicidade da maternidade. O instinto de sobrevivência e o instinto da procriação são as bases do ser humano."

O mercado é novo e precisa lutar contra certas restrições: a Índia, por enquanto, proíbe que solteiros e casais gays usem barrigas de aluguel, e a França e a Alemanha, entre outros países, proíbem o procedimento. E os exportadores de bebês branquinhos — a Rússia, a Romênia, certas províncias argentinas — ainda não protestaram: logo se darão conta de que a nova técnica arruína seu negócio. Porque a beleza do procedimento consiste em que os genes da mãe de aluguel não intervenham no produto criança: a indiana da vez é apenas uma incubadora úmida, quentinha — e a criança sai loura.

São mais de um bilhão — sobrevivem. Os países ricos fazem na África a mesma coisa que o Estado argentino no próprio país: dão aos que sobram o mínimo necessário para que sobrevivam. E que não horrorizem as boas almas, que imaginem que sem essa assistência estariam muito pior, que não saibam imaginar futuros próprios, que não queimem tudo.

Um sistema não pode desperdiçar tão tolamente seus recursos. Se não aprende a usá-los — ou, em seu defeito, se não os elimina —, está com problemas graves.

Enquanto isso, são tão incômodos como esse lixo que ninguém sabe onde colocar.

Da fome, 5

A caridade bem-entendida

1

Ainda assim há 1,4 bilhão de pobres, entendidos como pessoas que gastam menos de 1,25 dólar por dia. Um bilhão e quatrocentos milhões de pobres, entendidos como pessoas que não têm nenhuma dessas coisas que achamos tão comuns, quase naturais: casa comida roupa luz água perspectiva futuro — um presente.

Um bilhão e quatrocentos milhões de pobres, entendidos como pessoas que, em geral, comem menos do que deveriam. Um bilhão e quatrocentos milhões de pobres, entendidos como pessoas que não são necessárias: descartáveis, homens e mulheres que o sistema globalizado considera desnecessários, que deve tolerar porque os genocídios não são bem-vistos na televisão, que podem levar os fracos a ter pesadelos.

E diante deles a frase mais clássica do liberalismo triunfante em seu melhor meio de comunicação, *The Economist*: "Apesar de dois séculos de crescimento econômico, mais de um bilhão de pessoas continuam na extrema pobreza."

Todo o peso está no apesar: para insistir que a economia desses dois séculos não é a causa dessa extrema pobreza.

"Esta é a pobreza absoluta: uma condição de vida tão limitada que impede a realização do potencial dos genes com os quais a pessoa nasceu; uma condição de vida tão degradante que insulta a dignidade humana — e ainda assim uma condição de vida tão comum que constitui a sorte de 40% dos povos dos países em desenvolvimento. E não somos nós que toleramos essa pobreza, embora esteja em nosso poder reduzir o número dos afetados por ela, nos negando a cumprir as obrigações fundamentais aceitas pelos homens civilizados desde o princípio dos tempos?"

Quem disse isso não tinha a menor possibilidade de ser considerado de esquerda. Robert McNamara era, então, presidente do Banco Mundial. Antes havia presidido a Ford Motors e, como ministro da Defesa de Lyndon B. Johnson, a escalada militar norte-americana no Vietnã. Foi em Nairóbi, Quênia, há quarenta anos.

O doutor Pedro Gullo ataca de novo: este é o mundo norte-americano. Os Estados Unidos da América são, há cem anos, a potência política, econômica, cultural e militar decisiva do mundo, com um grau de hegemonia jamais visto antes.

Até um quarto de século atrás, teve certa oposição no bloco soviético: desde então, não mais. Em 2000, os gastos militares norte-americanos foram iguais ao de todos os outros países juntos; tendo a vigésima parte da população mundial, acumulavam um quinto de suas riquezas; sete de cada dez páginas da internet estavam escritas em sua língua; seus cientistas concentravam a metade dos prêmios Nobel de Física, Química e Medicina; e seu poder político era tão indiscutível que se falava de um "mundo unipolar".

Por isso, sem possibilidade de exagerar: este é o mundo que o capitalismo e a democracia norte-americanos produziram. A pobreza e a fome desses milhões é o resultado deste mundo — não um erro deste mundo.

O fato de que — quando não pensamos — pensemos o contrário é um de seus grandes feitos.

E toda a sua estratégia consiste em tratá-lo como um erro passageiro e corrigível.

"Se você quer saber em que os homens e mulheres realmente acreditam, não olhe para o que dizem, olhe para o que fazem", disse Terry Eagleton que Karl Marx dizia.

A ajuda humanitária é, antes de mais nada, a utilização de uma ideia convencional: não é muito bom que existam pessoas que morrem de fome. Não deveria acontecer, esse sistema não deveria permiti-lo — dizem "permiti-lo" —; se acontece, é porque existem lugares aonde não chega, situações que lhe escapam. A ajuda humanitária é um gesto de miopia e otimismo.

— Ai, como é possível que em pleno século XXI ainda haja pessoas que passam fome...

— Sim, e lhes faz tão mal, pobrezinhos.

— E a nós?

— A nós? Ah, sim, a nós também.

A ajuda humanitária é, na melhor das hipóteses, a ação de se dedicar, com a melhor das intenções, a corrigir certos erros e excessos do sistema: a apontá-lo. Embora também — como tudo — aceite descrições diferentes.

"A existência da fome em um mundo caracterizado pela abundância não é apenas uma vergonha moral, também é incompetência do ponto de vista econômico. As pessoas famintas não têm trabalhos produtivos, têm dificuldade de aprender — se é que vão à escola —, são propensas às enfermidades e morrem jovens. A fome é transmitida de geração em geração, pois mães mal-alimentadas têm filhos com peso insuficiente, com pouca aptidão para a atividade física e mental. A produtividade dos indivíduos e o crescimento das nações estão gravemente comprometidos por essa mácula. A fome gera desespero, e as pessoas famintas são presas fáceis para aqueles que tratam de conseguir poder e influência através do delito, da força ou do terror, o que coloca em perigo a estabilidade nacional e mundial. Por isso, a luta contra a fome responde aos interesses de todos, tanto ricos como pobres", disse a FAO em seu Programa de Combate à Fome, lançado em 2003 e recuperado periodicamente — porque ninguém acaba lhe dando muita importância.

Sempre houve instituições dedicadas a ajudar pessoas. De fato, uma das principais atividades de muitas igrejas consiste precisamente nisso: a caridade, a forma unidirecional dos socorros mútuos. De seu exercício pela Igreja de Roma vem o conceito da "beneficência" — *bene facere*, fazer o bem —, que foi, durante séculos, a forma mais difundida de ajuda humanitária em nossos países. Senhoras — costumavam ser senhoras — esposas dos grandes e poderosos se preocupavam com a sorte dos pequenos e impotentes que seus maridos exploravam e, portanto, davam-lhes esmolas; davam-lhes, digamos, graciosamente aquilo que os salários que seus maridos lhes pagavam não lhes permitiam conseguir por si próprios. O dom contra o direito.

E, apesar de, de vez em quando, Estados ajudarem cidadãos de outros Estados em situações catastróficas, a história da ajuda humanitária começou com o fim da Segunda Guerra Mundial. O Plano Marshall, colocado em prática pelos Estados Unidos entre 1947 e 1951, significou o envio de enormes quantidades de comida — entre outras coisas — aos países europeus arrasados, mas não soviéticos. O Plano Marshall foi fundamental para facilitar a recuperação econômica da Europa — e para configurá-la de acordo com os interesses norte-americanos.

Todos os manuais dizem, de uma maneira ou outra, que a "ajuda humanitária é uma ação tendente a salvar vidas, aliviar o sofrimento e proteger a dignidade humana em casos de emergência" e que é reconhecida porque deve ser regida "pelos princípios de humanidade, neutralidade, imparcialidade e independência".

É o que dizem os manuais.

Em julho de 1954, o Congresso dos Estados Unidos aprovou a Public Law 480 — *Food for Peace Law* —, que autorizava a venda de alimentos aos países em "vias de desenvolvimento" a preços quase simbólicos.

Eram, como sempre, tempos estranhos. A Guerra Fria batia os tambores e muitos países do Terceiro Mundo eram tentados pela opção de fazer parte do Segundo. Os norte-americanos não poupavam esforços para impedi-los. A guerra quente era um deles — o seu exército acabara de guerrear na Coreia —; a manutenção de bases militares em todos os lugares possíveis era outro — da Alemanha ao Japão passando pela África do Sul, a Turquia, o Panamá —; a instalação de ditaduras amigas era habitual — Jacobo Arbenz, presidente da Guatemala, fora derrubado por seus garotos algumas semanas antes —; e o envio de ajuda alimentar lhes pareceu uma excelente ideia para dar continuidade à luta contra o demônio vermelho.

Além disso, os cereais sobravam: nos Estados Unidos, o avanço técnico havia melhorado muito o rendimento dos campos, e a mecanização dos transportes reduzira ao mínimo a demanda de alimentos para animais de carga; os países beneficiados pelo Plano Marshall já estavam recuperados e cultivavam seus campos. Os fazendeiros — e, sobretudo, as grandes empresas de cereais — não sabiam o que fazer com seus grãos sobressalentes. Seus lobbies pressionaram o máximo que puderam para que a lei de Comida para a Paz os beneficiasse.

E ela o fez de várias maneiras. Para começar, o Estado compraria deles, por preços altos, os alimentos que mandaria aos países pobres por preços altamente subsidiados. Além disso, conforme disse então o presidente Dwight Eisenhower, a lei permitiria "assentar as bases para uma expansão permanente de nossas exportações de produtos agrícolas com benefícios duradouros para nós e para os demais povos". Ou seja: desenvolver novos mercados. Ou, dizendo de uma maneira mais brutal: torná-los dependentes dos alimentos que lhes enviavam.

Por um lado, porque os produtores locais não podiam competir com esses grãos baratos e ficavam fora do jogo, milhões de camponeses foram arruinados, milhões emigraram para as cidades. E, por outro, porque essas remessas mudaram seus hábitos alimentares. Eu conheci um exemplo extremo, dramático, nas ilhas Marshall, na porra do meio do Pacífico: atóis de corais mínimos onde só crescem árvores de fruta-pão e peixes pululam, seus habitantes viveram, durante séculos, desses recursos próprios. Mas, anexadas pelos Estados Unidos depois da guerra, se habituaram a comer massa, pizza, hambúrguer, salsicha. Ainda gastam seus exíguos recursos importando-os.

Nas ilhas Marshall, isso é quase uma caricatura; em muitos outros países, uma das razões pelas quais tantos passam fome.

Pode-se considerar a ajuda humanitária como a mecânica de um sistema clientelista global. Assim, pelo menos, parecem tê-la considerado os Estados Unidos na segunda metade do século XX: uma maneira extrema de estabelecer dependência entre um patrão e seus clientes no sentido mais romano. Eu lhe dou, você me dá. Eu, comida; você, submissão e algum serviço.

Quando a lei estava sendo discutida, o então senador — e depois vice-presidente — democrata Hubert Humphrey disse palavras que se tornaram famosa: "Antes de qualquer coisa, as pessoas têm de comer. E se estamos, de verdade, procurando uma maneira de que nos apoiem, dependam de nós, em termos de cooperação conosco, acho que a dependência alimentar deve ser a melhor."

Foi uma novidade: os impérios sempre importaram alimentos dos países dependentes. O norte-americano foi o primeiro a exportá-la.

(Ou melhor: o Império Romano entendia que seus clientes eram os vizinhos de sua capital, o norte-americano o estendeu a quase todo o mundo. São, em última instância, diferenças de escala — e de formas de controle.)

Mas a ajuda não deveria servir apenas ao seu poder político sobre o planeta. Para que as bases locais o apoiassem, deveria lhes oferecer benefícios. Por isso, a lei estadunidense determina que 75% de sua ajuda alimentar sejam entregues em forma de alimentos produzidos, processados e empacotados em seu país. As grandes produtoras de cereais — Cargill, Bunge e companhia limitada — que dominam o negócio são as que mais se favorecem: ficam com a metade das encomendas — e, conforme um estudo clássico da Barrett & Maxwell, cobram entre 10% e 70% acima do preço do mercado.

A lei estadunidense também determina que 75% de sua ajuda será transportada por navios norte-americanos. A frota mercante do país é um negócio vacilante: outros Estados com menos impostos e menos regulações transportam muito mais barato: apenas 3% do comércio internacional desde e para os Estados Unidos viaja em navios norte-americanos. Por isso, o traslado desses alimentos é um de seus principais salva-vidas. Um estudo recente calculava que o transporte fica com 40% das despesas norte--americanas com ajuda alimentar. Ou seja: com ajuda às suas próprias companhias de navegação.

A lei norte-americana também permite que ONGs norte-americanas que recebem alimentos norte-americanos do governo norte-americano possam vendê-los nos mercados auxiliados para financiar seu funcionamento e seus projetos: chamam isso de *monetização* ou, em bom crioulo, fazer grana. A Barrett & Maxwell revisou os números das oito maiores e calculou que vendiam algo em torno da metade dos alimentos que recebiam e dali tiravam um terço de suas receitas. O que não soa apenas um pouco perverso; toda essa comida — que desembarca com preços subsidiados nos mercados dos países mais pobres e não chega àqueles que dela mais precisam, mas àqueles que podem pagar — reduz os preços dos produtos locais, arruína os agricultores, reproduz o ciclo da fome: consegue, de fato, exatamente o contrário do que postula.

Por isso, certos norte-americanos estão propondo há anos que pelo menos uma parte da ajuda alimentar seja comprada nos mercados locais ou próximos. Comprar localmente tem vantagens óbvias — e quase todos os demais o fazem. Por um lado, acelera muitíssimo a chegada dos alimentos; não é a mesma coisa trazê-los de Iowa ou da aldeia ao lado. Por outro, é muito mais barato: não é preciso pagar transportes longos e superfaturados, processamentos, burocracias. E, sobretudo: não apenas alivia a situação dos famintos de um país, mas, ao mesmo tempo, transforma seus camponeses em produtores.

Mas quando alguém, com as melhores intenções, propõe mudanças, sempre há alguém que, com as melhores intenções, lhe diz que é melhor que não o faça; que se conseguisse mudar essas condições perderia o apoio dos produtores agrícolas e dos empresários da navegação e daquelas ONGs — o chamado Triângulo de Ferro —, e que é improvável que os Estados Unidos mantenham seu nível de ajuda alimentar sem a pressão desses grupos, ou seja, que, ao tentar melhorar a coisas, na verdade as pioraria. Um argumento tão contemporâneo...

Assim, as propostas de inclusão, embora não passassem de 25% do dinheiro em espécie das ajudas, fracassaram no Congresso toda vez que foram apresentadas. Como quando foram impulsionadas pela administração do presidente George W. Bush. O administrador da Agency for International Development, Andrew Natsios, disse então ao Congresso que se pelo menos um quarto do 1,2 bilhão dólares para adquirir ajuda alimentar fosse gasto *in situ*, tudo melhoraria: que comprando localmente se conseguiria o dobro de comida em quatro vezes menos tempo.

Não aconteceu.

A Barrett & Maxwell revisou, entre outras, a grande intervenção norte- -americana na Etiópia esfomeada de 2003: enviaram-lhe 500 milhões de dólares em grãos — produzidos nos Estados Unidos, transportados por navios dos Estados Unidos, distribuídos por ONGs dos Estados Unidos — e apenas 5 milhões de dólares em auxílio ao desenvolvimento agrícola para evitar que voltassem a acontecer *hambrunas* como aquela.

Falar é fácil, todo mundo gosta de falar. Em 2002, o ex-presidente Bill Clinton se lamentava diante do Council on Foreign Relations de Washington de que o então presidente Bush tivesse reduzido o orçamento da ajuda humanitária. "Muitas pesquisas mostram que os norte-americanos acreditam que destinamos entre 2% e 15% do nosso orçamento à ajuda externa, e que isso é muito, que deveríamos gastar entre 3% e 5%. Eu concordo que deveríamos gastar isso. No entanto, gastamos menos de 1% e somos os últimos de todos os países desenvolvidos do mundo nessa categoria", disse. Quando assumiu, em 1993, os Estados Unidos gastavam 0,16% de seu produto bruto em ajuda externa; quando partiu, em 2001, haviam baixado para 0,11%.

Há quase 45 anos, em 1970, na Assembleia Geral das Nações Unidas, os países desenvolvidos se comprometeram a gastar no mínimo 0,7% de seus produtos brutos em auxílios aos países pobres — em auxílios gerais e não apenas alimentares.

0,7% não parece muito; suas contribuições nunca conseguiram, em conjunto, superar 0,4%. Em 2005, voltaram a afirmar o mesmo compromisso; nestes últimos anos, a cifra gira em torno de 0,3% — menos da metade do tal objetivo inicial.

Em 2012, os 23 países da OCDE destinaram 125 bilhões de dólares de ajuda aos países do OutroMundo. Parece importante. Os dados diminuem: é 7% menos do que em 2010; é 0,29% da suma de seus produtos internos brutos.

Os Estados Unidos ainda são o principal doador: 30,5 bilhões de dólares, ou seja, 0,19% de seu PIB. O curioso é que seus cidadãos estão convencidos — como dizia Clinton — de que seu país gasta muito mais em ajuda externa do que em seus próprios programas assistenciais, o Medicaid e o Medicare. Com os dois, os EUA gastaram, em 2011, 992 bilhões de dólares: mais de trinta vezes mais. O Center for Global Development, um *think tank* do *establishment* de Washington, calcula que menos de 40% dos auxílios chegam efetivamente a seus supostos beneficiários: o resto se perde nas diversas burocracias intermediárias. Ou seja, que o montante real dos auxílios não passaria de 0,12%. Como exemplo, a ONG Action Aid calcula que o custo dos 740 "consultores humanitários" internacionais que trabalhavam no Camboja em 2009 estava entre 50 e 60 milhões de dólares; o mesmo que toda a administração do país, que empregava 140 mil pessoas.

É uma minúcia, mas é verdade: os ajudantes humanitários custam caro.

Em segundo lugar, atrás dos Estados Unidos, está a Grã-Bretanha, com 14,6 bilhões, o que representa 0,56% de seu PIB. Acima de 0,80%, só os três países escandinavos e Luxemburgo; abaixo de 0,15%, três países em crise — a Grécia, a Itália e a Espanha — e a Coreia do Sul. Essa última saiu da pobreza nos anos 1970 graças a auxílios internacionais multimilionários, mas havia um detalhe: era uma das fronteiras mais quentes da Guerra Fria, um ponto estratégico, onde convinha ao Ocidente rico gastar. Não é, obviamente, o caso de grande parte da África.

Porque há uma diferença importante entre os auxílios dos últimos vinte anos e os anteriores. Até os anos 1990, o destino dos auxílios norte--americanos, distribuídos majoritariamente por suas próprias agências, armava um quadro de seus interesses geopolíticos. Nos anos 1950, a maioria tinha como destino a Europa e o Extremo Oriente; nos anos 1960, a Índia e o Sudeste Asiático; nos anos 1970, o Oriente Médio e Próximo. Nos anos 1990, a África tomou a dianteira e ainda não a largou.

Nesses anos, a África Negra tem ficado com mais da metade da ajuda alimentar mundial; cerca de 80% desse auxílio é dedicado a emergências — e não a projetos de médio e longo prazo. O auxílio prolongado a programas de prevenção não recebe muita atenção da imprensa: ninguém fica sabendo, não ganha aplausos fáceis nem votos distraídos. No entanto, quando há uma seca, fica muito bonito enviar aviões carregados de grãos e algumas caixas de antibióticos para que morram algumas crianças a menos.

Até os anos 1990, então, enquanto havia o Segundo e o Terceiro Mundos, a variável geopolítica decidia; agora decide menos. A distribuição de alimentos já não é usada tanto para recompensar amigos e castigar inimigos ou rebeldes.

Serve, sim, para reproduzir este sistema clientelista que divide o mundo — que confirma a divisão do mundo — entre países ricos que dão e pobres que recebem. Outro critério possível para delinear o OutroMundo: todos os países que recebem ajuda alimentar estão nele.

Os alimentos doados como auxílio são 0,015% dos que o mundo consome: um grande avanço no caminho para o nada.

Há uma conta tola e enganosa, mas — por isso? — eloquente: os Estados Unidos gastam 1,76 bilhão de dólares por dia com suas forças armadas. Esse dinheiro é suficiente para dar a cada dia, a cada um dos 800 milhões de famintos do mundo, os 2 dólares que precisam para comer: para que mais ninguém fique sem comer. Obviamente, não tem sentido pensar na alimentação em termos de esmola e, ademais, esse mundo seria outro mundo, mas.

2

Foi uma proposta quase concreta: com seu Programa de Combate à Fome de 2003, a FAO quis oferecer uma alternativa para tentar cumprir o primeiro dos Objetivos do Milênio: reduzir à metade, até 2015, os desnutridos de 1990, pouco mais de 800 milhões. Para isso, preparou um plano meticuloso que prometia que tudo seria resolvido gastando 24 bilhões de dólares durante esse lapso.

"As medidas de investimento incluem, entre outras, uma injeção de capital inicial, com uma média de 500 dólares por família, para investimentos em explorações agrícolas com o objetivo de aumentar, a cada ano, a produtividade e a produção de 5 milhões de lares de comunidades pobres. Englobam, também, programas de assistência alimentar direta — a um custo de 30 a 40 dólares por pessoa ao ano — para um núcleo básico de até 200 milhões de pessoas, muitas das quais são crianças em idade escolar. Outros componentes correspondem ao desenvolvimento de sistemas de irrigação e estradas rurais que enlacem os produtores com os mercados: a conservação e ordenação sustentável de solos, florestas, pesqueiros e recursos genéticos, e a pesquisa agrícola, o aprendizado e os sistemas de informação", dizia o documento, além de que o dinheiro deveria vir dos doadores internacionais e dos governos interessados.

Nunca chegou; nunca se soube se o plano teria funcionado. Jacques Diouf, diretor da FAO, o relançou no meio da crise de 2008; então, a quantidade de famintos se aproximava de 1 bilhão e a quantia requerida havia aumentado para 30 bilhões de dólares anuais.

Tampouco foi cedida. Mas, por essas magias de reprodução mecânica, os 30 bilhões se transformaram em um slogan que muitos repetiram: era — diziam — o investimento que, segundo a FAO, poderia acabar com a fome no mundo.

No meio da pior emergência alimentar das últimas décadas, Jean Ziegler, ex-relator das Nações Unidas para o Direito à Alimentação, se queixava de que o orçamento do Programa Alimentar Mundial havia passado de 6 bilhões de dólares em 2008 para 3,2 bilhões em 2011. A crise financeira, claro.

O Programa Alimentar Mundial da ONU — que costuma ser chamado de WFP, World Food Program — foi criado em 1961 para suprir as deficiências da FAO em sua missão de mitigar a fome. Agora, seu site em castelhano a define como "a maior organização de auxílio humanitário do mundo, combatendo a fome mundialmente".

Aos poucos, o WFP foi se encarregando das intervenções urgentes — e menos urgentes — em situações de *hambrunas* e várias catástrofes que precisavam de alimentos. Os funcionários do WFP costumam chamar a si mesmos de *hunger fighters* — seguindo o modelo dos *fire fighters*, os bombeiros: como se fossem voluntários apagando incêndios aqui e acolá, enfrentando uma série de acidentes infelizes. As choças se incendeiam muito.

As *hambrunas* tinham uma função pedagógica importante: eram excelentes para nos levar a acreditar que a fome é o extraordinário, a emergência — e que, fora isso, nada do que acontece é tão grave. Organizações que levavam — e levam — alívio para as *hambrunas*: uma ideia do mundo, agir sobre o inabitual, corrigir os erros e excessos.

Mas já restam poucas *hambrunas* clássicas. Na África, onde poderia havê--las, o governo norte-americano organizou, nos anos 1980, um mecanismo de prevenção chamado Sistemas de Aviso Prévio contra a Fome (Famine Early Warning System ou FEWS, na sigla em inglês), administrado pela FAO e a Agência dos Estados Unidos para o Desenvolvimento Internacional (US Agency for Development ou USAID), que analisa dados para prevenir as penúrias causadas pelas secas. Quando a ameaça se concretiza, o WFP e outras agências intervêm e então não morrem, de repente, centenas de milhares ou milhões; só os de sempre, dia após dia, sem parar.

São, de qualquer maneira, providências paliativas, uma reação contra as emergências: prevenir suporia investir em agricultura, dar aos locais os meios para sobreviver por si mesmos. E às vezes os organismos internacionais tampouco podem intervir: na Coreia do Norte ou em Moçambique há alguns anos, por exemplo, ou em Darfur ou na Somália, mais recentemente.

Em 2007, por exemplo, os programas escolares do WFP alimentavam cerca de 10 milhões de crianças africanas. Seus especialistas calculavam que outros 10 milhões eram alimentados por outras agências e governos. Esses 20 milhões de crianças consumiam 720 mil toneladas de grãos. Mas esses mesmos experts calculam que restam cerca de 23 milhões de crianças africanas menores de 12 anos que vão para a escola com fome e não recebem nenhum alimento. E 38 milhões que não vão à escola.

Agora mais da metade dos auxílios dos países ricos são canalizados através das estruturas do WFP. Supõe-se que isso os torna mais imparciais: que evita — ou reduz — seu uso político. E que isso não poderia ter acontecido quando os auxílios serviam como prêmios ou castigos.

O auxílio via WFP é muito mais confortável para aqueles que o recebem: não apresenta condições, compromissos políticos ou militares muito evidentes. E por isso os governos o aceitam de bom grado e não têm pressa de se autonomizar: se habituam, e assim o clientelismo aumenta mais e mais.

O auxílio via WFP também acontece porque as Nações Unidas — suas nações — devem fazer algo para minorar um pouco o fracasso das metas que elas mesmas estabeleceram em seus Objetivos do Milênio. E o primeiro, aquele que continua aumentando a quantidade de famintos de 1990, consiste, fique dito, em reduzir a "extrema pobreza".

(Falamos de "extrema pobreza". Houve tempos em que se dizia "miséria". Mas a palavra miséria foi tisnada por ideias e sentimentos e políticas e o *burocratês* a descartou; agora se diz "extrema pobreza", que é a mesma coisa, mas mais limpinho e parece mensurável: até 1 dólar por dia — agora aumentado para 1,25 — é pobre, menos do que isso é pobre extremo. O *burocratês* gosta que as medidas sejam claras.)

Os Objetivos de Desenvolvimento do Milênio se transformaram no farol da ação "humanitária". Entretanto, deram lugar a florestas de informes e folhetos, uma documentação curiosa que diz coisas tão certeiras como esta: "Em algumas regiões, a preponderância de crianças que pesam menos do que o normal é muito maior entre os pobres". Não fosse porque o escrevem com sua cara mais séria pessoas que lhe dedicam muitas horas e recebem muito dinheiro seria uma piada medíocre. O mundo das grandes organizações internacionais costuma ser um ecossistema perfeito para a obviedade, povoado como está por essa maioria de senhores e senhoras aferrados a seus privilégios, aterrorizados diante da possibilidade de desafinar — que, portanto, se divertem como ninguém no lugar-comum. Às vezes, deveriam dissimular ou pouco.

A redução à metade foi o objetivo. Resta discutir se uma meta que tem como objetivo conseguir que restem só umas quantas centenas de milhões de desnutridos é digna de ser anunciada — ou talvez fosse necessário encará-la com um silêncio envergonhado.

Mas, enquanto isso, anunciam que a atingiram ou quase e exibem as contas. Que, no entanto, não falam de desnutridos mas de pobres extremos; muito amiúde são os mesmos, às vezes não. Dizem, de qualquer forma:

Que, em 1990, 43% da "população dos países em vias de desenvolvimento vivia em extrema pobreza". Um bilhão e novecentas mil de pessoas.

Que em 2010, no entanto, "a população dos países em vias de desenvolvimento que vive em extrema pobreza" é de 21%, ou seja, menos da metade. E que são agora, dizem, 1,2 bilhão de pessoas. Os cálculos do Banco Mundial continuam dizendo que são 1,4 bilhão — mas não vamos brigar por apenas 200 milhões de pessoas. Aceitemos que eram 1,2 bilhão.

Ou seja: 700 milhões de pessoas a menos.

Nesse período, cerca de 600 milhões de chineses saíram do umbral da extrema pobreza graças ao desenvolvimento econômico de seu país. Ou seja: que a grande maioria da população que deixou de ser extremamente pobre nesses vinte anos são esses chineses que o desenvolvimento econômico de seu país integrou a um sistema cada vez mais desigual, mas muito mais rico.

Ou seja: que quase toda a redução da pobreza aconteceu em um país onde os organismos internacionais não tiveram a menor influência, onde não lhes foi permitido aplicar suas políticas.

O que não impede que agora esses organismos se vangloriem de suas conquistas: a redução da extrema pobreza.

(Em um mundo globalizado, o famoso esvoaçar da mariposa provoca terremotos. A queda da pobreza na China é um exemplo: os mesmos motivos que fizeram com que a quantidade de malnutridos baixasse na China — o acesso de milhões de chineses ao mercado através de trabalho e salários que lhes permitem comprar mais e melhores alimentos — são os que contribuíram para o aumento dos preços que fizeram com que muitos pobres africanos e indianos comessem menos — e muitos ricos argentinos e brasileiros ganhassem muito mais, e tantas outras coisas.

E, claro: que o país que mais reduziu sua pobreza seja uma ditadura férrea, um capitalismo brutalmente autoritário, dominação ilimitada, é lamentável de mais de uma maneira.)

Enquanto isso: para a FAO, em 1990, quando começaram a fazer as contas dos Objetivos do Milênio, havia 823 milhões de desnutridos. Em 2010, quando os objetivos "estavam muito perto de ser atingidos", havia, segundo a mesma FAO, 870 milhões.

E a China, apesar de tudo, continua sendo o segundo país com mais famintos do mundo.

3

O "humanitarismo" é uma das últimas encarnações da ideia de humanidade.

Humanidade é um conceito relativamente recente. Pressupõe, a princípio, pensar o mundo como unidade: saber, primeiro, que existe um planeta redondo que é nossa possibilidade e nosso limite.

Há bem pouco tempo, ninguém sabia o que era o mundo — e quase ninguém pensava em sequer se perguntar. A imensa maioria dos homens e mulheres que haviam vivido só conhecia as paisagens que cercavam sua casa, sua aldeota, seu povoado: 20 ou 30 quilômetros em volta. Para eles, a ideia de que houvesse alguma coisa mais além era confusa e até mesmo inverossímil. Cruzar com um estrangeiro era raríssimo e, quando acontecia, perigoso. O mundo não era uma abstração: era o impensável — que tampouco precisava ser pensado.

E, então, a preocupação com o outro era a preocupação com um vizinho, um conhecido, um compatriota: com alguém mais ou menos conhecido, imaginável, relacionado com vínculos precisos. Até que o mundo irrompeu e transformou — também — essa noção.

O mundo começou a existir, grosso modo, há quinhentos anos, e com ele a ideia do mundial, o que nos inclui a todos. Então, aos poucos, foi abrindo caminho a ideia de que esse "todos" — a totalidade dos homens e mulheres, a espécie — formava um conjunto chamado humanidade. Parecia óbvio; não era. As culturas e religiões se dedicaram, durante milênios, a separar: a convencer seus cultores de que os outros não eram iguais — e, portanto, mereciam tudo o que lhes infligisse. Os reinos e seus reis, outro tanto.

O cristianismo foi um dos grandes difusores da noção de humanidade: precisava estabelecer que éramos, todos, parte do mesmo — criaturas do mesmo Deus — para justificar seu impulso missionário: sua pretensão de submeter todos os habitantes do mundo a sua doutrina. As revoluções modernas — a francesa, para começar — recuperaram essa ideia: a Declaração dos Direitos do Homem e do Cidadão (Paris, 1789) é uma espécie de pedra angular para postular que a humanidade era uma confraria de pessoas com privilégios iguais — desde que não fossem os escravos negros de suas plantações caribenhas.

Por ora, o último avatar ativo da noção de humanidade foi o internacionalismo revolucionário do século XIX — destruído quando alguns de seus cultores chegaram ao poder na Rússia, no começo do século XX.

Desde então, a ideia foi perdendo força. O século XX foi o do apogeu dos nacionalismos: se houve três ou quatro projetos globais, todos foram pensados como um Reich que dominaria o mundo. Até que, afinal, um conjunto de mudanças políticas e técnica produziu o planeta mais integrado que conhecemos: a "globalização", um mundo onde o dinheiro circula sem barreiras — e as pessoas tratam de ultrapassá-las. E que, depois de meio século de poderes claros, está em um momento de transição em que os pesos parecem mais repartidos do que nos habituamos a ver — e com isso o efeito globalizador se acentua: se a cabeça se vê já menos clara, parece que o corpo é mais confuso, mais equivalente.

Ocupar-se da fome precisa de certa ideia — débil — de internacionalismo, ou melhor, de humanidade: postular que todos os homens deveriam assegurar que todos os homens tenham comida suficiente. Não fosse assim, em nome de que nos preocuparíamos com as desgraças de abissínios, cazaques, bengalis?

É um conceito extraordinário, um grande avanço conceitual que ainda não se concretizou na prática social. Pode ser que se espalhe, volte a crescer. Por ora o grau de "humanidade" existente basta para o que há: declarações, lágrimas, lágrimas de crocodilo, auxílios, salvamentos. A humanidade como uma forma de culpa. Basta enviar sacas de grãos; não para se privar de ganhar muito dinheiro. Não para procurar o fim real do problema.

Não para colocá-lo no mesmo plano das dificuldades dos mais próximos: dos compatriotas.

Os países não são apenas uma besteira: são uma canalhice. São o mecanismo pelo qual estruturas que chamamos de Estados conseguem que seus súditos tenham, em geral, mais do que os de outras estruturas semelhantes. E conseguem, é claro, ao mesmo tempo, que alguns de seus súditos tenham muito mais do que os demais.

Não há nada mais resignado do que pensar o mundo em termos de países — e pensar, portanto, no próprio país mais do que no resto. Não há nenhuma razão para pensar que os países, essas invenções recentes, que em alguns casos têm duzentos anos, em outros quinhentos, em outros cinquenta, são a forma como o mundo "deve" se organizar.

A nacionalidade é uma redução da humanidade: a legitimação de certo egoísmo. Quando se aceita que é preciso ser mais solidário ao grupo daqueles que têm o mesmo documento que eu, o princípio da exclusão já está assentado. Quem exclui os de outro país, pode, pelo mesmo procedimento, excluir, sem muita dificuldade, os de outra província, outra religião, outra opção sexual, outra raça, outras noções a respeito do consumo de refrigerantes no desjejum.

O humanitarismo, então: uma forma pobre da noção de humanidade.

O WFP está presente em oitenta países e faz um trabalho notável, complementando a nutrição de milhões de pessoas. Tem milhares de empregados que chegam aos lugares mais recônditos, que se arriscam para cumprir sua missão. Quando pode, também compra alimentos nos países onde está ou nos vizinhos. E também usa muitos recursos para lançar campanhas de conscientização:

"Toda noite, quase 1 bilhão de pessoas vão para a cama com fome", começa dizendo um vídeo institucional enfeitado com desenhos ingênuos, simpáticos. E continua explicando com legendas — a cada legenda, um novo desenho:

"Uma de cada sete!"

"É motivo suficiente para começar a solucionar a fome."

"Mas não é só isso."

"As mulheres bem-alimentadas têm bebês mais saudáveis, que são mais fortes durante toda a vida."

"Ao reduzir a má nutrição das crianças, os países podem incrementar seu produto bruto."

"Resolver a fome constrói um mundo mais seguro."

"Agora ouçam: nós sabemos como resolver a fome."

"Provendo alimentos em emergências."

"Apoiando pequenos camponeses."

"Alimentando crianças."

"Dando poder às mulheres e às crianças."

"Apoiando os mercados locais de alimentos."

"Trabalhando juntos — cidadãos, empresas e governos — podemos fazê-lo."

"Fome: o maior problema solucionável do mundo."

Renda, gênero, segurança, mercados: uma síntese de suas preocupações. Presentear, dar poder às mulheres, apoiar os mercados: uma síntese de suas soluções.

"Fome: o maior problema solucionável do mundo", dizem e repetem — é seu slogan favorito. E em nenhum momento faz nenhuma referência a suas causas, à ordem que a produz, ao que deveria mudar para que não fosse necessário levar grãos com urgência em seus aviões a 100 milhões de pessoas. A fome, para o Programa Alimentar Mundial, não é um problema político.

"Capitalismo: o maior problema solucionável do mundo" — dizia o outro.

A tentação humanitária consiste em parar de pensar no que se pode fazer com o próximo para se perguntar o que se pode fazer pelo próximo.

A fome, nessa visão, não é um problema político, mas pode produzir problemas políticos. Há alguns anos, quando comecei a preparar este livro, um alto funcionário do WFP me disse, em Roma, que para "resolver a fome" deviam dar espaço para a questão da ajuda humanitária às grandes empresas capitalistas, convencê-las de que poderiam fazer bons negócios que, ao mesmo tempo, ajudassem a alimentar milhões de pessoas: uma *win-win situation*, disse, e sorriu.

— Estamos fazendo isso, por exemplo, em Bangladesh — disse-me, então, e me explicou as maneiras. E que seu trabalho era fundamental porque traria mais segurança ao mundo. Que muitas vezes os cidadãos dos países ricos não entendiam que a fome ameaçava sua tranquilidade, que criava terroristas, que obrigava milhões a emigrar e ancorar em seus países e produzir situações complicadas, e que nada os ajudaria mais a viver tranquilos do que moderá-la ou acabar com ela.

Se essa estratégia discursiva fosse aceita, seria necessário reconhecer que nada fez mais pela alimentação dos pobres africanos do que os atentados de

11 de setembro — que colocaram a ameaça em primeiro plano. E que, neste caso, atentados como esses são úteis e que seria preciso levá-los adiante. Dir-se-ia que lhes convêm procurar outros discursos.

Mas o sustentavam. Achei que era cinismo; era uma política:

"Todos os líderes políticos sabem que a fome pode levar a conflitos e embates civis. A velha frase que diz que "um homem faminto é um homem raivoso — *a hungry man is an angry man* — foi demonstrada sem cessar.

"Um dos exemplos mais famosos da história é a explosão das revoltas de fome que dispararam a Revolução Francesa. Mas há muitos outros exemplos. A derrubada do governo haitiano em 2008 foi consequência dos protestos de rua pelos altos preços dos alimentos.

"De fato, o Departamento de Estado dos Estados Unidos estima que, entre 2007 e 2009, houve mais de sessenta levantamentos no mundo relacionados com a carestia dos alimentos e a insegurança alimentar. Os altos preços dos alimentos também foram uma das fontes do descontentamento que produziu, em 2011, a 'Primavera Árabe'.

"O avesso da equação 'fome/instabilidade' é que, em tempos problemáticos, o auxílio alimentar promove a paz e a estabilidade. Diante da volatilidade, a satisfação dessa necessidade humana traz a calma", dizia, com toda clareza, um documento do WFP (Roma, 2012).

Ou, na síntese de um ex-chanceler espanhol, estudioso do tema, Miguel Ángel Moratinos: "É preciso entender que se as questões da fome e da insegurança alimentar fossem resolvidas existiriam muito menos terroristas porque poderiam se dedicar a ficar com suas famílias e cultivar seus campos...".

Trata-se, é claro, de que fiquem quietos, não partam, não se irritem, que possam continuar sendo o que são em seus lugares: pobres, sim, mas não tão pobres a ponto de se atirar no desespero.

O que está em jogo não é o interesse de um país, de um império; são interesses políticos gerais — ou inclusive aqueles que costumávamos chamar de ideologia.

Por isso o WFP lança programas como o P4P — Purchase for Progress, Compras para o Progresso —, que trata de "levar os benefícios do mercado aos pequenos produtores", integrá-los no circuito mundial da especulação com alimentos. E isso com a participação das fundações de Bill Gates, Warren Buffet, Rockefeller: os capitalistas mais poderosos. Os mesmos que ultimamente decidiram que podem abrir mão de uns quantos bilhões de dólares, produto de seu domínio do mercado mundial, de suas especulações, para aliviar a pobreza que esse mercado cria.

Durante boa parte dos séculos XIX e XX, os ricos se transformaram em personagens caricatos — tremei, plutocratas, tremei —, gananciosos que ficam com tudo, *um velho verde que gasta seu dinheiro embebedando Lulú com seu champanhe e hoje negou aumento a um pobre operário que lhe pediu um pedaço a mais de pão.** Agora são reis magos — reis, magos —, doam, salvam o mundo. Continuam falando dos bens: arrebento com tudo para ficar com o dinheiro de milhões; tiro um osso de tais e quais porque me importam, me preocupo com eles. E decidem agora, também, que males convém curar, que misérias socorrer — e quais não.

O truque consiste em apresentar a enfermidade como remédio.

(É uma postura que está brilhando muito — e muitos a retomam. Em 1985, a Etiópia sofreu uma das últimas *hambrunas* modernas, e sua causa foi, mais uma vez, perfeitamente política. Seu presidente, Mengistu Haile Mariam, supôs que a seca que atingia o norte do país lhe serviria para enfraquecer os rebeldes que lutavam na região; além disso, a informação sobre a fome de seus súditos prejudicaria sua imagem. E por isso não disse nada — e recusou a ajuda que ONGs e organismos internacionais lhe ofereciam, dizendo que não era necessária. Quando não teve outro remédio a não ser reconhecer o que estava acontecendo, a morte já havia chegado para 1 milhão de pessoas. Houve campanhas, festivais, coletas para a Etiópia. Um novo personagem se incorporou então a essas campanhas: o roqueiro consciente (representado por Bob Geldof, Bono Vox e dezenas de outros que participaram das várias versões do concerto Live Aid) foi uma invenção desses tempos. A versão atual do intelectual voltairiano: um homem que aproveita a fama propiciada por uma atividade cultural para pedir por certos desfavorecidos. E, nesse caso, um homem que não se

---

* Trecho do tango "Acquaforte", gravado por Carlos Gardel. Música de Horacio Pettorossi e letra de Juan Carlos Marambio Catán. (*N. T.*)

propõe a mudar o sistema global, mas usar seus acessos a ele, um homem que se ombreia com os poderosos amáveis deste mundo para impulsionar sua causa — porque sua causa não questiona esses poderes.

E uma das manifestações mais visíveis dessa preocupação global que se preocupa durante um tempo com um problema que, por esse tempo, lhe parece intolerável — mas não o coloca em dúvida pelo resto de sua vida.

E consegue que falar de fome seja falar de fome. É o que fazem Bill Gates, Warren Buffett, o WFP e tantos outros representantes do negócio: horrorizar-se diante de algo muito brutal, muito escancarado — e que, por outro lado, poderia ser perigoso, provocar reações. Então garantem que aqueles que não têm nada tenham o que comer — e não fodam. De que falamos quando falamos de fome?)

Há uma posição que Oscar Wilde sintetizou com seu brilhantismo habitual em *A alma do homem sob o socialismo*, de 1891: "Estão cercados por uma pobreza espantosa, feiura espantosa, fome espantosa. É inevitável que se emocionem diante disso. As emoções do homem funcionam mais depressa do que a inteligência do homem. E é muito mais fácil sentir simpatia pelos que sofrem do que sentir simpatia por uma ideia. Assim, com admiráveis embora equivocadas intenções, se lançam muito séria e sentimentalmente à tarefa de remediar os males que veem. Mas seus remédios não curam a enfermidade: não fazem mais do que prolongá-la. Mais: seus remédios fazem parte da enfermidade.

"Tratam de resolver o problema da pobreza, por exemplo, mantendo vivos os pobres. Ou, no caso de certas escolas bastante avançadas, divertindo-os.

"Mas essa não é uma solução: é um agravamento da dificuldade. A verdadeira meta é tentar reconstruir a sociedade sobre bases que tornem a pobreza impossível. E as virtudes altruístas têm impedido levá-la adiante. Assim como os piores escravagistas foram aqueles que eram amáveis com seus escravos, e impediam que os horrores do sistema fossem sentidos pelos que o sofriam e entendidos pelos que o contemplavam, assim, no presente estado de coisas na Inglaterra, a gente que faz mais dano é a que trata de fazer o bem."

— Mas, se não interviessem, milhares e milhares simplesmente morreriam.

— É verdade.

— E então?

— Não sei, precisaria pensar.

"É imoral usar a propriedade privada para aliviar os terríveis males que são resultado da instituição da propriedade privada. É imoral e injusto", dizia Wilde.

A verdadeira "ajuda" — ou transferência de recursos — dos países ricos para os pobres são as remessas de dinheiro dos migrantes. Fique dito: o Banco Mundial calcula que em 2013 apenas por canais institucionais — bancos, várias agências — foram transferidos mais de quatrocentos bilhões de dólares. Mas muitos migrantes enviam seu dinheiro por canais informais: supõe-se que a cifra é pelo menos 50% maior. Entre os países que mais receberam estão a Índia e a China e, mais além, as Filipinas, o México e a Nigéria.

Uma das muitas caricaturas possíveis da "luta contra a fome" — ou melhor, da "insegurança alimentar" — liderada pelos donos do mundo foi a designação do jogador de futebol Cristiano Ronaldo para o papel de "Embaixador Global da Save the Children para combater a fome e a obesidade infantil". Ronaldo disse então ao *El País* que "quando fiquei sabendo que uma de cada sete crianças do mundo vai para a cama todas as noites com fome não hesitei em me envolver" — e lhe permitiram, festejaram.

E conseguimos achar razoável — e inclusive louvável — que um senhor que ganha muito mais de 100 mil — 100.000 — dólares por dia se preocupe com os famintos. Como se não houvesse nenhuma relação, como se o fato de que esse senhor fique a cada dia com o dinheiro que poderia dar de comer a 50 mil — 50.000 — pessoas não tivesse nenhuma relação com o fato de que elas não o têm — e ficam com fome.

Há ricos assim. Certamente agem assim porque são boas pessoas, verdadeiramente preocupadas com os pobres, dispostas a lhes entregar migalhinhas. Mas também é preciso ouvi-las quando dizem quanto isso os beneficia. Roger Thurow, em *Enough*, cita um tal de Peter Bakker, presidente de uma grande companhia holandesa de transportes, a TNT, que explicava no Fórum Econômico Mundial de Davos, diante de seus colegas, como o favoreceu o fato de colaborar com o Programa Alimentar Mundial: "Os céticos querem saber quanto subiu o valor das ações, quanto aumentaram os lucros da minha empresa. Em 2001, estávamos no vigésimo sexto lugar no ranking das empresas com melhor reputação na Holanda; agora estamos no quarto." O período corresponde ao início de suas atividades humanitárias. Que também foram aceitas pela sua força de trabalho: Bakker dizia que 78% de seus 160 mil empregados disseram que têm orgulho de colaborar com o WFP e que isso faz com que se sintam mais confortáveis na empresa e trabalhem melhor. "Vimos que nosso orgulho corporativo e nossa reputação melhoraram depois do nosso compromisso com o WFP. No setor de serviços, onde estamos, uma força de trabalho mais motivada pode ser uma vantagem competitiva importante", disse Bakker.

Chama-se: responsabilidade social das empresas.

Peter Bakker dirige uma empresa de transportes e subscreve essa hipótese pré-Amartya Sen de que o problema é que os alimentos não estão onde deveriam estar. Por isso, depois incorporaram à equipe a Vodafone — para poder se comunicar com os distintos pontos da rede — e assim por diante. Tudo consiste em canalizar a dádiva com mais eficácia. Além de melhorar a imagem da empresa e ir dormir mais tranquilo essa noite e ter, pelo menos, uma resposta para a pergunta estúpida: "Como suporto viver em um mundo com tantos milhões de pessoas que passam fome — e ficar com milhões de dólares a cada dia?"

Enviando-lhes esmola.

— Até agora, eu nunca havia salvado uma vida. Agora sei como se sente e não quero deixar de fazê-lo — disse, há alguns anos, David Novak, um dos principais diretores da Yum, a grande corporação mundial de fast-food, que inclui KFC, Taco Bell, Pizza Hut e várias outras, proprietária de 35 mil lanchonetes em 112 países. É o prazer de pensar que estão resolvendo coisas — porque o que querem solucionar é solucionável sem mudar os mecanismos que os colocam na posição de acreditar que eles, com seus milhões, podem solucionar as coisas.

"Quando lhes dou de comer, as pessoas me chamam de santo. Quando lhes pergunto por que não têm o que comer, me chamam de comunista", escreveu, há meio século, o bispo católico brasileiro Hélder Câmara.

Às vezes me pergunto pela diferença entre caridade e clientelismo, se é que existe. Suponhamos que o clientelismo tenha um componente político — esperar, em troca das doações, certa submissão a quem as dá — que a caridade não deveria ter; ou que a caridade é intermediada pela ideologia: religião, humanitarismo. Mas, em última instância, quando uma dama da caridade ou um chefe do WFP intervém, ela ou ele também está esperando alguma coisa — talvez menos imediata — em troca. A princípio, manter um estado de coisas: porque criam vínculos de gratidão, porque impedem a rebelião do desesperado.

"Segundo as leis do livre mercado, os famintos deveriam assumir sua própria responsabilidade. Se não podem sustentar suas necessidades, é sua conduta que deve mudar, não a maneira como a sociedade distribui alimentos. Amiúde, a ação pública nacional e internacional pode ser descrita como a proposta de uma mudança de comportamento — ter menos filhos, mudar os hábitos alimentares — mais do que a oferta de auxílio. A distribuição gratuita de alimentos é reservada aos pobres dos países ricos", escreveu Jean-Hervé Bradol quando era presidente da organização Médicos Sem Fronteiras.

Não são apenas os mais ricos. Quando uma ONG o agride com imagens terríveis de crianças esqueléticas e de mães soluçando, também lhe oferece uma solução — o agride para lhe oferecer a solução que lhe interessa — para o problema do que fazer com isso: doe, comprometa-se, dê. A culpa diminui, e o problema do que fazer fica momentaneamente superado — relegado ou guardado no escaninho correspondente.

São pequenos esforços individuais provocados pela culpa. Mas, ao mesmo tempo, salvam crianças. E então? Quando você só faz isso, permite que o sistema continue a funcionar. Quando você não faz isso, nega a alguém a possibilidade de se alimentar. Fazer e denunciar essas práticas ao mesmo tempo?

Sempre me lembro do dia em que caí na armadilha.

Foi há alguns anos: Saratou me contava sua vida; eu a ouvia e olhava para a tábua. Em sua choça não havia muito mais: um tapete de cânhamo tingido, paredes de barro, fogão ao fundo, duas panelas enegrecidas; de vez em quando eu lhe fazia uma pergunta, com a cadência lânguida das entrevistas com intérprete: muito tempo para não entender nada, para esperar a tradução, para tirar fotografias, para pensar em coisas. Eu pensava, sobretudo, naquela tábua, e Saratou contava, em hauçá, o idioma do Níger, como fora seu segundo parto. Seus pais a haviam casado pouco antes de completar 12 anos, seu primeiro filho havia nascido morto; um ano depois, chegava o segundo:

— Quando senti que estava chegando, me tranquei no quartinho, fiquei de cócoras, agarrei a perna de uma cama, rezei, rezei muito, e no final o bebê caiu em uma esteirinha que eu havia colocado no chão.

Depois, Saratou teve mais onze filhos e, por fim, uma fístula obstétrica, uma das doenças mais terríveis, mais classistas em um continente onde muita coisa é classista e terrível. Estávamos em Dakwari, outra aldeia semelhante a centenas de aldeias nigerinas: casas de adobe, sem luz nem água corrente, vidas que não mudaram nada em séculos. Eu entrevistava Saratou para um projeto do Fundo de População das Nações Unidas; sua história era comovente e eu não conseguia parar de olhar para aquela tábua. Sentia-me, de vez em quando, um canalha.

— Então chegou a parteira, cortou o cordão e colocou a cabecinha do bebê em cima de uma vassoura para que não se sujasse de areia. Então me sentei e fiquei olhando para Meca e a parteira me entregou o bebezinho enrolado em um pano...

A tábua era o que os muçulmanos chamam de *alluha*, uma madeira onde os alunos do madraçal escrevem com uma pena as suras (versículos) do Corão para memorizá-las. Depois a lavam e escrevem outra sura: um livrinho com uma única folha. E eu me perguntava o que era o que me fascinava nela: se seu cheiro de um tempo bem distante, se o desenho das letras, se a madeira como papel antigo, o palimpsesto.

Conversamos — eu a ouvia, fazia perguntas — durante duas ou três horas. Em algum momento, Saratou percebeu que eu estava olhando muito para sua tábua e me perguntou — através da intérprete — por quê. Sorria: me fazer perguntas era inverter os papéis, um gesto de audácia que a fez ficar nervosa. Eu tentei ser amável; respondi-lhe que a achava muito bonita, que a felicitava. E foi esse meu erro: depois me explicaram que um elogio assim, em sua cultura, é um pedido que não se pode recusar.

— Quero presenteá-la ao senhor. Por favor, leve-a — disse-me Saratou, por interposta pessoa, e eu, da mesma forma, respondi-lhe que não, que muito obrigado, e ela que sim, que por favor, e eu que não, lhe agradeço muitíssimo, e ela, o rosto cada vez mais sério, que se não a levasse ficaria ofendida. A intérprete me explicou que minha recusa era violenta: como se dissesse que sua tábua não estava a minha altura, que ela não estava a minha altura, que a desprezava como só os brancos sabem desprezar. Estava com um problema — e sorri.

Sorrir, quando não se pode falar, é ganhar tempo. Sorrimos, eu e Saratou, por um momento, enquanto pensava em minha proposta. Ela havia me contado que quando adoecera não pôde cuidar de seu rebanho e só lhe haviam restado duas cabrinhas que, sem macho, não podiam reproduzir; que agora, sem seu rebanho, já não podia fazer sonhos para vender na praça da aldeia e que então havia dias em que não tinha o que comer; que a fome era pior do que a fístula. Então eu lhe disse que queria lhe dar de presente um bode, e que me sentiria muito mal se o recusasse.

Saratou sorriu de outra maneira: com uma espécie de alegria. Não era fácil conseguir o animal: teria de comprá-lo em uma aldeia que ficava a 10 quilômetros onde havia uma feira às quintas-feiras — e era terça-feira. Combinamos que eu lhe daria o dinheiro e ela o compraria; foi então que me ocorreu a besteira; daria, também, dinheiro para alimentá-lo por um ano, com uma condição: que o chamasse de Martín. Saratou soltou uma gargalhada. Depois me disse que o bode mudaria sua vida e que se lembraria de mim para sempre. Eu estava feliz pela tábua e muito feliz por tê-la ajudado: satisfeito, probo.

— Se puder voltar a ter meu rebanho outra vez, vou poder comer todos os dias — disse-me, quando nos despedimos. Não foi fácil passar com minha *alluha* pelos aeroportos; sobressaía da bolsa e era visivelmente árabe. Durante alguns dias, fui um terrorista descarado, um que não se resignava à clandestinidade. Cheguei, por fim, a Paris, em uma manhã, muito cedo; antes de subir ao apartamento de meu primo Sebastián, comprei croissants na padaria. Enquanto tomávamos o café da manhã, contei a história de minha *alluha* e do bode Martín; rimos e Laurence, sua mulher, me perguntou quanto o animal havia me custado. E então fiz a conta e descobri, com horror, que tanto como os croissants.

Ou a ilusão, de quando em quando, de que você entende alguma coisa.

E o alívio — surdo, inconfessável — que dá sofrer pelos outros.

Leveza de consciência é comprada por alguns dólares ou euros: moedinhas. Mas é vendida em quantidade. A consciência pesada é a base de grandes negócios nos países ricos. Como diz o esloveno Slavoj Zizek, nos comércios mais contemporâneos, mais *coolificados*, o próprio ato egoísta de consumir já inclui em seu preço seu oposto, a satisfação da necessidade de se sentir generoso, de sentir que você está fazendo alguma coisa pela Mãe Terra ou pelos esfarrapados da Somália ou pelas crianças famélicas da Guatemala.

Comprar produtos orgânicos, *fair trade, ecoconscientes* e outras etiquetas, é comprar alguns centavos de consciência leve — tão barata que nunca é demais. Embora seja curioso que uma sociedade organizada sobre mecanismos que respeitam muito pouco essa consciência teve de negociar com ela própria e incluir essas doses homeopáticas da redenção no marketing de seus produtos. A forma atual, progressista, moderna, da religiosidade redentora clássica: oferecem-lhe a urna, você deposita a moedinha.

(Ou, então, escreve este livro.)

Embora, logicamente, produza resultados. Os ricos obtêm certa tranquilidade de consciência e certa tranquilidade geopolítica — mas não muita de nenhuma das duas. Os pobres obtêm alimentos para o dia seguinte — e uma dependência cada vez maior desses alimentos. O auxílio alimentar dos países mais ricos, dos organismos internacionais, das grandes fundações, mantém e consolida — mal acima do nível do mar — esta ordem na qual 1 bilhão sobram.

A beneficência contra a fome é resultado da ideia de que todos temos o direito de (sobre)viver. É uma ideia moderna, inovadora, que ninguém teria enunciado há dois séculos — e que ainda muitos enunciam só pela pressão do meio.

Mas já faz parte do pacote cultural. Um de seus efeitos é esse auxílio, e tantos, tão variados, o praticam porque não são colocados em questão a desigualdade nem seus mecanismos: apenas a carência extrema. Melhor: permite postular que o problema dessas sociedades não é a desigualdade ante a propriedade, mas essa forma extrema da desigualdade que pode produzir fome. Que está tudo bem com a desigualdade, a dinamiza, é capaz de corrigir seus erros. O problema não é que o famoso 1% tenha tanto; o problema é que às vezes alguns não cheguem a comer. Quando é possível lhes dar, tudo melhora. E quando quem dá é o 1%, melhor ainda: você viu com eram bons, você viu que produzem riqueza para todos?

Contra a ideia de segurança alimentar entendida como a garantia de que todos vão receber — receber é a palavra-chave — alimentos suficientes, uma organização internacional, a Via Campesina, cunhou a ideia de soberania alimentar.

Em sua *Declaração de Nyeleni* (Mali, 2007), definiu-a como "o direito dos povos a alimentos nutritivos e culturalmente adequados, acessíveis, produzidos de forma sustentável e ecológica, e seu direito de decidir seu próprio sistema alimentar e produtivo. Isso coloca aqueles que produzem, distribuem e consomem alimentos no coração dos sistemas e das políticas alimentares acima das exigências dos mercados e das empresas. Defende os interesses das futuras gerações, e as inclui. Oferece uma estratégia para resistir e desmantelar o comércio livre e corporativo e o regime alimentar atual e para canalizar os sistemas alimentares, agrícolas, pastoris e de pesca para que passem a ser geridos pelos produtores e produtoras locais. A soberania alimentar dá prioridade às economias regionais e aos mercados regionais e nacionais e outorga poder aos campesinos e à agricultura familiar, à pesca artesanal e ao pastoreio tradicional, além de colocar a distribuição alimentar, a distribuição e o consumo sobre a base da sustentabilidade socioeconômica e ambiental. A soberania alimentar promove o comércio transparente, que garanta rendas dignas para todos os povos, e os direitos dos consumidores de controlar sua própria alimentação e nutrição. Garante que os direitos de acesso e gestão de nossa terra, de nossos territórios, de nossas águas, de nossas sementes, de nosso gado e da biodiversidade estejam nas mãos daqueles que produzem os alimentos. A soberania alimentar supõe novas relações sociais, livres da opressão e das desigualdades entre os homens e mulheres, povos, grupos raciais, classes sociais e gerações".

O que aconteceria se todos comêssemos, se ninguém morresse de fome? Seria justo que alguns tivessem bilhões e outros o suficiente para comer? Não vai acontecer de repente, mas um dia a fome vai acabar e teremos de pensar em algumas coisas.

Sudão do Sul
O último país

1

"New country. New beginning. Take and HIV test today", diz um grande cartaz em uma rua de Juba: aqui, ainda, tudo está atravessado pela emoção do novo início.

Deve ser estranho começar um país: a maioria de nós não conhecerá nunca a sensação de semelhante mudança — embora depois os dias continuem se parecendo tanto. Dizem que naquela noite as festas não terminavam nunca, os bailes, as refeições e os cantos e os tiros para o ar e os abraços e as crianças que nasceram nove meses depois com a marca da pátria em uma nádega. E ainda há, em cada conversa, em cada esquina, alguém que quer acreditar em alguma coisa.

— Estão entusiasmados, ainda lhes resta entusiasmo, imagine, depois de tantos anos querendo que isso acontecesse — diria um veterano expatriado humanitário para mim. — Mas também querem as coisas básicas: hospitais, estradas, escolas para que seus filhos possam ter vidas melhores. Estão naquele momento em que acreditam que tudo é possível.

É provável que milhares de milhões de pessoas não saibam que o Sudão do Sul existe. É bem provável que tampouco saibam que existe Gâmbia ou Suazilândia ou Butão ou Belize, mas neste caso têm seus motivos: há alguns anos o Sudão do Sul não existia.

O Sudão foi outra invenção inglesa: a soma de uma nação árabe, islâmica, semidesértica no norte e outra, mais africana, verde, cristã e animista no sul. Desde o final da colônia, os sulistas lutaram para quebrar o poder do norte; a primeira guerra civil durou de 1955 a 1972; a segunda, de 1983 a 2005. Nesses dias, os poucos que falavam dela diziam que era a guerra civil mais longa do século. E quase ninguém dizia que era provável que a guerra não tivesse recomeçado em 1983 se a petroleira norte-americana Chevron — a antiga Standard Oil dos Rockefeller — não tivesse descoberto, três anos antes, jazidas importantes na região que os sul-sudaneses consideravam que eram deles. Como costuma acontecer nesses casos, a descoberta de novas riquezas trouxe novos sofrimentos e misérias.

E assim o Sudão do Sul é, entre outras coisas, um derivado de petróleo. Sem petróleo, os sul-sudaneses nunca teriam o apoio que acabaram conseguindo dos Estados Unidos. Mas a história é longa: a princípio, a Chevron e a diplomacia norte-americana apostaram no governo de Cartum — o governo central do país —, que tentou corresponder-lhes limpando as zonas do sul onde estava o petróleo. E os rebeldes do Exército Popular de Libertação do Sudão, esquerdista, não gozaram de nenhuma simpatia norte-americana até que, em 1991, o presidente sudanês al-Bashir resolveu apoiar Saddam Hussein na primeira Guerra do Golfo. E com isso os Estados Unidos colocaram-no em sua lista negra e passaram a apoiar os rebeldes sulistas: enviavam-lhes armas através do governo de Uganda e os defendiam em fóruns internacionais. Sem essa colaboração, é improvável que os rebeldes tivessem conseguido enfrentar o exército regular sudanês, armado pelos chineses e, sobretudo, pelo produto dos poços de petróleo. Um círculo virtuoso: defender os poços de petróleo com armas serve para comprar mais armas para defender, entre outras coisas, os poços de petróleo. Cartum não queria abandoná-los: o petróleo do sul produzia a metade da receita do país. Mas o círculo foi quebrado quando os sudaneses de Cartum entenderam que nunca se imporiam à vontade norte--americana — e assinaram acordos de paz.

Foi, de qualquer maneira, uma guerra sangrenta sobre a qual o mundo soube muito pouco. Ao longo de 22 anos, morreram 2 milhões de pessoas. Dois milhões de pessoas: cerca de 200 mil eram militares que tombaram pela violência das armas; o restante, civis assassinados pelas mesmas armas, pela fome e pelas doenças provocadas por essas armas.

Supõe-se que a guerra acabou com os acordos assinados em 2005. O acerto previa a instalação de um governo provisório em Juba, a capital do Sudão do

Sul, subordinado às autoridades nacionais sudanesas, e a preparação de um referendo para definir a situação. O referendo foi feito em janeiro de 2011: 98,8% dos sudaneses do sul optaram pela independência. Em 9 de julho, o Sudão do Sul se transformou no país mais jovem da Terra — e, ao mesmo tempo, um dos mais pobres.

E, enquanto isso, a guerra prosseguia, por outros meios.

Nove de julho, eu disse: um começo difícil.

Juba não é uma cidade: é um amontoado de casinhas e *compounds* e choças e botequins e duas dúzias de ministérios que são casas muito grandes e um palácio que é uma casa enorme — e árvores, algumas estradas, negros muito negros muito altos andando pelas ruas, mas também não tantos, e obras e poeira e o lixo.

Há quatro ou cinco anos, dizem, Juba era outra coisa: um povoado sonolento, casas baixas, poucos carros, um lugar provinciano onde os mais ativos eram os humanitários de todo tipo. Agora, as agências continuam ali — *NGO Town*, as chamam alguns, Vila ONG —, mas também há as embaixadas e as construtoras e os oportunistas e os empresários mais ou menos sérios que procuram o que fazer.

O dinheiro circula: dizem aqui que antes Cartum levava todo esse dinheiro, mas a verdade é que o país está há meses sem produzir nada e mesmo assim a construção floresce. São investidores estrangeiros, atraídos pela possibilidade de negócios rapidamente rentáveis: o petróleo, obviamente, e a compra de terras e a exploração de minérios e madeira, mas também o setor imobiliário: qualquer uma dessas casas feias e grandalhonas que as agências internacionais alugam para instalar seus escritórios e seus funcionários não custa menos de 10 mil dólares por mês — e muitas, muito mais.

— Aqui tem gente que ganha muito dinheiro com a ajuda humanitária. Alugam casas, vendem serviços, tudo a preços monstruosos, porque controlam o mercado. E esses que constroem querem recuperar seu dinheiro o mais depressa possível. Ninguém sabe o que vai ser disso em alguns meses, em um ano — diz o expatriado.

Outros são sul-sudaneses e a origem de sua riqueza é sempre suspeita: a maioria, dizem, são parentes ou testas de ferro dos membros do governo que estão enriquecendo aos borbotões. Há cerca de dez edifícios de mais de cinco andares e outros tantos em obra. Estão fazendo, entre outras coisas, um hotel opulento. São as vantagens do desenvolvimento desigual: para extrair as matérias-primas que alguns países têm e outros cobiçam são necessários certos confortos. Por isso há, por exemplo, em todos esses países paupérrimos alguns hotéis cinco estrelas. As aves de rapina — petroleiros, arrozeiros, sojicultores, exploradores de diamantes e urânio — querem camas compatíveis com sua categoria. Para não falar dos funcionários dos órgãos internacionais, que vêm trazer a culpa do Ocidente em dinheiro, claro.

Enquanto isso, Juba vai se enchendo: em 2005, tinha 150 mil habitantes; agora, meio milhão. A maioria é de camponeses desesperados que chegam atraídos pela miragem de um lugar onde a alimentação está garantida — e acabam vivendo em choças miseráveis espalhadas por toda a cidade, sem água, sem luz, muito semelhante ao campo, mas sem terra para plantar. E tão diferente: no mercado transbordante, cem homens e mulheres e crianças se amontoam em um barracão de lata com bancos de madeira. Na frente, duas televisões: uma exibe um filme romântico; a outra, um jogo de futebol da liga inglesa. As duas estão no volume máximo; os espectadores também gritam muito.

Há um ponto na evolução desses lugares em que já perderam todo o encanto caipira e folclórico e ainda não conseguiram a estrutura e o fascínio de uma cidade. Aí está Juba, com tudo ainda mais ou menos por fazer, promissora e quebrada.

O Sudão do Sul é do tamanho da França e se supõe que tenha entre 9 e 11 milhões de habitantes: ninguém ainda os contou. O país, por ora, não tem cifras próprias; não tem sequer essas horríveis estatísticas que dizem que tal país é o quinto mais pobre do mundo, o terceiro mais analfabeto. Recém-criado, não há cifras, mas, extrapolando as do Sudão inteiro, pode-se calcular que mais de um terço de seus homens e dois terços de suas mulheres não sabem ler nem escrever e que quatro de cada cinco gastam menos de 1 dólar por dia.

— Eu sempre digo que fui visitar o futuro e agora voltei — me diria mais tarde Agy, uma jovem sul-sudanesa altíssima, sorridente, educada, 20 e muitos anos, que viveu toda a vida entre a Espanha, o Quênia e Uganda porque seu pai era um exilado de alto nível; agora é ministro. — Acho que será necessário o sacrifício de duas gerações para que nossos netos, daqui a cinquenta anos, possam viver em um país de verdade, justo, equitativo — diria, no terraço do melhor hotel de Juba, a nova capital, comendo um hambúrguer.

E que por isso veio e conheceu seu país quando tinha mais de 20 anos e agora voltou para ficar e está disposta a fazer o possível para que isso aconteça. Mas que sabe que vai ser difícil, muito difícil:

— O Banco Mundial está dizendo que nossa economia pode entrar em colapso. Que economia? Agora tudo é confusão, mas não poderíamos continuar alimentando quem nos maltratou durante anos e anos: algum dia tínhamos de nos livrar do carrasco — diria, porque o governo sul-sudanês estava há vários meses pensando em tomar uma medida drástica em um assunto decisivo.

O Sudão do Sul tem petróleo. O Sudão do Sul é petróleo. Mas o Sudão do Sul não tem oleodutos, ou melhor: os oleodutos que levam seu petróleo ao mar Vermelho passam pelo Sudão. Então os sudaneses querem cobrar por esse trânsito até 30% do petróleo; os sul-sudaneses lhes ofereceram um máximo de 2; de preferência 1%.

Essa foi a briga. A discussão foi longa e escandalosa até que Juba, cansada de que Cartum tirasse petróleo de seus dutos para cobrar as comissões abusivas, decidiu fechar a torneira, em janeiro de 2012.

A partir de então, durante mais de um ano, até abril de 2013, um país que tem no petróleo 98% de suas exportações parou de extrair petróleo. A decisão foi apoiada, aplaudida, respaldada por muitos: era um gesto grandioso. E mostraria aos sudaneses o que faziam os do sul. E, se precisassem se sacrificar, o fariam com alegria, porque a pátria nascente merecia isso e muito mais.

Eu estive pela primeira vez ali em junho de 2012. Os sacrifícios ficavam cada vez mais claros: o Sudão do Sul estava ficando sem dólares, o dinheiro emprestado pela China e pelo Catar já fora gasto, e agora restavam as dívidas. Uganda e Quênia, seus principais fornecedores de alimentos, resistiam a vender fiado, e assim muitos produtos começavam a faltar, a inflação disparava, a libra sul-sudanesa patinava no mercado negro. A população estava inquieta, o governo estava inquieto diante da inquietude generalizada; as proclamações nacionalistas não cediam, mais e mais inflamadas, mais e mais dispendiosas.

Ouvi pessoas que defendiam a medida e, de alguma maneira, consegui respeitá-las: uma coisa é o nacionalismo de opereta, do "devolvam-me essas ilhas piratas desprezíveis ou vai me ofender", o nacionalismo do "me segure senão eu mato", e uma bastante diferente é essa briga de vida ou morte, a fome em jogo. Não sei se quero dizer que uma é melhor do que a outra; só que respeito uma.

Mas o Sudão do Sul é um país que não tem, por ora, mais de 100 quilômetros de asfalto, que não tem rede elétrica, que não tem água corrente nem esgoto e não produz nada que não seja encardido e pegajoso. Todo o resto — inclusive a comida cotidiana, os ovos, as frutas, as verduras, o sabão, o óleo, os fósforos — é importado e pago com divisas do petróleo.

— O Sudão do Sul é como uma criança. Acabou de nascer, ainda precisa aprender a caminhar. Não se pode fazer um país que não tem nem estradas — diz-me o veterano humanitário. E que um território, um povo, uma bandeira e um exército não parecem suficientes, nem sequer quando estão sentados em um imenso colchão de petróleo. E continua morrendo um bebê de cada dez nascidos vivos e uma mãe de cada cinquenta não sobrevive ao parto — e 85% da saúde pública é administrada por organizações internacionais. Em 2013, o governo fez um chamado aos doadores internacionais para arrecadar 1 bilhão de dólares e no meio do ano havia conseguido a metade; e, então, reviu as previsões e descobriu que, em vez de 4,5 milhões, quatro milhões de sudaneses não se alimentariam suficientemente.

No Sudão, um sudanês / sua igual a um inglês, costumava cantar meu pai enquanto se barbeava. Tive de vir até aqui para descobrir que não era verdade.

E em Bentiu muito menos: em Bentiu quase nada é verdade.

2

Em Bentiu há ruas de terra muito largas e desoladas, uma árvore de vez em quando, casas cambaleantes, choças de palha, igrejas com cruzes e tetos de palha, cercas de palha, lojas de palha que vendem chá em narguilés, a torre da mesquita mais além. Há uma ponte meio quebrada sobre o rio e, ao redor, os buracos deixados pelas bombas de abril. Há um aeroporto com pista de terra e postes de cimento que sustentam fios elétricos desligados há mais de um ano: não há quem pague os cem barris de óleo diesel diários de que precisa a pequena usina elétrica. Há alguns poucos estabelecimentos comerciais em casas de tijolos, há duas agências bancárias, há três escolas primárias e duas secundárias, há um campo de futebol, há um hospital, há duas dúzias de agências internacionais. Há grandes pássaros, poucos cães, sol.

— É verdade que você nunca esteve aqui?
— É, nunca.
— Ah. Que estranho.

Bentiu é a capital de Unidade, um dos dez estados do Sudão do Sul, na fronteira com o Sudão: poeira, suor, petróleo e guerra. Bentiu tem cerca de 10 mil habitantes, mas aqui nunca se sabe: os habitantes vão e vêm, mudam, transladam-se com seu gado ou com sua fome.
Embora agora tenham, perto, uma fronteira.

A fronteira, claro, é uma linha mais ou menos reta, mais ou menos inimaginável: outra invenção de um cartógrafo pálido.
O mapa da África é cheio de retas. Não há continente com tantas linhas retas fazendo o papel de fronteiras: linhas que burocratas dos poderes coloniais traçavam em seus escritórios, que dividiam países de acordo com os azares da régua e do compasso. Em vinte anos, entre 1878 e 1898, os impérios europeus criaram mais de trinta Estados africanos — e a maioria se manteve depois da descolonização de 1960. Britânicos, franceses, belgas,

alemães e até italianos e portugueses proclamavam que sua missão era brindar o continente com os três Cs: Cristianismo, Civilização e Comércio, não necessariamente nessa ordem. Em troca, levaram ouro, marfim, milho, algodão, azeite de dendê, madeiras raras, mão de obra e bucha de canhão — e alguma doença venérea.

Por isso, a acumulação primitiva desses países foi feita em Londres, Paris e Berlim — e, é claro, nunca voltou. Por conseguinte, a África é cheia de países falsos, caprichosos, inviáveis, compostos por etnias inimizadas por séculos de lutas, com sistemas organizados para exportar bens para as metrópoles. Estradas — poucas — ou ferrovias que vão até os portos, mas não conectam o país; populações pobres não educadas; infraestrutura sofrível; indústria desaparecida. E a tradição de uma classe dominante rica e excludente: se os poderosos coloniais tinham de oferecer a seus capatazes uma vida grandiosa, esplêndida, para que aceitassem se perder nesses confins, os novos poderosos não encontraram bons motivos para renunciar aos privilégios de seus antecessores: grandes mansões, servidão, poder discricionário; tudo o que foi mantido e alentado pelas antigas potências coloniais, agora transformadas em "sócios comerciais preferenciais" — com o aditamento de um pouco de beneficência, claro. E a ajuda dos grandes organismos internacionais, tipo Fundo Monetário Internacional e Banco Mundial, que resolveram que o Mercado seria a solução para todos os problemas — e mataram, com suas imposições, mais pessoas do que todas as expedições coloniais juntas.

(Agora, a nova moda — a que ocupa na mídia o lugar que ocupavam nos anos 1990 os elogios à austeridade e ao dinamismo do FMI — consiste em se parabenizar pelo avanço africano, suas taxas de crescimento sustentável. Que, vistas mais de perto, são, sobretudo, um efeito do aumento internacional dos preços das matérias-primas que muitos desses países produzem e exportam — sem grandes benefícios para a maioria de suas populações. De fato, um informe recente da Organização Internacional do Trabalho diz que na África Negra apenas 7% dos jovens têm empregos formais: um de cada quatorze. O resto não tem nenhum; trabalha na terrinha de seus pais, procura sobreviver tentando se livrar de alguns bens.

O mesmo informe insiste sobre a responsabilidade da — má — educação: diz que em países mais estruturados — como o Egito e a África do

Sul — há centenas de milhares de jovens sem trabalho e, ao mesmo tempo, centenas de milhares de postos livres que esses jovens, sem as qualificações necessárias, não podem ocupar.)

O meio-dia se aproxima: passam pessoas e mais pessoas, sol pastoso. Caminham como quem perdoa: impressiona-me a majestade desses senhores e senhoras, longos — teria dito meu avô Antonio — como um dia sem pão, que caminham com a cabeça inclinada para trás, o queixo erguido, para que o ar se afaste diante de sua presença. Cada passo que dão parece um símbolo. Todos são altos, magros — excessos de um photoshop enlouquecido —, e muitos têm o rosto perfurado por cicatrizes muito artísticas: desenhos que os amarram a sua tribo, que dizem quem são.

Passam pessoas e mais pessoas, mas não adultos. Todos são garotos jovens; de quando em quando, um cinquentão ou uma cinquentona: quase nunca um ancião. Dizem — ninguém tem certeza — que a expectativa de vida está por volta dos 55 anos, mas estive em outros países com cifras semelhantes e nunca havia visto tal uniformidade, vidas tão curtas. Passa um homem descalço com os sapatos na mão: estão bem-lustrados.

E passam dúzias e dúzias de burros, um pouco maiores do que um grande cachorro dinamarquês, puxando carrinhos feitos de canos e duas rodas de borracha e dois tambores cheios d'água; são conduzidos por meninos que caminham ao lado vendendo água: água do rio, turva, espessa. Não passam automóveis; somente algum 4×4 de cor branca de vez em quando, das agências internacionais ou do governo, alguma motocicleta.

E passam — de vez em quando — mulheres carregadas. Na cabeça, a mudança: uma cadeira de plástico, uma bacia, alguma panela, o catre, um saco de lixo com a roupa. Alguns quilômetros mais adiante, vão seus homens e suas vacas; elas seguem atrás. Ao cair da noite, quando as vacas pararem, elas também pararão.

Aqui a riqueza dos quem têm alguma coisa se mede em vacas: nove de cada dez pessoas não chegam a juntar 1 dólar por dia. Com vacas fecham negócios, com vacas pagam ofensas, com vacas compram esposas. Cada rebanho de vacas — magras, os chifres tortos — é conduzido por dois ou três pastores: garotos jovens, altos, flexíveis, calças curtas justas, uma pulseira de plumas no tornozelo esquerdo, que poderiam seduzir qualquer um em qualquer discoteca gay de Berlim ou do Rio de Janeiro. Não estão seduzindo; na mão direita levam uma vara, na esquerda, um feixe de seis ou sete lanças.

— Para que querem as lanças?

— Para lutar com outros homens.

— Por quê?

— Por lutar. Nós lutamos. Se você vai pelo caminho e cruza com outros homens, de outras tribos, talvez lute.

E que então esgrimem e se ferem e se matam, que para isso são homens, diz, e, para concluir, como quem volta:

— Ou então podemos usá-las com os animais. — As lanças, diz, porque os homens também matam animais.

Mas anteontem, no mercado, uma mulher partiu a cabeça de outra mulher com uma machadada.

— Por que foi?

— Quem sabe... Essas brigas de mulheres.

Não está claro por que Justin imaginou que esse seria o lugar onde poderia encontrar uma esposa: Justin andava pelas aldeias de Ler procurando uma mulher para se casar. Ler fica a 50 quilômetros ao sul de Bentiu. A distância pode ser percorrida em 3 horas de ônibus ou em dois dias, a pé, na estação das secas, e ninguém sabe quando chegarão as chuvas. O caminho tem suas coisinhas: de vez em quando explode alguma mina que restou das guerras.

Nyankuma tinha 16 anos, 1,90 m e um olhar sombriamente perigoso. Quando aquele senhor um pouco mais velho lhe disse que queria se casar com ela, primeiro riu, depois voltou a olhar para ele e viu que ele não ria. Disse-lhe que já era grande para andar procurando uma esposa; então riu e ele lhe disse que se via que não era nada boba.

No dia seguinte, Justin se reuniu com os pais e tios de Nyankuma e fizeram um acordo: trinta vacas eram uma boa cifra. (Perguntei a várias pessoas como se mede o valor de uma mulher em vacas e não obtive respostas consistentes: todo mundo sabe, claramente, qual é o preço de uma vaca, mas ninguém sabe quanto vale, realmente, uma mulher.)

Nyankuma teve seu dia, seu casamento e, por fim, quando chegou à casa de seu marido, conheceu o resto da história: Justin tinha uma esposa que já lhe dera cinco filhos; a mais velha acabara de se casar, e seu marido havia pagado por ela trinta vacas. Com o dote de sua filha, Justin saíra para procurar uma segunda esposa, que fosse mais jovem do que a primeira.

— Você ficou aborrecida?

— Não, por que iria me aborrecer? — diz Nyankuma, acrescentando que assim vivem bem. Nyankuma tem ombros largos que lembram um guarda-roupa, a voz fininha e doce, o olhar fugidio; diz que não tem por que se aborrecer, que Justin é marido das duas e as duas estão felizes, cada uma com seu *tukul* e seus filhos, e que, se é isso que seu marido quer, ela também quer.

— E se for procurar mais uma?

— Que faça o que quiser. Eu ficaria feliz, porque se houvesse mais uma isso significaria que temos comida suficiente.

— E não têm?

— Às vezes sim, às vezes não.

Nyankuma sibila de uma maneira estranha ao falar: tem, como muitas mulheres, um grande buraco no lugar em que estavam seus quatro dentes inferiores. É um rito de passagem das mulheres da tribo nuer, me dizem, mas ninguém consegue me explicar por que esses dentes, por que esse estranho buraco justo embaixo da língua.

— Porque fica muito bonito — diz Nyankuma, e o buraco sorri para mim.

Para as mulheres, os dentes; para os homens, listras talhadas no rosto. As cicatrizes são uma maneira de expor irremediavelmente quem é quem, a que tribo deve lealdade. Há alguns anos, um salvadorenho me explicou por que havia enchido o rosto e o pescoço de tatuagens:

— O que acontece é que você pode ser cercado por inimigos e se sentir tentado a trair os seus. Mas, se tiver a marca no rosto, não vai poder. Assim, tem-se a certeza de que não vai traí-los.

As marcas são, entre outras coisas, um seguro que a comunidade oferece ao indivíduo contra a tentação de abandoná-la. Marcar-se é um processo muito sofrido, um rito de passagem: marcam cada menino para que se torne homem — com muita dor, muito sangue e o sacrifício de alguns bois.

O melhor, explicam, é aquele que suporta mais dor, o que tolera sem se queixar nem chorar que mais carne lhe cortem: é o mais homem. Se você não pode vencê-lo, una-se a ele: a dor, o sofrimento, é a coisa mais surpreendente, a mais trágica, que acontece ao homem. Não é impossível imaginar um mundo sem sofrimento: não há nada que o torne necessário. Mas está aí, existe, e é necessário fazer alguma coisa com ele, integrá-lo a um sistema.

Em um sistema com deuses — entes que criaram tudo isto —, há mais razão ainda para tornar a dor um sistema. É preciso explicar sua existência, a insistência do injustificável. A justificativa do mal — do sofrimento, da dor — é uma das zonas mais fascinantes das grandes obras de ficção: escritores narrando como e por que seus personagens fazem alguma coisa que nega radicalmente a bondade que lhes atribuem. Para consegui-lo foram inventadas muitas coisas; entre elas, o valor redentor do sofrimento: bem-aventurados sejam os pobres porque é deles o Reino... Assim, deram-lhe uma função. Deus lhe manda isso para testá-lo e melhorá-lo. Sofrer não é gratuito, não é pura perda. Sofrer é uma maneira de poupar, uma acumulação para gastar em algum céu: sofrer é uma bênção se — e só se — você acredita nesse céu. Outros foram mais ousados: como os nueres, decidiram que a dor — a capacidade de sofrer dor — é um privilégio e uma forma de medir o valor de um homem. Que quem sofresse mais e da melhor forma era mais e melhor agora, não em outro lugar e em algum futuro sempre tão duvidoso.

Assim, o garoto tornado homem sofre, cicatriza e, por fim, obtém seus direitos: pode mandar em qualquer mulher — inclusive em sua mãe —, pode carregar uma lança, pode lutar, não deve ordenhar vacas. Os nueres fazem seis listras na testa: cada listra é uma dessas regras — não deve temer, não deve roubar, não deve cometer adultério ou deitar-se com sua prima — que um homem deve respeitar para ser homem.

Nyankuma tem três filhos: duas meninas de seis e um ano e um menino de quatro anos. Quando está em Ler, Nyankuma vive em seu *tukul* com suas crianças; o marido dorme muitas vezes com ela, outras com a primeira esposa, e outras sozinho, em seu próprio *tukul*. Os *tukules* são choças de piso de terra, paredes de adobe ou de galhos unidos com barro, um telhado de palha de quatro águas com pequenas saliências e uma pontinha muito charmosa. Dentro do *tukul* costuma haver um catre sem colchão, um canto para os utensílios, outro canto para as roupas, às vezes uma cadeira de plástico, outras um lampião a querosene, um enfeite pendurado na parede de galhos. Quando uma família tem dois ou três *tukules*, cerca-os com uma paliçada de varas; todo esse terreno é o *compound* — ou como quer que isso se chame em castelhano —, o ar livre onde a família realmente vive, cozinha, come, conversa, brinca, cultiva umas filas de quiabo. O *tukul* das vacas — quando há vacas — é parecido com o das pessoas, mas bem maior.

Nyankuma levanta todos os dias às 5 da manhã: se é a estação de cultivar, pega seu pedaço de pau com uma ponta de metal e vai remover a terra ou plantar ou cuidar do plantio. Depois vai ao bosque buscar lenha, mói o sorgo em seu almofariz de madeira, acende o fogo e começa a cozinhar o *walwal*. *Walwal* é o equivalente sudanês da *woura* nigeriana, uma espécie de purê ou refogado feito da mistura de sorgo esmagado e água fervente. Quando há leite, é adicionado, e se há sal também. Às 10 da manhã, comem: já estava na hora, todos estão famintos. Comem ao lado do *tukul*, sentados no chão; a essa hora o sol já bate forte e o almoço é rápido: nunca passa de 5, 10 minutos. Depois, Nyankuma leva os pratos e a panela até o açude, 200 metros mais além, e os lava: é um momento agradável no qual encontra outras mulheres, conversam, fofocam. Suas crianças brincam com outras crianças, enfiam-se na água quando há água suficiente: até junho, quando chegam as chuvas, o açude é um barro pantanoso. Quando há roupa suja, Nyankuma também aproveita para lavá-la; quando acaba, volta ao seu *tukul*: sua filha mais velha a ajuda levando um galão de água do açude para beber durante o resto do dia. Justin não costuma estar; se é a estação, pode estar trabalhando no pequeno terreno que têm alguns metros mais além; senão, estará conversando com algum amigo ou talvez na choça de sua primeira esposa. Nyankuma brinca um pouco com os filhos, conversa com uma vizinha, dorme a sesta. Por volta das 7 da noite voltam a comer: o *walwal* que sobrou, às vezes uma sopa de folhas ou, se tiverem sorte, de quiabo. E cai a escuridão e o dia termina.

— E às vezes comem outras coisas?

— Não, todos os dias *walwal*.

— E gostaria de variar de vez em quando?

— Não sei. Nós só cultivamos sorgo.

— Não podem cultivar outras coisas?

— Não sei. Acho que não crescem.

— E comem carne de vaca?

— Sim, às vezes, não sempre.

Nyankuma tem um colar de contas de plástico, nacaradas, brilhantes, em volta do pescoço. Quando fica nervosa, toca nelas, vira-as.

— Quando você comeu carne ultimamente?

— Uma vez, no ano passado.

E outras vezes não têm nada para comer e não comem, diz Nyankuma. E que quando tem fome só consegue pensar na comida, em como fazer para conseguir comida, aonde ir para conseguir comida: o que não a agrada em ter fome, diz, é que a obriga a pensar tanto em comida.

— Eu gostaria de não pensar tanto em comida.

Agora pensa: sua filha menor, Nyapini, está internada no pequeno hospital que a Médicos Sem Fronteiras têm em Bentiu para tratar a desnutrição infantil. Nyankuma, Justin e seus filhos vieram — sem a outra esposa — de Ler a Bentiu para "passar o verão": a estação mais seca, que vai de janeiro a maio. Os sudaneses se movimentam, se deslocam: sempre fizeram isso porque sua cultura é de pastores errantes — gente que caminha para procurar sua comida —, mas agora, com as ameaças do conflito, fazem mais.

E cultivam menos: o medo que os mantêm em movimento os impede de tirar pleno proveito desta terra difícil. Têm suas razões. Há quatro meses, por exemplo, o exército sul-sudanês ocupou Heglig, um campo petrolífero que fica a 40 quilômetros daqui, no outro lado da fronteira: é um território disputado, que os mapas de cada país dizem que é seu. Depois de alguns dias, os sudaneses do norte voltaram, expulsaram os agressores, redobraram os ataques ao seu território. Os dois bandos falam de orgulho ferido, sangue redimido e nação imperecível; quando ficam sérios, falam de petróleo.

— Vocês vieram de Ler por causa da violência?

— Não, em Ler há menos violência do que aqui. Mas também não há nenhum lugar seguro, nenhum lugar onde você possa dizer ah, aqui certamente estou a salvo — diz Nyankuma, olhando-me como se eu pudesse propiciá-lo.

— E por que vieram?

— A terra não é muito fértil, não nos dá o suficiente para comer o ano inteiro. Por isso viemos para ver se poderíamos conseguir algum trabalho para ir comendo alguma coisa.

Procuraram madeira para fazer carvão e vendê-lo, fabricaram álcool de sorgo. Mas Nyapini teve uma diarreia terrível, a cada hora ficava mais débil, e a trouxeram ao pequeno hospital. Aqui lhes disseram que estava severamente desnutrida e que tinham de ficar com ela por algumas semanas. Precisaram adiar a volta a Ler e não sabem mais o que fazer.

— Estamos passando muita fome — diz Nyankuma, tão grande, tão redonda, que é difícil imaginá-la desvalida.

Mas insiste que gostaria de ter seu *walwal* todos os dias, que não quer nada além do que ter seu *walwal* todos os dias e lhe pergunto quem são os responsáveis pelo fato de não o ter.

— Meu marido.

— Seu marido?

— Claro, ele tem de me alimentar, alimentar meus filhos. Para isso nos casamos.

— Mas ele também tem fome. A culpa é dele?

— Isso não me importa. É ele quem tem de nos dar de comer.

Há choro, muitos gritos ao redor: três dúzias de crianças, seus catres e suas mães nesta espécie de cabana circular, teto de varas, janelas com mosquiteiros. É a sala dos casos mais graves.

Nyapini está no colo de Nyankuma; Nyapini não quer mais mamar, chora; uma mosca iridescente está pousada no mamilo muito longo de Nyankuma, que diz que o problema é que quanto menos comem mais têm de sair para procurar alguma coisa e que então têm menos forças para sair para procurar e então encontram menos e comem menos e têm menos forças para continuar procurando. Não diz com essas palavras, mas quer dizer que a fome é uma armadilha, um círculo vicioso como poucos.

— O que procuram quando vão procurar?

— Qualquer coisa. Bichinhos no campo, grilos, algumas folhas que já conhecemos. Qualquer coisa. E outras vezes Deus te leva e então você chega a algum lugar onde encontra um trabalhinho, alguma coisa.

— E encontram sempre alguma coisa?

— Não. Às vezes passamos quatro, cinco, seis dias sem comida.

— Como se sente?

— Como se estivesse morrendo. Sinto que estou morrendo, que não tenho mais forças para nada. Não tenho forças nem sequer para morrer.

— Conheceu pessoas que morreram de verdade porque não tinham nada para comer?

Nyankuma me olha como se tivesse dito uma estupidez extraordinária. Provavelmente disse uma estupidez extraordinária. Seu olhar, de qualquer maneira, é um compêndio de desprezo. Tento recuar:

— E tem medo dessa possibilidade?

— Sim, tenho medo. Sempre ando com esse medo.

— E o que pode fazer para evitá-lo?

— Não sei, não sei o que posso fazer. Trato de buscar comida aqui e acolá, às vezes consigo, às vezes não. Por isso o medo sempre me acompanha.

A miséria é essa condição na qual, quando alguma coisa — qualquer coisa — falha, tudo desaba. Um equilíbrio tão precário.

Nyapini vai se salvar; desta vez vai se salvar. E a família de Nyankuma e Justin vai voltar a Ler e aos *tukules* onde também esperam — se é que ainda estão lá — a primeira esposa e os outros filhos de Justin. Nyankuma está impaciente para voltar e é otimista:

— A vida vai mudar agora que somos independentes, que os árabes não mandam mais na gente. Antes não éramos livres: os árabes nos diziam o que fazer, aonde ir. Mas agora fazemos nossas próprias vidas, ninguém nos diz o que fazer. Temos liberdade.

— E essa liberdade consegue lhe dar mais comida?

— Sim. Ainda não, mas, com o tempo, claro que me vai conseguir. Agora que os árabes não são mais donos de tudo, quando os bombardeios terminarem, vamos poder cultivar muito mais terras e por isso vamos ter muito mais comida, claro.

A guerra continua: faz mais de um ano desde que estive com Nyankuma em Bentiu e a guerra continua, fica mais forte por momentos, descansa, volta a se enfurecer.

Há vinte ou trinta anos, a maioria das guerras é assim: acontecem em países pobres, entre exércitos pobres — ou pelo menos um exército pobre — e duram, se esticam, vão e vêm, alternam calmas e explosões. São chamadas de guerras de baixa intensidade porque não matam muitos militares: matam, sim, mulheres e crianças e algum homem. Violentam,

546

expulsam, fustigam, deixam-nos passar fome: costumam matar — como aqui — de fome e de doenças muito mais do que com balas.

(Escrevi estas páginas em meados de 2013; corrigi-as no começo de 2014, em Barcelona. De Juba chegam notícias de uma guerra civil ou de uma luta pelo poder ou de uma matança étnica que já soma milhares de mortos. Ontem, sem ir mais longe, soube que o hospital da Médicos Sem Fronteiras de Bentiu foi saqueado e destruído pelos "rebeldes" nuer antes de fugirem da cidade. E surgem — na verdade, é preciso procurá-las — notícias sobre a falta de comida, a fome de centenas de milhares de refugiados em toda a região. É estranho reler, aqui e agora, impressões de um país que parecia estar no meio do desastre e que estava, por desgraça, muito melhor do que agora.)

3

Em Bentiu, a casa onde está instalado o escritório da MFS-Holanda fica em um descampado como tantos: é uma construção um pouco precária, feia, cercada por um paredão que não deixa mais de 3 metros de jardim.

A casa é pequena e o coração, quem sabe; por isso, me hospedo no Grande Hotel Bentiu: três filas de quartos pré-fabricados com painéis ondulados, teto de lata, uma janelinha em um canto, uma cama larga com mosquiteiro e uma cadeira de plástico. O banheiro, do lado de fora, longe, é um barril de água e uma bacia; as privadas, alguns passos mais além, fedem. As moscas sabem de tudo.

Em Bentiu não há, entre outras coisas, internet. Às vezes há, mas nestas semanas não funcionou. Hoje em dia é difícil ficar incomunicável: aqui sim. No mundo — em meu mundo — pode estar acontecendo qualquer coisa e eu só ficarei sabendo daqui a alguns dias. Já perdemos o hábito dessa falta de simultaneidade que foi, até muito pouco atrás, a forma de saber as coisas. Algo acontecia — e só acontecia para os outros muito mais tarde. María Guadalupe Cuenca, a viúva de Mariano Moreno,* continuava lhe escrevendo cartas dois meses depois de sua morte em alto-mar porque não sabia que havia morrido. Para ela, estava tão vivo como sempre e lhe contava coisas da casa, de seu filhinho, dos escravos.

Surpreende-me: em vez da ansiedade, a calma. É como naquela vez do acidente: eu acabara de quebrar a cara na direção do meu carro e estava entrando na sala de cirurgia. Em vez do terror que havia imaginado que sentiria, apenas uma sensação de desapego; não podia fazer mais nada. Agora, no fundo do Sudão do Sul, esgotadas as chances da internet, em lugar do frenesi de encontrar uma saída, minha sensação é semelhante àquela: tudo o que é meu, agora, não é assunto meu.

* * *

---

* Mariano Moreno (1778-1811) foi um figura histórica da independência argentina. Político, advogado e jornalista, fundou a Biblioteca Pública de Buenos Aires, hoje Biblioteca Nacional. Morreu em alto-mar a caminho de Londres. (*N. T.*)

Aqui, para muitos, a forma de saber ainda é essa: Justin, o marido de Nyanku-ma, por exemplo, está há meses sem ter nenhuma notícia de sua mulher e de seus outros filhos. E acha muito normal. De repente, essa necessidade — esse hábito — de saber imediatamente me parece levemente monstruosa.

Como quem quer simular que o espaço não é tempo.

É uma luta. Ontem, os dirigentes de várias agências que se ocupam de "questões nutricionais" se reuniram, como fazem toda semana, no escritório do World Food Program e A. disse que sua organização havia feito um pesquisa em vários distritos de Rupkona e detectara um aumento de 18% de crianças desnutridas. Então B. lhe perguntou quais eram os distritos que haviam sido mais afetados e A. lhe disse que não tinha esse detalhe. B. disse que precisava dele para poder intervir porque a equipe de tratamento que pretende enviar seria muito mais eficaz se soubesse onde se concentrar e A. disse que claro, que se passasse depois em sua sala lhe daria e B. que tudo bem, às 14h30. E então C. disse que se B. continuasse com seus problemas de fornecimento de Plumpy poderia lhe passar algumas caixas por algumas semanas, e assim por diante durante mais uma hora.

Não quero dizer que seja idílico nem muito menos: há brigas, agendas próprias, vaidades, interesses pessoais e políticos em jogo, mas me impressiona que esses senhores e senhoras, apesar de tudo, tenham decidido que seu trabalho é conseguir que menos crianças deste canto do mundo morram de fome e o levam muito a sério e passam os dias de sua vida vendo o que podem fazer — bem ou mal — para consegui-lo e que é claro que são um paliativo e que, obviamente, não mudam nada do fato estrutural, mas que também. Não são tuiteiros pela pátria nem burocratas acomodados nem colunistas atrevidos; são fulanos e fulanas que se esforçam há muitos meses no meio do nada tentando salvar algumas crianças.

Durante alguns séculos, nestas terras, um branco era uma pessoa que chegava para levar coisas. Agora se supõe que, na maioria dos casos, é alguém que chega para dar. Às vezes, até é verdade. Mais além das razões, da lógica que o leva a fazê-lo.

E digo que, apesar de tudo, há algo emocionante nesse esforço. Me contam que atualmente 100 mil refugiados semimortos de fome estão fugindo de combates em um lugar do mundo que a maioria deles não ouvira sequer pronunciar: Mabán, no distrito do Nilo Superior, a 300 quilômetros — e vários dias de camionete — daqui. São milhares de fugitivos; fogem porque soldados inimigos envenenaram seus poços, queimaram suas casas, mataram centenas. Então, aqui e em Juba estão acionando — com vários ritmos, várias eficácias — uma grande operação destinada a alimentá-los. Não há estradas que levem até lá; enviam aviões com remédios e alimentos. Na região não há água; estão gastando fortunas perfurando novos poços — por enquanto, sem muita sorte. Na região, não há saúde; enviam médicos, enfermeiros, pessoal de logística. Ali, dizem-me, as pessoas se refugiam embaixo de lonas de plástico, bebem a água dos charcos, comem cascas de árvore. De repente, a sobrevivência desses 100 mil perdidos — difícil, improvável — se transforma em uma tarefa de 15 horas por dia para um grupinho de enlouquecidos que discutem, acusam-se, acossam-se entre si e que, no final, salvarão muitas centenas, milhares de pessoas. E não conseguirão salvar, pelo menos, outras tantas.

— Nunca vou tirar da cabeça a recordação de Liben. Acho que foi a pior coisa que vivi em toda minha vida — disse-me depois Carolina, na calma noturna, gritos e tiros ao longe.

Carolina é uma médica argentina de 30 e tantos anos, veterana de guerras e *hambrunas*. Agora espera pelo momento de ir com o equipamento de emergência para Mabán. Eu também estava esperando; os responsáveis da MSF me haviam dito que me levariam com eles, mas ontem o chefe da MSF-Holanda disse que não seria possível porque não havia lugar nos aviões, que estavam todos ocupados pelas equipes de socorro — e que se, por acaso, restasse algum lugar livre, seria para a Reuters, a BBC ou a Al Jazeera. Que eu entendesse que eles também tinham prioridades.

— O ano de 2011 foi muito complicado em todo o Chifre da África, as colheitas foram pequenas e havia situações de emergência em todos os lugares, mas especialmente na Somália, onde a situação era particularmente caótica, violenta, embora não soubéssemos bem o que acontecia, porque não tínhamos acesso... — disse Carolina, além de que o que de fato souberam foi que os refugiados chegavam em ondas incontroláveis. Em junho, Liben, ao leste da Etiópia, perto da fronteira somali, já recebia 2 mil pessoas por dia. — Chegavam em um estado deplorável, depois de passar meses quase sem comida, caminhar durante semanas sob esse sol, sem água, sem nada. Normalmente, a quantidade de desnutridos moderados é cinco vezes maior do que a dos severos, pelo menos; aqui quase não havia moderados, a grande maioria era severa, severíssima. Todos estávamos transbordados, não dávamos conta. Eram muitos; formou-se uma espécie de funil na entrada, que começava nos pontos de chegada e ia até os campos. Pobrezinhos, vinham em condições deploráveis e, em vez de esperar um ou dois dias, tinham de esperar duas, três semanas. Era terrível.

— E as pessoas que chegavam estavam muito irritadas?

— Essa gente é incrível... Ficava calada e morria, às vezes se queixava um pouco, claro, mas o que mais me espanta é que, mesmo no meio desse desastre, agradecia a Deus.

— O que lhe agradeciam?

— Isso dizia eu, o que podem agradecer? Mas agradeciam que morria um e não todos, que pelo menos tinha salvado os outros, essas coisas. Acho que o que acontece é que não conhecem outra coisa, não têm a menor ideia de que o mundo poderia ser mais justo. Como não sabem, tampouco sofrem muito. É horrível o que estou dizendo, mas...

Em Liben não havia tendas nem remédios nem água nem comida suficiente. Havia dois campos de refugiados que recebiam o dobro de sua capacidade; foram abertos outros, e em pouco tempo se juntaram 180 mil pessoas. Crianças e mais crianças morriam em um ritmo infernal.

— Eu jamais vira nada parecido e espero não voltar a ver. E estava muito irritada, porque era uma coisa que podia ter sido prevista e não foi, a comunidade internacional não se encarregou. Era a irritação de ver que todos os dias morriam mais crianças... é muito desesperador. Eu fiquei desesperada. Não sabia o que fazer: não parava nem um minuto durante o dia inteiro, e as crianças continuavam morrendo, cinquenta, cem por dia. Eu me perguntava o que estava fazendo ali se, no final, morriam da mesma forma...

O mundo nunca soube que existia um lugar chamado Liben. A história não apareceu na televisão. Há, no máximo, de vez em quando, espaço para uma única tragédia, e nesse momento era a de Dadaab. Dadaab teve seus minutos de fama — dois ou três — em algum telejornal dos países ricos, um quarto de página em jornais importantes. Durante alguns dias, teve-se a impressão de que iria se transformar em uma dessas palavras que de repente adquirem sentido: Bastilha, Auschwitz, Hiroshima. Dadaab era, então, uma forma muito brutal do fracasso. Um conjunto de campos de refugiados somalis no norte do Quênia: instalações provisórias erguidas em 1990 para umas 20 mil pessoas onde já havia 400 mil refugiados e a cada dia chegavam mais milhares, fugindo da *hambruna* da Somália: chegavam destruídas, morriam, a situação era desesperadora.

Depois o público se entediou — não acontecia nada diferente, nada de novo — e, por fim, a situação foi se acalmando. A urgência passou, os 400 mil ficaram: pessoas sem país nem perspectivas, que vivem num enclave do qual não podem sair porque não têm documentos, onde foram armando uma vida resignada: os habitantes de lugar nenhum, cativos da ajuda humanitária.

Liben ficou para trás; ninguém o soube. Os veteranos da MSF agora o mencionam como se fosse um mantra, uma contrassenha: o orgulho de ter chegado à beira do inferno.

— Nunca vou conseguir esquecer aqueles meses que passei em Liben. Era espantoso e frustrante e estava exausta e chorava todos os dias, mas todos os dias pensava que não havia outro lugar do mundo onde gostaria de estar. Estava no lugar onde mais precisavam de mim; eu sabia que estar ali, fazendo aquilo, era a melhor coisa que podia fazer com a minha vida. É claro que há certa dose de egoísmo; você se sente bem fazendo aquilo. Eu sei que faz bem a essa gente, e fico muito feliz por poder fazer — disse Carolina.

— Às vezes você tem a tentação de pensar em todos aqueles que estão tranquilos em suas casas enquanto aqui há gente morrendo de fome e você, no entanto, está aqui; a tentação de pensar que você é um dos bons, dos poucos bons. Às vezes sinto isso, luto contra isso — diz, em Bentiu, Cormack, um médico irlandês. E que ele não esteve em Liben ou em Dadaab, mas imagina, e a pior coisa que aconteceu em sua vida foi certa vez em Darfur, onde precisou fazer triagens durante vários dias seguidos.

— Chegavam crianças muito desnutridas, também chegavam feridos, estávamos atolados e não conseguíamos dar conta de tudo.

Triagem significa seleção e é usada em medicina em várias línguas: é o momento das emergências em que um médico ou um paramédico recebe uma enxurrada de pacientes e, diante da evidência de que não tem meios para atender a todos, deve decidir quais têm mais possibilidades de sobreviver — e abandonar os outros à própria sorte.

— Não consigo imaginar nada pior — diz Cormack com um sussurro estranho.

(PALAVRAS DA TRIBO)

Como, caralho, conseguimos viver sabendo que acontecem essas coisas?

É um momento.

Quando foi a última vez que alguém falou de alguma forma de divisão universal? Quantos riram? Quem olhou para o chão para se esconder de alguma coisa, quem olhou para um cúmplice para rir com cumplicidade, quem riu seriamente?

Como, caralho, conseguimos viver sabendo que acontecem?

o problema é que querem ajeitar tudo com a caridade, acham que isso é suficiente. Suficiente para o quê? Não é suficiente para nada, e ainda por cima se acostumam a receber e, claro, sempre querem mais, mais e mais, no final nada é suficiente. O que é preciso conseguir é que eles mesmos produzam, que encontrem uma forma de se abastecer, porque, caso contrário, o mundo não funciona, assim como está não funciona, de verdade: se isso continuar assim, vão se atirar em cima da gente. Vocês viram a quantidade de negros que cruzam a Europa a cada ano? Ou pior: se isso continuar assim, vão nos odiar cada vez mais, e vocês já viram como esses sujeitos ficam quando odeiam. Por isso não devemos ser idiotas: é preciso lhes dar os meios para que possam se alimentar, não lhes dar alimentos; dar-lhes os meios, ensiná-los a pescar, que é a única forma de convencê-los de que fiquem em suas casas de uma vez por todas, não? Não estou lhe dizendo que sejam um grande perigo; nem sequer isso, porque, pobrezinhos, não podem nem ser um grande perigo, mas isso é agora, e se isto continuar assim vão...

Como, caralho, conseguimos viver sabendo?

E se, por acaso, não recordar quem foi que disse que, vistas de uma em uma, as pessoas são dramáticas, mas aos montes são patéticas. Muito menos quem foi que disse que, se a história de uma pessoa te emociona, a de 1 milhão te irrita: não lhe permite pôr em prática essa mínima faculdade de imaginar.

Como, caralho, conseguimos viver?

Frases que se transformam em silêncio. Frases que, de tão repetidas, ninguém ouve: há 800 milhões de pessoas que não comem o que devem, a cada 5 segundos uma criança morre de fome. Li as frases, escrevi, ouvi e disse não sei quantas vezes como quem diz chove — inclusive quando chove.

Como, caralho, conseguimos?

Formas tão sibilinas do silêncio.

Como, caralho?

bem, magro, tampouco deve considerá-lo assim, só com o coração, é preciso enfiar um pouco a cabeça. Ou seja, digo: se há fome do mundo, não é por acaso, não é porque Deus seja filho da puta ou a mudança climática ou que os negros sejam idiotas ou os colhões de sua avó, mas porque há uma porção de filhos da puta que ficam com tudo, que os exploram há séculos e então o que você vai fazer? Como quer resolver a fome de toda essa gente sem mudar o sistema? Você não consegue, magro, não consegue, e se, no fim das contas, tentar ajudar, o que estará ajudando é que o sistema se perpetue, se mantenha, está me entendendo?, em vez de fazer alguma coisa para que isso acabe de uma vez por todas o que você faz é...

Como?

4

Angelina estava há meses com medo, muito medo. Cada vez nos tratavam pior, diz, nos insultavam, diziam que iam nos matar: em Cartum — a capital do Sudão —, depois da independência, a vida dos sulistas havia se tornado impossível.

— Até meus patrões de vinte anos me disseram que fosse embora, que havia me transformado em um inimigo estranho.

— Um inimigo estranho? — digo, para ver se não é um erro de tradução.

— Sim, foi o que disseram: um inimigo estranho. E que fosse embora, que não voltasse nunca mais.

Angelina é de Moyam, perto daqui, um lugar que agora faz parte do Sudão do Sul. Mas quando nasceu, há uns trinta anos, tudo era Sudão, um único Sudão. Por isso, quando sua mãe ficou sem nada, pegou seus cinco filhos e foi para Cartum.

— Você sabe como é? — pergunta, e eu não entendo o que pergunta. Angelina me explica: se sei como é ter e de repente não ter. Porque houve um tempo em que tinham, diz Angelina: que sua família sobrevivia, até que seu pai perdeu todas as vacas, Angelina não sabe quantas eram, talvez cinquenta, diz, talvez cem, em um ataque de outra tribo.

— E não tentaram recuperá-las?

— Quando roubam suas vacas, se você não recuperá-las imediatamente fica muito difícil encontrá-las. Se for forte, pode ir roubar outras vacas daquela tribo, mas as suas, nunca mais.

No Sudão do Sul, há centenas de tribos registradas, mas algumas têm apenas mil membros, ou o dobro disso, no máximo. Os dinka — em todas as suas variantes — são mais da metade dos sul-sudaneses e formam o núcleo duro do poder, incluindo o presidente Salva Kiir Mayardit; os nueres são os segundos numericamente; depois vêm os murle. A guerra civil, que serviu durante muitos anos para uni-los contra o inimigo comum, acabou e os liberou para travar suas próprias lutas. E, entre eles, sua forma suave e permanente: o roubo de gado.

Durante séculos, os sudaneses foram, em sua maioria, pastores nômades que não tinham nada além de suas vacas, e boa parte da circulação econômica era feita a partir do roubo. O roubo de gado é um costume secular, tem seus ritos e suas tradições. Um ex-dirigente da MSF me contou, há tempos, que de quando em quando algum funcionário local lhe pedia alguns dias de folga para ir roubar gado — e o dizia como se fosse a coisa mais natural do mundo. E era a mais natural: sua cultura. Em certas tribos, como a dos murle, um garoto só vira homem quando vai roubar vacas.

O problema é, mais uma vez, os meios e a escala. Costumavam usar lanças, arcos e flechas: ultimamente usam rifles automáticos Kalashnikov, e seu poder letal, que era mais ou menos limitado, saiu do controle. Nesta região há grupos murle — milícias desgarradas do exército rebelde — que não se limitam apenas a levar o gado, mas também matam mulheres e crianças, queimam casas, destroem. Então o velho ódio dos nuer pelos murle ficou mais violento e retomou velhos argumentos: que os murle são estéreis e roubam os filhos das outras tribos, que os murle são violentos — e por isso é necessário atacá-los e matá-los, dizem, e por isso armam pequenos exércitos capazes de consegui-lo.

Kwia, meu intérprete, me diz que às vezes acha que seus amigos que dizem que é preciso invadir as terras dos murle e apagá-los da face da Terra têm razão. Outras vezes, diz, pensa que são todos sudaneses — quer dizer, sul-sudaneses — e que uns têm de cuidar dos outros. Mas não parece convencido.

A Oxfam* calcula que há mais ou menos 3 milhões de armas ilegais dando voltas pelo Sudão do Sul: o resultado de décadas de guerra. Se os números estiverem corretos, são pouquíssimos os homens que não têm uma arma. Faz sentido, em um continente onde se calcula que há cerca de 70 milhões de rifles Kalashnikov. Sem contar todo o resto.

O pai de Angelina jamais recuperou suas vacas e morreu poucos meses depois. Angelina diz que era muito pequena, que não tem certeza, mas que naqueles meses muita gente morreu de fome.

---

* A Oxfam (Comitê de Oxford para Alívio da Fome) é uma confederação de 20 organizações que atuam em 94 países pelo fim da pobreza e desigualdade. (*N. T.*)

— Eu acho que meu pai também. A menos que tenha morrido de tristeza por causa das vacas. Mas não acredito, porque na mesma época também morreram vários outros parentes de quem não se havia roubado nada.

Era 1988, uma *hambruna* famosa: primeiro a seca, depois chuvas terríveis que afogaram o pouco que ainda aparecia. Milhares e milhares começaram — enfim, eram sudaneses — a caminhar à procura de comida. Sua mãe teve sorte: um irmão conseguiu vender um touro e pagar as passagens de caminhão para que ela e seus cinco filhos fossem, em uma viagem de três ou quatro dias, para Cartum.

Angelina era a mais velha. Na realidade, havia um menino que nascera antes dela, mas morrera muito pequeno. E assim, quando chegaram à cidade, Angelina, que tinha 7 ou 8 anos, começou a ajudar sua mãe, que foi trabalhar como empregada doméstica na casa de um comerciante rico: limpava, lavava, passava, cozinhava. Faria isso durante vinte anos.

Quando se tornou mulher, Angelina se casou com um homem de Bentiu que também estava trabalhando em Cartum. No entanto, as vacas do dote não foram pagas em Cartum, mas lá longe, no Sudão do Sul, ao irmão de sua mãe, o dono daquele touro. Depois de alguns anos, o marido de Angelina foi procurar trabalho em Nairóbi e foi aceito em uma escola de enfermagem de um grupo cristão; quando voltou, conseguiu emprego em um hospital, mas gostava muito de vinho. Em pouco tempo, diz Angelina, virou bêbado, perdeu o trabalho, deixou de se interessar por ela e pelos filhos; está há muitos anos sem dar sinal de vida. E, no entanto, seu filho Tunguar tem um ano e meio, e, quando pergunto, Kwia, o intérprete, me diz que é filho do marido que foi embora.

— Como? Vinha vê-la de vez em quando?

— Não, ela diz que não.

— Então não pode ser o pai.

Kwia se perde em uma infinidade de histórias sobre os hábitos dos nuer, e as quantidades de vacas que são pagas de acordo com as pretendentes e como são feitos os acertos que se fazem e como são quebrados quando são quebrados e onde intervêm os irmãos do pai e as irmãs da esposa e assim durante um tempo. Até que perco a paciência:

— A pergunta é simples: quem é o pai deste menino?

— O marido de Angelina, já lhe disse. Pode ser que não o tenha engendrado, mas o pai é ele. Aqui, entre a gente, não importa quem o tenha engendrado; o pai é quem pagou as vacas, o marido. Enquanto não lhe devolverem suas vacas, continuará sendo o pai.

Tunguar é magrinho, dorme: para ele, tanto faz.

Angelina repete que acredita muito em Deus: vê-se que não é recíproco.

Angelina fugiu de Cartum porque sua vida se tornara impossível, seus patrões de muitos anos a haviam despedido, ganhava a comida fazendo vinho, mas não era legal: que se a pegassem, diz, quem sabe o que poderia lhe acontecer, porque tinha ouvido histórias de gente do sul encarcerada por coisas menos graves e lhe fizeram coisas horríveis.

— Que coisas horríveis?

— Não importa. Coisas horríveis — diz Angelina e que com ela não aconteceu nada muito grave, diz, com a voz muito baixinha, como quem não diz o que diz.

E depois diz que sua amiga Tombek foi presa porque estava fazendo vinho e que passou meses no cárcere até que seus irmãos conseguiram juntar o dinheiro do suborno, necessário para tirá-la — e que naqueles meses passou por coisas horríveis. Os ossos do rosto de Angelina são muito salientes, o olhar cansado de quem não quer olhar mais.

— Não importa, não importa, já passou — diz, mais para si do que para nós, e em seu relato há alguma coisa estranha, algo calado.

Seu rosto magro se fecha a sete chaves, como se quisesse que não filtrasse nenhuma recordação. E conta que um dia agarrou seus quatro filhos e com o dinheiro que havia juntado vendendo as duas panelas e as bacias de lavar e um rádio velho que tinha conseguiu pagar um caminhão até uma aldeia onde pegou um barco, dessas barcaças que sobem o Nilo, e que aí o patrão lhe fez um bom preço porque era da mesma tribo que ela, mas que a viagem durou mais de dez dias e que depois de seis ou sete já não lhe restava nada nem meio quilo de sorgo para dar de comer a seus filhos e se desesperou:

— No barco, imagine, o que eu ia fazer para que pudéssemos comer?

Angelina teve uma ideia: guardou uma camisetinha para cada um de seus filhos e uma blusa para ela e vendeu as outras duas ou três que cada um tinha a um senhor de uma aldeia onde o barco parou. Com isso, diz, pôde comprar peixes dos pescadores do rio e comer até que chegou aqui, em Bentiu, onde tem parentes.

— E eles lhe deram de comer?

— Bem, sim, não é que tenham muito, mas alguma coisa me deram.

Mas Tunguar já estava muito magro e lhe disseram que era para trazê-lo à clínica.

— Pobrezinho, passou muita fome. Eu passo fome e não acontece nada, eu já sei. Mas ele, pobrezinho... — diz Angelina e repete: eu já sei.

— O que quer dizer que já sabe?

— Que não me faz mal. Quando há comida, como, se é pouca, como menos, se um dia não há, não como. No final, sempre vai haver alguma coisa — diz Angelina.

Depois me conta que seu filho ficou doente assim como Tunguar e morreu; que por isso está muito preocupada.

— Começou assim, com uma diarreia muito forte, mas foi há mais de dez anos e eu não sabia aonde ir. No final, eu o levei ao hospital, lá em Cartum, e dois dias depois morreu, pobrezinho. Havia um monte de médicos, mas morreu da mesma forma. Vê-se que Deus queria levá-lo.

Angelina é cristã muito devota e diz que isso também lhe causava problemas em Cartum, onde todos são muçulmanos, diz: árabes. E que agora quer voltar para Moyam para ver se encontra sua família, mas não sabe se agora com as chuvas os caminhos ainda estarão transitáveis. Caso contrário, terá de ver o que poderá fazer, diz; que na próxima vez vai me contar.

5

Bimruok fica a uns 10 quilômetros de Bentiu, mas parece outro mundo — dentro do OutroMundo. Em Bimruok, hoje de manhã, o pessoal da Médicos Sem Fronteiras está fazendo uma "clínica móvel": várias mesas embaixo de uma grande mangueira com um agente de saúde — local — em cada uma, e, ao redor, sentadas, paradas, recostadas no solo molhado, uma centena de mulheres com suas crianças. São mães com seus filhos malnutridos que vêm buscar sua dose semanal de Plumpy'Nut e controlar sua evolução; mais além, sob um toldo, outra centena espera sua vez para uma primeira consulta: para que as medições de praxe — circunferência do braço, peso, altura — lhe digam se seus filhos precisam de tratamento. Há muito choro, muitas moscas.

Há barro: ontem à noite caiu a primeira chuva forte da temporada e se espera que logo venham as tormentas que deixarão a maior parte da região inacessível. As agências e organismos internacionais tentam armazenar toneladas de grãos nas regiões que seus caminhões não poderão alcançar. Os habitantes migram para não ficarem isolados e sem comida.

O Primeiro Mundo não se lembra mais dos dias em que uma chuva poderia nos revirar. A civilização — esta forma de civilização — serviu para deixar de adaptar cada detalhe de nossas vidas aos ritmos das estações e da meteorologia. Aqui não.

— Mas eu lhe dou seu *walwal* todos os dias...!

— Isso às vezes não basta, senhora, não basta.

— Como não vai bastar?

Bimruok é um punhado de *tukules* espalhados sem ordem aparente e umas fileiras de sorgo, quiabo e milho aqui e acolá. É a época: mulheres e homens são vistos com enxadas, abrindo sulcos, semeando. As plantações são sempre pequenas e deixam muito espaço vazio ao redor: como se pudessem mais e não quisessem. As sementes são caras.

No meio do povoado, um descampado faz o papel de praça; a escola são sete grupos de banquinhos sob árvores em vários cantos de um grande espaço enlameado, vazio. Em cada um, um professor alto e jovem usa uma lousa para ensinar a quinze ou vinte crianças; as aulas, é óbvio, foram suspensas por causa da chuva.

— E então, o que vou poder fazer?

— Precisa levá-lo ao hospital de Bentiu.

— Mas meu filho não está doente...!

De manhã, a equipe da MSF encontrou 28 crianças desnutridas. Digo: em pouco tempo, em uma aldeota, 28 crianças desnutridas.

— Doente não, senhora, mas precisa de tratamento.

— Eu não posso lhe dar nenhum tratamento. Já basta que lhe dou de comer.

Duzentos metros mais além, senhores estão ocupando seus lotes de terra: completando com canas as cercas que dizem que lhes pertencem. Movem-se lentamente: cada passo, cada gesto parece uma decisão independente, algo que poderia acontecer ou não acontecer, uma sucessão de azares. Lá dentro, nos espaços fechados pelas cercas, ainda não há nada; pergunto a Kwia se são novos *compounds*; ele me diz que sim, que muita gente está se instalando agora porque, finalmente, o governo está lhes vendendo terras.

— Vendendo terras?

— Sim, mas muito barato. Um *compound* desses, de 20 × 30, custa 660 libras.

— Mas isso é menos que uma saca de sorgo — respondo, e Kwia se relambe: 660 libras são uns 150 dólares. Kwia é um típico garoto de 20 anos, uma imitação mal-acabada de Stringer Bell, o narcotraficante do seriado *The Wire*. Kwia tem a mesma barba redonda e usa camisas coloridas. Também é um patriota fervoroso.

— Sim, porque no mercado as coisas são diferentes. No mercado há alguém que quer ganhar e que vai fazer seu preço. Por sua vez, o governo não tem que ganhar porque a terra é da comunidade, então não pode cobrar da comunidade por sua própria terra. A única coisa que faz é colocar um pequeno preço para organizar a distribuição, para que ninguém fique sem sua terra.

— E quando alguém quer comprar mais metros?

— Aí o preço muda totalmente — diz Kwia. Explica que quem quer mais do que a unidade básica de terra deve pagar 20 libras por metro quadrado, e que assim um bom lote acaba ficando caro. Mas que também é possível comprar terra de alguém que a tenha recebido e quis ir para outro lugar ou quis tentar a sorte com esse dinheiro, e que, seguramente, venderia esses 600 metros quadrados por 2,5 ou 3 mil libras, menos de 5 libras o metro. E que, de fato, há pessoas que conseguem mais de um terreno do governo e depois pode vendê-los: que um amigo dele já tem três ou quatro.

— E como faz?

— É fácil, pede em vários lugares. Também pode pedi-los com nomes diferentes, em nome de uma irmã, essas coisas.

— E para que seu amigo quer os terrenos?

— Bem, talvez um dia eu possa ter muita família — diz, rindo ao se dar conta de que passou, sem querer, da terceira para a primeira pessoa. — Muitas esposas, essas coisas.

— Mas isso não é ilegal?

— Está entre o legal e o ilegal, justo no meio — diz Kwia, então para. Pensa, parece que vai se calar. Finalmente fica sentencioso: — Pode-se tudo, desde que você tenha algum amigo no devido lugar.

"Nós lutamos por liberdade, justiça e igualdade. Muitos de nossos amigos morreram para atingir esses objetivos. E, no entanto, quando chegamos ao poder, nos esquecemos daquilo pelo que lutamos e começamos a enriquecer às custas do nosso povo", escreveu, em maio de 2012, Salva Kiir Mayardit na *Carta aos corruptos*, que foi divulgada pelos meios de comunicação locais. Não é nada original: todos falam da corrupção do governo sul-sudanês, mas Salva Kiir era o chefe desse governo e líder histórico de seu exército rebelde (agora oficial), o Exército Popular de Libertação do Sudão. Em sua carta, Kiir pedia a seus companheiros de governo que devolvessem os 4 bilhões de dólares que haviam desviado; em troca, prometia não persegui-los. Durante o primeiro mês, uns poucos devolveram 70 milhões; restavam 3 bilhões e 930 milhões perdidos na névoa.

Dizem que Salva Kiir publicou a carta por exigência dos Estados Unidos para que não suspendessem sua ajuda humanitária. Quem sabe. Um jornalista local se surpreende — diz que se surpreende — diante do fato de que pessoas que se sacrificam durante tantos anos, que lutaram nas piores condições, que arriscaram a vida para ter um país independente agora se dediquem a roubar todo o dinheiro que seus cargos lhes permitem:

— E eu que achei que quando estivessem no governo teriam a mesma conduta de antes. No entanto, parece que estão cobrando todo esse sacrifício em milhares, em milhões de dólares.

Costuma-se acusá-los de corrupção e é verdade que a maioria dos governos africanos rouba uma parte do auxílio internacional que chega a seus países. É, de fato, um dos principais argumentos daqueles que dizem que os culpados pela fome africana são os governos africanos.

— Mas não, para que continuar lhes mandando qualquer coisa se roubam tudo?

Devido a essa corrupção — dizem organismos como o Banco Mundial —, os auxílios não chegam aonde deveriam chegar, ficam no meio do caminho, não resolvem os problemas que deveriam resolver — e por isso tanta gente continua passando fome. É verdade que a maioria dos governos africanos é mais do que corrupta; em geral, é corruptíssima. Mas o que roubam não é nada comparado com o que perdem seus países e seus cidadãos devido à ordem internacional na qual estão inscritos há um século e meio.

Os organismos internacionais usam a corrupção dos governos da mesma maneira que os governos nacionalistas usam a avidez dos poderes internacionais: é fácil dizer que milhões de africanos passam fome porque seus governantes são corruptos e ladrões; é fácil dizer que milhões de africanos passam fome porque o capital globalizado é espoliador e insaciável. As duas coisas são verdadeiras — e isso torna menos verdadeira cada uma delas se é enunciada como razão única.

— A corrupção mais brutal se manifesta quando os governantes ficam com o dinheiro ou os materiais dos auxílios internacionais. O problema é, em primeira instância, o sistema pelo qual tem que haver ajudas. Agora, bem, quem faz os investimentos necessários para conseguir que essa terra produza o suficiente? No Sudão, por exemplo, que porcentagem dos lucros do petróleo fica com cada parte? Embora, é claro, não fosse possível explorar esse petróleo sem a tecnologia e os investimentos que só as potências têm — me diz um alto funcionário de uma ONG importante que não diz essas coisas.

Ele me diz, então, assim que lhe garanto de que não direi quem é:

— Seria muito melhor se os Estados e os doadores internacionais investissem na criação de infraestrutura (alguns açudes, um pequeno dique, uma planta de energia solar, uma estrada) para que depois as pessoas pudessem administrá-la por si mesmas. Mas, claro, isso as transformaria em pessoas autônomas. E isso não convém a nossos governantes e aos doadores. Então preferem continuar enviando sacos de comida. Quanto mais o coloco em uma situação de ficar procurando 24 horas por dia uma xícara de grão para sua família, melhor para mim, porque você não vai ter tempo de sobra para olhar o que eu faço.

Homens néscios que acusais, se não houvesse, nesses países, bens apetitosos e senhores aos quais apetecem, a corrupção seria bem menor. A corrupção aumenta quando há empresários que querem algum recurso cujo acesso pode ser manejado por um funcionário corruptível. Mas, depois, qual a diferença entre um petroleiro texano que fica com terras sudanesas e as explora e um funcionário do governo que se beneficia delas? A forma de conquista da riqueza? Porque supomos que ter a propriedade ou a concessão de um terreno o habilita para ficar com tudo o que há ali e, em troca, administrá-lo em nome do Estado não. É lógico que administrar alguma coisa em nome do Estado não o legitima a tirar proveito. É lógico que ter um título de propriedade de fato o legitime?

6

— Eu não quero construir uma casa para mim. Eu tinha uma casa e precisei ir embora por causa da guerra. Se construir uma casa agora, como posso saber se vou poder ficar? É muito duro ter uma casa e ter que deixá-la. Eu prefiro não ter.

— E onde vai viver?

— Não sei, logo veremos.

Mais além do mais além, 1 quilômetro depois de Bimruok, Manquay são cem choças no meio do nada e um rio escuro de onde tiram água. Aqui a chuva não fez nada: o solo continua seco, ocre, fragmentado. Aqui as choças são mais pobres: quadrados de 2 × 2 com paredes de canas, o teto de sacos de plástico preto, lá dentro às vezes uma cadeira de plástico marrom e um catre de madeira, uma pilha de roupas no chão de terra. As choças se espalham pelos 200 metros que levam ao rio; um quadradinho plantado com quiabo ou milho de quando em quando, alguma árvore solitária, mulheres cortando galhos ou acendendo o fogo ou varrendo com uma vassourinha de folhas ou moendo grãos a golpes de pilão ou passando com suas latas de água na cabeça ou lavando em bacias de plástico de cores berrantes. Na borda de uma bacia está escrito, meio quebrado, meio apagado, *made in Bangladesh*: Kamrangirchar, suponho. Uma mulher me diz que este bairro é de soldados: que todas estas são famílias de militares enviados para servir durante seis ou sete anos em Bentiu e que quase todos trazem suas famílias — "os que têm uma família", diz a mulher, me olhando como se fôssemos cúmplices em alguma coisa. A mulher usa uma camiseta amarela, tem um buraco nos dentes e suas faces parecem maçãs negras; está sentada em uma cadeira de plástico ao lado de duas mulheres magras com camisetas amarelas; as três estão limpando e separando folhinhas — redondas, muito verdes — de uns galhos. Dizem que são daquela árvore mais além e que assim não é possível comê-las, mas que vão fazer uma sopa.

— E com que vão comê-las?

— Assim, a sopa.

E que seus maridos ganham umas 800 libras por mês — uns 180 dólares no câmbio cinza-escuro —, e que isso é o que está custando no mercado uma saca de 100 quilos de sorgo que dá para uma família comer *walwal* durante três semanas, e que há dias, como hoje, em que comem folhas de árvores, diz uma das camisetas amarelas, e vejo que as outras olham para minha retaguarda como se alguma coisa estivesse acontecendo.

— Bom-dia, senhor, seja bem-vindo — me diz um senhor alto, mas mais largo do que os outros, 40 anos bem-vividos, sólido, roupas limpas, a cabeça devidamente erguida. O senhor me diz em um inglês inteligível que é segundo-tenente, que caminhemos alguns passos. O segundo-tenente tem modos de quem costuma dar ordens.

— Bem-vindo ao nosso bairro. Estamos aqui para defender nosso jovem país. Agora, por fim, somos todos filhos de uma única mãe — diz o segundo-tenente, e não entendo a metáfora, tampouco consigo que me explique.

Então lhe pergunto qual é a sua função e me diz que está na área de MO — Moral Orientations — e que é muito importante porque um povo que não tem orientação moral não pode manter o rumo e que só com uma boa moral e um rumo firme é possível acabar com a guerra contra os árabes de uma vez por todas e viver como um povo livre ou algo assim. Então eu trato de lhe perguntar, com cautela, pelas pobres mulheres que preparavam folhas de árvores, e ele sorri largamente:

— Ah, então as viu, é. A mais gorda, a que está vestida de amarelo, é a minha — diz, com orgulho, e eu não lhe digo que as três estavam de amarelo. Continuamos caminhando no meio das choças; duas dúzias de crianças borboleteiam ao redor, nos seguem, me tocam com cuidado. As maiores não ligam para a gente: três meninos brincam com uma garrafa vazia presa por uma corda amarrada na ponta de um pau plantado no chão: a brincadeira consiste em fazer acrobacias para chutar a garrafa com mais força possível e que dê voltas. Outros quatro disparam uns nos outros com armas de barro; um tem um rifle Kalashnikov e lhes dá um banho de metralha. Eu lhe pergunto se ele lhes diz para brincar de guerra e o segundo-tenente me diz que não, que os meninos brincam assim porque querem. As meninas brincam menos: quase todas carregam bebês nas costas.

— Eu achava que os oficiais viviam em outro lugar — digo-lhe, para não dizer que achava que não viviam na miséria.

— Um oficial deve ficar com seus soldados. Ademais, você nos vê pobres assim porque acabamos de sair de uma guerra muito longa. Logo isso vai ser muito diferente — diz, como quem encerra a discussão antes de começá-la. Mas continua: — Que tipo de incentivo e orientação posso lhes dar se não estiver com eles? Talvez outros não concordem, mas foi isso que meu pai me ensinou.

— É uma vida difícil.

— E quem disse que fazer um país seria uma coisa fácil? — diz e acrescenta que é fiel a tudo o que seu pai lhe ensinou, que para isso seu pai morreu lutando contra o inimigo. — Meu pai e muitos outros. Você não sabe quantos mortos estão aqui nesses *tukules*. — Estende o braço: mostra os *tukules* ou os mortos. O segundo-tenente da orientação moral tem as seis linhas paralelas que atravessam sua testa, de têmpora a têmpora: as marcas de sua tribo, de sua hombridade.

— Agora, se me permite, preciso deixá-lo. Preciso cuidar de assuntos importantes.

O segundo-tenente aperta minha mão e se afasta. Algumas choças mais além, há uma reunião de mulheres: estão sentadas no chão em volta de um fogareiro a carvão onde torram grãos de café e aquecem uma chaleira com água: dizem que não têm dinheiro para comprar sorgo e fazer seu vinho e assim se contentam com o café e um narguilé que vão passando entre elas. Fumam com expressões de prazer, como luxúria. Têm bebês colados nas tetas e riem e falam todas ao mesmo tempo ou agem como se falassem; estão se divertindo. Mas uma me pergunta se acredito mesmo, de verdade, que a guerra vai acabar, como dizem, e eu lhe respondo que não sei, que tomara, que isso é o que todos esperamos. E ela me diz claro, isso é o que esperamos, mas quer me fazer uma pergunta.

— Sim, claro.

— Quando a guerra acabar e não precisarem mais de soldados, o que vai acontecer com a gente?

Teria sido canalha dizer não se preocupe, senhora, aqui sempre vão precisar de soldados, e vai poder continuar mascando folhas de árvores; teria sido canalha dizer é verdade, o que vai ser de vocês, pobrezinhas; teria sido canalha perguntar se tem certeza de que quer continuar assim pelo resto da vida. As outras mulheres riem, sem vontade; eu também ri: mais canalha ainda.

Aqui tampouco há velhos: outra vitória do ecossistema.

Todos estamos um pouco perdidos diante de certas mudanças técnicas. E a velhice é uma dessas invenções com as quais ainda não sabemos lidar. Sempre me surpreendeu que envelhecer representasse tanta deterioração: nada no funcionamento físico das pessoas melhora com a idade; o tempo não é pura decadência. Durante séculos, muitas sociedades tentaram compensar essa penúria com a ideia de que o saber era coisa de anciãos — "o diabo não sabe porque é diabo, sabe porque é velho". Agora, desde que sabemos que os saberes que valem são os mais recentes, também sabemos que esse valor simbólico passou para o campo da juventude.

Sempre me perguntei por que a natureza, que costuma fazer as melhores coisas, nos submete a esse processo de degradação. Até que entendi, tolo de mim, que a velhice contemporânea não é, em absoluto, natural: é uma das grandes invenções da cultura humana. Em seu estado natural "cavernoso", os homens não viviam mais de 25 ou 30 anos: morriam antes de degradarem. E, até há pouco tempo, a expectativa média de vida nos países ricos não passava dos 60 anos. Agora, no entanto, essa média subiu para mais de 80 e continua subindo. Isso foi conseguido por uma quantidade de melhorias técnicas, mas estamos em plena transição, em um momento misto: aprendemos a prolongar a velhice, mas não a evitar seus estragos.

Mas a culpa não é da natureza. Inventamos um estado antinatural — a velhice extrema —, mas nos falta muito: estamos ainda na metade do caminho, ainda repletos de erros.

Em tempos sem futuro, a velhice tampouco oferece mais do que melancolia. Antes o truque era claro: esforçar-se para construir, chegar a certa idade com uma carreira atrás que o instituísse como uma pessoa honrada e realizada. Agora é pura perda: os donos simbólicos do mundo são os jovens — e afastar-se dessa condição não tem recompensa.

Mas aqui a juventude não é símbolo de nada:
a única condição possível, natureza esplêndida.

Com Peter é mais fácil conversar: exige menos. Eu lhe pergunto se não o incomoda lutar por seu país enquanto sua família não tem o que comer. O soldado Peter é alto, as calças e a jaqueta de camuflagem novas, sandálias havaianas, um rifle Kalashnikov bastante reluzente.

— Não, pelo contrário. Me dá mais motivos para lutar. Eu sei que quando, por fim, ganharmos esta guerra, vamos ter a comida que quisermos.

Dizem que a guerra da independência acabou, mas não é verdade. Há escaramuças o tempo inteiro; restam "milícias", apoiadas por um ou outro país, que operam em território inimigo e, de quando em quando, um ataque em regra. A guerra continuou — e continua. Bombardeios, vários embates. Prossegue o suficiente para que o Sudão do Sul mantenha um grande exército — que, por sua vez, é a base do poder do partido governamental. E aos dois governos convém, dizem seus críticos, uma guerra que mantenha seus povos unidos, embaçados os demais problemas, sólido seu comando.

Há alguns anos, um diretor da WFP, James Morris, disse que os africanos em guerra conseguem despertar muito mais atenção do que os africanos em paz. "Às vezes, acho que o pior lugar para uma criança africana faminta é um país pobre, mas pacífico e estável."

A uns poucos quilômetros ao norte, nas montanhas de Nuba, que os antigos chamavam de Núbia, milhares e milhares de pessoas abandonaram suas casas para viver escondidas em cavernas porque a aviação sudanesa as bombardeia com afinco. Os aviões são uns velhos Antonov, ainda soviéticos, que lançam três ou quatro bombas cada vez que passam e não costumam acertar nenhuma, mas às vezes sim. Lançam-nas sobre aldeias, a população civil. Essas crianças, mulheres e velhos são as famílias dos rebeldes do Exército do Povo Sudanês pela Libertação do Norte (SPLA-N), que luta contra o regime de Omar al-Bashir em Cartum. Bombardeando-os, dizem os aliados de al-Bashir, preocupam os rebeldes e lhes complicam a retaguarda.

Mas Cartum tem outra arma, mais eficaz: por causa das bombas, da insegurança, os núbios tampouco puderam cultivar este ano, e o governo sudanês proibiu as agências internacionais de lhes levar alimentos; as histórias que chegam de lá falam de uma fome permanente, muitas pessoas sobrevivendo à base de raízes, folhas, vários insetos. As histórias falam, sem dizer, de um dos usos mais antigos da fome: como uma arma de guerra.

De qualquer forma, a fronteira está fechada e os alimentos que antes chegavam do Sudão não chegam mais. Juba fica a 700 quilômetros por estradas de terra que estão ficando intransitáveis por causa das chuvas. O mercado de Bimruok é a miséria.

Para nós, cidadãos globalizados, o mundo é um grande supermercado: percorremos suas gôndolas comprando alimentos, recordações, jeans, um emprego, diversas sensações, praias — até histórias, sonhos com negócios ou grandes mudanças. Para os milhões de descartáveis — e para tantos mais —, o mundo são 20 quilômetros em volta de suas casas e uma vida sempre igual.

Não é a menor desigualdade: é, em todo caso, a que mais faz com que a palavra mundo não signifique a mesma coisa para uns e outros.

O cheiro é uma mistura de lixo, poeira e pau-santo. As barracas são de bambu e lata: duas dúzias ao redor de um espaço vazio. A maior vende velas, detergentes, lâminas de barbear, biscoitos tipo hóstia, envelopes com pó para fazer suco, cigarros locais, algumas latas de cavala e barras de sabão: nas crises e misérias, o sabão é sempre a última coisa que sobra. Outra barraca vende uns pacotes com meio quilo de carvão; outras duas, um pão chato e redondo; duas ou três, essas camisetas muito surradas que os ocidentais doam para não jogar no lixo; tropeço com um ratinho morto: é muito pequeno, de um cinza prateado. Outra barraca vende havaianas novas e usadas, outra, três cebolas — exatamente três cebolas —, outra, pacotes de um quarto de açúcar e vassourinhas de palha; nenhuma vende frutas ou verduras ou animais. Percorri mercados de quase todo o mundo e é a primeira vez que vejo um sem nada, nada, fresco. Passa um galo, poderoso, único: depois, um burrinho carregando água.

Mais além, uma barraca de lata diz "center phone charging", para que aqueles que não têm energia possam ter celulares; mais tarde, ficarei sabendo que são o grande novo negócio. Telefones que eram a tecnologia de ponta há dez anos agora estão aqui e milhares de pessoas querem usá-los. Por isso esse serviço, que seria desnecessário em tantos outros lugares: um garoto com algumas baterias de automóvel, três dúzias de tomadas, carregadores diversos, alguns alto-falantes para aturdir com música o ambiente e certo espírito empreendedor, se instala no meio do mercado e vende eletricidade em doses homeopáticas. Como tudo aqui, é bastante cara: duas libras — cerca de meio dólar — a recarga.

Ao fundo, outro serviço do mercado: a choça do senhor que mói grãos em um pequeno moedor elétrico. Os preços, me diz, aumentaram muito e cada vez há menos trabalho. Por cima do ruído do gerador, soa música forte, uma espécie de *reggaeton*, a música caribenha, a todo vapor: ao lado há um *tukul* com uma espécie de bar. Sete senhores — quatro soldados — estão sentados nessas cadeiras de plástico marrom que se espalham por todos os lados: bebem chá, fumam narguilés.

Há cem anos, artistas de vanguarda, desencantados com a modernidade, procuravam inspiração nestas aldeias — em sua suposta proximidade com as verdadeiras essências humanas. Essa ideia das essências era uma besteira, mas lhes dava um lugar: pessoas que viviam de "acordo com sua natureza", em oposição aos brancos civilizados que viviam sob regras sociais e religiosas que os desnaturalizavam. Agora sua imagem é muito diferente: são uma espécie de seres humanos bobos, fracassados, que não saberiam fazer o que devem. Agora os vemos como se fôssemos missionários: homenzinhos e mulherezinhas abandonados por Deus que temos de socorrer para que não morram de fome.

Mariya pergunta se vou beber meu chá com leite. Respondo que não, peço que me conte. Mariya é comprida, elástica, suntuosa, os lábios, as faces e os olhos rasgados; movimenta-se como se flutuasse. Descubro que estou tendo o pior dos preconceitos: é muito bonita para ser tão pobre.

— Vamos, beba-o com leite. Com leite são duas libras — diz, fazendo uma espécie de careta, e me explica que quando não tem o que comer, coisa muito frequente, vem fazer chá no *tukul*. O dono aluga o lugar por 10 libras por dia. Compra uma libra de chá e outra de leite e vende. Há dias em que empata, em alguns fica devendo, às vezes ganha. Mas ela não tem opção, me diz; já não lhe resta nenhuma.

Mariya teve seu primeiro filho, diz, aos 15 anos, porque engravidou de um soldado — e não me atrevo a lhe perguntar como. Penso em algumas maneiras de fazê-lo: perguntar, por exemplo, de que exército era. Não me atrevo. Mas que depois se casou com um garoto de sua aldeia que não tinha muitas vacas e que tiveram outro filho, que agora tem 11 meses, mas que depois ele foi para Juba e que parece que de lá para o Quênia e que faz um tempo que se perdeu: que ninguém sabe se vai voltar. Mariya usa um pano longo verde ou azul amarrado na cintura, uma camiseta rosa desbotada com um buraco no lado esquerdo. Diz que continua vivendo com sua mãe porque seu pai morreu há muito tempo e que em muitos dias — a metade dos dias, diz, ou mais da metade — não têm o que comer.

— Você tem medo da fome?

— Nunca penso nisso. Quando como, como; caso contrário, o que vou fazer?

Quando comem, me diz, comem *walwal* uma ou duas vezes por dia; às vezes, à noite, comem *yodyod*, que é feito com os restos do *walwal*. E muito de vez quando uma sopa de quiabo.

— Se pudesse comer qualquer coisa que quisesse, o que escolheria?

— *Walwal*. *Walwal* com muito leite.

— Mas estou dizendo qualquer coisa: frango, carne bovina, peixe, o que for.

— Eu não tenho dinheiro para o que for, e por isso prefiro o *walwal*.

Que esse não é o problema: o *walwal* basta para não ter fome. O problema, me diz, são seus filhos: há pouco vieram esses médicos — da MSF — e lhe disseram que estavam desnutridos. Mariya diz que quando puder irá à clínica para que os curem.

Depois me contam que o marido de Mariya não foi para o Quênia: que morreu porque pisou em uma mina ou tocou nela ou vá saber o que aconteceu; que estava arando um campo quando explodiu em pedaços. Mas Mariya, me dizem, tem medo de contar a verdade e conta histórias.

7

Nyayiyi aperta os olhos para enxergar, diz que vê muito pouco. Pergunta se vejo aquelas coisas distantes, que acha que são vacas. Nestes subúrbios do mundo não existem óculos: cada um vê o que vê. Para alguns, o mundo é agudo e colorido; para outros, suave, ilegível. É um resto da velha variedade do olhar: agora, nos países ricos — nos países com óculos —, nos convenceram de que há uma única forma de ver e que temos de aspirar-lhe, nos completarmos com o que for para chegar a ela. Porque suas funções também foram unificadas: ler, por exemplo, que requer certa exatidão do olhar, é um fenômeno novo para três quartos da população do mundo. Durante séculos, milênios, as vidas da maioria não exigiam essa definição.

Aqui, como então, as coisas podem ser vistas com bastante indefinição.

Outra história comum: outra menina de 14 ou 17 anos que ficou grávida em uma noite perto do rio, bem longe das casas; outra menina que percebeu muito tarde, que disse ao garoto que tomasse conta, que ouviu com espanto sua resposta. Outra menina que agora, três anos depois, com uma criança de 2 anos no colo, me conta que o problema foi que seu pai não estava ali para obrigar o garoto a cumprir com suas obrigações, a pagar as vacas necessárias e se casar com ela. Nyayiyi fala devagar, com voz de drama cansativo: como quem se cansou de sua história.

— Meu pai está preso. Não deveria estar, mas está preso — diz Nyayiyi: que seu pai era soldado, motorista do Exército e que no final do ano passado bateu com o caminhão e morreram duas pessoas e então o enfiaram em uma prisão como se fosse culpa dele, diz, e que por isso não pôde obrigar o garoto a assumir suas responsabilidades.

— Meu pai deveria ter vindo e agarrado o garoto e ameaçá-lo para que assumisse suas responsabilidades: que pagasse as vacas, que cuidasse de sua mulher e de sua filha.

O pai não pôde fazer nada, o garoto não fez nada. Nyayiyi diz que tem 20 anos — mas não tem certeza e parece ter 14. Está com os olhos arregalados, assustados, um vestido azul e preto, um pequeno caracol como broche e os cabelos rentes. Aqui quase todas as mulheres têm cabelos rentes e algumas, as mais elegantes, as que podem, usam peruca. A peruca pode incluir bóbis, clarinhos, de tons roxos ou avermelhados ou violetas, todo tipo de fantasias capilares. Algumas vezes nestes dias me descobri imaginando — com inveja, com a luxúria mais alheia — o poder desse momento em que uma mulher tira os cabelos e fica nua de verdade.

— E meu pai estava tão irritado comigo que me expulsou de casa. Me disse que assim, com uma filha, ninguém iria me querer, que se aparecesse algum não iria querer pagar nenhuma vaca e que eu fosse embora. Tive de ir viver com um tio da minha mãe — diz e esfrega as mãos, aperta os lábios. Nyarier, sua filha, abre os olhos e a olha como se se surpreendesse.

É outra história comum de amores contrariados, de pequenos erros que custam metade da vida. Mas a fome se cruza. A fome não é nada: é só um lugar-comum em vidas que poderiam ser muito diferentes — mas têm esse lugar-comum: comer é uma possibilidade entre outras, a forma de uma ameaça sempre presente. Aqui, a fome transforma uma história de tristeza comum em uma de vida e morte.

Há algumas semanas, Nyarier, a menina, começou a tossir com força e a dormir muito, excessivamente. Há alguns dias, por fim, Nyayiyi levou-a a uma clínica móvel da MSF e lhe disseram que estava severamente desnutrida. Por isso agora está internada, com uma sonda para estabilizá-la. Nyayiyi a segura no colo, a embala, a protege. Nyarier é muito magrinha, os braços quebradiços, uma tosse insistente.

— E, quando ficar curada, o que você pensa em fazer para que não volte a adoecer de fome?

— Não tenho alternativas, não há nada que eu possa fazer para que minha filha não volte a ficar assim porque eu não posso conseguir um trabalho; não tenho nenhuma educação, não sei fazer nada. Se soubesse fazer alguma coisa, poderia alimentar minha filha, mas não sei, e meu pai não quer me dar nada e o pai da menina nem se sabe onde está.

— Você gostaria de se casar?

— Sim, claro. Quero que alguém cuide da gente.

— E você tem alguém?

— Isso é segredo — diz e enrubesce: disso não posso falar, diz de novo.

Ficamos calados. Depois diz que sim, que há um homem que se aproximou e quis lhe dar dinheiro e cuidar dela, que talvez se casasse com ela.

— Mas meu pai mandou me bater e mandou dizer a ele que se voltasse a saber que estava me rondando iria matá-lo.

— Como iria matá-lo se está na prisão?

— Meu pai tem irmãos, primos. Ele pode — diz Nyayiyi.

Lhe pergunto que solução, então, resta para sua filha.

— Talvez morra — diz, diz sem mexer os lábios: talvez morra.

Mas isso não é uma solução, digo sem saber como dizer, e ela continua impassível:

— Não, não é uma solução. Mas, se os pais não se ocupam, não me ocorre nenhuma — diz.

Volto a lhe perguntar e então diz que não é ela quem quer que a menina morra, não; como iria querer, diz, e limpa o catarro e espanta as moscas. Nyarier chora baixinho.

— Eu não quero, como iria querer. Mas não vejo como poderia ser alimentada, e se não for alimentada...

Alguma coisa — alguns milhares de anos de cultura — interfere: não consigo ouvir esta mulher que diz que sua filha tem muitas chances de morrer e que não acha que se possa fazer nada.

— Mas acha que sua filha vai sobreviver?

— Se não voltar a ficar desnutrida, acho que sim. Mas, se voltar a ficar desnutrida, não sei.

— Insisto: o que você pode fazer para que não fique desnutrida?

Nyayiyi tem essa calma que aterroriza mais do que qualquer fúria. Ouve com paciência o intérprete, olha para ele, olha para mim, diz nada:

— Nada — diz que não pode fazer nada. E olha para Nyarier, acomoda a menina na camiseta branca e vermelha, a acaricia: nada.

A fome sudanesa tem, como todas, motivos muito complexos. A terra não é muito fértil, mas é verdade que se cultiva pouco. Fica feio dizer: até perto das aldeias se veem muitas terras sem trabalho. A correção política pretende que não se inclua entre as causas da fome e da miséria a falta de entusiasmo laboral, mas ela tem sua parte. Apenas parte: também é verdade que a terra é alvo de uma disputa permanente, pois os vaqueiros a querem para seus animais e travam uma das lutas mais antigas da história — a dos pastores mais ou menos nômades contra os fazendeiros mais ou menos sedentários — com sua tradução sociocultural: diante do prestígio do pastor erguido, armado, o agricultor agachado e terroso sempre foi considerado um ser inferior. A impressão que se tem é a de que aqui ainda pesa essa imagem — e que os agricultores cultivam pouco, como se ainda sofressem o preconceito, apesar de tudo.

Ou como se, em uma tarde qualquer, uma manada de vacas e garotos com lanças e pistolas fossem pisotear suas hortas.

O pastoreio transumante é uma das formas mais antigas de produção: são caçadores-coletores por intermédio da vaca. Seus animais vão rebuscando para eles; eles próprios não plantam, não trabalham a terra: recolhem, nada mais. Digo antigo, que é uma palavra difícil de dizer, e quero dizer: adaptado a um mundo diferente. Não estou tentando desqualificar o "antigo" por oposição ao "moderno". Digo antigo para dizer: capaz de funcionar em um mundo que, há dois séculos, tinha sete vezes menos habitantes, onde cada um deles podia viver do produto de um espaço sete vezes maior. Por isso digo antigo — e acho que, neste mundo transbordante, também significa insustentável.

E é verdade que o solo não é muito fértil, mas tampouco seria necessário limitar-se ao sorgo e ao milho; poderiam plantar mais verduras, mais frutas, e não o fazem, nunca fizeram. E é verdade que as ferramentas são poucas e caras, as sementes, pobres e caras, as técnicas, arcaicas. Nestes dias, um jornal — *The New Nation* — disse que o governo selecionou 180 "fazendeiros modelo", capazes de cultivar um mínimo de seis *feddans* — cerca de 2 hectares — para lhes entregar arados metálicos que bois pudessem puxar. Os arados são verdes, simples, com um único fio para abrir seu sulco. O ministro da Agricultura, o senhor Bol, disse que era "importante deixar para trás a *malloda* (enxada), que não permite cultivar terra suficiente".

Fica dito: em todo o mundo — no OutroMundo — há mais de 1 bilhão de camponeses que não têm trator nem bois que os ajudem a trabalhar sua terra — têm de fazer o que podem com suas mãos, seus corpos. Não têm irrigação, não têm sementes especiais nem adubos nem pesticidas: dependem, como na época de Cristo, da chuva e de suas mãos.

E ainda por cima têm de suportar o peso do protecionismo e dos subsídios agrícolas dos países ricos.

Em 2012, os países ricos destinaram 275 bilhões de dólares de subsídios a seus produtores agrícolas: incentivos às exportações ou tarifas protecionistas às importações, compra de seus produtos, incentivos aos biocombustíveis ou transferências diretas de dinheiro. Na maioria desses países, a agricultura é uma atividade garantida: quando um produtor não consegue o rendimento considerado normal — devido a secas, pestes ou o que seja —, o governo lhe compensa o que não ganhou.

Nesses países — onde o peso da agricultura no produto bruto é muito menor —, os subsídios são decisivos: na Suíça, por exemplo, representam 68% de todas as receitas dos produtores agrícolas. No Japão, mais de 50%. Na União Europeia, por volta de 30%; nos Estados Unidos, cerca de 20% — e, em todos esses países, são os grandes produtores que ficam com a maior fatia do bolo. O Estado, mais uma vez, subvenciona os ricos.

Em muitos países pobres, que vivem miseravelmente de sua agricultura, os Estados quase não intervêm. Ou, amiúde, intervêm às avessas: reduzem os preços de venda dos alimentos para que sua população urbana possa consumi-los — mas seus camponeses saem perdendo.

A globalização ampliou as diferenças sociais em escala mundial. Há alguns séculos, no Quênia, no Camboja ou no Peru, era cultivado o que fosse possível. Os mais ricos comiam boa parte, exportavam em navios lentos e pequenos algumas coisas, e o resto — que não podiam exportar nem consumir, porque não eram tantos nem os transportes eram eficazes — ficava para os mais pobres. Agora, quando quase tudo pode ser exportado fácil e rapidamente, os mais pobres de cada lugar não recebem esses excedentes: a quantidade de potenciais consumidores se multiplica pela dos habitantes do mundo e faz com que essa possibilidade de colocar os produtos entre aqueles que podem pagá-los lá longe deixe sem nada os que não podem pagá-los aqui mesmo.

Dizendo de outra maneira: que agora não têm de competir pela comida com uns milhares de pessoas mais ricas do que eles, mas sim com 2 ou 3 bilhões.

Os subsídios não agem apenas sobre suas próprias economias: permitem que os produtores dos países ricos vendam baratíssimo — porque, de qualquer forma, seu Estado já lhes deu dinheiro suficiente — e, assim, quebrem os mercados. O exemplo clássico é o do algodão, muito estudado. Se os Estados Unidos não subsidiassem seus produtores de algodão — diz a Oxfam —, seus preços internacionais aumentariam entre 10% e 14% e então as receitas de cada lar de oito países do oeste africano, algodoeiros pobres, aumentariam 6%. Não parece muito, mas, frequentemente, é a diferença entre comer e não comer.

E há outros números antigos, mas úteis, quando se quer entender o mecanismo. Em 2001, os 34 membros da Organização para a Cooperação e o Desenvolvimento Econômico — os países mais ricos — entregaram aproximadamente 52 bilhões de dólares em auxílios aos países mais pobres. Nesse mesmo ano, entregaram a seus produtores agrícolas subsídios de 311 bilhões de dólares, seis vezes mais. Um informe das Nações Unidas diz que, por efeito desses subsídios, os países mais pobres perderam cerca de 50 bilhões em exportações frustradas. É fácil dar com uma mão e tirar com a outra. Roger Thurow, em *Enough*, conta que um funcionário de um organismo de cooperação norte-americano em Bamako lhe disse que sim, que seria melhor que gastassem seu dinheiro para recuperar a produção de algodão do Mali, tão atingida pelos subsídios, mas que não podiam, por culpa de Bumpers. "Dale Bumpers, senador do Arkansas, aprovou, em 1986, uma emenda que estipulava que não poderiam ser usados fundos de auxílio internacional para financiar 'nenhum exame ou análise, estudo de viabilidade, melhorias ou introdução de variedades, consultorias, publicações ou treinamentos em conexão com o cultivo ou produção de um país estrangeiro para exportação se essa exportação competir nos mercados mundiais com um produto similar cultivado ou produzido nos Estados Unidos'." A clareza estrepitosa: te ajudo, mas deixe o negócio para mim.

Os subsídios, de toda forma, conseguiram produzir cifras que ficaram quase famosas. Aquele estudo de 2002 da Agência Católica para o Desenvolvimento, que mostrou que uma vaca europeia recebia da União idem cerca de 2,2 dólares por dia — 800 por ano. Ou seja: que cada uma dessas vacas era mais rica do que 3,5 bilhões de pessoas, a metade da população mundial.

Em um descampado com quatro ou cinco árvores, seco, árido, na saída de Bentiu, uma centena de vacas pobres muge suavemente. Estão atadas a estacas cravadas no chão, abandonadas, rondando, procurando um pasto inverossímil. É o mercado de vacas: são trazidas para cá por seus donos, que querem deixar de sê-lo. Cheira a bosta, perfume da vida.

— Ainda não apareceu ninguém — diz um rapaz magro com o rosto cheio de desenhos, camiseta listrada, jeans surrado, o celular vermelho furioso.

— Já é meio-dia, deviam ter chegado. Parece que não tem dinheiro.

O rapaz quer vender suas seis vacas; pergunto para que e ele me diz que é para comprar sorgo para alimentar sua família. Uma vaca média é vendida por 800 libras: nunca antes, me disse, uma vaca valeu a mesma coisa que uma saca de grãos.

— Mas com seis vacas você poderá comprar seis ou sete sacas de sorgo.

— Minha família é grande — diz e ri, pícaro, e depois me diz que não, que vai comprar duas sacas para sua família e o resto vai guardar: que vai vendê-las no mercado daqui a alguns meses porque lhe disseram que o preço vai subir muito.

— Mas daqui a dois meses você não vai ter mais sorgo para alimentar sua família e vai ter de comprar pelo mesmo preço que vender — retruco, e ele me olha de uma maneira estranha e fica pensando. Outro rapaz com mais listras na testa, mais magro, a roupa mais surrada, me diz que está vendendo aquela vaca dali, se não quero comprá-la. A vaca é cinza, meio amarronzada, seus chifres são tortos, muito osso.

— E tem outras?

— Não, é tudo o que tenho.

— E por que vai vendê-la?

— Porque não me resta mais nada para dar de comer à minha família.

— Mas, se é a única, o que vai fazer depois de vendê-la?

— Dormir. Vou dormir durante muito tempo — diz, ri e coça o nariz cheio de moscas. Eu rio e digo que claro e lhe pergunto o que fará depois:

— E depois de dormir, quando não tiver nem sono nem vaca?

— Não sei. Veremos depois.

Pastores nômades, pequena agricultura de subsistência. São, de qualquer forma, um exemplo perfeito de população inútil, descartável: para a economia globalizada — para os grandes mercados —, tudo isso não serve para nada. O que lhe serve, sim, é o petróleo que apareceu debaixo destes arbustos ralos. Mas não pode, como lhe conviria, eliminar os pastores nômades e acabar com o incômodo de que vivam e demandem e o incômodo de que ainda por cima lutem e então, já sem esses estorvos, mandar uns poucos operários mais ou menos qualificados extrair o petróleo.

Ou, pelo menos, não podem fazê-lo de repente: vão fazendo aos poucos, com caridade e suposto respeito.

Outra coisa seria criar as condições para que fossem autossuficientes: infraestrutura, ferramentas, saberes diversos. Aqui, a falta de estradas e transportes é um problema grave: há cada vez menos. O comércio com o norte, que abastecia os mercados regionais, acabou com o fechamento das fronteiras. Trazer coisas do sul é caríssimo e, ao longo de muitos meses, impossível. Com a escassez de gasolina, é ainda pior: chega pouca comida e a pouca que chega tem preços inalcançáveis para a maioria. O preço da famosa saca de sorgo dobrou em menos de um ano. E para isso, obviamente, contribui o aumento do preço dos grãos nas bolsas distantes: Chicago, por exemplo.

Às vezes, os conflitos — as guerras — produzem fome por vias mais diretas. Na Síria, nestes dias, a guerra civil impede os camponeses de cultivar, os comerciantes de comprar ou vender, os produtores de transformar — farinha em pão, por exemplo. São os momentos em que é necessário reconhecer a astúcia de certas culturas mais habituadas às guerras, que pactuavam tréguas e licenciavam seus soldados quando era necessário colher porque sabiam que, caso contrário, a fome derrotaria todo mundo.

Aqui a guerra não é tão brutal — dizem que acabou, mas continua, enrustida, sibilina —, mas, mesmo assim, é o motivo mais exato da fome. A guerra pressupôs matanças horríveis, migrações constantes, medo permanente e a ideia de que não valia a pena cultivar a terra porque não se sabia se seria possível colher. Durante vinte anos, foi muito difícil produzir alimentos no Sudão do Sul, e o país ficou completamente dependente do auxílio externo. Agora, quando a guerra deveria ter terminado, restam lutas pelo petróleo, restam os embates fronteiriços, as lutas tribais, as milícias soltas que continuam guerreando por conta própria, os bombardeios esporádicos, ainda o medo, a precária infraestrutura destruída, 2 milhões de minas afundadas na terra.

A violência continua produzindo efeitos: as estradas estão interrompidas, é muito difícil cultivar, homens e mulheres têm medo de ficar em suas casas, vivem fugindo, são atacados, mortos.

A violência no Sudão do Sul é a mais pobre, a mais indecente, a mais silenciada das guerras do petróleo — que é um gênero que sempre esteve ali, mas ganhou espaço depois do final da Guerra Fria. A Guerra Negra é o principal embate destes dias — enquanto não chega, por fim, a Guerra Chinesa.

Na época da Guerra Fria, o contrapeso dos dois grandes poderes obrigava os Estados Unidos a usar mais "inteligência" para poder manobrar os Estados petroleiros. A CIA e seus comparsas promoviam golpes de estado toda vez que algum governo volúvel ameaçava o controle norte-americano do petróleo local: no Irã em 1957, na Indochina em 1965, em Gana em 1966 e assim por diante. Quando os Estados Unidos não precisaram mais encobrir suas ações usando como biombo aliados locais — e passaram a contar com o espantalho do terrorismo islâmico para justificar qualquer intervenção —, as guerras obscuras do petróleo ficaram mais claras.

Os Estados Unidos mantêm 737 bases militares em 130 países do mundo, sob o pretexto de sustentar sua "guerra contra o terror"; seu objetivo central é a defesa de seus interesses econômicos e, acima de tudo, o acesso ao petróleo. Joe Lieberman, ex-candidato a vice-presidente pelo Partido Democrata, disse, no começo da década passada, que os esforços dos Estados Unidos e da China para garantir importações destinadas a satisfazer sua demanda "podem levar a disputa pelo petróleo a níveis tão inflamados e perigosos como a corrida nuclear entre os Estados Unidos e a União Soviética".

Nessa perspectiva, o vice-presidente norte-americano Dick Cheney lançou, em 2002, uma iniciativa que teria grande influência na vida de Nyankuma, Justin, Angelina, Mariya, Kwai, do soldado Peter, do segundo-tenente da orientação moral e dos demais: o Oriente Médio é tão instável, dizia, que os Estados Unidos deveriam melhorar sua provisão de petróleo "participando da criação de uma nova zona de segurança e prosperidade na África, uma parte do mundo receptiva à presença norte-americana".

Por isso, uma das últimas medidas da administração Bush foi a criação, em 2007, do Africom, o comando militar norte-americano unificado para a África, destinado a aumentar a presença armada dos EUA no continente — e sua primeira ação importante foi a intervenção da OTAN na Líbia, outro país rico em petróleo, em 2011. O Africom é uma organização militar que tem um objetivo: já em 2008, seu subcomandante, o almirante Robert Moeller, definiu que sua missão era "garantir o livre fluxo dos recursos naturais africanos no mercado global".

Funciona: calcula-se que em 2015 um quarto do petróleo que os Estados Unidos consomem virá da África — e que isso, unido às suas novas reservas exploráveis através do *fracking*,* lhes permitirá dar menos importância aos caprichos e complicações do Oriente Médio, da Arábia, da Venezuela. O petróleo da África tem uma vantagem e uma desvantagem: não pertence a dois ou três Estados fortes aos quais é necessário fazer concessões, mas a uma dúzia de pequenos Estados fracos, mais fáceis de manobrar. A Nigéria, logicamente, mas também a Líbia, a Argélia, o Egito, Angola, Guiné, Gana, Chade — e continuam sendo agregadas explorações novas: a África é, também nisto, uma das últimas terras inexploradas do planeta. Há não muito tempo, por exemplo, surgiu na fronteira da República Democrática do Congo com Uganda a maior jazida de todo o continente.

É claro que o petróleo é feio e sujo e mau e polui a Terra e provoca guerras. Mas o fato de sua energia ter substituído lombos de boi e corpos de homens foi um avanço extraordinário, uma das grandes invenções deste mundo.

Outra contradição, os paradoxos.

A guerra civil sudanesa foi uma espécie de antecipação, um *preview* de alguma coisa que certamente se repetirá ao longo dos próximos anos: o capítulo africano da Guerra Negra — sobretudo entre a China e os Estados Unidos, os dois maiores importadores de petróleo do mundo, com a participação da

---

* Processo de injeção de líquido a alta pressão em rochas subterrâneas, poços etc. para forçar a abertura de fissuras preexistentes e extrair petróleo ou gás. (*N. T.*)

Coreia, da Índia e da Rússia. O Sudão foi, em última instância, uma batalha dessa guerra — que, como é devido, não foi travada por aqueles que tinham interesses, mas por alguns pobres diabos nativos. Seus 2 milhões de mortos, seus famintos permanentes, são apenas danos colaterais.

Nada grave.

Da fome, 6

Uma metáfora

Trinta anos atrás, um livro assinado pelo economista Amartya Sen anunciava a descoberta da água morna.

Sen ainda foi um produto do império, um indiano que passou a maior parte de sua vida nas melhores universidades de língua inglesa. Havia nascido em 1933, perto de Calcutá, mas vivia em Daca dez anos depois, quando explodiu uma das maiores *hambrunas* do século, responsável pela morte de mais de 3 milhões de pessoas. A fome bengali foi consequência do envio de milhares de toneladas de grão à metrópole colonial, a Inglaterra, para suprir o que a guerra a impedia de colher. Ainda assim, restaram alimentos, mas os preços haviam aumentado tanto, que os pobres não conseguiam pagá--los — e morriam como ratos. Mas Winston Churchill, primeiro-ministro britânico, não ficou preocupado: disse, em uma reunião do Gabinete, que não era grave, porque "os indianos se reproduzem como coelhos".

Sen diria depois que essa experiência foi marcante e que foi por isso que, em 1981, já professor prestigiado das universidades de Cambridge e Harvard, escreveu *Poverty and Famines: An Essay on Entitlement and Deprivation*, que começa com estas linhas posteriormente muito citadas: "A fome é consequência do fato de que *determinadas pessoas não têm* comida suficiente. Não é a consequência de que *não haja* comida suficiente." E mais adiante: "Tem-se discutido muito sobre a perspectiva de que a provisão de alimentos se atrase diante do crescimento demográfico. Há, no entanto, pouco substrato empírico para esse diagnóstico. Na verdade, em muitas regiões do mundo — não incluindo a África —, o incremento da provisão de alimentos tem sido igual ou maior do que a expansão da população. Mas isso não indica que as *hambrunas* sejam sistematicamente eliminadas, já que a fome é uma função do direito à alimentação, não de sua disponibilidade. Ainda mais: muitas das piores *hambrunas* tiveram lugar em situações em que não havia uma diminuição significativa da disponibilidade de alimentos per capita.

"Dizer que fome não depende, simplesmente, da provisão de alimentos, mas também de sua distribuição, seria correto, mas não muito útil. A questão fundamental seria, então, a seguinte: o que determina a distribuição de alimentos entre diferentes setores de uma comunidade? A questão do direito nos leva ao tema da propriedade e seus esquemas..."

E me leva, alucinadamente, a uma frase que perdera o significado, uma que estava, há décadas, em desuso, mas teve seu momento de glória quando eu começava a prestar atenção em frases semelhantes: uma obviedade. Ou seja: passam fome aqueles que não têm dinheiro. Óbvio, muito óbvio.

Nada disso teria nenhum interesse particular — e poderia ser saudado como mais um tributo ao doutor Grullo — se não fosse porque esses textos de Sen citam sem cessar, para mostrar a revelação, o momento em que entendemos o mistério: que não comem aqueles que não podem comprar comida. O assunto me deixava intrigado: por que tanto entusiasmo com a obviedade? Até que acreditei entender que, para o *establishment* internacional, isso não era óbvio.

(Os antolhos são instrumentos curiosos: você aprendeu determinadas coisas e acha que são tão claras que pressupõe que todos as pressupõem, e é difícil e às vezes brutal entender que não é assim. Mais: você pode não entender jamais, viver convencido de que todos estão convencidos daquilo em que acredita. Nunca me ocorreu pensar que o acesso aos alimentos — como a qualquer outro bem — dependesse de outra coisa além das formas da propriedade dentro de cada sociedade. No entanto, milhões de pessoas e poderosos achavam outras coisas.)

Mas, como costuma acontecer: quem quer que quisesse saber sabia. Não sabiam muitos daqueles que, por várias razões, não queriam saber. Para muitos milhões de cidadãos satisfeitos, era muito melhor não pensar no acesso à alimentação em termos de distribuição: para as belas almas, era mais fácil imaginar que o problema era a carência, não a rapinagem. Que se etíopes ou irlandeses morriam de fome era porque não havia o que comer, porque certos azares dos climas ou das guerras ou dos cataclismos ou quem sabe o que mais, todos se conjugavam para produzir "essa tragédia". E, assim, não ter de aceitar que se alguns não tinham era porque outros tinham demais — já que, em última instância, isso colocaria em discussão seu próprio papel na questão e os devolveria a esse problema que talvez não seja: como faço para viver com essa ideia?

Para aqueles que governam esses milhões de cidadãos, a pergunta é outra: como faço para que vivam com essa ideia? A forma mais fácil: fazer com que não pensem nisso.

O discurso da "luta contra a fome" dos governos e organismos internacionais na época da Guerra Fria era baseado na ideia da carência. E, por isso, a FAO e seus membros insistiam em dizer que a solução era incrementar a produção. Fizeram isso — e, é claro, não resolveram coisa alguma.

Para eles, o discurso de Amartya Grullo foi um problema. Ou foi, talvez, uma forma de legitimar aquilo que não podiam mais continuar negando. É habitual que um conceito seja difundido quando o poder apresenta uma versão *light* daquilo que outros diziam em versão *heavy*: quando o domam, quando limitam seus conteúdos mais críticos, mais ameaçadores. No discurso de Grullo, a solução do problema da fome está ligada a certa distribuição da riqueza, nada além de uma crítica moral do fato de que o excesso de concentração mata — mas um mínimo de distribuição o resolve: o mínimo necessário para que quase todos comam. Digo: não questiona a ideia da propriedade; só quer limar seus erros e excessos.

E, de quebra, apresenta o exercício da democracia do tipo ocidental como uma condição básica para a solução do problema. "Nunca houve *hambruna* em países com liberdade de imprensa e eleições regulares", escreveu mais tarde, porque, supostamente, a imprensa alertaria sobre o fenômeno quando ainda fosse possível intervir e os eleitores poderiam castigar depois as falhas dessa intervenção. Vê-se que não levava em conta que, em seu país, sem ir mais longe, o que mata não é a *hambruna*, mas a fome silenciosa, por assim dizer, sustentada — a que não é mencionada nos 13.520 jornais que circulam legalmente, todos os dias, na maior democracia do mundo.

(Para escrever este livro, fui procurar formas da fome e seus efeitos em uma dezena de países de três continentes. Em todos, menos em Madagascar, funcionava o que é chamado de democracia: em todos, menos em Madagascar, tinha havido eleições nos três anos anteriores.)

Amartya Sen é outro dos inúmeros fenômenos que fogem à minha compreensão. Em 1999, tão tarde, conseguiu escrever coisas como esta — e muitos estudiosos entusiastas as citavam: "A fome não se relaciona apenas com a produção de alimentos e a expansão agrícola, mas também com o funcionamento do conjunto da economia e — ainda mais amplamente — com a operação de mecanismos sociopolíticos que podem, direta ou indiretamente, influenciar a capacidade das pessoas de adquirir alimentos e obter saúde e alimentação." Mais chaleiras de água fria em seu livro *Desenvolvimento como liberdade*.

Tinha acabado de receber o Prêmio Nobel e foi chamado por muitos veículos de comunicação de "a madre Teresa da economia"; isso explicaria quase tudo.

Há alguns anos, eu tinha um amigo político e um projeto. O projeto me parecia tão bom que beirava o óbvio: criar um grande movimento nacional para acabar com a fome na Argentina. Em um país disperso, levemente extraviado, a tentativa nos proporcionaria um objetivo exato; diante de tantas promessas vagas, um objetivo claro; diante de tanta frustração, um objetivo que, sim, seríamos capazes de atingir.

Seria um caminho a ser percorrido por etapas: para começar, milhares de voluntários fariam uma grande pesquisa nacional séria para levantar a realidade da situação e começariam a se movimentar; argentinos conversando durante meses com argentinos, se encontrando, relatando. Uma vez reunidos os dados, faríamos assembleias e participaríamos de programas de emissoras de rádio e televisão para definir, coletivamente, o que fazer. Especialistas apresentariam seus projetos; os políticos, os deles; pessoas, muitas pessoas, os debateriam. E, por fim, depois das decisões comuns, milhares e milhares de cidadãos marchariam para acabar de uma vez por todas com a fome no maior produtor de soja do mundo. Era a forma de nos propiciarmos uma meta e, ao mesmo tempo, a possibilidade de gerar algum poder de fato, compartilhado, que poderia ir se ampliando. Era a possibilidade de nos fixarmos em um objetivo que seríamos, sim, capazes de cumprir: recuperar a confiança em nossas forças.

Repassava os detalhes: todos estavam em seu lugar, se completavam, se potencializavam. Entusiasmado, contei a meu amigo: ele, popular, prestigiado, devia liderar o movimento. Seria, além disso, sua grande bandeira, a que deveria levá-lo até quem sabe onde.

Meu amigo me ouviu, ficou interessado, pensou e, por fim, me disse que era um objetivo "excessivamente generoso"; que milhões de argentinos não tinham nem nunca teriam fome nem viam a fome como algo que tivesse a ver com eles; que achariam que era uma coisa alheia. Que, lamentavelmente, não acreditava que pudesse funcionar.

A fome — para nós, leitores ocidentais da classe média — é um enigma. A fome é realidade para Aisha, Hussena, Kadi, Mohamed. Para mim, para você, é a manifestação menos sujeita a opiniões, mais facilmente visível — e tão invisível — da maneira como funciona o mundo.

Ou dizendo de outra maneira: a fome é, para nós, uma metáfora — que às vezes pode ser — eficaz.

E é, ao mesmo tempo, uma metáfora difícil.

Para começar, está gasta: nada mais idiota, mais bela alma transnoitada do que ouvir um senhor ou uma senhora se compadecendo da fome do mundo bebendo chá — ou até sem bebê-lo.

Para recomeçar, é perigosa de contar: sempre à beira da lágrima fácil, da pieguice. Sempre perto do sensacionalismo baratinho.

Para continuar, é complicada de contar: são situações lentas e complexas. Não há um evento: há um Estado. Estamos acostumados a pensar, quando pensamos, na fome como crise. Mas vivemos em um mundo muito mais controlado, onde a fome não é um acontecimento, mas uma persistência surda, a forma de vida de uma pessoa em cada sete — sempre outras.

E, para concluir, suas causas são variadas, misturadas, difíceis de desenredar. Porque, em geral, surgem dois níveis de explicação: um, o complexo, sutil, cheio de inter-relações, no qual os preços isto, os subsídios aquilo, a infraestrutura aquilo outro etc. e tal. Outro, o básico, o brutal, onde uma parte do mundo decide que, para viver melhor, pode ou deve ou lhe convém manter na miséria a outra parte — e faz com que todos aqueles mecanismos existam, funcionem, resultem no que resultam.

Para terminar, há o risco, sempre renovado, do moralismo.

O problema é se tornar moralista.

O problema é não se tornar moralista.

Como falar de uma coisa que todos condenamos e todos perdoamos? Linda palavra, perdoar. Barata, condenar.

(Proposta: chamemos de fome não apenas a impossibilidade de comer o necessário, mas também a impossibilidade de se defender daqueles que têm mais de alguma coisa — dinheiro, escritórios, armas.)

Mais de uma vez, ao longo dos dois ou três últimos anos, pensei que fazer um livro sobre a fome era uma besteira: ceder à metáfora.

Poder-se-ia dizer que a fome é uma metáfora porque não é um tema de debate: não produz reflexão porque não tem contrário. Falar contra a fome é uma besteira porque ninguém é a favor: ninguém se manifesta a seu favor, por mais que faça sua parte para mantê-la — vítimas sem algozes. A fome produz a ilusão de que as causas comuns são possíveis, que seremos unânimes, que seguiremos todos juntos, adiante: todos contra a fome.

Metáfora de uma ilusão: todos deplorarão a fome, mas na discussão sobre o que fazer para atacá-la serão vistas diferenças inevitáveis. Cobremos a Taxa Tobin das transferências financeiras; ampliemos o mercado; proibamos que se especule com alimentos; enviemos especialistas para lhes explicar como se semeia tal semente; juntemos sacas de comida; tomemos o poder; mantenhamos o poder, enviemos sacas.

Seria possível dizer, então, que a fome é a última metáfora da pobreza: sua expressão mais indiscutível. A pobreza — como temos visto — é relativa. Para alguns é pobreza o que para outros seria alívio e, para outros, miséria absoluta. A fome, no entanto, não é opinável. A fome é a expressão mais indiscutível da pobreza, o ponto em que qualquer debate se detém. Dá para se discutir se tal ou qual; ninguém discute que comer menos de 2,1 quilocalorias por dia é destrutivo; ninguém discute que passar fome é o pior que pode acontecer a uma pessoa.

A fome é a pobreza que não admite opiniões, não admite dilações.

Seria possível dizer que a fome é uma metáfora da divisão: uma barreira taxativa entre eles e nós, os que têm e os que não têm, os que têm e por isso outros não têm, os que não então sim. Se a ecologia prospera porque sempre deu a sensação de que incumbe a todos nós igualmente, que quando as temperaturas subirem todos nós vamos fritar de maneira parecida — embora seja falso—; se a ecologia é a mais igualitária das ameaças — e por isso tem concitado tanto apoio —, a fome é o contrário: a mais classista das ameaças. Somos muitos os que sabemos que não é nosso problema. Então por que seria nosso problema?

Moral, culpa, vergonha?

Alguém dizia que há dois tipos de culturas: aquelas que se baseiam na culpa — a judaico-cristã, por exemplo — e aquelas que na vergonha — a dos japoneses. Somos, diante da fome de tantos, cristãos ou nipônicos? O que dói é a própria consciência ou o olhar alheio?

Nenhuma, nada?

(Proposta: chamemos de fome não apenas a impossibilidade de comer o necessário, mas também a impotência daqueles que devem aceitar trabalhos que, por exaustivos, por asquerosos, a maioria de nós recusaria sem pensar: vidas que nos fariam em pedaços se fossem as nossas.)

Max Weber dizia que, para os protestantes, a riqueza era um sinal da graça de seu deus — e, portanto, a pobreza era a falta dessa graça. Eram pobres aqueles que mereciam a pobreza de alguma forma: porque não haviam feito o suficiente, porque não haviam conquistado com sua dedicação e seu trabalho o favor divino necessário para não ser pobre. Esses semisselvagens indianos ou africanos merecem: estão assim porque são brutos, violentos, preguiçosos. Se trabalhassem, não passariam por isso.

De todos os relatos criados pelo capitalismo para se justificar, nenhum é melhor e mais eficaz do que aquele que postula que os que mais ganham são aqueles que merecem: os mais inteligentes, os mais trabalhadores, os mais persistentes. Ganhar dinheiro é produto do mérito — e a meritocracia justifica qualquer diferença. Por que criticar alguém só porque faz melhor do que todos o que todos fazem? Por que se responsabilizar pelo fato de que outros fazem tão mal, tão pouco?

Uma metáfora: a mais brutal, mais imediatamente compreensível, do desprezo que alguns têm pelos outros, do desdém por sua sorte, da desgraça e da injustiça de não poder fazer o mais primário. Para nós, leitores, ocidentais saciadinhos, a fome é uma metáfora de "fodam-se os outros". Ou que só se fodam um pouquinho, porque você não vai acreditar; eu contribuo para esses que vão e os ajudam. O que é uma posição válida com apoios teóricos dos mais sólidos; só é preciso se atrever a pronunciá-la.

E, mesmo assim, é uma metáfora brutal para alguns que a sofrem: para eles não importo uma merda, para eles, se eu morrer, tanto faz, não existo — para eles. Quem me dera eles não existissem para mim.

(Proposta: chamemos de fome não apenas a impossibilidade de comer o necessário, mas também a possibilidade de viver em casas que a maioria de nós não chamaria de casas.)

Nos países ricos, a fome sempre foi uma bandeira das forças de esquerda, que a usavam como argumento para legitimar sua pretensão de mudar a ordem social. Agora soa mais como uma reclamação dos bem-intencionados, de grupos que rejeitam uma definição ou representação política: organismos internacionais, ONGs, várias igrejas.

Nos países ricos, lutar pelo pão é um gesto arcaico: lutas dos ancestrais. Agora seus objetos de reclamação são muitos, muito variados. Talvez também por isso neles a fome tenha perdido seu peso político e se transformado em um clichê, palavra meio morta, imagem de cartão-postal para outro tipo de turismo.

Por isso, nesses países, a fome não é apenas uma metáfora da pobreza — alheia —: também quer dizer passado.

Ou ameaça de queda: a fome volta, despencamos.

A Espanha, por exemplo, agora.

A fome também cumpre outra função social inestimável. Os famintos do mundo servem para nos demonstrar quanto nós estamos melhor, nós, ocidentais integrados, do que esses brutos que não têm nossa história, nossa cultura, nossas instituições.

São o Outro absoluto: o que nos recorda, com seu contínuo sofrimento, o bem que fazemos em ser como somos — e os perigos de ser de outra maneira.

(Proposta: chamemos de fome não apenas a impossibilidade de comer o necessário, mas também a possibilidade de morrer de doenças que podem ser curadas com 20 pesos em remédios tomados a tempo.)

Então seria possível dizer que a fome é a forma mais extrema de dizer pobreza — que diz tantas outras coisas: doenças, tristezas várias, ilusões, ilusões partidas, água intragável, manhãs de angústia, um golpe outro golpe outro golpe, 12 horas de trabalho, 15 horas de trabalho, filhos como alegrias, a doença de um filho, encontros desencontros, violências esperanças outro

(Proposta: chamemos de fome não apenas a impossibilidade de comer o necessário, mas também a impossibilidade de imaginar caminhos de ação, melhorias de vida, algum futuro.)

golpe
e mais golpes.

E, ao mesmo tempo: como é forte dizer que a fome é uma metáfora.

Me diriam no bairro: vá dizer a esses negros que estão magros assim por causa de uma metáfora.

Madagascar
As novas colônias

1

Olham para mim e riem e olham para mim. E riem de novo e dizem coisas: quinze jornalistas, sentados diante de mesas de fórmica dispostas em U em um salão soturno, riem e dizem coisas e olham para mim. Eu componho o rosto, sorrio, levanto os ombros. Então minha intérprete me explica que Ain está lhes dizendo olhem como é importante o tema da apropriação de terras. Até jornalistas da Europa vieram para vê-lo. O jornalista da Europa sou eu, o estranho que veio de tão longe, e eles riem porque os malgaxes, quando não sabem direito o que fazer, riem.

Os malgaxes são um povo estranho: vivem em uma ilha que vários povos ocuparam, uma ilha que pertence à África, mas não é muito África. Na silhueta clássica da África que é usada como uma marca, como um logotipo no meio dos cartazes de metade das empresas e governos de todas as cidades africanas, Madagascar não está presente. Para a África, Madagascar não faz parte dela — mas faz. Para Madagascar, também, a dúvida. Porque é, em muitas coisas, diferente da África ou, pelo menos, do lugar-comum África. Antananarivo, sua capital, sem ir mais longe, é uma cidade onde faz frio — 10 graus, nestes dias de agosto —, uma cidade sem roupas tradicionais, uma cidade sem prédios diferentes nem estilo diferente, uma cidade com uma maioria de pessoas com traços polinésios — e também pessoas com traços africanos, chineses, indianos, europeus — vestidas com os restos da modernidade, sem nada que as inscreva em um passado próprio. Em Antananarivo — que, por sorte, chamam de Taná —, não há essas cores, esses tecidos, esses voos da diferença que formam o que costumamos chamar de África. Por algum motivo, os guias turísticos que vendem Madagascar falam dos baobás, dos lêmures, das florestas: da natureza apesar de tudo virgem, daquilo que seus homens — por ora — não conseguiram desfazer.

Madagascar ficou famosa através de um filme que já são três e todos parecem conhecer. Assisto-lhe também. Nele, os animais ex-selvagens muito *newyorkers* do zoológico do Central Park naufragam nas costas de um paraíso tropical com paisagens de sonho ecológico que também se chama Madagascar. É, dizem os animais cidadãos, a versão real do que sempre viram em cartões-postais: o postal ao quadrado. Ali, multidões de locais com sotaque — os lêmures — cuidam deles, os mimam, os atendem para conseguir que os protejam dos maus que querem comê-los. Então o leão do zoológico — que até aquele momento não passava de um farsante norte--americano — descobre que é leão e que, portanto, eles são para ele o que tinham de ser: pedaços de bife. Para o rei da selva, os outros não passam de comida.

Mas como *Madagascar* é um desenho animado para crianças, o rei da selva acaba comendo sushi e agora os branquinhos vêm até aqui para ver o que já viram na Disney ou na *National Geographic* ou para passar oito dias nessas praias que não têm pátria porque têm, todas, as mesmas palmeiras cabanas espreguiçadeiras mojitos margaritas speed-drinks fast-fucking slow-burning areias brancas mar turquesa como nesses cartões-postais.

O cartão-postal como meca moderna, dever ser, sanção do êxito.
O cartão-postal como destino manifesto.

Entretanto, Taná é uma sucessão de avenidas largas e sujas que encerram blocos de choças de madeira ou tijolos, corredores mais que estreitos, lixões e águas estancadas. Taná é pobre bem urbano, sem nenhuma concessão ao folclórico. Uma cidade sem árvores: puro cimento, asfalto, metal, dejetos. Uma cidade tão pobre que nem sequer tem engraxates. Aqui o salário mínimo — que boa parte da população não recebe — é de 90 mil ariarys,

40 dólares. Uma saca de 50 quilos de arroz custa uns 50 mil; essa saca pode bastar para alimentar uma família durante um mês — se a família não for muito grande.

Esta manhã, o frio aumenta, as pessoas se cobrem como podem — uma manta, uma bata surrada, uma toalha colorida, todo tipo de bonés — e muitas estão descalças. Pela rua que leva ao mercado passa uma menina conduzindo doze gansos, um velho trota puxando um carro muito carregado, dois garotos com sacos de lixo na cabeça, seis mulheres vendendo docinhos. O mercado está em ebulição: galinhas, tomates, abóboras, morangos, goiabas, beterrabas, alfaces, mais alfaces, chá, pão francês, favas de baunilha, mandioca, batatas, fieiras de salsichas, jornais, pacotes de arroz indiano, cordas feitas à mão, amendoim — montanhas de amendoim —, baldes de plástico, baterias de celular, cabos de celular, desbloqueio de celular, saquinhos de carvão, bananas pretas verdes amarelas, DVDs piratas, lápis e cadernos, globos terrestres com quase todos os países, longuíssimas costelas de zebu, sua carne escura. A carne do zebu é vermelha quase negra, mas as moscas não têm nada a objetar. Eu caminho, me empurram, eu empurro, compro em uma barraca da rua uns biscoitos de baunilha, não me agradam, dou-os a um garoto sentado na calçada. Quando entende que estou lhe dando os biscoitos, seu sorriso se ilumina. Meu prazer diante desse sorriso, meu desprazer diante de mim comprando para mim um momento generoso com meus restos; volto a ser um lixo estranho.

E, por todos os lados, essas pilhas, esses montões, essas montanhas de ternos e saias e calças e blusas e pulôveres de oitava mão amarrotados até a extenuação: as roupas dos mortos, os restos que o Ocidente rico manda para a África.

— Quer comprar alguma coisa de mim, patrão?
— Não, obrigado.
— Sim, eu sei que o senhor quer comprar alguma coisa de mim.

Taná é uma lixeira ou cemitério de objetos: destino dos objetos mortos do Ocidente. Os automóveis Renault 4 e Citroën 2CV, por exemplo, que desapareceram há décadas do mundo, circulam como táxis por estas ruas, pintados de creme. Supúnhamos que haviam se perdido no tempo; só mudaram de espaço, acabaram aqui. E computadores velhos e aparelhos de televisão gordos, quadrados, e pilhas de sapatos e de roupas, claro. Taná seria — se é que existe coisa semelhante — a pobreza em estado puro, sem uma tradição ou uma aparência ou um espaço característico: milhares e milhares de pessoas usando uma cidade ocidental bastante degradada, objetos mortos, roupas velhas que deixaram sem função os alfaiates e modistas do mercado que faziam a roupa de quase todo mundo.

A civilização do lixo e seus problemas.

— Eu sei, patrão, o senhor quer sim. Os brancos sempre querem comprar alguma coisa.

Um menino pede esmola com um boné rasgado; penso que todas as moedas que conseguiu vão escorrer pelo buraco — ou que não lhe importam as moedas que lhe dão, mas estar ali, ver que lhe dão alguma coisa, ou quê. Mas ninguém entende até que entende: em Madagascar, não existem moedas. A menor cédula é de 100 ariarys, cerca de 4 centavos de dólar. O menino do boné tem 8 ou 9 anos, os cabelos tipo escovinha, os pés descalços no frio e está em pé diante da porta de uma escola: do lado de fora da escola.

Do lado de dentro da escola, do outro lado da porta, paredes descascadas, chegam crianças: a professora as recebe, acaricia suas cabeças, as saúda dizendo seus nomes. Depois me diz que parece mentira.

— Parece mentira, mas não havíamos percebido como era grave — diz a professora de primeiro grau Sylviane, 20 e tantos anos, baixinha, lábios grossos, pulôver grosso azul-escuro, buracos nos cotovelos. — Há um ano, uma ONG começou a nos trazer café da manhã. Você não sabe como isso contribuiu para melhorar o desempenho na sala de aula. Antes estávamos tão habituados a que fosse ruim que nem nos demos conta de que o problema era que não conseguiam nem pensar por causa da fome que tinham.

E depois: que lhe explicaram que não é que todos fossem baixinhos porque nós os malgaxes somos assim baixinhos, mas porque comem menos do que precisam. Diz que lhe disse uma mulher dessa ONG: as mesmas crianças, bem-alimentadas, seriam 10, 15 centímetros mais altas.

— E não sabe como fiquei triste com isso — disse Sylviane, acrescentando que as mães baixinhas têm filhos antes dos 15, 16 anos, quando ainda não cresceram de todo, e que também por isso também têm filhos mais baixinhos e que elas próprias param de crescer, porque quando uma menina dá à luz ela para de crescer, diz Sylviane que lhe explicaram. — Não crescem mais, ficam assim, baixinhas para sempre.

Em Taná, como no resto do país, metade das crianças está desnutrida; a maioria, porque não come o suficiente para saciar a fome; muitas, porque só comem arroz e isso não é suficiente para suprir suas necessidades alimentares e para que cresçam saudáveis e atinjam seu potencial. Perrine Burnod, pesquisadora do muito francês, muito oficial Centre de Coopération Internationale en Recherche Agronomique pour le Développement (Centro de Cooperação Internacional em Pesquisa Agronômica para o Desenvolvimento), me explica que 80% da população vive de arroz e que houve uma época em que Madagascar produzia todo o arroz que consumia, mas não mais.

— Agora importam uma boa parte, e não há nenhuma discussão política ou econômica mais decisiva, a cada ano, do que a das cotas e do preço do arroz importado. Quando os importadores trazem muito arroz e baixam seu preço, arruínam os produtores locais, que não conseguem vender sua produção por um preço que compense seu trabalho; mas quando trazem menos, ganham menos dinheiro e o país corre o risco de não ter arroz suficiente — explica Perrine.

Diz que, além disso, os grandes importadores estão no centro do poder político malgaxe e de lá controlam o negócio. Que este ano, por exemplo, com a saca de 50 quilos a 50 mil ariarys, chegaram ao limite: uma boa parte da população não pode comprar arroz.

— É tão triste. E eu que achava que éramos assim porque éramos assim.

Madagascar tem 22 milhões de habitantes: três de cada quatro vivem abaixo da linha da pobreza, situada, muito modestamente, em 470 mil ariarys ou 234 dólares ou nove sacas e meia de 50 quilos de arroz por ano. Enfim, os malgaxes gastam em média mais de três quartos de seu dinheiro para conseguir comer. Nos primeiros anos do século, a situação havia melhorado; a partir de 2008, voltou a piorar.

"São 35% da população os que têm fome, uma cifra que atinge 47% entre os camponeses", escreveu em um informe de sua Missão em Madagascar

(2011) o relator especial das Nações Unidas sobre o Direito à Alimentação, Olivier de Schutter.

— Agora que sei que não, sou tomada pelo ódio.

Desde a crise política de 2009, os programas de auxílio humanitário e desenvolvimento — sobretudo — caíram muitíssimo: as potências ocidentais resolveram retirá-los para pressionar pela volta da democracia em Madagascar. Esses auxílios eram a metade do orçamento do Estado malgaxe. O orçamento da saúde foi reduzido em 45%, o da educação um pouco menos. E os Estados Unidos desistiram de um acordo comercial que havia favorecido a instalação de pequenas fábricas têxteis que, segundo eles, podiam enviar seus produtos sem impostos para a América do Norte; as fábricas fecharam, milhares de trabalhadores foram demitidos. Inúmeros funcionários do Estado — professores, médicos, paramédicos — perderam parte de seus salários devido à redução do auxílio externo e fazem greves. Há — digamos — paradoxos: milhares e milhares de pessoas, de pobres, de trabalhadores, que sofrem porque as democracias ocidentais decidiram defender não eles, mas sua democracia.

Nos cafés de Taná, as pessoas fumam. Brancos, sobretudo, fumam. Uma das vantagens da vida no OutroMundo é que não existem tantas regras a cumprir e que, além disso, se a pessoa é branca, não tem de cumprir todas as regras. Em um café de Taná, francês como não existe mais na França, Sophie Cazade, representante da Ação contra a Fome em Madagascar, me conta como estão afinando um projeto de desenvolvimento em uma região árida do sul: fala do tempo que passaram estudando a população da região para ver como poderiam intervir melhor.

Querem, me diz, intervir em várias questões. Querem aperfeiçoar o acesso da população à água potável — porque não tê-la é uma das grandes fontes dessas doenças evitáveis que matam milhões. Mas se perguntam: depois que os ajudarem a cavar um poço ou alguns canais, como, quem administrará a água? A tendência natural de uma ONG como essa seria criar uma instância democrática e participativa para administrá-la, me diz, mas os malgaxes não funcionam assim. Então não deveriam se adaptar a suas formas para garantir que a água chegue aonde deve chegar? E, nesse caso, é correto aceitar e respaldar essas formas tradicionais, autoritárias? Ou é melhor agir no sentido contrário, mesmo correndo o risco de que não os entendam e que, além disso, a água se perca?

Também querem aumentar o rendimento agrícola propiciando técnicas — e, eventualmente, ferramentas — novas. Seria muito importante que pudessem produzir mais, que diversificassem os cultivos; Sophie diz que querem insistir que plantem mais frutas e verduras para que melhorem sua dieta e possam vender o excedente no mercado. Mas como se assegurar de que, em vez de usar esse dinheiro suplementar para melhorar sua alimentação e sua saúde, que é o objetivo da ONG, o chefe do lar não o use para comprar zebus? Sophie me explica o papel dos zebus nesta cultura: não os usam para arar seus campos porque nunca o fizeram, só bebem leite durante alguns meses porque na longa estação de estio não dão leite, não usam seu esterco para fazer fogo ou adubar porque os zebus e o que produzem são a medida de sua riqueza, então acumulam em seus estábulos meio metro de merda para exibir poder. Que os zebus são, mais do que uma fonte de trabalho e alimentação, uma forma de definir o status social de seu dono e sua reserva de riqueza; algo que possa vender em momentos de crise, entregar em troca de uma esposa ou dos materiais necessários para o jazigo familiar, sacrificar em um casamento ou funeral. Então, como fazer para que os esforços que fazemos para que ganhem mais dinheiro e mais alimentos não acabem produzindo mais zebus, que não melhoram em nada sua alimentação? — pergunta-se Sophie e diz que a alternativa seria conseguir que as mulheres, excluídas do manejo dos zebus, administrassem essas receitas extras — e que estão estudando como poderiam consegui-lo, talvez incentivando suas atividades próprias, como vender as frutas que sobrassem no mercado ou tecer cestas de vime para que esse dinheiro não acabasse comprando mais zebus e fosse usado para melhorar "objetivamente" suas vidas.

— E se para eles melhorar é ter mais zebus?

— Não sei. É sempre o mesmo problema. Mas nós não somos a Ação Pró-zebu e sim a Ação contra a Fome — diz Sophie, com um estranho sorriso, e que também querem ampliar o período de amamentação, que serve para melhorar a situação dos menores de 2 anos porque mais da metade dessas crianças sofre de má nutrição crônica.

Mas que acham que vai ser muito difícil convencê-los, porque é uma população muito resistente a mudanças, tem medo delas, porque poderia desagradar os ancestrais — que esperam que seus descendentes façam as mesmas coisas que eles faziam e que, caso contrário, poderiam se vingar — e, também, porque vivem tão à margem, diz, que acham que qualquer mudança pode atirá-los no abismo.

E mais: para cada solução há um problema. Mas são fascinantes: a tentativa fascinante, modesta e desmesurada ao mesmo tempo de provocar uma mudança importante na forma de vida dos habitantes de uma pequena região de uma pequena província de um país pequeno. O orgulho de pensar que podem fazê-lo e que essas 100 mil pessoas vão, por isso, viver melhor; a resignação de saber que são 100 mil em mais de 20 milhões.

Nuro está encostado em um paredão azul quebrado, o nariz largo, as sardas, o sorriso, a camiseta suja, 15 anos no rosto e no torso e, embaixo, duas perninhas de nada, galhos secos. Nuro, quando caminha, caminha com as mãos. Nuro diz que teve uma doença quando era pequeno e que depois sua mãe voltou para a aldeia, que o deixou com outras crianças, que sua mãe tinha outros filhos e certamente não podia cuidar de todos e também dele, mas que para ele tanto faz, que não precisa dela, que vive com seus amigos da rua e não precisa dela.

Nuro tem olhos vivazes, o sorriso fácil, os pés sujos com crostas, as palmas das mãos como carapaças, e eu quero lhe perguntar como é viver com essas pernas, viver sem pernas e na rua, mas não me atrevo: tenho pena.

— E como você come?

Pouco, diz Nuro, que me entendeu mal ou bem: que come pouco, o que algum vizinho lhe dá, o que seus amigos lhe dão, que ele pede e que às vezes lhe dão e às vezes não. E que conta histórias a seus amigos:

— Eu lhes conto histórias, eu conheço histórias.

Que lhes conta o que acontece nesta rua, quem veio quando, quem tem o quê, quem trouxe o quê, que pode ver tudo o que acontece porque ele não é visto por ninguém, é como se não existisse. E que conta a seus amigos da rua e que quando eles conseguem alguma coisa lhe dão alguma coisa e assim come. E depois, por fim, que sempre quis ter uma bicicleta: que sua vida seria muito diferente se tivesse uma bicicleta.

2

Os jornalistas ainda riem: olham para mim e riem.

O salão onde os jornalistas riem fica no edifício-sede de uma instituição que se chama Toko Vato. A Toko Vato fica é um prédio grande, um pouco desbotado, propriedade de uma ordem de freiras, onde quinze jornalistas de todo o país estão fazendo um curso de dois dias para aprender a trabalhar melhor com o tema da apropriação de terras por parte de empresas estrangeiras.

E Ain, que agora está falando, é Hieriniaina Rakotomalamala, responsável pelo setor de pesquisa e comunicação da SIF — Solidarité des Intervenants sur le Foncier —, a sócia malgaxe da International Land Coalition. Ain fala com um entusiasmo contagioso: é um jovem engenheiro-agrônomo — barbinha, óculos, tênis, dentes brilhantes — convencido de que está fazendo o que deve, embora seja sempre pouco, nunca o suficiente. Sentados à mesa disposta em U, identificados por cartões escritos à mão, os quinze jornalistas são doze homens e três mulheres, todos por volta dos 30 anos, a não ser um senhor quase velho, muito magro, com um boné com viseira branca suja, e uma mulher gorda, unhas pintadas desbotadas, uma expressão de quem já sofreu o bastante. Faz frio; os jornalistas abotoam seus paletós. Ain fala e fala e transpira.

— ...essas coisas precisam ser averiguadas: quais são as condições em cada caso. Como este em que a empresa indiana Varun entrega a seus trabalhadores, que antes eram os donos dessa terra, 30% da colheita, mas que obriga esses mesmos trabalhadores a vender 70% desses 30% à empresa pelo preço que a empresa estabelecer.

Os jornalistas sorriem, olham-se com cumplicidade: é bom quando o mal é tão evidente. Ain lhes diz que muitas vezes é muito difícil encontrá-lo, que é importante que averiguem, que se informem, que aprendam, que "os fatos só conversam com você quando você está preparado para entendê-los", lhes diz, e que quem disse isso foi Louis Pasteur. Explica: um químico que encontrou coisas incríveis com seu microscópio porque sabia o que estava procurando.

— O importante é entender como as apropriações funcionam para poder reconhecer as informações que nos trazem, as que podemos obter — lhes diz, e que o objetivo do encontro é acionar um sistema de informação sobre as terras, armar uma grande rede para saber o que está acontecendo. Que é uma coisa que beneficiaria todo mundo, diz: Madagascar não perderia suas terras para mãos estrangeiras, os jornalistas — vocês, jornalistas, diz — teriam temas novos e quentes, a SIF — nós da SIF, diz — poderia continuar fazendo seu trabalho de pesquisa e denúncia. Mas um deles, mãos bem-cuidadas, com seus patrões:

— Na minha região há uma empresa chinesa que explora madeiras preciosas, leva todos os dias caminhões e caminhões de madeira, e eu sei que dão dinheiro ao dono do meu jornal para que não fale disso. Então, o que faço?

Outros olham para ele, fazem gestos que parecem querer dizer que isso também acontece com eles. Uma mulher — muito jovem, cabelos alisados, bijuteria nos dedos — se levanta e lhe diz que se quer ser chamado de jornalista que seja jornalista. Risadinhas, pessoas me mexendo em suas cadeiras. O do blazer diz que dá pra perceber que ela não tem que sustentar uma família.

— Mas daqui a pouco vou ter.

— O que vai ter é um marido — responde ele, e a moça respira fundo. É possível que esteja tentando não mandá-lo à puta que o pariu. Ain intervém para apaziguar a situação:

— Depois discutimos isso. É um assunto importante, vamos examiná-lo com cuidado.

Mas a moça não para:

— É exatamente por isso que vale a pena falar em nossos jornais, onde for. Se não falarmos, haverá cada vez mais chineses comprando nosso silêncio.

— E não apenas chineses — diz o do boné com viseira. Está para dizer mais alguma coisa, mas fica calado.

Ain tenta evitar outras discussões: diz que o trabalho deles é fundamental, que uma boa rede de informação pode fazer muito para salvar milhares de camponeses da pobreza, da fome, e que o mais importante é averiguar as coisas antes que seja muito tarde: que muitas vezes ficamos sabendo quando já é muito tarde, diz. E que eles sabem; por isso tentam fazer com que nós não saibamos. Eu me pergunto quem somos nós; um jornalista magro, à minha direita, quem são eles.

— Quem são eles? — pergunta, muito sério, e verte água em um copo. Na mesa, há garrafas de litro e meio de água mineral e copos de vidro. O jornalista magro — um trintão de jogging, bigodinho ralo, dentes tortos — se serve a cada 10 ou 15 minutos de um pouquinho de água, só a que vai beber, e bebe. Vê-se que não sobra, não desperdiça.

— Eles são muitos: aqueles que compram as terras, os empresários ou os políticos que as vendem, os burocratas que recebem comissões, os jornalistas que recebem dinheiro — diz Ain, e quinze jornalistas riem, incomodados, nervosos, bem malgaxes.

— Mas também tem muita gente que quer saber, porque saber nos permite agir. Ou vocês acham que, se o povo não tivesse ficado sabendo, a Daewoo não estaria agora explorando nossas terras?

Disse, finalmente, Daewoo.
Daewoo é a palavra.

Durante todo aquele ano de 2008, houve rumores, suspeitas, pedacinhos de certeza: havia gente que sabia que o governo do presidente Marc Ravalomanana estava entregando muitas terras a empresas estrangeiras, mas ninguém sabia nada exatamente.

Ravalomanana chegou ao poder fazendo peripécias: em 2001, quando era prefeito de Antananarivo, disputou as eleições nacionais com o então presidente, o vice-almirante Didier Ratsiraka. Os dois proclamaram vitória; Ravalomanana teve mais força na capital, Ratsiraka na cidade costeira de Toamasina. A batalha parecia inevitável, até que foi evitada: os Estados Unidos, boa parte da Europa, o Banco Mundial e o Fundo Monetário Internacional intervieram a favor de Ravalomanana e o tornaram presidente; depois, colaboraram com subsídios e investimentos durante seu governo — que se prolongou por sete anos de tranquilidade, até que seu sucessor na prefeitura, um empresário dos meios de comunicação, Andry Rajoelina, deflagrou uma rebelião mais ou menos popular contra ele. O descontentamento foi provocado pelo aumento dos preços do arroz e de outros alimentos básicos, mas as primeiras grandes manifestações repudiaram o fechamento de uma emissora de rádio — de grande audiência —, de propriedade de Rajoelina, além do desvio de um empréstimo do Banco Mundial para a compra de um segundo avião presidencial. O golpe final foi um projeto de entrega de terras à empresa sul-coreana Daewoo.

— Tudo começou quando um engenheiro agrônomo que trabalha na capital, mas também é líder de seu povo no leste da ilha, ficou sabendo por uns amigos que havia, nos escritórios do governo, um trâmite aberto para outorgar a uma empresa estrangeira mais de 1 milhão de hectares malgaxes. E ficou sabendo porque as terras estavam espalhadas por todo o país, mas muitos milhares ficavam em sua região — me diz agora, em Paris XI, no casarão onde se reúnem muitos grupos de exilados, ecologistas, *supra-mundialistas* e outros istas contemporâneos, Mamy Rakotondrainibe, a presidente do Collectif pour la Défense des Terres Malgaches (Tany).

Então o engenheiro se interessou pela questão, ficou sabendo do que pôde e, depois de algumas semanas — corria o ano de 2008 —, convocou uma entrevista coletiva para denunciar a operação. Não tinha detalhes, mas podia garantir que a entrega era de uma magnitude inusitada. Na entrevista, havia muitos jornalistas; pouquíssimos veículos publicaram alguma coisa. O engenheiro e alguns amigos não se deram por vencidos: foram procurar mais informações, conversar com todos que cruzavam seu caminho, distribuir fotocópias dos documentos que conseguiam, até que a polícia os fez entender com muita lábia que se não interrompessem aquelas atividades acabariam muito mal. O engenheiro, então, procurou ajuda externa: viajou para a Alemanha e, sobretudo, para a França, a antiga metrópole — onde a comunidade malgaxe é, logicamente, grande —, a fim de lhes contar o que estava acontecendo e pedir sua colaboração. Foi quando conheceu Mamy.

— Nós já fazíamos tudo o que podíamos por nosso país, recolhíamos e enviávamos alimentos, remédios, artigos de primeira necessidade, essas coisas, mas quando nos contaram isso pensamos que era preciso intervir. E aí formamos este coletivo.

Mamy é uma mulher de cerca de 60 anos, sorriso suave, voz muito doce, palavras implacáveis.

— O que acontece é que em Madagascar muita gente tinha medo de falar dessas coisas. Sobretudo depois do que havia acontecido em Ankorondrano.

Ankorondrano é um pequeno povoado a 90 quilômetros a oeste da capital, onde um rico proprietário rural conseguiu que a polícia expulsasse

610

dezenas de famílias camponesas que viviam havia décadas em terras que ele alegava serem suas.

Quando a França ocupou Madagascar, em 1883, uma lei declarou que a grande maioria das terras pertencia ao Estado colonial — que, assim, poderia transferi-las a seu bel-prazer a quem quisesse. A mesma coisa aconteceu em diversas colônias africanas. Em muitas, também, o sistema se manteve depois da independência: as terras apropriadas pelo poder colonial ficaram nas mãos do novo Estado, que permitia que seus camponeses as usassem.

Aos poucos, foram surgindo formas de registrar a propriedade de terras ancestrais, mas eram complicadas e caras, e nada parecia exigir que se fizesse: boa parte de seus ocupantes continuou vivendo nelas como sempre, sem se preocupar com papéis. A metade dos camponeses de Madagascar ainda vive em terras que eles e seus ancestrais ocuparam durante séculos, terras que fazem parte da propriedade comunitária de suas aldeias, mas que, legalmente, não lhes pertencem.

(Além disso, a partir da independência, uma lei proibiu a venda de terras malgaxes a empresas ou cidadãos estrangeiros. Em 2003, a pressão do Fundo Monetário Internacional e do Banco Mundial — em nome, logicamente, do desenvolvimento econômico — teve resultado: a venda foi liberada para qualquer um que tivesse dinheiro. E então ter o título de propriedade passou a ser importante.)

Agora, para muitos, não ter título de propriedade é motivo de uma angústia extrema: a consciência de que, a qualquer momento, algum advogado, algum político, pode expulsá-lo de sua casa para ficar com sua terra, para quem sabe que *vazaha*, que branco.

Ou, também, menos: a consciência de que as diferentes formas — comunitárias, coletivas — de propriedade ou de usufruto não têm validade e caem diante da hegemonia do mercado e do monopólio da propriedade privada.

Em agosto de 2006, em Ankorondrano, centenas de camponeses resistiram a entregar suas terras a um rico proprietário; a polícia insistiu e na luta matou uma senhora idosa. Mais raiva, mais conflito: dois policiais foram mortos. Um ano depois, um tribunal julgou 93 camponeses, acusados pela rebelião e as mortes. Seis deles foram condenados a doze anos de trabalho forçado; treze, à morte. Em Madagascar, a pena capital não costuma ser aplicada — é comutada, vira prisão perpétua —, mas a sentença serviu para disciplinar os insatisfeitos: em 2008, muito poucos se atreviam a discutir questões de terras. Muitos ricos locais aproveitaram para se apoderar de mais e mais: muitos deles eram testas de ferro de empresas estrangeiras.

Na relativa segurança de Paris, Mamy e seus companheiros, indignados com o projeto da Daewoo, insistiam. Fizeram circular na internet uma petição para deter a entrega, que recolheu muitos milhares de assinaturas — na Europa. Em Madagascar, conta Mamy, muita gente respondia reservadamente, os incentivava a continuar agindo, mas dizia que tinha medo de assinar. No entanto, essa gente se oferecia a continuar difundindo a causa, conversar com amigos, vizinhos.

Então apareceu um artigo que acabou espalhando o caso Daewoo pelo mundo. Curiosamente, foi publicado pelo mais retrógrado jornal econômico europeu, o *Financial Times*, um veículo que nunca se destacou por defender os pobres do mundo. O título da matéria era "Daewoo vai cultivar de graça terra malgaxe" e começava dizendo que "a empresa sul-coreana Daewoo Logistics disse que não esperava pagar nada para cultivar milho e azeite de dendê em uma área de Madagascar do tamanho da metade da Bélgica, aumentando as preocupações sobre o maior investimento deste tipo já visto". Depois dava a palavra a fontes da empresa que diziam que o contrato de locação de 1,3 milhão de hectares de terra malgaxe seria válido por 99 anos. "Queremos plantar milho aqui para aumentar nossa segurança alimentar. Neste mundo, os alimentos podem ser armas", disse Hong Jong-Wan, gerente da Daewoo. "Podemos exportar as colheitas para outros países ou enviá-las à Coreia em caso de uma crise alimentar." A matéria dizia, por fim, que o contrato já estava assinado, que a Daewoo não pagaria nada, mas geraria empregos e construiria infraestrutura que beneficiaria o país e que o 1,3 milhão de hectares representava a metade da superfície cultivável da ilha. Mais adiante, em um estranho alarde, o artigo dizia que o Programa Alimentar Mundial das Nações Unidas afirmava que mais de 70% da população de Madagascar vivia abaixo da linha da pobreza e que "por volta da metade das crianças menores de 3 anos sofre de atrasos devidos a uma dieta cronicamente insuficiente".

O boato se transformara em informação exata, com cifras e letras, mas continuava sem produzir grandes efeitos em Madagascar, onde, em meados de dezembro de 2008, a rebelião começou em decorrência do aumento dos preços dos alimentos, o fechamento da rádio e a compra do avião; no começo de janeiro, a reclamação pelas terras dos ancestrais se tornou mais clamorosa. Em Madagascar, a terra é a síntese da nacionalidade; a palavra que é usada como "pátria" — *tanindrazana* — significou, primeiro, terra dos ancestrais, *vaterland*. O hino do país, de uma única estrofe, insiste com unção: "Oh, amada terra de nossos ancestrais/ oh, bom Madagascar/ nosso amor por ti não cessará jamais".

Foi como jogar um imenso balde de gasolina na fogueira: em algumas semanas, depois de mais embates entre manifestantes e militares que deixaram mais de cem mortos, o governo de Ravalomanana caiu. Poucos dias depois, diante da pressão popular, o novo presidente, Andry Rajoelina, declarou que o contrato com a Daewoo havia sido anulado.

A ideia de usar terras malgaxes para resolver problemas de outros países tem vários precedentes. O mais brutal é o Madagaskar Projekt da Reichssicherheitshauptamt ou Agência Central de Segurança do Estado, chefiada por Reinhard Heydrich. O projeto, criado, em 1940, por Adolf Eichmann, propunha *"realocar"* judeus europeus, à razão de 1 milhão por ano, na ilha.

O plano era complexo: a França, recém-ocupada, entregaria Madagascar, que ficaria sob o controle da SS; fundos confiscados dos judeus de toda a Europa financiariam a operação; os judeus seriam transportados em navios mercantes ingleses assim que fosse concluída a Operação Leão-Marinho, a ocupação da Inglaterra.

O plano não teve êxito, porque a defesa aérea britânica impediu que os alemães fizessem a invasão. Como sempre, a vitória de uns foi o desastre de outros: diante da impossibilidade de enviá-los para Madagascar, o governo alemão resolveu eliminar os judeus europeus. Começava a Solução Final.

Devido ao caso Daewoo, Madagascar ficou inscrito na memória dos poucos que se lembram dessas coisas como o exemplo mais claro da apropriação de terras — e da possibilidade de combatê-la.

3

"Compre terra. Pararam de fazê-la", escreveu, quando ainda a faziam, o mestre Mark Twain.

Durante décadas, a agricultura não teve importância para a economia global. Era um mal necessário: era necessário comer. Mas não produzia grandes fortunas, não permitia inovações ou invenções fulgurantes, não parecia moderna; era vista, na verdade, como um resquício incômodo de tempos já passados. Até que os preços das commodities alimentícias começaram a subir e aumentou o medo da escassez, e os países que produzem muito passaram a ganhar muitíssimo e aqueles que produzem pouco começaram a se preocupar mais do que um pouco. As potências perceberam que a terra e a água, que costumavam sobrar e que eles desprezavam, que representavam o passado diante do futuro de suas máquinas e tecnologias, estavam se tornando escassas e, portanto, cada vez mais valiosas.

Esta foi a mudança: depois de décadas de desprezo, a agricultura voltou a ser uma das atividades econômicas determinantes. Trata-se, sem dúvida, de outro tipo de agricultura. Mas, apesar de todos os avanços técnicos, a terra não pode ser esticada e a água nem sempre sai das pedras.

A apropriação de terras — que em inglês chamam de *land grab* — é uma forma modicamente nova de se fazer uma coisa muito velha, só que agora com outro nome. Costumava-se chamá-la de colonialismo, e as potências ocupantes fincavam suas bandeiras; agora o fazem sob o estandarte da globalização e do livre-comércio — e da ajuda aos pobres.

Na primeira vez, colonizaram em nome do Evangelho e da civilização: era necessário educar e cristianizar aqueles selvagens. Agora agem em nome do capitalismo humanitário: temos de ensiná-los a produzir mais seriamente e assim poderão se integrar ao mercado e comprar mais coisas e inclusive comer com mais frequência, pobrezinhos.

* * *

"A apropriação de terras consiste na subtração de terras rurais por investidores internacionais para usá-las comercialmente e expulsar as pessoas que tradicionalmente as usavam para ganhar a vida", sintetiza o queniano Michael Ochieng Odhiambo no informe *Pressões comerciais sobre a terra na África* da Coalizão Internacional de Terras. "Chama-se apropriação exatamente porque as pessoas que normalmente usavam essa terra não são consultadas e não são levados em conta seus interesses."

E, sobretudo, porque, em geral, o que produzem é exportado aos países de origem das empresas que se apropriaram dessas terras ou a países ricos e, assim, os tiram da circulação local. E, de uma maneira muito direta, bem visível, alimentos que os habitantes de um país, de uma região, não terão mais porque uns senhores mais ricos os levam para vendê-los em seus próprios mercados. Ou dizendo brutalmente: tiram a comida de suas bocas. O grau de metáfora é pequeno.

(Em castelhano, muitos traduzem *land grab* como "acumulação de terras". Eu acho que acumular inclui um matiz de monopolizar que não cabe; aqui não se acumula, não se monopoliza; aqui o que acontece é que quem não tem direito a um bem — digamos, terras — usa seu poder, econômico e político, para se apropriar dele. Por isso prefiro escrever "apropriação de terras".)

Países que podem — países ricos com pouca terra, países avançados com indústrias de ponta, países afortunados com subsolos encharcados de petróleo — enviam exploradores a percorrer o OutroMundo procurando o que comprar. Grandes corporações ou aventureiros também procuram — e encontram.

Dentro da lógica do capitalismo global, têm direito: não existem leis que impeçam que um senhor com o dinheiro ou os contatos ou a lábia ou a força suficiente fique com as terras que conseguir e envie sua colheita à casa de sua prima — embora os camponeses que viviam nessas terras, os habitantes das aldeias e cidades circundantes, fiquem sem comer. Contra isso não há nenhuma lei.

Países, grandes corporações se apropriam de terras porque não querem depender do comércio internacional para obter os alimentos de que precisam. Procuram vias mais diretas porque não confiam nos mecanismos do mercado: os maiores jogadores não acreditam em seu próprio jogo. Outros tentam porque é um bom negócio:

— Nós que produzimos dizemos que o único remédio para os preços altos são os preços altos. A única maneira de que grãos valham menos é que, eventualmente, a fronteira agrícola do Brasil chegue ao seu final e comecemos a expansão na África. Essa expansão demanda muita grana. E, para que essa grana pague o retorno que tem de pagar, os grãos têm de valer muito. Se a cada ano 20 milhões de chinesinhos mudam do campo para a cidade, são chinesinhos que não voltam para o campo e precisam comprar seus alimentos. Essa demanda não tem mais retorno. Então, ou o mundo se habitua a produzir mais alimentos, ou os alimentos vão ficar ainda mais caros — havia me dito, meses atrás, em um bar do centro de Buenos Aires (martínis muito secos, alguns petiscos), Iván Ordóñez, então economista do maior grupo sojicultor argentino.

— Vamos ver: você diz que para que tenha início o aproveitamento das terras africanas os preços dos grãos precisarão aumentar. Se isso acontecer, essas terras serão ainda mais bem-aproveitadas porque vai haver menos gente, porque com o aumento dos preços começarão a morrer de fome...

— Sim, é possível. Não estou dizendo que minha equação seja ideal; estou dizendo que é o que acontece. É capitalismo, é assim. Você deve ser moderno, eu sou pós-moderno. E há fundos de investimento que estão operando na África porque, entre outras coisas, a terra de lá não vale nada. Mas, bem, ainda têm de provar que são úteis para o investidor.

O círculo é mais do que vicioso: os pequenos camponeses africanos mal sobrevivem de suas terras porque não têm ferramentas nem capital nem infraestrutura para produzir mais, mas o aumento dos preços globais dos alimentos torna mais rentável e mais urgente para os grandes capitais explorar essas terras, e para isso expulsam os camponeses, que acabam em cidades onde devem comprar alimentos muito mais caros porque aqueles que os produzem pretendem rentabilizar seus investimentos ou porque, mais brutalmente, os exportam e tiram do mercado.

E, em síntese, para variar um pouco:

comem menos.

O movimento de apropriação de terras do OutroMundo começou a tomar impulso no começo do século, mas o aumento dos preços dos alimentos a partir de 2007 lhe deu um empurrão definitivo.

Nesse quinze anos, várias corporações estatais e privadas compraram ou alugaram ou conseguiram enormes extensões de terra. Seria ótimo poder escrever "enormes extensões" e não ter de exatificar: é muito difícil saber as quantidades. Muitas operações não são divulgadas, outras são divulgadas e acabam não se concretizando, outras se concretizam por quantidades diferentes das anunciadas — e, em muitos casos, os territórios entregues não têm medidas ou registros muito precisos.

De qualquer forma, as cifras variam muito. Um informe emitido em 2010 pelo Banco Mundial, que não costuma se caracterizar por sua agressividade anticapitalista, dizia que até então haviam sido apropriados uns 56 milhões de hectares, mais do que toda a superfície da Espanha. Mas que há "uma surpreendente falta de consciência e de conhecimento do que está acontecendo, inclusive por parte das instituições públicas que deveriam controlar o fenômeno", que acontece, sobretudo, em países onde "a capacidade do Estado é frágil, o direito à propriedade não está bem-definido e as instituições reguladoras carecem de recursos".

Por sua vez, um estudo da National Academy of Sciences norte-americana diz que as apropriações já alcançam 100 milhões de hectares. Cem milhões de hectares são 1 milhão de quilômetros quadrados: a soma de França e Alemanha, por exemplo, ou de Itália, Japão e Grã-Bretanha.

— Mas, definitivamente, que quantidade de terra foi apropriada? — perguntaram há meses ao inglês Fred Pearce, autor de *The Landgrabbers*, o livro mais completo sobre o tema.

— Ninguém sabe realmente. Muitos negócios que foram informados nunca aconteceram e muitos dos maiores são feitos em segredo. A Oxfam diz que foram apropriados mais de 2 milhões de quilômetros quadrados, cerca de 200 milhões de hectares. Mas, por enquanto, ainda não sabemos exatamente.

Sabemos sim que a maioria, mais de dois terços dessas terras, fica na África Negra, em países onde a propriedade é muito barata ou pode ser conseguida quase de graça, onde há muitas pessoas que não comem o suficiente. A *LandMatrix Database* dizia — em julho de 2013 — que, considerando apenas as informações comprovadas, os dez países onde estrangeiros mais se apropriaram de terra são os seguintes:

Sudão do Sul (4,1 milhões de hectares cultiváveis), Papua-Nova Guiné (3,9 milhões), Indonésia (2,7 milhões), Congo (2,6 milhões), Moçambique e Sudão (2 milhões), Etiópia e Serra Leoa (1,4 milhão), Libéria (1,1 milhão) e Madagascar, onde baixou para 1 milhão de hectares devido a pressões que impediram que várias apropriações fossem concretizadas.

Pouco depois vêm Benim, Tanzânia, Libéria, Quênia e Mali: quase todos estão entre os países mais pobres do mundo, com mais desnutridos. A quantidade de camponeses deslocados é ainda mais confusa — e não costuma aparecer nos informes.

Um terço — aproximadamente — dessas terras é usado para cultivar alimentos, e outro terço, biocombustíveis, embora as diferenças nem sempre sejam claras: muitas dessas terras estão dedicadas ao que agora se chama de *flex crops* — cultivos flexíveis —, os que têm usos múltiplos, os que podem servir como alimento humano, animal, matéria-prima industrial ou combustível. Os que dão mais opções são a soja, a cana-de-açúcar, o milho, o azeite de dendê.

O terço que resta é repartido entre madeiras, flores e, em boa medida, essa estranha perversão contemporânea que consiste em conservar florestas mais ou menos virgens para gerar bônus de carbono, ou seja, para compensar com essas manchas verdes de espaços inutilizados as emissões dos gases de efeito estufa produzidos pelos países ricos. Regiões que permanecem perfeitamente pobres, improdutivas, inúteis para seus habitantes, para pagar o gasto ambiental daqueles que ganham mais e mais dinheiro.

"As terras africanas surgem como uma opção barata para os problemas de outros. A África se transforma em um lugar no qual outras partes do mundo podem produzir sem muito custo o de que precisam", escreveu recentemente David Anderson, professor da Universidade de Oxford, na Inglaterra.

O resto das terras apropriadas se divide entre o Sudeste Asiático — Camboja, Laos, Filipinas — e a América Latina.

Mas agora a região mais cobiçada é a Savana Guineense, um território de 4 milhões de quilômetros quadrados ou 400 milhões de hectares — quase o dobro da Argentina —, que vai do oceano Atlântico ao Índico, justo abaixo do Sahel, através de mais de vinte países: de Guiné, Senegal e

Serra Leoa a Malaui, Tanzânia e Moçambique, passando por Mali, Burkina Faso, República Centro-Africana, Quênia, Uganda, Zâmbia e Angola — entre outros. O Banco Mundial chamou essa região de "a última reserva mundial de terra subutilizada". É o que costumavam dizer os colonos que ocuparam a África no século XIX ou os militares que tomaram os Pampas e a Patagônia argentina nessa mesma época: campanhas ao deserto. Na Savana Guineense, vivem e trabalham mais de 600 milhões de africanos — quase um décimo da população mundial —, que estão entre os mais pobres e desnutridos do planeta.

Essa onda de apropriação parece o último passo do capitalismo de origem ocidental para completar sua ocupação da Terra. O movimento que começou com Colombo e os demais navegadores, que foi acelerado na segunda metade do século XIX, está por terminar. A próxima tentativa vai acontecer, certamente, em outro espaço.

O modelo que muitas dessas novas explorações africanas queriam reproduzir são as fazendas do cerrado brasileiro. O cerrado é uma área de 2 milhões de quilômetros quadrados, quase todo o território do Brasil menos a Amazônia, a costa e o sul gaúcho. É formado por grandes savanas férteis, bem-irrigadas, mas com um problema: a terra é excessivamente ácida para a maioria dos cultivos. Por isso, durante muitos anos, foi usado para a pecuária até que, em meados dos anos 1970, cientistas enviados pelo governo acharam a solução: tratando-o com grandes quantidades de cal, o solo se tornava produtivo — e começou a invasão.

As plantações costumam ser enormes — dezenas, centenas de milhares de hectares — e muito modernizadas; sementes geneticamente modificadas, muitas máquinas, pouca mão de obra — talvez um trabalhador para cada 200 hectares. Os governos locais — operados pelos grandes plantadores de soja, milho e algodão — construíram as estradas necessárias para levar seus produtos aos portos. Muitas terras foram ocupadas por força de armas; em muitas, os trabalhadores locais trabalham como cachorros e ganham muito pouco.

Graças ao cerrado, o Brasil se transformou no maior exportador mundial de soja, carne, frango, tabaco, açúcar, suco de laranja. O cerrado atraiu grandes investidores mundiais: Soros, Rothschild, Cargill, Bunge, Mitsui, Chongqing, o emirado do Catar. Pelo menos um quarto de suas terras está em mãos de estrangeiros — e uma percentagem muito maior de seus produtos acaba fora do Brasil. A pobreza da maioria de seus habitantes continua extrema. O cerrado é, de alguma maneira, um pouco mais civilizado, o maior exemplo dessa forma de apropriação de terras que agora percorre o mundo.

— Ou talvez apenas a mais recente — disse a Fred Pearce um produtor rural brasileiro. Em sua região há fazendas chamadas Bonanza, Chaparral. — Ou ninguém se lembra mais de como os caubóis ocuparam o oeste norte-americano?

Os governos nacionais de muitos países pobres costumam estar mais do que dispostos a colaborar com essas apropriações. Em geral, ganham mais do que benefícios políticos — e alguns, talvez, até procurem melhorar as condições de vida de seus cidadãos. O regime etíope do ex-guerrilheiro comunista Meles Zenawi — morto em 2012 — e de seu sucessor Hailemariam Desalegn, por exemplo, adota políticas bastante agressivas de atração de "investidores"; escritórios de promoção, campanhas publicitárias para oferecer suas terras por aluguéis quase simbólicos a estrangeiros que queiram explorá-las. Pode agir assim sem maiores problemas legais porque, nos anos 1970, quando era socialista, estatizou toda a terra cultivável do país.

É uma diferença radical: aqueles que se dizem revolucionários costumam ser criticados por não fazer o que dizem. E os capitalistas convictos, por fazer.

A apropriação de terra é uma forma de colonialismo que, como todas, se aproveita da debilidade dos Estados que coloniza. Nenhuma corporação, pública ou privada, poderia ficar com milhares de hectares de um país cujo governo tivesse os meios e a vontade de preservá-los para seus cidadãos. A apropriação de terras é, nesse sentido, outro efeito deste mundo estranho, onde as pessoas são representadas por instituições nacionais — os governos —, cujo poder é muito menor do que o de instituições supranacionais — essas corporações que, sim, definem nossas vidas.

Ou seja: que tolerem que elejamos uns senhores que mandam muito menos do que aqueles que ninguém elege — mas nos vendem que isso se chama democracia ou liberdade ou autodeterminação.

É verdade: tantos estrangeiros se apropriando das terras de países do OutroMundo despertam — entre os que ficam sabendo — uma indignação correspondente. São as delícias do nacionalismo — manifesto ou latente —: os ricos nacionais também concentram quantidades importantes, mas isso não indigna ninguém, parece fazer parte das regras do jogo. O que de fato soa intolerável é que uma empresa ou um estado longínquo fique com as terras; que um senhor da mesma nacionalidade faça o mesmo faz parte da lógica que se supõe que aceitemos.

E nem sequer costumamos nos perguntar por que motivo, como conseguimos isso.

(Eu não sou um defensor radical da ideia de que as terras devem ser mantidas nas mãos de seus antigos habitantes. Para começar, achar que o fato de você ter passado séculos em um lugar lhe dá o direito de passar mais séculos nesse lugar é muito discutível: de acordo com essa ideia, o rei da Arábia tem o direito de sê-lo porque seus ancestrais o foram durante muito tempo. Ou então: trata-se de uma ideia conservadora, historicamente *ecochata* que vale a pena discutir.

Tampouco acredito no argumento que diz que é necessário preservar a todo custo suas culturas. As culturas evoluem, mudam. Temos feito esforços ímprobos para deixar para trás a cultura ocidental cristã que dizia que foder era pecado e desfrutar, um milagre, e quem dizia cago para Deus era queimado para sempre nas chamas eternas; tampouco ficaria bem lamentar o irreparável fim da escravidão em nossos países nos últimos duzentos anos. E, no entanto, nos tornamos paternalistas e afirmamos que é preciso "preservar" culturas que funcionaram em outros tempos, em outras condições.

"Por que nos empenhamos em supor que há sociedades 'tradicionais' que deveriam preservar para sempre sua forma de vida e que é 'progressista' ajudá-las a continuar vivendo como seus ancestrais? Será porque nós, os modernos, continuamos usando merinaques e polainas, casando-nos virgens com virgens, viajando a cavalo com um sabre na mão, escrevendo palavras como estas com uma pena de ganso, reverenciando nosso rei, iluminando-nos com um candeeiro carregado por um negrinho amedrontado?

"A tradição, a pureza, a autenticidade. É essa ideia conservadora de congelar a evolução em um ponto passado: essa ideia que a esquerda compartilha tão bem com a direita, embora a apliquem a objetos diferentes", escreveu,

621

há alguns anos, um autor argentino quase contemporâneo. E que a questão não são as tradições; que a questão é o direito de viver com dignidade.

E que, para isso, às vezes será necessário parar de usar velhas técnicas de subsistência — colheita, pecuária extensiva, rotação lenta de terras — que requerem muito espaço: pode-se postular que não é justo que uma quantidade relativamente pequena de pessoas ocupe o espaço de que tantas precisam. E, então, seria legítimo usar essas terras para produzir mais — e realocar ou reconverter seus antigos habitantes. Mas isso requereria que o produto fosse repartido entre os que necessitam dele; toda a legitimidade desse movimento se perde se aqueles que vão cultivar essas terras o fazem para que seus patrões ou investidores ganhem mais.)

As diferenças entre apropriação e aquisição de terras nem sempre são exatas. Mas em síntese: uma coisa é comprar de uma pessoa ou de uma empresa uma fazenda que possuíam e que usavam — ou não — para tocar seu negócio; outra é se apropriar, com a cumplicidade de funcionários estatais, de umas terras que uma comunidade ou certas pessoas usavam para semear, pastorear, prover-se de madeira ou animais.

Tudo o que lhes seria muito mais difícil se não fosse por esta defasagem de culturas: o capitalismo avançado e sua ideia de propriedade enfrentando outras formas de pensar o uso dos recursos. Cerca de 90% das terras africanas não têm registros legais de posse: as formas de considerar e registrar a propriedade sempre foram outras. Agora, funcionários nacionais e compradores estrangeiros invocam o direito ocidental para se manifestar com violência, se aproveitam dessa defasagem para fingir que essas terras não são de ninguém e estão, portanto, à sua disposição.

E então os governos se encarregam de esvaziar os territórios que entregam a seus novos beneficiários. Para isso, deslocam populações inteiras; às vezes, até dizem que fazem isso para melhorar suas condições de vida. Mas — para citar apenas um exemplo — o contrato que o Estado egípcio assinou com um multimilionário indiano, Sai Ramakrishna Karuturi, a quem prometeu 300 mil hectares de terra a 1 dólar por hectare e por ano durante cinquenta anos no sul do país, diz muito claramente que a terra "deve ser entregue vazia" e que o governo "deve garantir que o arrendatário desfrutará de uma possessão pacífica e sem dificuldades e prover-lhe sem custos segurança adequada contra revoltas, distúrbios ou qualquer outra turbulência como e quando o arrendatário requerer".

São condições que o investidor exige. "Os riscos potenciais associados a essas operações incluem uma população local muito desprovida de dinheiro, perdendo não apenas suas casas, mas também sua fonte de alimentos e futuras receitas, conforme os investidores exercem seu pleno direito a colheitas e terras", diz o informe de dois diretores — Jacques Taylor e Karin Ireton — do Standard Bank sul-africano. E que por isso é comum que o investidor obtenha nos contratos com qualquer governo a segurança de que vai ter "a capacidade de operar seus investimentos de acordo com suas necessidades".

Em abril de 2012, as autoridades sauditas anunciaram que o governo do Sudão lhes entregara uma extensão de 800 hectares de terras cultiváveis, onde não vigorariam impostos ou leis sudanesas, para que a administrassem a seu bel-prazer — com o objetivo de produzir alimentos para seus cidadãos.

Aqui, a palavra colônia é literal.

Os novos colonizadores costumam chegar com os braços cheios de promessas e justificativas: que vão construir a infraestrutura — estradas, canais, escolas, hospitais —, que vão dar trabalho aos nativos, que vão ajudar a alimentar o mundo, que as terras que querem explorar estão vazias ou subutilizadas, que vão multiplicar seus rendimentos.

Não dizem que esse aumento, em princípio, só irá favorecer seus acionistas, que as obras de infraestrutura são, salvo exceções, as de que precisam para extrair e transportar seus produtos, que seus empregos não costumam cobrir a quantidade de camponeses que sua chegada obriga a deslocar, que pagam salários miseráveis e que, em última instância, há uma lógica estranha em que seja necessário agradecer a grandes capitalistas que ficaram, durante séculos, com o produto do trabalho de milhões e agora são os únicos que podem colocar algum dinheiro para continuar ficando com ele.

Já dizia o senhor Hong, gerente da Daewoo, para justificar seu milhão e tanto de hectares: "Madagascar é um país totalmente subdesenvolvido que está intacto. Nós vamos lhes dar empregos fazendo-os cultivar a terra, e isso é bom para Madagascar."

Outra vez: se vangloriam de que criam emprego como se isso os transformasse em benfeitores da humanidade — ou pelo menos desse pedacinho da humanidade que trabalha em seus campos. Outra vez, sem parar: a mais-valia. Se empregam pessoas, é porque saberão ficar com uma parte importante do valor produzido pelo trabalho dessas pessoas; se empregam essas pessoas — os habitantes desse determinado lugar —, é porque podem lhes pagar infinitamente menos do que deveriam pagar em seus locais de origem. Mas supõem — e não são os únicos — que seus trabalhadores deveriam lhes agradecer que os explorem.

(Não apenas nesses campos, não apenas nesse mundo que é e que não é outro: o agradecimento aos que "criam emprego" — aos que ganham dinheiro com o trabalho alheio — é um dos traços mais tristes destes tempos. Obrigado, senhor, por ter a gentileza de me açoitar com essa chibata tão bela; as feridas me ensinam tantas coisas! E até posso lambê-las, e saciar com seus sucos minha fome.)

O outro argumento mais usado por aqueles que se apropriam dessas terras é o de que a introdução de técnicas modernas vai aumentar seu rendimento e, portanto, alimentar muito mais gente. Mais uma vez, a desculpa da "civilização": no fim do século XIX, quando os europeus repartiram a África, a justificativa já era a de que vinham beneficiá-la com o uso das últimas técnicas — civilizá-la.

Agora dizem que os países africanos não têm recursos nem saberes suficientes para explorar a fundo suas possibilidades — suas matérias-primas. Então o negócio fica claro: eu coloco o dinheiro para que seu país possa crescer e, em troca, levo o produto desse crescimento. Como o levaram antes, durante século e meio, nos tempos que eram, sim, chamados de coloniais. Por isso, porque não conseguiram acumular os frutos de suas riquezas, que acabavam em Paris ou Londres, esses países estão como estão. A solução que lhes sugerem é fazer a mesma coisa.

A África tem 750 milhões de hectares de terras cultiváveis que poderiam ser mais exploradas — resisto a dizer inexploradas: exploradas de outra maneira; 750 milhões de hectares equivalem à metade das terras que são cultivadas agora no mundo.

624

A questão é, como sempre, política: quem vai usar essas terras, como, para quê? Parece verdade que, se forem mantidas em pequenas unidades pouco produtivas, a fome vai aumentar em uma região cujos habitantes deverão passar do bilhão atual a 2 bilhões em 2050. Toda a questão consiste em saber se a mudança técnica que parece necessária vai ser feita pelos apropriadores que querem "integrá-las ao mercado mundial" ou por sociedades que consigam os meios políticos para garantir a vida de seus membros. Qual é essa forma política? Aí está a questão.

O argumento da eficácia retoma a linha da Monsanto, que se apresenta como uma benfeitora da humanidade quando diz, em sua página na web, que, "para alimentarem a crescente população mundial, os agricultores devem produzir, nos próximos cinquenta anos, mais alimentos do que todos os que produziram nos últimos 10 mil anos. Estamos trabalhando para duplicar as colheitas de nossos principais cultivos antes de 2030".

O que não dizem — nem a Monsanto nem os demais apropriadores de terras do OutroMundo — é que o planeta já produz alimentos suficientes para alimentar 12 bilhões de pessoas e que, mesmo assim, 1 bilhão de pessoas não comem o suficiente. Que apenas os grãos produzidos atualmente no mundo — sem contar verduras, legumes, raízes, frutas, carnes, pescados — seriam suficientes para que cada homem, mulher ou criança ingerisse 3,2 mil calorias por dia: 50% a mais do que precisam. Que sempre é melhor produzir mais comida — será mais fácil, mais barata, mais acessível —, mas que o problema, em síntese, não é que não haja alimentos, mas que alguns fiquem com todos. E que essas explorações não resolvem, mas, ao contrário, aguçam a distribuição injusta.

O movimento colonial que chamamos de apropriação de terras é a evidência mais grosseira, mais brutal, da desigualdade entre os países: alguns usam terras alheias para produzir os alimentos de que todos precisam: uns ficam com eles, outros ficam sem.

Dois terços dessas terras estão em regiões onde muitas pessoas passam fome. As terras estão lá, seus produtos estão lá, só que aqueles que têm poder e dinheiro os levam para onde possam lucrar mais com eles. Ou, inclusive, mantêm terras improdutivas para especular com o aumento de seu preço — porque, afinal, quanto menos alimento for produzido, mais demanda haverá, e será mais caro.

A questão, pelo menos uma vez, não é muito complicada.

* * *

Enquanto isso, uma proporção importante das apropriações de terra fracassa: a inexperiência dos investidores, seu desconhecimento das condições locais, a oposição dos moradores, as mudanças do mercado global se conjugam para que seus projetos não funcionem — ou funcionem muito pouco. Então as terras ficam em um estranho limbo: nas mãos de estrangeiros mais ou menos fugitivos, os locais não podem usá-las e os estrangeiros não as querem mais. "Às vezes, a única coisa pior do que uma apropriação de terras é uma apropriação de terras falidas", escreveu Paul McMahon em *Feeding Frenzy: The New Politics of Food.*

Desde o affaire Daewoo, Madagascar se transformou em *leading case*, o exemplo mais brutal das apropriações — e de como podem, talvez, fracassar quando muitos se opõem.

E de como podem, também, seguir em frente.

(PALAVRAS DA TRIBO)

Como?

Repita, por favor, comigo, meu caro:
não é problema meu, não me importa.
A mim tampouco.
Posso viver com isso.
Me preocupa. É triste, me preocupa.
É que, resumindo, não há nada que.
É um desastre, mas o que vai se fazer? É uma autêntica
lástima.

Como, caralho?

eu concordo que assim não é possível. Sim, claro, como todo mundo, todos
sabemos que assim não é possível. O problema é que eles, pobrezinhos, não
sabem. É preciso ensiná-los; talvez lhes falte um pouco de comida, mas,
sobretudo, o que lhes falta é educação, e sem educação nunca vão chegar a
nada. O que é necessário fazer é educá-los, ensinar às mães que quando estão
grávidas têm de se cuidar, têm de se alimentar bem, porque caso contrário
as crianças não se desenvolvem o suficiente, sim, como, você não sabia? Se as
crianças não comem bem nos dois ou três primeiros anos de vida, depois
nunca se desenvolvem inteiramente e ficam um pouco bobas, pobrezinhas,
e não conseguem bons trabalhos e não prosperam, e então vamos ter de
continuar dando de comer a seus filhos e aos filhos de seus filhos para
todo o sempre. Mas, sobretudo, o que é preciso lhes ensinar é que elejam
outros governos, outros políticos que os governem, porque, se continuarem

elegendo os mesmos sátrapas, aí sim ninguém os salvará. Porque o problema é esse, os que não merecem o perdão de Deus são esses políticos corruptos que enchem seus bolsos enquanto seu povo passa fome. Isso sim me desespera. Se não fosse por eles, tudo seria bem diferente, velho, aí sim a coisa seria bem diferente. E menos mal que nós ainda possamos ajudá-los, pois caso contrário estariam com a bunda virada para o norte, secando os ossos. Mas eles vão ter de fazer alguma coisa, porque talvez nós já não consigamos ajudá-los muito mais, com a crise e todas essas complicações. E não quero nem imaginar o que vai acontecer com eles, pobrezinhos, se nós deixarmos de nos ocupar, não? Menos mal que pelo menos nós sim nos

Como, caralho, conseguimos?

Sem esquecer que a resposta mais habitual é esquecer. Formas do esquecimento que incluem sua torrente de palavras.

Como, caralho, conseguimos viver?

O aparato se baseia em dois ou três pilares. Não funcionaria, por exemplo, sem a presunção de autonomia: que o fato de esse senhor de Madaua ser tão pobre que não tenha o que comer não tem nada a ver com o fato de que eu em Buenos Aires Chicago Barcelona leve uma vida tranquila, confortável. Estabelecer relações é um ato de rebeldia decisivo. Ou, pelo menos, um passinho.

Como, caralho, conseguimos viver sabendo?

— Mas é sério que você não entende que se comer tudo isso vão existir outros que não terão o suficiente?
— Não diga besteiras, por favor. O que é isso, ideologia?

Como, caralho, conseguimos viver sabendo que acontecem?

embora você também tenha de pensar que eles não se dão conta. Não é como para você, que está habituado a viver como vive, a comer todos os dias, a variar, a não se preocupar com essas coisas. Para você sim seria terrível, mas para eles essa coisa da fome é a única que conhecem, não é que os angustie tanto, viu? Porque sua vida sempre foi isso, então é claro que é fodido, duro, mas você se engana se acha que é igual, como se acontecesse com você, me entenda, é preciso colocar as coisas em perspectiva, em seu lugar, porque senão você pode se equivocar muito e então

Como, caralho, conseguimos viver sabendo que acontecem essas coisas?

4

Corcovas, ancas, chifres, lombos úmidos, o jugo de madeira, o esterco que escorrega por suas pernas, as moscas que os seguem, a poeira que levantam; a imagem é exótica e monótona, duas qualidades que não costumam andar juntas. O carro de bois avança lentamente pelo caminho de terra, me sacode todo a cada passo.

Nyatanasoa fica no distrito de Marovoay, ao norte da ilha, a mais de 500 quilômetros de Antananarivo, perto de um grande porto chamado Majunga. Perto é uma forma de dizer: são 30 quilômetros de autoestrada asfaltada, sem excesso de poças, e, depois, um caminho que começa no meio do mato, arbustos, árvores, e pouco depois se transforma em uma trilha que avança no meio de pastos secos, pequenas plantações de mandioca e arroz, muita terra queimada, algumas palmeiras.

Aqui o carro de boi é o único meio de transporte disponível; a alternativa é caminhar horas e horas. Estamos habituados a pensar a viagem moderna — trem, ônibus, avião — como um tempo em que a pessoa ignora o movimento e tenta se distrair para que tudo passe mais depressa. No carro de boi não é possível se distrair. É preciso responder a cada pulo, cada sacudida: fazer parte do transporte, se mexer para chegar a algum lugar. São horas: os bois lentos, o sol a pino. De repente, no meio do nada, uma placa enferrujada diz Tonga Soa, Bievenue, Welcome Fuelstock. E, alguns quilômetros depois, Nyatanasoa.

Nenhum desses vilarejos aparece no Google Maps: não fazem parte da imagem global.

Ao longe, o projeto Fuelstock é um exemplo de como forasteiros ricos estão ficando com essas terras de que os locais precisam para comer um pouco mais. De longe, mas menos longe, é a história de como um banqueiro irlandês conseguiu 30 mil hectares de terra malgaxe para fazer seus negócios.

De perto são avanços, retrocessos, contradições, muitas histórias: de perto qualquer história são muitas outras. Mais complicadas, mais apaixonantes, mais difíceis de entender e interpretar.

Tudo começou há quatro anos, em um encontro sobre agrocombustíveis realizado na África do Sul, onde um banqueiro irlandês cinquentão que começava a ficar inquieto encontrou um malgaxe rico que lhe falou das terras de sua ilha: que havia muitas que ninguém explorava, que pertenciam ao Estado, que ele conhecia os funcionários que era preciso conhecer para conseguir uma boa quantidade a preços confortabilíssimos. O irlandês e o malgaxe começaram a fazer planos, cálculos, castelos no ar: instalariam uma planta agrícola no norte de Madagascar, plantariam játrofa — a nova planta milagrosa, a sensação dos últimos anos — para produzir agrocombustíveis, ganhariam fortunas.

— O patrão é ótimo para encontrar dinheiro, mas a verdade é que conhece pouco de agricultura. E quando alguém quer lhe explicar fica com dor de cabeça — diz agora Simon Nambena, o engenheiro agrônomo local que a Fuelstock contratou para dirigir seu projeto.

Nambena também é produto destes tempos: cinquentão, trabalhou durante anos em projetos de reflorestamento da cooperação alemã; quando a crise política provocou a retirada de boa parte dos programas de desenvolvimento, ficou desempregado. Por isso aceitou, encantado, o convite para dirigir as plantações da Fuelstock.

— Uma das coisas que o patrão não sabia é que a játrofa precisa de muitos cuidados antes de começar a dar bom rendimento, muita mão de obra, muito adubo, ou seja, precisava de muito mais dinheiro do que havia calculado. Nem sabia que nessa região o solo é muito duro, que quebra todas as ferramentas, que é quase impossível trabalhá-lo com tratores, que necessita de horas e horas de preparação antes que se possa plantar qualquer coisa, que há cerca de 30% de ladeiras inacessíveis, 30% de ladeiras onde o solo é pura areia incultivável: ninguém havia pensado nisso.

Costuma acontecer: quando começam a tentar, os ocupantes de terras descobrem que há mais dificuldades — e menos caminhos, menos eletricidade, menos máquinas, menos mecânicos — do que imaginavam, e isso transforma seu dinheiro fácil em problemas. E, amiúde, tampouco haviam imaginado que essas terras que pareciam meio vazias estavam meio cheias.

Os planos iniciais dos 30 mil hectares incluíam os arrozais dos habitantes das aldeias da região, que ficariam sem sua fonte de alimentos. O prefeito protestou, os vizinhos pintaram seus rostos.

— De qualquer forma, para a játrofa não nos servem as terras dos arrozais, as terras baixas no meio de colinas, onde se junta toda a água. Foi um erro, uma coisa em que não pensaram.

A empresa consertou seu "erro". E lhe ocorreu, para conquistar os locais, aliar-se a eles contra seus inimigos tradicionais: fazer como fizera o Grande Cortés.

É um recurso clássico. Quando Hernán Cortés desembarcou em Vera Cruz com 660 homens, dez canhões, dezesseis cavalos e nenhuma mulher, suas forças eram ínfimas diante do império asteca. Rapidamente, Cortés entendeu que só poderia derrotá-lo se conseguisse o apoio de outros povos que não suportavam mais seu domínio.

Aqui, modestamente, os homens da Fuelstock se reuniram com o prefeito de Marovoay e os líderes camponeses; disseram-lhes que sua presença e seus novos cultivos serviriam para impedir que os zebus dos pastores sakalava continuassem invadindo, como sempre haviam feito, seus arrozais.

Passarinhos, galinhas, algum cachorro, gritos de crianças, choros de crianças, conversas de mulheres, um assovio ao longe, o baixo contínuo dos pilões moendo grãos nos almofarizes, o vento quase sempre, o cacarejar de um galo, a exatidão de um escarro bem-lançado, uns mugidos, dois homens falando com força. Não há sons mecânicos, elétricos; todos são naturais, um estrondo.

Nyatanasoa são uns quatrocentos ou quinhentos habitantes espalhados em suas choças de adobe, tetos de canas de duas águas, as ruas os espaços entre elas, galinhas, crianças, algum zebu, poucas cabras, mulheres sentadas diante das portas das choças, homens sentados em uma espécie de vazio entre as choças que poderia ser algo assim como uma praça.

— Na primeira vez, quando o prefeito da região nos convocou para uma reunião e nos disse que uma grande empresa se instalaria aqui, ficamos muito felizes. O prefeito nos disse que iam fazer escolas, postos de saúde, estradas, que trariam energia elétrica, que iam nos dar trabalho, que iam nos proteger dos sakalava. Quase ficamos envergonhados: eu pensava por que tínhamos essa sorte, que não a merecíamos — diz, na praça ou algo assim, Funrasa, um senhor com uma camiseta branca velha, uma bermuda colorida e um chapéu de palha com uma cinta que já foi vermelha, descalço.

Na praça — ou algo assim — estão dois senhores, quatro garotos, uma mulher pintada com pó dourado, sete ou oito crianças. Os garotos usam camisetas de times de futebol muito surradas: uma do Real Madrid, uma do Barcelona com o nome de Messi, duas diferentes da Seleção Brasileira, e estão sentados no chão de terra; deixaram para mim o melhor tronco, um torcido de tal maneira que parece uma cadeira. Conversamos à sombra de uma mangueira.

— E a escola funciona?

— Bem, a escola que temos já estava aqui antes. Mas, sim, funciona.

— Agora há aulas?

— Não, agora não.

— Por quê?

— Por que os professores estão em greve. Estão em greve há cinco meses, para ver se aumentam seus salários — diz um dos garotos, acrescentando que é verdade que a empresa os ajudou a manter a escola (no ano passado a pintaram por fora) mas que não fizeram o posto de saúde, permitindo-lhe por outro lado visitar o médico da companhia, que vem algumas vezes por semana. E que não trouxeram a energia elétrica, e que fizeram um poço aquífero em suas terras e lhes cobravam 500 ariarys — 20 centavos de dólar — cada vez que iam buscar água.

— Vendem para vocês sua própria água?

— Bem, não nos vendem porque não a compramos. Fomos duas, três vezes, e não fomos mais. Se tivermos de lhes pagar toda vez que precisarmos de um barril de água...

Por isso as mulheres da aldeia, depois de fantasiar, retomaram sua velha rotina: voltaram a descer ao reservatório, meio quilômetro lá embaixo, com seus baldes de plástico amarelo.

— E vocês reclamam pelo que disseram que iam fazer?

— Não, ainda não. O chefe deles nos disse que ainda não haviam conseguido fazer as coisas porque os materiais não chegaram ao país.

— Mas já se passaram três anos.

— Bem, dois e meio.

— Vocês não temem que não façam nada?

— Não, algum dia vão fazer. Se disseram, vão fazer — afirma Albert, o outro senhor: um personagem tipo Corto Maltese, os olhos como talhos, a boca enorme, o nariz achatado, suas calças de terno velho, seu paletó de outro terno velho, seu chapéu tipo borsalino, descalço.

— O que vão fazer? — pergunta a mulher: o que vão fazer se nunca fizeram nada que não fosse para si, diz.

Eles têm seu gerador, seu poço, diz; para eles sim fizeram, diz a mulher, e os outros a olham de uma maneira estranha, como se estivessem incomodados.

— Já é hora de pararmos de nos enganar — insiste a mulher: se chama Rina, um pano verde e vermelho envolve seu corpo. Deve ter 20 e tantos, 30 anos, os braços gordos, o rosto coberto com um pó dourado, fragmentado: o rosto, terra seca. — Querem ficar com tudo e parece que nós não queremos perceber — insiste.

Os outros — os homens, os garotos — a fitam como se quisessem calá-la com os olhos.

A vida em Nyatanasoa mudou com a chegada da Fuelstock e seus cultivos. Algumas dúzias de moradores conseguiram empregos na companhia: recebem 3,5 mil ariarys — menos de dois dólares — por jornada de muitas horas. Mas os locais não eram suficientes para ocupar todas as vagas; por isso a empresa trouxe dúzias de homens e mulheres de outras aldeias: alguns se instalaram em volta desta, outros vão e vêm das suas. Há épocas em que são poucos; quando chega a hora de semear ou a da colheita, podem ser mais de cem. Então mulheres da aldeia começaram a cozinhar sonhos e arroz para vender-lhes: criou-se um pequeno mercado em um lugar onde não havia intercâmbios comerciais. E, sobretudo, os nyatanasoanos conseguiram a massa crítica para instalar, por fim, uma sala de vídeo. Como eram muitos, conseguiram comprar uma televisão velhíssima e um reprodutor de vídeo e alugar um gerador; agora exibem filmes sob um teto de palha. A sala de vídeo funciona todos os dias, mais ou menos; foi criada há um ano e transformou a vida da aldeia.

— Agora saio de casa à noite. Antes nunca saía, para que iria sair? Mas agora saio para ver os vídeos.

— Quantas vezes por semana?

— Sempre que exibem. E quando tenho dinheiro, claro — diz Funrasa, olhinhos pícaros. A sessão custa 200 ariarys, e às vezes dura 4, 5 horas: filmes de ação, de amor, da vida, diz: da vida. Esses são os que prefere, insiste, mas não consigo que me explique quais são os filmes da vida.

— E passam 5 horas por dia vendo filmes? — pergunto a eles, e todos riem e respondem em coro que sim, que claro: crianças com seu brinquedo novo.

Conversam durante muito tempo: visivelmente, a sala de vídeo é uma mudança importante, a descoberta de um vício que nem sequer haviam imaginado. A ideia de ócio, de lazer, é uma novidade em suas vidas.

— E não temem que os novos acabem tomando-lhes a aldeia?

— Não podem nos tomar nada. Eles são de outras aldeias; vêm quando há trabalho e depois vão embora — diz Albert, e os outros assentem. Rina os observa, desconfiada, e está para dizer alguma coisa, mas não diz.

— Gostaria de viver em Taná?

— Sim, mas teria medo.

— Por quê?

— Porque há muitos bandidos.

— E aqui não há?

— Aqui é diferente, nós os conhecemos mais.

Rina me pede que a acompanhe e me leva a uma casa alguns metros mais além: diante da porta, duas mulheres sentadas no chão amamentam; dez ou doze crianças brincam ao redor. Parecem felizes, quase gordinhas, o rosto coberto com a poeira dourada. Uma das mulheres tem, como Rina, o rosto coberto de poeira dourada. Eu lhe pergunto, me diz que é a casca de uma árvore, que rala, mistura com água e aplica em si.

— Para quê?

— Para me proteger dos raios de sol.

— E, se não usá-la, o que acontece?

— Fico toda negra — diz Shena, morena, 30 e tantos anos. O bebê suga.

O bebê é menina, me diz, tem pouco menos de um ano; outra, um pouco maior, sobe em seu colo: a que está mamando, me diz, é sua filha, a outra é neta — filha de uma filha que já deve ter 15, me diz, ou 16 anos. Que cuida dela, me diz, muitos dias e mais ainda hoje porque sua filha foi ao mercado. Saiu cedo, a pé; Shena diz que leva cerca de 5 horas para ir e 5 para voltar. Um homem leva 4, mas os homens não querem ir ao mercado, dizem que não sabem, que não têm tempo; mandam então as mulheres.

— Aqui, quem trabalha mais, os homens ou as mulheres?

— Os homens, porque no campo manejam a enxada. As mulheres regam, colocam o adubo...

— E o que os homens fazem em casa?

— Nada, não fazem nada. Às vezes vão buscar o zebu, mas não fazem mais nada. Nós fazemos tudo em casa, a casa é nossa, as crianças, a comida, a limpeza, a roupa, tudo isso.

— E então, quem trabalha mais?

— Os homens — diz Shena, cansada de me explicar tudo. A outra mulher, também com um bebê em cima dela, se chama Soasara e diz que tem de ir cozinhar. Eu lhe pergunto o quê; ela me olha com um pouco de pena.

— Arroz, o que seria?

Então eu lhe pergunto quantas vezes comem e Soasara me diz que três por dia: de manhã, ao meio-dia e à noite.

— E o que comem de manhã, o que comem ao meio-dia, o que comem à noite?

— Arroz — diz, como quem diz a coisa mais óbvia.

— E o preparam de maneira diferente a cada vez ou é sempre igual?

— Não, o que quer que façamos? Cozinhamos.

— Comem arroz com alguma coisa?

— Às vezes, quando há. Um pouco de verdura. Um peixe. Mas não muito.

— Quanto?

— Bem, uma vez por mês, uma vez a cada dois meses.

Salvo, me diz, na *soudure*.* Então, de novembro a março, quando nove de cada dez famílias passam fome porque não têm nem milho nem arroz, quando a metade das famílias passa dias inteiros sem comer, sua — pouca — alimentação é mais diversificada. Comem o que encontram no campo: inhame, uma batata selvagem que se chama *moky*, tamarindos misturados com cinzas, certas frutas silvestres, grilos e outros insetos, passarinhos. Não gostam; pergunto se não preferem comer coisas diferentes.

— Não. O arroz é a comida do povo malgaxe! — diz Soasara, enfática, ribombante.

— Mas gosta?

— Claro que gosto, gosto mais do que de tudo.

---

* Em francês, literalmente, "soldagem". Na linguagem popular local, "calorão". (*N. T.*)

Alguns desses alimentos ocasionais lhes parecem temíveis; inventaram tabus. Por exemplo: que se derem um ovo a uma criança que ainda não aprendeu a falar, ela ficará muda.

— Mas se pudessem escolher qualquer prato, o prato que quisessem, o que escolheriam?

— Arroz — diz Shena, e Soasara assente. E Rina me explica que pão não sacia, não serve para comer; que o que mata a fome é o arroz.

— O problema é quando não temos. O problema é que cada vez nos restam menos terras para plantá-lo e agora a companhia...

— O que tem a companhia?

— Não ouviu? Vai ficar com toda a água e ninguém diz nada.

A Organização Mundial da Saúde diz que a principal causa das mortes por questões do meio ambiente é "cozinhar com fogões primitivos". Na maioria das casas do OutroMundo, mulheres cozinham o pouco que podem em fogões de lenha ou carvão ou estrume dentro de suas choças. A fumaça invade, as tisna, as adoece: a OMS diz que 1,5 milhão de pessoas morre a cada ano de doenças respiratórias — bronquite, asma, câncer de pulmão — causadas por essa queimação: mulheres, acima de tudo, e crianças.

Os camponeses de Nyatanasoa — os camponeses de toda esta região de Marovay — vivem de suas pequenas plantações de arroz, que completam com um pouco de mandioca e, às vezes, trabalhando por diárias em um campo alheio.

— Quando colhemos arroz, temos de vender bastante para comprar sal, açúcar, óleo, sabão. E temos de guardar um pouco para fazer semente. Então depois não nos basta, e quando chega dezembro ou janeiro acabou e temos de comprar no mercado — diz Soló, um senhor de 51 anos.

Soló e sua mulher, Blondine, têm 2 hectares de arroz e três zebus. Cada hectare produz quase 2 toneladas com casca, mas quando o despelam lhes restam uns 500 quilos. Soló e Blondine não sabem que a produtividade média de 1 hectare de arrozal na China ou no Vietnã é de 6 ou 7 toneladas.

— E não lhes convém guardar todo o arroz, pois assim não teriam de comprá-lo depois?

— Claro. Mas se guardássemos tudo ficaríamos sem dinheiro para comprar qualquer outra coisa. Guardamos a metade para comer e semear; o resto precisamos vender.

— Mas depois, na *soudure*, têm de comprar arroz.

— Sim. E lhe cobram muito mais caro.

— É por isso que estou dizendo: não lhes convém guardá-lo?

— Não entende? Não podemos guardá-lo, precisamos desse dinheiro para comprar nossas coisas. Para ir vivendo, para poder comer.

Soló me conta o que é passar o dia inteiro com os pés na água, no barro dos arrozais. Depois me mostra: seus pés parecem o pescoço de uma velha tartaruga, uma pele que não é mais pele e sim um mapa de rugas. Soló me diz que de vez em quando ficam sem comida, passam um dia ou dois sem comer, mas que fome, isso que chamam de fome, nunca teve.

— E, então, o que seria passar fome?

— Não comer.

Soló usa um jeans cortado na altura do joelho e uma camiseta branca rasgada e limpa; Blondine está enrolada em um pano lilás. Estão sentados no umbral de sua casa: terra batida, paredes de adobe pintadas de rosa, uma quantidade de crianças que vão e vêm e brincam ao redor.

— Todas essas crianças são seus filhos?

— Não, são sobrinhos, vizinhos. Nós tínhamos dois filhos, nada mais. Uma menina de 12 anos e um menino de 6 que vivia conosco, mas no mês passado foi viver com os ancestrais — diz Soló, e eu não entendo. Tatá, minha intérprete, me explica: que ir viver com os ancestrais quer dizer que morreu. — Fidy não estava bem, estava muito magrinho; dávamos-lhe todo o arroz que podíamos, mas não melhorava, estava cansado, sem vontade de nada — diz Soló, e que um dia ouviram no rádio um senhor que dizia que, se acontecesse algo assim com uma criança, que a levassem ao hospital. Foram até Antanambazaha em um carro de boi; o pobre Fidy quase não falava, se queixava bem baixinho. Ficou dois dias no hospital; morreu no terceiro. Blondine diz que às vezes acha que a culpa foi daquela gente do hospital; disseram que o menino estava mal-alimentado e que por isso não pudera se curar de sua doença — uma palavra que não consegue lembrar —, mas ela não acreditou: Fidy comia seu arroz todos os dias, quase nunca lhe faltava arroz. Soló tem dois ou três dentes atravessados e olha para ela como se quisesse lhe dizer para ficar calada; Blondine continua:

— Eu acho que eles o mataram.

— E por que poderiam querer matá-lo?

— Não sei. Se soubesse essas coisas, não seria pobre assim.

Soló e Blondine pediram dinheiro emprestado para comprar o zebu que deveriam matar para o funeral, mas não puderam enterrá-lo aqui:

— Nós estamos vivendo aqui há cinquenta anos e, antes disso, meu pai e meu avô também viveram aqui, mas esta não é nossa terra, sabe. Nossa terra fica no sul, muito longe, a terra de nossos ancestrais. Então fomos enterrá-lo lá. Isso também custou muito caro.

— Enterraram-no lá porque queriam ou porque aqui não lhes permitiram?

Soló me olha e sorri; de repente, fica muito ocupado, enrolando seu cigarro, tabaco de uma bolsinha de plástico azul e papel de uma caderneta usada, folhas grossas rabiscadas que vai cortando com cuidado, delicadeza. Depois diz que são os sakalava, que os sakalava sempre dizem que eles ainda são forasteiros. E que agora os brancos os protegem, que com suas plantações impedem que os zebus dos sakalava arruínem seus cultivos, mas que ele sabe como são os brancos, vão acabar ficando com tudo e ele vai ser mais forasteiro do que nunca e que na época oxalá ele já esteja descansando com seus ancestrais em sua terra.

— O senhor acha que a empresa vai ficar com nossa terra? — ele me pergunta, com a esperança de que eu lhe diga que não, que como pode pensar uma coisa dessas. Não consigo.

Os sakalava foram, durante séculos, os donos destas terras: pastores que levam seus zebus daqui para lá em busca de melhores ervas; proprietários de grandes territórios, famosos pela violência, dominadores, senhores implacáveis.

E quase todos os agricultores da região de Marovoay são "forasteiros"; seus ancestrais chegaram há duas ou três gerações e obtiveram permissão dos sakalava para cultivar desde que não molestassem seus rebanhos. E desde que suportassem que, com frequência, esses rebanhos se enfiassem em seus arrozais, os pisoteassem, os comessem. Eram as condições impostas pelos amos.

Por isso os donos da Fuelstock imaginaram que sua melhor jogada seria aliar-se aos agricultores contra os pastores. Instalaram suas plantações e seus alambrados entre as terras de pastoreio mais usadas pelos sakalava e as semeadas pelos "forasteiros". Foi — ou pareceu, no princípio — uma boa forma de conquistar os camponeses; foi, também, a melhor maneira de dar início às hostilidades com os sakalava.

— Você acha que os camponeses estão felizes com sua presença?

— É difícil dizer. Eu não sei, mas dizem que todo esse dinheiro que damos à comunidade a título de impostos nunca aparece em suas caixas, embora nós tenhamos recibos assinados pelo intendente. E, é claro, há gente que se irrita porque diz que Madagascar não deveria dar terras aos *vazahas*, aos brancos. Mas acho que os que têm trabalho conosco estão felizes com a nossa presença — me diz Nambena, o agrônomo da Fuelstock, com sua voz de tabaco.

— Mas se queixam, dizem que vocês lhes pagam pouco.

— Bem, eles sempre se queixam. A verdade é que aqui há muita terra disponível e agora estamos começando a usá-la.

— Por que havia muita terra disponível?

— Essa é uma boa pergunta: porque era uma região pecuária, os pastores as usavam para seus zebus e por isso não plantavam nada.

— Mas a usavam.

— A usavam de uma forma muito selvagem, muito pouco racional.

O conflito explodiu quando a empresa começou a plantar; o chefe dos sakalava se apresentou e disse que a terra era deles, que a empresa não tinha direito; esta disse que a terra lhe pertencia, que tinha todo o direito. Confrontavam-se duas formas de propriedade: os documentos que o Estado malgaxe havia dado à Fuelstock contra o costume de séculos de uso. As negociações foram tensas; ainda continuam.

— Os pastores sempre serão contra.

— Por quê?

— Porque eles acham que toda a terra é deles. Estão habituados a deixar seus animais soltos por aí, queimam a erva para que cresça uma nova e deixam seus animais, isso é tudo o que os pastores fazem. Eles não sabem usar a terra.

5

Mais além de Nyatanasoa, a pista se abre e vira uma estrada de carros de boi. Passam vários, que vão ao mercado, puxados por dois zebus cada um, um jugo longo, um condutor com chicote. De repente um barulho, cavalgada; dois carros chegam a mil por hora, brincando de corrida; poeira e debandada, depois nada.

— Quando os *vazahas* da empresa chegaram, disseram que iam melhorar tudo: como vivíamos, tudo. Disseram que se eles começassem a cultivar não teríamos mais problemas com os criadores de gado porque iam colocar seus campos entre eles e a gente para que seus zebus não pudessem vir até aqui.

— E fizeram isso?

— Não. Mais ou menos. Ocuparam essa parte, mas às vezes os zebus vêm da mesma forma. Outras vezes não vêm — diz Norbert, cético: no final, acho que não ganhamos nada.

Norbert é o "presidente" do *fokotany* — povoado — de Besonjo, a 3 ou 4 quilômetros de Nyatanasoa. Besonjo é muito parecido com Nyatanasoa, salvo que, à entrada, há casas pretas, queimadas, uma dúzia delas. Norbert foi eleito há quatro anos, quando chegou um senhor da capital e disse que tinham de eleger um presidente para a aldeia, que iam votar. No mesmo dia se apresentaram três candidatos e Norbert ganhou com muitos votos de vantagem.

— Por que o elegeram?

— Porque não me conheciam o suficiente — diz, rindo, e depois fica com medo de que eu não entenda seu humor: porque gostam de mim, meus vizinhos gostam de mim.

— Gosta de ser presidente?

— Gostava, gostava muito, mas agora não gosto mais. O ataque do ano passado, os atrasos da empresa com os pagamentos... Tenho muitos problemas. E tenho de fazer muitas coisas, muitos trâmites, e ninguém me paga nada e tampouco consigo as coisas que teria de conseguir.

Então para quê... diz Norbert, além de que a companhia não paga os salários quando deve e que não fez muito do que lhes havia prometido e que tudo continua igual e que há alguns meses se irritaram tanto que muitos trabalhadores com facões se juntaram diante da sede da empresa para exigir que lhes pagassem.

— Pobres dos funcionários, se assustaram, acharam que iam matá-los.

— E iam matá-los?

— Acredito que não. Imagino que não. Mas pagaram rapidinho nesse dia — diz, rindo de novo. Norbert tem quase 60 anos, usa uma camiseta de um festival de música que aconteceu há muito tempo em outro lugar, cabelos muito pretos, sorriso fácil. Seu avô chegou à aldeia há cem anos, seu pai nasceu aqui há oitenta, mas esta terra ainda não é sua terra: não é a terra onde enterram seus mortos porque não é a terra onde estão enterrados seus mortos. Eu lhe pergunto se em algum momento vai ser sua terra, mas não entende minha pergunta:

— Minha terra fica no sul. Meus ancestrais estão enterrados lá.

E que às vezes têm de enterrar algum parente aqui, porque não têm dinheiro para ir à sua terra, mas que quando conseguem o levam e aí então está realmente morto, ao lado de seus ancestrais. Sua mulher, Marceline, o observa e assente: ela sim trabalha para a Fuelstock, plantando pimentões vermelhos, e o presidente diz que por isso o acusam de ter se vendido aos *vazahas*. E ele diz que, se pudessem, ela deixaria o trabalho em 2 minutos, que trabalha muitas horas e lhe pagam uma miséria, mas que precisam desse dinheiro, que na verdade o deixaria se pudessem. Norbert e Marcelina têm oito filhos: o mais velho tem 28, o menor, 7 anos.

Sua casa é a maior do povoado: um casarão de adobe com três aposentos, pé-direito alto, de palmeira escurecida, janelas pequenas, portas de madeira com cadeados novos, reluzentes. Estamos na sala; não há móveis, só as esteirinhas que as mulheres daqui fazem com folhas de palmeira para não se sentar ou deitar no chão de terra. No chão, sentados nas esteirinhas, dois ou três de seus filhos e uma dúzia de vizinhos nos ouvem, nos observam, fazem comentários a nosso respeito.

642

Besonjo parece um oásis de tão calmo, mas as casas queimadas na entrada... Pergunto duas ou três vezes o que é aquilo e, por fim, Norbert me diz que foi por ocasião do ataque.

— Ataque?

— Sim, o ataque. Eu achei que o senhor estava vindo por isso.

Há alguns meses, sete ou oito homens atacaram o povoado, em uma segunda-feira, ao cair da tarde. Surgiram de repente, gritando, tocando apitos e tambores, batendo com pedaços de pau e facões; um tinha um fuzil, todos gritavam e corriam e foram à casa de Norbert. Marceline estava na casa de uma vizinha e os viu chegar.

— Começaram a disparar tiros contra a porta da casa e a abriram, gritando que queriam meu marido. Meu marido havia saído, por sorte não estava. Então entraram, começaram a tirar coisas da casa, levaram seu fuzil, os papéis para fazer os certificados das terras, os carimbos oficiais; gritavam, quebravam tudo. Eu saí correndo, gritando que havia bandidos, bandidos, e a gente da aldeia começou a correr para os lados do campo.

O presidente Norbert, que estava chegando, também correu e se escondeu atrás de umas árvores. Os assaltantes foram procurar o vice-presidente do povoado, mas também não o encontraram. Então correram alguns metros em direção às casas mais ao leste — quinze ou vinte choças de moradores novos, muitos trabalhadores da empresa — e as incendiaram. Incendiar casas parece ser uma tradição malgaxe, inclusive casas grandes: em 1972, incendiaram a prefeitura de Antananarivo; em 1976, o palácio do primeiro-ministro; em 1995, o velho palácio da rainha, o prédio mais famoso da ilha.

— E não mataram ninguém?

— Não, não conseguiram pegar ninguém porque todos escapamos.

Quando estavam indo embora, os vizinhos conseguiram ver que apenas um tinha um fuzil; os outros carregavam machados e facões.

— E vocês não podiam ter se defendido?

— É que nos pegaram de surpresa, não sabíamos o que estava acontecendo, tivemos medo, corremos.

— E quem eram?

— Não sei, não sabemos — diz Norbert.

Diz que não sabe para dizer que sabe, mas não sabe se quer contar ou não contar — e me olha com uma expressão estranha. Eu insisto; me conta

643

que pelo que diziam se percebia que eram daqui, que conheciam a aldeia, que sabiam nomes de vizinhos.

— Há quem diga que foram enviados pelos sakalava. Mas eu não sei, como iria saber?

Os demais assentem, esquivam os olhares. Há alguma coisa nesses rostos que é pura malícia: uma arte de fingir que não dizem o que dizem ou dizem o que não.

— O que acontece é que os sakalava dizem que as terras onde a companhia começou a plantar lhes pertencem. Vieram algumas vezes e nos perguntaram o que é que fazíamos trabalhando nestas terras. Eles acreditam que fomos nós que levamos a companhia para plantar játrofa nessas terras e por isso estavam furiosos; por isso nos atacaram.

— Então eram sakalava?

— Não, não sei — diz, e sua esposa o olha como quem não quer que se perceba que o olha.

— E essa história que me contou?

— Isso é o que dizem. Mas quem sabe se é verdade ou se não é...

6

— Antes vivíamos melhor. Antes havia respeito. Agora não resta nada, apenas brigas.

— O que mudou?

— Antes havia respeito. Nossos vizinhos sabiam que lhes permitíamos viver nessas terras e nos respeitavam, nos tratavam como se deve. Mas desde que a empresa chegou tudo se perdeu. Eles se aproveitaram da companhia para brigar com a gente. Disseram que nossos zebus comiam suas plantações de arroz. Então convenceram a companhia a colocar sua játrofa entre os arrozais e a gente, disseram que era para que os zebus não pudessem passar. Mas daí temos que levá-los mais longe, a lugares com menos pasto... e esta é a nossa terra.

Esperava outra coisa. Fico surpreso ao ver que Mangadé, a aldeia dos sakalava, é tão pobre como as outras, mas bem menor: uma dúzia de choças muito precárias, um homem velho e um quase velho. O velho se chama Adaniangy e é filho do chefe da aldeia. O velho — o herdeiro — tem mais de 70 anos e me diz que seu pai já anda pelos cem. O velho — o herdeiro — usa uma túnica que foi branca, bermuda jeans muito esburacada, pés descalços, as unhas esculturas neolíticas, a boca com poucos dentes muito tortos, a maioria de ouro. O outro, o quase velho, é seu primo Gérard. O primo tem um pano enrolado na cintura, os pés também neolíticos, uma camisa rasgada aberta, um chapéu de palha amassado e um sorriso quase inteiro. Nunca larga o facão: desenha no chão, junta galhinhos, corta folhas, arranca a ponta dos galhinhos. O facão tem uma empunhadura tosca de madeira, lâmina curta e larga e arredondada, um fio extraordinário.

— Os *vazahas* da companhia se equivocaram: acharam que para vir para cá tinham de conversar com os camponeses das aldeias lá de baixo. Esses são forasteiros, nós permitimos que vivam aqui, mas são forasteiros. Tinham de conversar conosco, mas não conversaram. Se equivocaram. Depois pediram desculpas, mas se equivocaram.

— Eles acham que vocês mandaram os bandidos incendiar Besonjo.

645

— Bem, é o que alguns dizem, mas talvez digam isso por causa da inveja que sentem da gente, quem sabe. Quem sabe o que é verdade e o que não é? Aqui há muito rancor, muitos conflitos desde que essa companhia chegou para mudar as coisas. Não é como antes, quando vivíamos tranquilos com nossos zebus, ninguém nos molestava, estávamos em paz.

— Temem que a companhia fique com todas as terras?

— Temos medo, sim. A companhia ocupou uma parte de nossas terras, cada vez temos menos terra para pastar nossos zebus.

— E o que podem fazer para impedir?

— Pedimos ao prefeito, a todo mundo, mas às vezes fazem alguma coisa, às vezes não. A companhia lhes diz o que devem fazer e o que não devem fazer. Eles têm de pedir permissão a nós, que somos os verdadeiros donos destas terras. Aqui estão enterrados nossos mortos. Se continuar assim, vão nos deixar sem as coisas mais importantes que existem na terra: embaixo os ancestrais, em cima os zebus.

Estamos sentados na terra, à sombra de uma árvore enorme; os primos estão encostados na árvore. Ao redor, quatro ou cinco choças que são a casa da família. Patos, um peru, um cachorro com três patas; mais além, algumas vacas. As crianças não se aproximam; observam de longe. Mais longe, as mulheres, sob uma pequena marquise de palmeira enegrecida.

— Os camponeses não se importam, porque esta não é a terra de seus ancestrais. Por isso não se importam.

— Mas vivem desta terra, comem desta terra.

— Sim, mas não é a mesma coisa.

Adaniangy — ou melhor, o pai centenário de Adaniangy — tem uns quatrocentos zebus. Um zebu mediano custa 800 mil ariarys — 400 dólares—; um castrado bem-cevado por custar o dobro. O pai de Adaniangy e sua família têm centenas de milhares de dólares, mas é uma ideia diferente da riqueza. Qualquer pessoa que os visse saberia que são pobres; eles sabem que são ricos — e seus vizinhos também sabem. É um tipo de riqueza que não se traduz no que costuma se traduzir em nossos países; não são objetos, não é uma forma de vida, não é nada do que costumamos chamar de conforto ou luxo: é prestígio, poder, segurança.

— Então são ricos — lhes digo, e os dois riem como uma virgem diante de um galanteio um pouco exagerado, falso incômodo, falsa modéstia e o prazer de ouvir aquilo.

— O que acontece é que esta é nossa terra, nós estamos aqui há gerações e gerações. Por isso nossos ancestrais continuam aqui, em seus túmulos de pedra. E por isso agora o chefe da aldeia é meu pai, e depois serei eu, e depois vai ser outro de nós — diz Adaniangy.

Também fala que depois quer me mostrar o túmulo de seus mortos, de seus ancestrais: que agora estou vendo estas casas onde vivem e me parecem, ou diz que me parecem, pobres, mas que seus túmulos são os maiores, os mais belos de todos, que deveria vê-los.

— É verdade que fazem túmulos melhores do que casas?

— Sim, claro — responde, como quem estranha. Vê meu rosto, me explica: — É assim, tem de ser assim. Onde você acha que vai passar mais tempo?

Possuir zebus é, ademais, a principal forma de poupança desta sociedade. Não os criam para vendê-los e que outros os consumam; os criam para ter um seguro que só usarão quando não restar mais remédio: três ou quatro cabeças por ano quando há algum problema, quando ficam sem arroz, quando precisam comemorar alguma coisa. Não é um programa de criar para vender; serve, sobretudo, para entesourar. E, como qualquer entesouramento, serve muito pouco para os demais.

— Por que é bom ter zebus?

— Os zebus são muito importantes. Quando nasce um parente e o circuncidamos, matamos um zebu; quando casa um parente, matamos um zebu; quando morre um parente e o enterramos, matamos um zebu. E também servem para pisotear o arrozal antes de plantar as sementes, pois, se é necessário fazê-lo com os pés, é um trabalho terrível. E quando acontece alguma coisa, quando há alguma necessidade, podemos vender um zebu e resolver o problema. Quando queremos um arrozal, podemos comprá-lo porque temos zebus. É nossa riqueza, nossa reserva.

— E costumam comer carne de zebu?

— Sim, comemos no ano-novo, nas circuncisões, nos enterros, nas festas.

— E o que comem todos os dias?

— Arroz. E às vezes algum peixe do rio.

— Por que não comem mais zebus?

— É que não podemos matá-los porque são muito grandes. Sobraria muita carne e teríamos de jogá-la fora. Nossos ancestrais ficam irritados.

O sol, a poeira, o calor mesmo à sombra desta árvore. Proprietários de quatrocentas cabeças de gado me dizem que comem carne de vez em quando; eu me pergunto de novo se alguma vez todos — todos os homens, digo, inclusive os das sociedades ricas — comeremos como eles, como antes: carne nas grandes ocasiões. Se o tempo da carne — de carne várias vezes por semana — não terá sido um intervalo breve e muito localizado na história dos homens.

Há dois séculos, apenas os mais ricos dos países mais ricos comiam carne com frequência; agora, só os habitantes dos países mais ricos. Se a população continuar crescendo, se não surgir uma forma de produzir proteína animal com menos dispêndio de recursos, é provável que em algumas décadas a época da carne volte a ser o artigo de luxo que quase sempre foi.

— E acham que seus filhos, seus netos, vão poder continuar criando zebus?

— Quem sabe? Se a empresa ocupar tudo, não vai restar lugar para os zebus pastarem. E então os zebus vão morrer.

— E o que vocês vão fazer?

— Vamos ser pobres. Não sabemos viver sem zebus. Vamos ser pobres, vamos passar fome.

7

Alguns acreditam que é a melhor forma de evitar que seus países passem fome; outros supõem que é a melhor forma de ganhar fortunas se seus países passam fome.

Alguns são, inclusive, levemente altruístas: podem ser Estados que procuram terras — em geral, através de empresas privadas — porque estão preocupados com a "autossuficiência alimentar" de seus países. Ou podem ser grandes fundos de investimento preocupados com a volatilidade do mercado financeiro ou corporações da alimentação que querem "integrar seu modelo de negócio": ganhar, de uma forma ou de outra, ainda mais dinheiro. Ou podem ser, inclusive, pequenos aventureiros que querem tirar vantagem de uma situação confusa, de funcionários fáceis, leis elásticas, investidores crédulos.

Mas, em princípio, quando se fala de apropriação de terras, sempre surgem os de sempre: a China, a Coreia do Sul, a Arábia Saudita e os emirados que a cercam. A China, que costumava se autoabastecer de grãos, virou o maior importador mundial de soja e milho — para seus porcos — quando seus habitantes começaram a comer a sério; agora, suas terras estão saturadas e não podem mais garantir comida para todos. A Coreia é um país de superfície pequena e montanhosa, que passou fome durante séculos e que, enriquecido por sua indústria de ponta, seus poucos campos ocupados por mais e mais cidades, precisa importar 70% de seus alimentos — e teme aumentos ou bloqueios que o deixem sem nada no futuro e no prato. A Arábia Saudita, riquíssima em petróleo, resolveu gastar fortunas em perfurações para irrigar seus desertos e transformá-los em pomares. No começo do século, havia chegado a produzir os grãos de que seus 26 milhões de habitantes precisavam — e mais, exportá-los —, mas seus aquíferos começaram a se esgotar e, com eles, sua agricultura e, inclusive, o fornecimento de água a suas cidades. Por isso, seu governo resolveu que pararia de produzir trigo a partir de 2016: um bom exemplo de como a natureza impõe limites até ao capital.

Quando se trata de apropriação de terras, a China, a Coreia, a Arábia Saudita e seus vizinhos são os suspeitos habituais.

E no entanto.

Em 2010, um jornalista norte-americano da *Rolling Stone*, McKenzie Funk, acompanhou um capitalista gordo e linguarudo, norte-americano, em uma viagem a Juba, que ainda não era a capital do Sudão do Sul, para relatar suas tentativas de se apropriar de 1 milhão de hectares — graças à ajuda de um general sudanês da etnia nuer, Paulino Matip, conhecido por ter promovido massacres na zona fronteiriça de Unidade, ao redor de Bentiu. Calcula-se que mais de 4 milhões de hectares sul-sudaneses já foram ocupados ou comprometidos a apropriadores estrangeiros: o senhor Philip Heilberg, dono da Jarch Capital, lhe disse que a África é um continente dominado pelas máfias, e ele, um bom *capo* mafioso. E que "quando a comida escasseia, os investidores precisam de um Estado débil que não possa obrigá-los a cumprir nenhuma regra". Funk, repórter de choque, descreve a onda da apropriação:

"Todos apostam que o crescimento democrático e as mudanças climáticas — com suas inundações e secas e desertificações — logo conseguirão fazer com que a comida seja tão valiosa como o petróleo. Em um planeta de glaciares derretidos, cidades colapsadas e milhões de refugiados climáticos, quem controlar a comida controlará o mundo. Poderes em ascensão, como a China, a Índia e a Coreia do Sul, ficarão com milhões de acres, de Camarões ao Cazaquistão, competindo com Estados petroleiros, como a Arábia Saudita e o Kuwait, e bancos de Wall Street, como o Goldman Sachs e o Morgan Stanley." A frase, talvez involuntária, é uma verdadeira declaração: os países que ficarão com a terra serão a China ou a Índia ou a Arábia Saudita, mas não os Estados Unidos — e sim Wall Street, alguns bancos.

É o tipo de realidade paralela que a cultura norte-americana conseguiu construir: nós não, nós somos bons, embora haja, entre nós, maus. No entanto, os outros.

Segundo os especialistas da Grain — uma organização internacional que se transformou em autoridade na questão —, as empresas que concentram mais terras estrangeiras ficam na Grã-Bretanha e nos Estados Unidos.

Depois, sim, vêm empresas públicas e privadas da China, da Arábia Saudita, da França, da Itália, da Índia, da Coreia, de Singapura e da África do Sul.

Uma obviedade: em geral, aqueles que ficam com todas essas terras não precisam delas. Pessoas que fazem negócios — que são, por definição, pessoas que poderiam não fazê-los. Ou seja: pessoas que têm dinheiro suficiente para viver com tranquilidade, mas dedicam a vida a ganhar mais dinheiro porque, caso contrário, não conseguem viver tranquilamente. Pessoas que fazem isso porque são a encarnação do espírito capitalista. Porque querem correr risco, ter poder. Porque querem dinheiro.

Um dos fundos que concentra mais terras africanas se chama Emergent e está muito bem situado em Londres. É dirigido por uma ex-executiva do Goldman Sachs e por um ex-executivo do J. P. Morgan. Em uma entrevista à agência Reuters, seu CEO, David Murrin, não quis revelar quanto dinheiro administrava, mas sim afirmar que era "o maior fundo agrícola da África". Informações financeiras dizem que dispõe de 3 ou 4 bilhões de dólares para fazer bons negócios com "a volatilidade da situação geopolítica" — e que seu rendimento anual deveria estar em torno de 25%. Em sua página na web, impecável, declama, altissonante, seu sistema de fazer fortunas:

"O modelo geopolítico exclusivo da Emergent é usado por nossos *managers* para identificar as tendências temáticas da política econômica global. A hipótese fundamental de nosso modelo identifica o maior problema do mundo: a superpopulação — há muita gente para poucos recursos naturais.

"A partir dessa hipótese, a Emergent explorou a natureza fractal dos modelos coletivos de comportamento de grupos de pessoas na economia política mais ampla. A natureza da evolução dos Estados nação é repetitiva e seus resultados podem ser previstos com um alto nível de acerto. Esse trabalho está encapsulado em nosso estudo sobre os Cinco Estágios do Império e no livro de nosso CEO, David Murrin: *Quebrando o código da história.*

"Há seis subtemas no Modelo, através dos quais é possível antecipar e monitorar essas mudanças: evolução de um mundo multipolar; escassez de matéria-prima; polarização cultural e religiosa, Oriente e Ocidente, cristandade e islã; tecnologia e proliferação de armas; doenças; aquecimento global e as implicações das mudanças climáticas [...] Nosso modelo sugere que este período vai experimentar a confluência de vários eventos geopolíticos importantes. Supõe-se que acontecerão em um período relativamente curto em sincronia com uma transferência importante de poder e riqueza através do globo. O ambiente atual gerará um deslocamento significativo nos mercados financeiros. O correspondente aumento da volatilidade proverá excelentes oportunidades de negócios."

Ou, como dizer em grandes palavras, que você vai rapinar tudo o que puder, aproveitando os desastres previsíveis.

"Poderíamos ser idiotas e não cultivar nada, e mesmo assim ganharíamos muito dinheiro nos próximos dez anos", disse a chefe da Emergent: terra tão barata que mesmo sem usá-la é um grande negócio.

O Oakland Institute da Califórnia, que tem se dedicado a acompanhar a questão, diz que "corporações, bancos e nações ansiosos por garantir sua própria segurança alimentar futura estiveram prospectando e se assegurando da existência de grandes extensões de terras estrangeiras para a produção ou a especulação. Cada vez mais, os investidores consideram que as terras cultiváveis são um lugar seguro e rentável para seu capital".

Por que acham que é um investimento seguro? O mundo está tão arruinado que um inglês ou um sheik ou um japonês que explora milhares de hectares na Tanzânia pode ficar tranquilo?

Nem sempre acreditam. Às vezes, os bem-pensantes de Washington se preocupam: "Os investidores estrangeiros que produzem alimentos em um país repleto de faminuos enfrentam o problema político de como tirar seus cereais. Os aldeões permitirão que caminhões cheios de grãos cheguem aos portos quanto estiverem no umbral da *hambruna*? O potencial de instabilidade política nos países onde os aldeões perderam sua terra e seus meios de vida é alto. Será fácil haver conflitos entre os investidores e os países anfitriões", escreveu, em 2012, na *Foreign Affairs*, Lester Brown, pioneiro *ecochato*.

Tem certa lógica: aquele provérbio que diz que não se deve contar dinheiro na frente de pobres, aquele que diz que não é bom mostrar a faminuos que alguém está levando sua comida — porque poderiam reagir.

Mas não costuma acontecer: não há maior feito ideológico do que o respeito à propriedade privada. A base milagrosa de todo o edifício. O fato surpreendente de que, em geral, os donos não precisam usar a violência para impedir que alguém que precise muito de alguma coisa e a vê ali diante de seu nariz a leve.

Também aqui, em Madagascar, foram vendidos milhares e milhares de escravos. Há 150 anos, um dos principais recursos da ilha era fornecê-los às ilhas vizinhas: Comores, Reunião. Poucas atividades comerciais foram tão constantes ao longo da história: não há cultura que não tenha recorrido, em algum momento, à solução de fazer negócio com essa mercadoria tão fácil de ser conseguida, tão acessível. Para mantê-la, só era preciso um pouco de força e muito de ideologia: a convicção geral de que se uma pessoa cumprisse certos requisitos — perdesse uma guerra, não pagasse suas dívidas, roubasse quatro pães, nascesse de uma mãe escrava — podia pertencer à outra pessoa. Uma das mudanças mais extraordinárias trazida pela modernidade foi a abolição dessa ideia; que agora a achemos aberrante é tão comum como que fosse considerada normal há dois séculos. Deveria funcionar como advertência, como convite à dúvida sistemática: quanto dos mecanismos que agora nos parecem indiscutíveis serão horrorosos, intoleráveis, dentro de certo tempo?

Ou, inclusive, como disse Terry Eagleton: "Afinal, se não resistirmos ao que parece inevitável, nunca saberemos quão inevitável era."

Não achamos mais que seja lógico que um homem que cumpre certos requisitos pertença a outro. Mas achamos, sim, que, se um homem cumpre certos requisitos — não possuir, basicamente, bens suficientes —, é lógico que trabalhe para outros que ganharão dinheiro com esse trabalho. Quem sabe em cem, duzentos anos, milhões vão achar isso tão estranho, tão repugnante como possuir escravos.

Ou talvez não, mas vale a pensa pensar. Às vezes, acho que é uma boa forma de pensar no futuro: que coisas serão anátemas daqui a cem anos? Propor, discutir, raciocinar: não é uma maneira adorável de passar uma noite com amigos?

Tem a vantagem de estabelecer objetivos: se alguém chegar à conclusão de que isso ou aquilo é aberrante, talvez até se atreva, um dia, a pensar no que fazer para mudar. Tem a desvantagem de confiar na *doxa*:* pensar que isso ou aquilo vai ser aberrante supõe acreditar que centenas de milhões vão mudar de ideia.

Dizíamos: um êxito do relato norte-americano: não somos nós, são eles, os maus são eles. A propaganda funciona sem fissuras e quando se pensa em apropriação de terras — quando se pensa em apropriação de terras? — se pensa em orientais e árabes, duas encarnações muito distintas da ameaça do século XXI: a invasão econômica, a violência fundamentalista. Pensa-se, sobretudo, na China. É o retorno do perigo amarelo, um discurso incessante nas esferas políticas, acadêmicas e midiáticas. Há cinquenta anos, o perigo amarelo soube ser a ameaça de um sistema alternativo: seu avanço, temiam, acabaria com a ordem capitalista ocidental. Agora é a competição capitalista ocidental mais pura e simples: se continuar assim, vai nos tirar todos os negócios.

É cômodo falar da penetração chinesa na África. Existe, claro. Mas também serve para fixar a atenção nos chineses e distraí-la dos ocidentais, que continuam fazendo o que sempre fizeram. Ou, inclusive, para justificar como uma espécie de patriotismo da civilização ameaçada — a última defesa diante da grande onda chinesa — a expansão de negócios lucrativíssimos de ocidentais e cristãos.

De qualquer maneira, teria de falar da China.

A China é um dos pontos-chave da fome neste mundo. Por um lado, nas últimas décadas, nenhum país conseguiu reduzir a quantidade de cidadãos famintos tanto como a China. Por outro, um de cada seis desnutridos ainda é chinês: mais de 150 milhões de chineses não comem suficientemente. Ainda é, depois da Índia, o país com mais famintos do mundo.

É uma deficiência ou uma injustiça o fato de que este livro não fale mais da China, mas eu não sei trabalhar lá. Tive de fazê-lo algumas vezes; e sempre acabei tendo a sensação de que as barreiras colocadas pelas autoridades haviam conseguido me manter afastado do que tentava relatar. Ou pior: que terminasse relatando o que alguns burocratas havia preparado

---

* Palavra grega que significa crença comum ou opinião popular. (*N. T.*)

para meu consumo — embora às vezes, muito de vez em quando, alguma coisa seja filtrada.

Há cinco ou seis anos, tive de sair correndo atrás da história de algum jovem que tivesse migrado do campo para a cidade para uma publicação do Fundo de População das Nações Unidas (United Nations Population Fund ou UNFPA, na sigla em inglês). A guia oficial me levou a uma fábrica onde mais ou menos vinte jovens operários me repetiram a mesma história cor--de-rosa, um atrás do outro: haviam-na decorado com esmero. Mas naquela noite, aproveitando uma distração da minha guia, me encontrei com Bing.

— Eu admiro cada vez mais o presidente Mao — disse Bing quando nos sentamos para beber uma cerveja. Eu lhe perguntei por quê; Bing era um desses chineses vestidos impecavelmente com roupas Armani falsas, relógio falso de falso ouro muito pesado, um sorriso quase verdadeiro. — Eu o admiro por duas razões: porque tinha autoridade, porque era um homem que sabia como usar o poder, como tomar decisões. E porque sabia como lutar, como fazer uma guerra. Nas minhas horas de lazer, eu sempre estudo as grandes guerras do presidente Mao e dos outros para aprender a comandar meus funcionários, para saber o que deverei fazer quando montar meu próprio negócio. Ainda tenho muito a aprender com o presidente Mao.

Naqueles dias, Bing tinha 26 anos e trabalhava em um bar de karaokê em Tianjin, um porto de 10 milhões de habitantes a 100 quilômetros de Beijing. O Oriental Pearl era um monstruoso *brishoso* de vários andares e centenas de salas onde os clientes bebiam, cantavam, relaxavam sem maiores limites. Bing já trabalhava há cinco anos no Oriental: havia chegado de sua província aos 18 anos para estudar administração em uma escola, terminado, tentado abrir um negócio, fracassado e conseguido um emprego de garçom nesse bar. Inteligente, perseverante, foi subindo e, por fim, promovido a *lobby manager*, com vários empregados sob seu comando. Bing ganhava uns 500 dólares por mês e economizava dois terços: já tinha, confidenciou, uns 100 mil iuanes — 13 mil dólares — investidos em ações, prontos para quando decidisse tentar outra vez abrir seu próprio negócio. Bing queria ser como seu patrão, que começara do nada e agora era rico e bem-sucedido, com sete bares espalhados por aí.

— Aqui na China sempre dizem que aos 30 anos você tem de ser uma pessoa reconhecida pela sociedade. Bem, para mim ainda faltam quatro anos. E por ora estou economizando e me preparando para seguir meu próprio caminho.

— O que pensa em fazer?

— Não sei. Estive pesquisando o mercado aqui em Tianjin e acho que há espaço para uma loja que venda carteiras de grife. Por isso poderia abrir uma loja dessas e vender muitas carteiras.

— Originais ou cópias?

— Cópias, provavelmente; assim poderei ganhar mais dinheiro.

Desde que a China deu início a suas reformas de mercado, uns 200 milhões de jovens migraram do campo para as cidades à procura desse êxito — ou, pelo menos, da possibilidade de comer todos os dias.

— A cidade é o lugar onde as coisas acontecem. A cidade é o futuro, é onde tudo é possível — disse Bing naquela noite.

Ele nascera em Fuping, na província de Hebeijing, mas tinha pouco mais de um ano quando seus pais resolveram deixar sua aldeia natal para tentar a sorte em Zha Lantun, na Mongólia Interior. Eram muito pobres e achavam que lá, naquelas terras remotas, conseguiriam prosperar. Na Mongólia, os pais de Bing primeiro pastorearam ovelhas, depois criaram galinhas.

Bing foi uma das últimas crianças a ter irmãos; nasceu em 1980, pouco antes de a China lançar sua política do filho único — *one family, one child* — que a transformou em um país de crianças sem irmãos. Bing tinha três irmãs; a maior, quinze anos mais velha, cuidava dele como se fosse sua mãe quando a própria saía para trabalhar nos campos com seu pai.

A economia da família dependia do clima: quando o tempo era favorável e as colheitas ou os animais cresciam bem, a família comia; senão, passava fome. Bing ainda recorda a vez — quando tinha 9, 10 anos — em que roubou um doce de um companheiro de escola, porque nunca tinha dinheiro para doces. Descobriram, correram atrás dele, quiseram lhe dar uma surra. Mas em sua casa tinha outros privilégios:

— Me davam tudo o que podiam. Eu era o único varão e o filho mais novo.

Nas famílias chinesas tradicionais, pai, mãe e irmãs podem ficar sem comer para que o caçula não fique com fome.

— E suas irmãs não o odiavam por isso?

— Não, elas respeitavam a tradição; além disso, sempre me amaram muito.

656

Eu não conseguia entender a imagem de umas mulheres que faziam jejum com prazer, ou pelo menos com resignação, por império da ideologia. Foi a primeira vez que cruzei com a fome de gênero que os textos não costumam mencionar.

A China conseguiu reduzir extraordinariamente o número de seus famintos, mas se torna, cada vez mais depressa, uma ameaça para todos os demais. Se seu desenvolvimento mantiver o ritmo atual, em 2030 vai açambarcar 70% da produção mundial de trigo e 75% da produção mundial de carne. Já importa um quarto da soja do mundo para alimentar seus 500 milhões de porcos e seus 5 bilhões de frangos. A carne é forte.

A China é o maior consumidor mundial de cereais, carne, borracha, carvão, cobre, níquel e muitos outros minérios. Apenas no ramo petroleiro, os 350 milhões de norte-americanos continuam consumindo mais do que o 1,4 bilhão de chineses.

Mas sua demanda por alimentos é estratosférica: a China precisa alimentar 20% da população mundial com 8% das terras aráveis do planeta — que estão sendo reduzidas; com o crescimento da indústria e a exploração intensiva dos terrenos, a cada ano o país perde quase 1 milhão de hectares cultiváveis e uma quantidade incalculável de água. Neste momento, a China dispõe de menos de 0,15 hectare per capita; os Estados Unidos, 1,5 hectare.

Os chineses planejam. Sabendo que suas terras escasseiam, resolveram usá-las para cultivos intensivos de produtos mais rentáveis. Tomate, por exemplo. A China nunca cultivou tomates; em 2007, se transformou em seu maior exportador e segundo produtor mundial, com 5 milhões de toneladas por ano. Tomates chineses são vendidos em todos os lugares, menos na China. Os chineses quase não comem tomate; menos de 1 quilo por ano contra 25 quilos nos Estados Unidos. Eles vendem seus tomates para comprar em outros lugares os cereais que produzem menos. Em 1995, os grãos ocupavam três quartos de sua superfície cultivada; agora são dois terços, e a proporção continua diminuindo.

Sua companhia estatal de investimentos, a China Investment Corporation, é um dos maiores fundos de investimento do planeta: dispõe de mais de 350 bilhões de dólares em capitais para transitar pelo mundo. Boa parte desse dinheiro é dívida norte-americana: ninguém tem tantos títulos de dívida norte-americanos como os bancos e corporações chinesas. A China se transformou em banqueiro — e credor — dos Estados Unidos, e a dívida cresce porque os consumidores norte-americanos continuam comprando produtos exportados pela China. (A ressurreição chinesa é mais uma prova da besteira de achar que os processos se repetem: que a equação *mais mercado mais democracia representativa* é uma entre muitas possíveis. Nos anos 1970, estrategistas norte-americanos — Kissinger & Cia. — supuseram que o desenvolvimento econômico transformaria a grande ameaça amarela em um aliado; que o crescimento de uma indústria e de um mercado capitalista acabaria com o poder do aparato comunista e que tal processo integraria os chineses ao sistema mundial controlado pelos Estados Unidos e suas corporações. Portanto, resolveram colaborar para que isso acontecesse. O que aconteceu depois os surpreendeu, embora o capitalismo com partido único não seja, afinal, uma grande novidade. O desenvolvimento chinês deveria ser complementar e subordinado; mas é competitivo e desafiador. A China é o grande erro norte-americano; é provável que acabe lhe custando o mundo.)

Com essa conta que aumenta sem parar, os chineses têm mais dinheiro do que podem precisar em muito tempo. Em 2001, quando ingressaram na Organização Mundial do Comércio (OMC), anunciaram uma estratégia econômica que foi batizada de *Zou chuqu* — "ir para fora" —, que consistia, basicamente, em fazer investimentos que melhorassem suas relações com os países produtores de matérias-primas para garantir seu abastecimento.

Então começaram a ocupar — a comprar, a conseguir, a obter — tudo o que podiam, onde podiam.

Na África podem, logicamente, e muitos chefes africanos querem. "Nós queremos que a China comande o mundo e, quando isso acontecer, queremos estar ali, logo atrás de vocês. Quando vocês forem à Lua, não queremos que nos deixem para trás: queremos estar ali, com vocês", disse o então presidente da Nigéria, Olusegun Obansanju, ao então presidente chinês, Hu Jintao, em sua famosa visita à África, em 2006. Para muitos líderes africanos, os investimentos chineses são um salva-vidas decisivo — e fomentam a competição: outros Estados os olham com preocupação e tentam emparedá-los, e os governos africanos aliviam sua dependência dos países ocidentais, do FMI e do Banco Mundial. A China, por outro lado, não foi uma potência colonial e mantém um discurso "terceiro-mundista" de solidariedade e proximidade com as antigas colônias de outros.

Além disso, os chineses oferecem pacotes mais complexos: em vez do típico investimento ocidental limitado ao próprio benefício — os campos de petróleo, a exploração florestal, o setor mineral —, a China constrói estradas, ferrovias, portos — que, obviamente, também lhe servem para poder levar as matérias-primas de que precisa e lhe deixam dívidas de gratidão e de milhões.

E, para completar a oferta, os chineses não têm pudores moralistas quanto à política econômica: seu dinheiro não exige garantias de democracia ou de direitos humanos nem impõe modelos econômicos exatos. Naquela tarde, diante do presidente da Nigéria, Hu Jintao declarou solenemente que a "China apoia sem reservas o desejo dos países africanos de salvaguardar sua independência e sua soberania e escolher suas vias para o desenvolvimento de acordo com suas condições nacionais". Os chineses sofreram esse tipo de condicionamento durante muito tempo para cair no erro de tentar impô-lo. E não têm nenhum modelo para vender.

Fala-se muito da presença chinesa na África. O fato de ser uma novidade a torna mais visível; que seja planejada por um Estado centralizado a torna mais impressionante. As intervenções do capitalismo ocidental foram numerosas, mas soltas: um estabelecimento aqui, quatorze acolá, mais três em outro lugar. As chinesas, por sua vez, funcionam perfeitamente coordenadas.

(Na Europa e nos Estados Unidos, o Estado central existe para que suas grandes empresas possam continuar grandes; na China, de alguma maneira, as grandes empresas existem para que o Estado central continue sendo o que é.)

E a África é um objetivo chinês — como o resto do mundo. A China já é a segunda potência econômica mundial — empenhando-se em ser a primeira — e assim funciona. Seus investimentos na África aumentaram, mas ainda não chegam a 10% dos investimentos estrangeiros no continente. Mesmo assim, sua presença cresce a cada ano. O intercâmbio comercial entre o grande país e o continente multiplicou-se por dez nos últimos dez anos, mas continua atrás da Europa. Por ora, o que mais lhe importa é o petróleo: mais da metade de seu comércio consiste em importá-lo. Outro quarto são diversos minérios; os produtos agrícolas não chegam a 15% das exportações africanas para a China.

Por ora, para se apropriar de terras, tem preferido o Sudeste Asiático.

* * *

O que não quer dizer que não esteja ocupando cada vez mais espaços, ficando com terras, com minas, com explorações diversas. É verdade que, por ora, sua capacidade de extrair matéria-prima ainda é bem menor do que a daqueles que a apresentam como o grande espantalho: os de sempre.

Um informe muito detalhado da Grain, de fevereiro de 2012, recenseia as terras que foram apropriadas para produzir agrocombustíveis no conjunto do OutroMundo. Na África, detalha apropriações de 7,55 milhões de hectares; desse total, diz o informe, companhias chinesas ficaram com 221 mil hectares.

A maioria está em mãos europeias.

Aqui em Madagascar, para manter as formas orientais, a presença chinesa não está inteiramente clara. Mamy, a militante malgaxe parisiense, me relatou seus esforços para tentar entendê-la:

— Muita gente me diz que uma região rica em arroz no meio do caminho entre Taná e Majunga está repleta de chineses que devem estar investindo em alguma coisa por ali — me disse Mamy.

Disse também que uma militante campesina lhe contou que as mulheres da região sofrem maus-tratos de seus novos patrões chineses, que funcionários do governo da região são convidados com frequência a visitar a China para supostos cursos e reuniões, que um conhecido que trabalha no Ministério da Economia contou que há uma série de acordos entre o Estado e uma holding chinesa para explorar terras, mas ainda não sabem direito quais. E que os chineses estão muito interessados em Madagascar porque, em outros países africanos, têm de criar cultivos de arroz que nunca existiram; na ilha, por outro lado, o arroz é cultivado há séculos.

— O que acontece é que tudo isso é tão opaco, tão difícil de averiguar... O território é muito grande, há regiões quase desabitadas, só os camponeses de cada lugar sabem o que está acontecendo... — dizia Mamy, e fiquei comovido com o esforço destes desterrados para seguir pistas, descobrir os sentidos ocultos, desentranhar os movimentos que o governo de seu país quer (e consegue) manter confusos, reservados.

(Entretanto, para que os norte-americanos não sintam ciúmes, chineses estão começando a praticar uma espécie de *land grab* em território norte-

-americano. Em maio de 2013, por exemplo, a Shanghui International, uma das maiores processadoras de carne da China, comprou a Smithfield Foods, uma das mais antigas processadoras de carne de porco dos Estados Unidos, por 4,7 bilhões de dólares. É quase humilhante, mas os veículos de comunicação norte-americanos estão preocupados, no momento, com o fato de que a produção alimentar chinesa não tem as garantias sanitárias que a norte-americana tem e que, então, a *food safety* — a segurança alimentar — dos pobres cidadãos da maior potência mundial está correndo perigo, porque os chineses são especialistas em "falsificar alimentos"; produzir mel que não têm nenhum vestígio de pólen ou cordeiros feitos com carne de raposa e rato.

Maravilhosa a diferença entre duas palavras que deveriam dizer mais do mesmo: [*food*] *safety* quer dizer que a comida que comem não tem problemas sanitários; [*food*] *security* quer dizer que comam o suficiente para não ter problemas sanitários. De qualquer forma, o que inquieta os veículos de comunicação norte-americanos é a *safety* de seus cidadãos; os chineses os tranquilizam, dizem que não se preocupem, que vão limpar seus porcos com cuidado e que, de qualquer forma, estão pensando em levar boa parte da carne para a China. Os norte-americanos respiram aliviados. O *pig grab*, por ora, os tranquiliza.)

Outros governos também intervêm. O japonês e o brasileiro, por exemplo, são forças que impelem o próximo grande escândalo — o próximo grande escândalo? — de apropriação de terras africanas.

O ProSavana é um programa organizado por Moçambique, Brasil e Japão para explorar algo em torno de 10 milhões — 10.000.000 — de hectares no norte de Moçambique. A região, que chamam de Corredor de Nacala, espalha-se por três províncias: Nampula, Niassa e Zambézia.

O plano prevê que empresas brasileiras produzam nessas terras soja, milho, girassol e outros grãos para exportar, em sua grande maioria, para o Japão. Alugaram terras do governo moçambicano a 1 dólar por hectare/ano; as empresas também receberiam grandes isenções fiscais. Boa parte dos investimentos iniciais sairia de um "Fundo Nacala", formado por dinheiro público e privado do Japão e do Brasil. O dinheiro público japonês pagaria as estradas e ferrovias e o porto que planejam construir em Nacala para exportar seus produtos.

Alguns moçambicanos — dizem as organizações locais que se opõem ao projeto — vão se aproveitar do ProSavana: afirmam, por exemplo, que uma empresa nacional controlada pela família do presidente acionou uma *joint venture* com a família mais rica de Portugal e com um dos maiores produtores agrícolas brasileiros para comprar e explorar terras na região.

A respeito dos 4 milhões de camponeses que vivem ali, é difícil conseguir informações.

O uso de terras do OutroMundo para produzir alimentos ou combustíveis ou especulação para os países ricos é um desses fenômenos para o qual, de uma maneira geral, não olhamos. E, mesmo quando olhamos, nos sentimos muito distantes. Mas qualquer poupador europeu ou norte-americano pode ter algum hectare de terra etíope ou cambojana: não é improvável que seu banco ou seu fundo de pensão tenha investido nesse negócio próspero que promete retornos de 25% por ano.

Vamos de novo: os compradores de terras africanas são, em muitos casos, fundos de pensão de aposentados europeus e norte-americanos. Senhoras e senhores que nunca quebraram um prato, pessoas de boa-fé que trabalharam a vida inteira e guardaram um pouquinho a cada mês para não sofrer demais na velhice; pessoas que, se vissem na televisão um camponês malgaxe magro e macilento passando fome porque foi expulso de sua terra por uns brancos que a compraram para cultivar játrofa, diriam pobre homem, que injustiça. Pessoas que, logicamente, sempre votaram em democratas socialistas social-democratas democratas-cristãos trabalhistas republicanos comunistas. Porque tudo está em tudo e tudo é político e aí está a beleza do sistema: não é necessário fazer nada que seja ruim para se beneficiar da desgraça alheia.

Os fundos de pensão do mundo rico manipulam, moeda mais, moeda menos, perto de 23 bilhões — 23 milhões de milhões — de dólares. Os fundos de pensão são uma das maiores fontes de capital do mundo e são manipulados por governos e bancos e empresas financeiras. Os maiores são de aposentados de empresas estatais japonesas, norueguesas, coreanas, californianas. Os fundos de pensão — calcula a Grain — já investiram cerca de 20 bilhões de dólares para se apossar de terras do OutroMundo. Os dos funcionários públicos holandeses e suecos, os dos docentes das universidades norte-americanas, os dos militares dinamarqueses e mais alguns encabeçam a lista — e muitos outros os acompanham.

É difícil saber quem são exatamente;

mas é fácil saber que somos todos.

8

O barulho de lata da roda esquerda, o tamborilar da madeira unida de qualquer maneira, o resfolegar dos bois, os peidos dos bois, os gritos e assovios e estalos do menino carreteiro, o choque das rédeas no lombo dos bois: há um mundo de sons que até hoje não conhecia.

No carro, o menino carreteiro e seu amigo fornido falador e falador, horas de sua conversa. Tatá, minha intérprete, me conta que falam dos campos, de quem é esse arrozal, quem cuida dele, de quem são esses zebus lá no fundo, muito magros, como foi que queimaram tal parcela, porque fulano plantara mandioca justo ali. A noite vai caindo e agora soam estranhamente: suas vozes, excitadas. Tatá me explica, sussurrando, que têm medo, que se perguntam por que aceitaram me levar, que temem que os roube: que os brancos às vezes roubam um homem, uma mulher, um bebê — que não aparecem nunca mais.

— Como?

— Sim, aqui todos sabem que os brancos às vezes levam alguém para lhe tirar os órgãos, para sacrificá-lo. No ano passado, em Nyatanasoa, a Fuelstock teve de sacrificar uma pessoa. Ou mais pessoas, não se sabe. Você sabe que cada vez que se começa a explorar um pedaço de terra é preciso matar um zebu para garantir que essa terra dê frutos. Bem, a companhia o fez quando começou, há dois anos, mas nada correu como esperava; então sacrificou outro zebu, para ver se melhorava, e não melhorou muito. E aí, então, decidiram sacrificar pessoas, coisa muito mais poderosa.

— E como fizeram isso? Em segredo?

Em segredo, é claro, me diz Tatá, e eu lhe pergunto como ficou sabendo. Tatá costuma falar baixo, mas agora sussurra:

— Aqui tudo se sabe. Estão falando disso, estão muito assustados.

Agora o susto era meu; e eu lhe digo:

— Espero que não levem essa história a sério e queiram reagir.

— Não se preocupe — me diz Tatá, e me explica: — Eles acham que você tem algum poder especial, que não podem fazer nada com você. Só esperam que não queira comê-los, que esteja aqui, de verdade, pelo que disse.

(Alguns dias mais tarde, em Paris, Mamy me diria que, quando os primeiros missionários cristãos chegaram à ilha, falaram de "conquistar o coração dos malgaxes", e que tal declaração de amor cristão foi usada pelos sacerdotes locais para convencer os seus de que esses homens também roubariam, com todo o resto, suas entranhas. E que desde então subsiste a ideia de que os brancos são ladrões de órgãos e as mães malgaxes ainda ameaçam seus filhos que se comportam mal de chamar o branco que vai lhes tirar o rim ou alguma outra víscera. Falaremos, quando pudermos, do choque de culturas. Ou das outras confusões que contribuem com o despojo.)

Estou com medo, e o percurso é longo. Eu só espero que a ilusão do meu poder sobreviva até o final da viagem; que um mito me proteja de outro.

São momentos em que me pergunto o que estou fazendo tão longe de casa: para quê, *cui bono*. Ultimamente, tenho me consolado com a suposta função do distinto: conhecer o diferente lhe permite evitar a armadilha do "natural". Saber que aquele que fica sempre no mesmo costuma pensar que o que vê é assim porque assim deve ser, porque é o natural, porque não há outra maneira. Alguém pensaria, por exemplo, que é lógico que um carro que está prestes a atropelar alguém pare; não é *natural*: é o resultado de séculos de tentativas e erros, daquilo que costumamos chamar de cultura.

E considerar o cultural — o transitório — *natural* é a pior armadilha: é resignar-se a não pensar em outras opções. Sei que, então, estas viagens ridículas — e inclusive seus relatos — são uma forma de dizer que tudo pode mudar porque tudo sempre muda.

Anoitece, a luz é de chorar. Há momentos que deveriam ser inesquecíveis.

E o barulho é um murmúrio que cresce, que avança: como um tremor oculto, um crepitar surdo que não cessa. Tatá vê meu rosto e me diz que não me preocupe: que é o barulho do campo queimando. Alguns minutos depois, vemos: à meia-luz da noite caindo, chamas já quase secas sobre o negro do solo.

— É que, caso contrário, não teremos comida suficiente — diz o menino carreteiro, me olhando como se a culpa fosse minha.

— Aqui são queimados uns 40 mil hectares por ano — diria depois o engenheiro que assim dizem os cálculos, mas que ele acha que são muitos mais. — É preciso fazer isso, é necessário, mas é preciso saber fazer. Quando você queima uma encosta, por exemplo, as primeiras chuvas arrastam a camada fértil e você não pode plantar mais nada. Então você não conseguiu um campo novo; só destruiu um bosquezinho.

O garoto grita muito, mais chibatadas nos lombos dos bois. Diz que temos de chegar antes que acabe de escurecer, que quando a noite cai aparecem os bandoleiros: que são muitos, que são muito perigosos.

— Sobretudo para os *vazahas* — diz, sorrindo para mim, como se estivesse gostando.

— E não os prendem?

— Quem iria prendê-los?

— Não sei, a polícia.

O garoto carreteiro ri e conta a seu acompanhante o que digo e ele ri. Depois, em Taná, alguém me diria que o país está cheio de pequenas pistas onde chegam e de onde saem aviões carregados de ninguém sabe o quê, diz, e leva a mão ao nariz para me dizer sem me dizer: drogas. Outra pessoa me contaria que em Madagascar não há Estado. Ou que sim, há um Estado, seu negócio sendo não controlar determinadas coisas.

E me diriam que há menos zebus agora do que há dez anos porque aumentaram as "exportações selvagens"; milhares e milhares de zebus roubados que, em lugar de serem destinados ao mercado interno, são tirados do país em navios com a cumplicidade das autoridades que deveriam controlá-los. Muitos deles vão em primeira instância às ilhas Comores que, sem ter uma vaca em seus campos, se transformaram em grandes exportadoras de carne de zebu para a Europa.

E que por essa ausência do Estado surgem novas respostas cada vez mais radicais na sociedade: chefes locais, por exemplo, que armam milícias para acabar com os roubos, sobretudo com o de zebus; e, em algumas regiões, essas milícias restabeleceram certa segurança e têm o apoio da população, que participa de tribunais populares contra os bandidos. Me diriam que alguns foram condenados à morte, executados. Que nessas regiões a vida é muito mais tranquila.

Mais chibatadas, gritos, queixumes dos bois. Já anoiteceu: o garoto carreteiro diz que estamos quase chegando.

— Quase. Ainda falta um pouco.

No dia seguinte não conseguimos alugar um carro de boi. Tatá e eu voltamos a Nyatanasoa caminhando: 3 horas caminhando por uma trilha entre arrozais, suando. Ouço a "Marcha turca" de Mozart no iPhone — há manhãs em que o iPhone é minha pátria — e não consigo evitar a pergunta idiota do dia: o que teria acontecido se Mozart tivesse nascido nestes campos? Talvez seus netos recordariam como seu avô tocava bem tambor, quem sabe nem isso. Quantos Mozarts e até quantos Maradonas e Pasteurs ou Stendhals foram perdidos nas dobras do OutroMundo, na agrafia destas terras?

Embora, quem sabe, essa mania de inventariar obras — de voltar permanentemente ao fugaz — seja uma dessas pragas do Ocidente.

As víboras são pequenas e Tatá diz que não são venenosas. Ao lado do caminho, uma lagoa. Em uma canoa feita com o tronco escavado de alguma árvore, dois garotos: um, sentado a impulsiona com um remo; o outro, em pé, pesca com uma lança curta: dá golpes e golpes com sua lança na água; de quando em quando, espeta uma tilápia. Tatá me conta que dizem que aqui ou em outro lago, a alguns quilômetros ao sul, talvez façam um parque natural; há gente pressionando para fazer um parque natural.

— Você não ouviu falar do *green grab*?

Madagascar também é o paraíso do *green grab*. Há palavras, sempre há palavras novas; por ora, os norte-americanos inventam quase todas. Chama--se *green grab* — apropriação verde — o que fazem essas ONGs poderosas ou esses milionários — Tomkins, Branson, Getty — que conseguem, à força de lobby e dinheiro, cercar grandes extensões de terra para salvar suas espécies naturais vegetais e animais, subtraí-las da nefasta influência dos camponeses que não param de destruir a flora e a fauna nativas com sua obstinação em comê-las. Digo: os *green grabs* são esses que vão transformando o Outro-Mundo em parques, esses que os idealizam, justos, satisfeitos — tão mas tão ecológicos —, em seus escritórios *cool* em cidades de vidro asfalto aço.

Ou, inclusive: aqueles que em nome da conservação instalam hospedarias e hotéis caríssimos no meio dos lugares mais exóticos e ganham muito dinheiro recebendo outros senhores e senhoras tão protecionistas como eles, tão ricos como eles.

Li, há alguns dias, um artigo sobre a caça ilegal de elefantes para arrancar e vender suas presas, e um professor ambientalista de Princeton se perguntava, dramático, se queremos que nossos filhos cresçam em um mundo sem elefantes. É óbvio que nestes campos a pergunta seria um pouco mais breve: "Queremos que nossos filhos cresçam?"

Poucas vezes considerei tão claro o caráter pomposo de certo ecologismo.

Em Nyatanasoa, nada mudou nada: os mesmos homens, os mesmos garotos, as mesmas crianças e mulheres na praça ou como se. Apenas Rina está diferente: o rosto sem os pós, os olhos muito escuros avermelhados, como se tivesse chorado. Sem seus pós, Rina parece mais jovem, mais indefesa; está sentada em um canto, mais além. Eu pergunto — a ninguém em particular, como se estivesse perguntando ao ar — se tem medo de que a empresa fique com suas terras, e ninguém responde. Por fim, Rina se aproxima e diz que não sabe:

— Não sabemos. Como vamos saber? — diz, e os outros riem, nervosos.
— Não sabemos o que o governo quer fazer com eles. Foi o governo quem os colocou aqui, vão fazer o que quiserem.

— Mas vocês têm as escrituras de suas terras?
— Sim, temos. Alguns de nós têm.
— Se têm escrituras, o governo não pode dar suas terras para a companhia.

Olham-se, riem de novo. Albert tira o chapéu borsalino e diz que, na realidade, não as têm:

— Nós sabemos que a terra é nossa, estamos aqui desde o tempo de nossos avós, mas escrituras, escrituras dessas do governo...

— E se o governo der suas terras para a companhia, o que poderão fazer?
— Bem, o governo nos disse que a companhia não vai ficar aqui para sempre. A terra que lhes destinaram foi alugada, não vendida. O importante é que a terra não seja vendida. Enquanto estiver alugada, continua sendo nossa.

— Mas alugada por quanto tempo?
— Não sabemos direito. Dizem que por 49 anos.

— Alugada por 49 anos é a mesma coisa que vendida — diz Rina, nervosa. Albert tenta ser paciente:

— Não, não é a mesma coisa. Vendida é quando não é mais nossa. Alugada não. É por um tempo.

— Um tempo, sim: 49 anos. Em 49 anos, todos estaremos mortos.

— Mas meus filhos talvez não, meus netos. O que importa é que a terra não fique com eles para sempre.

— É o que dizem os sujeitos do governo. Mas nós precisamos da terra agora para viver, para comer.

— Não vai acontecer nada. Vamos pedir umas terras para poder continuar plantando nosso arroz e vamos continuar da mesma maneira que agora — responde Albert, e Rina olha para ele como se não conseguisse acreditar no estava sendo dito.

— Vocês não se dão conta de que vamos ficar sem água. Sem água, não vamos poder cultivar nem nosso arroz — diz Rina, então se cala.

Depois me explicaria: que é verdade que a companhia planta a játrofa em terras altas, onde o arroz não cresce, que os sakalava a usavam e eles não, mas a regam com a água de que o arroz tanto precisa. E que logo vão começar a precisar dessa água, que cada vez desce menos, e que ela diz isso a todo mundo, mas ninguém a ouve; riem dela.

— Me dizem que aqui a água sempre chegou quando tinha de chegar, eu lhes digo que estes querem ficar com tudo e me dizem que não, não é com tudo, é um aluguel por um tempo, não exagere. E a água está aí, não podem levá-la, me dizem. Não há forma de lhes explicar. Parece que estão enfeitiçados.

(Fala-se muito de água: que vêm pela água, defendamos nossas águas são gritos da guerra destes tempos. Mas ninguém vai levar a água em supertanques ou em garrafas de 1 litro: seria caro, pesado, improdutivo. A água é subtraída da seguinte maneira: incorporada nos cultivos, nos produtos que precisam dela. Nisso consiste levar a água — o solo e seus nutrientes, as florestas que queimam para plantar, e as vidas dos que ali viviam.)

Rina me diz que está muito preocupada: que está perdendo a esperança.

— Que esperança?

— A esperança de que me entendam, de que se deem conta de que em alguns anos aqui não vai restar nem uma gota de água para a gente, de que não vamos ter como plantar nosso arroz, de que vamos ficar sem comida, de que todos vamos ter de ir embora daqui.

— Por que acha isso?

— Porque é a realidade. Eu a vejo, não é difícil. Eu consigo olhar o que acontece e ver, não como estes que estão maravilhados com sua sala de vídeo e não conseguem pensar um pouquinho mais além.

Os 30 mil hectares da Fuelstock em Mirovoay são, apesar de tudo, uma exploração relativamente pequena: é uma amostra.

Dias depois, em um mercado de Antananarivo, uma senhora me diria que não tem perdão: que foi feita uma coisa que não tem perdão.

— Eram as terras de nossos ancestrais.

A senhora deve ter mais de 60 anos, o rosto muito enrugado, os cabelos ralos. Vende — tenta vender — pentes na saída do mercado.

— Você imagina o que nossos ancestrais vão fazer quando se derem conta de que entregamos sua terra aos *vazahas*?

Depois a senhora me contaria que ela e seu marido tinham 3 hectares de terra, que cultivavam seu arroz, como sempre haviam feito, que seus ancestrais o faziam antes deles, mas que há alguns anos — "não sei", diria, "dez, muitos" — chegaram uns senhores do governo e lhes disseram que aquelas terras não eram deles e que tinham de deixá-las. E que seu marido quis lutar por elas, mas adoeceu e morreu, e que ela não pôde fazer nada e teve de ir embora e que agora, lhe disseram, uns *vazahas* as estão explorando. E que ela veio para a capital, viver com uma filha, mas que somente a duras penas conseguem comer todos os dias: que não há dia em que não chore recordando sua aldeola, sua vida de antes, seu arrozal.

Aconteceu a mesma coisa com milhões — e o movimento continua.

Em Daca, Bentiu, José León Suárez, aqui mesmo, me parece que tudo o que posso contar são obviedades: o que abunda, o corrente, o evidente. E depois volto ao mundo onde vivo e caio outra vez na distância: como é fácil viver aqui ignorando — tudo isto — e como nos sentimos bem.

Mamy acredita que em Madagascar há uns 4 milhões de hectares que passaram por alguma troca de mãos nos últimos anos, mas os dados são confusos: tem certeza de que há muitos que não foram contados, e também é verdade que entre esses hectares há muitos cujas explorações ainda não começaram ou não puderam se concretizar.

— Quanto mais terras deixam de ser cultivadas pelos camponeses malgaxes para sua subsistência, quanto mais terras ficarem nas mãos de companhias estrangeiras, quanto mais terras forem separadas para cultivos como o da palma e da játrofa, que servem para fazer óleo ou combustíveis, ou, inclusive, para alguns cultivos alimentares que serão consumidos em outros países, quanto mais terra deixe de alimentar os malgaxes, mais fome haverá em um país onde já há muita fome — diz Mamy, tirando os óculos grossos e apertando os olhos com os dedos. A apropriação de terras africanas ou asiáticas, latino-americanas, terras do OutroMundo, é a construção da fome do futuro. A cuidadosa, alardeada, violenta construção da fome do futuro.

(PALAVRAS DA TRIBO)

Como, caralho, conseguimos viver

perguntar-se perguntar-lhe perguntar-me se

tá bem, eu entendo, mas então o que quer que eu faça? Que não coma nunca mais? Que me alimente de pão e água, que só coma milho para mostrar minha solidariedade? Isso também não serve para nada, velho, é pura pose. Eu acho que, em síntese, nós temos de levar nossas vidas e se, de alguma maneira, pudermos ajudá-los, temos de ajudá-los, mas você tem de se ocupar daquilo que realmente tem alguma chance de resolver, entenda, pois, caso contrário, só servirá para foder sua vida, para que se sinta impotente, e tampouco vai ser útil a alguém se você se sentir uma merda, também é uma mostra de modéstia, não, de humildade, de realidade, lhe diria, aceitar que há coisas que nos acontecem acima de qualquer tentativa

deveria nos importar em nome de que ideia, de que princípio, de que dor, de que moral

mas se a Bíblia já disse, não? Lá está escrito que neste mundo sempre vai haver pobres. Eu tenho pena, para que negar, mas, se Deus quer que seja assim, por alguma coisa deve ser. Ou você acha que isso pode acontecer assim, sem mais nem menos, porque sim? Ele não dá ponto sem nó; tudo o que faz é por alguma coisa. Às vezes manda provações que você tem de viver, tem de superar para provar que merece Sua confiança, Sua graça, porque quem somos nós para nos opor ao que

Ele manda? Não é fácil, não ache, porque eu sei que se Ele quisesse que o entendêssemos já nos teria

que a fome é o problema alheio

que de verdade gostaria de fazer alguma coisa. Eu juro, Mani, quando vejo isso tenho um ataque, quando penso nessa pobre gente ali, com essa angústia de não saber se vai poder comer ou não, não consigo acreditar que não façamos nada para ajeitar. Eu vi um documentário excelente, mostrava tudo sem anestesia, Mani, sem te poupar de nada, era angustiante, me senti muito mal, muito comovida, e desde então sempre me lembro deles, eu sempre penso neles e, lhe digo, gostaria de fazer alguma coisa. O que me tranquiliza um pouco é que somos muitos os que tentamos ajudá-los. E não só pessoas como eu: também Bill Gates, Bono, o papa, gente poderosa. Você não viu que o papa sempre fala dos pobres e a Igreja está aí para ajudá-los? O fato de estarem aí me tranquiliza, me alivia. Embora às vezes também me preocupe. Mani: eu me pergunto o que pode fazer uma garota como eu se essas pessoas

culpas que vão e vêm, uma revoada de culpas

tudo bem, irmão, tudo bem, mas você viu como eu vivo. Não, é sério: você viu ou quer que eu desenhe? Ninguém me ajuda, é. Já tenho problemas suficientes para poder ficar pensando ainda por cima nesses pobres sujeitos lá da África ou de Calcutá ou desses lugares que nem

do encontro entre a dor e a moral, a razão e um princípio, roces, choques

eu estou de acordo que assim não é possível. Sim, claro, como tudo no mundo, todos sabemos que assim não é possível. O problema é que eles, pobrezinhos, não sabem. É preciso ensinar-lhes; pode ser que lhes falte um pouco de comida, mas, sobretudo, o que lhes falta é educação, e é preciso ensiná-los a eleger outros governos, outros políticos que os governem, porque, se continuarem elegendo os mesmos sátrapas, aí sim ninguém vai conseguir salvá-los. Os pulhas são esses, os que não têm o perdão de Deus são esses políticos corruptos, e não quero nem imaginar o que vai acontecer com eles, pobrezinhos, se nós deixarmos

e eu não julgo, enuncio, quem sou eu para julgar ninguém?

mas acaba cansando um pouco, também. Ao fim e ao cabo, você não entende o que querem. No mundo, sempre houve pobres e ricos, sempre vai haver, e a questão é que, se os pobres são pobres, é porque não fazem o suficiente, não fizeram; são rudes, são preguiçosos, são violentos, têm dúzias de filhos que sabem que não podem manter, são vagabundos, são tudo isso que não se deve ser para vencer na vida. E depois querem que tenhamos pena. Não, não me entenda mal; não estou dizendo que tenham que morrer, mas tampouco devemos ser hipócritas e fingir que são a mesma coisa que a gente. Ao fim e ao cabo, alguma seleção deve haver. Caso contrário, quebrar o lombo não serviria para

que achemos normal, que não nos salte

às vezes, lhe asseguro, tenho vontade de sair com uma bazuca e matar todos. Todos, me entenda, e que não fique nenhum vivo; me revolta ver esses sujeitos que enchem os bolsos com o suor dos outros, com o sofrimento dos outros, irmão, esses tipos que esfomeiam milhões de pessoas, ali parados fazendo-se de espertos em cima de uma montanha de cadáveres, eu juro que mataria todos se isso ajeitasse alguma coisa. Mas o que você ganha com isso? Falo sério, o que pode fazer? De verdade, o que pode fazer para mudar este sistema de merda? Se têm todo o poder, todas as ferramentas, não há maneira de tirá-los de seus bunkers, de seus bancos, de seus aviões e

o mais fácil, pensar em não pensar, pensar salteado

sim, claro, é claro que me dou conta de que é muito grave. Mas também é necessário dizer que estamos melhorando, ainda restam muitas, muitas pessoas no mundo que passam fome, mas se você comparar com o que acontecia quando éramos crianças vai ver. Há sujeitos que se queixam porque fulano ganha muito dinheiro, porque beltrano tem uma casa enorme ou um iate ou o que seja. Talvez não tivessem que exibi-la tanto, nisso posso estar de acordo, às vezes ofende e é uma besteira, mas não devemos esquecer que se os sujeitos têm essas fortunas é porque criaram muita riqueza, uma invenção, um negócio, uma fábrica, fizeram alguma coisa que criou muita riqueza e, se esses tipos não existissem, meu querido, tudo estaria muito pior, haveria muito mais fome, porque são eles os

depende do ponto de vista, isso já sabemos

vamos ver, vamos por partes, se eu lhe dissesse venha correndo, a casa de seus filhos está queimando, você largaria tudo, qualquer coisa, e dispararia feito louco, não? Claro que sim; então o que eu digo é que não é preciso se fazer de idiota e dizer que tudo o afeta da mesma maneira, ai a humanidade, ai se uma só pessoa não consegue comer eu não consigo dormir, essas besteiras que ficam muito belas para levantar um sem-vergonha. A pessoa sabe que há coisas que lhe importam muito e outras que lhe importam muito menos, mas a questão é que da mesma maneira essas coisas lhe importam, mesmo que menos, e então vale a pena pensar no que é possível fazer, embora, da mesma forma, não está em seu poder mudá-las e que, certamente, as coisas vão continuar mais ou menos iguais, faça o que fizer, mas pelo menos ficar com a satisfação de que tentou

maneiras tão sibilinas do silêncio, formas, as frases do silêncio

não, eu não estou dizendo que a esses filhos da puta só o que lhes importa são três caralhos. Às vezes tenho vontade de matá-los, penso, que merda fazem para viver assim e de verdade não os entendo. Como você pode ser tão insensível para olhar a fotografia de um menino magrinho com olhos arregalados e essa carinha de tristeza e não se importar? Não, eu dou, na empresa temos uma política que a cada final de exercício entregamos uma quantia a algumas fundações com as quais colaboramos há muito tempo, porque, de verdade, não é possível ser tão estúpido para não saber que acontecem coisas como estas e não fazer nada, não? Sobretudo se você teve sorte, foi afortunado e passa bem, tem algum dinheiro, uma família. Por isso é necessário contribuir, todos temos de contribuir, cada um na medida de suas possibilidades, para saber que pelo menos não

esquecer que a resposta mais habitual é esquecer, buscar uma maneira de esquecer

bem, magro, tampouco é necessário olhar as coisas assim, com o coração aberto, é preciso entrar um pouco de cabeça. Ou seja, estou lhe dizendo: que, se há fome no mundo, não é por acaso, não é porque Deus seja um filho da puta ou a mudança climática ou que os negros sejam idiotas ou os colhões de sua avó, mas porque há um monte de filhos da puta que ficam com tudo, que os estão explorando há séculos e séculos e então o que você vai fazer, como quer resolver a fome de toda essa gente sem mudar o sistema? Você não pode, magro, e se tentar, no fim das contas, o que estará é ajudando o sistema a se perpetuar, a se manter, me entende? Em vez de fazer alguma coisa para que isto termine de uma vez por todas o que você faz

uma vida tão restrita, tão curtinha, às vezes tão dolorosa, tão ferida

o problema é que querem ajeitar tudo com a caridade, acham que isso basta. Basta para quê? Não basta para nada e, ainda por cima, se acostumam a que você lhes dê, e, claro, sempre querem mais e mais e mais, no final nada lhes basta. Se isso continuar assim, vão nos odiar cada vez mais, e já viu como esses sujeitos ficam quando odeiam. Não estou lhe dizendo que sejam um grande perigo; nem sequer isso, porque, pobrezinhos, não lhes dá nem para um grande perigo, mas isso é agora, que se isto

achava que a fome era o insuportável, eu achava

no entanto não sei, lhe digo que não sei o que achar. Sim, uns aparecem e lhe dizem que o mundo está cheio de sujeitos que não comem o suficiente e lhe mostram estatísticas e números e coisas e até lhe dizem que aqui nesta mesma cidade também há e eu mais de uma vez tive de ir a bairros muito pobres, lugares um pouco fortes, e não é que veja ninguém morrendo de fome, estão gordos, bem-alimentados. Deve ser algum tipo de propaganda, vá saber de que interesses que querem nos vender estas coisas; não digo que não aconteçam, não, é possível que um pouco

você come tudo isto, então eles, portanto eles

mas você também tem de pensar que eles não se dão conta. Não é como para você, que está habituado a viver como vive, a comer todos os dias, a variar, a não se preocupar com essas coisas. Para você sim seria terrível, mas para eles esta coisa da fome é a única que conhecem, não é que os angustie tanto, viu, porque sua vida

sabendo que acontecem essas coisas?

Não sei. Eu não sei. Não quero dizer que saiba como mudar. Quero dizer que me parece decisivo saber que não sei suportá-lo. É a primeira condição — necessária, mas não suficiente.

Mas digo "não suportá-lo" como não se suporta o cheiro de merda no sapato, a mentira de um amigo, uma dor de dente: quando não suportar é precisar de que alguma coisa não seja, fazer alguma coisa para que não seja.

entre a dor e a moral, a razão e um princípio

POR FIM

1

E, entretanto, o mundo continua aí, tão bruto, tão grosseiro, tão espantoso como de costume. Às vezes penso que tudo isto é, antes de mais nada, feio. Repugnam a qualquer um as formas de percepção da grosseria de pessoas possuindo, desperdiçando sem pudor aquilo de que outras precisam desesperadamente. Não é mais uma questão de justiça ou de ética; é pura estética. Digo: tentar fazer com que o mundo não continue sendo tão horrível. A humanidade deveria sentir, pelo que fez com ela mesma, esse desassossego que tem o criador quando dá um passo para trás, olha sua obra e vê uma porcaria. Eu o conheço.

Este é um livro sobre a feiura, a mais extrema que posso conceber. Este é um livro sobre o asco — que deveríamos ter pelo que fizemos e que, ao tê-lo, deveríamos ter por não tê-lo.

Calado, o asco se acumula.

Somos nada, tão pouquinha coisa: suspiros na curta vida de um penhasco perdido em um sistema solar ínfimo em uma galáxia igual a milhões e milhões. Quando o sabemos — quando nos descuidamos e pensamos —, talvez a resposta mais razoável a essa comprovação seja aceitar nosso destino e nos concentrar no menor: nós mesmos, nossas vidas, o pouco com que escolhemos e aceitamos rodeá-las. É uma possibilidade e até parece lógica. Mas talvez a melhor resposta a tanta pequenez seja se fazer de bobo e ignorá-la — e pensar o maior que nossa ínfima escala nos permita.

Sabendo que pode ser inútil.

E que, em geral, não há nada mais inútil do que o útil.

Fica dito: há centenas de milhões de pessoas que não comem o que precisam.

Mais que dito: há alguns anos, Ban Ki-Moon, secretário-geral das Nações Unidas, mencionou uma cifra que foi repetida e desprezada: a cada (menos) de 4 segundos uma pessoa morre de fome, desnutrição e doenças correlatas. Dezessete a cada minuto, 25 mil a cada dia, mais de 9 milhões por ano. Um Holocausto e meio a cada ano.

Então o quê? Apagar tudo e ir embora? Mergulhar nessa escuridão, declarar guerras? Declararmos culpados os que comem mais de uma ração razoável? Declarar-nos culpados? Condenar-nos? Soa até lógico. E depois?

Quando precisam enunciar as causas da fome, os governos e os grandes experts e os políticos sorridentes e os organismos internacionais e as fundações milionárias costumam repetir cinco ou seis mantras:

Que há desastres naturais — inundações, tormentas, pragas. E, sobretudo, seca: "A seca é a maior causa individual da falta de alimentos", diz um folheto do Programa Alimentar Mundial.

Que o meio ambiente está superexplorado por práticas agrícolas abusivas, excesso de colheitas e de fertilização, desflorestamento, erosão, salinização e desertificação.

Que a mudança climática está "exacerbando condições naturais que já eram adversas" e tudo vai piorar nas próximas décadas.

Que os conflitos de origem humana — guerras, grandes deslocamentos — duplicaram nos últimos vinte anos e que provocam crises alimentares graves, pela impossibilidade de cultivar e pastorear nesse contexto ou, mais diretamente, porque algum dos bandos usa a destruição de cultivos, rebanhos e mercados como arma.

Que a infraestrutura agrária é insuficiente: que faltam máquinas, sementes, irrigação, armazéns, estradas. E que muitos governos preferem se ocupar das cidades porque é onde há poder, dinheiro, votos.

Que os governos dos países pobres são tão corruptos que engolem boa parte dos auxílios que os bem-intencionados do Primeiro Mundo lhes oferecem sem cessar.

(Os mais ousados falam, inclusive, da especulação financeira que disparou os preços dos alimentos e produziu penúrias e revoltas.)

E depois há uma coisa que é chamada de "armadilha da pobreza". Textos do Programa Alimentar Mundial a descrevem sumariamente: "Nos países em vias de desenvolvimento, com frequência os camponeses não conseguem comprar as sementes para plantar aquilo que poderia alimentar suas famílias. Os artesãos não conseguem comprar as ferramentas de que necessitam para seus ofícios. Outros não têm terra ou água ou educação para assentar as bases de um futuro seguro. Os que estão abatidos pela pobreza não têm dinheiro suficiente para produzir alimentos para eles e suas famílias. Assim, tendem a ser mais débeis e não podem produzir o suficiente para comprar mais alimentos. Em síntese: os pobres têm fome, e sua fome os prende na pobreza."

Neste relato — nestes relatos oficiais — só a fome tem causas. A pobreza só tem efeitos.

E, ao mesmo tempo, todos os organismos, estudiosos, governos que se interessam pela questão estão de acordo em relação a um fato: a Terra produz comida mais do que suficiente para alimentar todos seus habitantes — e mais 4 ou 5 bilhões.

O fracasso de uma civilização.
O fracasso insistente, brutal, desavergonhado de uma civilização.
Desnutridos, descartáveis, desperdícios.

Dizíamos: a máquina capitalista não sabe o que fazer com centenas de milhões de pessoas. Sobram.

E sua exclusão não diminui, como costuma dizer o Banco Mundial, com o desenvolvimento. Nesse contexto, o desenvolvimento técnico deixa mais gente sem trabalho, margeando caminho; o que não basta para condenar essas técnicas, mas para questionar a forma como são usadas por aqueles que as controlam.

Com essas mesmas técnicas é possível fazer várias coisas: ganhar muito mais é a primeira opção do mecanismo atual. E, eventualmente, aumentar um pouco a esmola que os descartáveis recebem. Mas também poderia funcionar com um propósito econômico diferente, onde não se produza para o consumo desmedido de uma parte, mas para prover o necessário a todos. O problema, outra vez, não é o desenvolvimento, mas quem o controla.

O problema é político.

Por ora, a tecnificação concentrada da agricultura deixou o mundo cheio de pessoas das quais o mundo global não precisa. Não apenas os camponeses substituídos pela concentração produzida pelo uso de máquinas mais poderosas nos campos da Argentina, do Brasil e da Ucrânia. Também os que se desesperam nos campos da Costa do Marfim, da Índia ou da Etiópia porque seus produtos não conseguem mais competir com os daquelas regiões.

Muitos deles mal sobrevivem plantando em suas terras, obtendo rendimentos dignos da época de Cristo. É difícil negar que há formas melhores de aproveitá-las. De 1700 a 1960, a população mundial e as superfícies cultivadas quintuplicaram. Mas, nos trinta anos seguintes — durante a Revolução Verde —, a população aumentou 80% e a terra cultivada apenas 8%: a quantidade de alimentos disponíveis cresceu porque as mesmas terras produziram mais.

Mas agora os países ricos chegaram — ou estão chegando — a seu limite e procuram novos espaços mais além de suas fronteiras. O problema é que esses espaços — como sempre aconteceu — estão ocupados. Essa população é incômoda: sobra, irrita; tentam se desfazer dela para usar suas terras em seu próprio benefício. Para que o mundo produza mais alimentos — os alimentos cujos restos poderiam alimentá-la —, os descartáveis devem desaparecer: não têm lugar nesse esquema de desenvolvimento concentrado.

O mesmo esvaziamento acontece na indústria: mais além de umas poucas que ainda requerem muita mão de obra, a maioria usa cada vez menos. Então esses camponeses despojados ou desalentados chegam às cidades e se somam aos que chegaram antes — e não têm espaço no aparato produtivo.

Em uma sociedade onde os indivíduos se definem por seu lugar na produção — por seu trabalho —, não ter emprego é uma das formas mais imediatas de não ter uma identidade funcional. Ou, talvez, de ter uma identidade que se define pela falta: são os que não têm lugar/função/necessidade. Nos países mais elegantes, são chamados de *ninis*: nem estudam nem trabalham. No OutroMundo não são chamados.

Outro critério: são OutroMundo os países onde um quarto ou mais da população é descartável.

Não são proletários — engrenagens necessárias ao funcionamento da máquina —; são lixo.

São lixo com o qual ninguém sabe bem o que fazer.

Ou sabem, mas não se animam.

A perfeição da máquina consiste em ter usos para todos, não desperdiçar, não esbanjar recursos em inúteis. Nem sempre conseguiu, ao longo da história; então tinha seus mecanismos de correção, suas válvulas de escape que compensavam o desequilíbrio: guerras, pestes, secas, *hambrunas* várias serviam como regulador dos excessos de população. Não era necessário — não era "cirúrgico" —, mas funcionava: grosso modo, recompunha as sociedades de tal forma que aqueles que sobravam encontravam um lugar. Agora é mais difícil. O progresso de certas técnicas — remédios, transporte, comunicação — fez com que o efeito desses reguladores pudesse diminuir. E a muito opinativa "opinião pública mundial" tende a pressionar para que, dentro de uma ordem, diminuam.

Os descartáveis, então, acabam não sendo descartados: são mantidos em um limbo penoso. E, ao mesmo tempo, dão medo. Um pouquinho de medo: são muitos milhões e se movem, se removem. Acabarão se tornando uma ameaça? Quando? Como? Quando acontecerá, que dificuldades terão de sofrer os mais ricos, quantos mais problemas financeiros suportarão até que comecem a pensar seriamente que não podem se dar ao luxo de manter toda essa população inútil? Já repartiram muito o dinheiro que gastam em "auxílios" e "cooperação": é um começo de resposta. E, se avançar, se se estender, qual será o peso da "opinião pública humanitária"? Quão complicado será transformar os descartáveis em terrorismo, uma ameaça para as belas almas?

e começar a eliminá-los?

Digo: começar a eliminá-los deliberada, sistematicamente. Não como agora, uma tarefa desordenada.

* * *

Os famintos são os excedentes mais marcados e a eliminação dos exceden-tes é a consequência lógica desse modelo de desenvolvimento. O que não significa que tenha obrigatoriamente de acontecer. Só se não soubermos detê-lo.

O renascer malthusiano destes tempos é uma preparação para essa even-tualidade. Voltam — através do fantasma ecológico — a ameaça da fome para todos e a argumentação do reverendo: somos muitos e maltratamos o planeta, o esgotamos. Há, inclusive, uma organização inglesa — Population Matters — que oferece uma página na web onde os interessados podem compensar seu *carbon footprint** dando-lhes dinheiro para ajudar a diminuir a quantidade de bebês pobres. Menos crianças significam menos emissões de dióxido de carbono, dizem.

(Mas ninguém diz que a melhor forma de reduzir a natalidade é garantir a vida e o bem-estar daqueles que nascem: que não seja mais necessário ter tantos filhos para que alguns vivam.)

Os profetas malthusianos esperam que a população baixe, e alguns es-clarecem: que morram em número suficiente, porque — insistem — a Terra não poderá alimentar 9 bilhões de pessoas em 2050. O que estão dizendo é que talvez não possa alimentar tão alegremente os que comem agora tudo o que querem — e jogam fora a metade. O problema não é que sejamos muitos; é que haja tantos que vivem como se fossem poucos.

Pierre-Joseph Proudhon era otimista: "Há só um homem a mais na face da Terra: o reverendo Malthus." Agora os homens e as mulheres a mais são 1 bilhão.

(Ou talvez não: alguém teria de calcular o que aconteceria, em termos de nutrição e do uso da Terra, se desaparecêssemos. Se desaparecessem 10% — os 700 milhões que concentramos 80% da riqueza do mundo —, os demais comeriam muito bem. Ou talvez o desaparecimento do famoso 1% fosse mais econômico: os 70 milhões que concentram 40% da riqueza mundial. De qualquer forma, para aqueles que ficassem, sobraria muito; poderiam começar a lutar por essas sobras e, assim, acabar recriando um grupo de

---

* O *carbon footprint* ou pegada de carbono é a nossa pegada ambiental no mundo, ou seja, a quantidade de dióxido de *carbono* que produzimos diariamente e seus efeitos no meio ambiente. (*N. T.*)

privilegiados que, a médio prazo, ficaria com o suficiente para que houvesse um setor que não comesse o necessário. Não basta desaparecermos.)

Entretanto, a consolidação dessa legião de descartáveis foi, em parte, consequência da debilidade desses governos que não governam mais, que representam cada vez menos o verdadeiro poder no mundo globalizado: quando as grandes corporações ocidentais impuseram o Consenso de Washington,* carregaram, entre outras coisas, as redes de contenção que os Estados dos países pobres ofereciam aos seus mais pobres.

Os negócios foram globalizados; os governos, não. Os negócios driblam as regras nacionais, e os pequenos governos não têm como controlá-los. O sistema alimentar mundial é produto e reflexo deste mundo novo, onde as empresas são globais e fazem o que lhes convêm em cada lugar enquanto os países são locais e estão limitados por suas fronteiras e outras impotências. Coisa que — era só o que faltava — os nacionalismos contribuem para manter para aperfeiçoar.

Mas, ao lado do surgimento dessa massa descartável, vai se esfiapando essa noção chamada "nação" que, com muitos problemas, funcionou durante alguns séculos. O capitalismo globalizado não produziu ainda sua forma política; as nações ainda estão aí, mas decidem pouco. Embora sirvam, sim, também — inverso complementar — para nos permitir pensar que a fome dos ganeses é culpa do governo de Gana, uma suposição.

A fome seria, então, a metáfora mais extrema desta civilização com descartáveis. Mas as metáforas têm uma maneira própria da própria vida: podem variar sem que varie o que representam. Digo: que seria possível acabar com a fome sem acabar com a pobreza, com a exploração, com a injustiça extrema; com os milhões e milhões de excedentes.

* * *

---

* Conjunto de medidas de ajuste macroeconômico formulado por economistas de instituições financeiras como o FMI e o Banco Mundial. Entre essas "regras" que deveriam ser adotadas pelos países para promover o desenvolvimento econômico e social estavam: disciplina fiscal, redução dos gastos públicos, reforma tributária, juros de mercado, câmbio de mercado, abertura comercial, investimento estrangeiro direto, com eliminação de restrições, privatização das estatais, desregulamentação e desburocratização, direito à propriedade intelectual. (N. T.)

A ideia de que os países mais pobres vão deixar de ter fome como deixaram de ter os pobres dos países ricos é o último resquício operacional da teoria da decolagem — que tanto soube confundir nos anos 1960. Embora ninguém acredite mais que os cidadãos do Níger chegarão algum dia a viver como suecos, muitos distraídos ainda acreditam que um dia os nigerianos comerão tudo o que precisam.

Não é provável. Sabemos que o mundo já produz alimentos suficientes para todos, mas há um terço cujo ritmo de consumo faz com que não haja para os demais. E todos os analistas supõem que, agora que os preços dos alimentos continuam aumentando, agora que as matérias-primas voltaram a ter um papel decisivo na economia global, agora que os grandes cultivos são carne da especulação financeira, as diferenças de abastecimento também vão aumentar: que os países que tiverem alimentos vão vendê-los cada vez mais caro e os que puderem comprá-los vão obtê-los e os outros não.

Por isso não é provável. Mas se chegássemos — nunca se chegou, mas se chegássemos — a viver em um mundo onde ninguém tivesse fome, mas alguns tivessem fortunas e outros o justo para subsistir, ficaríamos satisfeitos?

Haveria maneiras de consegui-lo. Suponhamos, por exemplo, a Taxa Tobin. Trata-se de uma invenção antiga: em 1971, um economista de Princeton, James Tobin, sugeriu que fosse criado um imposto mínimo — por volta de 0,1% — a ser aplicado às transações financeiras de divisas como forma de frear a especulação que deformava a cotação das moedas. Naquela época, não lhe deram importância; no final dos anos 1990, o movimento antiglobalização recuperou a ideia e voltou a sugeri-la; seria uma forma de arrecadar dinheiro para ajudar os mais pobres. O senhor Tobin, pobrezinho, começou a dizer que não tinha nada a ver com isso, que era um economista sério que apoiava o Banco Mundial e o Fundo Monetário Internacional. Mas as campanhas não pararam: agora, com os aumentos das transações especulativas — com os milhões de transações que são feitas agora por computadores —, a Taxa Tobin arrecadaria fortunas.

Há outras possibilidades. Em 2013, foram vendidos 330 milhões de computadores pessoais, 200 milhões de tablets, 980 milhões de smartphones: cerca de 1,5 bilhão de aparelhos que custam, no mínimo, 200 dólares cada um. Ninguém compra um desses aparelhos se suas necessidades não estiverem resolvidas: seria perfeitamente justo aplicar uma taxa única de

5 dólares a cada venda de aparelho para um fundo de alimentação. Isso representaria 7,6 bilhões de dólares por ano.

Em 2013, foram vendidos, também, 83,5 milhões de carros novos, a um preço médio de 31,2 mil dólares. Se cada comprador destinasse a esse fundo uma taxa de 1%, seriam arrecadados 26 bilhões de dólares. Entre carros e computadores, sem grandes perdas para ninguém, já teriam se juntado os 30 bilhões anuais da FAO — e sobrariam vários milhões.

Mas, para começar, a ideia é ilusória: quando se diz que a Taxa Tobin, por exemplo, bem-cobrada e bem-administrada, poderia acabar com a fome no mundo, não se diz que a Taxa Tobin — ou qualquer outra taxa semelhante — não é aplicada porque não há poder político capaz de impô-la. E, se houvesse, deveria ser capaz de impor, também, a obrigação de usar esse dinheiro contra a fome.

Para continuar, a ideia é muito tímida: não é sequer redistribuição; é pura beneficência compulsória.

Chegar à fome zero, a um mundo sem desnutridos, seria um grande salto civilizatório: nunca aconteceu. Mas importa, sobretudo, de que forma se dá, quem o consegue: que grau de igualdade pressupõe.

Uma coisa é que ninguém tenha fome. Outra, muito diferente, é que cada um tenha o que lhe cabe: que ninguém lhe dê, mas que o tenha por direito próprio.

Não que os famintos recebam sua esmola, mas que não existam aqueles que tenham tanto que possam dá-la e aqueles que tenham tão pouco que a necessitem. Que todos tenham — mais ou menos — o mesmo. Soa quase extemporâneo e é, ao mesmo tempo, a única meta pela qual parece valer a pena brigar seriamente.

Uma ideia excessivamente simples, me dirão.

Certos discursos simples, diretos, básicos, desabaram junto com o Muro. Pensemos na palavra *básico*: deveria ser um elogio e é um insulto. Algo assim acontece com a ideia de uma sociedade de iguais: a aspiração mais ambiciosa da humanidade parece uma besteira extemporânea, um arcaísmo.

Por isso, tantas perorações políticas — tantas supostas propostas — se condensam nessa fórmula idiota de que procuramos "um mundo melhor", "uma sociedade melhor", como se alguém — um político, um intelectual, minha tia Porota — fosse anunciar em algum momento que quer um mundo, uma sociedade, pior. A fórmula é um dos ápices da tolice contemporânea, síntese de uma época que não sabe o que dizer e fala o tempo inteiro.

Agora, em geral, a "luta contra a fome" consiste em melhorar a eficácia da beneficência. Ou, na melhor das hipóteses, em pensar em como se pode ajudar esses pobres camponeses a cultivarem seus pedacinhos de terra para ver se sobrevivem.

É o que sintetiza Fred Pearce, o inglês que escreveu *The Landgrabbers*: "Não se trata de ideologia. Trata-se de ver o que funciona. O que poderá alimentar o mundo e o que poderá alimentar os pobres do mundo."

Para mim trata-se, sim, de ideologia: de saber como se faz para que não haja mais *pobres no mundo* — não para lhes dar mais algumas migalhas, as migalhas suficientes. E isso é uma ideologia, sem sombra de dúvida. Por isso a enorme campanha de desprestígio das ideologias: porque para conseguir mudanças é preciso querer, ter ideias — uma "ideologia".

Entre outras coisas, porque a única razão pela qual há fome em um mundo que produz comida suficiente é outra ideologia. Essa que diz que não é ideologia, que se apresenta como a própria natureza: a que sustenta que o que é meu é meu — e o seu, bem, isso veremos depois.

Para um jovem dos anos 1960 — para um adulto dos anos 1910 —, é estranho que tantos acreditem que essa é a única opção. Mesmo que fosse, conviria considerar que não para testá-la.

O problema é que vivemos em um tempo sem futuro.

(Ou ainda pior: onde o futuro é ameaça.)

2

Leio textos sobre biologia e, como sempre, corro o risco de ficar místico. Não é inverossímil que tanta complexidade, tal perfeição, sirva para engendrar vidas tão incompletas, tão banais? Que a sofisticação com que milhões de células produzem uma infinidade de reações que se coordenam para que um homem abra a boca não deveria corresponder a manjares maravilhosos entrando entre esses lábios? Que o refinamento que supõe que um tímpano perceba vibrações do ar e as transmita aos ossinhos do ouvido médio para que as façam chegar às células pilosas da cóclea que as transformam em eletricidade para que uns nervos as levem ao cérebro que as recomporá para nos informar não merecia que as palavras ouvidas fossem sempre música? O grau de evolução dos mecanismos naturais — aqui a mística — não deveria nos levar a confiar em um grau semelhante de evolução social? Ou, dizendo de outra maneira, menos lírica: tem sentido que, com organismos tão complexos, façamos vidas tão de merda? A menos que estejamos no momento trilobita da história. Certamente os trilobitas se achavam grande coisa: estavam — de uma maneira irracional, que nem sempre entendemos — muito satisfeitos consigo mesmos.

O mundo é um despropósito, as vidas: passamos a vida comendo, fodendo, consumindo, usando o tempo para usar o tempo. Mas, mesmo assim, a diferença entre uma rua de uma cidade qualquer e uma floresta ou um campinho é tão extraordinária que não posso acreditar que não o tenhamos feito para alguma coisa. Inventamos muito para não aspirar alguma coisa mais: um sentido, uma beleza intrínseca, certa perfeição (?), que acabe justificando tantos esforços.

Embora tenhamos razões para a satisfação:
para nós, habitantes — mais ou menos — ricos dos países — mais ou menos — ricos, a vida nunca foi tão boa. Por mais que o velho mito da idade de ouro se esforce, é claro que nossas vidas são bem melhores do que as dos filhos de nossos tataravós.

Há medidas categóricas: que vivamos, em média, trinta anos a mais — trinta anos a mais — do que há um século é uma prova indiscutível. Que tantas doenças que então nos matavam não nos matem agora. Que tantos lugares que nos eram inacessíveis, tantas coisas que desconhecíamos, não sejam mais. Que não haja mais fome por carência; só por cobiça.

Também o é, para a espécie, o fato de que conseguimos chegar a ser 7 bilhões de indivíduos. Isso costuma ser visto como uma coisa horrível: a soma de todos os perigos.

(Mas os que o criticam o fazem a partir da suposição, mais que otimista, de que, se houvesse menos pessoas, elas seriam dessas que sim, são; não das que não. Certezas: para as que não seriam se não fôssemos tantos, é muito melhor que o sejamos. A menos que debatamos se ser pode ser pior do que não ser e essas questões sempre muito interessantes.)

Em termos de espécie: que há mais indivíduos e que vivam mais anos é um sinal indubitável de melhoria. Se sempre houve menos, não era por causa de um furioso bucolismo que preferia não sobrecarregar os cenários naturais; era porque, quando começava a haver mais, morriam de epidemias, de fomes — ou das guerras que as lutas pelos recursos provocavam.

Agora bastante menos — é um sinal claro de progresso.

Dizer progresso é quase uma ousadia.

Quase uma besteira.

Inclusive: à primeira vista, soa estranho, mas quem decidir revisar a história constatará que vivemos em um dos momentos mais livres e pacíficos da história humana — se não o mais. Há setenta anos não há uma guerra em grande escala. Não há grandes campos de concentração ou manobras de extermínio massivo, racial, político. Não há populações inteiras submetidas a algum tipo de escravidão direta. O grau de discriminação legal contra os menos poderosos de cada sociedade — negros, mulheres, homossexuais, desempregados, pobres diversos, castas — é menor do que nunca. Há, com certeza, desigualdade extrema, exploração, miséria; muito menos do que cem anos atrás.

(Por tudo isso — e muito mais —, voltei a acreditar no progresso: por isso não sou progressista. Os progressistas acreditam que a sociedade vai continuar sendo mais ou menos igual por muito tempo; então, tentam melhorar seus detalhes. Eu não sou progressista porque acredito em um progresso geral — mais e melhor vida, mais igualdade, menos poder, menos estupidez —, mas não acredito que isso se consiga, como supõem os progressistas, por uma espécie de evolução quase natural, suave. Acredito — pelo que vejo na história — que esse progresso geral é o resultado de lutas, rupturas, restaurações, mais rupturas.)

E então, no meio do módico otimismo, a fome — a fome de centenas de milhões —, como uma forma de dizer que o melhor nem sempre é bom: um toque de atenção, a mancha que.

Como quem diz — com certa brutalidade, quase simplicidade — que um mundo está melhor, mas não pode estar bem se centenas de milhões passam fome.

De novo: sua força de metáfora — para nós que o olhamos de fora.

(Há, também, para armar esta comparação, uma decisão decisiva: se compararmos com o que foi ou com o que poderia ser.)

Nunca vivemos melhor: seria possível pensar que este bem-estar impele a querer mais, porque mostra que é possível consegui-lo.

Mas não costuma acontecer. Para muitos, a evidência dessas melhorias desalenta a procura de melhorias; permite-lhes pensar que o mundo melhorou tanto, que vai ser mais ou menos assim. É o autêntico fim da história: por uma estranha distorção, ideologia trovejante, as leituras da história como um longo processo de mudanças não nos servem mais para confirmar que tudo muda sempre; levam-nos a acreditar que tudo mudou para ficar tal como é agora.

Como agora: miserável, esfomeado, miserável, tão carente de esperanças, miserável, tão carente de justiça, miserável

— no programa: escrever miserável várias vezes e que cada vez signifique uma coisa diferente.

Miserável.

Tão melhor e no entanto miserável.

Eu me lembro de quando nós homens não nos beijávamos. Me lembro de quando a televisão tinha quatro canais em rigoroso preto e branco. Me lembro de quando um baseado era uma novidade aterrorizante. Me lembro de quando um computador era um delírio dos filmes de ficção científica. Me lembro de quando o mundo seria muito melhor. Me lembro de quando as *villamiserias* estavam cheias de trabalhadores. Me lembro de quando as mulheres não usavam calças. Me lembro de quando um par de jeans era uma demonstração de rebeldia quase intolerável. Me lembro de quando ninguém sabia que porra era soja. Me lembro de quando os carros tinham a alavanca no volante. Me lembro de quando a União Soviética mandava em meio mundo e lançava cachorros ao espaço. Me lembro de quando iam se despedir de você no aeroporto. Me lembro de quando os velhos usavam chapéu. Me lembro de quando muitas etiquetas diziam indústria argentina. Me lembro de quando os padres diziam a missa em latim. Me lembro de quando havia mulheres virgens. Me lembro de quando os garotos perdiam a virgindade com putas. Me lembro de quando Perón era um general derrotado em Madri, e Guevara, um guerrilheiro que ia fazer uma revolução vitoriosa em algum lugar. Me lembro de quando os jornais e as revistas eram escritos em castelhano. Me lembro de quando cabelos compridos — por cima dos colarinhos das camisas — eram motivo de suspensão do colégio. Me lembro de quando viajava de trem a Mendoza, a Zapala, a Jujuy. Me lembro de quando um gay era chamado de *maricón* e se escondia. Me lembro de quando os times de futebol não podiam fazer substituições durante as partidas. Me lembro de quando era mais fácil ver um cavalo na rua do que um seio no cinema. Me lembro de quando a palavra peidão não existia, nem a palavra CD nem DVD nem digital, nem a palavra shopping nem a palavra sushi nem *maxikiosko* para qualificar uma grande banca de jornais nem tetra nem roqueiro nem celular husky nem *bolú* para chamar alguém de tolo e mouse era o sobrenome de um tal de Mickey. Me lembro de quando os hambúrgueres eram um exotismo *cool* e a palavra tampouco existia. Me lembro de quando o passado era um desastre.

Dizer que me lembro é dizer, claro, que cresci, mas também é dizer que o mundo nem sempre foi como é. É dizer que as coisas — os objetos, a condutas, as sociedades — acontecem na história, são dinâmicas, mudam, sempre mudam: que nada dura para sempre.

Parece uma bobagem, mas o mito mais forte desta época de mudanças incessantes é o de que não há mudanças possíveis no básico, na ordem que ordena nossas vidas. Tampouco é novo: já aconteceu muitas outras vezes. Muitas doutrinas, religiões, sistemas de governo foram formados a partir da ideia de que nada muda — e tentam confirmá-lo.

Uma religião — qualquer religião — é uma forma de se tranquilizar e pensar que o que é agora sempre será: que tudo está desenhado e controlado desde aqui até o fim dos tempos, e que o poder — um deus, os deuses — foi e será o mesmo. Se um fiel acreditasse que os poderes universais mudam, quem poderia lhe prometer uma vida eterna? E os poderosos — reis, imperadores — se penduraram nesta ideia: nosso poder não deve mudar porque é baseado no Grande Poder que nunca muda: o direito divino.

Uma religião precisa do imutável; por isso, por exemplo, a violentíssima reação da Igreja Católica quando certos fulanos de uns séculos passados começaram a examinar rastros geológicos, covas, ossos e demonstraram que o mundo era muito mais velho do que o que dizia a Bíblia e que nem sempre fora como é: que haviam existido animais estranhos; que as vacas e as pulgas não haviam sido criadas pelo Senhor, mas pela evolução das espécies; que nós, os homens, éramos símios bem-torneados. Nada poderia ser mais subversivo — e subverteu.

É coincidência que no meio das dúzias e dúzias de pessoas que entrevistei não havia praticamente ateus? Que — quase — todos acreditavam em alguma religião, em algum deus que explicava e justificava a vida de merda que levavam?

Acreditávamos que havíamos nos livrado das religiões. Seu retorno é um dos golpes mais duros destes anos. Se não há mais futuros venturosos na Terra, que volte o do céu. Voltamos ao futuro mais antigo: o que não muda.

(Em julho de 1936, um bando de generais meio fascistas se levantou na Espanha gritando Viva à Morte e/ou Cristo Rei. De muitos países do mundo — majoritariamente ocidental — chegaram voluntários para lutar contra aqueles generais fundamentalistas católicos.

Agora a única situação longinquamente comparável é o jihad muçulmano: os fundamentalistas religiosos são os que despertam algum entusiasmo parecido e convocam jovens para abandonar tudo e se tornar voluntários da morte. E são enfrentados pelos exércitos da maior potência, a que diz em seu símbolo fundamental: *In Dog We Trust*.)

Não há — quase — famintos ateus.
O que aconteceria se houvesse?

Digo: uma distorção estranha.

O presente sempre é, de alguma maneira, uma decepção. Por isso, ao longo do tempo, sempre encontramos formas de viver em outros tempos: no conforto do passado editado, na esperança de um mundo melhor.

Durante séculos, a tradição monoteísta ofereceu um futuro possível, tranquilizador: o reino dos céus — sob qualquer de suas formas — era a compensação por essas vidas. Nós, os modernos, conseguimos matar Deus porque tínhamos um substituto: esse futuro fulgurante que nos prometíamos sob o pretexto da história e da ciência.

O racionalismo moderno soube ocupar essa função de grande promessa. Só que o futuro que oferecia estava neste mundo e chegaria graças à ação combinada das forças sociais e dos avanços técnicos — que, por sua vez, potencializavam essas forças sociais que, por sua vez, produziam mais avanços técnicos.

Os futuros da modernidade tinham formas políticas: foi, em algum momento, a liberdade igualdade fraternidade e, mais tarde, quando as revoluções burguesas já haviam feito seu trabalho, a sociedade sem classes. Durante esses dois séculos subvertidos, a ideia de mudança foi central: a sociedade não funcionava, seus mecanismos deviam ser substituídos. Foram inventados sistemas de substituição que, em geral, não funcionaram. Nas últimas décadas, a derrota da opção "socialista" refreou, em grande medida, a ideia de que há outras opções. Agora, para a maioria dos cidadãos do Ocidente — para nós, leitores destes livros —, o futuro é um presente perpétuo com ligeiros retoques *técnico-ecológicos*: um computador mais esperto, uma floresta menos ameaçada, um bom trabalho uma família um carro novo a cada dois ou três anos, duas ou três férias por ano, cem anos em vez de oitenta, placidez garantida — graças ao poder do mercado.

Nada que, na realidade, possa se chamar realmente de futuro.

Nada que funcione, digo, como esse fim ao qual é preciso chegar por todos os meios.

Nada que guie passos, arme percursos, condicione vidas, justifique mortes ou seu risco.

Nada que justifique investimentos mais além do minimamente pessoal: o futuro como uma coisa pessoal

ou uma ameaça.

O mito dominante: que nossas sociedades nunca vão ser muito diferentes porque não há outras possibilidades, que o capitalismo de mercado com governo eleito e delegado é a única forma de organização possível e vai ficar para sempre.

Para acreditar nisso, antes de tudo, é necessário aprender a não pensar em termos históricos: a esquecer que este momento é um momento.

"Estamos em um desses momentos tediosos da história em que ninguém tem uma boa ideia sobre o que esperar do futuro e, então, nos dedicamos a temê-lo. Ameaças como a da mudança climática se inscrevem no espírito da época e o aperfeiçoam", escreveu um autor quase contemporâneo. "Por isso é lógico que a ecologia surja como um sinal forte deste tempo: um tempo sem projeto de futuro. Vivemos em uma época branda que, espantada diante dos desastres produzidos pela versão mais recente de um futuro distinto — o programa da revolução marxista-leninista —, decidiu não pensar em futuros diferentes e imaginar que nossas sociedades vão continuar sendo mais ou menos o mesmo *per secula seculorum amen* [...] O presente é sempre insatisfação garantida: eu gostaria de saber, então, por que certos presentes produzem futuros de esperança e outros, futuros de terrores. Alguém poderia pensar que — já não o mundo, mas — a história do mundo pode ser lida a partir dessa dicotomia: as épocas que almejam seu futuro, as que o olham com espanto."

Deus se vingou: ficamos à intempérie, a sós com o presente, sem refúgio.

O futuro como presente contínuo ou como ameaça — o futuro sem promessa, o futuro indistinto — é um dos eixos: a versão rica do mundo sem futuro.

A versão pobre é a carência: em geral, os habitantes do OutroMundo não pensam em futuros porque não têm as ferramentas para fazê-lo.

694

Aisha e suas duas vacas.

que a pobreza mais extrema da pobreza extrema é essa pobreza sem futuro:
que não há maior despojo,
miseráveis.

O que é um presente sem futuros? De que é feito um presente sem futuros?
Como é possível viver em um presente sem futuros? Em um presente onde
as coisas terríveis que acontecem sem cessar não são contrabalançadas pela
confiança de que não acontecerão?

Aisha queria duas vacas: quando lhe ofereci o mundo, me pediu duas vacas.
Já sei que não pareço qualificado para oferecer mundos — mas era uma
brincadeira, e nem assim: nem sequer três ou quatro vacas.

Passei — passo — muito tempo em espaços muito pobres, com pessoas
muito pobres. O que mais me surpreende, muitas vezes, é que não reajam:
que cada uma delas, que tantos milhões permitam que as esfomeiem ou
enganem ou iludam ou maltratem das formas as mais diversas, sem reagir
como — eu acredito, alguns acreditamos — deveriam. Ou então: como
poderiam.
  Para isso servem os mundos sem futuro, sem outros horizontes além
deles próprios: as duas vacas.
  Costumava se chamar ideologia. A ideologia são as duas vacas de Aisha:
as formas do desejo, os limites do desejo. No final do século XVIII, o grande
ideólogo da modernidade chamado Immanuel Kant assinou um texto: *Sa-
pere aude!*, dizia, atreva-se a saber. Saber é pouco — ou virou o contrário: o
lastro da realidade entendida como única verdade, a que impede de sonhar
ou desejar.

Sominiare aude.
Desiderare aude.

Cresci acreditando que tudo iria mudar em pouco tempo. Ou melhor: que
a forma do tempo era uma mudança contínua. Cheguei — quase sem fôlego — a me pendurar nos últimos vagões de uma geração que acreditava

que, depois dela, nada seria igual. Nem sequer importavam as maneiras: as maneiras se sucediam, variavam, eram procuradas com a convicção de que eram acidentes: que, de uma maneira ou outra, a nova sociedade — nova cultura, novas máquinas, nova sexualidade, novas linguagens, novas relações de poder, política completamente nova — estava na virada da esquina. E não paravam de acontecer coisas novas.

É verdade que muito do que fizemos acabou em desastre: não apenas a obviedade da luta armada; também a ideia de as drogas como forma de acessar outra percepção da realidade se transformando em narcotráfico; a volta à natureza, em conservadorismo ecológico; o sexo livre, em aids e solidão; a sociedade perfeita, nisto.

Mas, mesmo assim, reivindico a confiança: a ideia delirante de que o mundo pode ser mudado se existir vontade suficiente.

(E que, de qualquer maneira, sempre muda.)

O resto da minha vida foi o aprendizado de que uma sociedade pode pensar em si mesma como imutável, permanente. Agora não existe — não existe mais essa vontade, sequer a confiança. Não acreditamos que somos capazes: um escorregão cultural forte. A raça humana decaiu muito: há cinquenta anos, supúnhamos que éramos aptos — com ou sem razão — a realizar grandes proezas. Agora não, e isso é triste.

As besteiras definem muito mais do que aquilo que costumamos aceitar, e poucas besteiras foram mais eficientes: nos convenceram de que ser de esquerda — querer transformar o mundo — é um anacronismo, um arcaísmo. Em um globo regido pela ideia moderna da moda, a ideia mais forte da modernidade estava radicalmente fora de moda. Não se trata apenas de enfrentar certos poderes, certas obstinações: é preciso encarar também os olhares condescendentes, penalizados, inclusive de amigos e parentes que se preocupam com este tolo que diz que pensa o que não se pensa, que faz o que não se faz mais.

Ainda não aprendi. Me é difícil viver com esta vida como se fosse o único recurso. Aprendi a viver no futuro venturoso; o presente era a certeza desse futuro venturoso, era tingido por ele, percutido dele. Viver neste puro presente contínuo me parece uma farsa; admiro e desprezo e invejo e desprezo tantos que conseguem fazê-lo.

Porque, mais além da generosidade que é atribuída aos que lutam, refulge o egoísmo. Há um segredo óbvio: inscrever-se em algum objetivo mais ou menos grandioso é um dos poucos antídotos conhecidos contra a banalidade da vida.

É provável que a postura que cada um adotar diante do gigantesco, diante do que parece inalterável, não defina muito. Mas sim, pelo menos, uma questão menor: quem, caralho, eu sou.

Quem sou, quem terei sido quando contar? Esse que nasceu aprendeu trabalhou se divertiu amou se reproduziu envelheceu e morreu como milhões a cada dia? Ou terei sido, além disso, aquele que fez o pouquinho que pôde para que o mundo fosse outro? Não é mais fácil viver — morrer, seja isso o que for — com o alívio de ter tentado?

Talvez não possa esperar tanto, mas não passa dia sem que me pergunte quando o futuro voltará.

E voltar a querer, voltar a fracassar — melhor.

Às vezes, gostaria de saber algo como se sabe — como sabia — aos 12 anos, quando se aprende ou se entende algo sobre algo pela primeira vez, com o deslumbramento da compreensão, sem saber que poderia saber tantas outras coisas que o contradizem, sem o lastro de que isso mesmo tenha acontecido com você tantas outras vezes — e que aconteceu com você quando o enfrentou tudo o que o desmente.

É quase um lugar-comum dizer que a juventude é a época das utopias, que na idade adulta vão sendo abandonadas, e costuma-se acreditar que isso acontece porque as pessoas ficam mais serenas, se instalam, assumem obrigações. Eu acredito que a pessoa tende a perder essas esperanças quando começa a entender a brevidade. A finitude. Quando jovens, pensamos em um tempo sem fim, onde tudo tem tempo de acontecer. Quando velhos, supomos que vinte anos passam muito depressa sem que aconteça nada e tudo passe, ou melhor: que tudo aconteça como sempre. Contra essa suposição, todas as tentativas.

Envelhecer — devo dizer envelhecer? — é saber que existem coisas que você não vai saber. Digo: esquecer a esperança de que alguma vez, de que tudo chega.

Eu gostaria de saber: é claro que gostaria. Agora sei que é provável que não — e não é isso que vai me afastar da pergunta. É difícil se fazer perguntas cujas respostas você imagina inalcançáveis: não fazê-las é triste.

E voltar a querer,
voltar a se equivocar.

Acho que estou irritado com este tempo e que a fome é a síntese do que me irrita.

Acho que a irritação é a única relação interessante que você pode ter com seu tempo.

3

E se não houvesse mais fome? Se mais ninguém tivesse fome? A fome é uma hipérbole. A fome, fica dito, é a forma mais vil, mais extrema: um grito para surdos, metáfora para desentendidos.

Dissemos: uma escolha, a ideologia. O fato de Aisha conseguir sua bola de milho todos os dias, inclusive seu leite, seu pedacinho de carne de vez em quando, nos deixa satisfeitos?

Bem-alimentados?

Somos outros. É improvável — muito improvável — que nenhum leitor deste livro faça parte dos milhões que não comem o suficiente e, ao mesmo tempo, que algum dos milhões leia este livro.

É claro que o mundo se move em velocidades diferentes. Sempre foi assim. Nas últimas décadas, a aceleração econômica e técnica também acelerou a diferença de metas e necessidades. Sociedades de países ricos — ou setores ricos de países mais ou menos — tinham resolvido sua sobrevivência e se ocuparam de aprofundar seus direitos civis — e por isso a diferença entre o que chamam de esquerda e o que chamam de direita, nestas sociedades, consiste sobretudo em defender ou não o aborto, o casamento gay, a tolerância, liberdades diversas.

Enquanto uns querem se casar com quem quiserem, outros querem comer todos os dias. Onde se encontram ou se cruzam anseios tão distantes? Quando havia uma teoria geral da mudança, era possível achar que essa mudança, que essa sociedade radicalmente diferente, daria a cada um o que cada um precisava. Agora não há.

Somos outros. Durante algumas décadas, consideramos os grandes objetivos excessivamente grandes — e então aceitamos os pequenos: viver com decência, melhorar nosso bairro, cuidar do meio ambiente, respeitar as minorias, contribuir com boas causas. Tudo muito belo, muito válido; achamos positivo viver em uma época pequena. Talvez isso a tornasse mais razoável, mais realista; tornava, sem dúvida, menor.

Até que, em 2008, um corte: a crise, os empregos perdidos, as garantias se perdendo, o auxílio aos bancos, a barbárie do capitalismo quando tem que se defender de barriga para cima criaram, nos países mais confortáveis, uma espécie de calafrio: não era possível que os Estados mais ricos tivessem gastado essas fortunas para salvar os mais ricos.

A reação levava à cabeça uma palavra que define a época: a indignação, os indignados.

"É verdade que os motivos para se indignar podem parecer hoje menos claros, ou o mundo muito complicado. Quem manda, quem decide? [...] Mas existem, neste mundo, coisas insuportáveis. Para vê-las, é preciso olhar, procurar. Eu digo aos jovens: procurem um pouco, vão encontrar. A pior das atitudes é a indiferença, dizer 'eu não posso fazer nada, me viro com o que há'. Assim, perdem um dos componentes essenciais do ser humano: a faculdade de indignação e sua consequência, o compromisso", dizia *Indignez-vous*, o panfleto de Stéphane Hessel que inspirou vários movimentos de indignados. E definia suas razões para a indignação: a diferença entre ricos e pobres, a violência contra os imigrantes, a deterioração do meio ambiente.

Não gosto da ideia de "indignação". Acho que é, de alguma maneira, um sentimento elegante, controlado, de quem lida com opções: ah, mas isso é muito indignante, meu caro. Desespero é o que existe quando há algo que não pode esperar. Acredito na raiva. Costumo achar que as questões que podem ser discutidas com calma, sem paixão, sem raiva, são as que não importam. Que só têm significado aquelas que o levam a detestar — mesmo que seja por um momento — quem o contradiz.

O problema é o que fazer com a raiva. Alguns lhe dirão: se não tiver opções, melhor evitá-la. A ideologia (?) não é tola: nos impele a fazer o que fazemos e nos fornece discursos para justificar essa atitude. Nos diz que a raiva é uma besteira porque não pode levar a mudanças efetivas e que aos poucos tudo irá melhorando e que devemos nos preocupar com aquilo que de fato podemos modificar.

Ou, caso contrário, nos impele a nos indignarmos. O movimento dos indignados é a quintessência da forma mais atual da participação política bem-intencionada: a reação defensiva.

Ficamos indignados porque a desigualdade é mais brutal do que nunca, porque matam pessoas na Síria ou no Sudão ou na fronteira mexicana, porque destroem a natureza, porque as corporações globalizadas administram (a riqueza d)o mundo, porque os Estados ignoram seu dever de propiciar saúde e educação, porque os exércitos mais ricos enviam robôs voadores teleguiados, porque centenas de milhões de homens e mulheres e crianças passam fome.

Reagimos: nos defendemos — tentamos nos defender — contra isso. Mas não temos alternativas a propor.

Há quanto tempo não há uma grande causa?

Há quanto não há um movimento com um nome próprio? Digo próprio, um que não remeta aos opostos: que não seja *anti*globalização ou global*fóbico*, que não resista a tal ou qual ditador, que não vá *contra* isto ou aquilo, que não esteja *indignado* com o que outros fazem, que não se negue e denuncie e sobreleve.

Um que proponha: que tenha algo a propor e proponha.

(Estamos — dizemos que estamos — falando da fome. O problema da fome costuma ser uma síntese da postura defensiva: não é possível que centenas de milhões não comam o suficiente, é indignante que centenas de milhões não comam o suficiente, tratemos de fazer com que centenas de milhões comam, sim, o suficiente. Que recebam alguma comida, que tenham um arado ou duas vacas, que não sofram tanto.

Como transformar defesa em ataque?)

A fome foi, muitas vezes, o ponto de partida de revoluções: demonstrava, mais além de qualquer dúvida, que o estado de coisas não servia, não atendia às necessidades mínimas. E, além disso, dava à vida um valor muito relativo: já que não tenho comida e vou morrer, que seja lutando, que seja com alguma esperança. Por isso a fome mete medo; por isso enviam as sacas de grãos.

Mas isso não quer dizer que a fome continue sendo um ponto de partida. Mais que o desespero, o indispensável a uma mudança séria — uma revolução? — é uma ideia.

701

Todos são, em algum momento, movimentos defensivos: maneiras da saturação. Fora com esse rei que nos esfomeia, chega de czares que nos mantêm na pobreza, não suportamos mais este ditador. Essas saturações continuam existindo; mas, ultimamente, são movimentos sem saída, sem proposta: defensivos. Depõem um governo, não escolhem o seguinte: do Muro de Berlim a Putin, de Tahrir a Al-Sisi.

O que faz a diferença é um projeto.

Uma coisa é desenhar políticas; outra muito diferente é desenhar desejos. Mas se as políticas não forem imaginadas como formas de concretizar esses desejos serão pura administração da tristeza, da mediocridade.

Quero dizer: não acredito que a fome possa acabar dentro desse modelo social. Que acabar com a fome é mudar esse modelo. Que não sabemos como fazê-lo.

Sobretudo: que não sabemos o que propor. Durante um século e meio, os movimentos revolucionários tiveram bem claro o que propunham. Pecaram — pecamos — por supor que sabíamos tudo: por acreditar.

Porque tentar uma revolução, qualquer revolução, pressupunha arriscar a vida e — escrevi há mais de trinta anos — "ninguém arrisca a vida gritando talvez. Para isso, para suportar a pressão e a ameaça, os homens sempre precisaram da garantia de um futuro garantido: de uma verdade inegável. Precisavam acreditar que o que queriam estava garantido por alguma instância externa: a palavra de Deus, a marcha inelutável da história".

E, então, todos os preconceitos da crença — e o pior de todos eles, a concentração do poder nas mãos de poucos sacerdotes. As convicções férreas, as verdades absolutas, serviram para construir aparatos sinistros de poder carnívoro: os do marxismo-leninismo stalinismo maoismo castrismo — e outros ismos. Então digo, agora: encontrar uma forma de propor — de deixar para trás a pura defesa e propor — que evite as certezas, que aceite a falibilidade, que seja capaz de dizer isto é o que quero, não o que acredito; por isso vale a pena se arriscar, embora, talvez, não o consiga.

Organizar projetos sem crença.

Não sabemos como. É claro que não sabemos como. Para começar, qualquer projeto revolucionário está tingido de suspeita: foram a raiz desses processos desastrosos.

As tentativas igualitárias acabaram produzindo uma concentração e um abuso do poder como poucas vezes antes. E então? Paramos de tentar? Esquecemos aquela velha estupidez de que o mundo não valia a pena se não fôssemos iguais? Nos acomodamos à injustiça mais ou menos módica dos países ricos, brutal dos mais pobres? Nos conformamos com a nova Revolução Francesa e continuamos gritando segurança, sexualidade, longevidade? Estamos em um desses momentos sem projeto. Um desses períodos em que o paradigma anterior se quebrou e ainda não surgiu o seguinte; existem, são mais frequentes e mais longos do que alguém nascido em meados do século XX, em pleno esplendor de um paradigma, poderia supor.

São épocas difíceis, ligeiramente órfãs. Era mais fácil saber sem duvidar. Mas também são épocas fascinantes: pura procura. Não há nada mais excitante e mais angustiante do que a procura.

Ninguém sabe — tampouco — como se arma um novo paradigma. O último grande exemplo foi o de um senhor barbudo trancado na melhor biblioteca de seu tempo, lendo, escrevendo, pensando sozinho, saindo de seu retiro muito de vez em quando: o poder de uma mente extraordinária. Agora, em plena época Wiki, é provável que o modelo seja outro: a colaboração, os conflitos, as reformulações, a procura de milhares — que, de alguma maneira, ainda embrionária, ainda vacilante, está acontecendo.

(É preciso pensar, entre outras coisas, nesse velho mecanismo da vanguarda: os que supõem que entendem o que outros precisam — um mecanismo que serviu, sobretudo, para criar os poderes mais brutais, mais autocráticos dos últimos tempos.

Vanguarda é, por definição, um grupo que faz ou pensa o que os demais não — e acaba achando que isso lhe dá direitos. Estamos de acordo que são nocivos, as histórias o mostram. Mas, sem eles, como o pensamento mudaria? Quem vai pensar o que ninguém pensou, se todo o aparelho cultural — a ideologia — está pensado para que todos pensemos o que já foi pensado?

O distinto é resultado do incômodo, da ira, da inadaptação de uns poucos, dos que não se conformam. Mas, se aceitarmos que sempre serão alguns aqueles que irão imaginar o distinto, como poderemos levá-los a não acreditar que esse saber lhes dá direitos? Como se constrói uma vanguarda não autoritária? Como, uma hesitante?)

O difícil não é realizar algo que parece impossível. O difícil é definir esse algo. Na França, alguns filósofos começaram a pensar na possibilidade impensada de um governo sem rei; na América, alguns comerciantes e advogados começaram a pensar que podiam governar a si mesmos; na Inglaterra, algumas senhoras imaginaram que eram pessoas como seus maridos e poderiam, como eles, escolher governantes; na Índia, uns rapazes bem-educados em inglês começaram a pensar que não precisavam de armas para derrotar um grande exército — e assim por diante. Em cada caso, o impossível estava muito claro: não ter rei, se governar, ser cidadã, combater sem matar. E mesmo assim, em cada caso, foram processos que duraram décadas e conflitos e retrocessos e dúvidas e mais décadas.

Sou a favor do impensável porque se realizou muitas vezes. Trata-se apenas de pensar em qual seria o impensável que você preferiria e apostar de maneira que possa.

Um novo paradigma é o impensável. É o que constitui sua dificuldade e sua atração e sua dificuldade. É o que vale a pena ser pensado.

Maneiras, em síntese, de forçar o reparte: que os bens estejam equitativamente repartidos, que o poder esteja equitativamente repartido. Procurar a forma política que corresponda à ideia moral da economia — e não a forma da economia que corresponda a uma forma moralista da política. Dito assim, parece uma besteira — e não sabemos.

Não está claro quem pode pensá-lo: menos ainda, quem pode fazê-lo. Uma das grandes astúcias do marxismo consistiu em definir um setor social como portador da legitimidade revolucionária: os proletários do mundo (uni-vos) eram os designados para levar adiante a mudança decisiva. Eram os despossuídos, os que não tinham mais nada a perder — e, portanto, tudo a ganhar.

E, no entanto, os que o imaginaram não foram eles. Talvez essa tenha sido a origem do desastre; talvez não.

Digo, mais uma vez, os famintos como síntese dos mais despossuídos: os que são despossuídos a cada dia da possibilidade de comer o suficiente.

Aqueles que nem sequer são proletários deste mundo: os descartáveis, os que sobram.

Passei anos ouvindo-os. Acho que esperava encontrar um saber intrínseco, íntimo, e me equivoquei: ter vivido certas coisas não supõe saber por que e sim — talvez — como. Podem relatar, obviamente, o que é ter fome; não têm ideias sobre por que a têm. A maioria fala de Deus, de uma injustiça, de Deus, de algum tropeço ou acaso, de Deus.

Digo e me repugna um pouco: a maioria das pessoas que aparece neste livro se surpreenderia com a maioria dos dados e mecanismos que aparecem neste livro. E a pergunta, óbvia mas insistente: quão diferente seria se soubessem? O que mudaria se soubessem?

É duro dizer, é feio dizer: não parecem ter muitas possibilidades de influir nos mecanismos que os esfomeiam. Estão à margem, não têm força para.

Então quem?

Então como?

Há, de qualquer forma, uma tradição do "pensamento para o outro": efeito da preocupação com o outro — que começa sendo preocupação por si mesmo: eu, pessoalmente, me sinto perturbado em um mundo onde centenas de milhões passam fome. Eu mesmo, no que me diz respeito, acho um mundo assim uma máquina espantosa, que ofende a todos os que o conformamos e nos conformamos.

— Como você suporta viver sabendo quê?

— Bem, vou lhe explicar.

Diante de um mundo tão feio, a única estética possível é a rebeldia — em qualquer, em alguma de suas formas.

Tenho andado pelo mundo e cada vez me desespera mais. Mas cada vez mais acredito no desespero ou na desesperança.

E acredito que seria bom separar a ação dos resultados da ação. Não fazer o que quero fazer pela possibilidade do resultado, mas sim pela necessidade da ação: porque não me suporto se não faço.

E acredito que nada é completamente certo se não o faço por alguma forma de egoísmo. E que os grandes momentos da cultura acontecem quando o egoísmo de milhares consiste em decidir que devem fazer alguma coisa pelos outros; que essa é sua forma de fazer algo por eles mesmos, seu egoísmo.

Então: pensar em como seria um mundo que não nos fizesse sentir vergonha, culpa ou desânimo — e começar a imaginar como procurá-lo.

É uma frase de duas linhas: talvez anos, décadas, erros e desastres e quem sabe.

É uma frase de duas linhas, uma história de vidas

e mais vidas.

A volta da história.

SEM FIM

Acabo de revisar estas páginas em Barcelona, no outono de 2014. Durante séculos, a fome fez parte da paisagem desta cidade, assim como fez da paisagem do Ocidente: qualquer habitante de Paris ou da Toscana ou de Nova York poderia encontrar, a cada dia, compatriotas que a sofriam. Há umas décadas deixou de sê-lo e virou uma dessas coisas que só aparecem na televisão: histórias de outros.

A Espanha ficou rica, se achou rica e, como rica, decidiu ajudar os pobres com uma parte muito menor de sua riqueza. A quantidade de solidariedade é a medida em que queremos nos ocupar do que não nos afeta. Embora o lugar-comum dissesse "do que não nos afeta diretamente", para tentar dizer que as coisas nos afetam ainda que não nos toquem; os lugares-comuns costumam ser bem-intencionados e um pouco mentirosos.

A quantidade de solidariedade — internacional — é, também, uma das medidas do peso de um país no famoso concerto das nações. No começo do século XXI, os governantes espanhóis descobriram que sua presença nos organismos internacionais não era proporcional ao volume de sua economia — oitava ou nona do mundo naqueles dias — e resolveram aumentá-la com mais solidariedade. A cooperação internacional espanhola deu um salto notável.

Em 2008, a Espanha gastou em contribuições para o desenvolvimento — e na burocracia que as canaliza — 4,4 bilhões de euros, 0,43% de seu produto interno bruto: foi seu recorde, embora estivesse longe dos 0,7% com que ameaçam de quando em quando os países ricos. A Espanha começava a ocupar um lugar no concerto — e eu também recebi benefícios: este livro tornou-se possível graças a uma bolsa da Agência Espanhola de Cooperação Internacional, generosa em mais de um sentido.

Mas, desde então, com a crise, a quantidade de solidariedade não fez mais do que baixar. Em 2014, a Espanha terá gasto menos da metade do que seis anos antes: 1,815 bilhão, 0,17% do PIB. São cifras; são, sobretudo, milhares e milhares de pessoas que a estavam recebendo e pararam de receber. Mas a maioria de meus compatriotas peninsulares acha isso mais do que lógico. A ilusão da ajuda externa afundou ao ritmo do avanço da pobreza em território próprio: a ideia da cooperação internacional não resiste a três telejornais com dois minutos de miséria séria e nacional.

Para isso servem, também, os países. Os países são essa invenção extraordinária que permite, entre outras coisas, compartimentar a culpa: unidades de sentido que fazem você se sentir muito mais próximo de um senhor que vive deste lado da fronteira do que de seu vizinho 3 quilômetros mais além. Sim, claro, seria necessário fazer alguma coisa pelos famintos do mundo, mas não agora, porque aqui mesmo há famílias que estão vivendo mal, era só o que faltava.

Com sua crise, a Espanha se transformou em outro exemplo de duas questões: como as ideias são resistentes, como as coisas são voláteis. Ou, dizendo de outra maneira: como continuam funcionando bem os nacionalismos, como duram pouco certas fortunas.

Agora, depois de alguns anos de riqueza e esmolas e carros que parecem joias, a pobreza e a fome voltaram a ser questões de que os espanhóis falam. E que os espanhóis veem: imagens que pareciam tão alheias, de pessoas remexendo no lixo, já começam a ser habituais nas ruas do meu bairro. E que muitos espanhóis sofrem: aparecem estudos dizendo que milhares e milhares de crianças não comem o suficiente ou não comem o que deveriam. Espanhóis se preocupam, se envergonham e, sobretudo, se resignam a ouvir: aumentou a fome, mas aumentou mais seu espaço na mídia, o discurso, sua circulação, sua *escutabilidade* — seus efeitos políticos.

É uma mudança muito brutal: do orgulho condescendente de apenas seis anos atrás à consternação amedrontada destes dias. Quando tudo que parecia amarrado e bem-amarrado se desatou: nós que não éramos. Agora aqui também há famintos. Se isto fosse — que algum deus nos livre disso — uma fábula, um animal diria nunca acredite que essas coisas só acontecem com os outros. Como não é, o animal ficará de boca calada.

E só se lembrará daquele bobo que repetia nunca diga nunca, você também, senhor, você também, senhora.

Barcelona, 7 de novembro de 2014

Agradecimentos

Quero agradecer, sobretudo, a meu amigo Carlos Alberdi, que fez tudo o que pôde para que este livro existisse — e finalmente, ai, conseguiu. À sua saúde.

E também, nessa mesma linha, a Miguel Albero, poeta e embaixador da Espanha.

A meu catalão de cabeceira e, no entanto, tão querido Jordi Carrión, que leu, pensou, sugeriu.

A Lucía Álvarez, que me guiou pelos subúrbios argentinos.

A Fernando García Calero, da Médicos Sem Fronteiras, com quem procuramos histórias tão persistentes.

A muitos de seus companheiros da MSF — e, sobretudo, Silvia Fernández, Juan Carlos Tomás e Luis Ponte — porque o levaram a sério.

A Ana Gabriela Rojas, correspondente intrépida na Índia.

A Mercedes Casanovas e Laura Laski, porque me ajudaram a terminar estas páginas.

A Laura Mahler e Laura Laski, porque me ajudaram a começá-las.

A Margarita García, porque me animou quando desfalecia.

A Juan Caparrós, porque quero.

Para ler ainda mais

Patricia Aguirre, *Ricos flacos y gordos pobres: La alimentación en crisis* (Capital Intelectual, 2010).

Sharman Apt Russell, *Hunger: An Annatural History* (Basic Books, 2005).

Jon Bennet, Susan George, *La máquina del hambre* (El País-Aguilar, 1988).

Doan Bui, *Les Affameurs: Voyage au coeur de planète faim* (Privé, 2009).

Lester Brown, *Full Planet, Empty Plates: The New Geopolitcs of Food Scarcity* (W. W. Norton & Company, 2012).

Julian Cribb, *The Coming Famine: The Global Food Crisis and What We Can Do To Avoid It* (University of California Press, 2010).

Xavier Crombé, *A Not So Natural Disaster: Niger 2005* (Hurst, 2009).

Mike Davis, *Planet of Slums* (Verso, 2006).

James Erlichman, *Addicted to Food: Understanding the Obesity Epidemic* (Guardian, 2013).

Marvin Harris, *Bueno para comer* (Alianza, 1992).

Martin Jacques, *When China Rules the World* (Penguin, 2012).

Frederick Kaufman, *Bet the Farm: How Food Stopped Being Food* (Riley, 2012).

Frédéric Lemaître, *Demain, la faim!* (Grasset, 2009).

Paul McMahon, *Feeding Frenzy: The New Politics of Food* (Profile, 2013).

Robert Paarlberg, *Food Politics: What Everyone Needs to Know* (Oxford University Press, 2010).

Raj Patel, *Stuffed and Starved: The Hidden Battle for the World Food System* (Melville House, 2008).

Fred Pearce, *The Land Grabbers: The New Fight over Who Owns the Earth* (Beacon Press, 2012).

Amartya Sen, *Poverty and Famines: An Essay on Entitlement and Deprivation* (Oxford University Press, 1981).

Hughes Stoeckel, *La faim du monde; L'humanité ao bord de la famine globale* (Max Milo, 2013).

Roger Thurow, *Enough: Why the World's Poorest Starve in an age of Plenty* (Public Affairs, 2009).

Christian Troubé, *Les nouvelles famines: Des catastrophes pas si naturelles* (Autrement, 2007).

Leonard Tushnet, *The Uses of Adversity: Studies of Starvation in the Warsaw Ghetto* (A. S. Barnes, 1966).

Erwin Wagenhofer & Max Annas, *Le marché de la faime* (Actes Sud, 2007).

Jean Ziegler, *Destruction Massive: Géopolitique de la faim* (Seuil, 2011).

Impresso no Brasil pelo
Sistema Cameron da Divisão Gráfica da
DISTRIBUIDORA RECORD DE SERVIÇOS DE IMPRENSA S.A.
Rua Argentina, 171 – Rio de Janeiro, RJ – 20921-380 – Tel.: (21)2585-2000